Martin Erdmann

SIEGESZUG DES FORTSCHRITTSGLAUBENS

Progressivismus als Ausdruck der amerikanischen Zivilreligion
Zusammenfassung von Beate Gsell

Verax Vox Media
780 Morning St. • Worthington, OH 43085 • United States of America
VeraxVoxMedia.com

Siegeszug des Fortschrittsglaubens
Zusammenfassung von Beate Gsell

Copyright ©: 2020 by Beate Gsell
Taschenbuch ISBN: 978-1-7347541-4-8
Gebundenes Buch ISBN: 978-1-7373483-2-0
Erscheinungsdatum: Oktober 2021
Bildnachweis: Estelle Chérie Erdmann

Kein Teil dieser Publikation darf ohne schriftliche Genehmigung des Herausgebers vervielfältigt, gespeichert oder in irgendeiner Form – unter Verwendung elektronischer Systeme, in Druck oder als Fotokopie – verbreitet werden mit Ausnahme von kurzen Zitaten.

Widmung

Dieses Buch ist allen Freunden gewidmet, die mich in der Durchführung dieses Buchprojekts in vielerlei Weise unterstützt haben. Ohne ihre Hilfe hätte ich dieses umfangreiche Werk nicht erstellen können. Ein besonderer Dank gilt Pastor Johann Schoor, Alexandra Kohl und Beate Gsell, die die Kapitel akribisch redigiert haben, und Jörg Schwagmeier, der die druckreife Formatierung der Texte vorgenommen hat. Die Liebe und Ermutigung meiner Ehefrau Joy und Kinder Estelle und Johannes sowie meiner Mutter Alide Erdmann, Schwester Beate Gsell und Schwager Felix Gsell gaben mir immer wieder Antrieb, um dieses Projekt zu einem guten Ende zu bringen. In allem, was ich zu tun vermag, gilt Gott, wie er sich uns in seinem Sohn Jesus Christus offenbart hat, die alleinige Ehre.

Offenbarung 19,6-9.11-16 (Hermann Menge-Übersetzung)
Dann hörte ich ein Getön, das klang wie der Jubel einer großen Volksmenge und wie das Rauschen vieler Wasser und wie das Krachen starker Donnerschläge, als sie riefen: „Halleluja! Der Herr, unser Gott, der Allmächtige, hat die Herrschaft angetreten! Laßt uns fröhlich sein und jubeln und ihm die Ehre geben! Denn die Hochzeit des Lammes ist gekommen, und seine Braut hat sich gerüstet, und ihr ist verliehen worden, sich in glänzend weiße Leinwand zu kleiden"; die Leinwand nämlich, die bedeutet die Rechttaten der Heiligen. Dann sagte er zu mir: „Schreibe: Selig sind die, welche zum Hochzeitsmahl des Lammes geladen sind!" Weiter sagte er zu mir: „Dies sind die wahrhaftigen Worte Gottes."

Dann sah ich den Himmel offenstehen und erblickte ein weißes Roß; der auf ihm sitzende Reiter heißt „Treu und Wahrhaftig"; er richtet und streitet mit Gerechtigkeit. Seine Augen aber sind (wie) eine Feuerflamme; auf seinem Haupt hat er viele Königskronen, und er trägt an sich einen Namen geschrieben, den niemand außer ihm selbst kennt; bekleidet ist er mit einem in Blut getauchten Gewande, und sein Name lautet „das Wort Gottes". Die himmlischen Heerscharen folgten ihm auf weißen Rossen und waren mit glänzend weißer Leinwand angetan. Aus seinem Munde geht ein scharfes Schwert hervor, mit dem er die Völker (nieder)schlagen soll, und er wird sie mit eisernem Stabe weiden, und er ist es, der die Kelter des Glutweins des Zornes des allmächtigen Gottes tritt. An seinem Gewande, und zwar an seiner Hüfte, trägt er den Namen geschrieben: „König der Könige und Herr der Herren".

Autor

Dr. Martin Erdmann studierte Theologie an der Columbia International University (Master of Divinity), Universität Basel und University of Aberdeen (Master of Theology). Die Brunel University London verlieh ihm 2000 den Doktorgrad in Kirchengeschichte. In Dogmatik habilitierte er 2017 an der Gáspár-Károli-Universität in Budapest, Ungarn. 1996 gründete er Online Communication Systems in Columbus, Ohio. An der Staatsunabhängigen Theologischen Hochschule Basel war er vier Jahre lang Fachbereichsleiter für Neues Testament. Von 2003 bis 2010 lehrte er als Assistenzprofessor für Theologie (Fernstudium) am Patrick Henry College, Virginia. Für das Universitätsspital Basel verfasste er als Senior Scientist in einem fünfjährigen Forschungsprojekt eine Studie über die ethischen Fragen der Nanotechnologie. Seit 2003 ist er Direktor des Verax Instituts.

Dr. Erdmann ist mit Joy verheiratet und hat zwei Kinder, Estelle Chérie und Johannes Luc.

Bild auf dem Buchumschlag

Das Bild auf dem Umschlag des Buches *Siegeszug des Fortschrittsglaubens* – ein gezeichnetes Werk meiner Tochter Estelle – ist nicht ein Hinweis darauf, dass der Fortschrittsglaube in der griechischen Philosophie begann, sondern die Darstellung der zwei wichtigsten „Heiligen" dieser Religion in den ersten Jahrzehnten des 20. Jahrhunderts, die gemeinsam wahrscheinlich mehr für die Verbreitung dieses Glaubens getan haben als alle anderen Zeitgenossen.

Die Symbolik bedeutet das Folgende: An den Außenwänden von Kathedralen sind meistens die Heiligen der Kirche als Steinfiguren dargestellt. Die beiden „Heiligen" auf dem Buchumschlag sind der bekannteste Pastor Amerikas in der ersten Hälfte des 20. Jahrhunderts, Harry Emerson Fosdick (links), und der dreifache Präsidentschaftskandidat der Demokratischen Partei und spätere Außenminister Amerikas unter Präsident Woodrow Wilson, William Jennings Bryan (rechts). Die Kapitel 10.5 (Bryan) und 13.4 (Fosdick) gehen näher auf diese Personen ein. Fosdick war der erste Pastor der bekannten Baptistenkirche Riverside Church in Manhattan (New York City), die ihm John D. Rockefeller, Jr. eigens gebaut hatte; Rockefeller war dort Kirchenmitglied.

Das wichtigste Element auf dem Bild ist die Handsymbolik. Die erhobene Faust und die Hand unter dem Gewand sind die wichtigsten Symbole des Progressivismus. Demnach zeigt der Buchumschlag die Abbildung der „Heiligen der Kirche", die aber deutlich als Anhänger eines nichtchristlichen Glaubens, der Religion des Fortschrittes, gekennzeichnet sind. Keine andere bildliche Darstellung kann den Inhalt dieses Buches besser wiedergeben.

Bedeutung der Phi Beta Kappa Society (ΦBK)

Am 5. Dezember 1777 kamen fünf Studenten des College of William & Mary (Williamsburg, VA) in der Raleigh Tavern zusammen, um die Phi Beta Kappa Society zu gründen. Die Gründer waren sich darin einig, die Geheimnisse der neuen Gesellschaft für sich zu behalten. Als erste Studentengesellschaft in Amerika trug sie einen aus drei griechischen Buchstaben bestehenden Namen: Phi Beta Kappa (ΦBK) steht für die griechischen Wörter Φιλοσοφία Βίου Κυβερνήτης (Philosophía Bíou Kybernḗtēs), was auf Deutsch „Weisheitsliebe ist der Leitstern des Lebens" heißt. Leitstern müsste eigentlich mit Kapitän oder Steuermann übersetzt werden.

Von Anfang an stand die Phi Beta Kappa Society unter dem Einfluss der Freimaurerei. Bereits in den 1750er-Jahren gab es eine Freimaurerloge in Williamsburg, die 1773 einen offiziellen Stiftungsbrief von der Großloge in England erhielt. Thomas Smith gehörte der Williamsburg-Loge an, bevor er sich John Heath als einer der fünf Gründer der Phi Beta Kappa Society anschloss. Schließlich traten 12 der ursprünglichen 15 ΦBK-Mitglieder der Loge in Williamsburg, VA bei. Deshalb ist es nicht abwegig zu meinen, dass die Gründungsmitglieder die folgenden Ideen der Freimaurerei übernommen haben: Verschwiegenheitsschwur, symbolisches Erkennungszeichen, besonderer Händedruck, griechisches Motto, ausgeklügeltes Regelwerk und aufwändiges Ritual zur Aufnahme (Initiation).

Prominente Mitglieder der Phi Beta Kappa Society in Amerika waren einflussreiche Persönlichkeiten in der Politik, der Justiz, der Geschäftswelt und der Unterhaltungsbranche. 17 Präsidenten der Vereinigten Staaten gehörten ihr an, einschließlich John Quincy Adams, James Monroe, T. Woodrow Wilson, Theodore Roosevelt, Franklin D. Roosevelt, Calvin Coolidge, Harry S. Truman, Dwight Eisenhower, Jimmy Carter, George H. W. Bush und Bill Clinton. Unter den Mitgliedern befanden sich 40 Richter des Obersten Gerichtshofs und 136 Nobelpreisträger. Gegenwärtig besteht die Gesellschaft aus mehr als 500.000 Mitgliedern. Im Buch werden die ΦBK-Mitglieder stets gekennzeichnet.

Vorwort

Schneller, höher, weiter – das Motto der Olympischen Spiele gilt inzwischen für die ganze Welt. Wer etwas erreichen will, gibt sich fortschrittlich. Der Fortschritt hat der Menschheit grandiose Errungenschaften gebracht und treibt diese zugleich in den Abgrund. Die junge Generation bäumt sich dagegen auf und versucht, „fünf vor zwölf" mit weltweiten Protestwellen das Ruder umzureißen. Spätestens wenn Maschinen durch Künstliche Intelligenz menschliche Züge und Stimmen bekommen, überkommt jeden ein unheimliches Gefühl. Wir fragen uns: Wo führt das noch hin?

Wo kommt das Streben nach Fortschritt überhaupt her? Dies ist eine ebenso wichtige Frage. Dr. Martin Erdmann zeichnet einen Bogen vom Beginn der Fortschrittsidee, wie religiöser Eifer hinzukam und sich diese in Politik und Wirtschaft zu einer Zivilreligion weiterentwickelt hat. Der Autor entschied sich, den Fortschrittsglauben hauptsächlich am Beispiel der USA darzustellen, weil diese Linie in der 500-jährigen Geschichte dieses Landes vortrefflich aufgezeigt werden kann, und nimmt immer wieder Bezug auf die Lage in Europa. Er lässt den Leser nicht im Unklaren darüber, wie die Bibel die Ambitionen des Menschen bewertet, in eigener Anstrengung sein Wesen zu vervollkommnen und die Gesellschaft seinen Idealvorstellungen entsprechend umzugestalten. Der unter der Autorität Gottes stehende Christ hingegen ist sich bewusst, dass ein göttlicher Plan der menschlichen Geschichte zugrunde liegt. Dieser gute Plan ist in der Bibel beschrieben und gibt all jenen Trost und Zuversicht, die an Gott glauben.

Der Autor, der in Kirchengeschichte und Dogmatik promoviert hat, gibt einen Überblick über die Entstehung des Fortschrittsglaubens in der griechischen Philosophie und wie sich dieser seit dem 17. Jahrhundert konkret ausgestaltet. Um klar zu erkennen, wo die Abweichungen von der biblischen Botschaft liegen, widmet der Autor ein ganzes Kapitel der Darlegung des Evangeliums aus Sicht der Reformatoren. Allein diese komprimierte Zusammenfassung ist für sich genommen schon ein Schatz.

Der Theologe erläutert, wie die Amerikaner in ihrem Fortschrittsglauben durch die Lehre des Postmillennialismus inspiriert wurden, wonach es kein wörtliches Tausendjähriges Reich gibt, sondern zunächst eine Periode der weltweiten Erneuerung erfolgt, bis Christus wiederkommen wird. Der Autor zeigt auf, wie die Amerikaner nach menschlicher Vervollkommnung gestrebt haben und sich über andere Menschen, wie Indianer, Sklaven und andere Völker, erhoben haben, um eine totalitäre Gesellschaft zu errichten. Der Weg, das „Königreich Gottes auf Erden" zu errichten, führte direkt in Kriege. Welche Rolle der bekannte Evangelist Charles G. Finney in der Verführung der christlichen Bevölkerung spielte, erläutert Dr. Martin Erdmann ausführlich. Wenn man bedenkt, dass sich der Evangelikalismus auf Finney gründet, stimmt es sehr nachdenklich, dass dieser Flügel der Christenheit von mystischen bis hin zu esoterischen Glaubensinhalten beeinflusst ist in der Annahme, das biblische Evangelium zu vertreten.

Der Fortschrittsglaube wurde die Triebfeder für den weltweiten amerikanischen Imperialismus. Der Erste Weltkrieg versetzte dem Fortschrittsglauben scheinbar einen gehörigen Dämpfer. Anstelle eines versprochenen Paradieses auf Erden lagen weite Teile der Welt in Schutt und Asche, Millionen von Menschen verloren ihr Leben. Doch zeigte der Fortschrittsglaube nicht gerade hier sein wahres Gesicht?! Die größte widerchristliche Religion duldet kein Leben nach biblischen Prinzipien, wie Nächstenliebe, Friede und Anbetung Gottes. Sie bemächtigt sich der Staatsmacht und beansprucht für sich die Würdigung und Hingabe, die einem Gott in einer Religion dargebracht wird. Diese sogenannte Zivilreligion beschreibt Dr. Martin Erdmann in vielen Facetten. Durch den aggressiven amerikanischen Imperialismus hat sich diese Religion weltweit ausgebreitet. Da sich der Fortschrittsglaube auf europäische Philosophien und Ideologien gründet, sind auch Europäer damit vertraut, ohne zu wissen, dass der Fortschrittsglaube dahintersteckt. Christliche Gemeinden sind unter anderem in Form des „sozialen Evangeliums" davon durchdrungen. In der Annahme, etwas Gutes zu tun, machen sie sich zum verlängerten Arm einer widerchristlichen Religion, die mit christlichen Vokabeln zu täuschen vermag.

Darum ist es das Anliegen des Autors, über Entstehung, das Wesen und die Folgen des Fortschrittsglaubens zu informieren. Er deckt die wahren Motive und Ziele der Mächtigen auf, die entweder die Menschen mit schönen Versprechungen täuschen oder – wenn sie nicht willig sind – Gewalt anwenden. Amerikanische Regierungen haben vorgegeben, in vielen Ländern das „Evangelium des sozialen Nutzens" anzuwenden, aber in Wirklichkeit haben sie einen katastrophalen Krieg nach dem anderen angezettelt oder in Kriegen mitgemischt. Diese dienen dazu, eines Tages eine zentral gesteuerte technokratische Weltordnung einzuführen. Der Begriff „Siegeszug" im Titel ist in diesem Sinne zu verstehen; scheinbar erreichen die Mächtigen ihr Ziel. Aber es schwingt eine Portion Ironie mit, und man könnte Siegeszug in Anführungszeichen setzen, denn der Autor weiß, wer letzten Endes der Sieger ist.

Das vorliegende Buch ist eine Zusammenfassung des dreibändigen Werkes *Siegeszug des Fortschrittsglaubens*. Es ist ein spannendes Geschichtsbuch mit gut recherchierten Fakten und eine umfassende Darstellung von kirchengeschichtlichen und weltpolitischen Entwicklungen in einer anschaulichen und flüssigen Sprache. Wer sich mit dem Thema näher beschäftigen möchte, kann zur Vertiefung die drei Bände heranziehen, die auch Fußnoten, Literaturangaben und Worterklärungen enthalten. Dieses Buch ist ein Aufruf, die Zivilreligion in Form des Fortschrittsglaubens, von der wir alle beeinflusst sind, zu erkennen und abzulehnen. Daraus könnte eine Erneuerung der christlichen Gemeinden entstehen, weil sie sich wieder auf den Kern des Evangeliums beziehen. So wie einst zu Zeiten der Reformation.

Beate Gsell
Journalistin

Inhalt

Widmung III

Autor V

Bild auf dem Buchumschlag VII

Bedeutung der Phi Beta Kappa Society (ΦBK) IX

Vorwort XI

    Bd. 1: Mystizismus als Nährboden des amerikanischen Postmillennialismus (Kap. 1-4) 1

1.0 Fortschreitender Prozess der zivilisatorischen Aufwärtsentwicklung 1

    1.1 Metaphysisches Erklärungsmodell der Fortschrittsidee 1
    1.2 Säkularisiertes Erklärungsmodell der Fortschrittsidee 4
    1.3 Divergierende Ansichten über die Fortschrittsidee 6
    1.4 Ideologische Umkehrung der Fortschrittsidee 10

2.0 Reformatorische Darlegung des Evangeliums 12

    2.1 Autoritative Selbstoffenbarung des souveränen Gottes 12
    2.2 Völliges Vertrauen auf Gottes Heilswerk 14
    2.3 Theologische Kontroverse über das Evangelium 20
    2.4 Exakte Unterscheidung von zwei Herrschaftsbereichen 25
    2.5 Freiheitliche Grundlage der modernen Welt 28

3.0 Esoterisches Fantasiegebilde eines irdischen Paradieses 31

    3.1 Naturphilosophie des Renaissance-Neoplatonismus 31
    3.2 Geheimnisvolles Eintauchen in die Lebensabläufe der Schöpfung 32
    3.3 Mystischer Impuls der menschlichen Vergöttlichung 33
    3.4 Magische Manipulation von Naturabläufen 35
    3.5 Wiederentdeckung der Altertümlichen Theologie 36
    3.6 Proklamation einer Generalreformation 39
    3.7 Erstrebte Umkehrung des Sündenfalls 42
    3.8 Pansophisches System der Wahrheit 48
    3.9 Grandiose Vision einer Zeitenwende 51
    3.10 Hinwendung zum Mysterium des Irrationalismus 55
    3.11 Streben nach makelloser Vollkommenheit 57

4.0 Prophetischer Ausblick auf eine erwartungsvolle Zukunft ... 61

4.1 Millennialistische Vision einer vollkommenen Gesellschaft ... 62
4.2 Dominanz des Puritanischen Postmillennialismus ... 68
4.3 Theosophischer Grundzug der Pennsylvania-Religion ... 69
4.4 Veredelung des menschlichen Charakters ... 72
4.5 Aufflammen des religiösen Enthusiasmus ... 74
4.6 Anthropozentrische Ansätze der Neuen Theologie ... 75

Bd. 2: Postmillennialismus als Inspiration des amerikanischen Progressivismus (Kap. 5-9) ... 77

5.0 Revolutionäre Impulse eines aufgeklärten Zeitalters ... 77

5.1 Zwielichtige Geschäftsbeziehungen der begüterten Elite ... 77
5.2 Lukrative Umtriebe der „Bostoner Brahmanen" ... 83
5.3 Geheimnisse der amerikanischen Elite ... 88
5.4 Unterschiedliche Glaubenshaltungen der amerikanischen Freimaurer ... 92
5.5 Ideologische Grundlage der Amerikanischen Revolution ... 99
5.6 Religiöse Orientierung der Aufklärungsphilosophie ... 105
5.7 Vorgeschobenes Ideal der religiösen Toleranz ... 107
5.8 Deistischer Ursprung der Unabhängigkeitserklärung ... 111
5.9 Freimaurerischer Einfluss auf die Amerikanische Revolution ... 114
5.10 Merkantilistischer Impuls des Amerikanischen Systems ... 120
5.11 Ruhmreicher Verlauf der Amerikanisch-Tripolitanischen Kriege ... 126

6.0 Streben nach menschlicher Vervollkommnung ... 128

6.1 Religiöser Charakter des demokratischen Staates ... 129
6.2 Zentrale Glaubenssätze der romantischen Demokratie ... 135
6.3 Unitarisches Ideal einer christlichen Nation ... 141
6.4 Idealistische Grundzüge des Transzendentalismus ... 144
6.5 Transzendentaler Angriff gegen das Christentum ... 147

7.0 Idealvorstellungen des neuen Zeitalters in Amerika ... 151

7.1 Revolutionäre Folgen des religiösen Patriotismus ... 151
7.2 Propagierung einer rationalistischen Selbsterlösungslehre ... 155
7.3 Sozialpolitische Auswirkungen des Postmillennialismus ... 160
7.4 Pelagianischer Grundton der Erweckungsbewegung ... 166
7.5 Enthusiastische Ausdrucksformen des Neuen Protestantismus ... 171

8.0 Ausgestaltung des autoritären Progressivismus ... 179

8.1 Schicksalhafte Entwicklung der amerikanischen Föderation ... 179
8.2 Subventionierung der mächtigen Sonderinteressensgruppen ... 187

8.3 Kriegerische Auswirkungen eines sakralen Staatskultes ... 189
8.4 Vollständige Durchführung der Patronage-Politik ... 190
8.5 Kulturelle Entfaltung des fanatischen Nationalismus ... 192
8.6 Gewalttätige Maßnahmen einer Völkermord-Politik ... 193
8.7 Hegemonie einer konsolidierten Staatsgewalt ... 195
8.8 Verstärkte Monopolisierung der Wirtschaftssysteme ... 197

9.0 Religiöser Grundzug des Progressivismus ... 203

9.1 Evolutionistische Interpretationen des Sozialwandels ... 204
9.2 Wirkungsgeschichte der autoritativen Wissenschaftsgläubigkeit ... 208
9.3 Sozial-ökonomische Neuerungen der Progressiven Ära ... 209
9.4 Totalitäre Grundzüge einer kollektiven Sozialordnung ... 210
9.5 Universales Innewohnen Gottes in der Gesellschaft ... 213
9.6 Schrittweise Ausgestaltung eines idealisierten weltweiten Staatenbundes ... 214

Bd. 3: Progressivismus als Triebfeder des amerikanischen Imperialismus (Kap. 10-15) ... 225

10.0 Realisierung einer progressiven Gesellschaftsordnung ... 225

10.1 Konzeptionelle Metamorphose der eschatologischen Hoffnung ... 225
10.2 Goldenes Zeitalter der Zukunft ... 226
10.3 Religiöse Bedeutsamkeit der neuen Pädagogik ... 232
10.4 Technokratische Erneuerung der Gesellschaft ... 234
10.5 Sozialpolitische Entfaltung der Demokratie ... 235
10.6 Kollektive Ideologie des Reform-Darwinismus ... 237
10.7 Monopolistische Gleichschaltung der Volkswirtschaft ... 239

11.0 Militärische Übergriffe der Weltmacht Amerika ... 241

11.1 Schicksalhafte Folgen einer territorialen Expansionspolitik ... 241
11.2 Weltpolitische Rolle einer Erlöser-Nation ... 246
11.3 Globales Manifest des „Offenkundigen Schicksals" ... 248
11.4 Autoritäre Reformmentalität der Progressivisten ... 253

12.0 Epoche des amerikanischen Imperialismus ... 256

12.1 Politische Macht hinter dem Thron ... 257
12.2 Rigorose Verwerfung einer Friedenspolitik ... 261
12.3 Großer Kreuzzug für Gerechtigkeit ... 265
12.4 Verletzung der amerikanischen Bürgerrechte ... 268
12.5 Forcierung einer interventionistischen Außenpolitik ... 270
12.6 Wechselhafter Erfolg einer globalen Revolution ... 274

13.0 Ideologischer Kampf gegen den Militarismus 278

13.1 Gravierende Unzulänglichkeiten einer modernen Demokratie 278
13.2 Schuld am Ausbruch des Ersten Weltkrieges 286
13.3 Entlarvung der lügenhaften Kriegspropaganda 294
13.4 Unermüdliche Propagierung einer Weltföderation für den Frieden 298
13.5 Gewissenlose Machenschaften der Kriegsprofiteure 304

14.0 Zeitalter der globalen Vorherrschaft Amerikas 307

14.1 Pazifistischer Geist des Kontinentalen Amerikanismus 308
14.2 Sozialdemokratischer Charakter des Progressivismus 316
14.3 Konsolidierung des Staatsmonopol-Kapitalismus 318
14.4 Dilemma eines ausufernden Militarismus 321
14.5 Tragische Konsequenzen der Amerikanischen Diplomatie 325

15.0 Postskript 330

15.1 Anfänge einer progressiven Gesellschaft 331
15.2 Ausgestaltung einer progressiven Weltordnung 337
15.3 Verwirklichung einer progressiven Weltordnung 343

Persönliches Wort an meine Leser 351

Stichwortregister 353

Bd. 1: Mystizismus als Nährboden des amerikanischen Postmillennialismus (Kap. 1-4)

1.0 Fortschreitender Prozess der zivilisatorischen Aufwärtsentwicklung

Ausschließlich im Westen hat sich die Idee des Fortschrittes ausgebildet. Sie ist der Glaube, dass sich die Menschheit in der Vergangenheit bis in die Gegenwart kontinuierlich weiterentwickelt habe und diesen fortschreitenden Prozess in der voraussehbaren Zukunft weiterführen wird. Allerdings gilt zu bedenken, dass es unmöglich ist, etwas als Fortschritt – also die Verbesserung der Lebensumstände – bezeichnen zu können, wenn man nicht die langzeitlichen Auswirkungen kennt.

1.1 Metaphysisches Erklärungsmodell der Fortschrittsidee

(Der Ursprung der Fortschrittsidee)
Der englische Historiker John B. Bury (1861-1927) geht davon aus, dass die Idee des Fortschrittes Ende des 16. Jahrhunderts aufkam, als das christliche Weltbild durch den Humanismus an Einfluss verloren hatte. Um ein richtiges Verständnis über den Fortschrittsglauben zu gewinnen, ist es notwendig, seinen Ursprung und seine Entwicklung näher zu betrachten. Die Voreingenommenheit der akademischen Geschichtsschreibung gegen das Christentum, wie sie seit Ende des 19. Jahrhunderts immer deutlicher zutage getreten ist, hat die Vorstellung des Fortschrittsglaubens verzerrt. Die Ideologie einer kontinuierlichen Vorwärtsentwicklung der Gesellschaft und Vervollkommnung des Menschen ist in ihrem tiefsten Kern eine eigenständige Religion, die sich mit aller Entschiedenheit – allerdings oftmals im Namen des Christentums – gegen den biblischen Glauben gestellt hat.

Historiker des 20. Jahrhunderts meinen im Gegensatz zu Bury, dass die Idee des Fortschrittes bei den frühen Griechen entstanden sei. Im 8. Jahrhundert v.Chr. ging der Philosoph Hesiod von einem vergangenen Goldenen Zeitalter aus; er war überzeugt, dass sich die Gesellschaft degeneriere, hatte aber die Hoffnung, dass sich das Gute unter das Böse mischt. Die von ihm erzählte Prometheus-Legende griff der Dramatiker Aeschylus im 5. Jahrhundert auf und vermittelte die Hoffnung, dass der Mensch mittels seiner eigenen Bemühungen und Anstrengung das gute Leben ergreifen könne. Auch Platon (428/427-348/347 v.Chr.) äußerte, dass sich auf Erden immer das Gute mit dem Bösem vermische. Progressivisten gehen oftmals in die Irre, weil sie im technologischen Fortschritt ausschließlich etwas Gutes sehen, ohne das damit einhergehende Böse in Betracht zu ziehen. In dem humanistischen Credo, „der Mensch ist das Maß aller Dinge", tritt schon in der Antike ein wesentlicher Aspekt des Fortschrittsglaubens ins Rampenlicht: der Mensch könne dank eigener Bemühungen seine Lebenslage über alle Maße hinaus verbessern. Platon erkannte eine Verschlechterung der sozialen Ordnung in den aufeinander folgenden Regierungsformen. Die Griechen glaubten an wiederkehrende Zyklen des Geschichtsablaufes, die sich sowohl besser als auch schlechter entwickeln konnten. Entsprechend der griechischen Idee des Schicksals besteht eine feste Ordnung im Universum, der Mensch sollte nicht durch Streben nach Fortschritt in den göttlichen Bereich vordringen. Aristoteles (384-322 v.Chr.) hatte keine Vorstellung von der Idee des Fortschrittes; er sprach über die Boshaftigkeit des menschlichen Wesens. Der Römer Seneca (ca. 1-65 n.Chr.) meinte, dass jede Verbesserung der Künste und Erfindungen den zivilisatorischen Verfall fördere, indem sie das Streben nach Luxus und das Frönen der Laster begünstigte. Lucretius (99/94 v.Chr.-55/53 v.Chr.) verwendet erstmalig den Begriff „Fortschritt" und nimmt unter anderem Bezug auf die Vergnügungen des Lebens, die Verwendung des Feuers, die Entdeckung der Edelmetalle, die Umwallung der Städte und das Praktizieren der Gesetze. Seiner Vorstellung des Fortschrittes fehlte ein entscheidender Aspekt im Vergleich zu seiner modernen Version, nämlich seine sich automatisch vollziehende geschichtliche Notwendigkeit. Bury resümiert deshalb folgerichtig, dass die Idee des Fortschrittes in den griechischen und römischen Zivilisationen der Antike fast keine Rolle gespielt habe.

Die Idee des Fortschrittes nahm unter den Kirchenvätern in den ersten Jahrhunderten nach Christus Form an. Laut Augustinus (354 - 430 n.Chr.) zielte der gesamte Geschichtsverlauf darauf ab, die Glückseligkeit der wenigen Erwählten in einer zukünftigen Welt zu sichern. Es lag ihm ferne, die These aufzustellen, dass sich die Menschen auf dieser Erde in ihrer moralischen Fassung und ihren kulturellen Errungenschaften immer höher entwickeln würden. Augustinus teilte die irdische Geschichte in sieben Entwicklungsstadien ein. Das letzte Stadium, die Zeitepoche der Glückseligkeit und des Friedens auf Erden, stehe noch aus. Die von Augustinus konzipierte Struktur des Fortschrittes beruhte auf der christlichen Lehre der Allmacht Gottes. Am Beispiel Roms kritisierte Augustinus imperialistisches Machtstreben – Rom hielt sich von Jupiter auserwählt, ein universales, ewig währendes Königreich des Friedens, des Rechts und der Gerechtigkeit zu gründen. Der Kirchenvater bezeichnete es als „Götzendienst des Imperiums". Auch nachfolgende Zivilisationen in allen Teilen der Erde meinten, bei der Ausdehnung ihrer Macht einem göttlichen Ruf oder dem Schicksal zu folgen. Der Imperialismus setzte sich überall und zu verschiedenen Zeiten durch unabhängig von dem Land, der Religion oder Kultur. Großmächte waren stets bemüht, ihren politischen, militärischen und wirtschaftlichen Macht- und Einflussbereich immer weiter auszudehnen, so geschehen zum Beispiel im konfuzianischen China, dem hellenistischen Griechenland, dem augusteischen Rom, der osmanischen Türkei, dem romanov'schen Russland, dem napoleonischen Frankreich, dem viktorianischen Britannien und dem wilson'schen Amerika.

Folgende Elemente der Augustinischen Lehre wurden im ausgehenden 18. Jahrhundert säkularisiert: Die Vorstellung, dass sich die Weltgeschichte in bestimmte Zeitalter aufteilen lässt; die Doktrin der historischen Notwendigkeit, die sich zur wichtigsten Vorstellung der wissenschaftlichen Historiker und sozialen Evolutionisten entwickelte, nachdem sie von ihrer Beziehung zum Göttlichen befreit worden war; und die begeisternde, verführerische Vision einer irdischen Zukunft, in der die Menschen von den Mühen und Beschwerden des Daseins befreit werden und erstmals nach dem Sündenfall in einem irdischen Paradies leben würden.

Großen Einfluss auf Entdecker und Philosophen der Renaissance hatte Joachim de Fiore, der in der zweiten Hälfte des 12. Jahrhunderts lebte. Er betrachtete die Menschheitsgeschichte als einen Aufstieg durch drei Abschnitte: Das Zeitalter des Vaters oder des Gesetzes komme zuerst, das Zeitalter des Sohnes oder des Evangeliums als nächstes, und das Zeitalter des Geistes würde noch in der Zukunft liegen, wenn die Menschen von ihren physisch animalischen Begierden befreit und sie von einer kontemplativen Ruhe und Glückseligkeit des Sinnes umgeben seien. Vor dem Erscheinen des dritten Zeitalters würde sich ein Vorspiel der Zerstörung und des Konflikts ereignen. Die skurrile Meinung verbreitete sich, dass man das Eintreffen des Zeitalters des Geistes beschleunigen könne, indem die Menschen durch Feuer und Schwert das Werk der Zerstörung selbst beginnen würden.

Einer der einflussreichen Nachfolger Joachims war der dominikanische Gelehrte Campanella. Er beschrieb 1602 eine säkulare Utopie, in der alle Menschen unter der Herrschaft der Vernunft und Wissenschaft stünden und in einer sozialistischen Gütergemeinschaft lebten. Die Erhöhung der griechischen und römischen Antike zu einer Position unerreichbarer Vorzüglichkeit führte dazu, dass das potentielle Erscheinen einer Idee des Fortschrittes verhindert wurde.

Historiker John B. Bury nannte drei Voraussetzungen für das Erfassen der Fortschrittsidee: Als erstes musste eine lineare Geschichtsauffassung die zyklische Vorstellung der Geschichte des spätgriechischen und römischen Zeitalters verdrängen. Diese Aufgabe erfüllte das hebräische und christliche Verständnis von Geschichte, das die Bedeutsamkeit historischer Ereignisse über einen langen Zeitraum hinweg herausstellte. Die zweite Voraussetzung war die Bereitschaft, sich vermehrt den Fakten der Natur als den antiken Klassikern zuzuwenden. Ein dritter Faktor – ebenso eine Auswirkung der Renaissance – war die Säkularisierung des Denkens, die letztlich dem Menschen die Freiheit zugestand, sich von der christlichen Geschichtsauffassung zu lösen. Im Laufe des 16. Jahrhunderts begannen die Menschen, die staunend vor der Fülle neuer Entdeckungen standen, gegen die Tyrannei der Antike zaghaft und vorsichtig zu rebellieren. Nikolaus Kopernikus (1473-1543) untergrub die Autorität des ptolemäischen Weltbildes. Jean Bodin (1529/1530-1596) verwarf die klassische Lehre der Degeneration, die sich auf die Vorstellung eines urzeitigen Goldenen Zeitalters der Tugend und Glückseligkeit stützte. Es habe einen allmählichen Aufstieg gegeben seit der Zeit, als die Menschen wie wilde Tiere lebten bis zum Erscheinen der europäischen Sozialordnung des 16. Jahrhunderts. Francis Bacon (1561-1626) meinte, dass die beeindruckenden Erfindungen des Schwarzpulvers, der Druckkunst, des Kompasses und die Entdeckungen neuer Länder in Übersee unter Beweis stellten, wie schnell die Erkenntnis sich weiterentwickeln werde. Obgleich sich Bodin und Bacon der modernen Idee des Fortschrittes angenähert hatten, besaßen sie eine zu große Ehrfurcht vor der Erkenntnis der Klassik. Auch ihr Glaube an die Lehre der göttlichen Vorsehung, die ständig in die Belange der Menschen eingreift, stand der Konzeption einer kontinuierlichen Verbesserung der menschlichen Lebensbedingungen durch den Menschen selbst entgegen. René Descartes (1596-1650) forderte die absolute Unabänderlichkeit der Naturgesetze und der Vorrangstellung der Vernunft. Damit untergrub er die Autorität der Tradition und der Lehre der Vorsehung, die bis dahin immer noch in hohem Ansehen standen.

Der Historiker Robert A. Nisbet machte deutlich, dass die Puritaner des 17. Jahrhunderts eine weitere Dimension der Idee des Fortschrittes hinzufügten, indem sie meinten, einer vollkommenen Gesellschaft entgegenzugehen, die in der fernen Zukunft auf Erden Wirklichkeit werden würde. Fontenelle (1657-1757) war ein Zeitgenosse von Boyle, Newton und Leibnitz; die Bedeutung der Wissenschaft erhielt zu seiner Lebenszeit eine enorme Aufwertung ihres Prestiges. Die Theologie musste immer mehr ihre Vorrangstellung an die Wissenschaft abtreten. Da Fontenelle sowohl auf die Zukunft als auch auf die Vergangenheit blickte, legte er eine vollständigere Auffassung über den Fortschritt der Erkenntnis vor. Die Errungenschaften der Naturwissenschaft hatten großen Anteil an einer allgemeinen Ausbildung der Idee des Fortschrittes.

1.2 Säkularisiertes Erklärungsmodell der Fortschrittsidee

Betrachtet man den Verlauf der Menschheitsgeschichte aus dem Blickwinkel des Fortschrittsglaubens, wie ihn John B. Bury als eine sich in der Vergangenheit, Gegenwart und Zukunft positiv entwickelnde Zivilisation definierte, tritt eine Forderung deutlich hervor: die Verwerfung der traditionellen Autorität, besonders der biblischen Offenbarung Gottes. Im Universum seien gleichförmige und unveränderliche Gesetze am Wirken, die entdeckt und angewandt werden können, um den Menschen eine glückliche Existenz auf Erden zu ermöglichen. Der Mensch könne den Gang der Geschichte in die eigene Hand nehmen, wenn er über die Gesetze informiert sei, die die Gesellschaftsabläufe bestimmen. Der Sozialphilosoph Charles Irénée Castel de Saint-Pierre, bekannt als Abbé de Saint-Pierre (1658-1743), fesselte die wohlhabende Elite in Paris mit der neu aufkommenden Idee im Westen und ließ diese zu einem bleibenden Phänomen werden. Es entwickelte sich daraus eine Philosophie, die das Potenzial in sich trug, sowohl viel Positives als auch Negatives hervorzubringen. Er schlug vor, eine politische Akademie in Frankreich zu gründen, die die gesellschaftliche Höherentwicklung in allen Bereichen plant und umsetzt. Die mannigfaltigen Ergebnisse der wissenschaftlichen Forschung türmten sich bereits auf, sodass sich eine logische Folgerung förmlich aufdrängte. Die sich allmählich ausgestaltende Idee des Fortschrittes, auch wenn sie anfänglich nur auf die Erweiterung der Erkenntnis gerichtet war, versetzte nicht wenige in Erregung, wenn sie über die schier unendlichen Möglichkeiten einer Neugestaltung der Welt nachdachten, die sich um sie herum zutrug.

Wahrscheinlich war die erste vollständige Darlegung der Idee des Fortschrittes Jacques Turgots (1727-1781) Abhandlung *Discours sur les progrès successifs de l'esprit humain* (Über die Fortschritte des menschlichen Geistes), die er in der Pariser Universität 1750 vortrug. Der französische Aufklärer sah die Ausbildung des Fortschrittes nicht nur in den Künsten und Wissenschaften, sondern auch in allen anderen kulturellen Errungenschaften, einschließlich den Verhaltensnormen, Sittengesetzen, Institutionen, Gesetzesbestimmungen und der Ökonomie. Die Autoren der berühmtesten frühen Enzyklopädie (1751-1765) hielten die Vernichtung bestehender Institutionen, von denen die Missstände angeblich hervorgerufen worden waren, für die richtige Antwort auf soziale Probleme. Dabei war es nebensächlich, welche Mittel zur Hand genommen werden würden, um mit zerstörender Gewalt ans Werk zu gehen. Das bedeutet, dass die Aufklärer die christliche Lehre über das Tausendjährige Reich (Off. 20,1-6) verweltlicht hatten und sich eigene utopische Vorstellungen machten. Als Schlüssel zum Erfolg wurde die permanente Vergrößerung der rationalen Erkenntnis angesehen, die die notwendigen Erneuerungen des gesellschaftlichen Miteinanders hervorbringen würde, solange man dieser Aufgabe beharrlich nachgehe. Der allmähliche Fortschritt der Menschheit habe seinen Anfang mit dem wirtschaftlichen Aufstieg der mittelalterlichen Städte genommen.

1793 verfasste der Freimaurer Marquis de Condorcet, ein Verehrer Turgots, während der Schrecken der Französischen Revolution ein bedeutsames Werk. Sein mysteriöser Tod am 27. März 1794 kurz nach seiner Einkerkerung stand im krassen Widerspruch zu seinem übersteigerten Optimismus über die unaufhaltsam fortschreitende Vervollkommnung des menschlichen Wesens, die in jeder Hinsicht absolut unbegrenzt sei. Im ausgehenden 18. Jahrhundert steigerte sich das Bedürfnis des Menschen, sich selbst zu vervollkommnen, zu einer alles verzehrenden Sehnsucht. Die höchste Bestimmung der Wissenschaft wurde nun darin gesehen, das Erreichen dieses Ziels zu ermöglichen. Vor allem sollte die Medizin zu einer Lebensverlängerung beitragen. Die meisten Vorkämpfer des Fortschrittes meinten, wenn der Mensch von der Last der Unwissenheit, des Aberglaubens und der Tyrannei befreit sein wird, könne sich der Fortschritt des menschlichen Geistes vollziehen. Das allmähliche Erscheinen einer philosophischen Ära in der Weltgeschichte, die anfänglich in einem primitiven Stadium der allgemeinen Unwissenheit begann, sei die Geschichte der menschlichen Erlösung.

Auch wurde eine Verbindung zwischen moderner Wissenschaftlichkeit und antiker Mythologie geknüpft. Der Arzt Erasmus Darwin (1731-1802), Großvater von Charles Darwin, vermittelte in seiner Poesie esoterische Gedanken; er verband Mythologie und Naturglaube und gilt als der große Prophet des Fortschrittes. Sein ideales Weltbild beinhaltete sowohl die Fortentwicklung der Natur als auch heidnische Mythen, die über den Verstand hinaus Dimensionen aufzeigen würden. Der Mythos der ewigen Wiederbringung markiert einen Beziehungspunkt mit den wissenschaftlichen Spekulationen der Antike. Ende des 19. Jahrhunderts hat sich die Vorstellung der Fortschrittsidee gegenüber der Renaissance verändert: der Fortschritt machte die Weiterentwicklung der Menschheit nicht nur möglich, sondern unumgänglich. Die Idee des Fortschrittes als Erlösung forderte geradezu nach einer neuen Art der Religion. Die Vorstellung der Wiedergewinnung eines neuen Paradieses zog im 19. Jahrhundert weite Kreise. Die biblische Ansicht eines Tausendjährigen Reiches nahm ganz andere Formen in der Erwartung selbst rechtgläubiger Theologen ein. Allmählich wurde die göttliche Vorsehung als ein Vorgang des direkten Eingreifens Gottes in den Geschichtsverlauf nur noch als das unpersönliche Wirken von Naturgesetzen in dieser Welt angesehen.

Auguste Comte (1798-1857) formulierte in seiner Philosophie des Positivismus das berühmte Gesetz der drei Entwicklungsstufen der intellektuellen Evolution. Somit wies er indirekt auf die ursprünglich joachimitische Theorie der drei Zeitalter der Menschheitsgeschichte (die Zeit des Vaters [Altes Testament], des Sohnes [Neue Testament bis 1260] und des Heiligen Geistes) als der eigentliche Grund hin, wieso der Fortschritt ein dauerhaftes Phänomen sei. Trotz aller Desillusionierung über den blutigen Ausgang der Französischen Revolution habe diese den Fortschrittsglauben nicht als haltlos entlarvt, sondern nur die damit einhergehende Begeisterung abgeschwächt. Die Herausforderung bestand hauptsächlich darin, eine geeignete Sozialwissenschaft zu verfassen, die parallel mit den Entdeckungen der Naturwissenschaften einhergehen würde, um den tatsächlich stattfindenden Werdegang des Fortschrittes gedanklich nachvollziehen zu können. Bald danach entstand daraus die neue Wissenschaft der Soziologie. Die Idee des Fortschrittes erhielt einen starken Anstoß durch den bis dahin beispiellosen Entwicklungsgang der Wissenschaft und Technologie, durch die industrielle Revolution, überseeische Expansion und den wachsenden Wohlstand. Im 19. Jahrhundert konnte sich demnach der Fortschrittsglaube so weit etablieren, dass er in der allgemeinen Gesellschaft nicht mehr hinterfragt wurde.

1.3 Divergierende Ansichten über die Fortschrittsidee

(Die Entwicklung der Fortschrittsidee vom absoluten Glauben über Ablehnung bis zur Wiederbelebung)
Viele Amerikaner waren von der englischen Denkweise konservativer Anglikaner beeinflusst und gingen davon aus, dass sich der Wirtschafts- und Sozialbereich verbessern wird, wenn sich die Bürger bemühen, ihr Schicksal selbstständig zu gestalten. Die individuelle Autonomie sollte über alle anderen Erwägungen hinaus aufrechterhalten bleiben. Dieses Verständnis der kulturellen Vorwärtsbewegung stand der kontinental-europäischen Denkweise entgegen, bei der der Fortschritt durch die Zerstörung

traditioneller Beziehungen erzielt werden sollte. Die Amerikaner wollten ihre Situation durch Vermehrung des Wohlstandes verbessern. Auf dem amerikanischen Kontinent gab es wertvolle Rohstoffe im Überfluss, die man für den Aufbau der eigenen Industrie nutzbar machen konnte, um einen hohen Lebensstandard zu erreichen. Niemand verspürte ein Bedürfnis danach, revolutionäre Umwälzungen auszulösen, denn die Einwanderer hatten bereits in ihrer Heimat derartige Erfahrungen gemacht. Die Einzigartigkeit ihrer neuen nationalen Existenz erzeugte in ihnen einen tiefgreifenden Patriotismus, der als die innere Triebfeder des Fortschrittes angesehen wurde. Die Geschichte Amerikas schien den untrüglichen Beweis zu erbringen, dass es stets aufwärts geht und sich das irdische Dasein zwangsläufig verbessert.

Das 19. Jahrhundert war ein Zeitalter des Friedens, in dem nur begrenzte Kriege von kurzer Dauer ausgefochten wurden und sich die westliche Welt in der Verwirklichung von humanitären Zielen auszeichnete. Aus dem verhaltenen Glauben an die Möglichkeit des Fortschrittes entwickelte sich die feste Überzeugung an dessen Zwangsläufigkeit. Der Triumph des industriellen Kapitalismus diente als Gegenstandslektion, um die Vorzüge des Fortschrittes zu veranschaulichen. Maschinen betrachtete man als Motoren der Demokratie und Symbole des Fortschrittes. Außer in Zeiten der Wirtschaftsdepression konnte Amerika seiner Bevölkerung große Chancen des sozialen Aufstieges darbieten, von denen viele Gebrauch machten.

Der Fortschrittsglaube war für den gewöhnlichen Amerikaner des 19. Jahrhunderts ein absolutes Gesetz des Geschichtsablaufes, dessen Gültigkeit zweifellos feststand. Der ideologische Inhalt dieser Idee wurde von dem Glauben an die Rationalität und Güte des Menschen sowie der Überzeugung an die kontinuierliche Verbesserung der Lebensumstände gefüllt. Ein Höhepunkt der Intensität wurde mit der Benennung der Zeitepoche von 1896 bis 1921 als „Progressivismus" erreicht. Die Gründe für die Akzeptanz lagen in der weiten Ausdehnung des Landes, den reichen Naturschätzen, der politischen Freiheit, dem allgemeinen Schulwesen und den unbegrenzten Möglichkeiten des einfachen Mannes, seinen Status in der Gesellschaft zu verbessern. Die Amerikaner glaubten zuversichtlich an ihr „Offenkundiges Schicksal" (Manifest Destiny). Auch in England verbreitete sich ein zuversichtlicher Optimismus in der Gesellschaft.

Die Weltausstellungen in London 1851 und Paris 1900 stellten unter Beweis, dass ein großartiger materieller Fortschritt im Gang war und schien die Hoffnung zu wecken, dass noch lange Frieden zwischen den Nationen der westlichen Hemisphäre herrschen werde. Kritik an der ungesunden Atmosphäre am Hofe Kaiser Wilhelms II. und Reichskanzler Bernhard von Bülows Fassade eines falschen Optimismus versetzten die Deutschen in Unruhe. Trotz gewaltiger industrieller und kommerzieller Expansion begannen die Deutschen, sich von Feinden umzingelt zu fühlen. In Deutschland verlor der Glaube an die Idee des Fortschrittes seine Dynamik aufgrund des zunehmenden Militarismus unter Kaiser Wilhelm II., der Verschlechterungen im Bildungswesen und Friedrich Nietzsches nihilistischer

Philosophie. In Russland war die Idee des Fortschrittes keine kulturbestimmende Größe.

Der sich an der Aufklärungsphilosophie orientierende ideelle Inhalt des Fortschrittglaubens verlor nach und nach an Bedeutung, bis er zugunsten neuer Religionsentwürfe größtenteils verworfen wurde. Infolge dessen verwendeten die Progressivisten oftmals Begriffe, die sie den populären Aussprüchen des Darwinismus und Pragmatismus entlehnt hatten. Es kam auch vor, dass sie sich auf traditionelle Lehrsätze politischer Ideologien beriefen, ohne darüber besorgt zu sein, wie verwirrend ihre Darstellung des sozialistischen Progressivismus, des Klassischen Liberalismus oder des patriotischen Konservatismus anderen erscheinen musste. Vielleicht waren sie sich auch der Widersprüchlichkeit ihrer Aussagen nicht bewusst. Dem rationalistischen Glauben des 18. Jahrhunderts an die menschliche Güte sowie an die Existenz einer alles umfassenden Sittenordnung gesellte sich der romantische Glaube des 19. Jahrhunderts an die Vortrefflichkeit der menschlichen Gefühle hinzu. Das Ziel der Social Gospel-Bewegung war, das Leben so weit zu verbessern, dass in der Zukunft himmlische Zustände auf Erden herrschen sollten. Anhänger des religiösen Progressivismus waren überzeugt, dass sich der Mensch selbst vervollkommnen könne, um befähigt zu sein, die Gesellschaft auf der ganzen Welt einer kollektiven Utopie entgegenzuführen. Diese Vorstellungen stellen sich gegen die christliche Lehre über die Sündhaftigkeit des menschlichen Wesens und das ausschließliche Innewohnen des Heiligen Geistes in den Herzen der wiedergeborenen Christen.

Das bunte Gewand des Progressivismus wurde mit den unterschiedlichsten Fäden gesponnen, aus denen sich der humanistische Fortschrittsglaube im 19. Jahrhundert zusammensetzte. Es handelte sich dabei unter anderem um die Wissenschaft und Technologie, den Unitarismus und Transzendentalismus, den Sozialdarwinismus, Liberalismus und Pragmatismus.

Anfang des 20. Jahrhunderts nahmen die Industrialisierung und Urbanisierung überdimensionale Ausmaße an, welche die allgemeinen Umstände für viele radikal veränderten. Die einfachen Begebenheiten einer ländlichen und kleinstädtischen Existenz, die den Fortschrittsglauben genährt hatten, verschwanden allmählich, und mit ihrem Entschwinden löste sich der naive Glaube an die Zwangsläufigkeit des Fortschrittes nahezu ins Nichts auf. Denkt man darüber nach, wie sich die Amerikaner ihres blinden Vertrauens auf die positive Entfaltung der göttlichen Vorsehung entledigten, ist es angebracht, den Ersten Weltkrieg als einen symbolischen Eröffnungsakt in der Einführung einer völlig neuen Lebenseinstellung anzusehen. Infolge der katastrophalen Auswirkungen dieses Krieges, der schweren Nachkriegsjahre, die von Arbeitslosigkeit und Wirtschaftsdepression gekennzeichnet waren, und dem Versagen des Völkerbundes, den Weltfrieden zu bewahren, kollabierte der Fortschrittsgedanke vorübergehend in der westlichen Hemisphäre, so wie er ursprünglich konzipiert worden war. Die herkömmliche Variante dieses Glaubens an die letztendliche Vervollkommnung des Menschen verlor sich zunächst im düsteren Gefilde einer schrecklichen Realität menschenverachtender Zerstörungswut. Zynismus, Rücksichtslosigkeit und Bedeutungslosigkeit kennzeichneten die Einstellung einer Generation. Progressive Gesellschaftserneuerer waren einst so hoffnungsvoll wie Präsident T. Woodrow Wilson (ΦBK), dass der schreckliche Weltkrieg hauptsächlich deswegen geführt wurde, um ein für alle Mal das Mittel des Krieges im zerstörerischen Umgang der Nationen miteinander selbst abzuschaffen. Die Amerikaner hielten zwar weiterhin an der Möglichkeit des Fortschrittes fest, aber die Gewissheit und die Zuversicht auf bessere Lebensbedingungen und die Identifikation dieser Idee mit einer moralischen Regeneration der gesamten Bevölkerung trat mehr und mehr in den Hintergrund. Progressivisten beklagten, dass sich in Amerika und Europa alles nur noch um die Frage drehe, wie man an die Macht kommen kann, um sich mittels einer systematischen Plünderung des Gemeinwesens maßlos zu bereichern. Der Idealismus war am Felsen der Realität zerschmettert. Man kam zu der Erkenntnis, dass der Mensch weit entfernt davon sei, tugendhaft zu sein, er sei egoistisch, irrational und absurd, ohne dass er es selbst weiß; eine zivilisierte Kultur habe ihn zügellos werden lassen. Viele einflussreiche Denker der progressiven Bewegung hatten ihre Anhängerschaft in der kurzen Zeit von 1914 bis 1920 verloren.

Die Männer, die bis zum Ausbruch des Krieges als Koryphäen die öffentliche Meinung geformt hatten, waren in den Nachkriegsjahren weder in der Lage, die neue Generation zu verstehen, noch sie mit ihren sozialistischen Idealen zu erreichen. Nach Kriegsende war eine ganz neue Welt entstanden. Der gesellschaftliche Umschwung kam schnell und veränderte die Gesellschaft vollständig. Die Vorstellung einer unabänderlichen Verbesserung der menschlichen Lebensbedingungen als Ziel und Zweck der Geschichte hatte einen gewaltigen Dämpfer erhalten durch die Erfolge der Faschisten und Nationalsozialisten in Italien, Spanien und Deutschland sowie die fürchterlichen Schrecken des Zweiten Weltkrieges. Anzeichen machten sich bemerkbar, dass selbst die viel gepriesene und traditionsträchtige westliche Zivilisation im Niedergang begriffen war.

Im 20. Jahrhundert erfreute sich die literarische Gattung der Dystopie (erfundene, in der Zukunft spielende Erzählung mit negativem Ausgang) einer ungeheuren Popularität. Zum Beispiel veröffentlichte George Orwell 1949 das Buch *Nineteen Eighty-Four*, in dem er das Schreckensbild eines totalitären Überwachungsstaates im Jahr 1984 zeichnete, wobei die totalitäre Partei gänzlich den Willen des rebellischen Winston überwindet. Auch andere Schriftsteller verwarfen die Vollkommenheit als Ideal.

Die klassischen Utopien, wie Platons *Der Staat*, kritisierten bestehende Gesellschaften, indem sie sie mit einer theoretisch realisierbaren idealen Gesellschaft verglichen. Moderne Dystopien kritisieren bestehende, einem Albtraum gleichende Gesellschaften, indem sie behaupten, dass sie das unausweichliche Resultat existierender sozialer Tendenzen seien. Diese literarischen Werke unterscheiden sich inhaltlich nicht grundlegend von den klassischen Utopien: In ihrem Kern sind sie Variationen der platonischen Utopie. Die Utopie einer idealen Gesellschaft beeinflusst das Denken des modernen Menschen immer noch nachhaltig. In Aldous Huxleys Werk *„Brave New World"* dreht sich alles nur darum, das freudig zu befürworten, was man verpflichtet ist zu tun. Die Menschen sollten dazu gebracht werden, ihr unausweichliches Schicksal der Unterdrückung und Ausbeutung freudig willkommen zu heißen. In einem solch ausgeklügelten Totalitarismus darf jeder frei seine Meinung äußern. Dies ist deshalb möglich, weil niemand dem Gruppenkonsens widersprechen würde.

1.4 Ideologische Umkehrung der Fortschrittsidee

Philosophen, wie Platon, Aristoteles und Seneca, schrieben ihre Gedanken über die menschliche Entwicklung nieder, die sich über mehrere Generationen hinweg vollzogen hat. Christliche Theologen gingen davon aus, dass Gott den menschlichen Fortschritt bestimmte, der sich in der Geschichte zugetragen hatte, und verknüpften Ereignisse mit der Heilsgeschichte. Das Besondere an dieser Geschichtsdeutung bezog sich jedoch nicht auf vergangene Ereignisse, die in ihrer Bedeutung unverständlich waren, sondern auf die geistliche Entwicklung der Menschheit. Die Philosophen der Aufklärung gingen davon aus, dass der menschliche Fortschritt nicht durch die Gnade Gottes bestimmt war, sondern durch natürliche Ursachen. Sie meinten, dass nicht mehr Gott, sondern nur noch die Natur dem Menschen die Richtung des Fortschrittes aufzeige. Obgleich manche Aufklärer weiterhin an die Existenz eines Gottes glaubten, sahen sie ihn lediglich als einen weit entfernten Schöpfer an, der kein Interesse mehr hatte, in die Angelegenheiten der Menschen einzugreifen, nachdem er den Kosmos erschaffen und in Gang gesetzt hatte. Der Fortschritt besaß jetzt nicht mehr die Bedeutung der geistlichen Entwicklung des Menschen, sondern die Ausgestaltung seiner Beziehung zur externen Natur und ihrer Ursachen.

Im 19. Jahrhundert war die Idee des Fortschrittes zu einem Bestandteil des allseits populären Progressivismus geworden, von dem der Bezug zum Göttlichen völlig verschwunden war. Der Fortschritt vollzog sich in der Geschichte als ein notwendiges Phänomen, das nur mittels der Vernunft gedanklich erfasst werden konnte. Man verglich die westliche Zivilisation mit ihrer eigenen Vergangenheit sowie mit anderen Zivilisationen, um den Fortschritt der menschlichen Entwicklung beurteilen zu können. Nach den katastrophalen Folgen des Ersten Weltkrieges kam es zur Wende und man erkannte, dass der Fortschritt keine geschichtliche Notwendigkeit ist.

Man kann festhalten: Der Fortschritt im Sinne einer Entwicklung zu einer vollkommenen Gesellschaft gibt es nur in der christlichen Heilsgeschichte: im neuen Jerusalem ist alles vollkommen, weil es keine Sünde mehr gibt. Einen vollkommen Zustand kann es in der säkularen Geschichte wegen der Sündhaftigkeit des Menschen nicht geben. Dennoch blieb die Idee des Fortschrittes eine mächtige intellektuelle Größe, die sich auf die spektakulären Errungenschaften der westlichen Zivilisation berief.

Die konzeptionelle Veränderung der Idee des Fortschrittes verursachte eine Krise in der modernen Gesellschaft. Die immer deutlicher werdenden Widersprüchlichkeiten in der durch den vermeintlichen Fortschritt erzeugten Erwartungshaltung haben zentrifugale Kräfte freigesetzt, die genau die Elemente zerstören, die das Eigentliche einer gut funktionierenden Gesellschaft ausmachen. Egoistische und hedonistische Einflüsse zerstören die Gesellschaft. Als die religiöse Dimension der menschlichen Existenz aus dem Denken der westlichen Menschen verbannt worden war, konnten sie den vermeintlichen Fortschritt nur noch in zeitlichen und materiellen Begriffen fassen. Beeinflusste eine progressive Elite den Verlauf der Geschichte, resultierten daraus nur Krieg, Revolution, Kriminalität und andere schlimme Dinge.

Platon trat als der erste politische Monist des Westens auf. Thomas Hobbes und Jean-Jacques Rousseau folgten ihm als moderne Repräsentanten dieser Tradition nach. Sie definierten das eigentliche Wesen des Staates nicht als Macht oder Unterdrückung, sondern als Gerechtigkeit, Freiheit und Friede, die dem Einzelnen zugutekommen. Wohingegen Hobbes sich damit zufrieden gab, dem Einzelnen zu gestatten, sein Leben innerhalb eines Staates entsprechend seiner eigenen Vorstellungen zu gestalten, erblickte Rousseau als erster moderne Philosoph im Staat das geeignete Mittel, Konflikte nicht nur zwischen Institutionen zu lösen, sondern auch im Inneren des Menschen selbst. Der Staat sei absolut, unteilbar und allmächtig. Eine Zivilreligion könne alle sozialen und individuellen Streitigkeiten schlichten. Der Ursprung der neuen Ideologie, die ausschließlich auf das Staatsinteresse ausgerichtet ist, ist Rousseaus Idee des Gemeinwillens (frz. volonté générale) und nahm mit der Französischen Revolution ihren Anfang. Die Individuen sollten ihre Zweckbestimmung nicht in lokalen Gruppen oder traditionellen Gemeinschaften erfüllen, sondern im Staat. Der einzelne Bürger könne angeblich nur unter der unmittelbaren Aufsicht und Leitung des Staates, ungeachtet seiner oft willkürlichen Bürokratie, ein freies Leben führen.

Dieselbe Illusion der obersten Souveränität des Staates als politisches Ideal hat die Vorstellungskraft der amerikanischen Progressivisten seit Mitte des 19. Jahrhunderts ergriffen. Befürworter des amerikanischen Wohlfahrtsstaates, der mit der Einführung des öffentlichen Schulsystems in Massachusetts begann, bestehen hartnäckig darauf, dass der Staat alleine die Institution sei, die das Wohlergehen innerhalb seiner Grenzen garantiere. Aber die große Loyalität des Individuums zum Staat sollte sich als Fluch erweisen. Seit Ende des Zweiten Weltkriegs ist in der westlichen Zivilisation das allgemeine Zugehörigkeitsempfinden zum Staat zusammengebrochen.

Die Idee des Fortschrittes ist ein wichtiger Bestandteil der Ideologie des Krieges, die der Staat dazu verwendete, um die Zentralisierung seiner Macht zu Ungunsten von traditionellen Volksgemeinschaften, wie Familie, Kirche und Verein, zu rechtfertigen. In Zeiten des Krieges haben sich das territoriale Ausmaß und die totalitäre Machtbefugnis des Staates am meisten vergrößert. Der Krieg vermittelt den Staatsbürgern ein Gemeinschaftsgefühl, das nicht intensiver sein kann. Im Laufe der Zeit entwickelte sich der Staat von einem exklusiven Militärbund zu einer institutionellen Macht, die fast alle Aspekte des menschlichen Lebens kontrolliert.

2.0 Reformatorische Darlegung des Evangeliums

Gott offenbart sich in der Heiligen Schrift, die die oberste Autorität besitzt. Das war der Grundsatz der Reformation. Die in der Bibel enthaltenen Lehren sind somit für einen Christen maßgebend und sollten nicht auf die gleiche Ebene wie menschliche Meinungen gestellt werden. Gott schenkte sie den Menschen in prophetischen und apostolischen Schriften, die absolut irrtumslos sind. Somit steckte er den Rahmen ab, in dem sich alles Geschehen in der Welt, einschließlich des christlichen Lebens, abspielen soll.

2.1 Autoritative Selbstoffenbarung des souveränen Gottes

Martin Luther war sich bewusst, dass das Wort Gottes ewigen Bestand hat und nie endende Gültigkeit besitzt: „Himmel und Erde werden vergehen, meine Worte aber werden nimmermehr vergehen" (Mt. 24,35; Herman Menge-Übersetzung). Im Mittelalter war die lateinische Übersetzung nur einigen Mönchen, Gelehrten und hohen Amtsträgern der Römisch-Katholischen Kirche zugänglich, jedoch nicht dem Volk. Deshalb war es eine der großartigsten Erkenntnisse, die das Denken und Handeln Martin Luthers nachhaltig prägte, dass Gott den Menschen sein Wort in der Form eines Buches gegeben hatte, von dem er wollte, dass es fleißig gelesen und befolgt wird; die Heilige Schrift musste in die jeweiligen Landessprachen übersetzt werden. Gott benutzte ausschließlich menschliche Kommunikationsmittel, um seine ewigen Gedanken im Stil eines großen Poeten, eines kreativen Erzählers und eines Meisters der Lyrik zu übermitteln. Die Botschaft des Himmels wurde den Menschen, die sich dafür interessierten, in einer ihnen verständlichen Weise vermittelt. Gott ist immer bereit, die Menschen anzusprechen, um sie zu sich zu ziehen. Denn nur bei ihm finden sie ewiges Heil. Die Errettung ist ausschließlich an den Glauben an Jesus Christus, das fleischgewordene Wort Gottes, gebunden.

Das Neue an Luther ist die Vorstellung, dass der Christ gegenüber der Schrift zum absoluten Gehorsam verpflichtet ist; dadurch entbindet er ihn von jeder menschlichen Autorität – sei es ein Papst, Kirchenkonzil oder Herrscher –, die sich an die Stelle des Wortes Gottes stellt. Die Römisch-Katholische Kirche bezichtigte ihn als Irrlehrer und drohte mit dem päpstlichen Bann. Die Kirche hielt sich fälschlicherweise für die einzige Anstalt des Heils und den Papst als den alleinigen Interpreten des Wortes Gottes, denn die Heilige Schrift gewönne ihren Wert und ihre Gültigkeit einzig durch den Papst. Im Bewusstsein gestärkt, dass Gott seine souveräne Hand über allem Geschehen hält, verbrannte Luther 1520 die päpstliche Bannandrohungsbulle. Das Anliegen einer weiten Verbreitung des Wortes Gottes unter dem Volk wog bei ihm schwerer als die Sorge um sein eigenes Leben, das bald danach unter dem Todesurteil stehen sollte, nachdem der Papst seine Androhung wahrgemacht hatte.

Luther nannte die Heilige Schrift das externe Wort, um zu betonen, dass es objektiv, feststehend und unveränderlich ist, ja sich außerhalb unserer subjektiven Befindlichkeit postiert, um von unseren schwankenden und irrenden Gedanken und Gefühlen nicht beeinflusst zu werden. Wie Gott selbst existiert das Wort außerhalb der manipulierenden Kontrolle des Menschen. Die besondere Wertschätzung des Buches der Bücher schloss für Luther die Hochachtung nicht aus, die er dem Heiligen Geist als einer göttlichen Person der Dreieinigkeit entgegenbrachte; einer Person, die erkannt und geliebt werden konnte. Einzig im Lesen der Schrift erkannte er die Wichtigkeit der Geistesausgießung. Dieser Geist sorgt dafür, dass man den richtigen Sinn der Schrift erkennen und glauben kann. Das niedergeschriebene Wort Gottes achtet auch das fleischgewordene Wort, Jesus Christus, hoch; ohne das Wort würde Christus zu einem Spielball der willkürlichen Ansichten der Menschen degradiert.

Die allgemeine Kenntnis über den Sohn Gottes war schon seit der Spätantike von allerlei Mythen entstellt. Im Mittelalter wurde sie von philosophischer Spekulation und heidnischem Aberglauben gründlich zugedeckt. Die Renaissance brachte nur stückweise, vornehmlich in der 1516 erfolgten Veröffentlichung des griechischen Neuen Testaments in Basel, eine Verbesserung dieser prekären Situation zustande. Das Gewissen eines einfachen Augustinermönchs war nach jahrelangen inneren Kämpfen mit der eigenen Sündhaftigkeit und dem Gefühl der Gottverlassenheit plötzlich von dem hellen Strahl der paulinischen Rechtfertigungslehre entzündet worden: Alleine durch den Glauben an Christus und sein stellvertretendes Sühneopfer am Kreuz, an dem der Sohn Gottes die grauenhafte Strafe der Schuld seines Volkes erduldet hatte, war es einem Menschen möglich, vom brennenden Zorn Gottes und dem endgültigen Verdammungsgericht errettet zu werden.

Luther besaß eine Waffe, mit Hilfe derer er das schamlose Verhökern des fleischgewordenen Wortes auf den Märkten Sachsens und anderer Gebiete unterbinden konnte. Er trieb die Geldwechsler – die dominikanischen Ablassverkäufer – mit der Peitsche des externen Wortes, der heilsbringenden Botschaft Gottes, von ihren Verkaufsständen. Die katholische Vorstellung des fleischgewordenen Wortes stand immer in der Gefahr, nach Belieben umgestaltet zu werden, weil fast niemand die Möglichkeit besaß nachzuprüfen, ob die Priester Roms ihrer Verkündigungspflicht auch gewissenhaft nachkamen; und selbst wenn sie dies taten, waren nur die wenigsten ihrer Zuhörer der lateinischen Sprache mächtig, die ausschließlich in der Messe verwendet wurde.

Die nahezu unbeschreibliche Herrlichkeit des fleischgewordenen Wortes konnte laut Luther einzig in den Seiten der Bibel erkannt werden, nie käme Christus zu uns in dem dubiosen Zustand ekstatischer Verzückung.

Die Apostel waren sich der absoluten Notwendigkeit bewusst, das Neue Testament in der damals üblichen Handelssprache, dem Koine-Griechisch, niederzuschreiben, um es sicher aufzubewahren. Würde das Wort nur auswendig rezitiert werden – wie die Eingeweihten der Mysterienkulte in ihren geheimen Konventen zu tun pflegten –, käme in der Kirche ein wildes Sammelsurium verworrener und grotesker Interpretationen der biblischen Lehren auf, welche die Menschen in große geistliche Finsternis stürzen würde.

2.2 Völliges Vertrauen auf Gottes Heilswerk

Die Reformation begann mit dem geplagten Gewissen Luthers. Er war verzweifelt, weil er keine Möglichkeit sah, als Sünder der strafenden Gerechtigkeit Gottes zu entgehen. Bis zu jenem Augenblick war er in einer Lehre unterwiesen worden, die in einem damals gängigen Sprichwort auf einen Punkt gebracht wurde: „Tue dein Bestes, um gerecht zu leben, und Gott wird dir schon irgendwie helfen." Luther hatte mit Leibeskräften versucht, sich an diese Regeln zu halten; aber er konnte sein verletztes Gewissen nicht beruhigen. Doch plötzlich öffnete sich vor ihm die Nebelwand seiner Verzweiflung, als er eine neue Lehre entdeckte. Er las in Gottes Wort, dass allein Gott den Sünder in seiner unendlichen Gnade errettet und alles zum Heil Notwendige tut und dass der Sünder nichts hinzufügen muss, um errettet zu werden. Die sich aus diesem drastischen Lebenswandel ergebenden Konsequenzen entfesselten die Kräfte, die aus der mittelalterlichen die moderne Welt formten. Der entscheidende Faktor, der die Welt veränderte, war die im Augustinerkloster in Wittenberg entdeckte Lehre der Rechtfertigung aus Glauben allein: „Der Gerechte wird aus Glauben leben" (Röm. 1,17). Seitdem Luther begriffen hatte, was sich hinter der Rechtfertigungslehre verbarg, nämlich die zentrale Lehre des göttlichen Evangeliums, suchte er nicht mehr nach einer anderen Wahrheit; denn er hatte sie gefunden.

Jedes Gerede von einer unumstößlichen Gewissheit, im Besitz der Wahrheit zu sein, erregte in dem Humanisten Erasmus von Rotterdam den größten Widerwillen. Erasmus zählte Papst Leo X. zu seinen wichtigsten Freunden. Dieser hatte ihn von seinem Gelübde als Augustinermönch losgesprochen und förderte anschließend die humanistischen Studien seines Günstlings mit Leibeskräften. Niemand konnte ihm auch nur annähernd das Wasser reichen im Beherrschen der Sprachen der klassischen Antike. Niemand anderes besaß solch großes Wissen über die Literatur der griechischen Philosophen und der Kirchenväter. Niemand wie er hatte auch nur annähernd den freien Zugang zum Papst, zu den Kardinälen und Königen. Einem aufmerksamen Christen, der sich über die in jener Zeit herrschenden groben Missstände innerhalb des Christentums besorgte, schien kein anderer Mann von Bedeutung geeigneter zu sein als Erasmus, um die korrupte und weltliche Gesinnung der Römischen Kirche mitsamt ihrer auf maßlosen Geldgewinn und ruchloser Macht ausgerichteten Politik zu reformieren.

Den Beitrag, den Erasmus zur Reformation leistete, war keineswegs unerheblich. Er stellte den Humanismus in den Dienst der Religion und ergriff die Initiative, die mittelalterliche Scholastik von allem spekulativen Machwerk der Theologen zu reinigen. Ein weiteres seiner Anliegen war, alles nur Erdenkliche zu tun, damit die praktische Frömmigkeit des Christentums wieder ganz zur Geltung kommen könne. Als 1516 das Verlagshaus Fröbe in Basel die erste Ausgabe des griechischen Testamentes, wie sie Erasmus textkritisch erarbeitet und mit Anmerkungen versehen hatte, herausbrachte, dachten viele, dass das große Werk der Reformation kirchlicher Lehre und Praktiken begonnen habe. Eine weitere Meisterleistung war die Anfertigung einer lateinischen Übersetzung des Neuen Testaments. Auf dem Konzil von Trient (1545-1563) wurden Erasmus' Schriften und auch diese Bibelausgabe zwar auf den Index gesetzt und waren damit den Gläubigen verboten zu lesen. Dennoch sollte diese Ausgabe die Grundlage der meisten modernen Übersetzungen des Neuen Testament in die Landessprachen vom 16. bis zum 19. Jahrhundert werden.

In seinen Bibelkommentaren versäumte Erasmus es nie, die zeitgenössische Relevanz des biblischen Wortes hervorzuheben. Es war eines der Hauptanliegen des Humanisten, allen Gesellschaftsklassen die Möglichkeit zu geben und ihnen die Pflicht aufzulegen, die Bibel selbstständig zu lesen. Die Bibel sollte in viele Sprachen übersetzt werden. Im Gegensatz zum klösterlichen Ideal der mystischen Versenkung und zur zeremoniellen Gestaltung der katholischen Gottesdienste bewirkte Erasmus sicherlich etwas Positives, indem er die praktische Seite der Religion und ihre Ethik betonte. Er prangerte ein willkürliches Spekulieren über religiöse Wirklichkeiten an. Der wahrscheinlich beachtenswerteste Beitrag, den Erasmus für die Reformation geleistet hat, war seine penetrante Kritik der Missstände in der Römisch-Katholischen Kirche. Die Folgewirkung war einem geistlichen Vulkanausbruch zu vergleichen. Deshalb erscheint es geradezu ironisch zu sein, dass der Papst den Vorschlag machte, Erasmus möge die Bischöfe anleiten, um eine gründliche Erneuerungskampagne innerhalb der Kirche durchzuführen. Die einzige Bedingung, die er erfüllen müsse, sei ein friedfertiges Vorgehen. Das Ziel war, den klerikalen Missbrauch abzuschaffen, das Lesen der Heiligen Schrift zu fördern, die Verkündigung der göttlichen Wahrheiten zu ermutigen und zu einem heiligen Leben aufzurufen. Doch dazu kam es nie. Die Gegenströmungen waren zu stark, um eine grundlegende Reform innerhalb der Kirche durchzuführen. Luther deutete mit unvergleichlicher Direktheit auf die eigentlichen Gründe hin: Geldgier, Vergnügungslust und Machtversessenheit. Erasmus' Reformbemühungen waren kein bleibender Erfolg gegönnt, weil die wahre Ursache der kirchlichen Missstände nicht in ihrer ganzen Tiefe erkannt worden war. Die Wurzel des Übels war die gesamte Theologie, die die päpstliche Kirche über den Verlauf von Jahrhunderten konstruiert hatte, um im politischen Sinne über die damalige westliche Welt zu regieren. Keine effektive Reform konnte durchgeführt werden, wenn man nicht zum Evangelium des Neuen Testamentes zurückkehren würde. Das bedingungslose Heil in Jesus Christus, welches durch den Glauben angenommen werden konnte, musste erneut verkündet werden. Nichts anderes war dazu fähig, der europäischen Christenheit neues geistliches Leben einzuhauchen. Erasmus hingegen wollte die ihm klar vor Augen stehenden Übel in der Kirche einer umfassenden Reform unterwerfen, ohne dabei auf die Heilslehren des Christentums hinzuweisen, die alleine dazu fähig gewesen wären, die gewünschten Veränderungen herbeizuführen. Das, was Erasmus für das Christentum hielt, war nicht das eigentliche neutestamentliche Christentum. Es war ein pseudo-christlicher Glaube, dem die entscheidenden Elemente des echten Gegenübers fehlten, weil es eines war, das in seinem innersten Kern ohne Jesus Christus dastand.

Deshalb ist es nicht überraschend, dass sich Erasmus von der Reformation distanzierte. Es ist nicht unwahrscheinlich, dass er ein gewisses Maß an innerer Genugtuung empfand, als ihm Luthers Entrüstung über den Ablasshandel zu Ohren kam. Aber gleichzeitig befürchtete er, dass dieser mit negativen Konsequenzen rechnen müsse, wenn sein ungezügeltes Temperament weiterhin mit ihm durchgehen würde. In einem an den deutschen Reformator geschriebenen Brief rief er ihn 1519 zur Mäßigung seines Eifers auf. In einem Moment toleranter Großmütigkeit war er bereit, eine milde Behandlung Luthers zu empfehlen. Als sich zu einem späteren Zeitpunkt die Gemüter der kirchlichen Kurie immer mehr über Luthers Eskapaden erhitzten, nahm der niederländische Gelehrte jedoch die Pose offener Feindseligkeit ein. Um Luther direkt zu widersprechen, wurde Erasmus im Jahr 1524 gedrängt, ein Buch zu schreiben, das nach seiner Abfassung unter dem Titel *Vom freien Willen* bekannt wurde. Die Gründe, die Erasmus dazu bewogen, sich von der Reformation fernzuhalten, waren nie ein großes Rätsel. Das eigene Interesse im Erreichen ehrgeiziger Ziele zu verfolgen, stand immer an oberster Stelle seiner Prioritätenliste. Es erschien ihm deshalb widersinnig zu sein, gemeinsame Sache mit Luther zu machen. Als führender Humanist seiner Zeit sah er sich zudem in die Pflicht genommen, die literarische Gelehrsamkeit zu fördern. In dem von Luther verursachten Tumult erblickte er eine Gefahr für dieses Anliegen. Außerdem bestand eine große Kluft zwischen Luther und ihm in Fragen der Theologie. Anstelle der Rechtfertigung durch den Glauben, wie sie der Reformator verkündete, bevorzugte er ein anderes Heilsverständnis, das dem Menschen die Pflicht auferlegte, die ethische Vorzüglichkeit Christi nachzuahmen.

Während der Reformationszeit vollzog sich ein gewaltiger Umbruch: ein ganzes System theologischer Lehraussagen wurde durch ein anderes ersetzt. Das eine System war von der Angst vor Tod und Hölle beherrscht, das andere System wurde als der Urquell der von Gott geschenkten Lebenskraft empfunden: die Reformation erweckte nicht nur die Kräfte des Lebens, sondern das lebendige und biblische Christentum an sich. Die deutsche Reformation hatte sich in Windeseile unter dem ausgebeuteten und niedergedrückten Volk ausgebreitet. Als Folge auf Luthers Thesenanschlag vom 31. Oktober 1517 und der Veröffentlichung weiterer Schriften des Reformators erließ Papst Leo X. 1520 eine Bannandrohungsbulle, in der Luther vor die Wahl gestellt wurde, seine ketzerischen Lehren im Vergleich zur Kirchenlehre zu verwerfen oder aus der Römisch-Katholischen Kirche ausgeschlossen zu werden. Luther betonte immer wieder aufs Neue, dass menschliche Werke im Erlangen des Heils völlig ausgeschlossen sind und die Seele sich ganz und gar auf die Gnade Gottes verlassen muss. Rom lehrte mit großer Finesse, dass das ewige Heil durch menschliche Werke bewirkt werden könne. Rom verurteilte und verwarf letztlich nicht Luther und seine Schriften, sondern das Kreuz Christi und damit das Evangelium, das ihm alles bedeutete.

Erasmus schrieb in seinem Buch *Vom freien Willen*, dass die Heilige Schrift Geheimnisse enthalte, die Gott dem Menschen nicht aufschließt. Eine gesicherte, untrügliche Erkenntnis könne es nicht geben, weil Gott nichts durch einen absoluten göttlichen Ratschluss festgelegt habe. Erasmus behandelt das Thema der Willensfreiheit aus einer moralischen, pragmatischen und menschlichen Perspektive. Sein Anliegen bestand nicht darin zu akzeptieren, was die Bibel tatsächlich lehrte, sondern zu verteidigen, was er auf Grundlage der thomistischen Scholastik für richtig hielt, nämlich die Gültigkeit des freien Willens. Er meinte, im Menschen eine innewohnende Kraft zu erkennen, die gegen Gott handeln könne. Er ging davon aus, dass der Mensch die Fähigkeit habe, einen wesentlichen Teil zum eigenen Heil beizutragen. Erasmus schlug einen Mittelweg ein: Er hob sich einerseits von Pelagius ab, der der Meinung war, dass der Mensch aus eigenem Vermögen errettet werde, und andererseits ging Erasmus auf Distanz zu den Reformatoren, die proklamierten, dass der Mensch allein aus Gottes Gnade gerettet wird. Darum nennt man Erasmus einen Semi-Pelagianer. Zur damaligen Zeit war diese Lehre der Werksgerechtigkeit weit verbreitet.

Als Antwort auf Erasmus' Buch *Vom freien Willen* schrieb Luther 1525 eine Abhandlung mit dem Titel *Vom unfreien Willen*. Der deutsche Reformator betrachtet das Thema des menschlichen Willens hauptsächlich von einem ethischen, nicht psychologischen Standpunkt aus. Demgemäß legt er die Lehre der Heiligen Schrift über die völlige Unfähigkeit des natürlichen Menschen, etwas Gutes vor Gott tun zu können, überzeugend dar. Die Lehre vom unfreien Willen wird allerdings von vielen nicht akzeptiert, weil diese Lehre darauf pocht, dass der Sünder kein verdienstliches Werk vor Gott verrichten kann, wenn die göttliche Gnade nicht in ihm wirksam ist. Wenn Erasmus den Begriff „Willensfreiheit" verwendete, meinte er damit nicht, was man gemeinhin unter diesem versteht. Es ging ihm nicht darum aufzuzeigen, dass ein Mensch verantwortungsbewusst leben sollte, sondern dass der Mensch völlig autonom von Gott sein kann. Dies ist ein radikal anderes Verständnis des Begriffes. In dieser theologischen Debatte stand die Frage im Raum, wer von den beiden, Gott oder Mensch, in letzter Instanz die Autorität über den anderen besitzt. Ist der Mensch in der Lage, sich Gott gegenüber eine gewisse Autonomie zu wahren, oder ist der Mensch eine Kreatur Gottes, die völlig unter der Herrschaft Gottes steht? Die Verwerfung des freien Willens war für Luther die Grundlage der biblischen Lehre der Gnade. Wenn man sich hingegen nicht bewusst ist, hilflos der versklavenden Sünde ausgeliefert zu sein, ist es laut Luther unmöglich, überhaupt irgendeinen Aspekt des Evangeliums zu verstehen.

Der Humanist Erasmus empfahl seinen Lesern einen weltklugen Agnostizismus, das heißt, die Existenz des Göttlichen kann rational nicht erklärt werden. Im Namen des Friedens und der Harmonie bemühte sich Erasmus eine gleichgültige Haltung gegenüber dem göttlichen Gesetz einzunehmen, um an den ethischen Prinzipien eines sich autonom wähnenden Menschen festzuhalten. Katholische Theologen des Modernismus, die seit dem 20. Jahrhundert eine Verbindung zu dem wissenschaftlichen und philosophischen Erkenntnistand der aktuellen Zeit herzustellen suchen, bekräftigen immer noch konsequent, dass der Mensch autonom, das heißt unabhängig von Gott sei. Obwohl die Evangelische Kirche anfänglich wohlberaten war, dem Beispiel Luthers zu folgen, muss sie sich selbst die Schuld zuweisen, dass sich der Modernismus im Nachhinein so schnell in ihrem Inneren Bahn gebrochen und an Einfluss gewonnen hat.

Mit einem Gefühl der Erleichterung gab Martin Luther das mönchische Vollkommenheitsideal auf, aus eigenem Bemühen heraus sündlos zu werden. Anders als Augustinus war Luther nicht darüber bestürzt, dass er immer noch menschliche Schwächen besaß. Er meinte, dass solche Sünden die Heiligkeit nicht hindern, solange der Sünder nur an Gott glaubt und bußfertig ist. Das Thema des freien Willens war für Luther keine akademische Frage; er war sich bewusst, dass das Heil kostbarer Seelen auf dem Spiel stand. Dies erklärt seine Bereitschaft, mit absoluter Entschlossenheit sein Argument des unfreien Willens vorzutragen, um seiner Überzeugung Nachdruck zu verleihen, dass es sich hierbei um das Eigentliche des christlichen Glaubens handelt. Bestechend tritt die große Zuversicht des deutschen Reformators in der Art und Weise hervor, wie er seinem gebildeten Kontrahenten begegnete. Er legte seine Argumente vom unfreien Willen nicht nur anhand einer eingehenden Schriftbetrachtung vor, sondern auch in der nötigen Gewissheit, dass diese zwingend genug sei, um zu überzeugen. Sicherlich lobte er Erasmus' große Gelehrsamkeit und kultiviertes Auftreten, scheute sich aber nicht im Geringsten davor, ihm mannhaft zu widerstehen, wenn sein Gegenüber die Wahrheit des Wort Gottes hinterfragte und veränderte.

Luther kämpfte an mehreren Fronten: Er lehnte nicht nur die Ansicht der Pelagianer ab, wonach es keine Erbsünde geben soll und der Mensch darum auch nicht verdorben sei und sich *aus eigener Kraft* vervollkommnen könne, sondern auch die Kompromisslösung der Semi-Pelagianer, dass *Gott das natürliche Wesen des Menschen mit dessen Zustimmung* zur Vollkommenheit bringen werde. So hatte bereits Augustinus argumentiert, aber Luther ging noch ein Stück weiter, indem er der gängigen Meinung des Römisch-Katholischen Theologen Erasmus widersprach, dass der Mensch einen freien Willen besitze, der sich mit oder ohne Gottes Hilfe für das Gute entscheiden könne. Luther hielt nichts von einem dem Menschen von Natur aus verfügbaren psychologischen Mechanismus, der ihn befähigen würde, sein eigenes sündiges Wesen von einem Augenblick zum anderen zu ändern. Er verneinte dies nicht zögernd oder widerstrebend, sondern mit ungeheurer

Erleichterung. Luther argumentierte, dass er nie gewiss sein könnte, ob er alles getan habe, was in seiner Macht stand, selbst wenn er sich die grösste Mühe gegeben hätte. Der freie Wille, so beteuerte Luther, ist ein Terminus, den man nur auf Gott zu Recht anwenden kann. Der Versuch des Menschen, sich selbst als „frei" zu denken, ist also nur eine andere Erscheinungsform seines Versuchs, sich selbst als gottähnlich zu denken. Die Wahrheit ist, dass er zumindest in allen Angelegenheiten, die sein geistliches Wohlergehen betreffen, absolut ohnmächtig ist. Luthers oberstes Anliegen war die Verbreitung der augustinischen Gnadenlehre: ein Mensch kann sich nicht durch eigene Anstrengung retten, sondern muss sich im Glauben einzig und allein auf die göttliche Gnade im Heilshandeln Gottes am Kreuz verlassen. Die Betonung des Reformators auf die göttliche Gnade und die darin implizierte Verwerfung menschlichen Vermögens im Erlangen des Heils stand dem Grundsatz des späteren Glaubens an den Fortschritt entgegen: Die Vertreter des Fortschrittsglaubens meinten, dass die Zielsetzungen des menschlichen Willens, der auf sich allein gestellt sei, die Hoffnung auf ein besseres Leben in dieser Welt gewährleisten würden.

Martin Luther stellte die Vollkommenheitstheorie der Römisch-Katholischen und Griechisch-Orthodoxen Kirche in ein krasses Licht, weil er davon überzeugt war, dass diese die biblische Heilslehre verfälschten. Wie konnte eine solche Lehre entstehen? Der katholische Humanist Erasmus war stark von der griechischen Philosophie beeinflusst. In Übereinstimmung mit allen anderen Reformatoren trat Martin Luther in Bezug auf die Rechtfertigung des Sünders allein durch Gottes Gnade einer Leistungsfrömmigkeit pointert entgegen und bestritt einen „Stand der irdischen Vollkommenheit", der das Angewiesensein auf die göttliche Gnade hinter sich lassen könne. Der Genfer Reformator Johannes Calvin sagte, dass es angemessener ist, Handlungen, wie Ehebruch, Unzucht, Diebstahl, Hass, Mord und Trinkerei, als „Früchte der Sünde" und nicht als „Sünden" zu bezeichnen. Die Annahme des Gegenteils bedeutet nach Calvin, dass man Gott seiner Rechte beraubt und den Menschen zur Selbstüberschätzung ermutigt.

Calvin gesteht zu, dass es im Menschen noch etwas vom Ebenbild Gottes gibt, wie sehr es auch pervertiert sein mag. Der Mensch hat sich noch eine gewisse Fähigkeit hinsichtlich „irdischer Dinge" bewahrt – Regierungsgeschäfte, Haushaltsführung, mechanische Geschicklichkeit und die freien Künste – und ist nicht ganz ohne ein „allgemeines Gefühl für bestimmte bürgerliche und redliche Verhaltensweisen und Ordnung". In Luthers Ausdrucksweise gehört der Mensch sowohl dem irdischen als auch dem himmlischen Königreich an und kann sehr wohl seine Vernunft und seinen Willen entfalten. Erst wenn es zu geistlichen Fragen kommt, ist die Vernunft, wie Calvin meinte, „stockblind" oder, um mit Luther zu sprechen, „die Hure des Teufels". Selbst in religiösen Dingen bewahrt sich die Vernunft zweifellos gewisse Kräfte; Calvin äußert, dass sie durchaus Gottes Güte, Voraussicht und Gerechtigkeit herleiten kann, indem sie die Natur und die Menschheitsgeschichte betrachtet. Doch es bleibt eine Tatsache, dass der Mensch so verdorben ist, dass er in allen religiösen Dingen ohne die Hilfe des Heiligen

Geistes „dumm und töricht" ist. Die Vernunft kann tatsächlich höchstens erreichen, dass sie die Existenz und Güte Gottes sehr allgemein anerkennt und dass sie eine gewisse Fähigkeit erlangt, „rechtschaffen zu handeln", wenn man es äußerlich bewertet. Im geistlichen Sinne beurteilt, steht alles Wirken des Menschen, egal wie es nach außen hin erscheinen mag, unter dem Gerichtsurteil Gottes. Erst der vom Heiligen Geist wiedergeborene Christ wird befähigt, gute Werke zu erbringen, die zur Ehre Gottes gereichen.

Die Reformatoren richteten ihr Denken auf die Aussage des Paulus, dass das völlige Heil des Sünders allein auf der freien und souveränen Gnade Gottes beruht. Der Sünder ist völlig hilflos in seinen Sünden und wird mittels der freien, bedingungslosen, unwiderstehlichen Gnade Gottes errettet. Die Souveränität der göttlichen Gnade kommt auch in der Lehre der sogenannten monergistischen Wiedergeburt zum Ausdruck – der Lehre, die besagt, dass der Glaube, der Christus annimmt, um gerechtfertigt zu werden, selbst ein freies Geschenk eines souveränen Gottes ist. Gott erweckt den Menschen aus dem Tod der Sünde durch seinen lebensspendenden Geist und führt ihn zum Glauben. Dann rechtfertigt er den bußfertigen Sünder um Christi willen. Kurz und bündig ausgedrückt: Gott ist der Geber sowohl des Glaubens als auch der Rechtfertigung. Monergismus (griechisch „allein arbeiten") ist die Sichtweise, dass Gott allein unsere Erlösung beeinflusst. Diese Sichtweise haben primär Calvinisten und reformierte Konfessionen und ist eng mit der Lehre der Gnade verbunden. Im Gegensatz dazu ist der Synergismus (griechisch „zusammenarbeiten") die Sichtweise, dass Gott mit uns zusammenarbeitet, um die Erlösung herbeizuführen. Während Monergismus eng mit Johannes Calvin in Verbindung steht, ist der Synergismus mit Jakob Arminius verknüpft, seine Ansichten formten großteils die moderne evangelikale Landschaft. Calvin und Arminius sind nicht die Schöpfer dieser Sichtweisen, sie sind aber die bekanntesten Vertreter des Calvinismus und Arminianismus.

2.3 Theologische Kontroverse über das Evangelium

Der Franzose Peter Baro (Baron), Theologe an der Cambridge University, sorgte 1579 für große Aufregung, als er am Beispiel der im Buch Jona beschriebenen Stadt Ninive die These vorlegte, dass Gott alle Menschen zum ewigen Leben vorherbestimmt habe. Glaube und Gehorsam seien die Bedingungen, die zur Erlangung des Heils erfüllt werden müssten. William Barrett verkündigte 1595 dieselbe Lehre. Daraufhin widerlegte die Anglikanische Kirche diese Lehre in den sogenannten neun Lambeth Articles. Bald erhob sich aber innerhalb der Anglikanischen Kirche eine einflussreiche Bewegung gegen den Calvinismus, die sich auf die Theologie Baros und Barretts berief. Die Cambridge Platoniker setzten sich für die Verbreitung einer natürlichen Theologie ein, die zahlreiche Anhänger fand, weil sie besonders den Moralismus herausstellte. Nach der Stuart-Restauration betrachtete man den Calvinismus als sonderbare Kuriosität, an dem nur noch wenige Nonkonformisten festhielten. Die meisten Theologen der etablierten Staatskirche waren einflussreiche Arminianer. Die tragische Konsequenz, die sich aus dieser Situation ergeben sollte, war die Verwerfung der Rechtfertigungslehre. Die Anglikanische Kirche ersetzte die reformatorische Lehre, dass die zugesprochene Gerechtigkeit Christi die Formalursache der Rechtfertigung sei, mit der Ansicht, dass die persönliche Gerechtigkeit Christi der verdienstliche Grund sei, wodurch jeder Mensch die Möglichkeit besitze, sich selbst zu erretten. Der Glaube wurde nicht mehr als Mittel der Rechtfertigung aufgefasst, sondern als dessen Vorbedingung. Es sei demnach eine moralische Verpflichtung des Menschen, den Glauben als Akt des Gehorsams auszuüben. Auch Jakob Hermandzoon (genannt Jacobus Arminius), Pfarrer in Amsterdam, vertrat bis zu seinem Tod im Jahr 1609 diskret, aber entschieden diese semipelagianische Heilslehre und die unter seinem Namen bekannt gewordene Version der Erwählungslehre.

Die sich zaghaft in den theologischen Zwistigkeiten zwischen den beiden Niederländern Jacobus Arminius (1560-1609) und Petrus Plancius (1552-1622) abzeichnende Entwicklung entflammte die Gemüter von vielen protestantischen Theologen in den großen Glaubensdisputationen des 17. und 18. Jahrhunderts. Nach Arminius' Tod 1609 entstand schnell eine Bewegung unter seinen Nachfolgern, die sich unter den Reformierten mittels der Veröffentlichung der „Fünf Punkte der Remonstranten" einen anrüchigen Namen gemacht hatten. Mit Vehemenz stellten sie sich grundsätzlich gegen die calvinistische Heilslehre. Als Gegenantwort formulierten reformierte Theologen auf der Synode zu Dordrecht 1619 die „Fünf Punkte des Calvinismus", in denen sie ihr Verständnis der christlichen Heilslehre zusammenfassten.

Der grundsätzliche Unterschied zwischen Calvinismus und Arminianismus besteht *nicht* in den folgenden Punkten, wie einige meinen:

- Die Arminianer folgen der Heiligen Schrift, während die Calvinisten dem Diktat ihrer Logik hörig sind.
- Im Arminianismus wird das freie Angebot Christi im Evangelium hervorgehoben, welches im Calvinismus keinen Platz hat.
- Der Arminianismus sieht eine Verbindung zwischen dem Glauben und Gehorsam als Gnadenmittel zum Erlangen des ewigen Lebens, die der Calvinismus bestreitet.
- Der Arminianismus betont die menschliche Verantwortung vor Gott und die sich daraus ableitende Verpflichtung eines heiligen Lebenswandels, während der Calvinismus nichts dergleichen lehrt.
- Die Arminianer kennen nur die Liebe Gottes, während die Calvinisten sich auf seine Macht berufen.

Der Unterschied besteht dort, wo der Calvinismus eine Dimension in der rettenden Liebe Gottes wahrnimmt, die der Arminianismus völlig übergeht. Für einen Calvinisten dreht sich vordergründig alles um die Anerkennung der Souveränität Gottes. Gott allein trifft die Wahl, welcher Sünder tatsächlich errettet wird. Und Gott allein führt den erwählten Sünder zum Glauben und erhält ihn bis ans Ende im Glauben. Der Arminianismus lehnt diese Lehren des Calvinismus grundsätzlich ab.

Die Rechtfertigungslehre der Reformatoren kann in den folgenden Punkten zusammengefasst werden: Auf der negativen Seite ist zu verzeichnen, dass jeder Mensch einst vor dem Richterstuhl Gottes erscheinen wird und sich selbst vor Gott verantworten muss, denn in seinem Wesen und Tun ist er ein Sünder. Er weigert sich, dem Gesetz Gottes gemäß zu leben und deshalb kann er nur Gottes Zorn und Verwerfung erwarten. Auf der positiven Seite ist zu notieren, dass die Rechtfertigung Gottes Urteilsspruch in der Begnadigung des schuldigen Sünders ist, indem er ihn als gerecht annimmt und als Sohn und Erbe einsetzt. Die einzige Quelle der Rechtfertigung ist Gottes Gnade, nicht das Bemühen oder die Initiative des Menschen. Die einzige Grundlage der Rechtfertigung ist die stellvertretende Gerechtigkeit und das vergossene Blut Christi, nicht des Menschen eigener Verdienst. Weder leisten die angeblich überschüssigen Werke der Heiligen, der Erwerb von Ablassbriefen oder die Vielzahl der Messen irgendeinen Beitrag dazu noch besitzen die Qualen des Fegefeuers der mittelalterlichen Fantasie irgendwelche Bedeutung. Es gibt sie in Wirklichkeit nicht. Die Rechtfertigung ist nicht die göttliche Bezahlung für irgendeine menschliche Leistung, sondern ein Geschenk Gottes, das durch die Vermittlung von Jesus Christus empfangen werden kann. Das Mittel zum Empfang der Rechtfertigung im Hier und Jetzt ist der Glaube. Der stellvertretende Opfertod Jesu mittels des von ihm vergossenen Blutes zur Bezahlung der Sündenschuld ermöglicht es dem gerechten Gott, jede Sünde der Vergangenheit, Gegenwart und Zukunft des gläubigen Menschen zu vergeben. Die Frucht des Glaubens, der Beleg seiner Echtheit und darum der Erweis, dass das christliche Bekenntnis eines Menschen echt ist, ist ein Leben der Buße und der guten Werke.

Das Römisch-Katholische Konzil von Trient (1545-1563) verwarf das reformatorische Verständnis der Rechtfertigungslehre, indem es die Rechtfertigung als eine inwendige Erneuerung des Menschen dogmatisch festlegte. Gott sehe den Menschen als Gerechten an, weil er von ihm in seinem Inneren wirklich gerecht gemacht wurde. Die Rechtfertigung des Sünders sei in der Gerechtigkeit Gottes formal begründet, die mittels der Taufe verliehen würde. Somit müsse die Strafe für die Sünden nicht mehr an dem Menschen vollzogen werden. Die mit der Wiedergeburt beginnende Heiligung wurde zur Grundlage der Rechtfertigung erklärt. Die versammelten Bischöfe und Kardinäle in Trient sprachen einen Fluch über denen aus, die an der reformatorischen Rechtfertigungslehre festhielten. In ihrer Entgegnung und Verwerfung der Römisch-Katholischen Heilslehre, wie sie auf dem Konzil in Trient festgelegt worden war, orientierten sich die reformierten Theologen an Calvins Darlegung der Rechtfertigungslehre (*Insitutio* III, 11.23). Die einzig formale Grundlage der Rechtfertigung ist nicht die *vermittelte Gerechtigkeit Gottes*, sondern die *zugerechnete Gerechtigkeit Christi*.

Die reformierten Theologen brandmarken die Arminianer als Kryptokatholiken (krypto = verborgen), also als solche, die zwar keine Katholiken mehr sind, aber dennoch das Gleiche glauben wie diese, weil sie davon ausgehen, dass der Glaube selbst die eigentliche Gerechtigkeit sei, die erbracht werden müsse, um gerettet zu werden. Dem Gläubigen wird folglich *der Glaube* als Gerechtigkeit zugerechnet, weil die Gerechtigkeit sich im Glaubensakt selbst und nicht im Vertrauen auf das stellvertretende Sühneopfer Jesu manifestiert. Die Reformierten warfen den Katholiken und Arminianer vor, dass sie einerseits dem menschlichen Stolz das Wort reden, indem sie die Grundlagen der Rechtfertigung im Gläubigen selbst zu finden meinen, und andererseits dem Sohn Gottes die Ehre rauben, die ihm allein gebührt.

Warum übernahmen die Arminianer die katholische Lehre der Rechtfertigung, die der protestantischen völlig entgegensteht? Ihre Logik trieb sie zu dieser Schlussfolgerung, weil sie grundsätzlich leugneten, dass das Heil des Einzelnen gänzlich das Werk Gottes ist. Sie verwarfen die Lehre eines ewigen Ratschlusses, den Gott im Laufe der Heilsgeschichte mittels der wirksamen Berufung eines Menschen und souveränen Bewahrung des Gläubigen verwirklicht. Das Wesentliche an diesem Ratschluss besteht in der gnadenvollen Darbietung des Heils, das an keine Bedingungen geknüpft ist, die der Mensch erfüllen müsste.

Die arminianische Rechtfertigungslehre setzt sich aus fünf Verneinungen zusammen, die aus der prinzipiellen Leugnung des alleinigen Heilswirkens Gottes erwachsen:

- Der Glaubensakt des Menschen sei nicht gänzlich Gottes Gabe.
- Im Plan Gottes gebe es keinen direkten Bezug zwischen dem Empfang der Erlösung durch den Gehorsam Christi am Kreuz und der rettenden Anwendung der Erlösung mittels des Heiligen Geistes. Die Arminianer meinen, dass das Sühneopfer Jesu das Heil für alle Menschen ausnahmslos ermögliche, aber nicht zwingend die tatsächliche Erlösung irgendeines Menschen gewährleiste. Folglich muss die Vorstellung des Todes Christi als stellvertretendes Sühneopfer aufgegeben werden.
- Der Bund der Gnade sei keine Beziehung, die Gott mittels seiner wirksamen Berufung eines Menschen von sich aus initiiert, ohne sie an Bedingungen zu knüpfen. Der Arminianismus betrachtet den Bund der Gnade als ein neues Gesetz, das augenblickliche Vergebung unter der Voraussetzung augenblicklichen Glaubens anbietet und darüber hinaus zukünftiges Heil unter der Bedingung des fortwährenden Glaubens.
- Der Glaube sei im Wesentlichen keine Angelegenheit der Erkenntnis, die sich vertrauensvoll auf das verlässt, was ein anderer vollbracht hat. Die arminianische Alternative stellte den Gedanken in den Mittelpunkt, dass der Glaube im Wesentlichen eine Angelegenheit sei, die beim Menschen eine Entscheidung hervorrufen würde. Seit dem 17. Jahrhundert haben sich viele Pietisten diesem arminianischen Gedanken angeschlossen, als ob es ein Lehrsatz des protestantischen Glaubens sei.
- Die Grundlage der Rechtfertigung sei nicht die zugerechnete Gerechtigkeit Christi, sondern der Glaube selbst sei die Grundlage der Rechtfertigung. Arminius bezieht sich auf Römer 4,3.5.9, wo Abrahams Glaube ihm zur Gerechtigkeit gerechnet wurde.

Aber Paulus bestand darauf, die Gerechtigkeit des Christen als Gottes Geschenk darzustellen (Römer 5, 15-17). Mit Nachdruck hob der Apostel hervor, dass der Sünder durch den Glauben an das Blut Christi gerechtfertigt sei, ungeachtet der eigenen Werke (Epheser 2,8-9): „Denn durch die Gnade seid ihr gerettet worden auf Grund des Glaubens, und zwar nicht aus euch – nein, Gottes Geschenk ist es –, 9 nicht aufgrund von Werken, damit niemand sich rühme." Alleine diese Aussagen des Apostels machen die spezielle Auslegung Arminius unmöglich. Hinter der arminianischen Rechtfertigungslehre verbirgt sich letztlich eine unterschwellige Form der Werksgerechtigkeit. Im Prinzip besteht deshalb eine Übereinstimmung mit der Lehre der Rechtfertigung, wie sie in der Römisch-Katholischen Kirche seit dem Konzil von Trient seit nunmehr fast 500 Jahren gelehrt wird. Eine Lehre dieser Art führte unweigerlich zu einer neuen Gesetzlichkeit, deren Schlüsselgedanke in dem Aufruf zur Geltung kommt, sich stets moralisch zu vervollkommnen, um in eigener Anstrengung das zukünftige Heil zu ergreifen.

Nach der Synode zu Dortrecht (1618-1619) mussten die Arminianer eine Zeit lang ins Exil gehen, bis es ihnen 1626 erlaubt wurde, zu ihren Kirchengemeinden zurückzukehren und ein theologisches Seminar in Amsterdam zu eröffnen. Drei Theologen, Episcopius, Curcellaeus (Courcelles) und Limborch, nahmen nacheinander eine führende Stellung im Seminar ein und machten sich als einflussreiche Arminianer einen Namen. Ihr Ruhm klingt bis heute nach. Sie setzten sich mit besonderem Eifer für eine Theologie ein, die von einem sich ständig verändernden Liberalismus geprägt war. Deshalb degenerierte der niederländische Arminianismus rasch zu einem dogmatischen Moralismus und unterschied sich kaum vom Sozinianismus, wonach der auferstandene Mensch Jesus Christus nicht zugleich Mensch und Gott sein könne.

Im Arminianismus gibt es zwei Varianten: die Remonstranten und Wesleyaner (zum Beispiel die Methodistische Kirche). Die Remonstranten behaupteten, dass die Sünde den Menschen in moralischer und geistlicher Hinsicht geschwächt, aber nicht völlig verdorben habe; trotz der Beeinträchtigung sündiger Tendenzen besitze er in sich selbst das Vermögen, gerecht zu leben. Die Wesleyaner gehen in Anlehnung an Jacobus Arminius davon aus, dass die menschliche Fähigkeit, auf das göttliche Heilsangebot einzugehen, seit dem Sündenfall völlig verloren gegangen ist, dass aber die Gnade Gottes diese Fähigkeiten in allen Menschen wiederherstellen würde. Die Remonstranten bemühten sich, die gefallene Natur des Menschen zu verbessern, die Bedeutung der Sünde herunterzuspielen und das Christentum als Religion des sittlichen Lebens darzustellen. In den Begriffen des Neuen Testamentes ausgedrückt, favorisierten sie ein judaistisches „Christentum" des strikten Einhaltens von Geboten, genauso wie es im Katholizismus gang und gäbe war. Es war ein anderes Evangelium, über dem der Apostel Paulus im Galaterbrief zweimal den Fluch ausprach. Am Ende dieser Straße stand, wie das Jahrhundert nach Dordrecht zeigte, der Deismus, dieser lehrte, dass das Heil kraft eines moralischen Lebenswandels erworben wird, ohne dass die Gnade Gottes Beihilfe leistet. Die Wesleyaner hingegen stellten sich ausdrücklich gegen den Deismus, indem sie das Problem der Sünde deutlich ansprachen, um die Gnade noch mächtiger erscheinen zu lassen. Doch vertraten die Wesleyaner tatsächlich die reformatorische Rechtfertigungslehre?

Die Ursprünge des Wesleyianischen Methodismus – der ältesten Form des im 18. Jahrhundert in England kursierenden Pietismus – lassen sich zwar ebenfalls auf pietistische Einflüsse zurückführen, doch die Ausbildung des Pietismus in seinen Reihen war gemäßigter. Aus dem Pietismus stammt die Vorstellung, dass Methoden, die von Menschen gefunden und angewandt werden, ein geistlicheres Leben garantieren sollen, als es der Gebrauch der Gnadenmittel zu tun vermochte. Obwohl Wesley behauptete, Calvins Rechtfertigungslehre zu verkünden, lehnte er es ab, über die zugerechnete Gerechtigkeit Christi als Grundlage der Rechtfertigung zu sprechen. Er überging die Unterschiede zwischen der reformierten und arminianischen Vorstellung. Er hatte keine klare Vorstellung davon, wie sich der Gehorsam Christi und der Glaube des Menschen im Hinblick auf die Rechtfertigungslehre zueinander verhielten. Wesley folgte konsequent den Ansichten Jacobus Arminius. 1879 räumten die Methodisten ein, dass der Arminianismus und der Calvinismus tatsächlich unvereinbar sind. Die Arminianer gestanden den Calvinisten zu, dass der Arminianismus keinen logischen Platz für eine Lehre der Erbsünde und des stellvertretenden Sühneopfers hat. Folglich begannen die Methodisten zu lehren, dass der Mensch nicht von Natur aus unter dem verdammenden Zorn Gottes stehe und Christus nicht als Stellvertreter der Auserwählten die Strafe der Sünde getragen habe.

In dieser so alles entscheidenden Frage nach dem biblischen Gehalt der Rechtfertigungslehre ist es wichtig, sich der reformatorischen Lehre des stellvertretenden Sühneopfers Jesu am Kreuz anzuschließen. Innerhalb des humanistischen Systems des Arminianismus treibt die Logik ein unerbittliches Spiel mit den ihr fremden Lehren des Christentums. Ihr oberstes Prinzip ist die Freiheit. Darum stellen sie die Sühnelehre als vorläufig, universal und bedingt hin. Gemäß den Aussagen der Wesleyanischen Heilslehre in Bezug auf das Sühneopfer Jesu stehe den Menschen zwar die Möglichkeit der Rettung offen, aber es sei kein Mittel vorhanden, um die Errettung irgendeines Menschen zu garantieren. Das Heil hänge ausschließlich von den zu erfüllenden Bedingungen eines, wie sie meinen, realen Zusammenwirkens zwischen Gott und Mensch ab.

2.4 Exakte Unterscheidung von zwei Herrschaftsbereichen

Martin Luther war hauptsächlich ein kirchlicher Reformator und nicht wie Thomas Hobbes oder Jean-Jacques Rousseau ein politischer Agitator oder Philosoph. Als 34-Jähriger begann Luther aufgrund seines intensiven Studiums der paulinischen Schriften neue Wege zu beschreiten, die ihn schon bald zum Initiator der Reformation werden ließen. Sein Hauptaugenmerk richtete er auf die Überarbeitung der katholischen Theologie und

Kirchenpolitik auf Grundlage der Heiligen Schrift. Deshalb waren seine religiösen Ansichten der entscheidende Faktor in der Ausgestaltung politischer Grundsätze, denen er zeitlebens lediglich eine untergeordnete Rolle in seinen Überlegungen beimaß. In einem gewissen Sinne kann man Luther aber auch als einen politischen Theologen charakterisieren, der sich vehement gegen den Ablasshandel Roms stellte als einer schändlichen Praxis der Erhebung immenser Geldmitteln, die dazu dienten, die maßlose Prunksucht der Römischen Kurie zu befriedigen. Luther verwarf gänzlich den sakramentalen Anspruch der Kirche, als er öffentlich bekanntgab, dass die Priester weder das Recht noch die Macht besäßen, die Sünden der Menschen zu vergeben. Er betonte die Lehre des allgemeinen Priestertums in fester Gewissheit, dass es keinen grundsätzlichen Unterschied zwischen Geistlichen und Laien gab. Er hinterfragte die katholische Kirchenlehre der „Zwei Schwerter", die besagte, dass der Papst die Quelle aller Autorität in zeitlichen und geistlichen Angelegenheiten sei. Demgegenüber stellte er seine der Bibel entnommenen Lehre, dass die regierende Obrigkeit ihre säkulare Macht von Gott erhalten hat. Die Dienstpflichten der Kirche seien alleine geistlicher Natur. Sie bezögen sich in Erfüllung des Liebesgebotes nicht nur auf das Innenleben des Menschen, sondern auch auf seine physische Existenz.

Überzeugt davon, dass das Wesen des Menschen verdorben ist und dieser als Sünder vor Gott dasteht, formulierte Luther politische Grundsätze, die er 1520 in drei Werken herausgab. Als Reaktion auf die Exkommunikation und Reichsacht, die die Verbote des Drucks und Verkaufs seiner Schriften einschloss, veröffentlichte er 1523 die Schrift *Von weltlicher Obrigkeit, wie weit man ihr Gehorsam schuldig sei*. Luther sah sich vor die Situation gestellt, nicht nur vogelfrei zu sein, sondern auch erhebliche finanzielle Einbußen hinnehmen zu müssen. Dennoch ließ er sich nicht von diesen misslichen Umständen beeindrucken, sondern setzte seine schriftstellerische Tätigkeit unbeirrt fort. Die Schrift *Von weltlicher Obrigkeit* enthält eine Widmung an Herzog Johann I. von Sachsen, der wissen wollte, inwieweit die Ausübung weltlicher Herrschaft mit christlichem Glauben vereinbar sei. Luther verwies auf Röm. 13 und 1.Pet. 2,13-14, worauf sich die Zivilregierung in der Ausübung ihrer Autorität stützen kann. Seine Darlegungen widersprechen scheinbar der Bedeutung solcher Bibelstellen, wie Mt. 5,38-41.44, Röm. 12,19 und 1.Pet. 3,9, dass es Christen nicht gestattet sei, das Schwert zu führen, selbst als Angehörige der Zivilregierung. Um diesem falschen Eindruck entgegenzuwirken, schlägt Luther als Lösung des Problems die Teilung der Menschheit in zwei Klassen vor: das Reich Christi und das Reich der Welt. Das Reich Christi besteht aus echten Christen, die unter der Autorität des Messias stehen, das Evangelium „lehrt, regiert und erhält" es. Luther meint, dass die Christen nicht unter der Herrschaftsgewalt einer weltlichen Regierung, die das Schwert in Händen trägt, stehen müssen, denn der Heilige Geist motiviere sie, ihre Nachbarn zu lieben und die Gerechtigkeit zu suchen. Gott erließ das Gesetz um der Gottlosen willen (1.Tim. 1,9), damit es die Menschen daran hindert, mit ungeminderter Entschlossenheit ein sündiges Leben zu führen. Darüber hinaus würden sie dazu angeleitet, die absolute

Notwendigkeit der Gnade zu erkennen, um von der versklavenden und zerstörerischen Macht der Sünde erlöst zu werden. Das Reich dieser Welt besteht aus solchen Menschen, die keine Christen sind und sich auch nicht so benehmen, gleichwohl sie oftmals vorgeben, es zu sein. Sie stünden deshalb unter der Herrschaft und dem Gesetz der Zivilregierung. Es sei nicht angebracht, das Gesetz des Evangeliums auf das Reich der Welt anzuwenden. Luthers Vorstellung lässt sich nicht dahingehend interpretieren, dass sich das christliche Reich gegen das weltliche stellt. Noch weniger geht er davon aus, dass es ein vereinigtes, christliches Königreich der Welt geben würde. Der deutsche Reformator teilt alle Menschen in bestimmte Autoritätsbereiche auf, sodass diejenigen, die Christen sind, durch das Wort Gottes in der Welt regiert werden, und die anderen, die es nicht sind, durch den von Gott eingesetzten Gesetzesgeber. Einem Reich darf es nicht gestattet werden, das andere zu dominieren. Die Kirche dient nicht der weltlichen Herrschaft als Grundlage ihrer Macht, noch wird es der Obrigkeit gestattet, die geistliche Autorität innerhalb der Christenheit an sich zu reißen.

Luther wollte keine radikale sozialpolitische Revolution anstoßen. Er meinte, die Menschen würden aus reiner Dankbarkeit, spontan und ungezwungen, gute Werke vollbringen, wenn sie die Liebe Gottes richtig verstehen würden. Er stieß den Gedanken von sich, dass sich eine soziale Veränderung allein schon dadurch einstellte, wenn der Mensch sich selbst darum bemühte. Eine gesellschaftliche Erneuerung könne nur dann eintreten, wenn das menschliche Herz mittels des Wort Gottes und der Wirkung des Heiligen Geistes von Grund auf verändert wird. Um diese Veränderung zu bewirken, stehe die Verkündigung des Evangeliums als das wichtigste Mittel zur Verfügung. Jedermann, ob nun Papst, Kleriker, Prinz oder Bettler, stand in der gleichen Bedürftigkeit der Gnade. Luthers Lehre war ein geistlicher Angriff auf das Prinzip der Hierarchie; nie kam es ihm jedoch in den Sinn, die Grundfesten der mittelalterlichen Gesellschaft zu untergraben. Als sich die Bauern 1525 in einer blutigen Revolte gegen die fürstlichen und kirchlichen Obrigkeiten stellten, verbot er ihnen den Griff zur Waffe, um der sozialen Ungerechtigkeit mit Gewalt zu begegnen. Die Vehemenz, mit der sich der deutsche Reformator gegen den Bauernaufstand stellte, diente dem Appell zum Frieden in sozialen und politischen Fragen bis in das 21. Jahrhundert hinein als Vorbild.

Der Glaube an die Gleichheit aller Menschen in Bezug auf ihre Bedürftigkeit der Gnade verbannte alle besonderen geistlichen Disziplinen, wie das Klosterleben, in die Bedeutungslosigkeit. In den lutherischen Territorien wurden die Mönchsorden aufgelöst. Die Verwendung kirchlicher Besitzungen für andere, oft säkulare Funktionen, hatte weitreichende politische Folgen. Die Verteilung klösterlicher Ländereien begünstigte den sozialen und politischen Wandel jener Zeitepoche. Entgegen Luthers eigener Erwartung erhob sich die politische Macht in Gestalt der hoheitlichen Fürsten zur schicksalshaften Instanz in der Bestimmung des „ewigen Heils" der ihnen unterworfenen Bevölkerung, zumindest in der Frage, ob sie nun Katholiken, Lutheraner oder Reformierte sein sollten. Für viele gewann die säkulare

Obrigkeit enorm an Bedeutung in ihrem Anspruch, nahezu alle Bereiche des physischen und religiösen Lebens zu ordnen.

Die nachreformatorische Zeit hieß im Unterschied zur antiken Welt Griechenlands und Roms Neuerungen im Sozialgefüge willkommen. Gesellschaftliche Institutionen, die sich über Jahrhunderte einer unwiderstehlichen Dominanz erfreuten, waren nicht mehr länger gefeit gegen die zersetzenden Einflüsse eines umwälzenden Veränderungsprozesses. Auch die Kirchenstruktur wurde einer grundsätzlichen Überarbeitung unterworfen. Man rückte bewusst von dem Verständnis einer hierarchischen Staatskirche ab. Allmählich setzte sich die Erkenntnis durch, dass die staatlichen und kirchlichen Hierarchien nicht mehr länger göttliches Recht für sich beanspruchen dürfen.

2.5 Freiheitliche Grundlage der modernen Welt

Als Literat hat Johannes Calvin Großartiges geleistet. Er hat sich aber auch in praktischer Weise für die Sache der Reformation eingesetzt. Getrieben von einem glühenden Eifer für die Verwirklichung biblischer Grundsätze, stürzte sich Calvin in das Getümmel religiöser, politischer und persönlicher Auseinandersetzungen. Angesichts zahlreicher Rückschläge bewies er ein erstaunliches Maß an Ausdauer und Entschlossenheit, seine Ideale nie aufzugeben oder sich mit einer halben Sache zufrieden zu geben. Bedauerlich ist, dass man sich heutzutage der gewaltigen Leistungen, die der Genfer Reformator über die theologische Arbeit hinaus in der gesellschaftlichen und politischen Arena vollbracht hat, nicht bewusst ist. Nicht nur die Politik einer einzigen Stadt veränderte Calvin, sondern die aller Nationen in Europa, ja letztlich die der ganzen Welt, ohne dass der Reformator dies beabsichtigte. Sein hauptsächliches Augenmerk richtete er auf die theologischen und kirchlichen Probleme seiner Zeit.

Er bündelte eine geistlich-moralische Kraft, die so groß und durchschlagskräftig war, dass sie der politisch auf verlorenem Posten stehenden und von übermächtigen Feinden umringten Reformationsbewegung zum Sieg verhalf: Calvin rettete die Reformation vor der Vernichtung und bewahrte dadurch Europa vor dem Untergang. Der Genfer Reformator setzte in der französischen Schweiz eine Reformation in Gang, die solch gewaltige Kräfte entfesselte, dass sie in aller Welt spürbar wurden und sich bis auf den heutigen Tag bemerkbar machen. Das Tragische ist, dass man am wenigsten an Calvin denkt, wenn die Vorzüge einer freiheitlichen Gesellschaftsordnung zur Sprache kommen. Als Calvin nach Genf kam, merkte er sofort, dass das Evangelium dort zwar verkündigt wurde, die Kirche aber noch weit vom biblischen Ideal entfernt war. Seiner Meinung nach war das Kennzeichen einer wahren Kirche nicht nur die Verkündigung des Evangeliums, sondern dessen bewusste und gewissenhafte Befolgung. Seine Rolle als Reformator sah er darin, als Erster darauf zu drängen, die evangelische Kirche zu dem werden zu lassen, was sie vor den Augen der Welt gemäß der Vorgabe der

Heiligen Schrift darstellen sollte. Das geeignete Mittel, mit dem Calvin sein hochgestecktes Ziel erreichen wollte, war nicht die Sonntagspredigt, die Unterweisung oder der Moralappell, sondern die Kirchenzucht. Es überrascht vielleicht, dass die Kirche erst angefangen hat, sich nach biblischen Maßstäben im Ablauf des Gottesdienstes auszurichten und auf moralische Reinheit im Lebensvollzug der Kirchenmitglieder bedacht zu sein, als Calvin vor mehr als vier Jahrhunderten auf die konsequente Durchsetzung der Kirchenzucht in Genf bestand.

Die ordnungsmäßige Durchführung des Gottesdienstes, besonders im Abklären der Frage, wer am Abendmahl teilnehmen darf und wer nicht, stand bei der Kirchenzucht im Mittelpunkt. Eine reine Kirche bedeutete ihm viel; die ihm nachfolgenden reformierten Theologen und Pfarrer hoben ebenfalls die Kirchenzucht als eines der grundlegenden Merkmale der wahren Kirche hervor. Calvins Anliegen war sicherzustellen, dass die sich für Christen ausgebenden Menschen auch tatsächlich gläubig waren. Was er keineswegs wissen konnte, waren die gewaltigen Folgewirkungen in anderen Bereichen als den kirchlichen, die sich aus der Anwendung dieses Prinzips ergaben. Wir haben der Kirchenzucht eine freie Kirche in einem freien Staat zu verdanken. Calvin befreite die Kirche aus der politischen Umklammerung des Staates. Nicht die im Lande regierende Obrigkeit war von Gott dazu bestimmt worden, die internen Angelegenheiten der Kirche zu regulieren und die höchste Autorität in den Glaubensfragen der Christen zu sein, sondern dem König Jesus Christus gehört die Regentschaft in seiner Kirche. Dass Calvin diesen Herrschaftsanspruch Christi bewusst und ausschließlich auf den Bereich der Kirche beschränkte, ist in unserer Zeit besonders wichtig zu beachten. Die Postmillennialisten sind nicht berechtigt, sich auf Calvins vermeintlichen Einfluss auf die Regierung in Genf zu berufen, um ihren eigenen Anspruch auf weltpolitische Macht zu erheben. Calvin führte nicht die Zensur der privaten und öffentlichen Moral in Genf ein. Diese Zensur – oft engherzig, überspitzt und tyrannisch – wurde in allen ähnlich konstituierten Städten Europas praktiziert. Sie gehörte zu der üblichen Reglementierung der Bevölkerung durch die örtlichen Ordnungskräfte. Das einzige Argument, das wir gelten lassen in Bezug auf Calvins Rolle in dieser Zensur, ist, dass er bestrebt war, seinen geistlichen Einfluss zum Wohle der Stadtbewohner auszuüben. Sein Anliegen war, eine gewisse Ordnung in die willkürliche Einsetzung der zivilen Vorschriften zu bringen. Dies war sicherlich eine nötige und positive Leistung. Nie bekleidete er ein öffentliches Amt oder übte politische Macht in Genf aus. Selbst die Stadtbürgerschaft wurde ihm erst gegen Ende seines Lebens erteilt. Wie in so vielem, was man mit dem Lebenswerk Calvins an voreingenommenen Ansichten verbindet, beruht der Vorwurf diktatorischer Herrschaftsallüren des Reformators nicht auf historischer Wahrheit, sondern auf einer böswilligen Interpretation bestimmter Fakten über die herrschenden Sitten der damaligen Zeit, die von Calvin weder hervorgerufen noch befürwortet wurden. Oft fehlt das geschichtliche Wissen über dieses einzigartige Werk Calvins gänzlich, oder es wird mit dem Mantel des Schweigens umhüllt, sofern man darüber

Bescheid weiß. Mit Recht kann behauptet werden, dass jeder Schweizer, ja unzählige Menschen auf der ganzen Welt, noch heute einen unmittelbaren und persönlichen Vorteil aus Calvins Wirken ziehen.

Die Grundlage seiner Ansicht über die Kirchenzucht legte er schon in der ersten Ausgabe der *Institutio* im Frühjahr 1536 dar. Als Calvin im gleichen Jahr nach Genf kam, verlor er keine Zeit, um sie in die Tat umzusetzen. 1537 legte er dem Stadtkonzil ein mit den Namen aller Genfer Pfarrer unterschriebenes Dokument vor, indem er das neue Verständnis über die Kirchenzucht zusammenfasste. Das herausragende Merkmal der darin festgehaltenen Prinzipien war nicht das Element der Züchtigung, sondern das der kirchlichen Freiheit. Es wurden drei Punkte vorgeschlagen: Erstens sollte man sicherstellen, wer von den Bewohnern der Stadt wünscht, Mitglied der Kirche Jesu Christi zu sein. Dafür sei es notwendig, ein Glaubensbekenntnis vorzubereiten. Zweitens sollten die Kinder in den Lehren des Glaubens unterwiesen werden. Und drittens sollten bestimmte Personen, die einen guten Ruf unter den Gläubigen besäßen, unbestechlich seien und eine ausgeglichene Gemütsverfassung hätten, als Aufseher ausgewählt werden. Diese würden beauftragt werden, das Verhalten der Kirchenmitglieder zu beobachten, sie zu beratschlagen und zu ermahnen sowie die Aufmerksamkeit der Pfarrer auf die Starrköpfigen zu lenken. Wenn die Letzteren sich als nicht korrigierbare Fälle erweisen sollten, müssten sie so angesehen werden, als seien sie aus der Gemeinschaft der Christen ausgestoßen worden. Als Zeichen der Exkommunikation diene das Verbot der Teilnahme am Abendmahl; auch müssten sie den übrigen Gläubigen als solche benannt werden, mit denen man keine Gemeinschaft mehr pflegen dürfe. Dank dieser Anordnungen der Kirchenzucht wurde Calvin zum Gründer der protestantischen Kirche. Calvin wollte nicht in die polizeilichen Verordnungen der Zivilgewalt eingreifen; in ihrem eigenen Machtbereich würde die Obrigkeit weiterhin die Regierungsaufgaben wahrnehmen wie bisher. Aber der Kirche müsse es freigestellt werden, sich um ihre eigenen Angelegenheiten zu kümmern.

Der Genfer Stadtrat gestand Calvin 1537 noch nicht zu, worum er bat. Stets war er bereit, in der Verteidigung und Durchsetzung dieses Prinzips, Leiden und Unannehmlichkeiten auf sich zu nehmen. Konkret wird dies 1538 sichtbar, als das Scheitern des Antrages der Einführung kirchlicher Zucht zu seiner Verbannung führte. Selbst als er 1541 aus seinem Exil nach Genf zurückkehrte, verweigerte man ihm die Erfüllung seiner Bitte. Calvin kämpfte unaufhörlich weiter. Erst 1555, also 14 Jahre nach seiner Rückkehr und 18 Jahre nach der ersten Niederschrift in der *Institutio*, bewilligte der Stadtrat in Genf der Kirche die Zuerkennung ihrer geistlichen Freiheiten. Jede protestantische Kirche, die in aller Freiheit die Aufgaben einer Kirche Jesu wahrnehmen kann, verdankt dies dem unermüdlichen Drängen Calvins auf Kirchenzucht. Das Prinzip der Freiheit, das hier zum ersten Mal im Bereich der Kirche angewandt wurde, setzte sich allmählich in vielen anderen Bereichen des Gemeinwesens durch, so dass sich Institutionen bildeten, die einen gesellschaftlichen, ökonomischen und politischen Liberalismus im besten Sinne des Wortes – im biblischen Sinne – hervorbrachten. Die Grundlage für die moderne Welt, in der wir leben, wurde durch Calvin gelegt. Man sollte sich stets bewusst sein, dass die Zuerkennung eines staatsbürgerlichen Rechts der reformatorischen Durchsetzung der Kirchenzucht zu verdanken ist.

3.0 Esoterisches Fantasiegebilde eines irdischen Paradieses

Theologen hatten jahrhundertelang versucht, heidnische Elemente im christlichen Glauben zu überwinden, die in der Öffentlichkeit virulent in Erscheinung getreten waren, in gewissem Maß waren sie erfolgreich, aber sie konnten die Geheimgesellschaften nicht ausmerzen. Im Zentrum der paganen Philosophie lag die Vorstellung, dass die Natur eine hinreichende Erklärung für die Existenz des Menschen und des Kosmos liefern könne. Vor allem wurde die christliche Schöpfungslehre verworfen. Mystiker begaben sich auf die Suche nach kosmischer Einheit. Grundsätzlich gibt es nur eine esoterische Tradition, die sich in zahllosen Legenden, Mythen und Philosophien manifestiert. Zu verschiedenen Zeiten und an vielen Orten betrieb man systematisch die „Schwarze Kunst".

3.1 Naturphilosophie des Renaissance-Neoplatonismus

(Gelehrte der Renaissance in Esoterik verstrickt)
Progressive Historiker widmeten der Renaissance ihre Aufmerksamkeit, weil sie in ihr die ersten Anzeichen zukünftiger Entwicklungen erkennen konnten. Es wird behauptet, dass die Gelehrten der Renaissance die klassische Philosophie, Wissenschaft und Literatur neu beleben und die intellektuellen Ketten eines mönchischen und abergläubischen Mittelalters abwerfen wollten. Diese Darstellung der Renaissance ist allerdings irreführend, denn der Renaissance-Mensch hat sich oft mit Astrologie, Magie und Alchemie beschäftigt, ja der Neoplatonismus und die Hermetik haben sogar die zentrale Rolle eingenommen. Allerdings wurde der Neoplatonismus so dargestellt, dass er auf eine breite Zustimmung stoßen konnte und darum die Geistesgeschichte in Form der Esoterik bis heute beeinflusst: das Göttliche wohnt dem Materiellen inne, der Mikrokosmos des Menschen und der Makrokosmos des Universums sind miteinander verknüpft.

Die Renaissance-Esoteriker wollten die christlichen Konfessionen wieder in einer Lehre vereinen, um den Religionskriegen ein Ende zu bereiten, und offerierten die sogenannte „Alte Theologie", die Gott Mose am Berg Sinai angeblich gegeben habe. Obwohl sie dem Namen nach christlich erschien, war sie heidnischen Ursprungs. In der wissenschaftlichen Tradition der europäischen Renaissance war die Magie die wichtigste Methode, denn sie war die Grundlage für die spätere Entwicklung des Skeptizismus und begünstigte das Aufkommen neuer Religionen.

Die Gelehrten der Renaissance verfolgten ein naturphilosophisches Interesse. Sie wollten zu Beginn die Wissenschaft revolutionieren. Alle traditionellen Erkenntnisse stellten sie infrage. Hier befindet sich das Verbindungsstück zwischen rationalistischer Wissenschaft und irrationalem Pantheismus. Wie der Gnostizismus nimmt der Neoplatonismus an, dass die menschliche Seele Geist sei, die in der Materie gefangen gehalten wird. Antike Religionssysteme oder Mysterienkulte, wie die des Hermes Trismegistus, Zoroasters und Orpheus, lehrten, dass eine göttliche Seele das materielle Universum animiere. Eine göttliche Person gebe es nicht, sondern nur eine in allen Dingen immanente göttliche Kraft. Die Planeten und Sterne stellten lebendige Wesen dar, die mit einem göttlichen Geist erfüllt seien. Dieser Glaube steht im Gegensatz zur christlichen Lehre, die die Einheit des Menschen als Körper und Seele betont, die ewige Erlösung jedem Einzelnen anbietet und die Überzeugung vermittelt, dass die materielle Welt gut ist.

Die Gelehrten der Renaissance wandten sich den Quellen der antiken Mystik zu, um die magische Welt erfassen zu können. Sie bedienten sich obskurer Symbole, um ihre Erkenntnisse vor Rivalen zu schützen. Die Gelehrsamkeit wurde somit zu einem geheimen Unternehmen, das nur einer Elite von Nutzen war. In Anlehnung an den Pythagoreismus setzte sich die Erkenntnis durch, dass sich die verborgenen Geheimnisse des Kosmos in Zahlen beschreiben lassen. Vom Studium des Okkulten versprachen sich die neoplatonischen Philosophen größere persönliche Macht. Um an die Quelle von wunderwirkenden Kräften zu gelangen, bedienten sie sich der Manipulation. Der menschliche Geist könne mit unsichtbaren Kräften in Verbindung treten, aber nur um sie dem eigenen Willen gefügig zu machen. Der Mensch der Renaissance sah sich selbst als ein im Werden begriffener neuer Gott. Die Renaissance, Aufklärung, Romantik und jede andere Bewegung der Moderne haben ein gemeinsames Kennzeichen. Sie meldeten in der ihnen jeweils charakteristischen Art und Weise einen starken Protest gegen das Christentum an.

3.2 Geheimnisvolles Eintauchen in die Lebensabläufe der Schöpfung

Der Name „Hermetik" bezieht sich auf die mythische Gestalt des Hermes Trismegistos. Das geheimnisvolle Eintauchen in die Lebensabläufe der Schöpfung tritt dabei an die Stelle einer systematischen Erläuterung rationaler Prinzipien. Trotz unverkennbar antithetischer Züge stimmt die Hermetik mit wenigstens zwei Glaubenslehren des Christentums überein: 1) der allmächtige Gott steht über dem Chaos, und 2) die sexuelle Ergötzung kann ein „Irrtum der Liebe" sein. In jeder anderen Hinsicht propagiert sie das widerchristliche „Chaos-Syndrom". Der hermetische Gott ist männlich und weiblich. Dem Gedanken verfallen, nur noch sich selbst dienen zu wollen, trennt sich der Mensch von Gott. Im Durchbrechen seines ursprünglichen Lebenskreises versucht er, die das Feuer beherrschende Macht zu verstehen. Nun kehren sich ihm die sieben Gouverneure der Welt in Liebe zu und geben ihm Anteil am göttlichen Wesen. Im Gegensatz zum christlichen Ausblick einer unweigerlich der Vernichtung entgegengehenden Welt postuliert die Hermetik die Idee der „Ewigen Wiederbringung". Der stete Umwandlungsprozess aller Dinge soll dem Zwecke kontinuierlicher Reinigung dienen.

Das Göttliche neige sich zur Erde nieder, um an ihrem Ergehen teilzuhaben. Als Arbeiter, Maler und Bildhauer trete es auf. Englische Schriftsteller, wie Edmund Spenser und William Shakespeare griffen hermetisches Gedankengut auf. Der Mensch steigt auf der gleichen Leiter empor, auf der Gott zu ihm niederkommt. Der Erdenbewohner ist ein sterblicher Gott; der Allvater hingegen ein unsterblicher Mensch.

Die Vereinigung von Gott und Mensch ist mit dem christlichen Glauben unvereinbar, denn das Entscheidende ist die Trennung von Gott, Mensch und Natur. In der Hermetik fand der Magier die ihm so wichtig erscheinende Aufforderung, das Irdisch-Vergängliche dank seiner göttlichen Kraft zu überwinden. Die in der Renaissance zentral zur Geltung kommende Verherrlichung des Menschen hatte das ontologisch Gemeinsame mit dem Göttlichen zur Grundlage.

Alchemistische Spekulationen, die sich auf die Hermetik als eigentliche Quelle beziehen, finden sich in den Werken Giovanni Pico Della Mirandolas (1463-1494) und Henry Vaughans (1621 oder 1622-1695). Weitere berühmte Schriftsteller, wie Bernardus Silvestris (1085-1160/1178), Edmund Spenser (1552-1599), Giordano Bruno (1548-1600), William Blake (1757-1827), Jakob Böhme (1575-1624), Friedrich Nietzsche (1844-1900), greifen die zyklische Renovation der Welt, die Vorherrschaft von Chaos und Dunkelheit, die Verbindung von Gott und Mensch sowie das ewige Bestehen von Ordnung und Unordnung auf.

3.3 Mystischer Impuls der menschlichen Vergöttlichung

(Mithilfe des Steins der Weisen Unsterblichkeit erlangen)
Die Alchemie ist der Umwandlungsprozess einer unedlen in eine edle Substanz. Der Ursprung der Alchemie geht auf Mythen der Metallarbeiter Mesopotamiens zurück (ca. 1200 v.Chr.). Einer hermetischen Legende zufolge wurde dem Begründer der Alchemie und Verfasser des alchemistischen Textes *Tabula Smaragdina*, Hermes Trismegistus, nachgesagt, dass er die Ägypter 2500 Jahre vor Christus in das Geheimnis der Transmutation eingeweiht habe. Tatsächlich nahm man an, dass die Ägypter dank der Anwendung der Alchemie reich wurden. Von Ägypten aus verbreitete sich die „königliche Kunst" über ganz Griechenland und den Mittleren Osten. Die nahöstlichen Kulturen vermischten gnostisches Gedankengut mit alchemistischer Kunst. Die Araber schwangen sich als Schutzherren der hermetischen Wissenschaft auf, die sie von den Griechen überliefert bekommen hatten. Zur Zeit der mittelalterlichen Kreuzzüge kamen die Europäer mit dem alchemistischen Schrifttum in Berührung, und viele von ihnen – in der Hoffnung Blei in Gold umzuwandeln – begannen bald mit

chemischen Experimenten. Im Mittelalter verschlüsselten einige Alchemisten ihre Prozeduren, andere mit Bezug zur Kirche stellten einen Zusammenhang zwischen den regenerierenden Eigenschaften des Steins der Weisen (lapis philosophorum) und Jesus Christus her.

Allgemein ist die Legende bekannt, dass der Alchemist mittels des Steins der Weisen Blei in Gold verwandeln möchte. Doch das eigentlich Wichtige ist, dass die Alchemisten vom Glauben beseelt waren, kraft des Steins der Weisen Unsterblichkeit zu erlangen. Gold wurde als Symbol der Unsterblichkeit betrachtet. Deshalb sind der Tod und die Wiedergeburt ein häufig angesprochenes Thema in der alchemistischen Literatur. Der Mensch stellt sich als ebenbürtiger Schöpfer an die Seite Gottes. Er strebt die menschliche Vergöttlichung an. Allerdings kennen nur die Eingeweihten die Geheimnisse der Umgestaltung. Durch häufiges Vermischen von chemischen Elementen komme es zu einer Transformation, wobei auch der Alchemist selbst verändert werde. Dem Stein der Weisen werden Wunderheilkräfte zugeschrieben. Die Esoteriker gingen von der Einheit des Seins sowohl der Materie als auch des Geistes aus; darum versuchten die Magier mittels Manipulation, alle existierenden Elemente wieder zu einem Stoff umzuwandeln, Gegensätze sollten versöhnt werden.

Eine verborgene Verbindungslinie vereinige niedere mit höheren Welten. Dem Magier bietet dieses Wissen den Zugang zu den geheimen Machtzentren des Universums. Durch geschicktes Manipulieren von Himmelskörpern meint er, den Lauf des Schicksals verändern zu können. Das Ziel der Magie ist, die Natur, den Menschen und die Geister zu beherrschen. Wenn es zu einer Verbesserung der unvollkommenen Welt komme, spricht man von einer zweiten Schöpfung. Entsprechend der alchemistischen Mythologie wird der Stein der Weisen mit der vollkommenen Erkenntnis Gottes gleichgesetzt; Gold repräsentiert symbolhaft das Licht, das letztlich auch von Gott ausgeht. Im Stein der Weisen würden alle Gegensätze versöhnt. Die Malkunst sowohl vor der Renaissance als auch während der Renaissance wurde als Mittel eingesetzt, philosophische und theologische Sprache in die Symbole der Esoterik zu übersetzen. Es wurden Talismane angefertigt, die gewünschte Veränderungen in der oberen und unteren Welt herbeiführen sollten, wenn sie, wie die Statuen von Hermes, angemessen in Szene gesetzt worden waren.

Das alchemistische Menschenbild und die Vorstellung der Transformation haben unausweichliche soziale Implikationen. Der Alchemist sieht sich als der erste Mensch einer neuen Rasse, der gegenwärtige Repräsentant einer neuen Volksgruppe. Es ist eine elitäre Sicht der sozialen Erneuerung. Sein Zweck war demnach, die Bedingungen des Chaos zu schaffen, um die sprungartige Weiterführung der Evolution zu fördern. Die Praktiker der Alchemie waren in der Aufklärung eng mit den Agitatoren der Revolution verbunden. Der Renaissance-Mystizismus – oftmals in Form der Alchemie – mündete schließlich in den Strom des politischen Radikalismus, wie ihn die Französische Revolution anschaulich demonstrierte.

3.4 Magische Manipulation von Naturabläufen

Im Judaismus macht sich der Einfluss des Mystizismus der Hellenistischen Ära ebenso wie in anderen Hochreligionen bemerkbar. Die Kabbalisten greifen neoplatonische Spekulationen über den Einen auf, um Gott in ein jenseitiges, unpersönliches Wesen umzuformen, dessen Hauptfunktion darin bestehen soll, die Fülle des Seins zu sein. Der jüdische Mystizismus vermittelt eine niedrige Meinung über die materielle Welt, den menschlichen Körper und die geschichtliche Abfolge der Zeit. Die Kabbala verkehrt die Beziehung zwischen Schöpfer und Geschöpf ins Gegenteil. Sie zielt darauf ab, Gott für den Menschen verfügbar zu machen: göttliche Macht soll für menschliche Zwecke gebraucht werden. Die Menschheit hat die Pflicht, den Kosmos zu erlösen, eine Aufgabe, die die Vervollkommnung eines fehlerhaften Gottes, der gänzlich vom Menschen für seine Erlösung abhängig ist, mit einschließt. Diese große Aufgabe könne nur ein Kabbalist als Partner Gottes bewerkstelligen.

Die Kabbala deutet sogar an, dass der Mensch Gott zerstören und einen neuen erschaffen könne. Dies sei deshalb wünschenswert, weil der Gott des Alten Testaments, ein Schöpfer, der für die leibliche Existenz des Menschen verantwortlich ist, als blind, arrogant und unbarmherzig angesehen wird. Die mystische Erfahrung mit Gott hat Vorrang gegenüber dem Verstehen der schriftlich fixierten göttlichen Offenbarung im Pentateuch. Die Kabbala stieß in der Renaissance in christlichen Kreisen auf großes Interesse und beeinflusste die europäische Geistesgeschichte nachhaltig. Als finanzielle Gegenleistung für sein okkultes Wissen erhielt der königliche Berater John Dee wahrscheinlich von William Cecil (Lord Burleigh) (1520/1521-1598) und der späteren Königin Elisabeth I. (1533-1603) ein angemessenes Gehalt. Cecil war der Ansicht, die Kabbala übe einen enormen Einfluss auf neue Entwicklungen der Wissenschaft aus und hegte die Hoffnung, sie könnte dem Geheimdienst gute Dienste leisten. In den 1590er-Jahren setzte sich Shakespeare in seinen Dramen mit diesen von Dee hervorgerufenen kulturellen Umwälzungen auseinander und zog eine positive wie auch negative Bilanz.

Dee verstand sich als „christlicher" Kabbalist. Einerseits ist die „christliche Kabbala" dafür verantwortlich, dass die mittelalterliche Scholastik ihren großen Einfluss auf das Denken der Gelehrten fast gänzlich verlor, indem sie sich als eine potenzielle weltweite Reformbewegung positionierte, die nicht nur im Elisabethanischen England Anwendung fand, sondern in ganz Europa. Andererseits setzt die Bezeichnung „christliche Kabbala" voraus, dass es angeblich eine gute oder „weiße" Magie gibt. Eine der Methoden der magischen Manipulation von Naturabläufen – unter der Bezeichnung „Gematria" bekannt – bestand darin, die numerische Bedeutung der hebräischen Wörter zu erlernen, denn jeder Buchstabe im hebräischen Alphabet hatte einen numerischen Wert. Auch bemühte sich Dee, mittels der Kabbala die Namen der Engel herauszufinden, denn dann könne er diesen übernatürlichen Wesen wie Gott gebieten, außergewöhnliche Dienste zu verrichten.

In einer im November 1577 mit der Königin Elisabeth I. und ihren Ratgebern arrangierten Zusammenkunft legte John Dee seine imperialistischen Pläne in Nordamerika vor. Dies war nachweislich die erste Befürwortung der Gründung eines Britischen Imperiums, um angeblich den protestantischen Glauben zu verbreiten. Das entstehende Imperium schuf die politischen Voraussetzungen für die Einführung einer neuen Weltordnung, die auf den dunklen Fantasien eines Kabbalisten beruhten, der sich ganz dem Studium magischer Bücher hingegeben hatte. Dee setzte eine Entwicklung in Gang, die auf einer engen Beziehung zwischen messianischer Politik, Hochfinanz und Magie beruhte. Das Britische Imperium sollte ein Spiegelbild des Heiligen Römischen Reiches Deutscher Nation werden, um an dessen Stelle zu treten. Dee zufolge hatten die Sterne schon den Untergang des Habsburger Reiches angekündigt.

Die Mission nach Prag, die Dee 1583 unternommen hatte, war der hauptsächliche Dienst, den er seinem Land und seiner Königin erwies. William Cecils Politik sah vor, Philip II. von Spanien politisch zu isolieren und gleichzeitig die Pläne der Jesuiten und Habsburger zu vereiteln, die darauf bedacht waren, England in ihre Einflusssphäre zu bringen. Deshalb erteilte er Dee die Anweisung, als Spion ein vertrauter Berater des habsburgischen katholischen Kaisers Rudolf II. zu werden. Elisabeth stellte sich auf die Seite der Kriegstreiber unter ihren Ratgebern, die die Waffen gegen die Katholiken in den Niederlanden erheben wollten, um die Habsburger an ihrer vermeintlich schwächsten Stelle anzugreifen. Die Militärkampagne von 1586 endete jedoch in einer Niederlage für England. Nach sechsjährigem Aufenthalt in Prag erkannte Dee 1589, dass seine Mission auf dem Kontinent ein Misserfolg war. Auf seinem Weg nach Hause traf er den Arzt und berühmten Hermetiker Dr. Henricus Khunrath, der Dees Kabbalistik den Mitgliedern esoterischer Zirkel in den deutschen Landen weitergab. Die hohe Bedeutung dieser Begegnung lag darin, dass Dee 1589 den Samen der späteren Rosenkreuzer-Bewegung ausgestreut hat. Die Rosenkreuzer-Bewegung überdauerte die Regierungszeit Rudolfs und existierte als Geheimgesellschaft noch viele Jahre weiter. Die Freimaurerei sowie die Royal Society wurden durch das Rosenkreuzertum beeinflusst. Nach der Ära Elisabeths fiel Dee wegen seiner Zauberei in Ungnade, er wurde vom Königshof verbannt.

3.5 Wiederentdeckung der Altertümlichen Theologie

20 Jahre nach Dees Tod führte Francis Bacon in seinem utopischen Roman *New Atlantis* die Vision Dees in verschlüsselter Form einen Schritt weiter. Bacon hütete sich davor, darauf hinzuweisen, dass ihm Dees Esoterik als Inspiration gedient hatte, obwohl dieser Umstand unschwer zu erkennen ist. Bacon ist zweifellos wie sein Zeitgenosse Shakespeare eine herausragende

Geistesgröße des 16. Jahrhunderts in England. Mit Bezug auf die esoterische „Altertümliche Theologie" („prisca theologia") ging Bacon davon aus, dass der Mensch den verloren gegangenen Status eines irdischen Gottes wiedererlangen könne. Es sei ihm dann möglich, die Gesellschaft der Vollkommenheit entgegenzuführen, denn die Natur stehe unter seiner völligen Kontrolle. Deshalb erblickten Bacon und andere Gelehrte der Frühmoderne in der Naturwissenschaft als unerschöpfliche Quelle des Wissens über die Geheimnisse des Kosmos den neuen Modus des allumfassenden Heils. Mehr als jeder andere Denker des 17. Jahrhunderts stand er an der Spitze derjenigen, die die traditionelle Gelehrsamkeit verwarfen und die Grundlagen der philosophischen und wissenschaftlichen Forschung einer radikalen Erneuerung unterwarfen. Der englische Naturphilosoph setzte sich nicht nur für die Verbreitung einer induktiven Forschungsmethode ein (vom Einzelnen zum Allgemeinen hinführend), sondern auch für die Propagierung einer wissenschaftlichen Gesellschaft, die sich die Mehrung der naturwissenschaftlichen Erkenntnis zur Aufgabe machen würde. Die Royal Society sollte später diesem Ideal weitgehend entsprechen. Auch regte er die wissenschaftliche Zusammenarbeit über Landesgrenzen hinweg an. Seine Grundposition bestand darin, dass fast alles, was an Wissen aus der Vergangenheit überliefert wurde, im besten Falle nicht vertrauenswürdig und im schlechtesten völlig irrtümlich sei, weil den Vorfahren eine angemessene Forschungsmethode fehlte. Bacon empfahl eine neue Methode: empirische Beobachtung, experimentelle Replikation und funktionale Manipulation natürlicher Vorgänge. Ungeachtet der Tatsache, dass sich Bacon nie selbst am eigentlichen Experimentieren beteiligte und somit nichts Wesentliches in der Wissenschaft zuwege brachte, gibt es wenige Philosophen, die sich für die Sache der Wissenschaft mit größerer Eloquenz und Leidenschaft einsetzten. Er betrachtete die Wissenschaft als ein erlösendes Evangelium und die Wissenschaftler als die berufenen Propheten und Priester, vorausgesetzt die Wissenschaft gestalte sich im Rahmen seiner vorgeschlagenen empirischen Methode aus.

    Die künftige Einführung einer utopischen Sozialordnung stand für Bacon außer Frage. Er vertraute völlig auf die vielfältigen Möglichkeiten der Naturwissenschaft, die großartigen Ziele einer der Vollkommenheit entgegenstrebenden Menschheit zu erreichen. Bacon stellte sich gegen die Auffassung der Antike, wonach diejenigen, die den Wunsch hegten, die Schranken ihrer Kreatürlichkeit zu überschreiten, mit besonderer Verachtung überschüttet wurden; ein göttliches Wesen anzunehmen, war eine frevlerische Tat, die nicht ungestraft bleiben konnte. Gemäß Bacon sollte der Mensch bewusst die Begrenzungen überschreiten, die ihn in seiner allumfassenden Persönlichkeitsentwicklung zurückhielten. Symbolisch betrat er den höheren Bereich: den Bereich des göttlichen Wesens. Adams Sünde sei gewesen, dass er sich das Wissen über Gut und Böse aneignen wollte; die Erkenntnis über Gut und Böse unterscheide sich aber grundsätzlich von der Naturerkenntnis, die Gott den Menschen geben wollte, damit dieser über die Welt herrschen könne. Die Naturerforschung habe demnach nichts mit der Ursünde des

Verzehrs der Frucht des Baumes der Erkenntnis des Guten und Bösen zu tun. Im Gegenteil, diese sei nur so zu überwinden, wenn die Natur in ihrer Beschaffenheit der gedanklichen Erfassung des Menschen unterworfen werden würde. Bacon forderte dazu auf, alte Wahrheiten gegen neue auszutauschen. Im Beseitigen des überkommenen Wissens bestehe die einzige Chance, den Erkenntnisstand auf eine ganz neue Höhe anzuheben. Paradoxerweise bezog sich Bacon auf die Wiederentdeckung der „Altertümlichen Theologie" als notwendiges Fundament der Aneignung neuer Erkenntnisse. Dadurch gab er zu verstehen, dass er allen gegenteiligen Beteuerungen zum Trotz weiterhin unter dem Einfluss einer bestimmten Tradition der Wissensaneignung stand, die weit in die Vergangenheit zurückreichte, wenngleich es sich gegen andere altertümliche Traditionen der Wahrheitsfindung stellte.

Das Bestreben, aus Bacon einen Patriarchen der Naturwissenschaft zu machen, der den Säkularisationsprozess der westlichen Kultur eingeläutet habe, erforderte notgedrungen eine Deutung seiner Werke, die die Wichtigkeit der religiösen Sprache herunterspielt, die auf vielen Seiten seiner Bücher auffällig in Erscheinung tritt; sich sogar so offenkundig zeigt, dass sie eigentlich nicht übersehen werden kann. Bacons Schriften zeugen davon, dass er sich der religiösen Tradition der Hermetik zugewandt hatte. Im Aufgreifen der Legende einer Existenz, die es vor Adam gegeben haben soll, stellte er eine Uminterpretation der biblischen Erzählung heraus, die enge Parallelen zu dem im *Corpus Hermeticum* enthaltenen Schöpfungsmythos besaß. Bacon unterstrich das ihm als höchstes Geschöpf Gottes zustehende Recht, die Welt zu beherrschen. Dazu müsse er aber eine Naturerkenntnis besitzen, die sich mit der Allwissenheit Gottes vergleichen lasse, die ihm nur die Hermetik und die Kabbala zu geben vermochten. Das Interesse Bacons galt einem mythologischen Salomon, der als gelehrtester Magier alle Geheimnisse der Natur kannte. Bacon hielt das Bedürfnis des Königs James I., sich in der Rolle eines neuen König Salomons zu profilieren, für bedeutsam. Die Identifikation des englischen Herrschers mit dem berühmten Sohn Davids stellte dessen Überzeugung ins Licht, der Berufung des Himmels als Erbauer eines Neuen Jerusalems zu folgen. Seiner hohen Aufgabe könne er jedoch nur dann gerecht werden, wenn er sich das neue Wissen aneigne, dass ihm Bacon so bereitwillig zur Verfügung stellen wollte. Die Erbauung des Neuen Jerusalems, in dessen Mitte der heilige Tempel stand, sei einzig auf Grundlage der esoterischen „prisca theologia" möglich. England könne so die Unwissenheit überwinden, die Europa fest in ihrem Bann hielt. Die idealen Bedingungen zur Wiederherstellung der vollkommenen Zustände einer längst vergangenen Zeit, als der Mensch noch nicht dem Verlust seines umfassenden Wissens erlegen war, seien dadurch gegeben. Nur über diese Schiene könne der Mensch die Sündhaftigkeit einer begrenzten Erkenntnis ablegen.

Der von Dees Kabbalistik inspirierte Britische Imperialismus hatte den Zenit des königlichen Wohlwollens überschritten, als James I. den Thron Englands bestieg. Wollte jemand die durch Elisabeth I. angestoßene, protestantische Verschwörung weiterführen, musste dies im Untergrund geschehen, solange sich am Hofe keiner mehr dafür einsetzte. Die Notwendigkeit der Formierung einer Geheimgesellschaft drängte sich den Imperialisten auf, die sich von nun an als Rosenkreuzer untereinander zu erkennen gaben und nicht lange danach als Freimaurer. Bacons Schrift *New Atlantis* markiert den Anfang einer langen Tradition der westlichen Literatur, wo Wissenschaft und Technologie als Erlösung angesehen werden. Bacons Buch gewann große Popularität, weil die englischen und amerikanischen Puritaner im 17. Jahrhundert die Ideen in die Tat umsetzten; sie erwarteten ja eine goldene Ära, das Tausendjährige Reich. Dabei spielte es keine Rolle, dass sich der christliche Glaube völlig von den religiösen Ansichten Bacons absetzte, ja ihnen eigentlich gänzlich entgegenstand. Die göttliche Offenbarung verlor ihre Vorrangstellung als Ausgangsbasis der Naturphilosophie und trat somit ihre führende Rolle ab im Vermitteln einer untrüglichen Erkenntnis der natürlichen Welt. An ihre Stelle trat das Urteil der autonomen Vernunft des Menschen. Die Lehre des Naturgesetzes, die der Begründer der Stoa, Zenon von Kition, ersonnen hatte, wurde weitergebildet und zur ethischen Grundlage erhoben.

Bacon lebte in einer Zeit, die von den Symbolen der Hermetik und Kabbala geradezu bestimmt wurde. Selbst wenn Bacon beabsichtigt hätte, sich ihrem Einfluss zu entziehen, wäre ihm dies nur teilweise gelungen. Bacon betrachtete die Wissenschaft als Instrument der religiösen Erneuerung. Obwohl der englische Gelehrte meinte, dass die göttliche Offenbarung unbrauchbar sei, zeigen Historiker schlüssig auf, dass es eine millennialistische Dimension in Bacons Vorstellungswelt gegeben hatte, die sich an dem Wortlaut der Johannesoffenbarung orientierte. Seine Entscheidung, sich des Begriffes „Instauration" (Wiederherstellung) in so auffälliger Weise zu bedienen, kann nur dann richtig verstanden werden, wenn man die Epoche in Betracht zieht, in der Bacon gelebt hatte. Zu jener Zeit begannen die Puritaner ernsthaft, eine Erneuerungsbewegung in England in Gang zu setzen, die darauf abzielte, die Gesellschaft von Grund auf umzugestalten; ein Anliegen, das sie während des Englischen Bürgerkrieges (1642-1649) und des Interregnums (1649-1660) teilweise umsetzen konnten, wenngleich die konkreten Auswirkungen, so dramatisch sie auch zur Zeit der Republik und des Protektorats gewesen sein mochten, nur von relativ kurzer Dauer waren.

3.6 Proklamation einer Generalreformation

(Rosenkreuzerische Idee einer geistlichen und politischen Welterneuerung)
Die Ursprünge und die Idee des Rosenkreuzertums waren ein Resultat des Unmuts vieler Adliger und Gelehrter über die Entwicklung des Reformationsprozesses seit Martin Luther. Der mit der lutherischen Reformation sich einstellende soziale Umbruch missfiel vielen, die sich gegen die neue Gesellschaftsordnung stellten.

Die Legende des Christian Rosencreutz war seit 1610 bekannt. Dieser habe beabsichtigt, sein im Nahen Osten und in Afrika gesammeltes Wissen an europäische Gelehrte zu vermitteln, stieß aber nur auf allgemeines

Desinteresse. Enttäuscht habe er eine Bruderschaft gegründet, um die besonderen Kenntnisse, die er sich angeeignet hatte, der Nachwelt zu bewahren. Die Mitglieder der sich später gebildeten Bruderschaft verteilten sich über den europäischen Kontinent, um im richtigen Augenblick ihr Geheimwissen zu offenbaren. Das Pamphlet *Fama Fraternitatis, Deß Löblichen Ordens des Rosenkreutzes* wandte sich 1614 an die führende Oberschicht Europas und rief zur Gründung einer auf christlicher Nächstenliebe beruhenden Gesellschaft auf, die eine zweite weltumspannende Reformation initiieren und sich besonders in der völligen Umgestaltung von Wissenschaft, Religion, Kultur und Gesellschaft auswirken sollte. Die Schrift *Confessio Fraternitatis,* die der Orden des Rosenkreuzes 1615 herausgab, lehnt das Papsttum ab. In der romanhaften Allegorie *Chymische Hochzeit des Christian Rosencreutz. Anno 1459* schilderte 1616 der evangelische Theologe Johann Valentin Andreae (1586-1654) die angeblichen Einweihungserlebnisse des Christian Rosencreutz. Er leistete einen wesentlichen Beitrag zur Bildung der Legende der geheimen Rosenkreuzerbruderschaft. Die theologische Fakultät der Universität Tübingen spielte eine große Rolle in der Ausgestaltung der Gedanken Andreaes.

Um die Entstehung der *Fama* und *Confessio* zu verstehen, muss man beachten, dass zur damaligen Zeit ein ungeheurer Reformationswille von der Bevölkerung ausging. Man richtete sich seit Luther wieder vermehrt gegen den Klerus und versuchte einen alternativen Bund zur katholischen *Societas Jesu*, den die Gegenreformation forcierenden Jesuiten-Orden, aufzubauen. Die Rosenkreuzer-Manifeste verursachten in Europa einen gewaltigen Nachklang. Die Rosenkreuzer setzten sich sehr für die Verwirklichung ihrer ökumenischen Vision einer „Zweiten Reformation" ein. Alle christlichen Konfessionen wurden dazu angehalten, sich unter ihrer Federführung zu vereinigen.

Alle Versuche der Rosenkreuzer und Pansophisten, die christlichen Konfessionen miteinander zu vereinigen, waren zum Scheitern verurteilt, da sich die einflussreichen Repräsentanten der lutherischen Orthodoxie beflissentlich weigerten, der Römisch-Katholischen Kirche nicht einmal durch symbolische Gesten entgegenzukommen. Das Rosenkreuz wurde von vielen schlussendlich zum Symbol einer dritten Glaubenskonfession erhoben. Johann Valentin Andreae richtete eine christliche Gesellschaft unter der Bezeichnung *Societas Christiana* ein, ein Vorläufer der Londoner Royal Society als Akademie der Wissenschaften. Dennoch erhob die Royal Society nicht den Anspruch, die Generalreformation der Welt einzuleiten, geschweige denn fortzuführen. Ihr Aufgabenbereich war streng begrenzt auf den organisierten und institutionalisierten Austausch wissenschaftlicher Erkenntnisse.

In den nachfolgenden Jahrhunderten beeinflusste die rosenkreuzerische Idee einer geistlichen und politischen Welterneuerung die Geschichte der europäischen Mystik und Spiritualität nachhaltig. In Erwartung, in die bedeutsamsten Geheimnisse eingewiesen zu werden, träumten viele Mystiker davon, in die Bruderschaft aufgenommen zu werden. Im Zuge einer sich immer weiter ausbreitenden Furore steigerten sich die Spekulationen über das Geheimwissen der Rosenkreuzer fast ins Uferlose. In den esoterischen Lehren der Alchemie und Astrologie sahen die Rosenkreuzer ihre größten praktischen Geheimnisse. Als – wie sie meinten – rechtmäßige Erben der brahmanischen und ägyptischen Weisheit konzentrierten sie sich unter Hinzuziehung der symbolhaft dargestellten Vervollkommnung der Metalle auf eine veredelte Perfektion des menschlichen Geistes, wie es den Anweisungen der hermetischen Philosophie entsprach.

Die vom Christentum geprägte westliche Kultur sah im Chaos und Mysteriösen schon immer etwas Anstößiges. In der Beurteilung des Chaos als böse Macht nimmt der christliche Glaube eine Gegenposition zur Hermetik ein. Die Bibel spricht deutlich davon, dass Gott aus dem Nichts ein geordnetes Universum schuf. Die vom Sündenfall des Menschen gezeichnete Welt geht auf eine endzeitliche Zerstörung zu. Der von Gott losgelöste Mensch ist sich selbst, seiner Umwelt und dem Ewigen entfremdet. Künstlerische Begabung befähigt ihn zwar, die göttliche Schöpfung im Kleinen zu imitieren, Gott zu spielen, steht ihm jedoch nicht zu.

Unter dem habsburgischen Kaiser Rudolf II. (1552-1612) war Prag zu einer Oase für jüdische und christliche Kabbalisten geworden sowie ein Zentrum für die Gegenreformation. Der überzeugte Katholik Ferdinand von Steiermark folgte ihm als König von Böhmen nach. Sein Anliegen, die Gegenreformation einzuleiten, führte zur Revolte der Hussiten, das waren reformatorische beziehungsweise revolutionäre Bewegungen im Böhmen des 15. Jahrhunderts, die sich ab 1415 nach der Verbrennung des Theologen und Reformators Jan Hus herausgebildet hatten. Während eines hitzigen Wortaustausches warfen die Vertreter der protestantischen Stände am 23. Mai 1618 den königlichen Statthalter Jaroslav Borsita Graf von Martinitz und Wilhelm Slavata sowie den Kanzleisekretär Philipp Fabricius aus dem Fenster des Schlosses in Prag. Dieses Vorkommnis wurde als der zweite Prager Fenstersturz bekannt und führte zum Ausbruch des Dreißigjährigen Krieges. Die unmittelbare Auswirkung war jedoch, dass Ferdinand aus dem Königtum Böhmen verjagt wurde. Dieses stand von da an in offener Revolte gegen das habsburgische Kaiserreich und bemühte sich um militärische Unterstützung von protestantischen Fürsten. Die Hussiten machten den Pfalzgrafen und Kurfürst von der Pfalz Friedrich V. (1596-1632) zum böhmischen König. In der Schlacht am Weißen Berg außerhalb Prags besiegte am 8. November 1620 der Herzog von Bayern König Friedrich vernichtend. Katholische Truppen zerstörten auch sein Schloss in Heidelberg. Als die schreckliche Tragödie des Dreißigjährigen Krieges ihren Anfang nahm, trat eine Ernüchterung unter der europäischen Bevölkerung ein. Man glaubte nicht mehr an die hochtrabenden Versprechungen einer zweiten Reformation, wie sie die Pamphlete der Rosenkreuzer in Aussicht gestellt hatten; so erstrebenswert es auch gewesen sein mag, eine in Finsternis gehüllte Welt der Erleuchtung entgegenzuführen, so unpoetisch stellte sich die raue Realität einer durch die Kriegswirren verursachten Zerstörung weiter Landstriche Deutschlands dar.

Die rosenkreuzerische Aufklärung fand mit dem Abflauen der Furore ein unrühmliches Ende, bis sie wieder im 18. Jahrhundert im Orden der Gold- und Rosenkreuzer aufgegriffen wurde. Dieser vertrat eine Form des späteren „christlichen" Mystizismus und propagierte die Lehre des Aufstiegs der Seele zu Gott. Dieses oberste Anliegen der „unio mystica" bildete auch eine bestimmte Verbindung zwischen den Rosenkreuzern des 18. Jahrhundert und der Aufklärung. Die Ordensbrüder unterließen es trotz ihrer rationalistischen Weltanschauung nie zu deklarieren, dass die Vereinigung mit Gott möglich sei. Aber nur Esoteriker würden die Geheimnisse des Kosmos verstehen. Von da aus war nur noch ein Schritt nötig, um Christus, der am Kreuz sein Leben verwirkt hatte und am dritten Tage wieder aus dem Grabe auferstanden war, als das Zentrum der Welt wahrzunehmen, genauso wie es der pietistischen Vorstellung entsprach. Deshalb gewann die Naturwissenschaft eine religiöse Bedeutung, indem sie auf die Rettung der Welt – ganz so wie es der Gnostizismus forderte – durch rationale Erkenntnis bestand. Die Rosenkreuzer fühlten sich dazu prädestiniert, Wunder wirkende Kräfte zu erhalten. Diese auf das Christentum hinweisenden Vorstellungen nahmen jedoch eine schleierhafte Bedeutung auf dem Hintergrund einer alchemistischen Esoterik an.

3.7 Erstrebte Umkehrung des Sündenfalls

Ein informeller Zirkel von Gelehrten setzte sich im 17. Jahrhundert mit Leibeskräften dafür ein, damit die Ursache des gestörten Verhältnisses zu Gott beseitigt werden würde. Das übergeordnete Ziel war, dem Menschen die Vollkommenheit zurückzugeben, die dieser im Paradies besessen, aber durch eigenes Verschulden verloren hatte. In diesem Unternehmen erblickt man die eigentliche Motivation, die sich hinter dem Fortschrittsglauben verbirgt.

Nachdem katholische Söldnerheere zu Beginn des Dreißigjährigen Kriegs die Pfalz verwüstet hatten, emigrierten Samuel Hartlib und Johannes Duraeus (John Dury) nach England. Bald darauf standen sie im Zentrum einer Bewegung der Bildungs- und Sozialreform. Hartlibs Absicht war, die vielgestaltigen Erkenntnisse der Wissenschaftsforschung zum Wohle der Menschheit zu verbreiten und anzuwenden. Er organisierte einen Zirkel von herausragenden Gelehrten seiner Zeit, die miteinander über Ländergrenzen hinweg in enger Verbindung standen. Als informelle Vereinigung formierte sie sich in den 1630er-Jahren und bestand ungefähr dreißig Jahre lang. Robert Boyle, einer der Mitglieder des Hartlib-Zirkels, benannte es in das „Unsichtbare Kolleg" (invisible college) um, aus dem sich später die Royal Society herauskristallisieren sollte. Als ein wahrer Unternehmer in Sachen der Wissenschaft sammelte Hartlib Gelder für Forschung, veröffentlichte Bücher und förderte neue Technologien. Somit war die Entstehung eines internationalen Gelehrtenkreises das Resultat der sich im westlichen Kulturkreis ausbreitenden Pansophie, eine religiös-philosophische Bewegung des 16. bis

18. Jahrhunderts, die eine Zusammenfassung aller Wissenschaften und ein weltweites Gelehrten- und Friedensreich anstrebte. Neue wissenschaftliche Forschungsinstrumente, wie das Teleskop und das Mikroskop, stellte in Aussicht, die vollkommene Wahrnehmung der Sinne wiederherzustellen, die Adam im Garten Eden besessen haben musste. In der europäischen Bevölkerung setzte sich die Überzeugung durch, dass der historische Prozess nicht nur aus einem periodischen Auf und Ab im gesellschaftlichen Werdegang bestehe, sondern dass auch eine fortwährende Höherentwicklung der Kultur herbeigeführt werden könne, die unmittelbar mit der Aneignung und Umsetzung neuer Erkenntnisse zusammenhängt.

Die vier alttestamentlichen Erzählungen vom Garten Eden, der Arche Noah, vom Turmbau zu Babel und salomonischen Tempel lieferten die Motivation, sich die Erkenntnis über die idealen Bedingungen des menschlichen Zusammenlebens anzueignen. Man muss allerdings bedenken, dass die Interpretationen dieser Erzählungen oft auf einem mystischen Weltbild – hauptsächlich beeinflusst von neoplatonischen, hermetischen und kabbalistischen Ideen – fußten, nicht auf einem biblischen. Es kam dabei ein synkretistisches Sammelsurium an Ansichten zustande, die auf den ersten Blick christliche Wahrheiten zu vermitteln scheinen, aber bei näherem Hinsehen einer dem Evangelium völlig entgegengestellten Vorstellung entsprachen, die große Ähnlichkeiten mit dem antiken Gnostizismus aufwies. Im Allgemeinen sah man den Zweck der alttestamentlichen Erzählungen darin, den Menschen zu belehren, wie er Erkenntnis mit Frömmigkeit und Weisheit verbinden könne, um seine Lebenslage zu verbessern. Um die unter Gottes Fluch stehende Umwelt in einen bewohnbaren Lebensraum umzugestalten, sei es notwendig, sich auf die dem Menschen zu Gebote stehende Intelligenz zu besinnen. Seine Erfindungsgabe befähige ihn, mittels der Technologie Maschinen zu konstruieren, die dem Allgemeinwohl dienlich sind. Beachtet werden müsse jedoch die den Erfolg der technologischen Errungenschaften beeinträchtigende Gefahr des moralischen Versagens.

Gelehrte der Frühmoderne meinten, dass eine Rückkehr zu dem verlorengegangenen Paradies mittels einer Erneuerung der Erkenntnis möglich sei. Nur so könne die Menschheit in den vorigen Stand der Vollkommenheit zurückversetzt werden. Dieser konnte nicht nur durch spirituelle Versenkung, sondern auch durch die Anwendung von praktischen Schritten erreicht werden, wie zum Beispiel das Pflanzen von Fruchtbäumen, deren Kultivierung die pflichtbewusste Bebauung des Garten Edens durch ihre ersten Bewohner nachahmte. Die hoffnungsvolle Botschaft des Garten Edens wurde durch die Erzählung der Arche Noahs bekräftigt, die zu verstehen gab, dass Noah die Herrschaft über die Natur wiedererlangt habe, nachdem der unschuldige Teil der Schöpfung vor der Zerstörung bewahrt worden war. Die Geschichte der Arche liefere demnach ein eindrückliches Beispiel dafür, dass es möglich sei, die menschliche Naturbeherrschung, die der Mensch einst im Paradies besessen hatte, vollumfänglich wiederzugewinnen, die durch den Sündenfall verloren gegangen war. Die mannigfaltigen und umfangreichen Sammlungen von Objekten der Natur, wie beispielsweise von abertausenden Insekten, repräsentierten die „neuen Archen", die den Erkenntnishorizont erweiterten. Nach Ansicht der Gelehrten der Frühmoderne kann dieses neugewonnene Wissen über die Natur in einem enzyklopädischen Kompendium schriftlich festgehalten und der Nachwelt überliefert werden. Die Erfüllung der kühnsten Menschheitsträume beginne jedoch mit der Einführung neuer Lehr- und Lernmethoden wie auch die Errichtung neuer Bildungsanstalten und Forschungszentren.

Viele Wissenschaftler nahmen die Warnung wahr, die sich in Form der Geschichte des Turmbaus zu Babel Gehör verschaffte. Dem Menschen war zwar die Fähigkeit verliehen worden, die physischen Beschränkungen seines gefallen Zustandes mittels der Technologie teilweise zu überwinden, aber er durfte dies nicht als ein Akt der Rebellion gegen Gott vollführen. Die sich dieser wissenschaftlichen Aufgabe widmenden Gelehrten waren von der Ausgestaltung einer neuen Naturphilosophie fasziniert. Man wähnte sich als die wahren Nachkommen von Adam und Noah, die sich angeblich ebenfalls darum bemüht hatten, eine Naturphilosophie zu ersinnen. Die negative Konsequenz des Fluchs von Babel – die Sprachenverwirrung – sollte überwunden werden, indem die Aufsplitterung der Menschheit in unterschiedliche Sprachgruppen durch eine Einheitssprache rückgängig gemacht werden sollte. Diesem Projekt widmeten sich die frühmodernen Gelehrten mit besonderer Hingabe, die sich untereinander problemlos auf Latein verständigen konnten. Es regte ein linguistisches und ethnografisches Interesse an und ermutigte zudem die Erforschung der natürlichen Welt im Allgemeinen. Nach der Verstoßung des ersten Menschenpaares aus dem Garten Eden bis zum Turmbau zu Babel sei die originale Sprache zwar verloren gegangen, aber ihre Essenz könne man mittels der Formulierung einer philosophischen Sprache zurückgewinnen.

Jan Amos Komenský (1592-1670), besser bekannt unter seinem lateinischen Namen „Comenius", veröffentlichte 1631 das Buch *Janua Linguarum Reserata* (Geöffnete Sprachentür). Es sollte eines der erfolgreichsten pädagogischen Lehrbücher des 17. Jahrhunderts werden. Der ursprüngliche Gedanke hinter der Veröffentlichung war, Schüler in die lateinische und englische Sprache einzuführen. Mit der Zeit entstand daraus ein Lexikon, das auf vielen Seiten praktische Ratschläge über das tägliche Leben und die natürliche Welt enthielt. Hartlib war von Comenius' Förderung der Pansophie angetan, sodass er sich sofort dafür einsetzte, zahlreiche Schriften des böhmischen Bischofs zu veröffentlichen. Das in diesen Schriften deutlich erkennbare philosophische Interesse war, die Sinneseindrücke, die Vernunft und die Bibel miteinander in Einklang zu bringen. Comenius war einer unter vielen Protestanten, die 1628 im Zuge des Dreißigjährigen Krieges gezwungen wurden, ihre Heimat in Böhmen zu verlassen. Nach einem Aufenthalt in Polen überredete Hartlib Comenius im Herbst 1641 – zu einer Zeit, als es noch möglich schien, eine friedvolle Erneuerung der Kirche und des Staates herbeizuführen – nach England überzusiedeln. Dort schrieb er ein Buch, das sich mit den Möglichkeiten befasste, die einer universalen Bildungsanstalt offenstanden, um zur Förderung der menschlichen Wohlfahrt die Theologie und die Pädagogik zu vervollkommnen. Das oberste Ziel, dem sich Comenius sein ganzes Leben verschrieben hatte, war die Herausforderung, wie Gottes Fluch der Sprachenverwirrung, die die Menschheit in Babel betroffen hatte, überwunden werden könnte. Er wollte eine Universalsprache einführen, die als Trägerin des Lichtes der Vernunft dienen sollte. Samuel Hartlib veröffentlichte 1642 ein Buch von Comenius, das Gedanken einer radikalen Bildungsreform enthielt. Im selben Jahr wurde Comenius nach Schweden berufen, um dort eine Bildungsreform durchzuführen.

Die negativen Konsequenzen, die mit dem Bild des Turmbaus einhergingen, wurden im Weiteren durch die positive Vision des Tempels ausbalanciert; einem Gebäude, das wie kein anderes die Absicht Gottes mit seinem Volk versinnbildlichte. Man betrachtete das zur Erbauung des Tempels nötige Geschick der Architekten als eine alles übertreffende Meisterleistung des Menschen, während der inspirierte Bauplan Prinzipien einer göttlichen Geometrie widerspiegelte. Christliche Gelehrte der Frühmoderne sprachen von der Wichtigkeit, die Überlieferungsspur dieser normierten Maßeinheiten zurückzuverfolgen, um ihre ursprünglichen Werte herauszufinden. Wie die Wiederherstellung einer universalen Sprache helfen könne, die einst im Besitz Adams und Noahs befindliche Erkenntnis der Welt wiederzugewinnen, so würde die Verwendung universaler Maßeinheiten die menschliche Naturbeherrschung begünstigen. Daraus leitete man die Wichtigkeit einer angemessenen Gesellschaftsordnung ab, die sich an festgelegten Richtlinien orientierte. Die außergewöhnliche und vielseitige Anwendbarkeit der Mathematik, die diesen Messeinheiten zugrunde lag, deutete auf eine tiefgründige Naturerkenntnis des Menschen hin, die ihm die Gewissheit gab, geistlich rechtschaffen vor Gott dazustehen. An dieser pelagianischen Vorstellung wird deutlich, wie weit sich die Gelehrten der Frühmoderne von der Gnadenlehre des biblischen Evangeliums entfernt hatten. Sie hätten sich kaum vehementer gegen die Aussage des Apostel Paulus stellen können, dass der Mensch das ewige Heil auf keinem anderen Weg erlangen kann, als durch den Glauben an Jesus Christus.

Einer der Gründe, wieso Gelehrte der Frühmoderne von den Maßeinheiten des salomonischen Tempels so fasziniert waren, lag an ihrer Überzeugung, dass man das Wesen Gottes nur indirekt mittels seiner Schöpfung erkennen könne. Algebra und Geometrie rückten in den Mittelpunkt des Interesses als die geeigneten Instrumentarien einer rationalen Erfassung der Realität. Um das unsichtbare Wesen Gottes zu ergründen, nahmen die Winkelgrade eine besondere Bedeutung an. Die göttliche Herrlichkeit manifestiere sich in einer spezifischen Anordnung von Formen und Zahlen. Die Baustruktur des Tempels nahm die Funktion eines Talismans ein, mittels dessen der Mensch seine Wünsche erfüllen könne. Die Bedeutung des Tempels als Versammlungsort des kultischen Gottesdienstes, an dem der Schöpfer aller Dinge angebetet wurde, trat in den Hintergrund. Der zur Ehre Gottes erbaute Tempel wurde als das beste Modell für die Aneignung und Anwendung der Naturerkenntnis angesehen. Die damaligen Gelehrten wollten die natürliche Welt, einschließlich des Menschen, nicht nur verstehen, sondern auch kontrollieren. Die meisterhafte Errichtung des Tempels, die dank der koordinierten Zusammenarbeit vieler ermöglicht worden war, lieferte die Inspiration zur Gründung neuer Institutionen, die sich der Aufgabe widmeten, sich mit der Naturphilosophie und dem Experimentieren zu befassen.

Die Religion der Geometrie nahm in der Antike ihren Anfang. Der Schöpfergott wird mit dem Architekten des Universums gleichgesetzt. Diese Vision des Architekten als Magier geht auf Platon zurück. In dem berühmtesten Werk des Athener Philosophen, „Der Staat", wird die Beherrschung der Geometrie als grundlegender Faktor ausgegeben, um eine politisch zentralisierte Sozialordnung einzurichten. Die Philosophenherrscher könnten somit die Kontrolle über die Angelegenheiten ihrer Untertanen ausüben. Über viele Jahrhunderte hinweg konnte sich die Religion der Geometrie im Judaismus, Islam, Neoplatonismus und in der Hermetik verbreiten. Während des Mittelalters nahm sie immer mehr die Züge einer Geheimlehre an, die nur einer elitären Bruderschaft bekannt war. Innerhalb der Steinmetzgilde wurde sie am erfolgreichsten an andere Eingeweihte weitergeben, ohne dass jemand Außenstehendes etwas davon erfuhr. Hierin liegen die Ursprünge der späteren „spekulativen" Freimaurerei.

Die Hartlib-Papiere belegen, dass diejenigen Mitglieder, die ein Interesse an der Alchemie hatten, ihre Forschungsarbeiten ausschließlich auf die Anwendung dieser esoterischen Kunst in der Medizin und in anderen Bereichen konzentrierten. Alchemie war ein allgemein verbreiteter Zeitvertreib und repräsentiert eine in sich geschlossene Weltanschauung. Die auf den Prinzipien des Rationalismus fundierenden Naturwissenschaft und Technologie geht von der Grundannahme aus, dass das Subjekt vom Objekt getrennt ist. Der Wissenschaftler analysiert die einzelnen Bestandteile seines Versuchsobjekts in der Absicht, diese so manipulieren zu können, dass ein von ihm gewünschtes Resultat dabei herauskommt. Die Alchemie gründet sich auf einem gänzlich anderen Prinzip. Es ist eine Disziplin, die auf der Grundlage der Unzertrennlichkeit des Subjekts und Objekts als eines ihrer wichtigsten Prinzipien beruht. Selbst die Herstellung eines Elixiers der Jugend, das der alchemistischen Lehre zufolge verspricht, dem Menschen Unsterblichkeit zu verleihen, ist nur so zu denken, dass dabei eine Vereinigung oder Transzendenz des Subjekts und Objekts abläuft. Dieser vereinigende Vorgang kann anhand von chemischen Prozessen im Labor ausgelöst werden, der sich dann im Geiste des Alchemisten zu einer spirituellen Erleuchtung weiterentwickelt. Das Elixier der Jugend ist demnach nur im Anfangsstadium eine physische Substanz, die in eine spirituelle Erfahrung von monumentaler Bedeutung übergeht. So zumindest behaupten es die Alchemisten. Im Wesentlichen war die alchemistische Weltanschauung eine besondere Art „Wissenschaftsmethode", die die Erforschung der Welt nicht dazu unternahm, um sie besser zu verstehen, sondern um sie einem grundsätzlichen Wesenswandel zu unterziehen.

Zum Hartlib-Zirkel gehörten wohlbekannte Persönlichkeiten. Jeder von ihnen brachte der spirituellen Seite der Alchemie ein reges Interesse entgegen.

Viele von ihnen waren sogar praktizierende Alchemisten. Wissenschaftler vom Range eines Roger Bacons, Isaac Newtons und Gottfried Wilhelm Leibnizens waren nicht nur begeisterte, praktizierende Esoteriker, sondern oftmals auch Mitglieder diverser Geheimgesellschaften. Die Veröffentlichung über Newtons Interesse am Okkultismus löste eine Sensation aus, als sich die moderne Wissenschaft eingestehen musste, dass der Vater der modernen Physik mystische Glaubensinhalte vertrat, die mit Sicherheit sein wissenschaftliches Denken beeinflusst hatten. Das Studium der Alchemie, der Magie und des Paracelsismus hatte sich im 17. Jahrhundert als beliebter Zeitvertreib der feinen Gesellschaft etabliert. Der erste Gouverneur von Connecticut, John Winthrop, Jr. (1606-1676), war Sohn des Gründers der Massachusetts Bay Colony. Winthrop hatte mit der Ausstattung seiner außerordentlichen Bibliothek schon in England begonnen, bevor er 1631 nach Amerika ausreiste, um seinen Vater in der Verwaltung der Kolonie zu unterstützen. In Windeseile machte er sich in seiner Wahlheimat einen Ruf als Sammler alchemistischer Bücher. Manche Kolonisten liehen sich einige der Reagenzgläser Winthrops aus. Im Befolgen der alchemistischen Lehre beabsichtigten sie, sich selbst die Unsterblichkeit durch das Vermischen unterschiedlicher Chemikalien zu verleihen. Paradoxerweise wurden während der Amtszeit Winthrops viele Menschen der Hexerei angeklagt, obwohl „nur" zwei Frauen und ein Mann ihr Leben auf dem Scheiterhaufen verloren. Winthrop schulte George Starkey (1627-1665) und Jonathan Brewster (1593-1659) akribisch in der alchemistischen Kunst. Eine vielgelesene Abhandlung über die Alchemie, die Winthrop, Jr. oder Starkey zugeschrieben wird, übte einen enormen Einfluss auf die Gesellschaft der englischsprachigen Welt im 17. und 18. Jahrhundert aus. Starkey, Brewster und Winthrop waren nur die berühmtesten Alchemisten im kolonialen Amerika ihrer Zeit. Es gab noch viele andere, die ein ähnlich starkes Interesse am Auffinden des Steins der Weisen hatten.

Sowohl das einfache Volk als auch die elitäre Oberschicht teilten den gemeinsamen Glauben an das Vorhandensein übersinnlicher Mächte. Die Esoterik ist darauf ausgerichtet, das Zusammenwirken kosmischer Kräfte zu verstehen und für die eigenen Zwecke dienstbar zu machen. Sie dehnt die Fähigkeiten der fünf Sinne des Menschen auf einen sechsten Bereich aus: eine spirituelle „Technologie", die wie eine Maschine mittels der fein abgestimmten Kräfte der Kontemplation und des Rituals zum Wirken gebracht wird. Die sogenannte „Christliche Kabbala" ist eine Mischung aus mystischen Elementen des Judaismus, Islams und Christentums, die angeblich als gemeinsame Grundlage dieser drei Religionen diente. Sie kam schon früh im Zuge der ersten Siedler nach Amerika. Der bekannte deutsche Mystiker Johannes Kelpius ließ sich Ende des 17. Jahrhunderts mit einer Gruppe von Pietisten am Wissahickon Fluss bei Philadelphia nieder. Dort praktizierten sie Astrologie, Magie und Alchemie. Die Ephrata-Kommune entstand durch einen Ableger der Kelpius-Gruppe; sie setzte sich besonders mit den Studien rosenkreuzerischen Gedankengutes auseinander.

3.8 Pansophisches System der Wahrheit

(Pansophische Ära: Weltumspannende Vereinigung von Wissenschaft und Religion)
Die Alchemie inspirierte zwei esoterische Traditionen, die im 17. Jahrhundert in England und auf dem Kontinent aufkamen. Es handelte sich dabei um die Pansophie (griech. Allweisheit, religiös-philosophische Bewegung, die eine Zusammenfassung aller Wissenschaften und ein weltweites Gelehrten- und Friedensreich anstrebte) und die Theosophie (griech. göttliche Weisheit, religiöse Lehre, nach der eine höhere Einsicht in den Sinn aller Dinge nur in der mystischen Schau Gottes gewonnen werden kann). Die Pansophie schöpft aus Quellen der Magie, Alchemie, Kabbala und der Pflanzenheilkunde. In ihrer Erforschung der Natur bezieht sie sich auszugsweise auf viel frühere heidnische Traditionen des antiken Ägyptens und Persiens. Sie trennte diese neue Form der Esoterik von der früheren Theosophie. Die pansophische Bewegung, die wesentliche Teile griechischer Philosophie enthält, nahm ihren Anfang im frühen 17. Jahrhundert. Man ging davon aus, dass die göttlichen Ideen einem einheitlichen, unsichtbaren Urgrund entstammen und stufenweise eine materielle Form in der Welt von Raum und Zeit annehmen. So entstünden plastisch-anschauliche und lebendige Darstellungen des göttlichen Geistes. Nach Erreichen des angestrebten göttlichen Ziels würde die Verschiedenartigkeit und Vielfalt der sichtbaren Erscheinungsformen in die ursprüngliche Vollkommenheit der göttlichen Einheit aufgenommen, aus der sie anfänglich hervorgegangen sind.

Auf dem Kontinent wurde die pansophische Bewegung durch das Wirken und die Publikationen von Johann Heinrich Alsted (1588-1638) und dessen Studenten Jan Amos Comenius (1592-1670) eingeläutet. Alsted verfasste 1630 eine Enzyklopädie, die den Ruf hatte, alles zu beinhalten, das ein Gelehrter im 17. Jahrhundert wissen konnte. Alsted war zwar Professor an der calvinistischen Hohen Schule in Herborn, im Allgemeinen sah man in ihm einen orthodoxen Calvinisten, aber er war auch ein begeisterter Alchemist, Kabbalist und Neoplatoniker. Er betrachtete die Abfassung einer Enzyklopädie als passendes Mittel, um sein eigentliches Ziel zu erreichen: die Wiederherstellung des Ebenbildes Gottes im Menschen. Ihm zufolge spielt die Gnade Gottes bei diesem Vorgang keine Rolle, sondern beruht einzig auf menschlicher Anstrengung und Genialität. Dass Alsted als calvinistischer Theologe eine Heilslehre vertrat, die sich gänzlich von der des Genfer Reformators absetzte und dieser diametral gegenüberstand, unterstreicht die Tatsache, dass sich die christliche Elite Deutschlands über die Glaubensaussagen der Bibel hinwegsetzte, wenn es darum ging, dem Renaissance-Neoplatonismus unter der Tarnkappe christlicher Begrifflichkeit Geltung zu verschaffen. Die Alchemie spielte in den Erwägungen Alsteds eine wesentliche Rolle, weil ihm die Lektüre der Schriften Giordano Brunos zu verstehen gab, dass die Degeneration des menschlichen Wesens mittels des Steins der Weisen rückgängig gemacht werden könne. Die Reformation des vorgängigen Jahrhunderts diente als Muster der im sozialpolitischen Bereich durchzuführenden Erneuerungen. Regenten in den Kleinstaaten Deutschlands sahen in der Alchemie eine neue Form der Kriegsführung, um ihren Herrschaftsbereich zu vergrößern.

Bevor sich die negativen Auswirkungen des Dreißigjährigen Krieges (1618-1648) in Herborn bemerkbar machten, hatte Alsted in seiner Endzeitlehre einen augustinischen Amillennialismus vertreten. Es ist bemerkenswert festzustellen, dass er 1627 diese eschatologische Position in seinem Buch über das Tausendjährige Reich änderte. Alsted berief sich auf Daniel 12,11-12 in der Benennung des Jahres 1694 als Beginn des Tausendjährigen Reiches. Das Datum, an dem das tägliche Opfer in Jerusalem weggenommen wurde, legte er auf das Jahr 69 n.Chr. Dieser Jahreszahl rechnete er zunächst 1290 Jahre hinzu (seiner Meinung nach entsprach ein prophetischer Tag einem Jahr) und dann noch einmal 1335 Jahre. Somit würde das Millennium im Jahr 2694 enden. Zieht man dann eintausend Jahren diesem Datum ab, ergibt sich das Jahr 1694. Durch Alsteds Interpretation des Tausendjährigen Reiches nahm das Studium christlicher Eschatologie eine schicksalshafte Wende: In die protestantische Lehre des Tausendjährigen Reiches flossen hermetische Ideen, die diese Lehre im Sinne des später aufkommenden Postmillennialismus umdeuteten. Die Puritaner in England, den Niederlanden und Amerika neigten dieser Lehre besonders zu, weil sie unter anderem dem Mystizismus Francis Bacons, den dieser in Form eines wissenschaftlichen Empirismus verbreitet hatte, kritiklos Glauben schenkten und ihn mit Begeisterung bekanntmachten. Führende Puritaner wie John Milton verloren sich in den düsteren Gefilden der Esoterik und legten den Grundstein des Puritanischen Okkultismus. Die Okkultisten Pico della Mirandola, Johannes Reuchlin, Francesco Giorgi, Henry (Heinrich) Cornelius Agrippa und John Dee praktizierten eine Art des Okkultismus, die sich aus einer Mischung von jüdischer, islamischer und „christlicher" Mystik zusammensetzte und unter der Bezeichnung „Christliche Kabbala" das Denken so manch eines Puritaners, wie John Milton und William Ames, beeinflusste. Johann Heinrich Alsted, William Ames und Jan Amos Comenius stellten sich der Aufgabe, eine Synthese von esoterischer und christlicher Wahrheit zu erwirken. Alsteds Enzyklopädie übte einen starken Einfluss auf William Ames Werk *Technometria* aus. Eine Begegnung zwischen dem englischen Puritaner und dem Herborner Theologen fand wahrscheinlich auf der kirchengeschichtlich so wichtigen Synode in Dordrecht von 1618 bis 1619 statt. Die Publikationen dieser beiden Theologen nahmen einen ehrenwerten Platz in der Literatur von vielen Puritanern ein.

Der unmittelbarste Einfluss, den Alsted auf die Entwicklung der Pansophie ausübte, war die Unterweisung seines Studenten Jan Amos Comenius. Dieser sah seine hauptsächliche Aufgabe darin, Bücher zu schreiben, die – wie er hoffte – künftig das Bildungswesen radikal verändern würden. In den folgenden Jahren etablierte er sich als einer der wichtigsten Theoretiker einer wissenschaftlich durchdachten Pädagogik. Mit bestechender Deutlichkeit tritt in Comenius' Gedankengängen die Übereinstimmung mit dem Ideal der frühen englischen Freimaurerei auf. In den Jahren 1641 bis

1642 besuchte Comenius England. Um seine Vision der Pansophie Wirklichkeit werden zu lassen, setzte er sich für die Gründung eines Kollegs ein, an denen Gelehrte aus aller Welt zusammenkommen, um jegliches Wissensgebiet zu erforschen und miteinander zu integrieren. Der Aufenthalt in London gab ihm die Möglichkeit, regen Verkehr mit Samuel Hartlib zu pflegen und die gewonnenen Erkenntnisse sofort auf Papier zu bringen. England war zu jener Zeit eine Brutstätte der Pansophie. Samuel Hartlib veröffentlichte 1639 Comenius' *Pansophiae Prodromus* in London. Darin wurde die These propagiert, dass die Reform der Philosophie und Bildung im Sinne der Pansophie einzig durch die Harmonisierung der drei „Offenbarungsbücher" der Heiligen Schrift, der Natur und der Vernunft geschehen könne.

Das hervorstechende Merkmal der intellektuellen Betätigung der Gelehrten des Hartlib-Zirkels war das Anliegen, die Empirie (das aus wissenschaftlicher Erfahrung gewonnene Wissen) und den Rationalismus zumindest teilweise mit theosophischen und millennialistischen Spekulationen zu vereinigen. Ihr gemeinsames Ziel war, dem weitverbreiteten Skeptizismus ihrer Zeit Paroli zu bieten. Die meisten Mitglieder des Hartlib-Zirkels hielten sich in protestantischen Ländern, wie England, Holland und Deutschland, auf. Die Entwicklung der modernen Wissenschaft schien ihnen die beste Möglichkeit darzubieten, sich auf die baldige Erscheinung einer vollkommenen Welt vorzubereiten. Sie standen in der fiebrigen Erwartung der kurz bevorstehenden Ankunft des Millenniums. Trotz negativer Begleiterscheinungen eines ausufernden Enthusiasmus entstand der positive Nebeneffekt, dass ein Besinnen auf die in der Bibel prophezeiten Endzeitgeschehnisse Schützenhilfe lieferte im Kampf gegen den Skeptizismus. Jeder, der die biblische Eschatologie für bare Münze hielt, konnte behaupten, sicheres Wissen über die Zukunft zu besitzen. Andere meinten, erkenntnismäßige Gewissheit in der Theosophie Jakob Böhmes gefunden zu haben, der anscheinend einen direkten Weg in die Gegenwart Gottes gefunden hatte. Henry More entwickelte eine rationalistische Metaphysik, die das hinter der sinnlich erfahrbaren, natürlichen Welt Liegende, die letzten Gründe und Zusammenhänge des Seins behandelt. Sie löste sich letztlich völlig von der schriftgebundenen Prophetie des Christentums los. Lady Anne Conway (1631-1679) übernahm vorbehaltlos die zentralen Thesen des wiederentdeckten und neudurchdachten Neoplatonismus ihres an der Cambridge University dozierenden Privatlehrers Henry More. Lady Conway war zu ihrer Zeit wohl die scharfsinnigste Metaphysikerin in England. In ihrem monistischen Vitalismus wird alles Geschehen durch eine unendlich vollkommene Gottheit bestimmt, die ein durch und durch geistliches Wesen sei. Dieser Theorie entsprechend, war Jesus Christus der Mediator zwischen der menschlichen Seele und dem göttlichen Geist; seine Aufgabe sei es, beide miteinander zu vereinen. Den größten Einfluss übte Lady Conway auf die Philosophie von Gottfried Wilhelm Leibniz (1646-1716) aus. Er hat sein metaphysisches System von ihr übernommen.

In den frühen 1640er-Jahren standen radikale Sektierer und puritanische Reformer in der Erwartung des bevorstehenden Millenniums. Die Welt müsse zuvor entsprechend den wissenschaftlichen Vorgaben Francis Bacons und Jan Amos Comenius erneuert werden. In den Anfangsjahren der Englischen Revolution (1642-1649) erfüllten hohe Erwartungen die Gedanken vieler Puritaner, die ein intensives Interesse an den okkulten Wissenschaften als Schlüssel zur Beherrschung der Natur entwickelten. Seit Mitte der 1640er-Jahre bis zur Restauration der Stuart-Dynastie schwappte eine Welle nach der anderen des sozialen Radikalismus über England hinweg. Ein derartiges durch religiöse und politische Konflikte hervorgerufenes Phänomen des sozialen Umbruchs hatte es auf den Britischen Inseln bis dahin noch nicht gegeben. Die Pansophisten des 17. Jahrhunderts unternahmen den letzten großen Versuch, die europäische Kultur auf der Grundlage einer gemeinsamen Religion zu vereinigen, die frei von sektiererischen Konflikten war. Unter den lutherischen Pansophisten wurde Christus als das Buch des Gewissens verinnerlicht und zu einem dritten Weg des Verständnisses der Werke Gottes gemacht, das neben der Heiligen Schrift und dem Buch der Natur eine Quelle der Offenbarung darstellte.

Obgleich Gottfried Wilhelm Leibniz Comenius' Pansophie öffentlich ablehnte, entwickelte er eine Vision, die dessen universaler Republik ähnlich war. Als Kabbalist legte Leibniz den gleichen utopischen Geist an den Tag wie die ihm vorausgegangenen Pansophisten, indem er sich zum ambitioniertesten Befürworter der Vereinigung von Wissenschaft und Religion seiner Ära aufschwang. Comenius und andere Pansophisten hielten es für unnötig, wissenschaftliche Experimente durchzuführen. Die Pansophie, die mitsamt ihren hermetischen Glaubensgrundsätzen angesehenen Zirkeln suspekt erschien, war letztlich doch nichts weiter als eine utopische Fantasie. Deshalb blieb sie meistens eine im Verborgenen agierende Philosophie. Anhänger der Rosenkreuzer-Bruderschaft teilten gemeinsame Vorstellungen und Zielsetzungen mit den Befürwortern der Pansophie, wie zum Beispiel die Versuche einer Kirchenvereinigung, die Projekte zur Einführung einer Einheitssprache, das Schmieden von Friedensplänen für Europa und Strategien der weltweiten Propagierung eines esoterischen „Christentums".

3.9 Grandiose Vision einer Zeitenwende

Die wichtigen Lehrinhalte der Theosophie setzen sich aus den folgenden vier Grundeinstellungen zusammen: 1) Im Zentrum aller Betrachtungen steht die Weisheit (Sophia), 2) die Erfüllung tiefer Sehnsüchte liegt in der Kontaktaufnahme mit übernatürlichen Geistern, 3) die Erfassung weitreichender Erkenntnis hängt von der Erforschung der Natur ab, 4) die Vermittlung religiöser Einblicke in das Weltgeschehen erfolgt durch einen spirituellen Mentor.

Es gibt deutliche Parallelen zwischen der modernen Theosophie und dem antiken Gnostizismus. Clemens von Alexandria (150-215 n.Chr.) war einer der ersten Gelehrten der Frühkirche, der behauptete, dass es innerhalb der Kirche eine echte Gnosis (Erkenntnis) im Gegensatz zu einer verfälschten gebe. Die Theosophen des 17. Jahrhunderts bezogen sich gerne auf den Alexandriner, weil sie gleichfalls von der Existenz einer christlichen Gnosis ausgingen, die sie außerordentlich wertschätzten. Sie stehe sogar gleichberechtigt neben der apostolischen Lehre des Neuen Testaments. Pseudo-Dionysius Areopagita (6. Jahrhundert n.Chr.) war eine weitere Bezugsperson. Sein Verdienst sei es gewesen, die Unterscheidung zwischen der Bejahung von positiven Aussagen über Gottes Wesen („via positiva") beziehungsweise deren Verneinung („via negativa") aufgezeigt zu haben. Beide „Wege" würden dem Menschen in der Kontemplation (Versenkung) in das göttliche Wesen die nötige Hilfestellung geben. So eröffne sich die Möglichkeit einer mystischen Vereinigung der menschlichen Seele mit der allumfassenden geistlichen Wirklichkeit: dem Eindringen in die „Dunkelheit Gottes". Alles, was wir mit unseren Augen sehen können, gebe uns Einblicke in das Göttliche, dennoch könne Gott konzeptionell nicht erfasst werden. Der Rückgriff auf den positiven oder negativen Weg als Vorbedingung einer mystischen Gotteserkenntnis hat sich als unverkennbares Merkmal der Theosophie herauskristallisiert.

Die moderne Theosophie nahm ihren Anfang in der Verbreitung einer erstaunlichen Anzahl von philosophischen Werken des Görlitzer Schusters Jakob Böhme (1575-1624). Der Begriff leitet sich von dem griechischen Wort theosophia (göttliche Weisheit) ab. Im Unterschied zur christlichen Theologie bezieht er sich nicht auf die schlussfolgernde oder rationale Erkenntnis des Göttlichen, sondern auf die erfahrungsgemäße „Gnosis" eines übernatürlichen Wirklichkeitsbereichs, der vom Geist Gottes durchflutet sei. Anhänger Böhmes behaupteten, dass dessen Theosophie von den Schriften der geheimen Bruderschaft der Rosenkreuzer beeinflusst worden war. Allerdings ist strittig, ob es damals eine solche Bruderschaft überhaupt gegeben hat oder ob Christian Rosenkreuz und der Orden nicht vielmehr eine literarische Erfindung von Johann Valentin Andreae ist. So wie das Rosenkreuzertum verschiedene mystische Strömungen zusammenfügte, die seit der Antike in der westlichen Welt im Umlauf waren, so vereinigte die Theosophie esoterische Bewegungen, die seit dem Mittelalter den europäischen Kontinent durchzogen.

Jakob Böhme behauptete ein Autodidakt zu sein, der sich mit der umfangreichen Literatur der Esoterik intensiv auseinandergesetzt hatte. Er glaubte nicht an ein Tausendjähriges Reich, wie es die Johannes-Offenbarung prophezeit. Böhmes Meinung nach stellt das zukünftige Goldene Zeitalter das ursprüngliche Paradies wieder her. Jesus Christus sei als die Menschwerdung des Lichtes erschienen und habe für immer das Prinzip der Dunkelheit zerstört. Im Besitz dieser mystischen Erkenntnis zu sein, bewirke die Erlösung des Menschen aus seiner im irdischen Dasein – in der bösen Materie – gefangen gehaltenen Existenz. Man kann in seinen Schriften Elemente der paracelsischen Spagyrik entdecken. Zeitlebens sah sich Böhme den Repressalien der Regierung des Kurfürstentums Sachsen ausgesetzt, die ihm mit besonderem Argwohn entgegentrat. Der Görlitzer Schuster konnte sich nie des Verdachts entledigen, ketzerische Lehren in die Welt gesetzt zu haben. Viele Leute betrachteten ihn jedoch als einen gottesfürchtigen Mann. Seine Zugehörigkeit zur lutherischen Kirche hielt er immer in Ehren. Seine Bücher fanden eine weite Verbreitung in separatistischen Kreisen der Pietisten. Aber auch innerhalb der Kirche öffneten sich zahlreiche Christen der Böhme'schen Theosophie. Philipp Jacob Spener hielt ihn zwar für einen Mann, der sich in vielem geirrt habe, doch verdammen dürfe man ihn deshalb nicht. Das Besondere an Böhmes Theosophie lag darin, dass sie in einem hauptsächlich protestantischen Umfeld eine Synthese darstellte, die nahezu alle maßgeblichen esoterischen Strömungen Europas in sich vereinigte. In dieser synthetisierten Form konnte sie ohne Schwierigkeiten den Kolonisten in Nordamerika zugänglich gemacht werden. Die sich im frühen 18. Jahrhundert meistens in Pennsylvania ansiedelnden deutschen Pietisten machten sich als theosophische Glaubensgemeinschaften einen Namen. Die bekannteste von ihnen war die im Lancaster County ansässige Ephrata-Kommune.

Der früheste theosophische Zirkel in England versammelte sich in den 1620er-Jahren. Die Mitglieder des späteren theosophischen Zirkels um Dr. John Pordage und Jane Ward Leade nannten sich die Philadelphier. Diese Bezeichnung, die sich auf Offb. 3,7-11 bezieht, übernahmen auch einige theosophische Gesellschaften auf dem Kontinent. Kein anderer Name schien ihnen passender zu sein, weil vom standhaften Ausharren inmitten der Versuchung die Rede ist. Die vielen europäischen oder englischen Emigranten, die sich für die Theosophie Jakob Böhmes geöffnet hatten, machten sich sofort nach Ankunft in Nordamerika auf den Weg nach Philadelphia, Pennsylvania. Einer der Gründe, wieso sie ihre Heimat verlassen hatten, war, sich eine Existenz in einem Land zu sichern, wo nicht ständig religiöse Verfolgungen über sie hereinbrachen. Jane W. Leade war in der zweiten Hälfte des 17. Jahrhunderts eine der einflussreichsten Interpretinnen der Böhme'schen Theosophie in England. Die literarischen Werke der Philadelphia Society beziehen sich auf eine zukünftige Zeit, in der eine göttliche, konkrete Ordnung zunächst in England und später in aller Welt eingeführt werde. Leade sei das von Gott „auserwählte Gefäß", um die Zeitenwende anfänglich herbeizuführen. Jakob Böhme sah keine zwingende Veranlassung, seine spirituellen Höhenflüge, die auf nichts anderem als menschlicher Spekulation über den unsichtbaren Bereich der Geister und das Weltenende beruhten, in Worte zu fassen, die für jedermann verständlich waren. Obgleich seine ursprünglich in Deutsch herausgegebenen und in andere Sprachen übersetzten Bücher jeden Leser vor die Herausforderung stellte, den Inhalt richtig zu verstehen, standen englischsprachige Böhmisten vor einem fast unlösbaren Problem, den Sinn des skurrilen Inhaltes spiritueller Fantastereien gedanklich zu erfassen. Als einer der ersten Interpreten der Werke Böhmes in England bemühte sich Pordage, den Sinn der theosophischen Schriften des Görlitzers zu ergründen und ihn anschließend in seinen eigenen Büchern in einfachen Worten wiederzugeben. Obwohl sich seine publizierten Werke nie wirklich einer weitläufigen Popularität erfreuten, gelang es ihm dennoch, Böhmes Ideen in verständlicher Sprache an Jane Leade zu vermitteln, um sie erfolgreich in die Geheimnisse der Theosophie einzuführen. Gleichzeitig weckte er ihr Interesse an der paracelsischen Alchemie. Mit großer Sorgfalt begab sich Leade an die Aufgabe, spirituelle Bücher für das einfache Volk zu schreiben. Nur so war es möglich, die deutsche Theosophie einer breiten Öffentlichkeit in England zugänglich zu machen. Leade ging in ihrer Vorstellung der theosophischen Jungfrauenweisheit und ihrer Lehre der universalen Wiederbringung weit über die fantasievollen Ansichten Böhmes und Pordages hinaus. Wohingegen Böhme die Jungfrauenweisheit („Sophia") noch mit der Selbsterniedrigung Christi identifizierte, sah sie Leade als eine völlig eigenständige göttliche Gestalt an, die – so könnte man meinen – sogar den Status einer vierten Person der Gottheit einnahm.

In exzentrischer Weise interpretierte sie den christlichen Glauben um. Je älter sie wurde, umso entschiedener wandte sie sich von einem reformatorischen Verständnis des Christentums ab. Ihre Vorliebe an der Kabbalistik (jüdische Geheimlehre und Mystik) trat in ihren Schriften immer deutlicher zutage; ein Umstand, der völlig mit der Tatsache übereinstimmte, dass Leade eine visionäre Mystikerin war, die die Theosophie über alles wertschätzte. Die Mitgliederzahl der Gesellschaft nahm aus unerklärlichen Gründen beständig ab, sodass die weitere Existenz in den Jahren 1692 bis 1694 auf Messers Schneide stand. Ein brandenburg-preußischer Staatsmann stellte die finanziellen Mittel zur Verfügung, um Leades Bücher zu veröffentlichen. Nachdem die übersetzten Werke 1694 und 1695 in Deutschland und den Niederlanden eine weite Verbreitung fanden, verursachten sie ein beachtliches Aufsehen in den theosophischen Zirkeln jener Länder. Bücher, die ihre millennialistischen, ökumenischen und universalistischen Vorstellungen enthielten, befassten sich besonders mit den wechselhaften politischen und religiösen Ereignissen in England, wie sie sich der Autorin gegen Ende des 17. Jahrhunderts darstellten. Sie erließ einen eindringlichen Aufruf zur Wiederherstellung der Ordnung in Kirche und Staat. Wenngleich das jeweilige Publikationsdatum dieser Veröffentlichungen in die Zeitperiode nach der Glorreichen Revolution (1688-1689) fiel, sollte bedacht werden, dass die Autorin damals bereits eine betagte Frau war, die die Wirren des Bürgerkrieges, der Zwischenregierung und der Stuart-Restauration miterlebt hatte. Ihr ereignisreiches Leben war von diesen radikalen Umschwüngen der englischen Regierungsform geprägt worden. Leades eingehende Beurteilung dieses dramatischen Geschichtsverlaufs griff auf eine theosophische Perspektive zurück, die einen ganz anderen Einblick in den Stand der Dinge ermöglichte, als dies eine rein faktische Interpretation der historischen Ereignisse hätte tun können.

Der zentrale Gedanke ihrer Lehre bezog sich auf die universale Wiedererbringung aller Dinge, die in Aussicht stellte, dass die gesamte Schöpfung am Zeitenende in ihren ursprünglichen, paradiesischen Zustand zurückversetzt werde. Nicht nur alle Menschen, sondern auch Dämonen und selbst

Luzifer würden dem schrecklichen Schicksal einer ewigen Verdammnis entrinnen. Leade und ihre Anhänger glaubten, dass Christus nicht wiederkehren könne, bis die Kirche in einem ökumenischen Verbund vereint sei. Um diese Vereinigung zu bewirken, wandte sie sich in ihrer dringlichen Botschaft an die sechs protestantischen Kirchen in England. In der Bewertung Christi sei keine dieser Kirchen heilig genug gewesen, um es ihm zu gestatten, nach seiner Wiederkunft eine „ewige Kirche" auf der Erde zu errichten. Nur die siebte Kirche, die philadelphische, sei „eine jungfräuliche Kirche, die auf dieser Erde noch geboren werden muss". Sie würde ins Dasein gerufen, wenn sich Leade mittels der Jungfrauenweisheit mit Gott vereinige. Darüber hinaus sei die weite Verbreitung ihrer ökumenischen Vision mittels ihrer veröffentlichten Bücher ein notwendiger Schritt, um den Zusammenschluss aller Kirchen zu bewirken. Dies vollziehe sich in der Entstehung einer „unsichtbaren" Glaubensgemeinschaft innerhalb aller anderen etablierten Kirchen. Erst dann könne die letztendliche Ordnung im Staat wiederhergestellt werden, um anhaltenden Frieden und Einheit zu wahren. Jane W. Leade erwartete, dass jedes sündige Anzeichen der Uneinigkeit und Unordnung innerhalb der Philadelphia Society durch einen spirituellen Reinigungsprozess (burning) entfernt werden würde, um den Zustand der Vollkommenheit herbeizuführen. Dieser Gedankengang entsprang einer kabbalistischen und alchemistischen, nicht neoplatonischen Vorstellungswelt.

3.10 Hinwendung zum Mysterium des Irrationalismus

(Die Verbindungen des Pietismus zu katholischen Mystikern, Esoterikern, Freimaurern und Philosophen)
Unter der Bezeichnung „praktische Frömmigkeit" erschien der Pietismus zuerst in England und Schottland und wenig später auch in Holland und Deutschland. Der deutsche Pietismus war eine von mehreren religiösen Bewegungen, die sich im 17. Jahrhundert wellenartig über ganz West- und Zentraleuropa ausbreiteten. Man meinte, dass die Reformation nicht völlig zu Ende geführt worden sei und diese noch zu einem erfolgreichen Abschluss gebracht werden müsse. Im Besonderen stand die empfundene Unterbetonung der geistlichen Wiedergeburt als Garant eines vom Geist Gottes erfüllten Christenlebens im Mittelpunkt der pietistischen Kritik an der reformatorischen Theologie. Die Massen sollten ein höheres Niveau von Moral und Religion anstreben. Die Religion bestand für die Pietisten nicht nur in der Zustimmung zu einer Lehre und in der schriftgemäßen Verwaltung der Kirche, sondern sie beharrten auch auf die geistliche Vereinigung mit Christus im inneren Leben des Geistes. Die Mittel zur lebensnahen Umsetzung der christlichen Frömmigkeit waren Askese, Katechese und religiöse Übungen in den Zusammenkünften zu gemeinsamer Andacht. Die Betonung wurde deshalb auf die Verleugnung der Sinnlichkeit („Abtötung des Fleisches") und auf die biblische Unterweisung in kleinen Gruppen gelegt. Philipp Jacob Spener (1635-1705), der Gründungsvater des deutschen

Pietismus, forderte die Lutheraner auf, seine programmatische Schrift *Pia Desideria* (1675) praktisch umzusetzen. In dieser Schrift beklagte er sich über die Theologen der Lutherischen Orthodoxie, die die Lehre der Rechtfertigung durch den Glauben so hingestellt hätten, als ob ein bloßes Einverständnis mit der reinen Lehre der Schlüssel zum Heil sei. Er verwarf die traditionelle lutherische Lehre über die Endzeit. Spener achtete mit äußerster Gewissenhaftigkeit darauf, dass die *collegia pietatis*, wie er diese Zusammenkünfte nannte, keine kleinen Kirchen – ecclesiola – werden würden. Doch dieses Modell der Kirchenreform erschien den nervösen Amtsträgern in der Kirche als ein verwegener Versuch, Spaltungen hervorzurufen. Spener rief die Christen auf, eine „Neue Welt" zu schaffen; sie könnten den Beginn beschleunigen, wenn sie die Kirche reformieren würden. Er bekämpfte die Verweltlichung innerhalb der Lutherischen Kirche und wandte sich gegen die Orthodoxie, die sich als kraftlos erwiesen hatte inmitten der Unmoral und der grauenhaften Gesellschaftsbedingungen, die dem Dreißigjährigen Krieg folgten.

Der Mystizismus Jakob Böhmes und seiner geistigen Nachkommen nahm einen außerordentlich hohen Stellenwert im Denken vieler Pietisten ein. Wie niemand vor oder nach ihm prägte Böhme den deutschen Pietismus mit der Forderung der Bildung einer geistlichen Elite. Der Erfolg des Pietismus war auf die Länge gesehen in der Kirche begrenzt. Vor allem fehlte dieser Bewegung das Verständnis für eine biblische Gemeindestruktur, die von der Staatskirche völlig unabhängig ist. Die im engen Verbund mit der Obrigkeit stehende Kirche war nicht gewillt, die Entstehung von christlichen Gemeinden zu gestatten, die sich ihrer Kontrolle entzogen. Die Kompromisslösung einer *ecclesiola in ecclesia* (Kirche in der Kirche) erwies sich als tragischer Irrweg, denn der Pietismus akzeptierte einerseits allmählich die erstarrte orthodoxe lutherische Lehre, andererseits entnahmen die pietistischen Wurzeln wesentliche spirituelle Nährstoffe dem Erdboden der Mystik eines Jakob Böhmes.

Die innerkirchlichen Probleme, die Spener aus der Welt schaffen wollte, hatten ihren Ursprung in einer Staatskirche, deren Existenzform sich nicht von der Bibel herleiten ließ. Was die Lutheraner Deutschlands nötiger brauchten als die von Spener vorgeschlagene Förderung frommer Glaubenspraktiken, war die Durchsetzung einer Kirchenreform, die den Vorgaben der Bibel entsprochen hätte. Eine Staatskirche sah sich seit der Zeit Kaiser Theodosius stets dem Problem einer sich intern ausbreitenden Verweltlichung gegenübergestellt. Wenn die Machthabenden oberste Autorität in kirchlichen Angelegenheiten besitzen, verliert die geistliche Ausrichtung der Glaubensgemeinschaft ihre Vitalität.

Böhmes Mystizismus beinhaltete ein Sammelsurium an Vorstellungen, die spirituellen und philosophischen Quellen entnommen waren, wie der Kabbala, der Alchemie und des Renaissance Neoplatonismus. Durch die Veröffentlichung seiner Bücher machte sich sein Einfluss länderübergreifend bemerkbar. Die pietistische Kontemplation (Versenkung) unterschied sich kaum von der katholischen Haltung der Seelenruhe, dem Quietismus. Der Pietismus machte den „Mystizismus des Seelengrundes" populär, der sich durch ein unbändiges Verlangen nach einer direkten Vereinigung mit Gott auszeichnete. Je mehr sich radikale Pietisten dem Mystizismus zuwandten, umso mehr machte sich der Individualismus bemerkbar und schwächte die Bereitschaft, sich in Gemeinschaften zu organisieren, wie es anfänglich beabsichtigt und praktiziert worden war. Einige der markanten Eigenschaften des Pietismus zeigen parallele Charakteristiken mit der freimaurischen Geheimgesellschaft auf.

Der katholische Mystizismus hatte den Quietismus hervorgebracht, der bis heute noch auch in anderen Religionen ausgeübt wird. Der französische Mystiker Peter Poiret (1646-1719) erblickte in der mystischen Idee der Solidarität das geeignete Mittel, alte und neue Formen der christlichen und esoterischen Spiritualität zu fusionieren. Der Katholizismus und der Protestantismus müssten sich in brüderlicher Umarmung vereinigen. Die Mehrzahl der im Untergrund agierenden Geheimgesellschaften könnte sich anschließend mit der Einheitskirche verbinden. Er rührte die Werbetrommel für diese Frühform der Ökumene. Die unmittelbare Auswirkung des quietistischen Impulses auf französische Geheimgesellschaften war die Hochgradfreimaurerei. Pietistische Gruppen in Deutschland fühlten sich mit dem quietistischen Vermächtnis eines François Fénelon und einer Madame Guyon verbunden. Die Quietisten strebten danach, Gott in der eigenen Seele zu finden und sich selbst in ihm zu verlieren. Auch Gerhard Tersteegen (1697-1769) hatte Kontakt zu dieser Bewegung. Quietisten hatten Verbindungen zu Illuministen, Esoterikern, Freimaurern und Philosophen der deutschen Romantik. Als Mediator zwischen Geheimgesellschaft und Pietismus setzte sich Johann Kasper Lavater (1741-1801) dem Einfluss okkulter Ideen aus, der sich in beiden Bewegungen ausweitete.

3.11 Streben nach makelloser Vollkommenheit

Seit je her stand der kreatürliche Mensch in der Gefahr, der verführerischen Behauptung zu erliegen, dass es ihm möglich sei, sich selbst auf die Stufe Gottes zu stellen. Und da sprach die Schlange zum Weibe: „Ihr ... werdet so sein wie Gott und wissen, was gut und böse ist" (1.Mose 3,5). Die „christliche" Mystik trat mit dem Versprechen auf, das unbändige Sehnen des Menschen nach einer wesensmäßigen Vereinigung mit Gott zu stillen. Der Begriff „Theosis" bedeutet wörtlich „Vergöttlichung", „Gottwerdung" oder – wie es manche bevorzugen – „Teilhabe an Gott". Es ist eine spirituelle Vision, die das angebliche Potenzial des Menschen herausstellt, schon in diesem Leben die Vollkommenheit zu erlangen. Die Vergöttlichung des Menschen schreite demnach solange voran, bis die völlige Vereinigung mit Christus erreicht sei. Es gibt zwei Anschauungsweisen der Theosis-Lehre: Das Vereinigungsmodell geht davon aus, dass die Menschheit wortwörtlich göttlich wird; der Unterschied zwischen Schöpfer und Geschöpf wird ganz und gar beseitigt: aus den Menschen entstehen Götter und Göttinnen, perfekte Söhne und Töchter in der Familie Gottes. Das Korrespondenzmodell geht von der metaphorischen Ansicht aus, dass das Ebenbild Gottes im Menschen wiederhergestellt wird, während er seine Kreatürlichkeit beibehält: in der Vervollkommnung nimmt der Mensch einige Wesensmerkmale der Göttlichkeit an, wird aber niemals im eigentlichen Sinne ein göttliches Wesen werden. Man kann diesen Vorgang mit einem Spiegel vergleichen, der die Reflektion perfekt wiedergibt, objektiv aber immer noch ein Spiegel ist und bleibt.

Die über die Jahrtausende vielfältig in Erscheinung tretende Idee einer göttlichen Natur des Menschen entstammt der Antike. Im *Theaitetos* definierte Platon die Theosis als „eine weitmöglichste Gottesähnlichkeit". Wie diese Vision realisierbar sei, wurde in der platonischen Tradition über Jahrhunderte hinweg eingehend debattiert, ohne zu einer schlüssigen Meinung zu kommen. Die Theologie der christlichen Kirchenväter in den ersten Jahrhunderten n.Ch. übernahm die griechische Idee der Theosis im Sinne einer durch Gottes Gnade geschenkten Vergöttlichung. Demnach konnte ein Christ Teilhaber des göttlichen Wesens werden, sofern ihm diese himmlische Gabe zuerkannt wurde. Der gegen Ende des 2. Jahrhunderts schreibende Bischof von Lyon, Irenaeus (120-202), formulierte die Theosis-Lehre wie folgt: „Das Wort wurde Mensch, damit der Mensch Gott werden kann." Laut dem „christlichen" Platoniker Origines (182-254) ist das Ziel des christlichen Lebens die verinnerlichte (kontemplative) Betrachtung Gottes. In dieser unmittelbaren Erfassung der göttlichen Essenz werde der Mensch vergöttlicht. Die menschliche Vergöttlichung sei aufgrund der Menschwerdung Gottes in Christus möglich. Origines Sichtweise des Heils ist von der platonischen Vorstellung einer stufenweisen Vereinigung mit Gott gekennzeichnet. Die Seele werde allmählich zur Vollkommenheit geführt, bis Gegensätzlichkeiten miteinander versöhnt sind und die Zeit aufhört zu existieren. Laut Hilarius von Poitiers (zirka 310-368) war das Hauptziel, das Christus in seinem irdischen Dasein verfolgte, die Vergöttlichung des Menschen. Der im 4. Jahrhundert lebende christliche Apologet, Athanasius (293-373), schrieb: „Christus wurde zum Menschen gemacht, damit wir zu Gott gemacht werden können."

Obgleich die Wurzeln der Theosis-Lehre in der Zeitperiode vor dem Konzil von Nicäa (325 n.Chr.) liegen, stellt sie keinesfalls nur ein historisches Kuriosum dar, das man als antiquiert abtun könnte. Die Vorstellung der Vergöttlichung, die die Möglichkeit in sich schließt, dass das menschliche Wesen direkt am Leben Gottes teilhaben könne, taucht mit überraschender Häufigkeit zu verschiedenen Zeiten und an unterschiedlichen Orten der christlichen Ära auf. Obgleich die Theosis-Lehre eine der schlimmsten Irrlehren ist, überdauerte sie die Kämpfe der Orthodoxie gegen die Heterodoxie im 4. und 5. Jahrhundert, weil sie eine Hauptrolle in den christologischen Debatten in jener Zeit spielte. In Übereinstimmung mit dem biblischen Zeugnis bestanden die griechischen Kirchenväter darauf, dass Christus Gott sein musste. Im Gegensatz zur christlichen Lehre schlussfolgerten sie daraus, dass Christus als Sohn Gottes den Menschen das göttliche Leben vermittelt habe. Die Lehre der Vergöttlichung besaß für Maximus

Confessor im 7. Jahrhundert dieselbe Bedeutung, wie zuvor für Gregory von Nyssa im 4. Jahrhundert: Der Mensch nimmt die Existenzform Gottes dadurch an, dass er gewisse göttliche Eigenschaften, wie etwa Mitleid und Selbstlosigkeit, konkret zur Schau stellt. Meister Eckhard (1260-1328) behauptete Jahrhunderte später in geradezu pantheistischer Manier, dass der Gläubige tatsächlich im Besitz des göttlichen Wesens stehe.

Die Theosis-Lehre ist unter den Christen des Westens weniger bekannt. In der Theologie der Griechisch-Orthodoxen Kirche gehört sie aber zu den wesentlichen Dogmen. In einem aufschlussreichen Buch über die östliche Christenheit behauptet Daniel Clendenin, dass es bestimmt nicht übertrieben sei, die Vergöttlichung der Menschheit als „das zentrale Thema, das hauptsächliche Ziel, den grundsätzlichen Zweck oder das primäre religiöse Ideal der (Griechischen) Orthodoxie" anzusehen.

Allgemein ist die Tatsache bekannt, dass John Wesley (1703-1791) die Frömmigkeitspraxis der Anglikaner mit dem Anbetungsstil der Böhmischen Brüder vereinigte. Aber nur die wenigsten wissen, dass der Gründer der Methodistischen Kirche auf Quellen der Kirchenväter zurückgriff, um seine Heiligungslehre zu entwerfen. Dabei sollte der Sachverhalt besonders hervorgehoben werden, dass in fast allen Werken der Kirchenväter, besonders in denen der Alexandriner, Clemens und Origines, ausdrücklich auf die Theosis-Lehre Bezug genommen wird. In dem Werk *Stromateis* beschreibt Clemens die Theosis aus einer Sichtweise, die sich an den Corpus Hermeticum anlehnt – im Sprachgebrauch des Alexandriners „gnostischen" Sichtweise: mittels kontemplativer Erkenntnis und Weisheit steige die Seele zu Gott empor. John Wesley entnahm Zitate aus dem *Stromateis* und passte sie seiner Theologie an. Laut Clemens (150-215) tritt ein Mensch vom Heidentum zum Christentum über, wenn er sich dem Glauben zuwendet. Aus dem Glaubensstand erhebt sich der Mensch mittels der Gnosis (Erkenntnis) zu Gott. Diese sei nötig, um Gott von Angesicht zu Angesicht zu sehen. Danach setze sich der Prozess der Vergöttlichung in Gang: „Als Getaufte werden wir erleuchtet; als Erleuchtete werden wir Söhne (d.h., Erben); nachdem wir Erben geworden sind, erlangen wir die Vollkommenheit, als Vollkommene besitzen wir die Unsterblichkeit, wie die Schrift sagt ‚Ihr seid Götter'."

John Wesley war bestrebt, Kirche und Gesellschaft in England wieder herzustellen. Er verklärte das Ideal der Kultur der christlichen Antike und suchte dieses nachzuahmen. Darin glich er den humanistischen Philosophen seiner Zeit, die die klassische Antike als kulturelles Modell der säkularen Aufklärung heranzogen, die schon Mitte des 17. Jahrhunderts zum Gegenstand religiöser Konflikte in Britannien geworden war. Die Methodistenkirche in Großbritannien übernahm Aspekte der Theosis-Lehre, die sowohl östliche als auch westliche Elemente beinhalteten.

John Wesleys Bruder Charles sehnte sich ebenfalls unablässig danach, das Leben Gottes in seiner Seele zu haben. In seinen Kirchenliedern beschrieb er die Theosis-Lehre in poesievoller Weise. Sein Hauptgedanke tritt deutlich hervor: In seiner Menschwerdung nahm der Sohn Gottes, Jesus Christus, selbst einen menschlichen Körper an. Somit werde der Mensch befähigt, sich durch das innewohnende Leben Gottes völlig in ein göttliches Wesen zu verändern. Die Lyrikerin Ann Griffiths (1776-1805) spricht von der Vereinigung ihres menschlichen Wesens mit dem göttlichen. Dabei löse sich das menschliche Wesen nicht auf, sondern bilde eine Einheit mit dem göttlichen, ohne dass eine wesensmäßige Verschmelzung stattfinde. Sie hebt die Göttlichkeit des Menschen und die Menschlichkeit Gottes klar hervor. Neben den Namen Scougal, Wesley, Williams und Griffiths als Befürworter der Theosis-Lehre kann man noch andere hinzufügen, wie Richard Hooker, Lancelot Andrewes und Edward Bouverie Pusey. Sie verknüpften die Lehren der Dreieinigkeit, der Fleischwerdung Jesu und der Vergöttlichung des Menschen zu einer unauflösbaren Einheit.

Da John Wesley dem spekulativen Mystizismus der griechischen Kirchenväter während der christlichen Frühzeit große Bewunderung entgegenbrachte, ist es nicht erstaunlich, dass einige Jahrhunderte später die Wiederentdeckung ihrer Theologie zu einem spirituellen und institutionellen Aufbruch der Volksreligion Englands führte. Der theologische Kern des Wesleyanischen Methodismus ist der sündlose Perfektionismus, der die spätere Heiligungsbewegung entscheidend prägen sollte. Die Vollkommenheitslehre John Wesleys gründete sich auf die Tradition des anglikanischen und katholischen Mystizismus, die nicht nur einen sündlosen Perfektionismus als möglich ansah, sondern auch die Lehre der Vergöttlichung als wichtigste Komponente beinhaltete. John Wesley bezeichnete die Schriften von Jakob Böhme als „überaus grandiosen Schwachsinn". Nicht alle pietistischen Bewegungen haben sich dem Einfluss des Mystizismus Böhmes und seiner geistigen Nachkommen selbstbewusst geöffnet. Dennoch geschah es, dass die Theosophie durch die Hintertür in den Methodismus eindrang. Obwohl die Philadelphia Society zu Lebzeiten der Wesley-Brüder nicht mehr existierte, übte sie weiterhin eine Wirkung auf die religiöse Szene Englands mittels der zahlreichen Schriften ihrer ehemaligen Führungspersönlichkeiten aus.

John Wesley verkündete erstmals 1733 in einer Predigt in Oxford die Pflicht zur Vollkommenheit, die er als das Gebot zur Heiligung definierte. Sich eingestehen zu müssen, das Ideal letztlich nicht erfüllen zu können, bereitete ihm große innere Qualen. Er konnte sich nicht der Tatsache verwehren, dass die Sünde eine Realität in seinem Leben blieb. Auf die Frage hin, ob er selbst sündlos sei, gab er zur Antwort, trotz intensivem Bemühen nie die oberste Stufe der Vollkommenheit erreicht zu haben. Später korrigierte er seine Meinung und sagte, dass der Christ im Diesseits nie von Ignoranz, Fehlern, Versuchungen und Gebrechen frei sei, dennoch sei er verpflichtet, nach Vollkommenheit zu streben.

4.0 Prophetischer Ausblick auf eine erwartungsvolle Zukunft

Es gibt eine stattliche Anzahl von Abhandlungen über die verschiedenen Endzeitlehren des christlichen Glaubens. Die meisten Theologen stimmen aber nur in wenigen Punkten der Endzeitlehre überein: Das Millennium (Tausendjährige Reich) wird eine lange Zeit des Friedens und der weltweiten Erneuerung sein. Christus wird zu einem bestimmten Zeitpunkt wiederkommen, um die Welt zu regieren. Die letzten Tage werden von Gottes Gericht über die heidnischen Völker gekennzeichnet sein. Die Welt wird schlussendlich zerstört werden. Uneinigkeit besteht über die Reihenfolge, in der diese Ereignisse stattfinden werden. Drei verschiedene Lehren kristallisieren sich heraus:

Prämillennialismus: Christus wird zu Beginn des Millenniums wiederkommen, um sein irdisches Königreich zu errichten, das exakt eintausend Jahre dauern wird. Seiner Wiederkunft wird eine fast völlige Zerstörung der Welt vorausgehen, erst danach zur Zeit der Regentschaft Christi in Jerusalem werden jene paradiesischen Zuständen auf der Erde herrschen, die in vielen alttestamentlichen Verheißungen erwähnt, aber noch nicht geschehen sind.

Postmillennialismus: Christus wird während oder nach einer langen, zeitlich nicht festgelegten Periode der weltweiten Erneuerung wiederkommen. Ein etappenweise eingeführter Weltfriede wird das Zusammenleben der Völker kennzeichnen, die sich schon vor der Wiederkunft Christi einer nahezu vollkommenen Gesellschaft erfreuen; vom Geist Gottes wiedergeborene Menschen, und noch wichtiger christianisierte Nationen, werden unversehrt in das Reich Gottes eingeführt werden. Es wird aber ein am Ende der Zeit stattfindendes Gericht Gottes für Ungläubige geben.

Amillennialismus: Es gibt kein wortwörtliches Millennium. Die Ära des Neuen Bundes ist die entscheidende Epoche in der Heilsgeschichte. Die Verheißungen Gottes an das alttestamentliche Volk Israel werden sich oftmals im übertragenen Sinne in der christlichen Gemeinde erfüllen. Nach der Wiederkunft von Jesus Christus und dem anschließenden Weltgericht folgt unmittelbar die Zerstörung und Neuschöpfung der Erde und die Ewigkeit im himmlischen Jerusalem.

Der Postmillennialismus war einer der bedeutendsten Vermächtnisse der radikalen Reformatoren des 16. Jahrhunderts als auch der pansophischen Millennialisten des 17. Jahrhunderts, die ein weltweites Gelehrten- und Friedensreich anstrebten. Im Laufe der Zeit führte diese Endzeitlehre zu einer Vermischung von säkularer und sakraler Geschichte. Das oberste Anliegen war, an dem großartigen Projekt der Vervollkommnung des Menschen und seiner Umgebung mitzuwirken. Sie setzten ihren ganzen Ehrgeiz darauf, das Königreich Gottes in dieser Welt im Befolgen religiöser Bestimmungen und unter Verwendung technologischer Errungenschaften Stück für Stück zu realisieren. Gerechtigkeit, Frieden und Liebe würden schlussendlich über allem regieren. Der Mensch besitze die notwendige Veranlagung und Genialität, um den Himmel auf Erden zu schaffen, die unmittelbare Gegenwart Christi als Weltenherrscher sei unnötig. Der sich aus dem puritanischen Postmillennialismus entwickelnde utopische Enthusiasmus trug in den Freiheitskämpfen der Amerikanischen Revolution reiche Früchte, es folgte der erfolgreiche Abschluss des Unabhängigkeitskriegs, dann die Befreiung der Sklaven. Seit Beginn der Ersten Großen Erweckung (1739-1743) in den USA waren geistliche Erweckung und politische Reform wechselseitige Erscheinungen, die sich gegenseitig mit zunehmender Intensität befruchteten.

Während der ersten drei Quartale des 19. Jahrhunderts stellte der Postmillennialismus die allgemein akzeptierte Lehre der Endzeit unter den amerikanischen Protestanten dar. Der Prämillennialismus stand zwar nie ohne Befürworter da, übte aber fast keinen gesellschaftlichen Einfluss aus. Der Engländer John Nelson Darby (1800-1882), ein führender Theologe der Plymouth Brüder (Brüderbewegung), entwarf eine dispensationalistische Lehre. Es gibt jedoch auch Prämillennialisten, die mit manchen Aspekten der darbistischen Theologie nicht einverstanden sind und direkten Bezug auf den Prämillennialismus des apostolischen und nachapostolischen Zeitalters nehmen. Sie bezeichnen ihre eschatologische Position als historischer Prämillennialismus.

Obgleich der Prämillennialismus, mehrheitlich in der Form des Dispensationalismus, allmählich einflussreiche Kirchen und Seminare durchdrang, forderte er die Vormachtstellung des Postmillennialismus erst gegen Ende des 19. Jahrhunderts über weite Strecken der kirchlichen Landschaft Amerikas heraus.

4.1 Millennialistische Vision einer vollkommenen Gesellschaft

Das „Tausendjährige Reich" im England des 16. und 17. Jahrhunderts war ein viel diskutiertes und kompliziertes Thema. Einige Autoren schlugen eine radikale, populistische Richtung bezüglich des Tausendjährigen Reiches ein, andere spekulierten mit der Jahreszahl der Wiederkunft Christi und wiederum andere beschrieben eine utopische Stadt Jerusalem, der Papst wurde häufig als Antichrist dargestellt, und die Bekehrung der Juden wurde als Zeichen der baldigen Wiederkunft Christi betrachtet, auch astrologische Aussagen wurden gemacht.

Thomas Brightman (1562-1607) übte einen großen Einfluss auf die Puritaner aus. Sein Buch über die Johannes-Offenbarung gehört zu den Klassikern der englischen Literatur über den Millennialismus. Darin schlug er eine Periodisierung der Geschichte vor, die angeblich auf den Aussagen einer biblischen Prophetie beruhte. Die Briefe an die sieben Gemeinden in Kleinasien in Kapitel 2 bis 3 symbolisierten demnach unterschiedliche Zeitepochen der Kirchengeschichte. Zum Beispiel meinte er, dass der Brief an die Gemeinde in Sardes eine Prophetie über die lutherischen Kirchen sei und der an die Gemeinde in Philadelphia eine Vorhersage über die calvinistischen Kirchen. Der Brief an die Gemeinden in Laodizea charakterisiere die Kirche von England, die weder heiß noch kalt war. Die sechste Posaune in Kapitel 8 deute beispielsweise auf die Erstarkung der politischen Macht der osmanischen Türken im Jahr 1300 hin. Auf Grundlage der Theorie, dass ein prophetischer Tag einem buchstäblichen Jahr entspricht, interpretierte Brightman Offb. 9,15 dahingehend, dass die Macht der Türken bis 1696 andauern würde. In seiner Auslegung des Kapitels 20 tritt die Tatsache besonders deutlich ins Licht, dass Brightman die Erwähnung der tausend Jahre in Vers 2 als ein buchstäbliches Millennium auffasste, das mit der Regierungszeit Konstantins 306 n.Chr. begonnen und bis ungefähr 1300 n.Chr. gedauert habe. Die zweite Zeitperiode von 1000 Jahre (Vers 5) habe ihren Anfang mit dem Ende der ersten genommen, nämlich im Jahr 1300 n.Chr. Demnach reiche sie bis zum Jahr 2300. Während dieses zweiten Millenniums würde der Einfluss der biblischen Wahrheit über die ganze Erde hinweg zunehmen. Zuversichtlich erwartete er den Zusammenbruch des Papsttums und seiner Macht über Europa. Die Bekehrung der Juden stelle sich danach ein. Das Reich der Türken (Gog und Magog) falle in sich zusammen. Obwohl die Auslegung von minderwertiger Qualität war, verbreitete sich dieser Kommentar weit und nahm auf die Ausgestaltung des Postmillennialismus Einfluss. Nachfolgende Theologen übernahmen Brightmans Gedanken. Thomas Brightman gilt neben Joseph Mede als wichtigster „Revisionist" der gängigen Eschatologie innerhalb der Anglikanischen Kirche, die damals hauptsächlich auf der Meinung von John Foxe (1517-1587) basierte, wonach die Engländer Gottes auserwähltes Volk seien.

Joseph Mede (1586-1638) revolutionierte die Bibelauslegung eschatologischer Texte des Neuen Testaments durch die Veröffentlichung seines Kommentars über die Johannes-Offenbarung. Die Regenten des Christ's College, Cambridge, übertrugen ihm eine Professur, nachdem sie den tiefsinnigen Intellekt ihres ehemaligen Studenten und Fellows (Stipendiat) erkannt hatten. Viele berühmte Persönlichkeiten, wie Henry More, Isaac Barrow (Newtons Lehrer) und John Morton schätzten sich glücklich, ihn als Tutor gehabt zu haben. Nach Überwindung seines anfänglichen Skeptizismus etablierte er sich als scharfsinniger Logiker, intelligenter Philosoph, lehrreicher Mathematiker, exzellenter Anatom, großer Philologe, Linguist und Historiker. Ein besonders ergiebiges Gebiet seiner Forschungen war die Astrologie. Schließlich überwand er die letzten Überreste seines inneren Skeptizismus, als er sich eingehend mit der Auslegung der Johannes-Offenbarung befasste.

In seinem 1627 veröffentlichten Werk *Clavis Apocalyptica* (Schlüssel zur Johannes-Offenbarung) machte Joseph Mede (1586-1638) den Glauben an das Tausendjährige Reich als eine Epoche von überschwänglicher Glückseligkeit der auf dieser Erde lebenden Menschheit einer breiten Öffentlichkeit zugänglich. Medes neue Lehre des Millennialismus ging zwar von einem buchstäblichen Tausendjährigen Reich in der Zukunft aus, verwarf jedoch die Vorstellung, dass Jesus Christus die irdische Herrschaft als der wiedergekommene König der Könige ausüben würde. Die Ursprünge des späteren Postmillennialismus können demnach neben Alsteds eschatologischer Sicht auch auf Medes Auslegung von Offenbarung 20 zurückgeführt werden, die sich anscheinend mehr an dem rosenkreuzerischen Aufruf zu einer Generalreformation orientiert hatten, als an einer wortgetreuen Interpretation der Millenniumspassage in der Johannes-Offenbarung.

Joseph Medes Buch *Clavis Apocalyptica* (Schlüssel zur Johannes-Offenbarung) ist bis auf den heutigen Tag ein wichtiger Bestandteil im interpretativen Arsenal christlicher Millennialisten geblieben. Seine besondere Leistung lag darin, dass er sich ein plausibel erscheinendes, aber dennoch fantasievolles Zeitschema ausgedacht hatte, das die zukünftige Erfüllung der Prophezeiungen in den Büchern Daniel und Offenbarung mit konkreten Jahreszahlen versah. Obwohl sich einige Vorhersagen des Exegeten als Irrtümer herausstellten, sah sein ehemaliger Student, John Worthington, Medes Werk im Vergleich zu anderen Interpretationen als „fehlerloser Schlüssel" (clavis non errans) an. Über viele Jahre hinweg pflegte Medes Kontakt mit zahlreichen Mitgliedern des Hartlib-Zirkels und anderen Intellektuellen in England und Holland. Er wollte mittels einer weitläufigen Korrespondenz eine langsam sich vergrößernde Anzahl von Gelehrten im In- und Ausland für seine eschatologische Sicht gewinnen.

Zu diesen gehörte auch der Schotte Johannes Duraeus (John Dury, 1595/96-1680). Nach seinem Theologiestudium diente er als Pastor in Köln und Elbing nahe Danzig. Jan Amos Comenius, Samuel Hartlib und Johann Valentin Andreae besuchten den reformierten Pfarrer in Elbing und verbrachten einige Zeit mit ihm. Später wurde Duraeus persönlicher Kaplan der Prinzessin Mary, der späteren Mary II., Königin von England (1662-1694, Tochter des Königs James II. und Gemahlin von Wilhelm III. von Oranien). Duraeus beteiligte sich aktiv an der Verbreitung millennialistischen Gedankengutes in der protestantischen Welt jener Zeit und übte somit einen gewissen Einfluss auf die damalige Politik aus. Fast 50 Jahre lang bemühte er sich mit Leibeskräften, alle protestantischen Kirchen in Europa und Nordamerika zu vereinen. Nur so, meinte er, sei die notwendige Vorbedingung gegeben, damit sich die Wiederkunft Jesu Christi ereignen könne. Zwei weitere Unternehmungen, mit denen Duraeus' Name in Verbindung steht, waren die Missionierung der Juden und die Weiterentwicklung der Naturwissenschaft. Jeder Schritt in Richtung der Erfüllung dieser beiden Anliegen diente dem Zweck, die noch übrige Zeit bis zur Ankunft des Millenniums zu verkürzen. Als die Englische Revolution (1642-1649) voll im Gange war, kehrte er an seine frühere Wirkungsstätte in London zurück, um jede sich ihm bietende Chance zu nutzen, sich in der Umsetzung der säkularen Bildungsreform und des christlichen Religionsvollzugs mit unermüdlichem Engagement einzubringen. Durch die Gründung des „Unsichtbaren Kollegs" gelang es ihm, einen nachhaltigen Einfluss auf spätere Generationen der Gelehrtenwelt selbst nach seinem Tod auszuüben, die sich in der später konstituierenden Royal Society als Mitglieder einfanden.

Der puritanische Theologe, Dr. William Twisse (1578[?]-1648), hielt Medes Methode der biblischen Interpretation für unfehlbar. Twisse hatte sein Theologiestudium in Oxford absolviert und sich anschließend als einer der prominenten Puritaner seiner Ära etabliert. Nach 1640 spielte er eine bedeutsame Rolle in den religiösen Disputen, die sich unmittelbar auf die Politik in England auswirkten. Twisse war offenbar die erste Person, die realisierte, dass Mede eine monumentale Entdeckung gemacht hatte. Dem puritanischen Theologen zufolge hatte Mede darauf bestanden, dass sich die prophezeiten Ereignisse in den biblischen Büchern Daniel und Offenbarung in der gegenwärtigen Zeit tatsächlich erfüllen würden. Demnach stehe der Beginn des Tausendjährigen Reiches kurz bevor. Als Mede 1638 verstarb, veröffentlichte Twisse einige seiner Werke, die zuvor in Form von Manuskripten im Umlauf waren. 1643 erließ das Committee of the House of Commons (Komitee des Unterhauses) ein Dekret, das die englische Übersetzung und Veröffentlichung von *Clavis Apocalyptica* verordnete. Daniel 12,4 („... viele werden es dann durchforschen, und so wird die Erkenntnis zunehmen." Hermann Menge-Übersetzung) interpretierte Twisse im Sinne von Mede: Die Menschen hätten durch die Seefahrt und den Handel Zugang zu allen Regionen der Welt. Gleichzeitig nehme die Fülle der Erkenntnis enorm zu. Jeder aufmerksame Beobachter könne bestätigen, dass sich genau diese Ereignisse in der Gegenwart zutragen würden. Da die Römisch-Katholische Kirche seit der Frühzeit den Glauben an ein Tausendjähriges Reich Christi auf Erden als eine schlimme Irrlehre verunglimpft hatte, könne nun die wörtliche Interpretation über eine irdische Herrschaft Jesu mit gutem Gewissen aufgegriffen werden, denn das Königreich des Antichristen, für das man die Herrschaft der Römisch-Katholischen Kirche hielt, gehe ihrem Ende entgegen. Durch die Erleuchtung des Heiligen Geist würden die Menschen den wahren Glauben erkennen, der jedem von ihnen zugänglich sei. Nur so könne der Skeptizismus überwunden werden. Jegliche Zweifel würden verschwinden, wenn man eine unfehlbare Erkenntnis biblischer Lehren besitze.

Der Cambridge Platoniker Henry More (1614-1687) schlug vor, dass Gottes Methode in der Errettung der Menschheit eine allmähliche, allgemeine Erlösung sei, die mittels einer Anzahl von aufeinanderfolgenden Zeitepochen verwirklicht wird. Manche sahen Anzeichen für das positive Wirken Gottes im Erscheinen eines Zeitalters der allgemeinen Erleuchtung; die Erkenntnis nehme nicht nur in Fragen der Theologie zu, sondern auch in der theoretischen Erfassung und praktischen Umsetzung der Wissenschaft.

England spielte im 17. Jahrhundert eine wichtige Rolle in der Entwicklung ausgeklügelter Apparaturen, um geistliche Ziele zu erreichen. Es war keineswegs ungewöhnlich, dass sich Naturwissenschaftler mit der Lehre des Heils und der Lehre über die Endzeit befassten. Man war sich sicher, dass die Wissenschaft der vollkommene Weg zur Erlangung der menschlichen Erlösung sei. Den Wissenschaftlern wurde eine besondere Beziehung zu Gott unterstellt, darum betrachtete man sie als die geborenen „Priester der Natur". Überseeische Entdeckungen zu jener Zeit beflügelten die Erwartungshaltungen der europäischen Bevölkerung, dass eine pansophische Gesellschaft die ganze Menschheit umfassen werde. Eine wesentliche Voraussetzung in ihrer Verwirklichung werde jedoch die

Hinwendung der Christen, Heiden, Juden und Mohammedaner zur Hermetik sein, die so dargestellt wurde, als stehe sie mit der Verheißung eines Neuen Jerusalems in der Johannes-Offenbarung im Einklang. Die Entstehung einer Neuen Atlantis (Francis Bacon), einer Christianopolis (Johann Valentin Andreae) oder eines Sonnenstaates (Tommaso Campanella) lasse sich dann verwirklichen. Je mehr Kenntnisse über die wirklich existente Welt gesammelt würden, umso mehr gehe die „christliche" Nationengemeinschaft der Vollkommenheit entgegen. Die sich aus dem Bereich der Fiktion loslösende Utopie entwickelte sich zu einem Manifest. Die religiösen Abspaltungen und ihre polarisierenden politischen Folgeerscheinungen, der Fanatismus der Reformation und das Bestreben der Gegenreformation, die Menschen in Unwissenheit zu halten, bedrohten Europa mit schauerlichen Vernichtungskriegen.

Die Puritaner waren gleichfalls der Meinung, dass das Ende der Welt nahe bevorstehen würde. Ihr Bemühen, neue Erkenntnisse über die Welt zu gewinnen und die menschliche Technologie zu verbessern, war ein mit großem Eifer in Angriff genommenes Unterfangen, millennialistische Zustände herbeizuführen, wie sie Johannes in der Offenbarung vorhergesagt hatte. Die Technologie war ein wichtiger Aspekt, um die Herrschaft über die natürliche Welt zurückzugewinnen, die, wie es das Buch Genesis berichtet, dem ersten Menschenpaar vor dem Sündenfall verfügbar, aber anschließend verloren gegangen war. Das Vorwärtsgehen wurde als eine wirkliche Utopie angesehen – „eine himmlische Stadt der Virtuosen" –, in dem die Errungenschaften der Menschen im zivilisatorischen Aufstieg immer umfassender und besser werden würden.

Der englische Pastor John Archer veröffentlichte 1642 sein Buch *The Personall Reigne of Christ Upon Earth* (Die persönliche Regentschaft Christi auf Erden). Es sollte bald ein Manifest der „Männer der Fünften Monarchie" (Quintomonarchisten) werden. Archer war der Meinung, dass Christus nach seiner Wiederkunft sichtbar auf Erden regieren wird. Er bezog sich auf Daniel 2,31-46. Nebukadnezars Vision des Standbildes bezog sich auf vier Weltreiche. Das letzte dieser Imperien sei das römische gewesen und die Monarchien, die 1642 existierten. In den Tagen dieser Königreiche würde die Fünfte Monarchie als das Reich Christi in Erscheinung treten.

Archer legte 1666 als Zeitpunkt des päpstlichen Niederfalls fest. Die Juden würden sich 1656 in großen Scharen zum Christentum bekehren, und das Millennium beginne im Jahre 1700. Während der 1650er-Jahre ließen sich große Menschenmassen in England von dieser millennialistischen Darstellung der Fünften Monarchie überzeugen. Oliver Cromwell hatte große Mühe, diese in Schach zu halten, denn viele von ihnen lehnten jede menschliche Regierung ab. Sie bekundeten ihre ausschließliche Loyalität der – wie sie meinten – bald erscheinenden Fünften Monarchie. Der puritanische Theologe John Owen sah sich dazu genötigt, einen Brief an die Kirchen Englands zu schreiben, um sie vor den wilden Spekulationen der „Fünfte Monarchie"-Bewegung zu warnen.

Jan Amos Comenius war ein überzeugter Millennialist. In einem an Hartlib und Duraeus gesandten Manuskript nannte er das Jahr 1655 als das Anfangsdatum der in der Offenbarung prophezeiten Ereignisse, die mit dem Erscheinen des Tausendjährigen Reiches ihren Höhepunkt erreichen würden. Der böhmische Bischof war fest davon überzeugt, dass sich jeder Christ auf diese endzeitlichen Ereignisse vorbereiten müsse. Diesbezüglich teilte er vorbehaltlos die von Hartlib und Duraeus vertretene Meinung. 1641 veröffentlichte er ein Dokument, in dem er unter anderem einen allgemeinen Frieden während des Tausendjährigen Reiches in Aussicht stellte und bekräftigte, dass es richtig sei, die Hilfe der säkularen Macht in Anspruch zu nehmen, wenn die Menschen daran arbeiten würden, die Zeitenwende herbeizuführen. Um sich gut darauf vorbereiten zu können, sollte das Bildungswesen in England reformiert werden. Außerdem sollten friedliche Beziehungen zwischen den einzelnen Kirchen gefördert werden. Während Comenius es als seine vornehmliche Aufgabe ansah, das Bildungswesen in Europa zu reformieren, sollte Hartlib in London eine Hochschule gründen. Comenius würde sich als Rektor zur Verfügung stellen. Im Weiteren müsse Hartlib alle Wissenschaftler von der Bedeutung einer wissenschaftlichen Zusammenarbeit überzeugen. Denn nur so könne man zu einer allumfassenden Erkenntnis gelangen. Johannes Duraeus (John Dury) sollte sich hauptsächlich darum kümmern, alle protestantischen Kirchen in einer einzigen Organisation zu vereinen. Zu seinem Metier gehöre auch die Aufgabe, dafür zu sorgen, dass sich die Juden zum Christentum bekehrten.

Um die Pansophie als Lehrmethode weitläufig zu propagieren, konzipierte Comenius eine Reform des Schulwesens, die nicht revolutionärer hätte sein können, und begann, eine Reihe von allgemeinen Lehrbüchern für einen kulturübergreifenden, vielsprachigen Gebrauch abzufassen. Um das Jahr 1650 waren schätzungsweise die Hälfte aller Kursbücher, die an den Colleges und Universitäten in Europa und Amerika im Gebrauch waren, von Comenius verfasst worden. Diese pädagogischen Innovationen brachten ihm den Ruf ein, Vater des modernen Bildungswesens zu sein. Kaum dafür bekannt, ein Mann von bescheidenen Ambitionen zu sein, schloss Comenius' utopische Vision eine universale Sprache, weltweite Evangelisation, globale Regierung und kirchliche Wiedervereinigung ein. Das angestrebte Gesamtziel war nichts weniger als eine alle Kulturen übersteigende christliche Erneuerung der Weltzivilisation.

Als sich die Nachricht über die puritanische Revolution auf dem Kontinent ausbreitete, wurden die noch übrig gebliebenen Rosenkreuzer, die im Untergrund ausgeharrt hatten, hellhörig. Einige dieser Esoteriker erwogen die Emigration nach England. Unter ihnen befand sich der um 1600 in Elbing, Königlich-Preußen, geborene Samuel Hartlib. Er und seine Gefolgsleute wollten im Anschluss an eine radikale Reformation in den sozialpolitischen und ökonomischen Verhältnissen eine christliche Gesellschaft und einen Wohlfahrtsstaat verwirklichen. Das Empfinden, dass eine neue Ära anbrechen würde, verkümmerte bald inmitten der Unruhen des Englischen Bürgerkriegs (1642-1649).

Als die Puritaner ihre politische Macht verloren hatten, wendete König Charles II. seine Aufmerksamkeit der Naturwissenschaft zu, die sich bekannterweise von John Dees „christlicher" Kabbalistik abgeleitet hatte und weiterhin von dort Impulse erhielt. Freimaurer gründeten das „Unsichtbare Kolleg", aus dem sich die Royal Society bildete, eine um 1662 gegründete britische Gelehrtengesellschaft zur Wissenschaftspflege. Die Naturwissenschaftler in der Royal Society verkehrten weiterhin in Freimaurerlogen.

Die Royal Society war dazu bestimmt, dem religiösen Enthusiasmus in dem Jahrzehnt nach 1740 entgegenzuwirken. Der wichtigste Aspekt in dieser Gegenhaltung war die Verbreitung einer neuen Gottesvorstellung. Wenn Cromwell einhundert Jahre zuvor noch gemeint hatte, einem göttlichen Befehl Folge geleistet zu haben, als er die Militärkampagne gegen die katholischen Iren begann, bestand das Hauptmerkmal eines zeitgemäßen Gottes in der Ordnung und Harmonie seines geschaffenen Universums, dessen galaktische Bewegungsabläufe er nun völlig den Naturgesetzen überlassen hatte. Die Royal Society warf den christlich, mystisch oder liberal motivierten Gruppen – Puritaner, Quaker, Ranters, Diggers und „Männer der Fünften Monarchie" (Quintomonarchisten) – vor, dass sie zwar die Vision einer vollkommenen Gesellschaft realisieren wollten, aber nur Chaos in den vormals von König Charles I. regierten Ländereien zustande gebracht hätten. Thomas Hobbes und seine Gefolgsleute argumentierten dagegen, dass Bewegung der Materie selbst innewohne. Aufgrund dieses vermeintlichen Umstandes bestehe keine Notwendigkeit von einer göttlichen Vorsehung auszugehen, die über dem Universum waltete und alles so bestimmte, wie es dem Willen Gottes entsprach.

Die Royal Society stellte sich gegen die Vorstellung, dass das Universum eine richtungsweisende Macht besitzen müsse, um ihre Ordnung und Harmonie zu bewahren. Newton nannte diese Kraft im Englischen „gravity", ein Begriff, der ins Deutsche übersetzt „Schwerkraft" bedeutet. Ursprünglich deutete dieses Wort auf eine Eigenschaft Gottes hin, Newton übertrug diese Kraft auf die Materie. Eine bessere Bezeichnung für die neue kapitalistische Gesellschaft und ihr theologisch-liberales Episkopat hätte nicht gefunden werden können. Die anglikanischen Kleriker hofften, dass König Charles II. diese „externe Kraft" darstelle und einerseits dem spirituellen Enthusiasmus Einhalt gebieten würde und andererseits dem atheistischen Materialismus.

4.2 Dominanz des Puritanischen Postmillennialismus

(Puritaner halten sich für Gottes auserwähltes Volk)
Die protestantischen Gläubigen gleich welcher theologischen Richtung zweifelten nicht daran, dass Gott sie in seiner Vorsehung mit der Besiedlung der Neuen Welt beauftragt habe. Die in England verfolgten puritanischen Calvinisten brachten den Postmillennialismus als dominante Endzeit-Lehre in die englischen Kolonien Nordamerikas. Sie sahen sich als ein von Gott geheiligtes Volk und erwarteten überreichen Segen. Man begab sich mit

großem Eifer an den Aufbau einer neuen Stadt Jerusalem. Sie sollte ein sichtbares Zeichen der Güte Gottes werden, der schon im Diesseits zeitliche Segnungen zuteilwerden. Sicherheit, Friede, Reinheit und Wohlstand würden sich beizeiten einfinden und im Jenseits schlussendlich ein ewiger Lohn. Sie gingen davon aus, dass der Geist Christi bald über der ganzen Erde ausgegossen und im Anschluss daran Gott seine universale Herrschaft sichtbar aufrichten werde. Diese postmillennialistische Vision wurde mit der Zeit ein zentrales Thema der amerikanischen Geschichte. Die Amerikaner fühlten sich gesendet, in alle Welt zu gehen, um Gottes Reich aufzubauen und das gesellschaftliche Modell samt Regierungssystem allen anderen Ländern der Erde zu übermitteln.

4.3 Theosophischer Grundzug der Pennsylvania-Religion

Johannes Kelpius (1670-1708) war Leiter einer Gruppe von Emigranten aus Deutschland, die sich dem Einfluss der Theosophie geöffnet hatte. Dies ist eine Lehre, nach der eine höhere Einsicht in den Sinn aller Dinge nur in der mystischen Schau Gottes gewonnen werden kann. Auf ihrer Überfahrt in die USA 1694 machten sie einen Abstecher in England, um die Philadelphier in London, insbesondere Jane W. Leade, kennenzulernen. Kelpius' Niederschriften enthielten zahlreihe astrologische Symbole, die darauf schließen lassen, dass sich die Gruppe auf die Weisung der Sterne verließ; Kelpius' wichtigstes Instrument war ein Teleskop. Mit großer Erwartung fieberte er der Ankunft Jesu Christi entgegen.

Nach einem Universitätsstudium in Helmstadt machte sich Kelpius einen Namen als Astrologe, Alchemist und Theosoph. Der Fundus seines Fachwissens über die verschiedenen Lehren der Esoterik war geradezu sprichwörtlich. Die Vermutung liegt nahe, dass sich Kelpius und seine Gruppe auf die Verwirklichung der rosenkreuzerischen Vision einer vollkommenen Gesellschaft eingeschworen hatten. Das Jahr 1694 kam und ging wieder, ohne dass das Millennium in Erscheinung trat. Die Enttäuschung traf Johannes Kelpius schwer, war er doch mit seiner kleinen Gruppe von Deutschland nach Pennsylvanien ausgewandert, um auf dem neuen Kontinent die von seinem Vorgänger Johann Jacob Zimmermann angekündigte Ankunft Christi zu erleben. Kelpius zog sich oft in einer Höhle zurück, um der Alchemie nachzugehen. Die Gruppe hatte eine große Halle gebaut, wo sie wohnte, betrachtete ihren Besitz als Allgemeingut, lebte im Zölibat, betete und fastete, gab sich in der Einsamkeit der spirituellen Versenkung hin und beobachtete himmlische Zeichen am Nachthimmel. Die Kabbala und die Astrologie sind zwar wenig beachtete Aspekte der amerikanischen Volksreligion, sie prägen aber die amerikanische Gesellschaft. Für viele Männer und Frauen des frühmodernen Europas waren die hermetischen Wissenschaften in ihrem theologischen Verständnis und ihrer praktizierten Spiritualität von zentraler Bedeutung. Die europäischen Siedler in Amerika nahmen diese Ansichten und Praktiken in die neue Welt mit. Das

Interesse an der hermetischen Tradition brachte lutherische und separatistische Pietisten sowie Quäker trotz Unterschiede in Lehre, Theologie und Kirchenpolitik zusammen. Das Studium der Kabbala hatte für sie eine tiefere Bedeutung als nur ein akademisches Interesse; es weckte in ihnen das Verlangen nach einer Christenheit, die sich nicht mehr in Sekten, die ihren eigenen Bekenntnissen folgten, aufteilte. Es nährte in ihnen die Hoffnung, dass sich die Ankunft des Millenniums bald ereignen würde. Nach Kelpius' Tod 1708 zerstreute sich die Gesellschaft fast völlig in alle Himmelsrichtungen, die meisten heirateten, einige wurden zu lutherischen Pfarrern ordiniert. Die für sich allein betrachtet so obskur erscheinende Geschichte Kelpius wird unter Hinzuziehung des weiteren Kontextes der Vermischung einer christlichen Vision mit der ägyptischen und jüdischen Mystik verständlich. Christian Knorr von Rosenroth (1636-1689) war wahrscheinlich die wichtigste Quelle des esoterischen Gedankengutes, das Johannes Kelpius als Inspiration gedient hatte. Von vielen zu jener Zeit als ein hochgeschätzter Gelehrter der Kabbala angesehen, war Knorr von Rosenroth ein lutherischer Pfarrer, ein vielseitiger Gelehrter, Dichter, Schriftsteller und evangelischer Kirchenlieddichter aus Bayern. Er stand der pansophischen-kabbalistischen Gruppe nahe, die sich am Hofe des Herzogs Christian August von Pfalz-Sulzbach versammelte. Darüber hinaus befand er sich im Zentrum eines Netzwerkes von Reformern, die die Beifügung der Kabbala zum christlichen Glauben als Voraussetzung einer gesellschaftlichen Erneuerung im Europa des 17. Jahrhunderts ansahen. Sie nahmen auch die Theorie der Reinkarnation an, die der jüdische Kabbalist, Isaac Luria, in der Zeit nach der Renaissance entwickelt hatte, und behaupteten, dass diese herausstreichen würde, dass das Wesen Gottes aus Güte und Liebe bestehe und jeder Mensch schlussendlich mittels mehrfacher Reinkarnation gerettet werde. Diese Lehre wurde zur Lösung der Schwierigkeit herangezogen, die Merkmale eines liebenden Gottes mit denen eines rachsüchtigen zu versöhnen.

In Pennsylvania gab es zahlreiche spirituelle Gruppen, wie zum Beispiel die Kelpius-Gesellschaft, die „Frau in der Wildnis", die Anabaptisten und die Labadisten-Kolonie. Die Kelpius-Gesellschaft und die Labadisten-Kolonie zeichneten sich durch Zölibat und Askese aus; sie versuchten, die Vollkommenheit mittels eines kontemplativen Lebens zu erreichen. Die Hauptbotschaft von Jean de Labadie (1610-1674) war das Erreichen der Vollkommenheit mittels eines kontemplativen Lebens. Wenn der Führer starb, löste sich die Kommune wieder auf. Die amerikanischen Kolonisten machten sich oft lustig über die „Pennsylvania-Religion", weil der spirituelle Enthusiasmus meistens seltsame Blüten trieb. Die religiösen Kommunen waren Zufluchtsstätten, zu denen sich die Theosophen hingezogen fühlten, um ihre bizarren Riten zu praktizieren. Der Werdegang Matthias Baumans, einem ungelernten Landarbeiter aus dem Rheinland, kann als Beispiel genannt werden. Während einer schlimmen Erkrankung empfing er eine Vision, die ihm das Paradies zu offenbaren schien. Erfüllt von der Gewissheit seiner spirituellen Erleuchtung, reiste Bauman 1719 nach Pennsylvania. Sofort begann er damit, die dortigen Bewohner zu instruieren, dass sie völlig sündlos leben könnten, wenn sie sich vom Geiste Gottes erfüllen lassen würden. Im Stand der Sündlosigkeit benötigten sie keine Bibel mehr, noch müssten sie sich einer Kirche anschließen. Soziale Konventionen bräuchten nicht mehr beachtet werden, denn sie lebten in einem Zustand der Unschuld, wie es auf Adam vor dem Sündenfall im Garten Eden zugetroffen hatte. Baumans Nachfolger nannten sich die „Neugeborenen", die sich in alle Himmelsrichtungen verstreuten, nachdem ihr spiritueller Führer 1727 gestorben war.

Das spirituelle Ambiente in Pennsylvania zu jener Zeit muss in Betracht gezogen werden, wenn man sich näher mit Johann Konrad Beissels (1690-1768) Ephrata-Kommune befasst. Diese fast monastisch anmutende Kommune trug viel zur Entwicklung der kolonialen Geschichte Amerikas bei. Das große Spektrum der von ihren Mitgliedern praktizierten esoterischen Traditionen kann unter dem Sammelbegriff „Theosophie" zusammengefasst werden, einschließlich der Alchemie, Astrologie und Magie. Daraus erwuchs eine eigene Variante des „christlichen" Mystizismus. Ein klares Verständnis sollte darüber herrschen, dass sich die Beschäftigung mit der Theosophie vom Umgang mit anderen esoterischen Traditionen deutlich unterscheidet. Die Ephrata-Kommune betrachtete zum Beispiel die Beschäftigung mit Magie als eine heilige Handlung, die ein integraler Bestandteil ihrer theosophischen Weltanschauung war. Magie habe nur dann richtig angewandt werden können, wenn sie einem spirituellen Zweck diente, wie beispielsweise der Schutz der Mitglieder und der Gebäude der Kommunen. Um die Potenz der magischen Formeln zu erhöhen, führte man langwierige Rituale an bestimmten Tagen der Woche durch. Beliebt waren auch die Nächte, wenn der Mond am Abnehmen war. Neben der Astrologie und der Magie nahm auch die Alchemie einen bedeutsamen Platz in der Theosophie ein. Die Verwendung von Begriffen wie „Stein der Weisen" stand unmittelbar mit der Vorstellung einer spirituellen Transformation in Beziehung. Die Entdeckung eines Lebenselixiers war eines der wichtigsten Ziele praktizierender Alchemisten. Der Umgang mit diesen esoterischen Traditionen in der Ephrata-Kommune und die spirituelle Deutung des täglichen Lebensvollzuges, wie zum Beispiel die mystische Bedeutung der Sabbatheiligung, machte einen deutlichen Unterschied zu anderen Kommunen, wie beispielsweise der Herrnhuter Brüdergemeine des Grafen Nicholas von Zinsendorfs, die anfänglich mit der Ephrata-Kommune in Beziehung treten wollte. Es kam zu keinem näheren Kontakt zwischen diesen beiden Kommunen, nachdem Gerüchte über die Ephrata-Kommune verbreitet worden waren, die sie als Werkzeug des Teufels bezeichneten. Die spirituellen Ursprünge der Ephrata-Kommune liegen in der Theosophie Jakob Böhmes. Johann Konrad Beissel war einer der ersten Schriftsteller, der Bücher über diese Tradition in Amerika schrieb und veröffentlichte. Laut Beissel symbolisiert der Sabbat bestimmte numerische und kosmologische Mysterien, die auf die Endzeit hindeuten und die Bedeutung eines „Ewigen Sabbats" annehmen würden. Ein esoterischer Millennialismus hatte das Denken der Mitglieder Ephratas ergriffen. Diese Kommune war ein wichtiger Hauptstrom, der den Entwicklungsfluss der religiösen Absichten vieler amerikanischer Kolonisten entscheidend beeinflusst hat. Beissels Nachfolger, Peter Müller (1710-1796), legte ein besonderes Geschick an den Tag, persönliche Beziehungen mit mächtigen Persönlichkeiten, wie Benjamin Franklin und George Washington, zu unterhalten. Er machte die Verwirklichung der religiösen Freiheit zu einem seiner wichtigsten Anliegen. Eines der wichtigsten Grundsätze der späteren US-Verfassung war die Gewährleistung der Religionsfreiheit und die Trennung von Kirche und Staat.

Das in Pennsylvania gelegene Philadelphia war die erste Hauptstadt der neu gegründeten Vereinigten Staaten, nicht nur aufgrund der geografischen Nähe zur Ephrata-Kommune, sondern auch wegen der spirituellen Orientierung. Es dürfte erwiesen sein, dass Benjamin Franklins Vorliebe für eine esoterische Spiritualität entscheidende Impulse von den Publikationen der Ephrata-Kommune erhalten hatte, die er in seiner Druckerei herstellte. Das unermüdliche Eintreten Franklins für die Umsetzung des Prinzips, dass keine Glaubensgemeinschaft vom Staat bevorzugt werden sollte, war eines der wichtigsten Anliegen der Theosophie. Im Gefolge von Johann Georg Gichtel setzten sich die Theosophen, ob nun in Deutschland, Frankreich, den Niederlanden, England oder Nordamerika, für die Gleichberechtigung aller Religionen ein. Sie selbst unterließen es, eine eigene Glaubensgemeinschaft zu gründen. Die einzige Vereinigung von Theosophen, die sich selbst einen Namen gab, war Jane W. Leades Philadelphia Society in England. Dass dies überhaupt geschehen konnte, wurde von anderen Theosophen aufs Schärfste verurteilt. Sie befürchteten, dass eine schriftlich fixierte Lehre an die Stelle der unmittelbaren Kontaktaufnahme mit spirituellen Mächten treten könnte.

4.4 Veredelung des menschlichen Charakters

(Verwerfung der Reformation sowie des puritanischen Systems durch die Aufklärung)
Die Gruppe von Denkern des 17. Jahrhunderts, die man die Cambridge Platoniker nannte, entstammten einem puritanischen Milieu, dessen Einfluss sie größtenteils ablehnten. Die englischen Gelehrten stellten sich einerseits gegen den puritanischen Calvinismus und andererseits gegen Thomas Hobbes´ Materialismus, wonach die den Menschen umgebende Welt und die in ihr ablaufenden Prozesse ohne Gott erklärt werden. Im Allgemeinen nahmen sie eine konträre Haltung zu den meisten Tendenzen ihrer Zeit ein: sie befürworteten die Toleranz in einem Zeitalter der Polarisation. Die Bezeichnung „Cambridge Platoniker" ist etwas irreführend, weil sie neben Platon auch andere klassische Philosophen, wie Plutarch, Cicero und Seneca, zurate zogen. Ihre größte Sympathie galt jedoch Plotin (205-270 n.Chr.), dem Gründer des Neoplatonismus. 600 Jahre nach Platon erweiterte der alexandrinische Gelehrte die Philosophie seines Vorgängers in ein Gedankensystem, wonach Gott in der Psyche des Menschen zu suchen sei. Dabei ging er von der Vorstellung aus, dass eine essenzielle Identität zwischen der Vernunft des Menschen und dem großen Geist des Universums, der als

„Nous" alles kontrolliert, bestehen würde. Der in Cambridge so geschätzte „Platonismus" war ein von Plotin entlehnter Mystizismus, der sich besonders in einer natürlichen Spiritualität konkretisierte, die die Seele vergöttlichte. Mittels der Verwendung des menschlichen Verstandes strebten die englischen Philosophen nach Vollkommenheit; über den Weg der Erkenntnis suchten sie die Gemeinschaft mit dem Unerkennbaren. Diese Panentheisten verwoben das Christentum mit dem philosophischen Ideal der alten Griechen.

Henry More war einer der bemerkenswerten Studenten Joseph Medes. Seine Studien an der Cambridge University begann am 31. Dezember 1631. Den Rest seines Lebens verbrachte er dort als einer der einflussreichsten Gelehrten seiner Zeit. Nach vier Jahren des Studiums musste er sich eingestehen, dass alles Philosophieren auf nichts anderes als auf den Skeptizismus hinauslief. In einem zerrütteten Geisteszustand fragte sich More, ob „der Erkenntnisfortschritt wirklich die höchste Glückseligkeit des Menschen darstellt, oder ob es noch einen größeren und glücklicheren Weg gibt". Anschließend wandte sich More dem intensiven Studium von platonischen, hermetischen und mystischen Werken zu, die ihm deutlich zu verstehen gaben, dass die Reinigung der Seele der Erleuchtung Gottes – dem Ergreifen umfassender Erkenntnis – vorausgehen müsse. Somit fasste er den Entschluss, sich täglich den kontemplativen Exerzitien hinzugeben. Von diesem Moment an legte More seine tief empfundene Melancholie ab. Das mystische Wissen, welches er sich nun systematisch aneignete, instruierte ihn, seinen Eigenwillen völlig aufzugeben, um alles widerspruchslos anzunehmen, was Gott in seiner Souveränität angeblich für ihn bestimmt habe. Er gab sich gänzlich dem vermeintlich göttlichen Willen hin, der ihm ein neues Leben – eine Art Wiedergeburt – verlieh. So gewann er „eine größere Gewissheit, wie er es je hätte erwarten können". Unfähig genau erklären zu können, was wirklich mit ihm geschehen war, beließ er es bei der Aussage, dass „sein Gemüt von einem herzerquickenden und lichtvollen Zustand völlig ergriffen worden war". Als er in sich das Wirken einer vitalen Geistesmacht verspürte, begab er sich sofort an die Aufgabe, die theoretische Basis der Philosophie zu legen, die als Cambridge Platonismus in die Annalen der Geschichte einging. Er stellte präzise Leitsätze der Gewissheit auf, um sie seinen Zeitgenossen so zu vermitteln, dass sie verstanden und angenommen werden. More sah sich 1656 in die Verantwortung gestellt, die vielen religiösen Strömungen, die sich landauf landab bemerkbar gemacht hatten, kritisch unter die Lupe zu nehmen. More betrachtete die Bereitschaft vieler englischer und niederländischer Gelehrter, sich dem Mystizismus Jakob Böhmes vorbehaltlos aufzuschließen, mit berechtigter Sorge. Inspiration (Geisteserleuchtung) und Enthusiasmus (Schwärmerei) bildeten die beiden Gegenpole in Mores Betrachtung. Ohne die von Gott gegebene Inspiration verfalle der Mensch dem Enthusiasmus. Gebe man sich diesem hin, würde schlussendlich der Atheismus herauskommen. Der Cambridger Platoniker John Smith (1616–1652) erklärte, dass der pseudo-prophetische Geist sich nur in der Vorstellungskraft und den minderwertigen Anlagen der Vernunft befinde, wohingegen der wahre prophetische Geist seinen angestammten Platz in den rationalen Fähigkeiten sowie in den Empfindungen habe. Der Verstand erkenne ihn stets als Teil seiner selbst. Die Aufgabe des prophetischen Geistes sei, die so überaus wichtige Funktion der Erleuchtung des Denkens zu erfüllen.

Durch persönliche und professionelle Beziehungen der Cambridge Platoniker zu puritanischen Regierungsmitgliedern übernahmen die Puritaner heidnische Konzepte. Die Spiritualität der Cambridge Gelehrten fand einen noch stärkeren Nachhall bei den Puritanern in Neuengland: Puritanische Theologen schoben ihre Bedenken zur Seite, griechische Philosophie in ihre christliche Lehre aufzunehmen. Henry Mores *Enchiridion Ethicum* (1666) wurde das maßgebliche Kursbuch in der Moralphilosophie am Harvard College. Dies markierte in den 1680er-Jahren einen Wendepunkt in der philosophischen Neuorientierung der Puritaner Neuenglands. Später setzte man dieses den Neoplatonismus besonders herausstellende Buch sogar auf die Liste der Pflichtlektüre am Yale College.

Die religiösen Vorstellungen der Gelehrten Neuenglands in der Zeit kurz vor und besonders nach dem Unabhängigkeitskrieg (1775-1783) waren von einer prägnanten neoplatonischen Ader durchzogen, die ihren Ursprung in den Schriften der Cambridge Platoniker hatte. Diese Feststellung trifft sowohl auf die Theologie Jonathan Edwards (1703-1758) zu als auch auf die seiner unmittelbaren Nachfolger, den Theologen der New Divinity, im Besonderen Samuel Hopkins (1721-1803). Demnach sind alle geschaffenen Wesen nur die Ausstrahlung der Göttlichkeit. Eine Unterscheidung zwischen Schöpfer und Geschöpf gibt es nicht. Liberale Theologen hingen ebenfalls der Lehre des Panentheismus an, wie sie durch die neoplatonische Tradition verbreitet wurde. Als sich schließlich die Aufklärung auch in den USA ausbreitete, fielen diese Gedanken auf einen vorbereiteten Boden und wurden bereitwillig aufgenommen. Man meinte, dass die Vernunft die Wahrheit in jedem Wissensbereich erkennen könne. Folglich verwarf man das Erbe der Reformation sowie das puritanische System in der Theologie, Politik, Wirtschaft und im Sozialwesen.

4.5 Aufflammen des religiösen Enthusiasmus

(Die Verknüpfung des Tausendjährigen Reiches mit der Politik)
Über den geistlichen Niedergang Neuenglands schockiert, entschlossen sich einige calvinistische Prediger, dem Nominalismus und Skeptizismus ihrer Zeit mit allem Nachdruck Paroli zu bieten und verkündigten reformatorische Glaubensgrundsätze. Die Erste Große Erweckung (1739-1743) und die Zweite Große Erweckung (1790-1850) prägten nachhaltig den religiösen Charakter der ganzen Nation und reichen bis in unsere Zeit hinein. Bereits während der Ersten Großen Erweckung traten Meinungsverschiedenheiten zwischen Befürwortern der reformatorischen Gnadenlehre (Bekehrung ist Gottes Werk) und den Verkündigern der subjektiven Bekehrung (Bekehrung ist Werk des Menschen) auf. Die Massenbekehrungen wurden als Vorspiel

des Tausendjährigen Reiches gedeutet. Der einflussreiche Theologe Jonathan Edwards (1703-1758) interpretierte das Tausendjährige Reich neu: Nach Beseitigung des Antichristen, dem Papst, beginne das goldene Zeitalter. Die von Edwards gewählte Ausdrucksweise entsprach fast wörtlich der biblischen Passage; die Interpretation, die er diesen Worten beimaß, zwang er in das Korsett seiner postmillennialistischen Sichtweise. Vertreter dieser Lehre brandmarkten die Sklaverei als Freveltat, die das Kommen des glorreichen Tages verzögern würde, und forderten uneigennützige Wohltätigkeit. Nach Edwards Tod wurde der Postmillennialismus stärker mit der Politik verknüpft. Das endgültige Ziel war nicht mehr die Bekehrung aller Nationen zum Christentum, sondern die nationale Glorifizierung Amerikas als dem neuen Sitz der Freiheit.

4.6 Anthropozentrische Ansätze der Neuen Theologie

(Anpassung der Theologie an den Geist der Moderne)
Die Nachfolger von Jonathan Edwards wollten zwar den althergebrachten Glauben erhalten, gossen diesen aber in neue Formen und veränderten somit auch den Inhalt. Unkritisch näherten sie sich dem Humanismus und verloren den Bezug zum Calvinismus. Ihre neue Lehre wurde unter den Begriffen „New England Theology" oder „New Divinity" bekannt. Da Erbsünde und das Sühneopfer Jesu abgelehnt wurden, stand nicht mehr der erlösungsbedürftige Sünder im Mittelpunkt, sondern das sittlich gute Leben, das auch ohne Wiedergeburt möglich sei. Schließlich ging man soweit und behauptete, dass sich der Mensch selbst erlösen könne. Die Zweite Große Erweckung (1790-1850) zeichnete sich durch schwärmerische Exzesse und Kirchenspaltungen aus. Die calvinistische Lehre wurde in der Pastorenausbildung durch die „Neu England Theology" ersetzt, auch ließ die durch die Aufklärung geprägte Diskussion über unveräußerliche Menschenrechte, Kantische Ethik und demokratische Freiheit die calvinistischen Dogmen über Gott und Mensch als antiquiert erscheinen. Im Bestreben, den Calvinismus an den Zeitgeist anzupassen, wurden wesentliche Lehraussagen, wie Erbsünde, Wiedergeburt und der Willensversklavung, gestrichen. Unter dem Einfluss des Rektors des Yale Colleges, Nathaniel W. Taylor (1786-1858), setzte sich die idealistische Lehre durch. Mit seiner Betonung des Strebens nach Glückseligkeit und seiner Meinung, dass der Mensch allein mit seiner Willenskraft die sündigen Neigungen überwinden könne, stand er im krassen Gegensatz zur biblischen Lehre von der Sünde. Die Theologen des Yale Colleges bewirkten eine große Akzeptanz der New Divinity, die der bekannte Evangelist Charles G. Finney (1792-1875) ebenfalls verbreitete. Ihren vorübergehenden Höhepunkt erreichte sie im Protestantischen Liberalismus des ausgehenden 19. Jahrhunderts.

Bd. 2: Postmillennialismus als Inspiration des amerikanischen Progressivismus (Kap. 5-9)

5.0 Revolutionäre Impulse eines aufgeklärten Zeitalters

In die USA eingewanderte Puritaner wollten Anfang des 17. Jahrhunderts in Amerika das Königreich Gottes auf Erden errichten. Aus den Relikten des puritanischen Postmillennialismus entwickelte sich ein utopischer Enthusiasmus, der sich häufig in den Freiheitskämpfen der Amerikanischen Revolution entlud. Nach erfolgreichem Abschluss des Unabhängigkeitskrieges hatten viele Ideologen gehofft, dass alle Idealvorstellungen des neuen Zeitalters in Amerika in Erfüllung gehen würden: ein Imperium des Freidenkertums, der Naturrechte, der Nächstenliebe und des Fortschrittes. Aber die Utopisten nahmen widerwillig die in ihren Augen niederschmetternde Tatsache wahr, dass der Konvent in Philadelphia 1787 eine Verfassung ratifizierte, die in der langen klassischen Tradition der westlichen Zivilisation stand. Ungehalten wandten sie sich in ihren Wunschträumen den Versprechungen des revolutionären Frankreichs zu. Dennoch hielten viele Amerikaner an ihren idealistischen Erwartungen einer dem goldenen Zeitalter zustrebenden Nation fest.

5.1 Zwielichtige Geschäftsbeziehungen der begüterten Elite

Europa befand sich im 17. Jahrhundert über viele Jahrzehnte hinweg in einem permanenten Kriegszustand. Viele Anhänger bestimmter Religionsgruppen fürchteten um ihr Leben und nahmen lieber die gefährliche Schiffsreise über den Atlantik auf sich, um in Amerika Zuflucht zu finden, als in die Hände der Henkersknechte zu geraten. Manchmal führten sie ihre Zwistigkeiten über Fragen des Glaubens selbst in der neuen Heimat fort. Alleine der amerikanischen Freimaurerei gelang es, den weit auseinanderklaffenden Graben zwischen den unterschiedlichen Religionsanhängern erfolgreich zu überbrücken. Inmitten einer intoleranten Welt übten die Logen dank ihrer Werte der Toleranz, Unparteilichkeit und Brüderlichkeit eine enorme Anziehungskraft aus.

Die Piraten gingen noch einen Schritt weiter. Das stark ausgeprägte Bewusstsein, miteinander an einem Strang zu ziehen, um kostbare Schätze zu erbeuten, die keinem von ihnen sonst in die Hände fallen würde, erzeugte einen Kameradschaftssinn ohnegleichen. Die erstaunlichste Entwicklung des Sozialgefüges unten den Piraten sollte die Einführung einer reinen Demokratie sein. Das Königtum Libertalia hätte als eine mustergültige Gesellschaft gelten können, wenn die Grundlage ihres immensen Wohlstandes nicht das durch die Piraterie erbeutete Diebesgut gewesen wäre. In dieser auf Madagaskar gegründeten Kommune besaß jeder Pirat ein Mitspracherecht in der örtlichen Verwaltung. Eigentumsrechte wurden strikt gewahrt. Jeder leistete seinen Beitrag zur Aufrechterhaltung von Recht und Ordnung. Ein gemeinsamer Fond diente zur Unterstützung der Invaliden und Greisen. Gewaltverbrechen kamen nur selten vor. Natürlich gab es auch Ausnahmesituationen. Der Umgang unter den Piraten war nicht vor menschlichen Schwächen gefeit.

Das symbiotische Verhältnis zwischen den führenden Familien in den amerikanischen Kolonien und den von ihnen oftmals mit Schiff und Mannschaft ausgerüsteten Freibeutern wurde über viele Jahre hinweg gepflegt. Die sich an den geraubten Schätzen der Seeräuber bereichernden Financiers – oftmals Politiker in einflussreichen Stellungen – münzten ihr wachsendes Vermögen hauptsächlich in politische und wirtschaftliche Macht um. Um mit der übrigen Gesellschaft Handel zu treiben, benötigten die Piraten Verbindungen zu einer geheimen Gesellschaft. Nur so eröffnete sich die Möglichkeit, Geschäftsbeziehungen mit den Personen aufzubauen, die bereit waren, hohe Summen für gestohlenes Beutegut zu bezahlen. Ehrenkodizes dienten dazu, dass sich die Piraten nicht gegenseitig an die Obrigkeiten verrieten; sie unterhielten eine enge Verbindung zu bestechlichen Regierungsbeamten, die ihnen Unterkunft gewährten, Rechtsschutz boten und Absatzmärkte für ihre gestohlenen Waren eröffneten. Piratenkapitäne gaben regelmäßig Rechenschaftsberichte an die mächtigen Schutzherren ab, die den Handel des Beuteguts ermöglichten. Die Freimaurerlogen dienten als Ort der Begegnung, wo persönliche Beziehungen geknüpft und gefestigt werden konnten. Gouverneure, Bürgermeister und Richter lizenzierten die Beutezüge der Freibeuter auf See und investierten in Schiff und Mannschaft. Das herausstechende Merkmal einer eng miteinander verbundenen Bruderschaft, die sich für die Interessen ihrer Mitglieder einsetzte, war ihr langjähriges Wirken im Untergrund. Sie besaßen Kanäle der effektiven Kommunikation über Ländergrenzen und Sprachbarrieren hinweg. Wichtige Dienstleistungen, die sie ihren Mitgliedern anboten, umfassten unter anderem die Bereitstellung von Unterkünften, die Vermittlung von Arbeitsstellen, die Produktion von Nahrungsmitteln und das Verteilen von Kleidungsstücken. Selbstverständlich bestand die dringlichste Rückendeckung, die die Piraten benötigten, in der Garantie des Personenschutzes, besonders wenn es darum ging, der Justiz möglichst straffrei zu entkommen. Die einzige internationale Bruderschaft, die all diesen Anforderungen entsprechen konnte, war die Freimaurerei.

Die Verrichtung von Geschäften, die eine gewisse Anrüchigkeit an sich hatten, folgte dem gleichen Schema der Geheimhaltung, denn die Piraterie war nicht das einzige kriminelle Unternehmen auf den Weltmeeren. Hauptsächlich im 18. Jahrhundert entwickelte sich der Warenschmuggel zu einem weltweiten Unternehmen, obgleich er vielerorts illegal war. Hafenstädte von Salem (Massachusetts) und Newport (Rhode Island) bis Hamilton (Bermuda) und Kingston (Jamaika), die den Piraten den Verkauf ihrer Beutestücke ermöglichten, beherbergten viele Schmuggler, die genau wussten, wo sie die gestohlenen Wertgegenstände gewinnbringend als Schmuggelware veräußern konnten, ohne dabei zu viel Aufsehen zu erregen. Bermuda entwickelte sich zu einer Hochburg der Freimaurerei. Das Zollhaus ähnelte mehr einem freimaurischen Tempel als einem Regierungsgebäude.

Das britische Militär ernannte Benjamin Fletcher zu dem strategisch wichtigen Regierungsamt des Gouverneurs von New York. Ab 1692 entwickelte er ein besonderes Geschick, seine politische Macht in bare Münze umzuwandeln. Großzügige Geldgeber konnten erwarten, dass ihnen Gouverneur Fletcher die ertragreichsten Landstriche zuteilen würde. Immense Summen an Bestechungsgeldern schlug er aus der Piraterie heraus. England erließ 1696 die erste Serie von Handelsgesetzen und Zollbestimmungen, die die Möglichkeiten der Kolonien, Geschäfte zu treiben, massiv einschränkten. Das unverfrorene Missachten der Entrichtung des Zolls ermöglichte es den Wagemutigen, die sich nicht scheuen, ihr eigenes Leben aufs Spiel zu setzen, ein immenses Vermögen zu erwerben. Eine unrühmliche Tradition kam dadurch in Gang, dass sich Reiche keinem Gesetz beugen mussten.

Zwei der bekanntesten skrupellosen Piraten waren Thomas Tew und William Kidd. Von einer unbändigen Habgier ergriffen, bemühte sich Tew um Kaperbriefe von Gouverneuren, machte diese reich und erwarb selber großen Reichtum. William Kidds Strategie, reich zu werden, war genial, wenn auch gefährlich und gesetzeswidrig. Moralische Erwägungen spielten weder bei ihm noch bei seinen Geschäftspartnern eine Rolle. In seinen Augen verfolgte er nicht vornehmlich die Karriere eines Gesetzlosen, sondern die eines Landspekulanten, der beständig Grund und Boden in New York aufkaufte. Doch dazu benötigte er einen schier unversiegbaren Strom an Finanzkapital. Die einzige Möglichkeit, die ihm offenstand, um an flüssiges Geld heranzukommen, war der Raubzug auf hoher See. Als Zeichen seines vorgetäuschten Edelsinns beteiligte er sich an der Finanzierung des Baus der Trinity Church. Wenige Tage nach dem Tod des zweiten Ehemannes von Sarah Bradley Cox Oort heiratete Kidd die wohlhabende Witwe und zog in ihr pompöses Haus in der Wall Street ein. Fortan legte er großen Wert darauf, als „Gentleman" angesprochen zu werden. Einige Jahre später wurde er gehängt. Zu jener Zeit nahm die Piraterie gegen die englische Schifffahrt im Britischen Imperium bedrohliche Ausmaße an. Die asiatischen Länder, mit denen England Handel trieb, beklagten sich bitterlich über die amerikanischen Piraten, die ihren Seehandel beeinträchtigten, und machten den englischen König dafür verantwortlich.

Der Geistliche Nicholas van Rensselaer war Eigner eines der größten Ländereien in der Kolonie New York. Die Erwirtschaftung des weitläufigen Grundbesitzes übertrug er dem in New York eingewanderten Schotten Robert Livingston. Als geborener Geschäftsmann nahm dieser den Vorteil wahr, sich relativ schnell in der irokesischen Sprache verständigen zu können, um günstige Geschäfte mit den Indianern auszuhandeln. Nach van Rensselaers Tod zögerte Livingston nicht lange, sich das Anwesen des Verstorbenen anzueignen. Alles, was er tun musste, war, die Witwe Alida zu heiraten. Bald machte ein Gerücht die Runde, dass der wohlhabende Geistliche, der 1678 in seinem 42. Lebensjahr verstarb, möglicherweise vergiftet worden war. Der Freimaurer Robert Livingston, der wie George Washington einen alkoholsüchtigen und des Amtes enthobenen Geistlichen zum Vater hatte, beschaffte sich zu Lebzeiten den zweitgrößten Landbesitz im Staate New York. Seine Skrupellosigkeit war geradezu sprichwörtlich. Hin und wieder war Gouverneur Benjamin Fletcher dazu gezwungen, einige Piraten oder Schmuggler anzuklagen. Seine politischen Feinde wären sonst früher auf seine Schliche gekommen. Als ein Piratenschiff 1694 von einem erfolgreichen Beutezug aus der Karibik nach New York zurückkam, beschlagnahmte er es. Einer der Schiffseigner war Robert Livingston, dem zu jener Zeit reichsten Mann in New York. Er musste eine hohe Geldsumme aufbieten, um erneut in den Besitz seines Schiffes zu gelangen. Die schmachvolle Behandlung, die ihm Gouverneur Fletcher zukommen ließ, blieb in seinem Gedächtnis haften. Fortan setzte er alle Hebel in Bewegung, um Fletcher aus seinem Amt zu jagen. Unter Mitwirkung zweier Geschäftspartner gelang es ihm, dieses Vorhaben vier Jahre später erfolgreich zu beenden.

Als Robert Livingston Großmeister der Holland Lodge No. 8, F. & A. M., war, gründete er zehn weitere Logen. Die Holland-Loge blieb aber weiterhin die einflussreichste. Dort traf sich die alte Garde der begüterten Gesellschaft in New York, die eine umfassende Kontrolle über den gesamten Bund der Alten Freien und Angenommenen Maurer in Amerika ausübte. Der Enkel Robert Livingstons, Robert R. Livingston (1746-1813), spielte im Zeitraum von 1784 bis 1801 eine entscheidende Rolle in der Politik und Freimaurerei des Bundesstaates New York. Mit beachtlicher Raffinesse erfüllte er seine Aufgaben als Großmeister der Großloge von New York und Mitglied der Holland Lodge No. 8, F. & A. M.. Am 30. April 1789 schwor er den ersten Präsidenten der Vereinigten Staaten, George Washington, in sein Amt ein. Robert R. Livingston war gerissen genug, um seine politischen Sympathien in Kriegszeiten für sich zu behalten. Somit konnte er sich im geeigneten Augenblick auf die Seite der siegreichen Patrioten stellen. Im Hintergrund spielte er seine Asse zugunsten der Tories aus, ohne dabei den Eindruck zu erwecken, dass ihm die autokratische Herrschaft der englischen Krone mehr zusagte als irgendeine andere Regierungsform. Immer den Blick auf die Vergrößerung der eigenen Macht gerichtet, verfolgte er die Strategie, durch dynastische Ehen seiner Kinder und Anverwandten die Sphäre seines Einflusses auszuweiten.

1801 entsandte Präsident Thomas Jefferson Robert R. Livingston und James Monroe (ΦBK) nach Paris, um mit der französischen Regierung den Preis für den Louisiana-Kauf (Louisiana Purchase) auszuhandeln. Als Napoleon Livingston und Monroe 1803 das Angebot unterbreitete, die gesamte Landfläche von Louisiana für den Betrag von 15 Mio. US-Dollar zu erstehen, erblickten sie in dem relativ niedrigen Angebotspreis eine einzigartige Gelegenheit. Ohne sich mit Jefferson abgesprochen zu haben, willigten sie ein. Das gesamte Gebiet Louisiana erstreckte sich damals vom Golf von Mexiko bis zur Südgrenze von Ruperts Land und vom Mississippi bis zu den Rocky Mountains. Livingston wollte sich den Ruhm für dieses diplomatische

Husarenstück allein einstreichen, der Schwindel flog aber auf, und er konnte kein politisches Kapital daraus schlagen. Einige Wochen nach der offiziellen Abwiegelung des Louisiana-Kaufs kam der neue Gouverneur William Claiborne in New Orleans an. Mit sorgenvoller Miene nahmen die Geschäftsleute in New Orleans zur Kenntnis, dass ihnen der Markt auf Barataria zu einer ernsthaften Konkurrenz geworden war. Sie übten Druck auf den neuen Regenten in Louisiana aus, um den Laffite-Brüdern, Jean und Pierre, habhaft zu werden. Diese regierten den nahegelegenen Herrschaftsbereich Barataria wie ein Königreich; es glich in vielem dem Piratenreich Libertalia auf Madagaskar. Der Ruf der Laffite-Brüder, berüchtigte Piraten zu sein, hatte sich in den zurückliegenden Jahren vom Indischen Ozean bis zum Karibischen Meer verbreitet. Pierre Laffite wurde gefangen genommen. Gouverneur Claiborne ließ aber die Anklage gegen Pierre Laffite fallen, als er begriff, dass die geballte Macht der Freimaurer gegen ihn stand.

Jean und Pierre Laffite waren französische Adlige, die keine Gefahr scheuten. Um ihren unermesslichen Reichtum gewinnbringend zu investieren, hatten sich die Laffite-Brüder ein weitläufiges Stück Land in der damaligen französischen Kolonie Louisiana nahe der Stadt New Orleans gekauft. Somit nahm das Königreich Barataria seinen Anfang. Jean Laffite musste ungefähr im Jahr 1820 Barataria verlassen, um nicht Gefahr zu laufen, hinter Schloss und Riegel gebracht zu werden. Nachdem er eine Zeitlang im zwielichtigen Milieu untergetaucht war, engagierte ihn eine Gruppe von Bankiers in Philadelphia als einen ihrer wichtigsten Kuriere. Als erste machten die französischen Schriftsteller Georges und Germaine Blond in *Histoire de la Filibuste* auf die bemerkenswerte Tatsache aufmerksam, dass der Freimaurer Karl Marx ein Freund des Piraten Jean Laffite war, der den Druck des Manifests der kommunistischen Partei finanzierte. Der interessanteste Aspekt des Kommunistischen Manifests ist die Tatsache, dass es weder die Bourgeoisie noch die Arbeiterklasse begünstigt. Es stellt einen Grundriss für die Ergreifung der Macht einer elitären Clique dar; ein Umstand, der deutlich in Erscheinung tritt, wenn man sich über die Identität der finanzkräftigen Auftraggeber Marxens, denen Jean Laffite zu Diensten stand, im Klaren ist. Erwähnenswert ist ebenfalls, dass Karl Marx die Inhalte des Kommunistischen Manifests einem anderen Werk entnommen hat: es ist ein Plagiat der 1843 veröffentlichten Schrift *Principes du Socialisme: Manifeste de la Democratie au Dixneuviéme Siecle* des französischen Sozialisten Victor Considérant. Dieser war ein enger Kollaborateur von Charles Fourier, ein scharfer Kritiker des frühen Kapitalismus.

John Jacob Astor (1763-1848) war einer der rücksichtslosesten Geschäftsmänner in der Anfangszeit der amerikanischen Republik. Völlig mittellos kam er 1784 aus der Kurpfalz in den Vereinigten Staaten an. Seine Vorfahren waren waldensische Glaubensflüchtlinge aus dem italienischen Savoyen, die sich südlich von Heidelberg angesiedelt hatten. Ein immenser Grundbesitz war die Grundlage des Reichtums, den Astor seinen Nachkommen überließ. Er war in den Pelzhandel eingestiegen. Seine Strategie bestand darin, die für ihn auf die Jagd gehenden Indianer nicht nur um den verdienten Lohn ihrer mühsamen Arbeit in der unwegsamen Wildnis zu bringen, sondern sie ganz aus dem Weg zu schaffen. In seinen Augen war das optimale Mittel, das üppige Ausschenken von hochprozentigem Rum, den er sich noch für einen Wucherpreis – mehr als das Zwanzigfache der Herstellungskosten – bezahlen ließ. Bisweilen vermengten seine Agenten den verwässerten Likör mit rotem Pfeffer und Tabak, um ein giftiges Gemisch daraus zu machen. Astors Effektivität im Beseitigen unliebsamer Indianer begeisterte einige Politiker in Washington, D.C.. Sie ließen ihm öffentliche Gelder zukommen, um den Ankauf von großen Mengen des gesundheitsschädigenden Rums zu subventionieren. Viele Indianer verfielen der Alkoholsucht und erlagen einem frühen Tod. Sein Unvermögen, galant aufzutreten, schien ihm keine unüberwindlichen Barrieren vor die Füße zu legen, um in die New Yorker Oberschicht aufzusteigen. Ein genialer Schachzug war die Vermählung mit Sarah Todd, einer Anverwandten der vermögenden Familie Breevort. Dieser familiären Beziehung war es wohl zu verdanken, dass man ihm rasch die Mitgliedschaft in der prestigereichsten Freimaurerloge in New York, der Holland Lodge No. 8, F. & A. M., antrug. Geschickt knüpfte John Jacob Astor mit wohlhabenden Freimaurern lukrative Geschäftsbeziehungen, die es ihm ermöglichten, ein riesiges Vermögen anzuhäufen. Bestechungsgelder flossen in Freimaurerkreisen in reichlichen Mengen, denn das Gebot der Verschwiegenheit bot Schutz vor dem Gesetz. Die American Fur Company expandierte 1794 um ein Vielfaches, als Astor damit anfing, zahlreiche weiße Trapper und Agenten anzuheuern, die auf sein Geheiß hin in die entlegenen Winkel des gesamten nordamerikanischen Kontinentes ausschwärmten. Die von Astor erteilte Anweisung war, allen Indianern, die ihnen begegneten, die sich in ihrem Besitz befindlichen Felle wegzunehmen. Wenn sich die Indianer zur Wehr setzen würden, müsste nur ein gut gezielter Schuss abgegeben werden.

Ein Großteil seines Einkommens aus dem Pelzgeschäft und dem Opiumhandel investierte Astor in Grundstücke, die in ihrem Wert enorm anstiegen, als die exponentiell anwachsende Bevölkerung in New York große Flächen an Bauland benötigte. Die Gewinnmarge der in London verkauften Biberfelle betrug über das Sechsfache. Seine Verärgerung darüber, amerikanischen und englischen Schifffahrtsgesellschaften übermäßig hohe Summen für den transatlantischen Transport der Pelze bezahlen zu müssen, spornte ihn an, sich eine eigene Flotte anzuschaffen. Auf der Rückreise von England beförderten seine Schiffe prall gefüllte Lagerräume an Produkten, die spezifisch für den amerikanischen Markt hergestellt worden waren. Es dauerte etwas länger, bis Astor sich zu Amerikas reichstem Opiumschmuggler avanciert hatte. Der Opiumhandel nahm seinen Anfang mit der an ihn erteilten Bewilligung der East India Company, neben dem Verkauf von Pelzen auch Rauschgift ins Landesinnere von China zu schmuggeln.

1825 kaufte Astor großflächige Ländereien auf, die ursprünglich der US-Regierung gehörten. Arme Landwirte hatten zuvor die staatliche Erlaubnis erhalten, als Pächter den Ackerboden zu bewirtschaften. Als der Grundbesitz in Astors Händen übergegangen war, ordnete er eine Zwangsräumung an. Quasi über Nacht verloren 700 Familien ihren Lebensunterhalt. Als Bauland konnte Astor aus den erworbenen Ländereien einen viel größeren Profit erzielen als durch die Einnahme der geringen Pachtzinsen. Um seinen Landbesitz in der Stadt New York um ein Vielfaches zu vergrößern, kaufte er 1826 die Hypotheken vieler irischer Einwanderer auf und verjagte sie anschließend aus ihren Häusern.

5.2 Lukrative Umtriebe der „Bostoner Brahmanen"

Die reiche Oberschicht der Puritaner – anglikanische Dissidenten, die sich nicht der etablierten Kirche unterordnen wollten und deshalb ihre Heimat verlassen mussten – in Neuengland, New Jersey und Pennsylvania nahm rasch den luxuriösen Lebensstil des englischen Adels an, sobald ihr dies möglich war. Die Ironie an dieser Situation lag darin, dass die Puritaner in England gerade den zur Schau gestellten Reichtum der Adligen mit großer Missgunst betrachteten.

Die Puritaner beteiligten sich schon bald nach ihrer Ankunft in Amerika am lukrativen Sklavenhandel. Sie ahmten das Geschäftsgebaren ihrer Vorfahren nach, die als Kaufleute in Plymouth, ihrem englischen Ursprungsort, den Sklavenhandel bereits seit 1570 betrieben hatten. Schon bald nach ihrer Ankunft auf dem nordamerikanischen Kontinent kauften viele der Siedler ihre eigenen Sklaven, um die mühselige Arbeit der Kultivierung ihrer in unberührter Wildnis liegenden Ländereien zu bewältigen. Wie sie ihr menschenverachtendes Geschäftetreiben mit einem Bekenntnis zum christlichen Glauben in Einklang bringen konnten, wird wohl nie zufriedenstellend geklärt werden können. In den folgenden 246 Jahren – von 1619 bis 1865 –, in denen die Sklaverei in Amerika legal praktiziert werden konnte, verdienten die Kaufleute Neuenglands mehr an diesem ruchlosen und grausamen Handel als irgendein anderes Gesellschaftssegment dieses Landes mit Ausnahme der relativ kleinen Anzahl der Großgrundbesitzer im Süden. Eine Minderheit der Yankee-Bevölkerung im Nordosten bekundete erst in den abschließenden 30 Jahren dieser langen Zeitepoche ihren Widerwillen über die Unmenschlichkeit der Sklaverei im Süden, nachdem im Britischen Imperium die Institution der Sklaverei 1834 abgeschafft worden war. Sklaverei war im frühen Virginia nicht nur auf Schwarze beschränkt. Es gab vier Klassen, die entsprechend ihrer sozialpolitischen Stellung klar voneinander unterschieden wurden: eine kleine Minderheit von reichen Plantagenbesitzern, eine größere Anzahl freie Weiße, die nur wenig Grund und Boden besaßen, eine zahlenmäßig gleichgroße Bevölkerungsgruppe Weiße, die sich als Vertragsdiener unter harten Arbeitsbedingungen einen Lebensunterhalt sicherten und eine große Anzahl an Sklaven. So manch ein farbiger Sklave stand trotz seines schweren Schicksals besser da als viele dieser Vertragsdiener. Das wertvollste Agrarprodukt jener Zeit waren getrocknete Tabakblätter, die die Funktion einer Rohstoffwährung einnahmen. Man konnte im

Tauschhandel alle anderen Fertigprodukte und Dienstleistungen dafür erhalten.

Die Königshäuser Europas profitierten am meisten am lukrativen Handel mit schwarzen Sklaven, indem sie die Lizenzen an einflussreiche Kaufleute vergaben, die sich als Höflinge Privilegien sicherten, die ihnen in ihren Geschäftsbeziehungen kommerzielle Vorteile verschafften. Die Lizenzen wurden denjenigen erteilt, die einwilligten, ihren Profit mit den Machthabern des Landes zu teilen. Der ungefähr 200 Jahre lang blühende Dreieckshandel von etwa 1630 bis 1830 war äußerst lukrativ, auch wenn er darauf angewiesen war, dass die Handelsinteressen einen Wirtschaftsimperialismus im Ausland betrieben, der auch negative Auswirkungen auf die Landespolitik hatte. Die in Afrika gegen die Lieferung von Rum ausgetauschten Sklaven wurden an die Plantagenbesitzer auf den Westindischen Inseln (mehrere Mittelamerika und Südamerika vorgelagerte Inselgruppen im Atlantischen Ozean) verkauft. Die Schwarzen mussten in den Zuckerplantaten arbeiten, um den Rohstoff für die Erzeugung des Rums zu liefern. Die zur Herstellung eines hochprozentigen Likörs benötigte Melasse war eines der begehrtesten Handelsgüter jener Zeit. Kein Geschäftsmann, der sich an diesen Produkten bereicherte, machte sich ein Gewissen daraus, dass der übermäßige Alkoholkonsum in vielen afrikanischen Ländern großes Leid und Elend verursachte.

Die Seehäfen boten sich der Freimaurerei als ideale Hauptstandorte an. Von Newport auf Rhode Island bis Charleston in South Carolina war es unbedingt erforderlich, einer Freimaurerloge als Mitglied anzugehören, um Darlehen für den Ankauf und Seetransport von Sklaven zu erhalten und das Schiff mitsamt seiner Ladung zu versichern. Ein weiterer Grund, wieso sich die Sklavenhändler der Freimaurerei bedienten, war die Existenz eines geheimen Netzwerkes von Geschäftsbeziehungen. Ihr Wirtschaftsinteresse galt der Aufrechterhaltung des englischen Merkantilismus, einer Wirtschaftspolitik, die besonders den Außenhandel und die exportierende Industrie fördert, um Finanzkraft und Macht der jeweiligen Staatsmacht zu stärken. So konnte der Handel mit Sklaven reibungslos über die Bühne gehen. Die Sklaverei fand erst 78 Jahre nach Verabschiedung der amerikanischen Bundesverfassung ein Ende. Washington und Jefferson mitsamt den meisten Abgeordneten des Kongresses und Senats waren begüterte Sklavenhalter, die es bisweilen nicht unterließen, selbst die Peitsche in die Hand zu nehmen, um ihren Slaven zu zeigen, wer Herr im Hause ist.

Das immense Vermögen der alteingesessenen Familien in Boston bestand fast ausschließlich aus dem Geschäft mit „Rum und Niggern". Mit aller Raffinesse ausgestattet, übten die Sklavenhändler ihren Einfluss in den Präsidentschaftswahlen aus. Gelang es ihnen nicht, ihren Wunschkandidaten an die Macht zu bringen, ergriffen sie andere Mittel, um ihre Wirtschaftsinteressen zu sichern. Zwei Vizepräsidenten, die sich für den Fortbestand der Sklaverei eingesetzt hatten, zogen ins Weiße Haus ein, nachdem die Präsidenten Harrison und Taylor unter mysteriösen Umständen im Amt verstorben waren. Das menschenverachtende Schauspiel eines Sklavenmarkts verschwand zwar Anfang des 19. Jahrhunderts in den Metropolen der Nordstaaten, weil die reichen Kaufleute in New York, Philadelphia und Boston keinen wirtschaftlichen Vorteil mehr im Ausbeuten der Sklavenarbeit erblickten. Im Süden hingegen stieg der Marktwert eines Sklaven aufgrund der dort vorherrschenden weitflächigen und arbeitsintensiven Agrarwirtschaft ständig an. Der einträgliche Menschenhandel wurde erst mit dem Ende des Sezessionskrieges 1865 gewaltsam abgeschafft.

Harvard University ist eine der ältesten amerikanischen Universitäten mit höchstem Prestige. Sie wurde von Regenten geleitet, die unter der Bezeichnung „Essex Junto" als Verschwörergruppe bekannt wurde. „Essex" bezieht sich auf den Essex-Landkreis in Massachusetts nördlich von Boston. Das Ziel der Gruppe war, eine Absonderung der wichtigsten Nordstaaten von den Vereinigten Staaten herbeizuführen, sollte sich die Bundesregierung gegen ihre Geschäftsinteressen stellen, die aufs Engste mit denen des Britischen Imperiums vernetzt waren. Sie wollten die Union spalten, um die geschwächten Vereinigten Staaten erneut dem Britischen Imperium einzugliedern. Mehrere Versuche im Bereich Handel, Präsidentenwahl, Sabotage und Propaganda wurden jedoch vereitelt.

Als „Brahmanen von Boston" werden die vornehmsten Familien Bostons bezeichnet; sie führen ihre Abstammung auf die puritanischen Gründer der Kolonie Massachusetts zurück und bilden eine Art Adel Neuenglands. Zu ihnen gehört auch die Familie Lowell. Nachdem der Richter John Lowell (1743-1802) in den Vorstand des Harvard College gewählt worden war, finanzierte er die Hochschule größtenteils aus eigener Tasche. Seine Großzügigkeit erwarb ihm das Recht, die Geschicke der Bildungsanstalt zum gegenseitigen Vorteil zu lenken. Von jenem Zeitpunkt an bis ins Jahr 1943 waren ausschließlich Familienmitglieder der Lowells Vorstandsmitglieder, mit Ausnahme von kurzen Perioden. Die führenden Familien taten alles in ihrer Macht Stehende, um ihren Status in der Gesellschaft zu festigen. Nur so konnten sie ihr ansehnliches Vermögen um ein Vielfaches vergrößern. Es war gang und gäbe, dass sich die Kinder reicher Familien gegenseitig das Ehegelübde gaben. Die Familien wurden unter anderem aufgrund von Piraterie und durch den westindischen Sklavenhandel reich. Die Sklaven pflückten die Baumwolle auf den südlichen Plantagen, die von der Textilindustrie in Großbritannien zu billigen Gewändern verarbeitet wurde. Der größte Absatzmarkt für diese Kleidungsstücke war Indien. Die Bezahlung, die die Inder verrichteten, bestand größtenteils aus Opium, das die Briten im chinesischen Drogenhandel gewinnbringend verkauften. Im Zentrum dieses ganzen Geschäftes stand unangefochten Thomas Handasyd Perkins (1764-1854). Die in Boston ansässige Firma J. & T. H. Perkins Co. nahm den regen Sklavenhandel mit den karibischen Inseln fast vollständig in ihre eigenen Hände. Nach dem Sklavenaufstand in Santo Domingo trieben sie nur noch den Handel mit Europa und China, der um ein Vielfaches lukrativer war. Die Geschichte, wie sich das Vermögen der angesehenen Familien in Neuengland fast ins Unermessliche vermehrte, begann 1787, als der britische Außenminister Henry Dundas sein Gesamtkonzept entwarf, um den Opiumhandel Großbritanniens in China auszuweiten. Die meisten der berühmten „Teeschiffe" der britischen Handelsmarine transportierten zeitweise eine Opiumfracht von den Mohnfeldern Bengalens zu den bedauernswerten Rauschgiftsüchtigen Chinas. Auf ihrem Rückweg nach London hatten sie Silber und Tee geladen. Die Einfuhr des Opiums auf dem chinesischen Festland war illegal. J. & T. H. Perkins Co. organisierte zusammen mit anderen Firmen in Massachusetts ein Dogensyndikat.

Ein Jahr nach dem Friedensabkommen der Vereinigen Staaten mit England, das das Ende des amerikanischen Unabhängigkeitskrieges einläutete, begann 1784 der sechs Generationen lang betriebene Außenhandel mit China. An der Seite Großbritanniens forderten die Vereinigten Staaten nahezu dieselben Privilegien ein, die sich das Britische Imperium durch blanke Aggression an Zugeständnissen der Ching-Dynastie widerrechtlich erzwungen hatte. Die immensen Vermögen der alteingesessenen Bostoner Familien, denen es gelang, im Bewusstsein der amerikanischen Bevölkerung einen ehrwürdigen Platz als Wohltäter der Allgemeinheit einzunehmen, werden bis heute als die „Rum und Nigger"-Vermögen bezeichnet. Die Hafenstadt Kanton (Guangzhou) diente als Anlaufstelle und Lagerungsstätte der Warenimporte. Thomas H. Perkins Neffe, John Perkins Cushing, wohnte in der chinesischen Stadt Kanton, um die überseeischen Geschäfte der Firma Perkins zu führen, während seine respektablen Verwandten, wie Francis Cabot Lowell, die Grundlage ihres Wohlstandes in der Baumwoll-Manufakturstadt Lowell, Massachusetts, legten. Sie verwendeten hierfür die üppigen Profite des China-Geschäftes. Der kommerzielle Erfolg ihrer Waltham-Textilfabrik, welche die aus den Südstaaten gelieferte Baumwolle – ein Produkt der Sklavenarbeit – verarbeiteten, übertraf die kühnsten Erwartungen. Einige Jahre lang war Thomas H. Perkins auch Geschäftsführer des Verlagshauses D. Appleton & Company, blieb aber der einflussreichste Schiffseigner und Fabrikant des Bostoner Geschäftsmilieus seiner Zeit. Ab 1816 betrieb die Firma Perkins einen illegalen Rauschgifthandel mit türkischem Opium, das sie nach China brachte. Andere Bostoner Familien schlossen sich in der Erwartung an, über alle Maßen reich zu werden.

Thomas H. Perkins Neffe, John Perkins Cushing (1787-1862), stieg in den 1820er-Jahren zum einflussreichsten Ausländer im chinesischen Kanton auf. Die Grundlage des China-Geschäftes der Bostoner Geschäftsleute waren anfänglich Tierfelle und Silber, später Opium. Nachfolger John Murray Forbes erwarb sich über die Jahre ein großes Vermögen. Einer derjenigen, die am meisten von John Murrays legendärer Großzügigkeit profitierten, war der Transzendentalist Ralph Waldo Emerson (ΦBK). Die Verbreitung des Transzendentalismus hätte nicht in dem Maße geschehen können, wie es schlussendlich möglich war, ohne die finanziellen Zuwendungen aus dem Familienvermögen der Forbes, das zuerst aus dem Sklavenhandel und später aus dem Rauschgiftgeschäft in China erwirtschaftet worden war.

Die Finanzierung des Chinahandels lag fast völlig in der Verantwortung der Baring Bank in England. Selbst nachdem Alexander Hamilton die Bank of the United States gegründet hatte, um die Industrie im Inland mit den nötigen Finanzmitteln auszustatten, erforderte der Außenhandel Amerikas den Zugriff auf Darlehen, die in britischem Pfund ausgestellt wurden. Wie die Briten schmuggelten die Amerikaner das Opium über die chinesische Grenze, bestachen die kaiserlichen Beamten und häuften ein ungeheures Vermögen dadurch an, indem sie eine ganze Generation von Chinesen durch den Verkauf von Rauschgift gesundheitlich und wirtschaftlich ruinierten. Die immensen Profite strichen sie nur deshalb ein, weil sie sich aufs Innigste mit den finanziellen Interessen des Britischen Imperiums identifiziert hatten. Die engen Geschäfts- und Verwandtschaftsbeziehungen der führenden Oberschicht in Salem, Massachusetts, bildeten den Grundstock der gigantischen Vermögen der Perkins, Cabots, Forbes, Higginsons und anderer Familien.

1836 untersagte die chinesische Regierung den Opiumhandel unter Androhung von hohen Strafen. Drei Jahre später brach der Erste Opiumkrieg zwischen China und Großbritannien aus. Thomas H. Perkins hieß die Anstrengungen der chinesischen Regierung, den Opiumhandel einzuschränken, willkommen, denn er war sich gewiss, dass sich die weniger risikobereiten Drogenhändler aus diesem Geschäft zurückziehen würden, um harte Strafen zu vermeiden. Es war eine scharfsinnige, aber auch waghalsige Überlegung, die sich bald in bare Münze auszahlen sollte. J. & T. H. Perkins Co. konnte daraufhin einen dominanten Marktanteil übernehmen. Jahrelang danach besaßen die Firmen Perkins und Bryant & Sturgis – oft nur die Bostoner Konzerne genannt – nahezu ein Monopol am Import des türkischen Opiums nach China. William Sturgis war Perkins Neffe. Das Ende des Ersten Opiumkrieges, in dem die Chinesen den Briten unterlegen waren, eröffnete neue Möglichkeiten des Drogenhandels. Der Friedensvertrag von Nanking 1842 stellte zur Bedingung, dass die chinesische Regierung die Hafenstädte Amoy, Foochow, Ningpo und Shanghai für den Handel mit westlichen Firmen öffnen müsse. Die Oberherrschaft über die Insel von Hongkong ging 1844 in die Hände der Briten über. Unmittelbar danach richteten Jardine Matheson und andere britische Handelshäuser ihre Hauptquartiere in Hongkong ein, das sich als Zentrum des Opiumhandels in den 1840er und 1850er-Jahren etablierte. Indisches Opium kam im Hafen von Hongkong an und wurde von dort aus zu den anderen chinesischen Hafenstädten verschifft. Die profitablen Erträge wurden auf derselben Strecke nach Hongkong zurücktransportiert.

Der Kult des Irrationalen und die Vorliebe für eine antiindustrialisierte Gesellschaft, die den Feudalismus in Kultur und Politik idealisierte, war das Kennzeichen der wohlhabenden Oberklasse in Essex County, Massachusetts. Dieser gehörte auch George Peabody an, der Gründer des zuerst in England registrierten und später in Amerika agierenden Bankhauses George Peabody & Co.. Ausgestattet mit übrigen Darlehen der Brown Brothers und Nathan Mayer Rothschilds konnte Peabody 1835 seinen Traum verwirklichen, Bankier zu werden. 19 Jahre später stellte sich ihm Junius Morgan als Partner zur Seite. Eine ihrer finanziellen Dienstleistungen, auf die sie sich spezialisierten, war der Handel mit Devisen und Aktien von amerikanischen

Konzernen. Als der Gründer starb, ging die Bank in den Besitz der Morgan-Familie über. Der Sohn Junius Morgan, John Pierpont, verlagerte ihren Standpunkt nach Amerika und nannte sie einige Jahre später J. P. Morgan & Co.

Die aus dem Sklaven- und Drogenhandel, Waffenschmuggel und der Piraterie erzielten Profite dienten als Gründungskapital für einige der bedeutsamsten Banken des Landes. Die ersten Versicherungen in Neuengland schlossen Verträge mit den Besitzern der Schiffe ab, die Opium und Sklaven über die Weltmeere transportierten. Das weitläufige Eisenbahnnetz, das im 19. Jahrhundert Ost- und Westkünste miteinander verband, wurde größtenteils aus den Einnahmen des illegalen Drogenschmuggels finanziert. Der Inhaber eines des größten Opium-Vermögens stellte die Geldmittel zur Verfügung, um die ersten Investitionen einer noch in den Kinderschuhen stehenden Telekommunikationsindustrie vorzunehmen. Über ihre Verwandten kamen amerikanische Präsidenten in den Besitz von immensen Vermögenswerten, die mittels der Piraterie erbeutet worden waren. Die vornehmsten Familien von New York und Neuengland, die die Eliteuniversitäten von Harvard, Yale, Columbia, Brown und Princeton mit großzügigen Geldzuwendungen finanzierten, machten ihr Vermögen im illegalen Drogenhandel. Dieselben Männer bauten Eisenbahnstrecken und Textilfabriken, investierten in Banken und Versicherungsgesellschaften und hielten ihr Familienvermögen über mehrere Generationen hinweg intakt. Neben den Roosevelts und Grants gehörten andere Präsidenten, wie Taft (ΦBK, Skull & Bones, Linonian Society) und Coolidge (ΦBK), der vermögenden Oberschicht an, die anfänglich ihren Reichtum aus dem Chinahandel erwirtschafteten.

5.3 Geheimnisse der amerikanischen Elite

Als der chinesische Opiumhandel in den 1830er-Jahren expandierte, befand sich die wichtigste Frachtschifffahrtsgesellschaft in den Händen von Samuel Russell. Seine Firma Russell and Company, die 1823 gegründet worden war, mauserte sich zum wichtigsten Akteur im Drogengeschäft, indem sie Opium im türkischen Smyrna kaufte und es nach China verschiffte. Zwei Partner, die sich Samuel Russell zur Seite gestellt und große Geldsummen in seine unternehmerischen Vorhaben im Fernen Osten investiert hatten, waren Cleve Green und Abiel Abbot Low. Green wurde später ein Mäzen der Princeton University und Low der Columbia University. Als die Cushings China verließen, übernahm die Forbes-Familie in diesem fernöstlichen Land die Handelsbeziehungen mit der Bevölkerung, die breitflächig der Opiumsucht verfallen war. Um sich gegen ihre formidablen Konkurrenten durchzusetzen, mussten sie die Schmuggelware in viel größeren Mengen in das Land einschleusen, ohne dabei von den chinesischen Regierungsbeamten entdeckt zu werden. Wie die Gardiners und andere Händler im illegalen Drogengeschäft investierten sie ihr Vermögen aus dem Verkauf des Opiums in einheimische Ländereien und Industriebranchen. Joseph Coolidge (1798-1879) sowie auch Mitglieder der Familie Sturgis waren ebenfalls Investoren der Russell-Firma. Die drei Familien der Hathaways, Forbes' und Perkins vereinten ihre jeweiligen Geschäftsinteressen als Teilhaber in dem gemeinsamen Konzern Russell, Sturgis and Company. Auch waren die Familien durch Ehebeziehungen eng miteinander verbunden. Der hauptverantwortliche Agent der Firma Russell, Sturgis and Company in Kanton war Warren Delano, Jr. (1809-1898), der Großvater des späteren Präsidenten Franklin D. Roosevelt (ΦBK, Fly Club). Im 19. Jahrhundert gehörten die Delanos zu den renommiertesten Familien Amerikas. Um noch lukrativere Handelsbeziehungen in China aufzubauen, entschloss er sich, Partner in der Firma Russell, Sturgis, and Company zu werden. Seinen gehobenen Gesellschaftsstatus setzte er als Besitzer eines großen Herrenhauses in Macao gebührend in Szene. Den vorwiegenden Teil seines Reichtums investierte er in Land und Immobilien der Stadt New York City sowie in Kohle- und Kupferminen der Staaten Pennsylvania und Tennessee.

Im August 1857 meldete die Versicherungsgesellschaft Ohio Life Insurance and Trust Konkurs an. Die dadurch ausgelöste Finanzkrise trieb viele Banken in den Ruin. In den folgenden Monaten mussten 5000 Firmen ihre Geschäftstüren endgültig schließen, Zehntausende von Arbeitern verloren ihre Arbeitsplätze und Häuser, und viele Menschen verhungerten und erfroren in den Straßen der Städte an der Atlantikküste und des Mittleren Ostens. Obgleich Warren Delano fast sein ganzes Vermögen im Börsencrash verloren hatte, konnte er eine Zeit lang weiterhin in seinem luxuriösen Herrenhaus Algonac in Balmville, NY wohnen. Um seinen üppigen Lebensstil finanzieren zu können, blieb ihm auf die Dauer nichts anderes übrig, als den Drogenhandel erneut aufzunehmen. Um wieder so reich zu werden, wie er es zuvor gewesen war, schmuggelte er Opium nicht nur nach China, sondern verkaufte es ab 1859 auch in Amerika an Rauschgiftsüchtige. Die beiden prominenten Zweige der Roosevelt-Familie, die sich auf ihren Anwesen im Hyde Park, New York, und an der Oyster Bay, New York, niedergelassen hatten, häuften ebenfalls ein immenses Vermögen durch den Opiumhandel in China an. Während einer Kabinettssitzung 1933 hob Präsident Franklin D. Roosevelt mit Stolz hervor, dass er in seiner Brust große Sympathien für den Fernen Osten hegte, weil sich seine Vorfahren auf mütterlicher und väterlicher Seite ihren Reichtum im Opiumhandel mit China erwirtschaftet hatten. Dabei überging er beflissentlich die Tatsache, dass der Vertrieb von gesundheitsschädlichen Drogen im chinesischen Kaiserreich während der beiden Opiumkriege mithilfe von Waffengewalt durchgesetzt wurde, weil der Kaiser mitsamt seinem Regierungsstab ein striktes Verbot des Konsums von Opiaten erlassen hatte.

Dank ihrer großzügigen Zuwendungen übte die Russell-Familie einen großen Einfluss am Yale College in New Haven, CT aus und unterhält bis auf den heutigen Tag eine enge Beziehung zu dieser Elite-Universität. Samuel Russells Cousin, William Huntington Russell (1809-1885), und Alfonso Taft (1810-1891) gründeten 1832 die Studentenverbindung Skull & Bones

(Schädel & Knochen) am Yale College. 1858 registrierte Russell die Studentenverbindung Skull & Bones im Staate Connecticut als Körperschaft unter dem Namen „Russell Trust Association". Die Adresse des Hauptquartiers ist seitdem dieselbe wie die der Investmentbank Brown Brothers Harriman in New York City und wird von dieser teilweise finanziert. Skull & Bones ist die älteste und prestigereichste der sieben Yale-Geheimgesellschaften. Diese Geheimgesellschaften erfüllen die Aufgabe, junge Männer für Karrieren im Staatsdienst, Rechts- und Finanzwesen und in anderen einflussreichen Schaltstellen der amerikanischen Gesellschaft zu rekrutieren. Andere Universitäten, wie Harvard, Princeton und Cornell, haben ebenfalls ihre eigenen exklusiven Geheimgesellschaften. Die beiden bekanntesten Studentenverbindungen an der Harvard University sind der Pocellian Club und der Fly Club. Skull & Bones nimmt jedes Jahr nur 15 neue Mitglieder auf. Die meisten sind Söhne prominenter Familien der Oberklasse, wie die Harrimans, Bushes, Kerrys, Tafts, Whitneys, Bundys, Weyerhaeusers, Pinchots, Goodyears, Sloanes, Phelpses, Pillsyburys, Kelloggs, Vanderbilts und Lovetts. Seit dem Gründungsjahr hat Skull & Bones ungefähr 2500 Mitglieder aufgenommen. Die „Bonesmen" betrachteten sich als Auserwählte Gottes, die dazu auserkoren sind, Nordamerika zu regieren. Die relativ kleine Mitgliederzahl unterstreicht die außerordentliche Konzentration der Macht in ihren Händen.

Die Umstände, wieso es überhaupt zur Gründung von Skull & Bones gekommen ist, sind erwähnenswert. Die Leitung der Studentenverbindung Phi Beta Kappa Society entschloss sich 1832, den Status einer Geheimgesellschaft aufzugeben und sich zu einer offenen Ehrengesellschaft zu konstituieren. Daraufhin sahen sich William H. Russell, Alphonso Taft und 13 weitere Phi Beta Kappa-Mitglieder veranlasst, den exklusiven Orden Skull & Bones am Yale College zu organisieren.

Am College of William and Mary in Williamsburg, VA wurde 1750 die Studentenvereinigung FHC und 1773 die PDA gegründet. Das Besondere an diesen beiden Organisationen war ihre Exklusivität. Nur besonders ausgewählte Studenten durften Mitglieder werden, nachdem sie sich verpflichtet hatten, über die Initiationsriten und sonstiger Geheimnisse Stillschweigen zu bewahren. Ihre regelmäßigen Zusammenkünfte arteten jedoch oft zu lauten Trinkgelagen aus. Der verlotterte Zustand der bestehenden Bruderschaften war fünf Stundeten ein Dorn im Auge. Darum gründeten sie die Phi Beta Kappa Society, abgekürzt mit den griechischen Buchstaben ΦβK. Sie sollte in der Zukunft die wichtigste ihrer Art in ganz Amerika werden und ihr Schlüssel ein begehrenswertes Symbol einer vorzüglichen akademischen Leistung. Es liegt nahe, dass sich die Gründer deshalb dazu entschlossen hatten, eine geheime Gesellschaft zu gründen, um den Mitgliedern die Freiheit zu geben, jedes Thema, egal ob kontrovers oder konventionell, ohne jegliche Restriktionen diskutieren zu können. Von Anfang an stand die Phi Beta Kappa Society unter dem Einfluss der Freimaurerei. Bereits in den 1750er-Jahren gab es eine Freimaurerloge in Williamsburg, VA die 1773 einen offiziellen Stiftungsbrief von der Großloge in England erhielt. Thomas Smith gehörte der Williamsburg-Loge an, bevor er sich John Heath als einem der fünf Gründer der Phi Beta Kappa Society anschloss. Neun weitere Mitglieder der Geheimgesellschaft wurden Freimaurer im darauffolgenden Jahr. Schließlich traten 12 der ursprünglichen 15 Mitglieder der Loge in Williamsburg bei. Deshalb ist es nicht abwegig zu meinen, dass die Gründungsmitglieder die folgenden Ideen der Freimaurerei übernommen haben: Verschwiegenheitsschwur, symbolisches Erkennungszeichen, besonderer Händedruck, griechisches Motto, ausgeklügeltes Regelwerk und aufwändiges Initiationsritual. Die Zuversicht dieser jungen Studenten am College of William and Mary, dass ihre Gesellschaft bis in die weite Zukunft bestehen und Großartiges erreichen würde, wird in der Vergabe von Stiftungsbriefen an weitere Tochtergesellschaften an verschiedenen renommierten Bildungsanstalten, die Alpha genannt wurden, ersichtlich. In den ersten Jahren der Geheimgesellschaft wurde eine Absolventen-Mitgliedschaft an Männer der früheren Jahrgänge vergeben. Ab 1790 verlieh die Phi Beta Kappa Society am Yale College Ehrenmitgliedschaften an prominente Persönlichkeiten.

Drei wichtige Veränderungen stellten sich im ersten Jahrhundert des Bestehens der Phi Beta Kappa Society ein: Aufgrund der Hetze gegen die Freimaurerei in den 1820er-Jahren hob die Alpha of Massachusetts (Harvard College) 1831 die Pflicht der Geheimhaltung auf. Die Harvard-Phi Beta Kappa Society wurde in der Folgezeit davon verschont, weiterhin in der Öffentlichkeit für ihre freimaurerischen Bräuche kritisiert zu werden. Die meisten der anderen Tochtergesellschaften behielten die formale Anforderung des Stillschweigens noch jahrelang bei. 1883 wurden die letzten geheim gehaltenen Riten abgeschafft. Ursprünglich war die Phi Beta Kappa Society eine Vereinigung gleichgesinnter Studenten, ähnlich in der Grundlage und Ausrichtung wie viele andere Literatur- und Redeclubs, aber mit der Zeit veränderte sich der Charakter der Vereinigung in den einer Ehrengesellschaft, die alle Geheimnisse offenlegte und die Aufgabe wahrnahm, Studenten in ihrem Studium der freien Künste zu motivieren, ihr Bestes zu geben. Eine weitere Veränderung ergab sich mit der Mitgliedschaft von Frauen. Die dritte Veränderung war die Gründung des Dachverbandes „United Chapters" (Vereinigte Ortsgruppen von Phi Beta Kappa).

Prominente Mitglieder der Ehrengesellschaft in Amerika waren einflussreiche Persönlichkeiten in der Politik, der Justiz, der Geschäftswelt und der Unterhaltungsbranche. 17 Präsidenten der Vereinigten Staaten gehörten der Phi Beta Kappa Society an, einschließlich John Quincy Adams, James Monroe, T. Woodrow Wilson, Theodore und Franklin D. Roosevelt, Calvin Coolidge, Harry S. Truman, Dwight Eisenhower, Jimmy Carter, George H. W. Bush und Bill Clinton. Unter den Mitgliedern befanden sich zehn Richter des Obersten Gerichtshofs und 136 Nobelpreisträger. Unter den fast unzähligen Namen von weiteren Mitgliedern befanden sich William T. Sherman, John C. Calhoun, Caleb Cushing, Ralph Waldo Emerson, Nathaniel Hawthorne, Walter Lippmann und John Dewey. Der Sohn des reichsten Mannes Amerikas, John D. Rockefeller Jr., wurde 1897 an der Brown

University in die Ehrengesellschaft initiiert und übernahm beizeiten die Verantwortung eines ΦBK-Senators (Leitungsgremium). Als Institutionen der Phi Beta Kappa Society auch außerhalb von Bildungsanstalten gegründet wurden, um der Zielsetzung der Gesellschaft besser nachkommen zu können, wurde 1988 die Ehrengesellschaft von „United Chapters" wieder in „The Phi Beta Kappa Society" umbenannt. Eines der bedeutsamsten Anliegen der Phi Beta Kappa Society war die weitläufige Propagierung der Idee des Fortschrittes. Als Beispiel dient die Rede des Senators von Massachusetts, Charles Sumner, im Jahr 1848, die ein überaus positives Echo gefunden hat. Er betrachtete die Idee des Fortschrittes als eine schlüssige Erklärung des Geschichtsverlaufs und als maßgebenden Faktor in den Reformbewegungen des 19. Jahrhunderts. Sumner hielt es für unwahrscheinlich, dass sich der Mensch ein vollkommenes Wesen aneignen könne. Er sei aber durchaus zu einer permanenten Höherentwicklung fähig. Das Gesetz des Fortschrittes verwirkliche sich nur sehr langsam. Dennoch diene es als eine großartige Inspiration, die Trost in schwierigen Zeiten spenden könne. Die Zuversicht hinsichtlich des Fortschrittes der menschlichen Rasse sollte in aller Unterwürfigkeit Gott gegenüber als konstanter Glaube festgehalten werden.

5.4 Unterschiedliche Glaubenshaltungen der amerikanischen Freimaurer

In der amerikanischen Geschichte sticht eine Tatsache deutlich hervor: die Freimaurerei hat ohne Unterlass einen großen Einfluss auf die Politik und die Wirtschaft ausgeübt. Das intellektuelle Leben Amerikas bestand schon immer aus einem seltsamen Gemisch von religiösem Enthusiasmus und messianischer Politik. Um 1730 waren Neuengland, Pennsylvania und Georgia die Zentren der Verbreitung der freimaurerischen Lehren. Im darauffolgenden Jahrzehnt konnten sich die Logen weitläufig etablieren. Die Freimaurer waren in vielen Städten die führenden Persönlichkeiten der wirtschaftlichen und sozialen Machtelite. Einige Protestanten meinten sogar, dass die Freimaurerei das Christentum ersetzen und sich anschließend Harmonie verbreiten würde, woraufhin sie der Bruderschaft beigetreten sind.

Im frühen 18. Jahrhundert war die religiöse Freiheit in Europa stark eingeschränkt. Männer, die sich eine bessere Zukunft erhofften, schlossen sich der Freimaurerei an. Ihr Ideal war die Verwirklichung einer allgemeinen Bruderschaft der Menschen unter der Vaterschaft Gottes. Auf der Suche nach religiöser Freiheit wanderten sie nach Amerika aus. Als sich der Wohlstand in den Kolonien einstellte, erwarben sich viele Freimaurer ansehnliche Reichtümer. Sie glaubten an die Richtigkeit des freimaurerischen Leitsatzes, wonach ein tugendhaftes Leben das Wohlwollen des Schöpfers hervorrufe. Viele Logenbrüder in den Vereinigten Staaten neigen dazu, Amerikanismus und Freimaurerei miteinander zu identifizieren. Sie sind überzeugt, dass die wichtigsten Ereignisse in der amerikanischen Geschichte auf Initiativen der Geheimgesellschaften zurückzuführen sind. Die Idealvorstellung eines

Regierungssystems, wie es sich schlussendlich in der US-Verfassung von 1788 konkretisierte, entsprach der Vorstellung führender Freimaurer unter den Gründungsvätern.

Die Freimaurerei begann im Mittelalter als eine der vielen Handwerksgilden, die großen Wert auf die Bewahrung ihrer Mysterien legten. Die Anfänge des wachsenden Interesses an spiritueller Erleuchtung, das die Steinmetze anstrebten, liegen in der grauen Vergangenheit, als sie über lange Zeiträume hinweg hauptsächlich in Spanien und in der Provence intensive Kontakte mit islamischen, jüdischen und „christlichen" Mystikern pflegten. Die ersten Manuskripte der Freimaurer, die *Alten Pflichten,* zeigen die Beziehungen der Maurerzunft zu den Mythen der Antike auf, von denen eine Morallehre abgeleitet wurde. Aus der ursprünglichen Vereinigung der operativen Steinmetze kristallisierte sich mit der Zeit eine religiöse Bruderschaft heraus, die andere Interessen verfolgte, als die Kunst eines praktischen Handwerkes zu vermitteln. Somit wurde eine einstmalige Handwerksgilde in eine quasi-kirchliche Institution umgestaltet, die das vornehmliche Ziel verfolgte, eine neue Religion zu propagieren. Die spekulative Freimaurerei wandte sich vornehmlich den esoterischen Lehren der Antike, des Mittelalters und der Frühmoderne zu.

Die moderne englische Freimaurerei nahm ihren offiziellen Anfang, als sich am 24. Juni 1717, dem Johannistag, vier Londoner Logen als Großloge von England zusammenschlossen, um die Ideale der alten englischen Freimaurerloge zu erneuern, die darauf fixiert war, den großen Architekten des Universums als Gott zu ehren. Von diesem Zeitpunkt an entwickelte sich die Freimaurerei zu einem Brennpunkt der Intellektuellen, Politiker und Künstler. Das oberste Ziel dieser Geheimgesellschaft war die Durchführung einer ethnischen und religiösen Neuorientierung im eigenen Leben und in der Gesellschaft. Mit ihrem mystischen Unterton und mittelalterlichen Ursprung übte die Freimaurerei eine besondere Faszination auf den niederen Adel aus.

Das Gedankengut der Rosenkreuzer spielte ebenfalls eine wichtige Rolle in der Vermittlung hermetischer Glaubensvorstellungen, die seit der Renaissance eine weite Verbreitung in westlichen Ländern gefunden hatten. Als oberstes Ziel stand die Generalreformation der gesamten Welt auf dem Plan, die sich an den Vorgaben der verschiedenen esoterischen Traditionen des Ostens und Westens orientierte. Den 1614 und 1615 veröffentlichten Schriften *Fama* und *Confessio Fraterniatis* zufolge bestand der Rosenkreuzorden aus einer Vereinigung von Gelehrten, die damit beauftragt waren, gegenseitig ihre Forschungsergebnisse auszutauschen, die Kranken unentgeltlich zu heilen und das Zeitalter der Wissenschaft einzuläuten, in dem die Naturerkenntnisse enorm anwachsen würden. Der rosenkreuzerische Traum, wie ihn die *Fama* und *Confessio* beschrieben hatten, war darauf bedacht, eine friedvolle und universale Kultur zu schaffen, die sich auf der mystischen Lehre der Kabbala und Alchemie gründete. Im Weiteren wandten sich die Rosenkreuzer der Erforschung der Natur zu, wie sie sich im Mikrokosmos (Mensch) und Makrokosmos (Universum) manifestierte. Nur wenige Jahre dauerte die rosenkreuzerische Furore. Anstatt einer Welterneuerung brach der Dreißigjährige Krieg mit all seinen Schrecken aus. Ein merklicher Umschwung in der Stimmungslage trat ab 1623 ein, die sich besonders in Frankreich gegen das Rosenkreuzertum stellte. Dennoch blieb das theosophische Gedankengut des Rosenkreuzertums im westlichen Kulturkreis erhalten – wenn auch oftmals nur im Besitz diverser Geheimgesellschaften.

Die Verbindungslinie zwischen der Verbreitung der Hermetik und der Konstituierung des freimaurerischen Logenwesens, wie es Anfang des 17. Jahrhunderts in Schottland entstanden war, hätte nicht unmittelbarer sein können. Die Stilrichtungen und Methoden der Baukunst, die der Römer Vitruvius im 1. Jahrhundert v. Chr. entwickelt hatte, wurden nicht nur als wichtige Bestandteile der Ausbildung eines Architekten angesehen, sondern als wesentliche Elemente in der Bildung eines Mannes. Somit bildeten sich im 17. Jahrhundert die zwei wichtigsten Elemente des freimaurerischen Gedankens aus: 1) die handgreifliche Welt des vitruvischen Architekten und 2) die mystische Welt des hermetischen Philosophen. Beide Elemente entstammten der Hermetik, die das Rosenkreuzertum an die Geheimgesellschaft der Freimaurer übermittelte. Die sich aus bürgerlichen und aristokratischen Mitgliedern zusammensetzende Freimaurerei war seit dem 18. Jahrhundert besonders darauf fixiert, den „Tempel Salomons" zu erbauen. Darunter verstand man die Erziehung eines Mannes zur moralischen Vollkommenheit. Wieso sich jemand den Freimaurern anschloss, kann auf vielerlei Gründe zurückgeführt werden: Manche genossen die Geselligkeit innerhalb der Loge, andere fühlten sich in der Mitte aufgeklärter Menschen am wohlsten. Viele schätzten es, über die neuesten Ideen politischer, wirtschaftlicher und kultureller Art informiert zu werden. Andere wiederum waren darauf bedacht, sich ein geheimes, mysteriöses Wissen anzueignen. Eines der stärksten Motive war der Wunsch, sich in der Kunst der Architektur weiterzubilden. Gewöhnlich stehen Freimaurer der Landespolitik gleichgültig gegenüber, um dem Grundsatz der persönlichen Autonomie Ausdruck zu verleihen, die sich nicht von der politischen Tagesmeinung beeinflussen lassen will. Dennoch bemühten sich die englischen Freimaurer des 18. Jahrhunderts, die Prinzipien der konstitutionellen Monarchie, die in der Gesetzesvorlage der Rechte (Bill of Rights) von 1689 verankert worden waren, zu befolgen. Sie entsprachen größtenteils den freimaurerischen Wertvorstellungen der Brüderlichkeit und Gleichheit.

Moderne Freimaurer konnten sich für die Umsetzung utopischer Gesellschaftsreformen begeistern. Sie setzten sich darum mit Leibeskräften für die Verbreitung und Umsetzung ihrer ethischen Ideale in der Öffentlichkeit ein. Es lag ihnen besonders auf dem Herzen, die Privilegien des Adelsstandes und der Kleriker abzuschaffen, um die Grundlage für die Verwirklichung wahrer Einmütigkeit und Solidarität unter allen Menschen zu legen. Soziale und politische Institutionen müssten gleichfalls einer radikalen Neuerung unterworfen werden, um der ausufernden Korruption Herr zu werden. Der Glaube an eine fortlaufende Höherentwicklung der Zivilisation, die das soziale Pflichtbewusstsein in den Mittelpunkt stellt, führte gegen Ende des 18. Jahrhunderts zwangsläufig dazu, den Boden für die demokratischen Revolutionen in Europa vorzubereiten. Denn nur so könne es den Freimaurern gelingen, die Gesellschaft gesamthaft in die Bahnen der Tugendhaftigkeit zu lenken.

Der Leiter der freimaurerischen Renaissance, die weit mehr als eine Rückkehr zu den Mysterienkulten der Antike darstellte, war der französische Hugenotte, John Theophilus Desaguliers (1683-1744), ein enger Freund von Isaac Newton. Zweifellos bestand seine größte Leistung darin, die englische Freimaurerei reformiert zu haben. Aufgrund seines aufopferungsvollen Einsatzes wurde ihm nach 1719 die Würde des Großmeisters der neu gegründeten Großloge in England zuerkannt. Bemerkenswert ist, dass es ihm gelang, der jungen Organisation, die bis dahin keinen gesellschaftlichen Einfluss ausgeübt hatte, eine hohe soziale Anerkennung zu verschaffen. Er war der Ideengeber von einem beachtlichen Teil des Buches *Alte Pflichten* (Old Charges), wenngleich der eigentlichen Autor James Anderson gewesen war. Dieses 1723 erstmals gedruckte und veröffentlichte Dokument enthielt die grundlegende Verfassung der neu formierten Freimaurerei Englands. Deutlich treten die Prinzipien der deistisch-rationalistischen Orientierung der Verfasser zutage. Da die neue „Kirche" der Londoner Großloge zum Zweck der moralischen, sozialen und religiösen Reform gegründet worden war, verlieh man ihr mit dieser Verfassung ein eigenes historisches Fundament. Von ungemein größerer Bedeutung ist jedoch der zweite Teil des Buches „The Charges of a Free Mason", der sozusagen die freimaurerische Magna Charta darstellt.

Der eigentliche Kern der freimaurerischen Religion bestand aus dem Bekenntnis zu einem allwaltenden Schöpfer und die Befolgung seines Moralgesetzes, das er den Menschen zur obersten Pflicht gemacht hatte. In vielen Dokumenten des Geheimbundes wurden die Logenbrüder aufgefordert, ein tugendhaftes Leben im Namen (das heißt zu Ehren) dieses höchsten Wesens zu führen. Obgleich die Freimaurerei eine allgemeine Religiosität pflegte, war jedem Mitglied gestattet, sich unter dem Schöpfer einen Gott vorzustellen, der dem eigenen Gutdünken entsprach. Einzig das Bekenntnis zum Atheismus war ihm untersagt. Somit stand die Logentüre für jeden offen, der bereit war, an eine übernatürliche Gottheit zu glauben, ohne einer bestimmten Religionsgemeinschaft anzugehören oder sich Gedanken über ein bestimmtes Glaubensbekenntnis zu machen. Mitte des 17. Jahrhunderts wandten sich immer mehr Männern der Freimaurerei zu, weil sie eine große Abneigung den religiösen Konflikten in England entgegenbrachten. Die Zugehörigkeit zu einer Bruderschaft, die es ihnen erlaubte, Theisten zu sein, ohne ihren Glauben näher definieren zu müssen, übte eine große Anziehungskraft auf sie aus, nachdem sie jeder dogmatischen Religion, besonders dem Christentum, den Rücken zugekehrt hatten. Der früheste Ausdruck ihres religiösen Bekenntnisses, wie es in Andersons Buch der *Alten Pflichten* vorliegt, lässt keinen Zweifel darüber aufkommen, aus welchen Quellen der Autor schöpfte. Es handelt sich einerseits um den aufgeklärten Humanismus und andererseits um den „christlichen" Mystizismus. Somit ist die englische Freimaurerei letztlich nichts anderes als ein gewagtes Experiment, die rationalen und irrationalen Elemente des Humanismus und des Mystizismus zu einer eigenen Religion zu vereinen. Die dahinterstehende Absicht war, die jeweilige Komponente der anderen Religion im harmonischen Einklang miteinander auf eine höhere Ebene der Moral zu stellen, als es zuvor möglich war. Wahrscheinlich gab es in England nur wenige, die einen klaren Blick auf ein solch hohes Ziel hatten. Die Zahl der Brüder, die in aller Konsequenz standhaft an den moralischen Prinzipien der Freimaurerei festhielten, war noch geringer. Auf sie traf der Vorwurf nicht zu, die Loge nur als Ort des frivolen Vergnügens anzusehen, was er für viele andere Männerclubs war. Dennoch ist die Tatsache nicht ganz von der Hand zu weisen, dass die Freimaurerei gelegentlich zu einer rein sozialen Institution verkümmerte. Das tote Gewicht des Opportunismus (allzu bereitwillige Anpassung an die jeweilige Lage aus Nützlichkeitserwägungen), mit dem jede Glaubensgemeinschaft zu kämpfen hat, berührte jedoch nicht die Wirkungskraft ihrer moralischen Prinzipien. An diesen wurde die Bedeutsamkeit der frühen englischen Freimaurerei hauptsächlich gemessen. Dieselben Kriterien legte man auch an ihre späteren vielgestaltigen Freimaurerbünde an.

Die Freimaurerei hat seit Gründung der englischen Großloge des frühen 18. Jahrhunderts eine exoterische Erscheinungsform, das heißt eine, die sich nach außen hin an die Öffentlichkeit wendet und sich so gibt, als sei jeder willkommen und könnte verstehen, was die Organisation beabsichtigt. Zugleich hat es eine esoterische Erscheinungsform gegeben, die nur die Eingeweihten kennen und in der Geheimnisse gehütet werden. Der Schotte Andrew Michael Ramsay (1686-1743) tat sich wie kein anderer in der Ausgestaltung esoterischer Riten in der Hochgradfreimaurerei hervor. Er rief alle Gelehrten und Künstler der Bruderschaft auf, sich gemeinsam an die Arbeit zu begeben, um ihr Wissen zur Abfassung eines Universallexikons der freien Künste und nützlichen Wissenschaften bereitzustellen. Die Eigenart dieses intellektuellen Unterfangens war die Herausstellung des Rationalismus als maßgebliche philosophische Grundlage. Theologie und Politik sollten jedoch keine Berücksichtigung finden. Im Gegensatz dazu hinterließ der rosenkreuzerische Impuls eine beachtliche Wirkung auf den soziopolitischen Bereich. Die Schriften dieses Kultes hoben die Veränderung der Gesellschaft und die Verwirklichung einer Utopie hervor. Diese Zielsetzung spielte eine Rolle in der Entwicklung der modernen Freimaurerei. Entscheidenden Anteil an ihrer Ausformung hatten die rosenkreuzerischen, theosophischen und pansophischen Bewegungen, die bewusst eine organisatorische Struktur einführten im Gegensatz zu anderen esoterischen Strömungen, die den Individualismus betonten. Die Aufrechterhaltung einer hierarchischen Rangordnung der Mitglieder nahm somit trotz aller gegenteiligen Beteuerungen eine außerordentliche Bedeutung in der Freimaurerei ein. Die sich zu jener Zeit weit ausbreitende Freimaurerei geriet fortan unter den unmittelbaren Einfluss des Rosenkreuzertums und übernahm unter anderem dessen esoterische Kosmologie.

Seit Anfang des 19. Jahrhunderts besteht eine ständige Auseinandersetzung zwischen Anhängern von Jean-Baptiste Willermoz (1730-1824), der die esoterische – nur für Eingeweihte einsichtige – Hochgradfreimaurerei bevorzugte, und den Mitgliedern der englischen Großloge, die das Ideal einer exoterischen – für Außenstehende bestimmte – Freimaurerei hochhielten. Willermoz' schottischer Ritus gibt sich nicht nur mit den drei Graden – Lehrling, Geselle und Meister – zufrieden, sondern besteht aus 33 Graden. Diese beiden gegensätzlichen Erscheinungsformen der Freimaurerei übten in ihrer jeweils unterschiedlichen Erscheinungsform einen starken Einfluss auf die politische Entwicklung Amerikas aus.

Gegen Mitte des 18. Jahrhunderts vollzogen sich monumentale Veränderungen innerhalb der amerikanischen Freimaurerei, die besonders durch eine Abschwächung ihrer ursprünglichen Ideale gekennzeichnet war. Während man die Freiheit weiterhin als ein unveräußerliches Menschenrecht hochhielt, wurde das Prinzip der Gleichheit durch ein neues Klassensystem ausgetauscht.

Die englischen und amerikanischen Logen splitten sich auf, was die Trennung der amerikanischen Kolonien von England begünstigte. Den amerikanischen Freimaurern war wichtig, ihre Ideale so prominent wie möglich darzustellen. Die esoterischen Symbole der Zunft tauchten an allen Ecken und Enden auf, wie beispielsweise auf den Schildern der Tavernen und den Fassaden der Regierungsgebäude. Selbst das Große Siegel der Vereinigten Staaten besteht aus Sinnbildern der geheimen Bruderschaft, wie das allsehende Auge und die unvollendete Pyramide unter Beweis stellen. Über mehrere Jahrzehnte dauerte ein Kampf von zwei Gruppen, den sogenannten „Alten" und den „Modernen", wobei sich die Bezeichnungen nicht auf das Datum der Gründung beziehen, sondern hauptsächlich auf die Klassenunterschiede ihrer jeweiligen Mitglieder und deren Einstellung zur englischen Whig Party. Der langwierigste Kampf fand in South Carolina statt, wo eine vereinte Großloge erst 1814 gegründet werden konnte. Das Erfolgsrezept der „Alten" bestand darin, dass die Türen der Bruderschaft auch den Bürgern geöffnet wurden, die nicht zur gehobenen Gesellschaftsschicht gehörten. Mit der Zeit schlossen sich ihnen immer häufiger Angehörige der Arbeiterklasse an. Repräsentanten der wirtschaftlich schwachen Bevölkerungsschicht in einer sich wandelnden Gesellschaft gelang es nur selten, in die elitären Freimaurerlogen der „Modernen" aufgenommen zu werden. Die „Modernen" legten Wert darauf, ihr weltmännisches Selbstverständnis zu wahren. Sie fühlten sich in der exklusiven Gemeinschaft von Personen ihres gehobenen Standes am wohlsten. In diesen Logen bildete sich eine selbstbewusst auftretende Riege von reichen Geschäftsmännern aus, die in allererster Linie darauf bedacht war, ihren eigenen Reichtum zu vermehren und im Wohlstand zu leben. Diese Entwicklung kam einer regelrechten Verwerfung der ursprünglichen Ideale der Freimaurerei gleich. Innerhalb des Geheimbundes vollzog sich eine soziale und institutionelle Veränderung. Dies wurde beim Tod von Benjamin Franklin eindrücklich deutlich: Während die Freimaurer den Tod von Benjamin Franklin, der den „Modernen" angehörte, ignorierten, wurden aufwändige Zeremonien beim Tod George Washingtons, einem „alten" Bruder, abgehalten.

Die Demokratisierung machte vor der Türe der Loge nicht Halt. Die althergebrachte Struktur, die von der englischen Kolonialverwaltung geprägt war und für sich selbst uneingeschränkte Machtfülle beanspruchte, prallte mit voller Wucht auf das zunehmende Begehren nach Selbstbestimmung der allgemeinen Bevölkerung. Dass diese konfliktreiche Situation schlussendlich eine revolutionäre Krise verursachte, war die logische Konsequenz der verhärteten Position auf beiden Seiten des Konflikts.

Die Freimaurerei präsentierte sich seit alters her als Hüterin antiker Weisheit. Öffentliche Erklärungen betonten humanistische Werte, die – so die Behauptung – universale Gültigkeit besitzen. Man mied geflissentlich eine bewusste Identifikation mit bestehenden Glaubenssystemen. Kurz vor der Revolution änderte sich diese Einstellung entscheidend und man befasste sich mit religiösen Themen, um die tiefsten Geheimnisse der Freimaurerei besser verstehen und ausleben zu können. Nachdem die amerikanischen Rebellen den Unabhängigkeitskrieg gewonnen hatten, wurden sie die Gründer einer neuen Republik, die sich in ihrer Selbstdarstellung einer Fülle von freimaurerischen Symbolen bedienten. Als die amerikanischen Christen in der Zeit nach der Revolution vermehrt die humanistischen Werte akzeptierten, die die Freimaurerei besonders auszeichneten, nahm die Bruderschaft die Chance wahr, sich einen christlichen Anstrich zu geben. Anstatt der universalen Lehre der Mitmenschlichkeit begannen die Freimaurer nun zu proklamieren, dass die Religion den „Großen Eckstein" der Bruderschaft bilde. Es war ihnen wichtig, Einfluss auf die christlichen Kirchen zu nehmen. Das ausdrückliche Bekenntnis zum Christentum entschärfte die pointierten Argumente der Opposition aus den Reihen der örtlichen Kirchen.

Die Aufhebung der etablierten Staatskirche und die Verbreitung des deistischen Gedankengutes schien gegen Ende des 18. Jahrhunderts die Verleugnung des Christentums zu begünstigen. Um jeglichen Argwohn zu entkräften, sah sich die Freimaurerei dazu genötigt, den Deismus und Skeptizismus zurückzuweisen. Größtenteils unterließen es Logenbrüder fortan, die antireligiösen Prinzipien des Rationalismus zu propagieren. Bereitwillig stimmten Freimaurer in den Chorus der Presbyterianer ein, die sich vor dem Beginn des Tausendjährigen Reiches wähnten. Das glückliche Zeitalter der Freimaurerei stehe kurz bevor; es würde bei allen Erdenbewohnern unbeschreibliche Freude hervorrufen. Fortan vermischten sich in ihren Ritualen christliche und heidnische Elemente. Die amerikanische Freimaurerei verstand sich als eine Religion, die vorgab, dem Christentum nahezustehen. Man setzte sich dabei bewusst über die ursprüngliche Verordnung der Freimaurerei hinweg, die in ihrer Verfassung die Beschäftigung mit religiösen Angelegenheiten verboten hatte. Freimaurer in Maryland bauten 1829 eine Halle der Begegnung für die Zusammenkünfte der Brüder und für Christen aller Kirchen, um dort öffentliche Gottesdienste zu veranstalten. Sie beherbergte Baptisten, Episkopale, Reformierte Methodisten und „New School"-Presbyterianer. Geistliche aller Kirchen konnten der Bruderschaft gebührenfrei beitreten.

Neue oder angepasste Rituale, die in Amerika entwickelt worden waren, schrieben ausdrücklich Gebet und Bibellese vor. Die neue Selbstdarstellung der Bruderschaft betonte ihre Identifikation nicht nur mit den Weltreligionen im Allgemeinen, sondern mit dem Christentum im Besonderen. Das Verständnis der universalen Gültigkeit humanistischer Werte hielt man in der Freimaurerei weiterhin für grundsätzlich richtig. Deshalb konnten Nichtchristen problemlos in die Logen aufgenommen werden. Aber selbst in öffentlichen Zeremonien bezeichneten sich amerikanische Logenbrüder oft als „christliche Freimaurer".

5.5 Ideologische Grundlage der Amerikanischen Revolution

Die calvinistische Bundestheologie gewährleistete die Unverletzlichkeit der vier wichtigsten Beziehungssphären, indem sie göttliche Sanktionen androhte, sollte diese nicht beachtet werden. An oberste Stelle stand das Verhältnis Gott und Mensch. Daraus ergab sich die verbindliche Zugehörigkeit des Menschen zur Kirche, die wiederum das Zusammenleben von Mann und Frau ordnete und ihnen die Stellung eines Bürgers in der Gesellschaft zuwies. Ab 1690 vollzog sich die erste von zwei wesentlichen Abschnitten im Wandel des westlichen Weltbildes. Die Vorstellung eines vor Gott beglaubigten Bundes verblasste im sozialen Denken immer mehr gegenüber der Idee eines Gesellschaftsvertrags (1690 bis 1890), bis schließlich diese neue Vorstellung selbst der breit angelegten Instrumentalisierung einer kollektiven Zwangsherrschaft das Feld räumen musste (1890 bis zur Gegenwart). Ein glühender Verfechter der auf der Bundesidee fußenden Polittheorie war Johannes Althusius (1563-1638). Sein schärfster Disputant war der arminianische Theoretiker des Naturgesetzes Hugo Grotius (1583-1645). Die englischen und schottischen Presbyterianer sympathisierten mit Althusius' Theorie, mussten aber nach dem frühzeitigen Tod Oliver Cromwells am 3. September 1658 und der erzwungenen Abdankung seines Sohnes Richard am 25. Mai 1659 das Scheitern ihrer unausgereiften Sozialrevolution eingestehen. Infolgedessen wurden die Presbyterianer über den Zeitraum zweier Generationen an den Rand der englischen Gesellschaft gedrängt. Als sich ihnen die politische Bedeutungslosigkeit immer schmerzlicher ins Bewusstsein drang und die Repressalien ihrer Gegner zunahmen, erklang der Lockruf der nordamerikanischen Wildnis eindringlicher denn je. Viele folgten den Pilgervätern in die Neue Welt.

Die Verbreitung philosophischen Gedankenguts führte dazu, dass dem Gesellschaftsvertrag die gleiche Legitimität zuerkannt wurde wie der Bundesidee zuvor. Die Vorstellung, dass Gott ein wachendes Auge auf die Rechtmäßigkeit des zivilen Umgangs hielt und gegebenenfalls korrigierend eingriff, erschien den Kolonialisten in einer Atmosphäre allgemein abflauenden religiösen Lebens immer unwirklichere Züge anzunehmen. Allmählich setzte sich in der Meinung vieler ein säkulares Weltbild durch, das sich im damaligen christlichen Abendland in zwei Hauptversionen präsentierte. John Lockes

Whiggismus, wie er im *Second Treatise on Government* (1690) konzipiert wurde, breitete sich einerseits in England und Amerika aus. Ein fruchtbarer Nährboden im politischen Bereich unterstützte die Akzeptanz der freien Marktwirtschaft Adam Smiths, die dieser vornehmlich in seinem Werk *Wealth of Nations* (1776) zur Annahme empfahl. Andererseits formte sich auf dem Kontinent eine sich nahezu ins Gegenteil kehrende Mutation des Whiggismus aus, die in Rousseaus *Contrat Social* (1762) ihren Anfang nahm. Ab 1790 besaß der Gesellschaftsvertrag in jeweils unterschiedlichen ideologischen Ausprägungen auf nationaler Ebene in Frankreich, England und Amerika juristisch Gültigkeit.

Die Vorstellung einer freiheitlichen Gesellschaftsordnung war keineswegs die Erfindung der Philosophie des 17. und 18. Jahrhunderts. Die europäische Lehre der Freiheit hatte ihre Wurzeln im Christentum. Tatsächlich waren die grundlegenden Bestandteile des englischen Konstitutionalismus und des Gewohnheitsrechts tief in den Strukturen des Feudalismus eingebettet. Diese Keime der Freiheit erhielten neue Nahrung durch die theologischen Erhebungen der Reformation. Die Gesellschaftsordnung, die dem reformatorischen Glauben in seiner Gesamtheit, einschließlich der soziopolitischen Bedeutung der Dreieinigkeitslehre, die größte Entfaltungsmöglichkeit einräumte, war gleichzeitig Garant eines ausgewogenen Verhältnisses zwischen Freiheit und Ordnung. Dort, wo sich das monistische Prinzip (alle Vorgänge und Phänomene der Welt lassen sich auf ein einziges Grundprinzip zurückführen) einer humanistischen Philosophie durchsetzte, stellte sich über kurz oder lang eine totalitäre Beherrschung, Unterdrückung und Ausbeutung der überaus großen Mehrheit zum alleinigen Nutzen der verschwindend geringen Minderheit ein. Obgleich sich die theologische Grundlage des Freiheitsgedankens über die Jahrhunderte durch ihre Tragfähigkeit ausgezeichnet hatte, war sie dennoch nicht stark genug, um die Erosion aufzuhalten, die die pausenlose Sturzwelle humanistischer Angriffe in der modernen, sich der Aufklärungsphilosophie zuneigenden Zeit verursachte. Im Laufe des 19. Jahrhunderts traten die Konsequenzen des säkularen Widerstandes gegen die biblische Lehre der Freiheit vermehrt an die Öffentlichkeit und ins Bewusstsein der Allgemeinheit.

Grundlegend für die Aufklärung, wie sie sich in Europa entwickelte und in Amerika eingeführt wurde, waren drei Voraussetzungen: 1) Die innewohnende Rechtschaffenheit des menschlichen Wesens, 2) die realisierbare Vervollkommnung des menschlichen Charakters und 3) der unabänderliche Fortschritt der menschlichen Kultur. Der Fortschrittsgedanke hatte jedoch zu jener Zeit noch nicht die revolutionäre Bedeutung angenommen, wie sie Karl Marx später formulieren sollte, sondern bezog sich auf den zu erwartenden geschichtlichen Werdegang einer der Vollkommenheit zustrebenden Menschheit. Schon bald machte sich der Einfluss der Aufklärungsphilosophie im kolonialen Leben bemerkbar und führte zu einer ganz anderen Konzeption des amerikanischen Traumes als dem, den die puritanischen Vorväter noch geträumt hatten. Die neue Philosophie nahm unmittelbaren Bezug auf den Renaissance Neoplatonismus und brachte ein lustvolles Lebensgefühl zum Vorschein, das sich von jeglichem äußeren Zwang befreien wollte. Autoritative Ansprüche der Religion und Politik wurden rundherum zurückgewiesen. Als politischer Ausdruck des neuen Individualismus war sie ein politisches Bekenntnis an die autonome Vernunft und wesenshafte Güte des Menschen. Die Fähigkeit der menschlichen Vernunft, in eigener Regie die Wahrheit in jedem Wissensbereich zu erkennen, stand dem Gebot des christlichen Glaubens entgegen, im Besitz der göttlichen Offenbarung zu sein, die für sich alleine beanspruchte, wahr zu sein. Die Aufklärer verwarfen deshalb das Erbe der Reformation, das die Puritaner noch als ihr höchstes Gut angesehen hatten.

Während der Renaissance kam die Vorstellung des autonomen Individuums beziehungsweise des „herrenlosen Menschen" zum Vorschein. Die Idee des obersten Wertes des Individuums, selbst aller Individuen überall, war ein christlicher Gedanke, der von der Idee herrührte, dass alle Menschen als von Gott geschaffene Wesen vor diesem gleich sind. Als die Reformation die Kirche in ihrer biblischen Eigenart als eine Versammlung der Gläubigen begriff, wo Gottes Interesse jedem unmittelbar galt, nahm die Verantwortung für das Seelenheil eine sehr persönliche und individuelle Note an. Als sich der Mensch allmählich von einer theistischen Vorstellung Gottes löste und sich einer deistischen zuwandte, in der Gott zwar noch als Schöpfer, aber nicht mehr als Herrscher des Universums angesehen wurde, konnte dem Individuum eine größere Willensfreiheit und ein breiterer Bewegungsspielraum zugemessen werden. Die von der neuen Wissenschaft hervorgebrachte Naturerkenntnis verleitete viele zur irrigen Meinung, dass sich der Mensch durch seine eigene Vernunft mittels einer umfassenderen Anwendung der wissenschaftlichen Methode der Vorstellung eines Gottes entledigen könne. Der aufsteigende Handelsstand begann, sich Gedanken über unveräußerliche Menschenrechte zu machen, die dem Individuum als menschliches Wesen angeblich zustehen. Sie sprachen über das Recht des Eigentums, das sie sich durch ihre eigene Arbeitsleistung erworben hatten, die Unverletzlichkeit der menschlichen Konstitution, das Recht auf Meinungsfreiheit und faire Gerichtsverhandlungen, die Freiheit von willkürlicher Gefangennahme und grausamer Bestrafung, das Antrags- und Versammlungsrecht und die Religionsfreiheit. Sie bestanden darauf, größere Verantwortung in der Gestaltung und Umsetzung der Landespolitik übertragen zu bekommen. Aus einem ureigenen Empfinden der prinzipiellen Angemessenheit heraus stellten sie sich der Aristokratie der Geburt entgegen. Als Verkörperung des neuen Individualismus befürwortete der Liberalismus die individuelle Freiheit als oberstes Ziel.

Der Liberalismus versuchte einen Kompromiss zwischen zwei antithetischen Prinzipien zu bewirken. Auf der einen Seite bestand er darauf, den absoluten Wert der menschlichen Persönlichkeit sowie die Autonomie der menschlichen Vernunft und des individuellen Willens herauszustellen; auf der anderen Seite betonte er die Existenz eines allgemeingültigen, rationalen und ewigen Gesetzes, dem sich der individuelle Wille des Menschen unterordnen musste. Im Bemühen darum, einen Kompromiss zwischen diesen widersprüchlichen Prinzipien herzustellen, appellierte der Liberalismus an das christliche Gewissen. Aber das „christliche" Gewissen der Liberalen, das sich gegen Ende des 18. Jahrhunderts gänzlich von der Bevormundung der Kirche befreit hatte und sich allmählich von der göttlichen Offenbarung loslöste, degenerierte bald zu einer bloßen Sentimentalität. Somit wurde dem individuellen Willen des Menschen keine Einschränkungen mehr auferlegt, die einer absolut gültigen Ethik entsprangen. Als man damit begann, eine Lehre des christlichen Glaubens nach der anderen zu verwerfen, veränderte sich die „Religion der Rechtfertigung durch den Glauben" bald zu einer „Religion der Rechtfertigung durch das Selbstwertgefühl".

Der Rationalismus der Aufklärung konnte so in die Zitadelle des puritanischen Calvinismus eindringen und sich dort festsetzen. Nicht nur die gebildeten Bürger in Neuengland, sondern auch in Pennsylvania und in den südlichen Kolonien, besonders in Virginia, verwarfen das Christentum entweder zugunsten des Deismus (Gott hat die Welt zwar geschaffen, aber übt keinen weiteren Einfluss mehr auf sie aus) oder des Unitarismus (Ablehnung der Dreieinigkeitslehre und der Göttlichkeit von Jesus Christus). Später stellten sich der Transzendentalismus (vereinigt Einflüsse der englischen Romantik, mystische Vorstellungen und indische Philosophien) und der Sozialdarwinismus (soziale Ungleichheiten sind als naturgegeben gerechtfertigt) als weitere Alternativen noch hinzu. Der sich allmählich vollziehende Niedergang des Calvinismus brachte eine gänzlich andere Gesinnung unter den Kolonisten hervor als der im 17. Jahrhundert dominante Puritanismus. Der wesentliche Grundzug, der die neue Einstellung kennzeichnete, war ein grenzenloses Vertrauen auf die menschliche Vernunft, alle Wahrheiten ergründen zu können, die notwendig seien, um die irdische Existenz positiv zu gestalten. Nach wie vor hielt man jedoch an dem Glaubenspostulat einer glückseligen Ewigkeit im Himmel fest. Ansonsten nahm man bereitwillig drastische Änderungen des christlichen Glaubens in Kauf. Die biblischen Wahrheiten behielten nur dann ihre Gültigkeit, wenn sie mit den absolut gesetzten Grundsätzen des menschlichen Verstandes übereinstimmten. Die christliche Lehre musste dem wachsenden Fundus der naturwissenschaftlichen Erkenntnisse angepasst werden. In diesem sich auf wissenschaftliche Erkenntnisse berufenden Gedankensystem wurde die Möglichkeit, dass Wunder geschehen könnten, völlig ausgeklammert, da sie der vermeintlichen Unverletzlichkeit der Naturgesetze widersprachen. Zentrale Lehren des christlichen Glaubens, wie das stellvertretende Erlösungswerk Jesu Christi, das unmittelbar mit seinem Sterben am Kreuz und seiner leiblichen Auferstehung in Beziehung steht, hatten in diesem naturwissenschaftlichen System keinen Platz mehr. Dieselbe abschätzige Meinung wurde der Dreieinigkeitslehre, der Rechtfertigungslehre und den anderen großen Dogmen des reformatorischen Christentums entgegengebracht. Die oberste Pflicht des Menschen, Gott als Schöpfer und Erlöser zu verherrlichen, verlor somit ihre Bedeutung.

Locke deutete auf die Naturrechte als Grundlage für die Freiheit hin, die sich letzten Endes als völlig unfähig in der Bewahrung der zivilen Freiheit erweisen sollten. Das Postulat des 18. Jahrhunderts, dass das Eigentum ein Naturrecht sei, führte logischerweise zur Verneinung dieses Rechtes. Indem sich Marx auf die Erkenntnislehre Lockes berief, stellte er die liberale Philosophie des englischen Empirikers auf den Kopf. Der Kommunismus war somit die logische Konsequenz des Klassischen Liberalismus. Die Radikalen der Französischen Revolution hatten schon Jahrzehnte zuvor Lockes Konzept der Naturrechte für ihre Radikalisierung der Politik verwendet, als sie das Eigentum der Konservativen beschlagnahmten, die ihren frenetischen Bemühungen, eine neue Sozialordnung einzuführen, widerstanden. Die Logik der französischen Menschenrechtserklärung enthält den Keim von drei Revolutionen: der liberalen, demokratischen und sozialistischen. Ohne eine „a priori"-Anerkennung einer Pflicht, die man Gott gegenüber erfüllen muss, ist dem Menschen nicht wirklich bewusst, ob er überhaupt Rechte besitzt. Somit fehlt ihm ein wirksames Verteidigungsmittel gegen die Angriffe radikaler Philosophen, wie Auguste Comte und Karl Marx. John Lockes Empirismus, wonach Erkenntnis allein über die Sinneserfahrung und Beobachtung gewonnen wird, inspirierte maßgeblich das Aufkommen der modernen Demokratie. Sein Einfluss auf das Denken der amerikanischen Revolutionäre kann nicht hoch genug eingeschätzt werden. Darin sind sich alle Historiker einig. Lockes Ansicht über das menschliche Wesen und die Mechanismen der Erkenntnisaneignung widersprachen in jeder Hinsicht dem biblischen Zeugnis. Grundsätzlich hatte er nichts für die calvinistische Lehre der völligen Verdorbenheit des Menschen übrig. Dennoch gab er sich Mühe, in der Öffentlichkeit nicht als der Verächter des Christentums zu erscheinen. Sowohl in ihrem Ursprung als auch in ihrer Bedeutung setzten sich Lockes politische Grundsätze kategorisch von den biblischen Prinzipien einer von Gott verordneten Regierung ab. Regierungen würden ihre Legitimation kraft der Übereinkunft der Bürger beziehen, die Bedingungen des Gesellschaftsvertrags als Grundlage des Staates zu akzeptieren. Den Bürgern stehe das Naturrecht zu, gegen die Herrschenden zu rebellieren, wenn diese ihren Pflichten nicht nachkommen, die vertraglich eingegangenen Bedingungen zu erfüllen. Die Souveränität des Volkes trat an die Stelle der Oberhoheit Gottes. Dass eine Regierung unter der Verpflichtung stand, dem Gesetz Gottes entsprechend zu handeln, verlor an Bedeutung. Anstatt sich der Macht eines persönlichen Gottes unterzuordnen, dessen ewiger Ratschluss das zeitliche Geschick aller Menschen bestimmte, lieferten sich diese einem willkürlichen Schicksal aus, das eine unpersönliche Natur für sie bereithielt.

Lockes Philosophie diente den amerikanischen Kolonisten als Leitbild, um die britische Verfassung so zu interpretieren, wie es ihren umstürzlerischen Absichten am besten entsprach. Außerdem lieferte sie die in ihren Augen zwingenden Argumente, um die Trennung vom Mutterland zu rechtfertigen. Ohne sich auf Locke stützen zu können, hätte Thomas Jefferson die Unabhängigkeitserklärung nicht so schreiben können, wie er es letztendlich zutun vermochte. Die Amerikanische Revolution war ein direktes Resultat der weitläufigen Verbreitung aufklärerischer Schriften, unter denen die

Werke John Lockes eine prominente Stellung einnahmen. Eine gegen die englische Obrigkeit gerichtete Revolution, die viele nach 1770 für unumgänglich hielten, schien den Kolonisten dann gerechtfertigt zu sein, wenn sich die Regierung in der Erfüllung ihrer Pflichten nicht mehr an die Bedingungen des Gesellschaftsvertrags hielt, sondern die Rechte der Untertanen durch ein tyrannisches Auftreten verletzte. Dies ist jedoch nicht die ganze Geschichte. Dass Locke große Zustimmung unter den Kolonisten fand, hatte zwei Gründe. Seine Philosophie war einerseits im Deismus verwurzelt und stützte sich andererseits auf das Naturgesetz. Der den Amerikanern zusagende Klassische Liberalismus ruhte auf denselben Säulen. Je mehr sich der Deismus ausbreitete, umso konsequenter folgte ihm der Klassische Liberalismus auf dem Fuß.

Es ist bekannt, dass der Evangelist der Ersten Erweckung, Jonathan Edwards, 1716 Lockes *Essay Concerning Human Understanding* am Yale College als 13-Jähriger las. Jonathan Edwards wird manchmal als der letzte große Puritaner angesehen, doch dies beruht auf einer Fehleinschätzung seiner Theologie. Der Grundtenor im theologischen Konstrukt, das der Pastor von Stockbridge, Massachusetts, vorgelegt hatte, war ein ethischer Dualismus. Bei seinem Versuch, Lockes Empirismus mit christlicher Theologie in Einklang zu bringen, war Edwards dazu bereit, Kompromisse mit der Aufklärungsphilosophie einzugehen, die weitreichende Auswirkungen mit sich brachten. Sie wirkten sich dahingehend aus, dass die gesamte Struktur des Puritanismus bleibenden Veränderungen unterzogen wurde. Zudem vertrat Edwards einen metaphysischen Idealismus, den er wie ein Fremdkörper in die Lehre des calvinistischen Puritanismus einschleuste. Mit Nachdruck bestand er darauf, dass Objekte keine eigene Existenz besitzen würden und dass das gesamte Dasein nur eine mentale Wirklichkeit sei. Edwards säte die Samen aus, die später eine Frucht hervorbrachten, die Wesentliches dazu beitrug, dass der Calvinismus in Neuengland verworfen wurde. Der von Edwards und anderen in den dogmatischen Damm geschlagene Riss vergrößerte sich mit der Zeit so sehr, dass schließlich die Sturzfluten des Arminianismus (Ablehnung der Prädestinationslehre Johannes Calvins und Befürwortung des von Gott befreiten Willens des Menschen) und Arianismus (Christus ist mit Gott nicht wesensgleich, sondern nur wesensähnlich) nicht mehr länger aufgehalten werden konnten und sich über die ganze Kirche der amerikanischen Kolonien ergossen. Edwards unternahm die ersten Schritte, die Souveränität des Menschen in allen irdischen Belangen herauszustellen. Dadurch, dass er neben dem neoplatonischen Rationalismus und metaphysischen Idealismus auch noch dem Locke'schen Empirismus einen geräumigen Platz in der Religion zuwies – ungeachtet der Tatsache, dass sich diese verschiedenen philosophischen Positionen gegenseitig ausschlossen und zudem noch der calvinistischen Theologie widersprachen –, gab er den entscheidenden Anstoß zur Verbreitung einer demokratischen Grundeinstellung in den christlichen Gemeinden. Die folgenschwere Konsequenz war, dass fortan nicht mehr Gottes Wille die oberste Autorität in Kirche und Gesellschaft besaß, sondern die Mehrheitsbeschlüsse der Bürgerschaft. Das trug letztlich dazu bei, dass sich die Amerikaner völlig dem Deismus und Unitarismus zuwandten.

5.6 Religiöse Orientierung der Aufklärungsphilosophie

Das Zeitalter der Aufklärung suchte in einer Religion der Natur Zuflucht vor den zerstörerischen Kräften eines chaotischen Nihilismus, der die völlige Verneinung aller Ideale, Normen und Werte befürwortet, nachdem es die christliche Religion größtenteils verworfen hatte. Es gab niemanden mehr, den die Menschen anbeten konnten als sich selbst. Die biblische Darstellung des Heiligen Geistes als Tröster übertrugen sie auf den Typus eines „edlen Menschen". In Übereinstimmung mit der These des Historikers Carl L. Beckers über die religiöse Orientierung der Aufklärer des 18. Jahrhunderts ist es keineswegs überzogen zu behaupten, die Aufklärer als Gründer eines neuen Glaubens anzusehen. Immer, wenn sie die Religion und das *Ancien Régime* (Zeit des französischen Absolutismus vor der Revolution 1789) verunglimpften, gaben sie alles, was ihnen missfiel, der Lächerlichkeit preis. Sie waren der festen Meinung, dass die Religion – oder wie sie es nannten – der Aberglaube und die Unwissenheit die wesentlichen Hindernisse seien, die überwunden werden müssen, um die Menschheit zu befähigen, sich gesamthaft zu vervollkommnen. Es wurde ein neuer Aspekt von großer historischer Wichtigkeit ins Spiel gebracht, nämlich der Faktor der Desillusion. Im Mittelalter konnte keine Desillusion aufkommen, weil die Ewigkeit das endgültige Ziel des Menschen und der Bezugspunkt seiner Bedeutsamkeit war. Wenn man jedoch menschliche Träume und Hoffnungen auf diesseitige „Projekte" minimiert, tritt die Desillusion als geschichtlicher Faktor von ungeheurem Ausmaß auf den Plan. Aus der geschichtlichen Erfahrung heraus nimmt der Mensch die Enttäuschungen über nicht erfüllte Hoffnungen vergangener Zeiten ins Visier und stellt die berechtigte Frage, ob es überhaupt eine Hoffnung gibt. Wofür lohne es sich noch, große Opfer auf sich zu nehmen, wenn der erwartete Erfolg ausbleibt?

Der Historiker Carl L. Becker schrieb 1932 in seinem Buch *The Heavenly City of the Eighteenth-Century Philosophers* (Die himmlische Stadt der Philosophen des 18. Jahrhunderts), dass den Philosophen keine andere Alternative offen gestanden sei, ihren humanistischen Traum genauso berauschend zu finden, wie den Christen der Gedanke einer glückseligen Ewigkeit. Selbstverständlich lehnten die französischen Aufklärer die Idee eines jenseitigen Himmels als Wahnvorstellung rigoros ab. Becker vertrat die Ansicht, dass an die Stelle eines transzendenten Himmels die Idee der Vervollkommnung des Menschen auf Erden getreten sei. Die Lehre der biblischen Vorsehung und Sühnung habe Platz machen müssen für das kollektive kulturelle Emporstreben der Menschheit selbst. Das Endgericht Gottes sei durch das Urteil der Geschichte ersetzt worden. Die Philosophen seien völlig einer Vision der Vervollkommnung der Menschheit verfallen, ohne sich meist ihrer religiösen Grundlage bewusst zu sein. Es überrascht zu erfahren, dass Becker die vornehmsten Vertreter der Aufklärung, wie Montesquieu, Voltaire, Rousseau, Diderot, d'Holbach und Condorcet, als Religionsverächter darstellte, die aber in ihrer subtilen Philosophie viele Aspekte einer christlichen Vergangenheit nicht über Bord geworfen hätten. Zum Beispiel hätten sie die Autorität der Kirche und Bibel verworfen, aber einen naiven Glauben an die Autorität der Natur und Vernunft zur Schau gestellt; sie hätten geleugnet, dass sich Wunder jemals zugetragen hatten, aber an die Vervollkommnung der menschlichen Rasse geglaubt. Was für den christlichen Glauben die Verheißung des Himmels gewesen sei, sei in den Schriften der aufgeklärten Philosophen des 18. Jahrhunderts zu einer utopischen Zukunftshoffnung in dieser Welt mutiert. Der Mensch sei plötzlich gefordert gewesen, sich das Paradies selbst zu erbauen.

In seiner Analyse der engen geistesgeschichtlichen Verwandtschaft der Aufklärungsphilosophie mit der katholischen Theologie des Mittelalters stellte Becker fest, dass hinter der Begeisterung des 18. Jahrhunderts für das Durchführen von Projekten und dem Fördern des „Fortschrittes" das „christliche Ideal des Dienens, der humanitäre Impuls, Dinge in Ordnung zu bringen", gestanden habe. Seine geschichtliche Beurteilung des 18. Jahrhunderts steht folglich in scharfem Kontrast zur modernen Ansicht, die Aufklärung als integralen Bestandteil der modernen Weltanschauung aufzufassen. Die darin vertretene These wirkt auf den Leser geradezu provokativ. Becker vertritt den fast empörenden Standpunkt, dass die Aufklärung mitsamt ihrem Glauben an den Fortschritt dem Geiste des Mittelalters näherstand als der Gegenwart. 1956, elf Jahre nach Beckers Tod, trafen sich Historiker, um das Buch einer neuen Bewertung zu unterziehen. Peter Gay, eine anerkannte Autorität der Aufklärungsgeschichte, übte viel negative Kritik. Er wollte entkräften, dass die Aufklärungsphilosophen religiös gewesen seien. Erneut wurde deutlich, dass Beckers Absicht völlig falsch verstanden wurde. Becker hatte nicht behauptet, dass die Philosophen mit ihrem Glauben an den Fortschritt in irgendeinem elementaren Sinn des Begriffs „Christen" gewesen seien. Er hatte allerdings betont, dass sie als „wahrhaft Gläubige" beschrieben werden konnten in ihrer Begeisterung an die säkulare Alternative zum christlichen Glauben. Dieser Aspekt war deutlich zum Ausdruck gekommen, als Becker die hauptsächlichen Glaubensartikel der aufklärerischen Religion erklärte: 1) Der Mensch ist nicht von Geburt an verdorben, 2) der Lebenssinn ist das Leben selbst, die irdische Existenz fordert von jedem die Bereitschaft, ein gutes Leben im Diesseits zu führen anstatt ein glückseliges Leben im Jenseits zu erhoffen, 3) einzig vom Licht der Vernunft und Erfahrung geleitet, ist der Mensch fähig, das gute Leben auf Erden zu vervollkommnen, und 4) die oberste und wichtigste Voraussetzung eines guten Lebens auf Erden ist die Befreiung des menschlichen Denkens von den Ketten der Unwissenheit und des Aberglaubens und ihrer Körper von der willkürlichen Unterdrückung der das soziale Leben bestimmenden Obrigkeit.

Beckers Loyalität gehörte nicht der aufklärerischen Philosophie, die das 18. Jahrhundert begeisterte und bis ins 21. Jahrhundert viele Befürworter findet. Schon lange hatte er den sozialen und politischen Optimismus des Aufklärungsglaubens an den Fortschritt aufgegeben. Seine Bemerkungen entsprangen einem profunden Skeptizismus betreffs der Gültigkeit des Aufklärungsdogmas. Es müsse den Illusionen der Aufklärer zugeschrieben werden, die meinten, die bösen Neigungen der Menschen würden zusammen mit den traditionellen Strukturen verschwinden. Er war von einer tiefen Desillusion im Hinblick auf den positiven Fortgang der Geschichte ergriffen. Der vielversprechende Traum der Aufklärung hatte sich in seinem Denken in nichts aufgelöst. An dessen Stelle trat ein alles zersetzender Zynismus. Peter Gay äußerte seine Besorgnis darüber, dass Beckers quasi-nihilistische Interpretation der Geschichte dazu tendiere, den progressiven Liberalismus zu untergraben. Er kritisierte Becker hauptsächlich, weil er selbst dem Ideal der Aufklärung ein gewisses Maß an Enthusiasmus entgegenbrachte und nicht gewillt war, dieses aufzugeben.

5.7 Vorgeschobenes Ideal der religiösen Toleranz

Die beiden bekanntesten Freimaurer und Aufklärer unter den Gründungsvätern der Vereinigten Staaten waren George Washington (1732-1799) und Benjamin Franklin (1706-1790). Sie sowie andere Gründungsväter befürworteten die religiöse Orientierung der Aufklärungsphilosophie und empfahlen diese anderen zur Annahme. George Washington war fest davon überzeugt, dass der Mensch entsprechend dem Leitsatz der Freimaurerei im Kern seines Wesens gut sei. Deshalb müssten in einer Gesellschaft Bürgerfreiheiten gewährt werden, denn sie seien einer tugendhaften Lebensführung zuträglich. Sie würden in einem demokratischen Staatenbund ein friedvolles Miteinander hervorrufen. Von diesem Blickwinkel aus betrachtet, nahm die Sache des amerikanischen Liberalismus für ihn eine durch und durch religiöse Bedeutung an. Darüber hinaus war er der Meinung, dass in allen Belangen, die den Fortschritt in einer Gesellschaft garantieren, eine übernatürliche Macht am Wirken sei, eine tugendhafte Kraft, die den Wohlstand der Menschheit fördert. In seinen öffentlichen Ansprachen und persönlichen Schreiben finden sich oftmals religiöse Begriffe, die jedoch in ihrer ungenauen Ausdrucksweise auf keine bestimmte Religion hindeuten. Washington schätzte die Förderung der Moral und die Wahrung des Friedens, die er als ein lebenslanges Mitglied der Episkopalkirche dem Christentum zugutehielt. Streitereien über religiöse Fragen verabscheute er zutiefst, denn sie würden die Eintracht untereinander zerstören. Nach außen hin hielt er deshalb die Werte der Toleranz und Mitmenschlichkeit empor. Eine großmütige Haltung gegenüber Andersdenkenden war damals eines der charakteristischen Merkmale der Freimaurerei in der neuen wie in der alten Welt.

Selbst wenn diese kulante Einstellung den Beifall vieler erntete, sollte ein wesentlicher Aspekt nicht übersehen werden. Vom antiklerikalen Geist der Aufklärung durchdrungenen, beabsichtigten die Apostel der Toleranz keinesfalls, allen Religionen dieselbe offenherzige Einstellung entgegenzubringen. Washington wusste ganz genau, was er tat, als er die Forderung nach einer strikten Trennung von Kirche und Staat ausgab. Mit diesem Anliegen stellte er sich in die Reihe der führenden Freimaurer Amerikas, die sich zu jener Zeit vehement gegen das Begehren vieler Christen stellten, der Kirche eine Vorrangstellung in der amerikanischen Republik einzuräumen, so wie es in der kolonialen Ära größtenteils der Fall gewesen war. Die Fortführung des traditionellen Modells einer etablierten Kirche, wie es der Puritanismus über mehr als ein Jahrhundert hinweg zur Annahme empfohlen hatte, sollte sich als ein vergebliches Unterfangen herausstellen. In der Folgezeit legte Washington als neuer Präsident zwar ein Lippenbekenntnis für die Aufrechterhaltung des Ideals der religiösen Toleranz ab, verfolgte aber insgeheim die Durchsetzung einer kompromisslosen Säkularisierung der Gesellschaft. Nur so sah er die Möglichkeit gegeben, den freigeistigen Prinzipien der Loge volle Gültigkeit zu verschaffen. Selbstbewusst trat er darin in die Fußstapfen der französischen Freimaurer. Die Herrschaft der Religion und Offenbarung sollte mit der Vormachtstellung der Wissenschaft und Vernunft ausgetauscht werden. In der Propagierung seiner gegen den christlichen Glauben gerichteten Haltung erhielt Washington die volle Unterstützung von zwei weiteren Gründungsvätern, die sich lautstark für die Unterbindung des kirchlichen Einflusses auf den Staat aussprachen. Es waren die aus Virginia stammenden Juristen und späteren US-Präsidenten Thomas Jefferson und James Madison.

Der Deist Thomas Paine, einer der engsten Freunde Benjamin Franklins, sprach sich in seinem berühmten Buch *Age of Reason* (Zeitalter der Vernunft) für die Verbreitung einer Naturreligion aus. Darin gab er seiner Hoffnung Ausdruck, dass die menschliche Vernunft den „christlichen Aberglauben" überwinden würde. In einem Essay über die Ursprünge der Freimaurerei schreibt er, dass die Freimaurerei im Besitzt göttlicher Offenbarung sei. Es sei aber nicht eine Lehre, die sich von der Bibel ableitet. Paine gab zu verstehen, dass der Ursprung der freimaurerischen Lehre in den überlieferten Aufzeichnungen einiger antiker Religionen, wahrscheinlich dem Glaubenssystem der Druiden, liege. Druiden seien Priester der Sonne gewesen. Das Abbild der Sonne befinde sich an den Wänden von vielen Logen und sei das zentrale Symbol auf einem Freimaurerschurz. Selbst auf der Rücklehne des Stuhls, auf dem George Washington in dem drei Monate währenden Verfassungskonvent saß, sei eine Sonne abgebildet gewesen.

Benjamin Franklin wurde Anfang 1730 oder ein Jahr später in die Freimaurerei in Philadelphia aufgenommen. Franklins Hinwendung zur Freimaurerei kann darauf hindeuten, dass dieser eine mystische, leidenschaftliche und persönliche Bekehrung vollzogen habe, ohne sich genötigt zu fühlen, sich dem Christentum anzuschließen. Darüber hinaus ermöglichte es ihm die Loge, in persönlichen Kontakt mit Finanziers, Geschäftsleuten und Politikern in Philadelphia und anderen Metropolen des kolonialen Amerikas zu kommen. Zu jeder Zeit schloss er eine innige Freundschaft mit Thomas Paine, der mit ihm in vielem einer Meinung war. Bekanntschaften mit angesehenen Persönlichkeiten in feiner Gesellschaft erhöhten seinen eigenen

Status als Verleger. Franklin hatte mehrere Ämter in der Freimaurerei von Pennsylvania inne. Dank seiner Mitgliedschaft in der American Philosophical Society machte sich dort der Einfluss der Großloge von Pennsylvania deutlich bemerkbar, sodass sie sich mit der Zeit zu einer Vereinigung entwickelte, die der Geheimgesellschaft nahestand. Dies erklärt den Umstand, wieso Freimaurer die überwiegende Mehrheit der Mitglieder in dieser Gesellschaft stellten. Mit einiger Berechtigung wird Franklin nachgesagt, mehr für die Verbreitung der Freimaurerei in Amerika getan zu haben als irgendein anderer Zeitgenosse. Mit der Zeit wurde er Besitzer einer Reihe von Zeitungen, die in den englischen Kolonien Amerikas den Ruf hatten, eine freimaurerische Perspektive über das Tagesgeschehen zu verbreiten. Franklin war sich bewusst, dass der kommerzielle Erfolg im Verlagswesen unmittelbar mit seiner Mitgliedschaft in der Freimaurerloge St. John's No. 1 zusammenhing. Sicherlich hegte er eine hohe Meinung über die philanthropischen Ziele der Freimaurerei, zeigte ein großes Interesse an den antiken Legenden und architektonischen Symbolen und befürwortete ihre deistischen Lehren und universalistische Ethik. Im Weiteren erblickte er in der Freimaurerei sowie in den von ihm gegründeten Clubs Junto und Leather-Apron eine humanitäre Vereinigung in den städtischen Zentren der Kolonien, die, wie er meinte, einen wertvollen Dienst in der sittlichen Erziehung der Bevölkerung leistete. Benjamin Franklin verfasste deistische Essays, in denen er den Menschen als ein mechanisches Teil einer viel größeren Maschine beschrieb. Eine Zeit lang betrachtete er sich selbst als Atheist. Nach der Rückkehr aus London revidierte er jedoch seine ablehnende Haltung gegenüber der Religion. In der Folgezeit bildete die Vorstellung einer Vielzahl von Göttern den Inhalt seiner fantasiereichen Glaubenseinstellung. Im Laufe seines Lebens schloss sich Franklin verschiedenen Kirchen an. Sein Glaubensbekenntnis bestand aus widersprüchlichen Elementen, die er verschiedenen christlichen Konfessionen entnommen hatte.

Franklins Verhalten nahm bisweilen absonderliche Züge an. Es war ihm unmöglich, seine hedonistischen und lästerlichen Neigungen in Schach zu halten. Es gab verruchte Gestalten unter den Adligen Englands, wie der Gründer des Hell Fire Clubs, Sir Francis Dashwood, 11th Baron le Despencer (1708-1781), in dessen Gesellschaft sich Franklin einige Zeit aufhielt. Franklin und Lord Dashwood vergnügten sich im Schreiben einer Parodie des anglikanischen Gebetsbuches. Pietätlos im Benehmen hielten beide ihr Tun für einen obszönen Scherz, weil sie sich einbildeten, den kirchlichen Gottesdienst im Sinne einer ausschweifenden Orgie „verbessert" zu haben.

Das revolutionäre Credo, das in Amerika konzeptionell entworfen und in die Tat umgesetzt worden war, fand sofortige Annahme in den Kreisen der französischen Bourgeoisie und des niedrigen Landadels. Dies geschah weitgehend deshalb, weil sich Benjamin Franklin während seines Aufenthaltes in Paris von 1776 bis 1785 für dessen Vermittlung verantwortlich zeigte. Die Bedeutung Franklins kann darin gesehen werden, dass er gemeinhin als die repräsentative Gestalt galt, die das demokratische Ideal einer neuen Menschheit verkörperte, befreit von den Einschränkungen des Privilegs und der

Tradition. Im Weiteren ist Franklin dafür bekannt, dass er keine anderen Gesetze, außer denen der Natur und der Vernunft, anerkannte. Sicherlich war er eine der einflussreichsten Persönlichkeiten, die sich dem rationalistischen Zeitgeist des späten 18. Jahrhunderts zugewandt hatten. Als amerikanischer Gesandter am französischen Hof beteiligte sich Franklin intensiv an den Vorgängen der Pariser Loge Les Neuf Soeurs (Der Neun Schwestern), die nach den antiken Musen der griechischen Mythologie benannt worden war. Die Pariser Freimaurerei hatte zur Zeit der Amerikanischen Revolution die organisatorische Stabilität gefunden, die sie benötigte, um sich ganz und gar mit den Idealen der Aufklärung zu identifizieren. Dadurch, dass sich die französische Freimaurerei mit zunehmender Bedeutung zu einer wichtigen kulturellen Institution ausbildete, vermehrte sich die Zahl der ihr zugehörigen Personen der Oberschicht. Einen der Höhenpunkte in der jungen Geschichte der Les Neuf Soeurs-Loge war 1778 die Aufnahme von François Marie Arouet (1694-1778), genannt Voltaire, als Mitglied. Franklin beglückwünschte Voltaire zu dessen Entschluss und umarmte ihn. Keine andere Geste hätte vortrefflicher das innige Verhältnis zwischen der amerikanischen und französischen Freimaurerei unter Beweis stellen können. In einer Festansprache wurden besonders die Errungenschaften Voltaires hervorgehoben, die zur weitläufigen Verbreitung der Aufklärungsphilosophie geführt hatten. Dies stellte die Tatsache heraus, dass die darin zur Geltung gebrachten humanistischen Prinzipien gänzlich mit den Lehren der Freimaurerei übereinstimmten. Ungefähr sieben Wochen später starb der Aufklärer, der wie kaum ein anderer für eine Gotteslästerlichkeit ohnegleichen bekannt war.

Von 1779 bis 1780 übernahm Benjamin Franklin die Privilegien und Pflichten des Großmeisters dieser Loge. In jenem Zeitraum fanden zwei wichtige Sitzungen statt, in denen die versammelten Freimaurer die Entscheidung trafen, ihr Möglichstes zu tun, um die Amerikanische Revolution zu unterstützen. Dieser Entschluss war deshalb so geschichtsträchtig, weil er sich gegen die freimaurerische Tradition stellte, in den Gesprächen innerhalb der Loge Themen der Religion oder Politik unberücksichtigt zu lassen. Franklin hinterließ demnach bleibende Spuren auf die französische Freimaurerei, gerade was das politische Engagement ihrer Mitglieder anbetraf. Die Französische Revolution hätte nie durchgeführt werden können, wenn sie nicht die Großloge Grand Orient de France als Verwaltungsorgan der Freimaurerei in Frankreich vorbereitet und durchgeführt hätte. Ähnliches kann mit voller Berechtigung über die Amerikanische Revolution gesagt werden, die ohne die umfassende Beihilfe der französischen Freimaurer, besonders des Königs Louis XVI., nie hätte erfolgreich abgeschlossen werden können. Indem Franklin seine diversen freimaurerischen Beziehungen ausnutzte, gelang es ihm, die Franzosen zu überzeugen, an der Seite der amerikanischen Rebellen in den Krieg mit England einzutreten. Seine Beziehungen in Europa bestanden meistens zu reichen Sklavenhändlern, oft Hugenotten, die sich des Logensystems in den Ländern bedienten, wo ihre Schiffe hinsegelten. So konnten dringend benötigte Nachschub- und Rüstungsgüter aus den Niederlanden nach Amerika transportiert werden.

5.8 Deistischer Ursprung der Unabhängigkeitserklärung

Der Deismus, nach dem nicht die Autorität einer Offenbarung, sondern Vernunftgründe zur Legitimation theologischer Aussagen dienen, übte während des 18. Jahrhunderts einen revolutionären Einfluss auf das politische, soziale und wirtschaftliche Leben des kolonialen Amerikas aus. Er lieferte die philosophische Grundlage, die die Amerikanische Revolution inspirierte und gleichzeitig eine neue theologische Sichtweise hervorbrachte, die die revolutionäre Propaganda unterstützte. Die Trennung von England wäre nicht möglich gewesen, wenn nicht zuvor eine Revolte gegen die puritanische Weltanschauung in den Kolonien stattgefunden hätte. Der Kampf gegen den Absolutismus des Königs von England war eine Begleiterscheinung des Kampfes gegen die Souveränität des puritanischen Gottes. Überzeugt davon, dass die durch das Christentum auferlegten Pflichten nicht mehr länger notwendig seien, behaupteten die Deisten, dass die Glückseligkeit der Menschheit am besten durch den alleinigen Gebrauch der Vernunft gesteigert werden könne. Die Bruderliebe fördere die Interessen der Gesellschaft, indem der Mensch respektvoll der Person des Nachbarn begegnen und seine Rechte wahren würde. Ihre Gegner deuteten darauf hin, dass der sündige Mensch auf eine externe Kraft angewiesen sei, um einen wohlgefälligen Lebenswandel führen zu können. Sobald die christliche Religion als Garant sittlicher Umgangsformen abgeschafft werden würde, entstehe das Chaos.

Im gesamten 18. Jahrhundert, aber besonders in dessen zweiten Hälfte, verbreitete sich ein immer extremere Formen annehmender Deismus unter der amerikanischen Bevölkerung. Der Einfluss der französischen Kultur in den amerikanischen Kolonien hatte den Boden vorbereitet, auf dem sich das Freidenkertum ausbreiten konnte. Die politische Stimmung in jener Zeit stimmte völlig mit der religiösen Philosophie des Deismus überein, die mit Nachdruck darauf bestand, von der tyrannischen Herrschaft eines willkürlich handelnden Gottes, wie sie bewusst abschätzig dargestellt wurde, befreit zu werden. Im vollen Bewusstsein, dass die revolutionären Kolonisten mit jedem Schritt in Richtung Unabhängigkeit einen radikalen Bruch mit einer Vergangenheit vollzogen, die sich auf christliche Prinzipien gestützt hatte, setzten sie ihre Absicht der Einführung einer neuen Gesellschaftsordnung konsequent um, selbst wenn sie den Tod vieler Soldaten in Kauf nehmen mussten. Sie zogen allerdings den konzeptionellen Widerspruch in Lockes Philosophie nicht in Betracht, der sich mit der Zeit fatal auswirken sollte. Obwohl sie sich nach der siegreichen Revolution der Regierungsgewalt des englischen Parlaments entziehen konnten, führten die amerikanischen Patrioten ein neues politisches System ein, das längerfristig auf einen Totalitarismus hinauslaufen sollte. Lockes Lehre der Menschenrechte bot eine unzureichende Grundlage an, um die sich ständig vergrößernde Macht des amerikanischen Präsidenten in Schranken zu halten.

Der Ruhm des Naturwissenschaftlers Isaac Newton und des politischen Philosophen John Locke war ein wichtiger Faktor, weshalb die Aufklärung eine bereitwillige Aufnahme in den amerikanischen Kolonien erlebte. Die Ausbreitung mechanistischer Vorstellungen über die Naturabläufe und eines auf Freiheit bedachten Regierungssystems steigerten die Attraktivität des Rationalismus gegenüber einem scheinbar mythologischen Christentum. Der materialistische Newtonismus, der idealistische Erwägungen dem Erwerb von Reichtum unterordnete, sagte mehr zu als die Versprechungen auf einen christlichen Himmel im Jenseits. Auch Pastoren waren gegenüber aufklärerischen Gedanken aufgeschlossen und stellten den Verstand und die Offenbarung Gottes auf dieselbe Ebene als Quelle der menschlichen Erkenntnis. Die den ursprünglichen Puritanern folgenden Generationen distanzierten sich immer weiter von der Theologie ihrer Vorväter, bis sie allmählich den imperialistischen Tenor der modernen amerikanischen Außenpolitik annahmen. Das explosive Gemisch an biblischer Prophetie und politischer Selbstbestimmung führte zum Ausbruch der Amerikanischen Revolution (1775-1783), bei der sich die britischen Kolonien in Amerika vom Mutterland lossagten. Die republikanische Gesellschaftsordnung wurde durch die Hinzufügung millennialistischer Zukunftserwartungen völlig entstellt; die Republikanische Partei änderte ihre Ziele und konzentrierte sich auf geografische Ausdehnung. Diese Strategie lenkte auch von innerparteilichen Meinungsverschiedenheiten ab.

Wirtschaftliche, politische und konstitutionelle Kräfte spielten eine wichtige Rolle im Herbeiführen der Amerikanischen Revolution. Nach Beendigung des militärischen Konflikts hatte die Aufklärungsphilosophie auf die demokratische Umwälzung des Sozialwesens einen entscheidenden Einfluss. Das Ergreifen der Waffen war ein unausweichliches Übel, um über den Militärkonflikt hinaus eine soziale Revolution in Gang zu setzen mit dem Ziel, die amerikanische Gesellschaft entsprechend den Grundsätzen der demokratischen Philosophie umzugestalten.

Viele der amerikanischen Revolutionäre waren von der Philosophie der Aufklärung beseelt, die sich unmittelbar auf ihr theologisches Verständnis auswirkte. Es war ihnen größtenteils nicht bewusst, dass die Loslösung der biblischen Morallehre von der Offenbarung Gottes einer völligen Verwerfung derselben gleichkam. Die göttliche Prädestination und die Lehre der Dreieinigkeit wurden verworfen. Die Lehre der göttlichen Güte war eine der wichtigsten in der damaligen Zeit, denn daraus leite sich der universalistische Grundsatz ab, dass sich alle Menschen im Besitz des ewigen Heils befänden. Die Lehre der Allversöhnung war eine logische Schlussfolgerung der liberalen Prämisse, dass der Mensch von Natur aus sowohl gut als auch verbesserungsfähig sei. Es verbreitete sich der Unitarismus: die Ablehnung der Trinitätslehre und der Göttlichkeit von Jesus Christus. Nach 1740 war die gebildete Oberschicht in den meisten amerikanischen Kolonien fast geschlossen zum Unitarismus übergetreten. Führende Politiker in der neugegründeten Nation waren entweder Deisten (Gott hat die Welt zwar geschaffen, aber er übt keinen weiteren Einfluss mehr auf sie aus) oder Unitarier. Die meisten Unterzeichner der Unabhängigkeitserklärung und Teilnehmer am kontinentalen Kongress von 1776 standen unter dem Einfluss der Aufklärung und waren mehrheitlich Deisten. Viele von ihnen waren Freimaurer. Der theologische Radikalismus, der sich im Kern nicht von einem religiösen Humanismus unterschied, verstand sich selbst als Gegenposition zum puritanischen Calvinismus. Die sich davon abgeleitete demokratische Lebensphilosophie war eine säkularisierte Karikatur der christlichen Weltanschauung.

Die Forderung, sich vom Britischen Imperium politisch zu trennen, zielte darauf ab, in einer neuen Gesellschaft die philosophischen Prinzipien der Aufklärung zu realisieren. Die Revolutionäre hielten sich in ihren Angriffen auf die Kirchen zurück, standen aber der christlichen Lehre und Praxis feindselig gegenüber. Thomas Jefferson (1743-1826) war der richtungsweisende Theoretiker und treibende Motivator hinter der amerikanischen Revolution. Er hielt nicht nur am deistischen Unitarismus als dem wahrsten Ausdruck seiner eigenen Religion fest, sondern sie diente ihm auch als Bezugspunkt in der Ausgestaltung seiner politischen und sozialen Philosophie, die sich unmittelbar in der Formulierung der Unabhängigkeitserklärung niederschlug. Das Ergebnis war ein vollumfänglicher Radikalismus, dem der Liberalismus John Lockes und der Deismus Thomas Paines zugrunde lagen. Die Tatsache, dass Christen jener Zeit bereit waren, die Unabhängigkeitserklärung zu unterzeichnen, sollte nicht dazu verleiten, ihren grundlegenden unchristlichen Charakter zu übersehen. Jefferson war Deist und lehnte die göttliche Vorsehung ab sowie die Gottheit von Jesus Christus und damit die Dreieinigkeit als auch die Inspiration der Bibel; er meinte, dass sich Gott nicht in der Bibel, sondern in der Natur offenbare. Er glaubte, dass die von ihm befürwortete Revolution die himmlische Stadt der Philosophen des 18. Jahrhunderts in Amerika realisieren würde. Er war überzeugt, dass der Mensch dieses monumentale Unternehmen ohne die Hilfe Gottes oder der Kirche erreichen könne. Die Vorstellung, dass die Jefferson'sche Demokratie auf christlichen Prinzipien gegründet sei und die sozialen Konsequenzen des Evangeliums widerspiegle, ist einer der tiefgreifendsten Irrtümer der zeitgenössischen Christen in Amerika.

Jefferson propagierte die demokratische Philosophie am deutlichsten in der Unabhängigkeitserklärung, die die Grundlage des neuen Amerikas darstellen sollte, von der er hoffte, dass sie nach dem Krieg mit England in Kraft treten würde und für deren Realisierung der Krieg eine notwendige Voraussetzung war. Diese Demokratie Jeffersons beruhte auf der Ablehnung der Souveränität Gottes. Die Lehren des Christentums über die Erbsünde, Versöhnung und Wiedergeburt wurden mit der Vorstellung einer innewohnenden Güte des Menschen und seiner fortschreitenden Vervollkommnung ausgetauscht. Die christlichen Lehren der Buße und Bekehrung hatten gänzlich ihre Bedeutung in der Verbesserung der Lebensumstände des Menschen verloren.

Die Unabhängigkeitserklärung wurde am 4. Juli unterzeichnet, darunter waren bis zu 41 Freimaurer, obgleich sich nicht alle öffentlich als solche zu verstehen gaben. Sie verschworen sich alle, die rosenkreuzerischen Ideale des Kosmopolitismus, der Einheitswissenschaft und der universalen Religion in dem anbrechenden neuen Zeitalter zu fördern. In Europa betrachtete man die Unabhängigkeitserklärung als ein Dokument, das vornehmlich freimaurerische Prinzipien proklamierte. Die Freimaurer betrachten den 4. Juli als einen heiligen Tag; dieser Tag wurde zum nationalen Feiertag in den Vereinigten Staaten erhoben.

5.9 Freimaurerischer Einfluss auf die Amerikanische Revolution

Ab 1660 erließ Großbritannien über die nächsten einhundert Jahre eine Reihe von Gesetzen, die den Handel von Verbrauchsgütern in den amerikanischen Kolonien einschränkte. Die erste Ware, die mit einem Handelszoll belegt wurde, war der Tabak. Das nächste Erzeugnis war die auf den karibischen Inseln aus Zuckerrohr produzierte Melasse. Der englische König verspürte keine Gewissensbisse, den schnell anwachsenden Reichtum der amerikanischen Händler durch hohe Zollsätze zu belasten, um seine eigene Schatztruhe zu füllen. Die Händler in den neu gegründeten Kolonien in Amerika sahen sich gezwungen, die ihre Geschäfte hemmenden Gesetze durch eine rege Betriebsamkeit als Schmuggler zu umgehen. Die Notwendigkeit des überseeischen Handels hatte sich tief in das Bewusstsein der Bevölkerung in Neuengland eingegraben, sodass sie die Schmuggelei als eine natürliche Begleiterscheinung ihres Geschäftetreibens ansahen, die ihnen von der britischen Regierung aufgezwungen worden war. Wagten es englische Zollbeamte an Bord zu kommen, um ein Inventar der verschifften Waren vorzunehmen, geschah es nicht selten, dass sie aufs Übelste behandelt wurden. Das unnachgiebige Beharren Englands, wenn nötig die Gesetze gegen die Piraterie und Schmuggelei mit Militärgewalt durchzusetzen, führte geradewegs zur Amerikanischen Revolution (1775-1783). Ein auf gegenseitiges Vertrauen beruhendes Netzwerk von Händlern war eine unerlässliche Voraussetzung dafür, um überhaupt Produkte herstellen und Handel betreiben zu können. Im Zentrum dieses Netzwerkes hatte sich die Freimaurerei als Geheimgesellschaft etabliert. Die sich gegen die englische Herrschaft auflehnenden Rebellen der Amerikanischen Revolution rekrutierten sich von diesem Netzwerk und waren größtenteils Freimaurer, die sich vornehmlich als Piraten, Schmuggler und Sklavenhändler in Szene setzten. Piratenschiffe dienten oft als Freimaurerlogen auf hoher See.

John Hancock (1737-1793) war ein Freimaurer, der sowohl einer Loge der vornehmen Elite angehörte wie auch einer der Handelsklasse. Das Ideal der Freiheit schien ihm viel zu bedeuten. Sein weiteres Interesse galt der Förderung der lokalen Industrie. Die Schiffe seines Onkels, Thomas Hancock, transportierten Nahrungsmittel nach Neufundland, tauschten diese gegen Walfischöl ein und segelten nach England, um die kostbare Ladung gewinnbringend zu verkaufen. Im Gegensatz zu seinen Konkurrenten, die dieselbe Geschäftsstrategie verfolgten, vermehrte sich sein Reichtum viel schneller. Hancock wohnte in einem großen Haus, kleidete sich in kostbaren Gewändern und kaufte sich eine kleine Flotte an Handelsschiffen. Das Geheimnis seiner beachtlichen Mehreinnahmen lag darin, dass er Tee von der karibischen Insel Sint Eustatius nach Amerika importierte. Beladen mit legalen Produkten lief ein Schiff der Hancock-Flotte den niederländischen Hafen von Sint Eustatius an und kehrte mit Schmuggelware zurück. Verschwiegenheit über diesen illegalen Geschäften war die allerwichtigste Regel, die eingehalten werden musste. Nachdem ihm zu Ohren gekommen war, dass sich ein europäischer Militärkonflikt, der Siebenjährige Krieg (1756-1763), auf die amerikanischen Kolonien ausbreiten würde, witterte er die Chance, große Profite durch den Verkauf von Waffen zu erzielen. Als es tatsächlich zu dem erwartenden Krieg kam, wandten sich die damals schlecht ausgerüsteten britischen Truppen an Hancocks Firma, um Munition zu kaufen. Als Erbe des Vermögens des 1764 verstorbenen Onkels wurde John Hancock über Nacht einer der reichsten Kaufleute Amerikas.

Tee war eine der Schmuggelwaren, die auf Hancocks Schiffen transportiert wurden. Infolge der aufblühenden Handelsbeziehungen mit China nahm die Einfuhr aufgrund der Beliebtheit dieses exotischen Getränkes in England und Amerika schnell überdimensionale Proportionen an. Die Kolonisten tranken pro Jahr schätzungsweise sechs Mio. Pfund Tee. Von dieser Gesamtmenge brachten die Schiffe der Firma Hancocks 1773 zirka ein Sechstel illegal nach Amerika. Zu jener Zeit gab es kaum ein lukrativeres Geschäft in den Kolonien. Man musste nur wissen, wie die restriktiven britischen Handelsgesetze umgangen werden konnten, ohne dabei erwischt zu werden. Die British East India Company (BEIC) besaß das Monopol über den weltweiten Teehandel. Einer der Investoren in dieser Firma war der Gouverneur von Massachusetts, Thomas Hutchinson. Sein gesamtes Vermögen bestand nur aus Aktien dieser Firma. Darüber hinaus war seine Besoldung proportional dran gekoppelt, wie viele Zollabgaben er durch die Besteuerung der Teeeinfuhr einnehmen konnte. Nach der Bank of England war die British East India Company (BEIC) das größte Finanzinstitut in Großbritannien. Aber sie stand kurz vor dem Bankrott – die gigantischen Erträge durch die Einfuhr von Opium in China sollten erst in der Zukunft erzielt werden. Die Firma legte den Preis des Tees auf drei Schillinge pro Pfund fest, wohingegen dieser bei nur zwei Schillinge der Dutch East India Company lag. Die britische Regierung, die sich aus vielen Aktionären der BEIC zusammensetzte, untersagte es ihren Untertanen, einschließlich der amerikanischen Kolonisten, den Tee von einer anderen Firma zu kaufen als der dafür monopolisierten BEIC. Die einzig nennenswerte Konsequenz, die sich daraus ergab, war ein markanter Anstieg des Profits der Schmuggler in Neuengland. Diese in den Augen des Gouverneurs von Massachusetts ungünstige Situation trieb ihm die Zornesröte ins Gesicht. Die Amerikanische Revolution begann, als das in Hancocks Besitz befindliche Schiff Liberty von

Thomas Hutchinson in Gewahrsam genommen wurde, um die Ladung genau zu inspizieren und gegebenenfalls zu konfiszieren.

Die Organisation und Inszenierung der Amerikanischen Revolution gegen das Britische Imperium ging weitgehend auf das Wirken geheimer Gesellschaften zurück. Die am 1. Januar 1756 gegründete Saint Andrew Loge in Boston entpuppte sich als das Zentrum der revolutionären Bewegung. In der Taverne „The Green Dragon, or the Arms of Freemasonry" fanden die Versammlungen der Freimaurer statt, die dazu dienten, die ersten Schritte in der Durchführung der Revolution zu planen. Die Bostoner Tea Party war der erste revolutionäre Akt in Amerika. Die drei Schiffe Dartmouth, Eleanor und Beaver wurden von den als Indianer verkleideten Rebellen beschlagnahmt, um den darauf gelagerten Tee der Britischen East India Company ins Meer zu werfen. Drei Ladungen Tee, die 340 Kisten umfassten, wurden so vernichtet. Die Nachricht über dieses wagemutige Unternehmen verbreitete sich wie ein Lauffeuer in den Kolonien. Der Unabhängigkeitskrieg nahm damit seinen Anfang.

Die drei Vereinigungen, Caucus Club, Loyall Nine und Sons of Liberty, vereinigten sich mit dem Ziel, effektive Kommunikationslinien zwischen den Aufrührern einzurichten und ihre Militäraktionen zu koordinieren. Sie bildeten zunächst Committees of Correspondence, stellten anschließend den Continental Congress und hoben Milizeinheiten aus. Diese landesverräterischen Initiativen mussten notgedrungen im Geheimen durchgeführt werden. Viele der sich daran beteiligenden Verschwörer bewahrten ihre Geheimnisse hauptsächlich deshalb, weil sie in freimaurischen Logen Blutschwüre geleistet hatten. George Washington trat am 4. November 1752 der Freimaurerei bei. Als Oberbefehlshaber der kontinentalen Armee ermutigte er seine Soldaten, sich ebenfalls der Bruderschaft anzuschließen. In den Offiziersstand wurden nur diejenigen erhoben, die bereit waren, Mitglieder in einer Militärloge zu werden.

Im Amerikanischen Unabhängigkeitskrieg (1775-1783) hielten die Briten alle Asse der Kriegsführung in ihrer Hand und besaßen deshalb jeden erdenklichen Vorteil: eine überlegene Landarmee, ein zusätzliches Kontingent von 9000 hessischen Söldnern, eine große Kriegsflotte und einen genügenden Vorrat und ausreichende Finanzmittel, um weitere Waren einzukaufen. Die rebellischen Amerikaner konnten nur auf eine minderwertige Militärmacht zurückgreifen, besaßen keine Kriegsmarine, hatten unzureichende Vorräte zur Hand und anfänglich nur geringe Mittel, um weiteren Nachschub zu erwerben. Die Mehrheit der Bevölkerung in den östlichen Gebieten von Long Island stand loyal hinter dem König. Die britische Armee konnte von ihnen genügend Proviant erhalten, einschließlich großer Mengen an Rindfleisch. New Jersey stand nahezu geschlossen hinter der englischen Krone und versorgte die königlichen Militärverbände mit Nahrungsmitteln, während Washingtons Truppen auf der anderen Seite des Delaware River in Pennsylvania hungerten. Die loyalen schottischen Tories im Süden stellten sich auf die Seite der Briten; eine Tatsache, die die amerikanischen Rebellen bis ins Mark demoralisierte. Die missliche Lage verschlimmerte sich noch dadurch, dass die am Anfang des Unabhängigkeitskrieges alles andere als kampferprobte Kontinentalarmee unter dem Kommando General Washingtons eine Niederlage nach der anderen erlitt und sich immer mehr vor dem vorwärtsmarschierenden britischen Heer zurückziehen musste. Die Hälfte der Kontinentalarmee kam in den Schlachten ums Leben und die andere wäre fast an Hunger und Krankheit gestorben. Viele der amerikanischen Soldaten desertierten, wenn sich ihnen eine günstige Gelegenheit bot. Mit Leichtigkeit wäre es George Washington möglich gewesen, seinen hungernden Soldaten, die in der strengen Winterskälte von 1777 bis 1778 oftmals frierend den Elementen ausgesetzt waren, aus eigener Tasche die nötigen Versorgungsgüter zukommen zu lassen. Stattdessen richtete er ein Bittgesuch nach dem anderen an den US-Kongress, in denen er seine eigenen Ansprüche erhob, besser besoldet zu werden. Die Landbesitzer in Nord- und Süd-Carolina unterhielten enge Geschäftsbeziehungen mit englischen Tories. Aus rein kommerziellen Erwägungen stellten sie sich gegen die Rebellen, selbst wenn etliche von ihnen insgeheim eine republikanische Gesellschaftsordnung befürworteten. Nichts deutete darauf hin, dass die Rebellen den Unabhängigkeitskrieg gewinnen würden, und dennoch erzielten sie einen durchschlagenden Erfolg.

Die strategisch wichtigen Husarenstücke einer Handvoll Männer, oft Mitglieder in Freimaurerlogen, erwiesen sich als das Zünglein an der Waage. So heldenhaft ihr Auftreten auch war, sollte nicht vergessen werden, dass sie in all ihrem Tun widerrechtlich handelten. Dank ihres verwegenen Wagemutes stellten sie die Weiche des krönenden Sieges bei Yorktown. Ein weiterer Faktor war die reichliche Vergabe von Bestechungsgeldern; ein nicht seltenes Vorgehen in Zeiten des Krieges der damaligen Geschichtsepoche. Eine historisch äußerst bedeutsame Tatsache, die gewöhnlich mit dem Mantel der Verschwiegenheit umhüllt ist, ist die Darlegung der Intrigen, die Benjamin Franklin und seine freimaurerischen Mitverschwörer hinter den Kulissen inszenierten. Während seines zweiten Aufenthaltes in England von 1757 bis 1762 verweilte Franklin eine Zeitlang in West Wycombe Park, Buckinghamshire, dem Gutsbesitz von Sir Francis Dashwood. Wie bereits erwähnt, war Dashwood der Gründer des Hell Fire Clubs, dem Franklin ebenfalls angehörte. Die Mitglieder trafen sich zu regelmäßigen Orgien in der Medmenham Abtei. Der amerikanische Gesandte nahm die Gelegenheit wahr, um mit seinen Mitbrüdern John Stuart, John Wilkes, John Montagu und anderen prominenten Persönlichkeiten der Whig Party über die sich zusammenballenden Sturmwolken in den Dreizehn Kolonien zu sprechen. Sie schmiedeten einen Plan, wie eine Rebellion erfolgreich durchgeführt werden könnte. Nach seiner Ankunft in Frankreich 1776 führten die führenden Freimauer Frankreichs, Sieur Montaudoin (Nantes) und Dr. Jacques Barbeu-Dubourg (Paris), Franklin in die geheime Welt der seefahrenden Schmuggler und Sklavenhändler ein. Nantes war zu jener Zeit der zweitgrößte Hafen Frankreichs, der eng in den Atlantischen Dreieckshandel von Melasse, Rum und Sklaven eingebunden war. Franklins Kontakte zu den Händlern in Nantes sollten sich fortan überaus vorteilhaft für die

Sache der Amerikanischen Revolution erweisen. Nur so konnte der Transport von Munition und sonstigen Rüstungsgütern über den Atlantik organisiert werden. Barbeu-Dubourg kaufte die notwendigen Waffen, Munition und Vorräte ein, die auf Montaudoins Schiffen nach Amerika verschifft wurden. Ungefähr 90 Prozent des Schießpulvers, das Washingtons Armee benötigte, stammten aus Frankreich. Im freimaurerischen Untergrund breitete sich die Nachricht in Windeseile aus, dass die Franzosen ein blühendes Geschäft mit den kolonialen Aufrührern unterhielten. Nicht nur Piraten boten den Amerikanern ihre erbeuteten Handelsgüter zum Verkauf an, sondern auch viele holländische und spanische Kaufleute. Der Höhepunkt dieser im Untergrund durchgeführten Intrigen bildete die Ankunft von französischen Truppenverbänden, die unter dem Kommando hochrangiger Freimaurer standen. Einflussreiche Logenbrüder in den amerikanischen Kolonien und in Frankreich hatten sich mit Leibeskräften dafür eingesetzt, dass sich der Bourbonen-König Louis XVI., der selbst ein Freimaurer war, Anfang 1778 auf die Seite der amerikanischen Revolutionäre stellte. Der französische König erklärte den Engländern im Juli desselben Jahres den Krieg.

In gewisser Weise ist es erklärlich, wieso sich Benjamin Franklin an Freimaurer, Okkultisten, Sklavenhändler und Schmuggler wandte, um ausreichende Unterstützung für die kämpfenden Rebellen in den Dreizehn Kolonien zu erhalten. Politische Idealisten, wie Samuel Adams und Patrick Henry, waren bereit, ihr Leben zu riskieren, um die Unabhängigkeit ihres Landes zu erringen. So manch ein anderer Kolonist, der sich auf die Seite der Rebellen geschlagen hatte, handelte aus reiner Eigennützigkeit. Als der Krieg mit England ausbrach, nahmen amerikanische Händler die günstige Gelegenheit wahr, immense Reichtümer zu erwerben. Der Verkauf von importierten Waffen und Vorräten aus Übersee entwickelte sich zu einem einträglichen Geschäft, das den Grundstock des Vermögens von gewieften Profiteuren, wie Robert Livingston, Elbridge Gerry, Stephen Girard und Benjamin Harrison, legte. Um die Beschaffung von Kriegsmaterial zu koordinieren, richtete Benjamin Franklin das sogenannte Secret Committee (Geheime Komitee) ein. Die Mitglieder des Komitees, allesamt wohlhabende Händler, nutzten ihre Machtposition zur eigenen Bereicherung schamlos aus. Als im Juli 1780 die Truppenverbände der aufständischen Kolonisten so dezimiert waren, dass mit einer unmittelbaren Niederschlagung der Rebellion gerechnet werden musste, landeten sieben Transportschiffe mit dem französischen Heer an der Küste von Rhode Island. Die Franzosen brachten ausreichend Waffen, Versorgungsgüter und Finanzmittel mit. Die abschließende Offensive gegen das britische Militär hätte nicht ohne die tatkräftige Mithilfe der europäischen Verbündeten durchgeführt werden können. Das eintausend Mann umfassende deutsche Hilfskorps kämpfte auf Seiten der amerikanischen Aufständischen, besonders in der Schlacht von Yorktown, und trug maßgeblich zum Sieg bei. Lauzuns Legion gehörten Soldaten aus Schweden, Italien, Deutschland, Polen und Russland an, die sich untereinander in acht Sprachen unterhielten. Jeder von ihnen war ein Abenteurer, der sich freiwillig zum

Militärdienst gemeldet hatte. Zur Niederlage des britischen Heeres trug bei, dass Admiral Rodney von französischer Seite bestochen wurde und nicht seine Pflicht erfüllte. Zweifellos entschieden Bestechungsgelder den Ausgang des Amerikanischen Unabhängigkeitskrieges.

Sofern man in der Beurteilung der Amerikanischen Revolution die finanzielle und militärische Unterstützung Frankreichs, Spaniens und Hollands unberücksichtigt lässt, die die Unabhängigkeit der Kolonien vom Britischen Imperium erst möglich gemacht hatte, tritt eine Tatsache besonders deutlich ins Blickfeld. Die englischen Whigs waren nicht unglücklich darüber, dass die Amerikaner ihre Revolte gegen die Herrschaft der Tories angezettelt hatten, denn sie wollten unbedingt das Amt des Lordkanzlers mit einem der ihren besetzen. Der Gewinn an politischem Einfluss dank des Prestiges und der Macht dieses Amtes war für sie von höherer Bedeutung als das Festhalten an weit entfernten Kolonien. Dabei kam es ihnen gelegen, dass die 1781 erfolgte Niederlage des englischen Söldnerheeres bei Yorktown, Virginia, die Herrschaftsmacht der Tories über ein ganzes Jahrzehnt hinweg zerstört hatte. Der fähigste britische Kommandeur in diesem Krieg war General William Howe. Seine politischen Sympathien galten den Whigs, nicht den Tories. Insgeheim traf er seine militärischen Entscheidungen im Sinne der von ihm favorisierten Politik. Anders ist es nicht zu erklären, wieso Howe strategische Fehler beging, die es den Amerikanern in fast aussichtsloser Lage ermöglichten, auf dem Schlachtfeld die Oberhand zu gewinnen. Die Londoner Whig-Regierung schätzte den Verlust der amerikanischen Kolonien gegen Ende des 18. Jahrhunderts im Vergleich zu den Besitzungen auf den westindischen Zuckerinseln relativ gering ein. Die Produktion des Zuckersirups Melasse auf diesen Inseln besaß für die Geschäftsinteressen der Whigs einen viel größeren Wirtschaftswert als die gesamten Einnahmen aus dem Handel mit den Kolonien.

Der freimaurerische Einfluss auf die junge amerikanische Republik wird am deutlichsten an ihrer politischen Verwaltung ersichtlich. Die Einrichtung von Regierungsinstanzen auf der Bezirks-, Staats- und Bundesebene spiegelt die Organisationsstruktur des Freimaurerbundes wider, der unter der Leitung von Großlogen stand. Kurz nachdem sich die ursprünglichen Dreizehn Kolonien als die Vereinigten Staaten konstituierten, wurden Großlogen in jedem Staat eingerichtet. Den turbulenten Jahren des Unabhängigkeitskrieges folgte eine politische Konsolidierungsphase, die mit der am 30. April 1789 stattgefundenen Vereidigung eines Freimaurers zum Präsidenten der Republik ihr vorläufiges Ende fand. George Washington leistete den Amtseid auf der St. John's Logenbibel vor dem Großmeister der Freimaurerei im Staat New York, Robert Livingston, ab. Dass die Freimaurerei Einfluss auf die politische Entwicklung der neuen Nation nahm, kann am Erbauungsplan der Hauptstadt erkannt werden, der sich an den geometrischen Prinzipien der Geheimgesellschaft orientierte. Die Einweihung der Stadt entsprach dem Protokoll einer Freimaurer-Zeremonie, die von hochrangigen Regierungsmitgliedern, eingekleidet in Freimaurerschürzen, vollzogen wurde. Die Bedeutung der Freimaurerei in der Gründung der Vereinigten Staaten von

Amerika kann nicht überbetont werden. Die Logen-Bruderschaft war weitgehend für die ideelle Konzeptualisierung der Freiheitsrechte, des Rechtsstaatsprinzips und der Demokratie verantwortlich.

5.10 Merkantilistischer Impuls des Amerikanischen Systems

(Sogenanntes Amerikanisches System begünstigt Eliten zulasten der Bevölkerung)
Zwischen 1450 und 1750 blühte der Weltwirtschaftshandel auf, weil er unter anderem durch technologische Erfindungen besonders in der Schifffahrt begünstigt wurde. Darüber hinaus förderte die enorme Ausweitung des Handels über Kontinente hinweg die weltweite Arbeitsteilung durch die Spezialisierung bestimmter Arbeitsvorgänge, wodurch Wettbewerber Kostenvorteile erzielen konnten. Überall dort, wo man den Ländern freie Verfügungsgewalt gab, ihre Geschäfte so zu führen, wie sie es für richtig hielten, machte sich dies in einer enormen Steigerung des Welthandels bemerkbar. Der um sich greifende Wohlstand in den Handelsmetropolen Europas rief jedoch die Missgunst der regierenden Machthaber hervor, die sich in ihrer privilegierten Stellung bedroht fühlten. Um dem zunehmenden Verlust ihrer herrschaftlichen Macht entgegenzuwirken, stellten sie sich vehement gegen die Ausübung des freien Handels. Das von ihnen bevorzugte System der Handelsbeschränkungen und anderer staatlicher Wirtschaftsinterventionen wurde allgemein unter dem Begriff „Merkantilismus" bekannt, der seinen Höhepunkt in Europa im 17. und 18. Jahrhundert erreicht hatte. Während des 18. und 19. Jahrhunderts führten Liberale einen ideologischen Krieg gegen die Propagandisten des Merkantilismus und verzeichneten einige richtungsweisende Siege für die freie Marktwirtschaft. 1776 stellte der schottische Moralphilosoph und Aufklärer Adam Smith, wie kein anderer Ökonom seiner Zeit, den Merkantilismus an den Pranger. Smith war sich stets bewusst, dass der Merkantilismus ein System des Etatismus war, das sich auf trugschlüssige Prinzipien der Wirtschaft aufbaut, um die Ausweitung einer imperialen Staatsmacht zu rechtfertigen. Er gründete den Freihandel auf Grundlage moralischer und ökonomischer Argumente, die er seiner Lehre der „natürlichen Gerechtigkeit" entnahm. Diesem Prinzip verschaffte er dadurch Geltung, dass er Schmugglern das Recht zugestand, Schmugglerware ins Land zu bringen, um merkantilistische Handelsbeschränkungen zu umgehen.

Die Kolonisten waren gewiefte Handelsleute, die es verstanden, mit den gegenseitig verfeindeten Franzosen und Engländer Geschäfte zu machen. 1763 markierte den Höhepunkt dieser Militärkonflikte, als sich Frankreich geschlagen geben musste und seinen politischen Einfluss in den amerikanischen Kolonien größtenteils verlor. Ermutigt durch die ertragreichen Geschäfte mit den siegreichen Engländern, steigerte sich die Habgier der amerikanischen Kolonisten beinahe ins Unermessliche. Seit jener Zeit trägt Amerika das unverkennbare Gepräge einer politischen Herrschaft durch die Reichen (Plutokratie). Nichts schien ihnen deshalb widersinniger zu sein, als sich den restriktiven Handelsbedingungen der englischen Imperialisten bereitwillig zu beugen. Schnell stellten die Kolonisten fest, dass die Engländer nicht die nötige Truppenstärke in Amerika stationiert hatten, um ihre seit dem 17. Jahrhundert erlassenen merkantilistischen Gesetze durchzusetzen. Nach dem Inkrafttreten des ersten Pariser Friedensvertrags zwischen England und Frankreich von 1763 war das Londoner Parlament gezwungen, die desolaten Staatsfinanzen durch zusätzliche Einnahmen aus den Kolonien aufzustocken. Man besann sich darauf, die alten, auf Ausbeutung angelegten Wirtschaftsgesetze mit der nötigen Schärfe wieder anzuwenden.

Wenn man sich die Entstehungsgeschichte des Unabhängigkeitskrieges näher betrachtet, wird deutlich, dass er eine Revolte englischer Untertanen war, die sich nicht mehr der Herrschaft ihrer eigenen Regierung unterstellen wollten. Es handelte sich bei diesem Konflikt um Zwistigkeiten zwischen zwei Gruppen wohlhabender Großgrundbesitzer, die als reiche Kolonisten ihre Ländereien um ein Vielfaches vergrößern wollten. Sie konnten dies aber erst tun, wenn sie die Zügel der politischen Macht in ihren eigenen Händen hielten. Die englischen Besitzer großer Plantagen und ausgedehnter Landstriche waren sich gleichfalls bewusst, dass sie nur dann die Kolonisten wirtschaftlich ausbeuten konnten, wenn sie weiterhin die Verwaltungsmacht über Amerika ausüben konnten. Ein weiterer Grund, wieso die später als Patrioten bezeichneten Rädelsführer der amerikanischen Kolonisten den Entschluss fassten, das Risiko eines Militärkonflikts mit dem mächtigen Britischen Imperium auf sich zu nehmen, war die merkantilistische Steuerpolitik Londons. Es ist aufschlussreich, die Gründe näher zu betrachten, wieso das inoffizielle und doch dominante System der Plutokratie in Amerika keine merklichen Einbußen erleiden musste, obgleich sich zumindest nach außen hin eine radikale Änderung der Machtverhältnisse vollzogen hatte, als das Britische Imperium den Verlust seiner amerikanischen Kolonien als bittere Realität hinnehmen musste. Reaktionäre Staatsmänner, die sich berechtigte Hoffnung machten, in die Reihen der begüterten Oberschicht aufzusteigen, sorgten dafür, dass sich das von England unabhängig gewordene Amerika politisch und finanziell nicht allzu weit vom Britischen Imperium entfernte. Eine der wesentlichen Einnahmequellen jener Zeit, die die Grundlage der fabulösen Vermögen so manch eines amerikanischen Familienclans werden sollte, war der Besitz weitflächiger Ländereien. Vier der frühen Präsidenten – Washington, Jefferson, Madison und Monroe – etablierten sich als die größten Gutsbesitzer nicht nur in ihrem Heimatstaat Virginia, sondern auch in den meisten anderen Bundesstaaten. Als George Washington 1799 starb, war er der reichste Mann in den Vereinigten Staaten. Die meisten Gründungsväter waren aufs innigste mit fragwürdigen Methoden des Gelderwerbs vertraut. Diese Tatsache wird darin sichtbar, dass sie mit Bedacht darauf drängten, 1789 ein zentralisiertes Regime einzurichten. Nur so konnten sie erwarten, einen übermäßigen Profit aus ihren spekulativen Investitionen in Staatsobligationen und Ländereien sicherzustellen. Dennoch scheuten sie nicht davor zurück, wenn nötig, auf das Militär zurückzugreifen, um ihren Forderungen unter Androhung von tödlicher Gewalt den nötigen Nachdruck zu verleihen. Die aus diesen dubiosen Machenschaften entstehenden Kosten trug ausschließlich die breite Bevölkerung. Nach Beendigung des Unabhängigkeitskrieges fand eine modifizierte Version des englischen Gewohnheitsrechtes als maßgebliche Rechtsgrundlage in den Vereinigten Staaten einzig deshalb Verwendung, weil es bestens dazu geeignet war, die wirtschaftlichen Interessen vieler Gründungsväter zu fördern. Die von einem Freiheitssinn beseelten Patrioten, wie Patrick Henry und Thomas Jefferson, vermochten es größtenteils nicht, sich gegen die Plutokraten vom Schlage eines Franklins, Washingtons, Adams, Hancocks und Madisons mit ihrem Widerspruch gegen das verhasste Justizsystem durchzusetzen. Um ihr raffgieriges Verhalten zu verbergen, beauftragten die führenden Gründungsväter Berufshistoriker, ihre Motive als Ausfluss der reinen Menschenfreundlichkeit darzustellen. An dieser misslichen Lage hat sich bis heute nichts geändert, außer dass die angewandten Methoden, die Wahrheit über die Ereignisse vergangener Zeiten zu unterdrücken, um einiges rabiater wurden. Das ganze Spektrum zweifelhafter Maßnahmen kommt dabei zum Einsatz. Es beinhaltet solche böswilligen Taktiken, wie Rufmord, Diskriminierung und Mord, aber auch finanzielle Benachteiligung und strafrechtliche Verfolgung.

Mitte des 18. Jahrhunderts kam es zum Machtkampf zwischen zwei Wirtschaftssystemen: Thomas Jefferson (1743-1826), Hauptautor der Unabhängigkeitserklärung und dritter Präsident, wollte die erfochtene Freiheit nicht von staatlicher Bevormundung zerstören lassen. Sein Gegenspieler war der erste Finanzminister Amerikas, Alexander Hamilton (1755-1804), der gegen den Liberalismus kämpfte. Um die Finanzkraft und die Macht der Regierung zu stärken, wollte er den Außenhandel und die inländische Industrie fördern. Damit hat er das korrupte System des britischen Merkantilismus in den neu gegründeten Vereinigten Staaten wieder eingeführt. Er forderte Schutzzölle, die Vergrößerung der Staatsschulden, die Erhöhung der Steuern und die Einrichtung einer Zentralbank, die nicht durch die Politik kontrolliert wurde. Beschönigend nannte Hamilton diese Politik das „Amerikanische System" und täuschte vor, dass die Amerikaner davon profitieren würden; in Wahrheit wurden nur bestimmte Interessengruppen begünstigt.

Entsprechend der konventionellen Geschichtsschreibung entwarfen die Gründungsväter eine Verfassung, die in einer einzigartigen Mischung von geschichtlichen, theologischen, philosophischen und politischen Vorstellungen über die Menschheit und Gesellschaft verwurzelt war. Ihr politisches Verständnis habe sich mehr an den alten Gesellschaftsstrukturen der demokratischen Stadtstaaten als an den Innovationen der radikalen Aufklärung orientiert. Sie hätten sich auf die vertrauenswürdigen Wegweiser der Klassik und des Christentums verlassen, um die ideale Gesellschaftsordnung einzurichten. Sie hätten nicht beabsichtigt, die Welt in einen Himmel auf Erden umzugestalten. Die markanten Besonderheiten der

US-Verfassung, wie sie die Gründungsväter 1787 konzipierten, hat sich in das kollektive Bewusstsein der Amerikaner über Jahrhunderte hinweg tief eingebetteten. Anerkannte Historiker, wie George W. Carey, bringen sie in ihren Bücher immer wieder neu zur Sprache, um eine bestimme Sicht der Dinge zu propagieren, die ein Körnchen Wahrheit beinhaltet, aber letztlich nur dazu dient, einen Geschichtsmythos zu untermauern, der so ziemlich das Gegenteil dessen zum Ausdruck bringt, was das eigentliche Anliegen der Gründungsväter gewesen ist, als sie sich in Philadelphia zur verfassungsgebenden Konvention zusammengefunden hatten, die unter striktem Ausschluss der allgemeinen Öffentlichkeit und selbstauferlegter Verschwiegenheit der teilnehmenden Delegierten abgehalten wurde. Die herkömmliche Beschreibung und Deutung der Überlegungen, die sich in der Formulierung und Ratifizierung der US-Verfassung durchgesetzt haben, kann exemplarisch anhand von George W. Careys Darstellung zusammengefasst werden: Teilweise komme eine „alte verfassungsmäßige Moral" zum Ausdruck. Die Gründungsväter hätten die vier grundlegenden Prinzipien des politischen Systems von Amerika verteidigt: Republikanismus, Gewaltenteilung, Föderalismus und einen minimalen Regierungsapparat. Die Mitglieder des Verfassungskomitees hätten geglaubt, dass eine Zentralisierung der Macht gefährlich sei, da sie mit Sicherheit missbraucht werden würde. Sie seien sich der Sündhaftigkeit des menschlichen Wesens bewusst gewesen. Gleichzeitig hätten sie aber auch an der optimistischen Einsicht der Aufklärung festgehalten, dass der Mensch dank seiner Vernunft einen höheren Grad der Selbstbeherrschung erreichen könne. Die Gründungsväter hätten sich vor häufigen und radikalen Neuerungen gefürchtet, die zwar versprachen, das Regierungssystem zu vereinfachen, aber schlussendlich die Politik destabilisierten. Sie hätten daher die viel zu einfache Durchführung von gravierenden Veränderungen im Regierungssystem verhindert. Komplexität und Langwierigkeit seien manchmal gut und notwendig.

Dieser traditionellen Darstellung der Umstände, die zur Einberufung der verfassungsgebenden Konvention führten, und die monumentalen Konsequenzen, die sich daraus in der Folgezeit ergaben, verbirgt die wesentlichen Motive der Gründungsväter, wieso sie sich im Geheimen dazu entschlossen hatten, die in ihren Augen notwendig erscheinende Verwerfung der Konföderationsartikel mit einzelstaatlicher Souveränität zugunsten einer völlig anderen Verfassung vorzunehmen. Eine Gruppe von 55 Männern versammelte sich am 25. Mai 1787 in Philadelphia, um eine neue US-Verfassung aufzusetzen. Als offizieller Grund des Konvents gab man an, eine Überarbeitung der bereits bestehenden US-Verfassung, den Articles of Confederation, vornehmen zu wollen. Einige Staatsregierungen hatten ihre Delegierten autorisiert, sich nur dieser Aufgabe zuzuwenden. Es wurde ihnen ausdrücklich verboten, eine neue Verfassung auszuarbeiten. Um sicher zu gehen, dass die allgemeine Bevölkerung nicht den wahren Grund der Zusammenkunft herausfindet, legten die Delegierten einen Eid ab, zeitlebens keinem Außenstehenden etwas über den Verlauf der Verhandlungen mitzuteilen. Berichterstattungen der Teilnehmer über die Debatten erschienen erstmals 1836, dem Todesjahr des letzten Überlebenden James Madison. Der Entschluss, dass die neue Verfassung rechtsgültig sei, sobald sie von neun Staatsregierungen ratifiziert worden war, konnte nur im direkten Widerspruch zu den Verordnungen der Articles of Confederation getroffen werden. Somit steht zweifelsfrei fest, dass diese Clique von Verschwörern eine politische Intrige anzettelte, um bewusst einen geheimen Staatsstreich durchzuführen. Die seit 1781 bestehende Verfassung, die Articles of Confederation, musste unter allen Umständen abgeschafft werden, weil sie die Regelung der finanziellen Angelegenheiten der USA den 13 Staaten überlassen hatte. Der reichen Oberschicht im Amerika des ausgehenden 18. Jahrhunderts schien es zweifelhaft zu sein, dass es ihr gelingen könne, die politische Kontrolle über die Verwaltung eines jeden Bundesstaates in den eigenen Händen zu halten.

Der Gründervater Robert Morris und seine Unterstützer, die allesamt „Föderalisten" waren, zielten darauf ab, dem neugegründeten Staatenbund in Amerika nichts anderes als den britischen Merkantilismus aufzuerlegen, kurz nachdem eine Rebellion zur Abschaffung gerade dieses Systems ausgefochten worden war. Der erste Finanzminister, Alexander Hamilton, brachte den Rest seines Lebens damit zu, sich für eine exzessivere Staatsschuld und übermäßigere Staatsausgaben einzusetzen.

Inmitten des Unabhängigkeitskrieges verbreitete die provisorische Regierung absichtlich das Gerücht, dass die Kriegsanleihen, die von vielen Bürgern gezeichnet worden waren, ihren Wert völlig verlieren würden. Als die Regierung ihre Schulden zirka zehn Jahre später immer noch nicht zurückbezahlt hatte, boten die Agenten der Oberschicht jedem fünf Prozent des Nennwertes der Kriegsanleihen an, der sie veräußern wollte. Die meisten gingen auf dieses schäbige, unter Vorspiegelung falscher Tatsachen gemachte Angebot ein, obgleich sie dadurch einen enormen Verlust in Kauf nehmen mussten. Die Reichen, die fast alle Staatsobligationen, die während des Unabhängigkeitskrieges erlassen wurden, von der Bevölkerung spottbillig abgekauft hatten, forderten von der Regierung den Nennwert plus Zinsen zurück und konnten dadurch einen riesigen Profit machen. Die Regierung sollte ihnen das ausgeliehene Geld in der gigantischen Höhe von 75 Mio. US-Dollar zurückbezahlen.

Mit Hilfe der Verfassung, die 1788 verabschiedet wurde, gelang es dieser Koalition von Begüterten, für ihre gemeinsamen Interessen die Zügel der Macht an sich zu reißen und einen stärkeren Zentralstaat einzurichten. Nach nur wenigen Jahren, die seit der Ratifizierung der Verfassung verstrichen waren, schlug Hamilton eine Revolte in Pennsylvania nieder, die aufgrund der Forderung von zu hohen Steuern ausgebrochen war. Die der Oberklasse angehörigen Händler des Nordens und die Plantagenbesitzer des Südens erklärten die von Thomas Jefferson ausgehende dezentralisierte Politik als Ursache allgemeiner Unruhen in einigen Bundesstaaten. Um die Freiheit des Volkes zu bewahren, stellte sich Thomas Jefferson gegen Hamilton. Den Staatsmännern müsse es untersagt werden, eine permanente Staatsschuld anzuhäufen, denn es sei der Gipfel der Unmoral, wenn eine Generation der nächsten eine immense Schuld zurücklassen würde, die durch ihren ungezügelten Konsum verursacht wurde.

Die neue Verfassung musste mindestens zwei Bedingungen erfüllen: Die Autorisierung der Bundesregierung hinsichtlich der Begleichung der Staatsschuld in vollem Umfang und die Aushebung einer schlagkräftigen Armee. Nur so stand den Delegierten die vielfache Vermehrung ihres Vermögens in Aussicht. Dem Delegierten Virginias, James Madison, übertrug man die Verantwortung, die sieben Artikel des Verfassungsentwurfs abzufassen. Er entnahm die meisten Artikel dem 1748 von Montesquieu in Genf veröffentlichten Buch *Vom Geist der Gesetze*.

Das oberste Anliegen der sogenannten „Föderalisten", die besser Nationalisten bezeichnet werden sollten, war, die exekutive und justizielle Kontrolle des Bundesstaates und der Zentralregierung in ihren Händen zu halten. Als begüterte Minderheit fürchteten sie sich vor der überwältigenden Mehrheit der bedürftigen Masse der Bevölkerung. Deshalb richtete sie ihr Augenmerk auf die politischen und wirtschaftlichen Belange der Nation, um sie zu ihrem eigenen Vorteil auszunutzen. Sie scheuten nicht davor zurück, die Chancen, die ihnen der Verfassungskonvent bot, für die eigenen Zwecke auszunützen. Nichts anderes als ein Staatsstreich konnte deshalb die Folge sein. Nur so, meinten sie, könnten die demokratischen Rechte der Bevölkerung auf ein Minimum beschränkt werden. Das hauptsächliche Motiv, das hinter der neuen Verfassung stand, war eine konterrevolutionäre Reaktion gegen den Einfluss des Klassischen Liberalismus, der in der Amerikanischen Revolution zutage getreten war. Die „Föderalisten", wie zum Beispiel Robert Morris, Alexander Hamilton und George Washington, gaben sich den Anschein, dass sie einen Bundesstaat mit weitgehender Eigenständigkeit der Einzelstaaten anstrebten, aber in Wirklichkeit versuchten sie, eine Dezentralisierung vehement zu verhindern. Deshalb stellten sie sich gegen die Stärkung der Rechte einzelner Staaten gegenüber den Befugnissen der Bundesregierung. Unter dem Deckmantel der Demokratie beabsichtigten sie, die Prinzipien einer vom Staat regulierten Ökonomie zur Geltung zu bringen, die gegen eine freie Marktwirtschaft gerichtet waren. Nur so schien es ihnen möglich zu sein, die eigenen Wirtschaftsinteressen zum Nachteil der Gesamtbevölkerung durchzusetzen. Die sogenannten „Antiföderalisten" kritisierten vehement die Zentralisierung der politischen Macht auf Bundesebene. In der 1788 erfolgten Ratifizierung der Verfassung – ein in vielerlei Hinsicht genial inszeniertes Drama despotischer Hinterlistigkeit – behielten die „Föderalisten" die Oberhand. Die schlimmsten Befürchtungen der „Antiföderalisten" in der Einführung eines zumindest im Prinzip gültigen Totalitarismus, der sich mit der Zeit in eine allumfassende Zentralisierung der Regierungsmacht in den Händen der vermögenden Oberschicht ausgestaltete, sollten sich bewahrheiten. Infolgedessen veränderte sich die amerikanische Staats- und Wirtschaftsphilosophie allmählich von einer sich an demokratischen Richtlinien orientierenden und liberale Handelsbeziehungen fördernden Politik zu einer repressiven Zwangsherrschaft.

Nachdem Thomas Jefferson das Amt als dritter Präsident der USA (1801-1809) übernommen hatte, fand er Gefallen an der Durchsetzung der ökonomischen Prinzipien des französischen Arztes und Ökonoms François Quesnay (1694-1774) und seiner zahlreichen Anhänger. Sie meinten, dass allein die Natur Werte hervorbringe und somit der Grund und Boden der einzige Ursprung des Reichtums eines Landes sei. Nur die Landwirtschaft, die Forstwirtschaft, der Bergbau und die Fischerei könnten einen Überschuss erzielen. Diese Lehre ist unter dem Begriff Physiokratie bekannt geworden. Das freie Unternehmertum sollte begünstigt und zur vollen Blüte gebracht werden. An Quesnays Wirtschaftspolitik wäre nicht viel auszusetzen gewesen, wenn diese von einer ehrbaren Moral getragen und nicht, wie es sich während der Französischen Revolution herausstellen sollte, von Brandschatz und Mord in fast unvorstellbarem Ausmaß begleitet worden wären. Der amerikanische Präsident war sich ebenfalls der Vorzüge einer kapitalistischen Wirtschaftspolitik bewusst. Leider gelang es selbst ihm nicht, die nötige Moral aufzubringen, damit die Physiokratie in der neuen Nation so umgesetzt werden konnte, wie es der Vorstellung seines französischen Urhebers entsprach.

Es ist bedauerlich, dass sich die Prinzipien einer freien Marktwirtschaft nirgendwo vollständig durchsetzen konnten, nicht einmal in England und in den Vereinigten Staaten. Die auf ihre eigenen Interessen bedachten Exporteure, Fabrikanten und Militaristen verließen sich so oft wie möglich auf die Macht des Staates, um ihre Maßnahmen zur Erwirtschaftung hoher Gewinne, wenn nötig unter Anwendung von Waffengewalt, durchzusetzen. Es ging ihnen dabei um die Inbesitznahme von ausländischem Grundeigentum und die Durchdringung von fremden Märkten. Die Zunahme an nationalem Prestige und politischer Geltung waren ebenfalls willkommene Begleiterscheinungen. Man betrachtete das Verwirklichen imperialistischer Zielsetzungen als unerlässliche Voraussetzung für die Wahrung des nationalen Wohlstandes.

5.11 Ruhmreicher Verlauf der Amerikanisch-Tripolitanischen Kriege

Der Amerikanisch-Tripolitanische Krieg, auch als Erster Barbareskenkrieg bekannt, war der erste Militärkonflikt, in den die Vereinigten Staaten als junge Nation von 1801 bis 1805 verwickelt wurden. Ein zweiter Krieg gegen die islamischen Mächte Nordafrikas fand 1815 statt. Obwohl Präsident Thomas Jefferson Frieden, Handel und Freundschaft mit allen Nationen suchte und keine engen Bündnisse eingehen wollte, erbat er sich bei seiner Amtseinführung 1801 Unterstützung im Umgang mit den Barbareskenstaaten. Als Barbareskenstaaten wurden vom 16. bis zum frühen 19. Jahrhundert jene Staaten bezeichnet, die der Barbarei bezichtigt wurden. Dazu gehörten das Sultanat Marokko und die osmanische Regentschaft in Algier, Tunis und Tripolis. Haupteinnahmequelle der Barbareskenstaaten war die Kaperei und damit einhergehend Menschenraub, Sklavenhandel und Lösegelderpressung, weshalb diese Staaten auch als Piraten- oder Seeräuberstaaten bezeichnet wurden. Viele Handelsschiffe waren gekapert worden, zum Teil mussten die Mannschaften mehr als ein Jahrzehnt in Gefangenschaft unter widrigen Umständen leben. Für die Freilassung musste bis zu einer Million Dollar gezahlt werden. Die Barbaresken verlangten noch einmal dieselbe Summe als Tribut, um von weiteren Angriffen abzulassen. Als amerikanischer Botschafter in Frankreich und Außenminister hatte Präsident Jefferson sich rund 20 Jahre lang darum bemüht, mit den Barbaresken Abkommen zu schließen und Bündnisse einzugehen, damit die Piraterie auf hoher See aufhören würde, die von den handelstreibenden Nationen des Mittelmeerraums Tribut forderten. Die Korsaren (Piraten der Barbareskenstaaten) hatten die seefahrenden Mächte Europas schon seit langem erfolgreich überzeugt, dass das Bezahlen von Lösegeld und Tribut günstiger war, als Krieg zu führen. Amerika bezahlte ebenso seinen Tribut. Aufrufe ertönten an allen Ecken und Enden, um die Regierung dazu zu bewegen, wirksame Maßnahmen zu ergreifen, um diesen Raubzügen ein Ende zu machen. Als Grund für die Raubzüge nannten die Barbaresken die 47. Sure des Korans: „Wenn immer du mit den Ungläubigen zusammentriffst, ergreife sie an ihren Nacken, bis du sie überwältigt hast, dann binde sie als Gefangene zusammen, um sie entweder später freizugeben oder um Lösegeld zu fordern, bis der Krieg seine Lasten niedergelegt haben wird."

Da die hohen Summen nicht verfügbar waren, wäre Amerika dazu gezwungen gewesen, bei niederländischen Bankiers ein Darlehen aufzunehmen. Jefferson meinte, dass das Bezahlen des Tributs die Korsaren zu weiteren Attacken ermutigen und das Land finanziell an den Abgrund bringen würde. Als er 1800 zum Präsidenten vereidigt wurde, betrugen die Zahlungen an Lösegeld und Tribut, die die Barbareskenstaaten forderten, zirka 20 Prozent der jährlichen Einnahmen der Bundesregierung. Der hohen Tributzahlungen müde, die letztlich die zahlreichen Plünderungen doch nicht verhinderten, entschloss sich der US-Kongress 1794, eine Kriegsmarine auszurüsten.

Als Jefferson sich 1801 weigerte, dem Pascha von Tripolis eine Tributzahlung von 225.000 Dollar zu zahlen, erklärte dieser Amerika den Krieg. Als ein Kreuzer von Tripolis eines der amerikanischen Schiffe angriff, unterwarfen sich die Angreifer nach kurzem Gefecht den besser ausgerüsteten Amerikanern. Das Schiff der Korsaren wurde gekapert und kurz danach wieder freigesetzt, wie es den Militärvorschriften entsprach. Jefferson weitete das Ausmaß der Marinepräsenz in der Region über den Verlauf des Jahres 1802 aus. Im August und September 1804 griffen die Amerikaner wiederholt die Schiffe der Seemacht Tripolis im Mittelmeer an. Die massiv in die Höhe ragende Stadtbefestigung fiel ebenfalls unter das Bombardement der amerikanischen Fregatte Constitution. Der Höhepunkt der amerikanischen Strafexpedition bildete die Explosion des Brandschiffs Intrepid im Tripolitanischen Hafen. Ungefähr zeitgleich griffen amerikanische Soldaten Tripolis vom Land her an. Pascha Yusuf unterzeichnete am 4. Juni 1805 einen

Friedensvertrag mit den Vereinigten Staaten, als er von der Eroberung Dernas gehört hatte.

Dieses Abkommen hatte jedoch keine nennenswerte Auswirkung auf Verträge mit anderen Barbareskenstaaten. An diese mussten weiterhin übermässige Tributzahlungen geleistet werden. Als 1815 das algerische Flaggschiff Mashuda erobert wurde, waren die besiegten Algerier bereit, einen demütigenden Vertrag zu unterzeichnen, der folgende Bedingungen enthielt: Einstellung jeglicher Tributzahlungen, Erstattung aller erbeuteten Handelsware an ihre amerikanischen Besitzer, Befreiung aller christlichen Sklaven, schonende Behandlung aller Kriegsgefangenen und Zahlung von 10.000 US-Dollar für die Freilassung eines als Geisel gehaltenen moslemischen Kaufmanns. Ein für die Vereinigen Staaten ruhmreiches Ende der Amerikanisch-Tripolitanischen Kriege war somit erreicht. Das abschließende Kapitel der Barbaresken-Piraterie erfolgte aber erst 1830, als Frankreich eine Invasionstruppe nach Nordafrika entsandte und dort eine permanente Regierung einrichtete.

6.0 Streben nach menschlicher Vervollkommnung

In den 1830er-Jahren distanzierte sich die junge Generation der amerikanischen Unitarier (Ablehnung der Dreifaltigkeitslehre und der Göttlichkeit von Jesus) von der alten Garde ihrer Prediger, die davon ausgingen, dass Gott die Welt zwar geschaffen hat, aber keinen weiteren Einfluss mehr auf sie ausübt (Deismus). Die Jungen schlossen sich einer Bewegung an, die sich zum Ziel gesetzt hatte, nicht nur die Theologie zu radikalisieren, sondern auch die gesamte Gesellschaft in Amerika entlang den Leitlinien des später so benannten Reform-Darwinismus (kollektiver oder totalitärer Darwinismus, das heißt völlige Ablehnung des individualistischen Sozialdarwinismus). Sie setzten sich unter anderem für die Sklavenbefreiung, die Frauenrechte, die Abstinenz von alkoholischen Getränken und die Moralreform ein. Die vielen Reformbewegungen sollten der tiefen Unzufriedenheit mit den bestehenden Verhältnissen entgegenwirken. In kirchlichen und akademischen Kreisen wollte man den vielen Opfern der Gesellschaftsmiseren eine menschenwürdigere Existenz ermöglichen. In der Hoffnung, dadurch das in der Bibel verheißene Tausendjährige Reich herbeizuführen, stellten sich politische und soziale Veränderungen ein, die einen ganz anderen Charakter besaßen als den eines irdischen Paradieses.

Der traditionelle Calvinismus wurde abgelehnt; die bewusste Verwerfung des reformatorischen Glaubens brachte eine Veränderung mit sich, die das Aufkommen spiritueller Bewegungen der unterschiedlichsten Art begünstigte. Es breitete sich der liberale Unitarismus aus. Auch die englische Romantik (Gegenbewegung zur vernunft- und wissenschaftsorientierten Weltanschauung und bürgerlichen Lebenswelt) und monistische Vorstellungen (es gibt nur ein einziges Grundprinzip im Gegensatz zum

Dualismus Gott-Mensch) bestimmten das intellektuelle Klima jener Zeit. Der Einbruch des Deutschen Idealismus (physikalische Welt existiert nur als Objekt im Bewusstsein) brachte nicht nur den Transzendentalismus (mystische Philosophie: Verwerfung aller Autorität außerhalb des individuellen Bewusstseins) hervor, sondern auch den Demokratismus. Die Gemeinsamkeit liegt in der Lehre der menschlichen Vervollkommnung. Fortschrittlichkeit wurde so definiert, dass sich der menschliche Geist dem reinen Weltgeist progressiv annähert.

6.1 Religiöser Charakter des demokratischen Staates

Die säkulare Version der Freiheit konkretisierte sich am deutlichsten in Rousseaus Theorie des Gesellschaftsvertrages. Es ist unbestritten, dass der Genfer Philosoph seine besondere Betonung auf die Ausgestaltung einer Demokratie legte, die sich gänzlich auf die Verwirklichung der Freiheit im Staate stützte. Gleichzeitig tauchten in seinen politischen Werken aber auch die Anzeichen eines autokratischen Totalitarismus auf – oder wenigstens eines demokratischen Absolutismus. Rousseaus Einführung der Idee des Gemeinwillens (frz. volonté générale) war nicht nur eine signifikante Abkehr von Lockes politischen Vorstellungen, sondern gleichfalls auch ein wichtiger Schritt hin zum demokratischen Despotismus. Die Freiheit, die der Schweizer Romantiker seinen Zeitgenossen zur vorbehaltlosen Annahme empfahl, war eine völlig entstellte Karikatur der in der Heiligen Schrift dargelegten Lehre der Befreiung des Menschen aus der Knechtschaft der Sünde. Der Christ ist sich seiner Pflicht bewusst, in allen Lebensbereichen dem souveränen Herrscher des Himmels und der Erde gegenüber verantwortlich zu sein. Jean-Jacques Rousseau (1712-1778) hat die revolutionärste Theorie der Souveränität von allen Politologen vorgelegt. Jean Bodin (1529-1596) definiert die Rolle des Staates als die eines Schiedsrichters, der zwischen unterschiedlichen Gruppen referiert, die miteinander im Wettstreit stehen. Thomas Hobbes (1588-1679) erkennt die Hauptbedeutung des Staates in der Bereitstellung einer politischen Sphäre, die es den Individuen ermöglicht, sich von den Zwängen der Klassen und Religion zu emanzipieren. Die Bedeutung des Staates sieht er im Weiteren in der Ausbildung eines moralischen Bewusstseins im Menschen, das sich besonders auf die individuelle Tugendhaftigkeit stützt. Rousseau sieht den Staat als die erhabenste Ausgestaltung der Moral in der Gesellschaft an. Für ihn gab es keine Freiheit, keine Sittlichkeit, keine Gesellschaft außerhalb des vom Staat umschlossenen Bereiches. Der Staat und das Volk sind grundsätzlich eine unzertrennliche Einheit. Das Ergebnis sei die Vereinigung eines radikalen Individualismus mit einem kompromisslosen Totalitarismus. Rousseaus Ideen, so widersprüchlich sie auch auf den ersten Blick erscheinen mögen, stellen eines der logischsten Gedankensysteme in der Geschichte der politischen Theorie dar. Rousseaus leidenschaftliche Verteidigung des Individuums erwächst aus seinem Widerstand gegen die konkrete

Ausgestaltung der Gesellschaft und der Forderung zur Erfüllung staatsbürgerlicher Pflichten. Rousseau erblickte die eigentliche Verwirklichung der Freiheit in dem Zustand, der den meisten Menschen als die schlimmste Form der Versklavung erscheint. Er sah die Machtstruktur des Staates als geeignetes Mittel an, um das Individuum zu zwingen, „frei" zu sein. Was Rousseau als Freiheit bezeichnet, ist im Grunde nicht viel mehr als die widerspruchslose Bereitschaft, das zu tun, was der Staat in seiner vermeintlichen Allwissenheit als zu erfüllende Bürgerpflicht angeordnet hat. Es ist der Austausch der kulturellen Verschiedenartigkeit und zivilen Handlungsfreiheit durch eine aufgezwungene Gleichheit der Lebensumstände aller. Andere Intellektuelle haben eine solche Ordnung im Interesse etwa der Gerechtigkeit oder der Stabilität idealisiert, aber Rousseau verlieh ihr als erster die Bedeutung der Freiheit. Hierin liegt die wirkliche Besonderheit seiner Theorie der Souveränität. Rousseau ist der erste moderne Philosoph, der im Staat das geeignete Mittel erkannte, um Konflikte nicht nur zwischen Institutionen zu lösen, sondern die Disharmonie im Inneren des Individuums selbst. Der Staat biete die Möglichkeit, den Menschen von religiösen Disputen und verführerischen Heucheleien der traditionellen Gesellschaft zu befreien. Somit stelle er eine geistliche Zufluchtsstätte dar, wie es die Kirche in Europa in früheren Zeiten war. Es ist unmöglich, die Struktur des idealen Staates in der Philosophie Rousseaus zu verstehen noch die gewaltige Anziehungskraft, die seine politische Vision auf die folgenden Zeitepochen ausgeübt hat, es sei denn, man zieht die moralischen und sozialen Bedingungen in Betracht, die Rousseau zu seinem Ausgangspunkt gemacht hatte. Diesen Ausgangspunkt bezeichnete er mit dem Begriff „Ungewissheit". Im Gleichschritt mit Platon erkannte er in der Struktur des absoluten Staates die vollkommene Voraussetzung, um zwischen Freiheit und Ordnung zu vermitteln.

Es ist unmöglich, die durchschlagende Wirkung der Philosophie Jean-Jacques Rousseaus auf seine Generation zu übertreiben. Den betagten Voltaire ergriff ein schauderhaftes Entsetzen, als er davon Kenntnis nahm. Voller Wut knirschte er seine Zähne gegen den Wagemut dieses Irrsinnigen und Scharlatans, der ein Verräter der Aufklärungsphilosophie sei. Nichts anderes habe er zuwege gebracht, als die Aufsplitterung der Kräfte des Fortschrittes. Auf der Suche nach Inspiration und Orientierung hatte sich die jüngere Generation von Voltaire abgewandt und Rousseau zugekehrt. Als geistlicher Vater der romantischen Ära verkörperte er in ihren Augen den Geist des revolutionären Idealismus, der seine diversen Ausprägungen in der Folgezeit nicht nur im Liberalismus, sondern auch im Sozialismus und Anarchismus finden sollte.

Rousseau trat ab 1749 als Prophet einer neuen Heilsbotschaft auf der Bildfläche der Geschichte auf, der sich zuvor vergeblich abgemüht hatte, ein erfolgreicher Schriftsteller zu werden. Es war ihm nun klar, dass die Ungerechtigkeit und Verdorbenheit einer christlichen Zivilisation der eigentliche Grund aller Übel und Missstände der Gesellschaft, die einen Menschen befallen konnten, war. Weder die Sünde eines Menschen noch seine Unwissenheit seien daran schuld. Alles würde sich zum Besten wenden, wenn dieser dem göttlich inspirierten Instinkt seines eigenen Herzens folgte. Fortan hielt Rousseau kein anderes Ideal höher empor als das der romantischen Demokratie. Die kollektive Gemeinschaft sei das Königreich Gottes auf Erden. Die soziale Gerechtigkeit müsse von nun an als Motto und Zweck einer neuen Lebensweise ausgegeben werden. Darunter verstand Rousseau nicht nur das oberste Prinzip eines politischen Systems, sondern der heilige Leitsatz einer religiösen Grundeinstellung. Die Revolution, die er im Visier hatte, war nicht eine politische oder wirtschaftliche, sondern eine religiöse. Kompromisslos brandmarkte er die Ungleichheit und Ungerechtigkeit, wie sie in der bestehenden Sozialordnung vorherrschten. Nie betrachtete er sich selbst als Sozialist, obgleich er den Idealen einer kapitalistischen Wirtschaft nichts Gutes abgewinnen konnte. Sicherlich bewunderte er die republikanische Freiheit der schweizerischen Gesellschaft, die sich auf die Prinzipien des Protestantismus stützte. Dennoch verunglimpft er den Geist des Bourgeoisie-Individualismus so scharf wie keiner vor und nur wenige nach ihm. Rousseau stellte sich die Aufgabe, den Liberalismus in religiösen Kategorien umzuinterpretieren. Noch zu Lebzeiten avancierte er zum Gründer und Prophet eines neuen Glaubens – der Religion der Demokratie. Er hatte auch ein Glaubensbekenntnis formuliert.

Jean-Jacques Rousseau behauptete, dass der Mensch nicht, wie es das Christentum lehrt, von einer angeborenen Verderbtheit, der sogenannten Erbsünde, völlig beherrscht sei. Stattdessen sei er von Natur aus tugendhaft. Der modernen Gesellschaft müsse die Schuld zugeschoben werden, ihn verdorben zu haben. Verfolgt man deshalb die Absicht, diese negative Ausgangslage zum Guten zu wenden, sei nicht das bußfertige Eingeständnis notwendig, etwas Böses getan zu haben, um den Zorn Gottes abzuwenden, sondern die geistige Bildung und politische Reform. Am allerwenigsten sei ein neues Leben durch den Glauben an das am Kreuz vollbrachte Sühneopfer Jesu Christi hilfreich. Nicht die menschliche Sünde blockiere den Weg zur Glückseligkeit, sondern eine offenkundige Unwissenheit und unheilvolle Umgebung. Damit der Mensch seine Bestimmung findet, müsse er die Naturgesetze entdecken und ihren Vorgaben entsprechend leben. Interessanterweise meinten Aufklärer, wie Voltaire und Johann Gottfried Herder, dass die Naturgesetze dasselbe ethische Verhalten fordern würden, wie es die christliche Tradition über Jahrhunderte hinweg zu tun pflegte. Die Goldene Regel sei eigentlich ein von der Natur vorgegebenes Prinzip der richtigen Lebensführung.

Der Glaube an die Tugendhaftigkeit des Menschen gepaart mit einem Glauben an die Wissenschaft brachte die Idee des Fortschrittes hervor, die eine säkularisierte Version der christlichen Vorsehungslehre war. Sie sollte sich zum vorherrschenden Grundsatz des Zeitalters der Aufklärung etablieren. Die Wissenschaft habe dem Menschen nun endlich die geeigneten Mittel zur Hand gegeben, um ihn zu ermächtigen, in eigener Kraft sein Wesen zu vervollkommnen und die perfekte Gesellschaft auf Erden einzurichten. Im Amerika der Gründungsväter sowie in Europa schwangen sich die Gedanken an vielen Stellen in diese schwindelerregenden Höhen einer optimistischen Zukunftserwartung empor. Die Zuversicht auf die unaufhaltsame Wirksamkeit des Fortschrittes war das Erbe der Aufklärungszeit, das sie dem 19. Jahrhundert als ihr größtes Vermächtnis hinterlassen hatte.

Jean-Jacques Rousseau veröffentlichte 1755 eine Abhandlung über den Ursprung und die Grundlagen der Ungleichheit unter den Menschen. Vom anfänglichen Naturzustand habe sich der Mensch Schritt für Schritt zu immer höheren Sphären der Gesellschaftsentwicklung erhoben. Die von Rousseau besonders herausgestellten Bereiche des kulturellen Aufstiegs sind unter anderem die Sitten, Künste, Sprachen und Wissenschaften. Das letzte Stadium soll das glücklichste und stabilste aller Epochen werden. Sein höchstes Ansinnen war, die schnellstmögliche Ausgestaltung eines politischen Staates zu fördern, in dem der Gemeinwille vollumfänglich zur Geltung kommen würde.

Wie Konservative und Liberale bereits im frühen 19. Jahrhundert festgestellt hatten, war Rousseau der wahre Gründer des neuen Egalitarismus (gesellschaftliche Gleichheit), der den zentralisierten Nationalstaat ganz besonders kennzeichnet. Das ideologische Gedankengebäude Rousseaus durchflutet das politische Denken der modernen Welt wie kein anderes. Kein anderer Politologe kann auch nur annähernd mit gleicher Berechtigung behaupten, die eigentliche Quelle des sozialen Subjektivismus zu sein, der das Bewusstsein vieler Menschen im Westen bestimmt. Die charakteristische Eigenart Rousseaus, die in der Anbetung des Ichs zur vollen Blüte gelangt, gilt als wesentliche Inspiration der Konzipierung der verschiedenen Denkmodelle in den Bereichen der Bildung, Psychologie, Literatur, Philosophie und den Sozialwissenschaften. Doch letztlich ist es nicht die emanzipierte Person, die im Blickfeld einer provisorischen Gesellschaftsordnung steht, sondern die Macht des Gesetzgebers über den Rest der Bevölkerung, die den Genfer Philosophen faszinierte. Die kraftvolle Dynamik der Vision einer religiösen Demokratie, die von Rousseaus Philosophie ausgeht und sich in so vielen theoretischen Konstrukten bemerkbar macht, die sich mit dem Wesen des Menschen und der Eigenart des Staates auseinandersetzen, liegt in der Tatsache begründet, dass sie eine einzigartige Kombination von Individualismus und Kollektivismus darstellt. Sie gaukelt dem Menschen vor, dass der Gemeinwille fähig sei, dem „Ich" die Befreiung von den Zwängen der Gesellschaft zu garantieren. Der Gemeinwille beruhe auf den Willensäußerungen der Bevölkerung, die sich die Verwirklichung der Freiheit jedes einzelnen Bürgers zur heiligen Pflicht erklärt hat; diese müsse jedoch zuvor von allen korrumpierenden Vorurteilen gereinigt sein, die der traditionellen Sozialordnung innewohnen. Und dennoch ist nicht die Freiheit, sondern die Gleichheit das eigentliche Merkmal der politischen Gesellschaft Rousseaus. Es sei aber eine Art Gleichheit, die nur dann existiert, wenn jede andere Form der sozialen Beziehung, die irgendwie mit dem Gemeinwillen konkurrieren könne, völlig verschwunden ist. Die Gleichstellung jedes einzelnen Menschen ist das alles überragende Ziel der politischen Philosophie des Schweizer Phantasten. Erst danach reiht sich das Anliegen der Freiheit in die Werteskala ein. Es darf nicht vergessen werden, dass die liberale Gesellschaftsordnung, die Rousseau im Sinn hat, eine ganz andere ist, als die eines John Locke oder David Hume. Für den Mann aus Genf gibt es keine Freiheit außerhalb einer in jeder Hinsicht gleichgeschalteten politischen Gesellschaft. Der Gesetzgeber müsse ein ungeheures Ausmaß an Macht aufbringen, um sicherzustellen, dass jeder Bürger allen anderen gleichgestellt ist. Keiner dürfe sich auch nur im Geringsten von seinem Mitmenschen unterscheiden. Die Umsetzung dieses Anliegens könne nur dann erfolgen, wenn alle Wirtschaftsvorgänge von einer koordinierenden Kontrollinstanz verwaltet werden. So würde die Grundvoraussetzung der Gleichheit geschaffen werden. Die Gleichheit müsse die Beziehungen nicht nur im wirtschaftlichen Bereich ordnen, sondern auch im kulturellen, sozialen, pädagogischen und psychologischen Bereich.

Die auslösenden Momente der Ungleichheit seien die Einrichtung des Privateigentums und Entwicklung der Technologie. Die Verwendung der hauptsächlich in der Landwirtschaft zum Einsatz kommenden Geräte sei ein enormer Rückschritt zu einer früheren Epoche gewesen. Der wesentliche Grund, den Rousseau für seine negative Bewertung dieser beiden Elemente angab, war die nun gegebene Möglichkeit, dass sich die Menschen gegenseitig ausbeuten konnten. Rousseau zeigte in hinreichender Ausführlichkeit auf, wie die Entartung der Menschheit zugunsten einer Weiterführung des Fortschrittes aufgehalten werden kann. Dies könne nur durch die vorbehaltlose Bereitschaft geschehen, sich ganz und gar dem Diktat des Gemeinwillens unterzuordnen. Dieser sei darauf bedacht, die soziale Gleichheit als oberstes Prinzip einer vollkommenen Gesellschaft zu verwirklichen. Neben der Anwendung des Prinzips der Gleichheit auf die Politik müsse es auch auf das Ehe- und Familienleben und die Bildung übertragen werden. Rousseau ergreift Partei für das Individuum, den Armen und das gemeine Volk, indem er sich gegen die Gesellschaft, den Reichen und die privilegierten Klassen stellt.

Rousseau muss unter die vornehmlichen Propheten des Fortschrittes gerechnet werden, denn er fügt die Ungerechtigkeiten der Gegenwart in einen Entwicklungsablauf ein, der das Versprechen eines kommenden goldenen Zeitalters erfüllen werde. Nichts sei wichtiger, als den religiösen Kultus der Demokratie in letzter Konsequenz umzusetzen. Demzufolge müsse der Mensch sich nun mit Leibeskräften anstrengen, um das vorgegebene Ziel einer vollkommenen Gesellschaft zu erreichen. Marx sollte viele Jahre später dieselbe Marschroute ausgeben, um seinen Parteigenossen mit unmissverständlicher Deutlichkeit aufzuzeigen, dass er in der Traditionslinie Rousseaus stand. In den aufklärerischen Kreisen des ausgehenden 18. Jahrhunderts fanden die politischen Ideen Jean-Jacques Rousseaus Gehör.

Die praktischen Konsequenzen der Ideologie des Gesellschaftsvertrags treten am klarsten zutage, in denen er sich Gedanken über die Religion gemacht hatte. Eine sozial unabhängige Kirche wie auch jede Art der Loyalität gegenüber einer anderen Institution als dem Staat würde die volle Wirksamkeit des Gemeinwillens beeinträchtigen. Dennoch sei es unmöglich, die religiösen Neigungen der Menschen zu unterdrücken, denn sobald die

Menschen in einer Gesellschaft leben, sind sie auf eine Religion angewiesen, die ihnen ein spirituelles Gemeinschaftsgefühl vermittelt. Keiner Nation sei es je gelungen, sich aller Religionen zu entledigen. Die von den Bürgern verehrte Religion müsse sich gänzlich mit den Wertmaßstäben des nationalen Lebens identifizieren, ansonsten würde sie Uneinigkeit erzeugen und den Gemeinwillen verletzen. Es reiche nicht aus, dass eine Religion gute Menschen hervorbringt; sie müsse dafür sorgen, dass sie gute Bürger werden. Die Religion habe vor allem anderen eine Verantwortung, den gesellschaftlichen und politischen Vorsätzen der Regierung zu dienen. Über allem müsse sie die grundsätzliche Einheit des Staates fördern. Das Christentum könne nicht die optimale Religion eines Staates werden. Es sei als Religion völlig auf das Geistliche fixiert und beschäftige sich ausschließlich mit himmlischen Dingen; diese Welt ist nicht die Heimat des Christen. In Rousseaus Augen sind die herausragenden Tugenden des Christentums ganz und gar üble Eigenarten. Die Gleichgültigkeit, die das christliche Denken dem säkularen Gesetz, den Wertmaßstäben der Nation, entgegenbringt, würde die Einheit zerstören, die in einem Staat unentbehrlich ist. Der Geist der Unterwürfigkeit, der das Christentum verkörpert, würde jedes wahre Aufblühen eines kriegerischen Geistes verhindern. Wegen seines Pazifismus, seiner Herabsetzung des Staates und seiner Fokussierung auf den Menschen anstatt auf den Bürger müsse das Christentum von einer anderen Religion ersetzt werden, eine die ganz und gar die nationale Begeisterung verkörpert, die der Staat so dringend benötigt. Der im Land herrschende Souverän müsse eine Zivilreligion einführen und ihre Glaubensartikel festlegen. Obwohl die Zivilreligion niemanden zwingen könne, an sie zu glauben, könne sie jeden Ungläubigen vom Staat verbannen oder mit dem Tode bestrafen.

Neben der Zivilreligion würde anderen Religionen eine Existenzberechtigung zugestanden werden, vorausgesetzt, dass sie kein Hinderungsgrund in der Entwicklung der Bürgerschaft sind. Der Souverän besitze die Autorität zu entscheiden, ob ein Hinderungsgrund vorliegt oder nicht. Allen Religionen, die neben sich andere tolerieren, sollte man gleichfalls mit Toleranz begegnen, solange ihre Dogmen nichts enthalten, das den Pflichten der Bürgerschaft entgegensteht. Rousseau kritisierte das Christentum, weil es angeblich mit einer guten Bürgerschaft nicht vereinbar sei. Dem Schweizer Ideologen war es nie wirklich ernst damit, das Prinzip der Toleranz gegenüber den Christen aufrechtzuerhalten. Die Glaubensartikel der Zivilreligion, die der Souverän festlegt, würden hauptsächlich dem Zweck dienen, die Verordnungen des Gesellschaftsvertrages so stark zu zementieren, dass es niemand wagen würde, sie zu übertreten. Rousseau hielt die Grundwerte des Christentums mit denen des Staates für unvereinbar. Rousseau erfreute sich an einer politischen Religion, die in ihrem eigentlichen Kern vom Landesgesetz nicht zu unterscheiden war. Wie sein ideologischer Vorgänger Thomas Hobbes sah er nur eine Übertretung des Zivilgesetzes als Sünde an und sonst nichts. In dieser Tatsache liegt die eigentliche Bestimmung der Zivilreligion. Ihre hauptsächlichen Merkmale, die Rousseau zur Annahme empfahl, sind eine respektvolle Einstellung gegenüber dem regierenden Souverän, eine dem Staat entgegengebrachte Loyalität und ein Verzichten auf alle eigenen, der Autorität des Landesgesetzes entgegenstehen Interessen. Das Symbol des Vaterlandes ist das höchste, was es gibt; Religion und Patriotismus sind zwei Seiten derselben Medaille.

6.2 Zentrale Glaubenssätze der romantischen Demokratie

Präsident Andrew Jackson (1767-1845), der zeitweilige Großmeister der Großloge von Tennessee, führte nach seinem Wahlsieg 1829 eine neue Art der Demokratie ein. Sie wies noch mehr interne Widersprüchlichkeiten auf als die Republik unter den vorausgehenden Präsidenten. Die an der Macht stehende Democratic Party stellte den amerikanischen Normalbürger, den „Mann auf der Straße", in den Mittelpunkt des politischen Geschehens. Seit den 1830er-Jahren besitzt der Begriff „Demokratie" für die Amerikaner zwei unterschiedliche Bedeutungen, die aber dennoch miteinander in Beziehung stehen: eine republikanische und eine romantische Bedeutung. Die republikanische Demokratie besteht aus heiß umkämpften Wahlkampagnen, ideologischen Konflikten zwischen Parteien und regelmäßigen Gängen zur Wahlurne. Im Großen und Ganzen geht es immer darum, welche der unterschiedlichen Anwärter auf ein politisches Amt die Gunst der mehrheitlichen Wähler für sich entscheiden konnte. Martin Van Buren, der Chefideologe der Democratic Party, die Andrew Jackson zum Präsidenten gewählt hatte, war als versierter Politiker die Personifizierung des Republikanismus – er wusste nicht, dass er mit Jackson einem Mann zur Macht verhalf, der seine Grundsätze nach der Wahl verraten hat. Im Gegensatz dazu besteht die romantische Demokratie aus diversen Ideen, die Bestandteil eines ideologischen Glaubens geworden sind, der die Autorität einer Staatsreligion besitzt, obgleich er größtenteils nicht als ein solcher wahrgenommen wird. Einige seiner Ideen sind so alt wie das klassische Griechenland und andere so neu wie die amerikanische Nation. Dennoch stellte die Zusammensetzung all dieser Ideen etwas Neuartiges in der politischen Landschaft Amerikas dar. Die Mischung widersprüchlicher Ideale, die auf unterschiedliche Philosophien Bezug nehmen, bildet bis heute das Besondere am demokratischen Glauben in Amerika. Der Schlüssel zum Verständnis der Jacksonschen Ära ist die Religion der romantischen Demokratie. Dieser Glaube ist seit Mitte des 19. Jahrhunderts in den Vereinigten Staaten immer mehr zur Geltung gekommen. Präsident Jackson verlieh der romantischen Demokratie einen übergeordneten Status als wichtigste Glaubensüberzeugung des amerikanischen Volkes.

Während der Progressiven Ära (1896-1921) wurde ihr schließlich die unangefochtene Vorrangstellung in allen wichtigen Gesellschaftsbereichen zugewiesen, die sie bis heute in immer umfassenderen und tiefgreifenderen Erscheinungsformen einnimmt. Die moderne Demokratie ist in allererster Linie eine humanistische Religion von ungeheurer Durchschlagskraft und Einflussnahme gerade deshalb, weil sie sich gewöhnlich als religionsneutral ausgibt. Zum Eigenschutz gegen den rivalisierenden Glauben des Christentums hätte sie sich kaum eine genialere Strategie der Augenwischerei ausdenken können. So gelingt es ihr unter dem vorgetäuschten Ideal der Säkularisierung religiöse Werte zu verbreiten, die im innersten Kern die exakte Umkehrung der biblischen Glaubenslehre darstellen. Ihr liegt Rousseaus Philosophie der Gleichheit zugrunde. Das rousseauistische Prinzip des Gemeinwillens brachte im Laufe des 19. Jahrhunderts eine Gesellschaft hervor, die sich im direkten Widerspruch zur politischen Struktur der ursprünglichen Republik in Amerika ausgestaltete. Die meisten Amerikaner haben den radikalen Wechsel des operativen Regierungssystems, der kaum folgenschwerer hätte sein können, nicht oder nur bedingt wahrgenommen, weil sich an der äußeren Aufmachung einer republikanischen Staatsform, wie Parteiensystem, Präsidentschaftswahlen und Repräsentantenhaus, nichts geändert hat.

Die romantische Demokratie in Amerika weist bestimmte Charakteristiken auf, die sich während und nach der Präsidentschaft Andrew Jacksons von der republikanischen Demokratie radikal abhoben. Das oberste Prinzip dieser neuen Art der Demokratie konkretisiert sich in der Vorstellung eines Gesetzes, das vorgeblich allen Verhaltensnormen und Institutionen der amerikanischen Gesellschaft zugrunde liegt: Sofern sich eine Person den ethischen Normen entsprechend verhält, eröffne sich ihr die Möglichkeit eines guten und produktiven Lebens. Eine Gesellschaft, die sich auf dieses Gesetz einlässt, stehe auf der Grundlage einer festen Ordnung, die es der Bevölkerung erlaubt, Recht und Gerechtigkeit zu wahren. Die Idee eines allgemeingültigen Gesetzes, wie es die Gedankenwelt der Amerikaner Mitte des 19. Jahrhunderts prägte, geht von zwei unterschiedlichen Ausgangspunkten aus: Auf der einen Seite steht das Naturgesetz, das Platon im antiken Athen beschrieb, und auf der anderen das Moralgesetz, das seit der Zeit Moses Teil der jüdischen Tradition ist, welche die christliche Glaubenslehre in einer von Jesus Christus revidierten Form später übernommen hat. Das Naturgesetz wirke sich dahingehend auf den Menschen aus, dass dieser dazu motiviert wird, Gerechtigkeit zu üben. Im Zeitalter der Aufklärung mutierte diese platonische Idee des Naturgesetzes zur Naturrechtsphilosophie eines John Locke, der sich von dem Gedanken leiten ließ, dass der Schöpfer des Universums rational erfassbare Spuren seiner Intelligenz und seines Gerechtigkeitssinns in der Natur hinterlassen habe. Mit voller Absicht fügte Thomas Jefferson diese Locke'sche Idee in die Unabhängigkeitserklärung ein, weil er wusste, dass ihr viele Kolonisten seiner Zeit zustimmten. Jeffersons Formulierung der Naturrechtstheorie unterschied sich jedoch an einem Punkt entscheidend von der ihm vorliegenden Philosophie Lockes. John Locke bekräftigte das von der Natur abgeleitete Recht des Individuums auf Leben, Freiheit und Eigentum. Unter „Eigentum" stellte er sich beispielsweise die Bekleidung, Behausung und Werkzeuge vor, die dem Menschen das Leben ermöglichen. Jefferson hingegen ersetzte diesen Begriff mit dem des „Glücksstrebens" (pursuit of happiness). In den sich nach 1776 einstellenden politischen Veränderungen wurden die feudalistischen Restbestände in den ehemaligen Kolonien nahezu vollständig abgeschafft. In den amerikanischen Städten hatte sich ein offenes Klassensystem ausgebildet, das im Gegensatz zu der rigiden Hierarchie der sozialen Klassen in Europa stand. Anstatt innerhalb der starren Umgrenzung einer niedrigen Klasse gefangen zu sein, wie es in der Alten Welt gang und gäbe war, konnte ein Bürger in der Neuen Welt die gesellschaftlichen Höhen erklimmen, zu denen ihn sein tugendhafter Charakter und anpassungsfähiges Geschick erhoben.

Die zweite Hälfte der Lehre des allgemeingültigen Gesetzes bezog sich auf die Theologie. Die traditionelle Darstellung dieses göttlichen Gesetzes bestand aus den Zehn Geboten, zu denen das Neue Testament das Gesetz der Liebe hinzufügte. Fast das gesamte amerikanische Volk hielt an der Vorstellung fest, dass die Grundvoraussetzung für ein sittliches Leben eine christliche Einstellung sei, die sich wiederum auf den Glauben an das Erbringen von guten Werken stützte. Den intellektuellen Nachkommen der Aufklärung konkretisierte sich das Moralgesetz im Naturgesetz John Lockes und seiner Interpreten. Das Prinzip der individuellen Freiheit nahm in der romantischen Demokratie die Stellung eines nahezu absoluten Wertes ein, der im übrigen 19. Jahrhundert noch entgegen den Vorstellungen Rousseaus aufgefasst wurde, aber seit dem 20. Jahrhundert immer konsequenter mit diesen übereinstimmt. Wie bedeutsam den Amerikanern eine liberale Gesinnung in der ersten Hälfte des 19. Jahrhunderts war, offenbart die nach 1815 erfolgreich in Gang gesetzte Initiative, jedem weißen Mann das Wahlrecht zuzusprechen. Diese freien Bürger hielten kraft des allgemeinen Stimmrechts die Hebel der Regierungsgewalt in ihren Händen – allerdings waren Frauen und Menschen anderer Hautfarbe ausgeschlossen. Die mündigen Bürger handelten nach dem allseits gültigen Grundsatz: Freiheit unter dem Gesetz. Sie balancierten die Rechte und Pflichten im Bereich bürgerlicher Freiheiten vorwiegend so aus, wie es der gesellschaftlichen Wohlfahrt dienlich war.

Die Vorstellung, dass das menschliche Wesen tugendhaft sei, bildete die Grundlage eines erwartungsvollen Zukunftsglaubens. Die zivilisierte Menschheit befinde sich auf dem Vormarsch zu einer besseren Welt, in der das Prinzip der individuellen Freiheit an oberster Stelle stehen würde. Das Freiheitsprinzip eröffnete dem Individuum die Möglichkeit, sich der Bevormundung eines Staates allmählich zu entziehen. Die Voraussetzung hierfür bestehe jedoch in der Bereitschaft, dem moralischen Gesetz vermehrt Folge zu leisten. Die entsprechende evangelikale Lehre war die Aufhebung des alttestamentlichen Gesetzes, das den Christen in seiner Handlungsfreiheit einschränkte. Dank der das sittliche Verhalten bestimmenden Funktion des Gewissens – dem ethischen Kompass im Inneren des Menschen – könne der Gläubige den sündigen Tendenzen in der Kraft des Heiligen Geistes widerstehen.

Ein weiteres Kennzeichen der romantischen Demokratie war das Prinzip der weltweiten Mission Amerikas. Eine aufblühende Kultur, in dem jeder Arbeitswillige im materiellen Wohlstand leben konnte, diene der Welt als Inspiration der Verwirklichung idealer Lebensbedingungen. Die von den frühen europäischen und amerikanischen Philosophen artikulierte Idee des Fortschrittes konnte sich bestens dem amerikanischen Glauben anpassen, dass Gott die Vereinigten Staaten dazu bestimmt habe, der übrigen Welt ein mustergültiges Beispiel in der Einführung einer demokratischen Regierung zu geben. Das Prinzip der Freiheit müsse sich weltweit von einem Land zum anderen verbreiten. Die amerikanische Demokratie würde allen unterdrückten und notleidenden Völkern der Erde das wahre Leben bringen. Der Glaube an den Fortschritt würde jeden Amerikaner davon überzeugen, dass die Demokratie den letztendlichen Sieg über alle anderen Regierungssysteme erringen werde.

Die Vision einer durch die Demokratie erneuerten Welt war das säkulare Gegenstück der postmillennialistischen Hoffnung eines zukünftigen Paradieses auf Erden. Die religiöse und säkulare Vision einer goldenen Zukunft war sich nicht nur in der Vorstellung einer heilen Welt im Diesseits als dem großen Finale der Weltgeschichte ähnlich, sondern wurde von derselben Erwartungshaltung genährt. Man betrachtete die Zunahme humanitärer Hilfsaktionen als willkommener Vorbote der baldigen Ankunft eines neuen Zeitalters. Die künftige Erscheinung des Neuen Jerusalems stehe kraft des durchschlagenden Triumphs der romantischen Demokratie in Amerika außer Frage.

In der Zeit nach 1815 nahm der um sich greifende Fortschrittsglaube eine patriotische Färbung an. Die Zuversicht auf eine herrliche Zukunft erfüllte die Herzen vieler Nationalisten im Norden wie im Süden des gesamten amerikanischen Kontinentes. Einige spanische Kolonien in Südamerika folgten dem Beispiel der Vereinigten Staaten, indem sie gegen die europäischen Kolonialherren zur Waffe griffen. Die Revolutionäre sahen die Einführung volkstümlicher Republiken in Ländern, wie Kolumbien (1821), Venezuela (1821) und Bolivien (1825), als Bestätigung an, dass die Unmengen an vergossenem Blut in den Freiheitskämpfen ein Opfer war, das nicht umsonst dargebracht worden war. Im Vergleich zur Aristokratie der Könige in Europa, die die Militärdiktatur Kaiser Napoleons überwunden hatten, waren die schier unbegrenzten Möglichkeiten der Neuen Welt, Reichtümer zu erwerben, ein deutliches Zeichen des unaufhaltsamen Fortschrittes. Der Glaube machte die Runde, dass die Vereinigten Staaten bald zu einer wichtigen Weltmacht aufsteigen würden. Viele andere Nationen würden dadurch zur Annahme der Demokratie inspiriert werden. In amerikanischen Regierungskreisen verbreitete sich eine fatalistische Stimmung, die selbst vor einer aggressiven Kriegspolitik nicht zurückschreckte, um die weltweite Mission Amerikas zu erfüllen. Die wirtschaftlichen Interessen der Vereinigten Staaten würden letztlich darauf hinauslaufen, ein überseeisches Imperium unter amerikanischer Flagge aufzurichten. Die Nutznießer einer aggressiven Außenpolitik waren die exportierenden US-Konzerne. Sie erhoffen sich lukrative Handelsprivilegien, die ihnen die Marinesoldaten unter vorgehaltenem Bajonett erzwingen würden. Unter Hinzuziehung wohlklingender Parolen versuchten die Amerikaner, ein militärisches Vorgehen auf der Suche nach neuen Märkten zu rechtfertigen, das einzig darauf aus war, die eigenen Wirtschaftsinteressen auf Kosten anderer Länder zu fördern. Man wies auf die vermeintlichen Vorzüge hin, die die Verbreitung des Christentums, der Demokratie und der Freiheit anderen Nationen zukommen würden. Das schicksalshafte Wirken des Fortschrittes wurde ebenso als Argument ins Spiel gebracht, um die imperialistischen Pläne Amerikas anderen Ländern schmackhaft zu machen. Die Überzeugung, dass den Vereinigten Staaten eine herrliche Zukunft beschieden war, erfüllte den einfachen „Mann auf der Straße" mit einer inneren Genugtuung, einen wesentlichen Teil in der Erfüllung dieser Vision beizutragen. Die persönliche Aufgabe bestand darin, sich getreu um die Erledigung bürgerlicher Pflichten zu kümmern.

In diesem geschichtlichen Kontext stach der Nationalismus als deutliches Erkennungszeichen der romantischen Demokratie, wie sie Jean-Jacques Rousseau konzipiert hatte, in Amerika hervor. Im 19. Jahrhundert wurden die ersten Hinweise sichtbar, dass die Staatsverehrung in der westlichen Welt das traditionelle Christentum mit unerbittlicher Wucht herausfordern werde. Aber erst im 20. und 21. Jahrhundert entwickelte sich die religiöse Verehrung des demokratischen Verwaltungsstaates in verschiedenen Ländern zum aggressivsten Rivalen der christlichen Anbetung des Schöpfers.

Infolge der Panik von 1837 hatten sich die ökonomischen Probleme der Grenzansiedler um ein Vielfaches verschärft. Deshalb schienen die Annexion von Oregon und Texas in Aussicht zu stellen, dass die verarmte Landbevölkerung erneut die Chance erhielt, Grund und Boden zu erwerben. Jedem, der die mühevolle Bewirtschaftung eines Landwirtschaftsbetriebs auf sich nahm, stand die Tür zu neuen Einnahmequellen offen. Die Aussicht auf die enorme Vergrößerung des Hoheitsgebietes, über dem die amerikanische Flagge wehen würde, löste eine patriotische Begeisterung in der Bevölkerung aus. Die wachsende Zahl der US-Bürger, die von dem Gedanken beseelt war, in einem Land der unbegrenzten Möglichkeiten zu leben, war ein empfängliches Publikum für die kriegslüsterne Propaganda der Boulevardpresse. Die romantische Demokratie hatte das Phänomen der Massenmedien hervorgebracht, die es bestens verstand, die öffentliche Meinung im Sinne einer aggressiven Außenpolitik zu manipulieren. Als Initiator dieser neuen Form der Demokratie, die allseits als eine Art Staatsreligion gefeierten wurde, gefiel sich Andrew Jackson in der Rolle eines Helden und personifizierte den imperialistischen Geist des „Offenkundigen Schicksals" (Manifest Destiny) wie kein anderer US-Präsident vor seiner Zeit.

Das vielleicht wesentlichste Erkennungsmerkmal der romantischen Demokratie war die radikale Ablehnung des calvinistischen Glaubens. Mitte des 19. Jahrhunderts erschien der Calvinismus in Neuengland ein verknöchertes Relikt aus einer längst vergangenen Zeit zu sein. Aus Tradition berief er sich auf eine Theologie, die nicht mehr im Einklang mit dem romantischen Zeitgeist stand. Es etablierte sich die Idee eines heroischen Mannes zum höchsten Ideal des romantischen Zeitalters. Trotz scheinbarer Parallelen führen die unversöhnlichen Gegensätze zwischen der demokratischen Religion und dem reformierten Christentum dazu, dass jede

Lehre des calvinistischen Heilsverständnisses im Laufe des 19. Jahrhunderts an den Pranger gestellt wurde. Das Erlösungswerk von Jesus Christus sei lediglich ein illustres Beispiel einer edelmütigen Tat der Selbstaufopferung zum Wohle anderer gewesen, wie dies jeder, der den vorbildlichen Charakter des Zimmermanns aus Nazareth näher betrachtet, feststellen kann. Die Erwählungslehre, die es angeblich nur einigen wenigen Heiligen in Aussicht stellt, in den Himmel zu kommen, wurde als ein vergeblicher Erklärungsversuch eines primitiven Zeitalters hingestellt, die Belohnung eines jeden aufzuzeigen, der seine Religion ernst nimmt. Nun müsse man begreifen, dass eigentlich alle Menschen kraft ihrer gemeinsamen Anlage der selbstbewussten Lebensführung zur unübersehbaren Schar der Erwählten gehören. Niemand sei zu dem grauenvollen Schicksal der ewigen Verdammnis bestimmt.

Die hinter der Kritik des Calvinismus stehende Absicht war, die Vorstellung des Menschen als ein Sklave Gottes als einer Kreatur, die sich dem absoluten Willen Gottes bedingungslos unterordnen müsse, zu zerstören. Eine derartig widerwärtige Lehre könne man nicht akzeptieren. Sie stelle die abscheuliche Eigenschaft des Christentums als eine feudalistische Religion ins grelle Licht. Den Demokraten schien es, als ob der Calvinismus dem Menschen genau das ihn am trefflichsten auszeichnende Merkmal abspricht: die selbstbestimmende Macht seines Willens. Das vornehmliche Symbol der romantischen Demokratie wurde als eines der höchsten Errungenschaften der Menschheit zelebriert: Es konkretisierte sich im Wahlrecht eines jeden freien Mannes. Der Normalbürger, der seine bürgerliche Pflicht als Demokrat erfüllt, sei kein verdammungswürdiger Sünder, sondern Garant des kontinuierlichen Fortschrittes. Es erhob sich der Einwand, dass pure Hoffnungslosigkeit einen Menschen überfallen würde, wenn man ihm sagt, dass er sich nicht selbst aus der Misere seiner Sündhaftigkeit erretten kann. Die Lehre, dass sich der von einem bösen Wesen beherrschte Mensch ganz und gar auf die Gnade Gottes verlassen müsse, um sein Seelenheil zu erlangen, war so anstößig geworden, dass sie unter der allgemeinen Bevölkerung Amerikas nur noch wenig Zustimmung fand. Ralph Waldo Emerson wurde nie müde zu betonen, dass die romantische Religion die menschliche Tugendhaftigkeit hervorhebt, wohingegen der Calvinismus das Prinzip der menschlichen Schlechtigkeit in den Vordergrund stellen würde. Nichts sei jedoch absurder als zu meinen, dass der Mensch aufgrund seiner vermeintlichen Sündhaftigkeit nicht mehr so handeln könne, wie es einem tugendhaften Lebenswandel entspricht. Der eigentliche Schwerpunkt der Kritik, die die romantische Demokratie am biblischen Glauben äußerte, lag demnach nicht vordergründig auf der Lehre der Souveränität Gottes, sondern auf dem Dogma der Verderbtheit des Menschen. Mit Nachdruck wurde diese Lehre abgelehnt, denn eine permanente Neigung zum Bösen sei mit der Vorstellung einer zunehmenden Vervollkommnung des Menschen unvereinbar. Im Weiteren sei es lächerlich, an der Idee einer göttlichen Vorsehung festzuhalten, wonach jedes historische Ereignis so vorherbestimmt sei, wie es tatsächlich in Erscheinung tritt. Die Konzeption eines notwendigen Ablaufs der Geschichte lege dem Menschen ein starres Korsett an, aus dem er sich nicht befreien könne. Die Propheten der romantischen Demokratie betonten, dass der Normalbürger intelligent und rechtschaffen sei und dass das Erbringen von guten Werken die Grundlage und Voraussetzung des materiellen Wohlstandes sei. Es sei die Pflicht eines jeden, unverbrüchlich an sich selbst zu glauben; sich stets bewusst zu werden, dass die eigenen Fähigkeiten ausreichend seien, um guten Vorsätzen glorreiche Taten folgen zu lassen. Das göttliche Wesen sei demnach niemand anderes als der Mensch selbst. Die souveräne Macht des calvinischen Gottes, wie sie die reformierten Christen proklamierten, musste als irriger Gedanke verworfen werden, bevor die Vorstellung der Göttlichkeit des amerikanischen Normalbürgers in ihrer vermeintlichen Herrlichkeit aufleuchten konnte.

6.3 Unitarisches Ideal einer christlichen Nation

(Vereinigung des menschlichen mit dem göttlichen Geist)
Viele Analogien bestehen zwischen dem Neoplatonismus im englischen Cambridge des 17. Jahrhunderts (das Göttliche wohnt dem Materiellen inne) und dem Unitarismus in Neuengland des 19. Jahrhunderts (Ablehnung der Trinitätslehre und der Göttlichkeit von Jesus). Ihren Anhängern ging es darum, das Christentum in einen ethischen Humanismus umzuinterpretieren, der sich aber dennoch gegen das atheistische Freidenkertum abgrenzte. Es erwies sich als vorteilhaft, dass sich die Unitarier auf die Tugenden der Toleranz und Friedfertigkeit als ihre obersten Prinzipien beriefen. Hierin folgten sie dem Vorbild der Cambridge Platoniker. Da man sie als Befürworter einer hohen Moral ansah, schlossen sich ihnen Menschen an, die andere rabiatere Mittel der geistigen Einflussnahme empört zurückgewiesen hätten.

Die Unitarier hatten eine Autorität verworfen, die der menschlichen Vernunft übergeordnet ist und die ihnen gesicherte und unumstößliche Erkenntnisse über die materielle und spirituelle Wirklichkeit gegeben hätte. Das Ziel, die Herbeiführung der Gemeinschaft zwischen dem menschlichen und göttlichen Geist, schien erreichbar zu sein, als der Neoplatonismus mit der christlichen Idee eines Gottes, der sich nach der Menschheit ausstreckt, zusammengeführt wurde. Der humanistische Liberalismus der Renaissance, der Aufklärung und des Rationalismus im 19. Jahrhundert stellte in Aussicht, als ob die Vereinigung des Menschen mit der Welt-Seele sogar noch einfacher geschehen könne. Ein wegweisendes Ereignis war 1757 die Veröffentlichung eines Buchs von Samuel Webster, ein am Harvard College ausgebildeter Prediger, in dem er die Erbsündenlehre zu widerlegen versuchte. Jesus Christus verehrte man als einen der größten Sittenlehrer, nicht aber als Gott-Mensch. Das gemeinsame Anliegen, die Wirklichkeit des Geistes und der Materie anzuerkennen, war zwei Jahrhunderte später der Grund, wieso sich die Unitarier Neuenglands zu den Cambridge Platonikern hingezogen fühlten. Gleichzeitig hielten sie auch an der Priorität des Geistes über der

Materie fest. Beide Gruppen meinten, dass der Geist die aktive Energie im Universum sei und Materie die passive.

Der unitarische Gelehrte Abiel Abbot Livermore interpretierte den Neoplatonismus im 19. Jahrhundert um: Sein Postmillennialismus verknüpfte eine antike Philosophie mit dem Renaissance-Humanismus und der humanitären Einstellung des 19. Jahrhunderts miteinander. Er denunzierte alle Sklaverei und rassische Unterdrückung als unvereinbar mit seiner geistlichen Vision, dass es nur eine geeinte Menschheit gebe.

Der unitarische Prediger Orville Dewey (ΦBK) verknüpfte den Cambridge Platonismus mit Immanuel Kants Idealismus. Er meinte, dass man nicht sicher sein könne, ob die innere Stimme wirklich der „Göttliche Verstand" ist oder nur eine Vorstellung davon. Wie dem auch sei, die Menschen seien verpflichtet, die „Vortrefflichkeit" so gut wie möglich anzubeten.

In den Jahren nach dem Sezessionskrieg (1861-1865) spielte der Platonismus eine zentrale Rolle in dem komplexen Gemisch von Ideen des Transzendentalismus (auf der Grundlage des Deutschen Idealismus Vereinigung von Einflüssen der englischen Romantik, mystischen Vorstellungen und indischen Philosophien) und des Christentums, das Gelehrte in ihren Werken aufnahmen. Edmund H. Sears schrieb das einflussreichste aller unitarischen Werke über die neoplatonische Naturreligion der Seele. Seine Absicht war, die moralischen Grundsätze des Christentums, die mit dem Neoplatonismus übereinstimmten, der gegenwärtigen Generation von religiösen Liberalen nahezubringen. Bei Andrew Preston Peabody, Professor für christliche Morallehre an der Harvard Universität, trat die dominante Note des Platonismus innerhalb des Unitarismus hervor, und er stellte heraus, dass die göttlichen Ideen die letztliche Ursache aller materiellen Phänomene seien.

Die Unitarier glaubten, dass der Verstand des Menschen die Güte Gottes erfassen könne. Im Gegensatz zu den Calvinisten meinten sie, dass es eine wesensmäßige Identität zwischen der menschlichen Vernunft und dem unendlichen Geist gebe. Kein anderer Gedanke als dieser spielte eine so wichtige Rolle in der Auseinandersetzung der Unitarier mit den Calvinisten. Wenn der Mensch tatsächlich die „vom Herrn verliehene Leuchte" – „psyche" im Sinne von Geist, Vernunft, Verstand – besitze und sich davon leiten lasse, sei es ein Irrtum, sein Wesen als völlig verdorben anzusehen. Die calvinistische Lehre einer göttlichen Vorherbestimmung der Erwählten zum Heil erscheint dem menschlichen Gerechtigkeitsempfinden willkürlich und unmoralisch und müsse darum falsch sein. Schriftpassagen, die den Anschein erwecken, dass Gott zornig und voreingenommen sei, müssten bildlich interpretiert oder kritisch analysiert werden, um zu einem anderen Schluss zu kommen.

Ein weiteres Beispiel der unitarischen Theologie legte die 1820 vorgetragene Predigt von James Walker dar. Er zitiert die Cambridge Platoniker Henry More und John Smith, um seiner Behauptung Nachdruck zu verleihen, dass die Menschen ein zuverlässiges Maß an Erkenntnis über die Eigenschaften eines vollkommenen Gottes besitzen. Walkers Suche nach einem „echten Mystizismus", der von einer wirklichen Gemeinschaft der Seele mit ihrem Schöpfer ausgeht, nimmt den wesentlichen Grund vorweg, wieso sich der Unitarismus etwas später zum Transzendentalismus weiterentwickelte.

Die Cambridge Platoniker des 17. Jahrhunderts empfahlen die Ausübung der Religion, weil sie meinten, dass dem Individuum nur so geholfen werden könne, die angemessene Harmonie zwischen den verschiedenen geistigen Fähigkeiten zu bewahren, besonders die Herrschaft des Bewusstseins und die Unterdrückung der Leidenschaften. Überraschend gering war die Abweichung der amerikanischen Unitarier des 19. Jahrhunderts von dieser Meinung. Sie nannten die richtige Verwendung der mentalen Fähigkeiten des Menschen die Kultivierung eines christlichen Charakters. Die Vervollkommnung des Charakters vollziehe sich in einem hingebungsvollen Geist, gerade so, wie es die Cambridge Platoniker Jahrhunderte zuvor empfohlen hatten: „Religion macht den Verstand völlig gesund." Der klassische Unitarismus betrachtete im krassen Gegensatz zum Calvinismus weder die Gnade noch das Heil als etwas Übernatürliches; sie waren keine exklusive Gabe eines souveränen Gottes, die er nur denen schenkte, die er dazu vorherbestimmt hatte, wie es die Bibel lehrt.

Der klassische Unitarismus brachte in seiner eigenen Art und Weise das beharrliche Streben nach einem christlichen Perfektionismus zum Ausdruck: das Streben nach Vollkommenheit (lat. „perfectio") und völliger Freiheit von der Sünde und der Meinung, dass dies ganz oder teilweise erreicht werden kann. Die Unitarier unterschieden sich von den reformierten Postmillennialisten darin, dass sie eine säkularisierte Version des Königreichs Gottes befürworteten. Ihr Ziel, eine sozialistische Utopie zu verwirklich, wollten sie über das im 19. Jahrhundert aufkommende öffentliche Bildungswesen ausüben.

Die Unitarier erhielten großen Zulauf von kongregationalistischen Gemeindegliedern in Neuengland, die ihre Gemeinden im Zuge der Erweckungspredigten verlassen hatten – in diesen Gemeinden hat die Autonomie der einzelnen Kirchengemeinden oberste Priorität, es gibt weder eine nationale Synode noch ein Bischofssystem. In dem Zeitraum von 1790 bis 1850 kam es in den Vereinigten Staaten zu der sogenannten Zweiten Großen Erweckungsbewegung. Viele wohlbetuchte Stadtbewohner schlossen sich den Unitariern an, weil sie Anstoß daran genommen hatten, als vermeintlich rechtschaffene Bürger zu verdammungswürdigen Sündern abgestempelt zu werden. Neben den Kongregationalisten Neuenglands rekrutierten die Unitarier ihre Anhänger hauptsächlich unter den vielen Sektenmitgliedern, die im Verlauf der Ersten Großen Erweckung an den Rand der etablierten Kirchlichkeit gedrängt worden waren. Im Kongregationalismus Neuenglands machte sich der gemeinsame Vorstoß der universalistischen Unitarier besonders bemerkbar. Diesem Ansturm von abweichenden Meinungen musste entschieden Einhalt geboten werden. Angesichts der um sich greifenden Irrlehren sahen sich die Theologen des Yale College dazu veranlasst, sich der Verteidigung des christlichen Glaubens in vorbildlicher Weise zu widmen.

Die von den Unitariern geforderte Befreiung der Sklaven fügte sich nahtlos in das Ideal einer christlichen Nation, dem die Nördlichen Presbyterianer huldigten – die presbyterianischen Kirchen leiten sich vom Calvinismus ab. Die Unitarier schürten die ideologische Hetzkampagne gegen die Sklaverei, beteiligten sich aber nur bedingt an der politischen Agitation zur Abschaffung dieser grauenhaften Institution. Aufmüpfige Studenten des Lane Theological Seminary, die ihre konservative theologische Hochschule verlassen hatten, weil ihnen dort jede Äußerung zum Thema Sklaverei verboten wurde, fanden Aufnahme am 1833 gegründeten Oberlin College in Ohio, das nicht nur offen gegen die Sklaverei Stellung bezog, sondern den sündlosen Perfektionismus, die Anti-Saloon League, neue Ernährungstheorien und weitere damals aktuelle Anliegen der Sozialreform förderte. Die erste Ordination einer Frau zum geistlichen Dienst kann ebenso auf das Oberlin College und die Heiligungsbewegung zurückgeführt werden. Der Rektor des Oberlin College von 1851 bis 1866 war der bekannte Evangelist Charles G. Finney (1792-1875), der zu jener Zeit als glühender Befürworter des Perfektionismus und Postmillennialismus hervortrat. Den Christen stellte er vor Augen, dass sie unter einer zweifachen Verpflichtung sowohl für ihre eigene Heiligung als auch für die soziale Erneuerung der gesamten Nation verantwortlich seien.

6.4 Idealistische Grundzüge des Transzendentalismus

(Die neue Religion des Transzendentalismus glorifiziert den Menschen)
Der abstrakt und emotionslos erscheinende Rationalismus der Aufklärung konnte niemand begeistern, der nach einer konkreten und gefühlsbetonten Philosophie Ausschau hielt. Nicht der rationalistische Deismus, sondern der mystische Transzendentalismus erfüllte dieses Bedürfnis. Die Anhänger des Transzendentalismus ließen den Unitarismus hinter sich, dem sie ursprünglich anhingen. Die radikalere Theologie von Ralph Waldo Emerson (1803-1882) und seiner Gruppe erwies sich für viele als ein attraktiveres Religionssystem als der Unitarismus, weil es nicht nur den Verstand anregte, sondern auch die Gefühle. Der pantheistische Grundton (das Göttliche beseelt alle Dinge) des Transzendentalismus sprach diejenigen an, die kein Interesse mehr an dem „abwesenden" Gott des Deismus hatten. Viele Amerikaner waren zudem von dem rationalistischen Charakter der deistischen Naturreligion desillusioniert, die von jeder emotionalen Wärme und Leidenschaft entleert war.

Man muss den europäischen Hintergrund in Betracht ziehen, um den Transzendentalismus zu verstehen: Seit 1800 war die intellektuelle Revolte voll im Gange. Der Deutsche Idealismus war weit über die Grenzen seines Ursprungslandes hinaus verbreitet. Diese philosophische Anschauung ging davon aus, dass die Welt und das Sein als Idee, Geist, Vernunft und Bewusstsein bestimmt seien, und verstand die Materie als deren Erscheinungsform. Der Deutsche Idealismus wurde zur vorherrschenden Philosophie in Europa und Amerika. Die romantische Bewegung zog in jener Zeit besonders die Aufmerksamkeit der englischen und deutschen Bevölkerung auf sich. Nachdem der Deutsche Idealismus mit Immanuel Kant seinen Anfang genommen hatte, erreichte er seinen Höhepunkt in der Philosophie Hegels. Diese Philosophie löste eine tiefgehende Revolution in allen Bereichen des menschlichen Denkens aus.

Die Generationen, die auf die Puritaner folgten, distanzierten sich immer weiter von der Theologie ihrer Vorväter. In der Neuen Welt machte sich im 19. Jahrhundert ein mystischer Grundton in Kirche und Staat bemerkbar. Auf diesem Boden gediehen Gedanken des Deutschen Idealismus. Der Theologie- und Philosophieprofessor Georg Wilhelm Friedrich Hegel (1770-1831) stellte sich gegen die christliche Vorstellung, dass der Mensch von Gott getrennt sei. Er war beeinflusst vom Mystiker Jakob Böhme, der wiederum vom Neoplatonismus. Im Geiste der romantischen Bewegung in Deutschland verfolgte Hegel das Anliegen, den Menschen mit Gott zu vereinigen, indem er ihn geradezu mit der göttlichen Wirklichkeit identifizierte, als ob das Wesen des einen in das des anderen ungehindert überfließt. Hegel glaubte nicht an einen übernatürlichen Gott. Im Gegensatz zur Lehre, wonach der Sohn Gottes Mensch wurde, meinte Hegel, Jesus Christus sei als reiner Mensch Gott geworden. Es gebe keinen Unterschied zwischen dem menschlichen und göttlichen Wesen. Zu Beginn der Geschichte wusste der Mensch-Gott noch nichts über sein göttliches Wesen; im Laufe der Zeit bekommt er die volle Erkenntnis und verwirklicht sein göttliches Wesen.

Die hegelsche Philosophie tritt an vielen Stellen in den Schriften der englischen Romantiker hervor und machte sich gleichfalls in den Werken der zeitgenössischen amerikanischen Transzendentalisten, wie Whitman, Thoreau und Emerson, bemerkbar. Der amerikanische Transzendentalismus setzt sich aus zwei Teilen zusammen: er ist ein Produkt des intellektuellen Milieus, das Amerika Anfang des 19. Jahrhunderts dominierte, und er ist eine Reproduktion der philosophischen und religiösen Gegenströme, die Europa durchzogen. Der Transzendentalismus hatte den Unitarismus einer früheren Generation verworfen und kehrte nicht zur christlichen Rechtgläubigkeit zurück. Im Schlepptau des Hegelianismus hatte er sich viel weiter vom Calvinismus entfernt, als es der Deismus trotz seiner humanistischen Elemente je getan hatte. Der Deismus ging noch davon aus, dass Gott die Welt zwar geschaffen hat, aber keinen weiteren Einfluss mehr auf sie ausübe.

Der damals beliebte Historiker George Bancroft (ΦBK, Porcellian Club) verbreitete in der Bevölkerung den Deutschen Idealismus und verband ihn mit der amerikanischen Politik. Die Anhänger der republikanischen Partei meinten, Amerika sei dazu berufen, die Welt zu retten. Die Evangelikalen gingen von der irrigen Vorstellung aus, die Vereinigten Staaten stünden als „christliche" Nation unter einer besonderen Vorsehung Gottes. Sie fühlten sich berufen, den Anbruch des paradiesischen Millenniums herbeizuführen. Der Deutsche Idealismus durchdrang rasch die amerikanischen Universitäten.

Allmählich passte sich der Fundamentalismus der rationalistischen Theologie an, die sich schließlich im Protestantischen Liberalismus des späten 19. Jahrhunderts voll entfaltete. Theologische Seminare übernahmen die Bibelkritik, um sich dem wissenschaftlichen Fortschritt und der modernen Weltanschauung anzupassen. Sie wollten nicht gänzlich jeden Respekt in einer Welt verlieren, die sich der Wissenschaftsgläubigkeit hingegeben hat.

Die Furcht, die die Transzendentalisten bei ihren liberalen und konservativen Kontrahenten hervorriefen, war keineswegs unbegründet, denn ihr Glaubenssystem sympathisierte mit verschiedenen radikalen Bewegungen, die sich im Zeitalter Jacksons (1829 bis 1837) gebildet hatten. Dank ihrer vielseitigen Beziehungen zur Administration von Präsident Andrew Jackson gelang es der Bewegung, einen tiefgreifenden Einfluss auf die politische und soziale Entwicklung des Landes auszuüben.

Eine angemessene Beurteilung der amerikanischen Demokratie ist nur dann möglich, wenn man dem Einfluss des transzendentalen Denkens Rechnung trägt. Die demokratischen Erneuerungsprozesse wären nie in Gang gekommen, ohne vom Transzendentalismus vorangetrieben und gelenkt worden zu sein. Die allgemeinen Ansichten des Transzendentalismus über Gott und Mensch und ihrer gegenseitigen Beziehung zueinander passten genial ins politische Gefüge der damaligen Politik von Andrew Jackson. Die Jacksonsche Demokratie stellte die Bedeutung des amerikanischen Normalbürgers, des Mannes auf der Straße, in den Mittelpunkt. Sie bediente sich des Transzendentalismus als philosophische Grundlage, um neue politische, wirtschaftliche und soziale Verhältnisse in den Vereinigten Staaten zu schaffen. Die Transzendentalisten propagierten den Hegelianismus (Deutscher Idealismus) und erwiesen sich als einflussreiche Meinungsmacher in Amerika. Infolge ihrer leidenschaftlichen Werbekampagnen nahm Hegels Vorstellung der Freiheit, die nur im absoluten Herrschaftsbereich des Staates existieren könne, eine wichtige Bedeutung in der amerikanischen Gesellschaft ein. Die Initiierung vieler Reformbewegungen in den Jahren 1830 bis 1870 kann gleichfalls auf den Einfluss dieser Philosophie zurückgeführt werden. Die Transzendentalisten belebten neu die Tradition der Cambridge Platoniker (Vergöttlichung der menschlichen Seele).

Der neue Aspekt des Transzendentalismus war die Verwerfung aller Autorität außerhalb des (eigenen) Individuums. Der Transzendentalismus entlehnte der angloamerikanischen Tradition des Neoplatonismus die folgenden zwei Elemente: Eine ganz neue Betrachtungsweise des menschlichen Wesens und der Natur. Im Verborgenen der eigenen Gedanken wird das göttliche ‚Ich bin' entdeckt. Beim mystischen Transzendentalismus handelt es sich hauptsächlich um eine religiöse Philosophie: er war eine Revolte gegen die rationalistische Aufklärung des 18. Jahrhunderts, gegen die unbegrenzte Begeisterung über den vielfachen Gebrauch der Wissenschaftsmethode, gegen den Deismus (Gott hat sich nach der Schöpfung zurückgezogen), Calvinismus (Gott herrscht souverän über alles) und Sensualismus (alle Erkenntnis ist auf Sinneswahrnehmung zurückzuführen). Die

Motivation war, den Menschen aus der Sklaverei der Vernunft und der Natur zu befreien. Eine Rückkehr zur christlichen Lehre über die richtige Erkenntnis (Epistemologie) und die ultimative Wirklichkeit (Metaphysik) stand nicht zur Debatte, denn die Transzendentalisten begegneten ihr mit großem Widerwillen. Somit trat an die Stelle des Deismus mit seiner Trennung von Gott und Mensch eine pantheistische Metaphysik, die Gott und Mensch sowie Gott und Natur zu einem einzigen Wesen vereinigte. Emerson meinte, dass im Inneren eines jeden Menschen ein universaler Geist Gottes anwesend sei. Deshalb sei der Mensch vor allem die Fleischwerdung dieses Geistes. Der menschlichen Erkenntnis fehle aber eine logische oder rationale Grundlage. Sie müsse sich alleine auf die Intuition verlassen, um Gott zu erkennen.

Der transzendentale Mystizismus stellte sich fast in jedem Punkt gegen die christliche Lehre. Grundsätzlich lehnte er die Kirche als Institution ab. Das Individuum sei die ultimative Autorität, das entscheiden könne, was in der Religion wahr oder falsch sei. Wenn sich der Mensch versenke, könne er das in seinem Inneren vorhandene Abbild Gottes erkennen. Das Ergebnis dieser Denkweise konnte nur ein religiöser Subjektivismus sein, der schließlich zu einer Anarchie der Lehre und der Moral führte. Um diese Schlussfolgerung zu vermeiden, definierte der transzendentale Mystizismus Frömmigkeit so, dass die subjektive Ausgestaltung der Religion betont wurde.

6.5 Transzendentaler Angriff gegen das Christentum

(Kooperation von Gott und Mensch zur Verwirklichung des sozialen Fortschrittes)

Die Revolte gegen das Christentum ermöglichte es den Transzendentalisten, sich viel weiter dem erwünschten Ziel eines neuen Religionssystems zu nähern, als es die Deisten und die Unitarier zuvor gewagt hatten. Sie behaupteten, dass das Christentum nicht der krönende Abschluss der Religion sei, sondern nur eine zwischenzeitige Momentaufnahme in der fortschreitenden Entwicklung der religiösen Erkenntnis des Menschen. Nichts von dem, was Jesus Christus sprach oder tat, besitze eine ewige Gültigkeit. Die höchste Autorität im Bereich der Religion könne einzig in der menschlichen Erfahrung, im Inneren des Menschen selbst, gefunden werden, nicht in irgendeiner göttlichen Offenbarung, die vom menschlichen Geist losgelöst ist. Diese vergeistigte Philosophie ist eine Religion, die den Menschen vergöttlicht. Im Kern des Transzendentalismus erblickt man nichts Weiteres als den puren Humanismus. Man gestand Gott keine unabhängige Existenz außerhalb des menschlichen Bewusstseins zu. Die dem Pantheismus entnommene Vorstellung über die Beschaffenheit des menschlichen Wesens gipfelte zwangsläufig in der Lehre der absoluten Souveränität des Menschen. Die herausragenden Merkmale seien seine Güte und Tugendhaftigkeit. Deshalb könne er sich auch bis zum Erreichen der Vollkommenheit kontinuierlich verbessern. Seine temporäre Unvollkommenheit sei weder das Ergebnis des Sündenfalls noch die Auswirkungen der Erbsünde, sondern liege einzig in der Tatsache begründet, dass der Mensch noch nicht alle notwendigen Entwicklungsstufen durchlaufen hat, um in den Stand der Vollkommenheit zu gelangen. Der mit dieser glanzvollen Zukunftsvision einhergehende Optimismus kannte und kennt keine Grenzen. Dank des göttlichen Funkens in seiner Seele gestalte sich das menschliche Wesen zu etwas Großartigem. Das Hauptmotiv des Transzendentalismus war die Glorifizierung des Menschen.

Die Transzendentalisten verherrlichten das Individuum und lehnten die vorhandenen Gesellschaftsinstitutionen ab. Für den Schriftsteller und Philosophen Henry David Thoreau (1817-1862) hatten die von Kirche und Staat vorgegebenen Bestimmungen keine Gültigkeit mehr. Völlig paradox erschien die Erwartungshaltung vieler Transzendentalisten zu sein, die weniger konsequent wie Thoreau waren. Sie setzten ihre Hoffnung in den Staat, ihnen in der umfassenden Reform der amerikanischen Gesellschaft Schützenhilfe zu geben, die in ihren Augen nicht radikaler hätte sein können. Doch gerade der Staat war die Institution, die die menschliche Freiheit am stärksten beeinträchtigte. Ungeachtet dieser Tatsache meinten sie, sich dessen bewusst zu sein, dass nur so ihre kühnsten Träume in Erfüllung gehen würden.

Der Transzendentalismus war nie eine formell organisierte Bewegung, obwohl Frederic Hedge, Ralph Waldo Emerson (ΦBK) und George Ripley (ΦBK) 1836 den Transcendental Club in Boston gegründet hatten, um ihre Philosophie besser verbreiten zu können. Obgleich sich der Transzendentalismus wohlwollend über die Demokratie des einfachen Mannes aussprach und das vermeintlich idyllische Leben im Grenzland zwischen „Zivilisation" und „Wildnis" anpries, gelang es ihm nie, eine größere Schar des einfachen Volkes, für dessen Wortführer sich seine Schlüsselfiguren ausgaben, als Verbündete zu gewinnen. Im Gegensatz dazu fühlten sich viele Intellektuelle in Neuengland von der transzendentalen Philosophie angesprochen. Dieser Umstand erstaunt deshalb, weil eine irrationale Note den gesamten Transzendentalismus durchzog.

Das Aufkommen des Transzendentalismus war ein Frontalangriff gegen das Christentum in all seinen unterschiedlichen Ausprägungen. Der größte Gegensatz bestand zum Calvinismus, weil diese Lehre die Souveränität Gottes besonders hervorhob. Das Anliegen der Philosophie Emersons war nicht nur, einen lautstarken Widerspruch gegen das Christentum zu erheben, sondern den christlichen Glauben so zu verändern, dass er der idealistischen Philosophie weitmöglichst entsprach. Obwohl die Zahl der Anhänger, die eine radikalere Interpretation der metaphysischen Wirklichkeit suchten, relativ klein war, besaß die transzendentale Philosophie eine große Anziehungskraft auf viele Personen mit unterschiedlichen Interessen. Der Grund des Erfolgs ist darauf zurückzuführen, dass sie sich in der Ära von Präsident Andrew Jackson (1829-1837) der demokratischen Lebensweise bestens angepasst hatte. Sie spielte eine wichtige Rolle im gesellschaftlichen Aufstieg des „Mannes auf der Straße". Diese Philosophie verursachte gewaltige Umwälzungen in den verschiedensten Gesellschaftsbereichen, besonders in christlichen Kreisen. Die Philosophie übte einen nachhaltigen

Einfluss auf die sogenannte „Demokratisierung des amerikanischen Christentums" aus, bei der die calvinistischen Lehren der souveränen Gnade Gottes und der völligen Verderbtheit der Menschen gegen eine religiöse Ansicht ausgetauscht wurde, die die Liebe Gottes anstatt seiner Gerechtigkeit und Heiligkeit betont. Der Mensch sei demnach nicht gänzlich verdorben und könne zumindest teilweise im Erlangen seiner eigenen Errettung mit Gott kooperieren. Am wichtigsten schien jedoch der millennialistische Auftrag zu sein, das Königreich Gottes auf der Erde zu errichten. Der Mensch besitze die nötigen Fähigkeiten, um seiner vermeintlichen Verpflichtung nachzukommen, eine vollkommene Gesellschaft einzuführen. So entstand im Kongregationalismus, wo die einzelnen Gemeinden selbständig handeln, eine Lehrmeinung, die man „New England Theology" bezeichnete. Sie ist als vermittelnde Theologie bekannt geworden, die an den meisten christlichen Lehren festhielt, aber gemäß dem Transzendentalismus das stellvertretende Sühneopfer von Jesus Christus, den gebundenen Willen des Menschen und die Rechtfertigung aus Glauben verwarf.

Der Erweckungsprediger Charles G. Finney öffnete sich ganz besonders diesem transzendentalen Einfluss. Der Grund für diese aus biblischer Sicht negative Entwicklung kann darauf zurückgeführt werden, dass sich methodistische und baptistische Kirchen sowie Versammlungen der Disciples of Christ bereits der demokratischen Tendenz aufgeschlossen hatten, bevor sich der Transzendentalismus in seiner ganzen Intensität bemerkbar machte. Der Grund hierfür lag daran, dass diese Kirchen in ihrer Heilslehre zunächst dem Arminianismus (Dank der zuvorkommenden Gnade Gottes kann der Mensch sich aus eigenem Willen Gott zuwenden), eine Variante des katholischen Semipelagianismus (eine im 5. Jahrhundert n.Chr. aufkommende Lehre, die gegen Pelagius an der Erbsünde festhält, aber gegen Augustinus in Übereinstimmung mit Pelagius die Freiheit der Glaubensentscheidung und die Möglichkeit zum Heil für alle Menschen vertrat), Tür und Tor geöffnet hatten, und somit anfällig waren, auf weitere dogmatische Abweichungen vom reformatorischen Christentum einzugehen.

Der revolutionäre Charakter der transzendentalen Philosophie fand in den Reformen der Jacksonschen Ära ein entsprechendes Betätigungsfeld. Dazu zählten unter anderem die Institution der Sklaverei und das Zivilrecht der Bürger, das Bildungswesen und der Justizvollzug, die Beziehung der Geschlechter zueinander und die Erziehung der Kinder. Ein wichtiges Anliegen war auch die Bewahrung des Friedens, obgleich man sich auch gerne der Kriegshetzerei bediente, wenn man darin eine bessere Chance zur Erneuerung der Gesellschaft erblickte. Die Beibehaltung einer althergebrachten Lebensweise, die von christlichen Verhaltensprinzipien geprägt war, musste unter allen Umständen verhindert werden. Die Vergöttlichung des Menschen in der Erscheinung eines Normalbürgers war die konsequente Anwendung der demokratischen Philosophie. Obwohl die Transzendentalisten dem Anarchismus eine positive Einstellung entgegenbrachten, scheuten sie sich nicht davor, die Regierung für ihre Zwecke zu instrumentalisieren. Nichts weniger als die völlige Umwälzung jedes einzelnen Bereichs der

Gesellschaft konnte die Anhänger zufriedenstellen. Trotz des zwischenzeitlichen Kompromisses mit staatlich kontrollierten Maßnahmen stand das Streben nach individueller Freiheit allen anderen Belangen voran.

Zeitlebens hatte Emerson nichts weniger im Sinn als die spirituelle Erneuerung der ganzen Welt. Darum machte er sich unter anderem für die weite Ausstreuung der utopischen Ideen Charles Fouriers stark. Der populärste Sozialist in Amerika war der Franzose Charles Fourier, obwohl er nie die USA betreten hatte. Viele der vornehmen Bürger Neuenglands und New Yorks waren ergebene Anhänger des Fourierismus. Regierungsbeamte und Armeeoffiziere beteiligten sich an der Umsetzung der utopischen Pläne. Wie bei utopischen Denkern üblich, verband sich im Denken Fouriers wild ausufernde Fantasie mit eiskalter Berechnung, einen persönlichen Gewinn aus der Verbreitung und Umsetzung seiner Lebensphilosophie zu ziehen. Der daraus entstehende fantasievolle Entwurf einer neuen Gesellschaft trug unverkennbare Anzeichen des Irrsinns an sich. Ein harmonisches Zusammenleben entstehe dort, wo den menschlichen Leidenschaften freien Raum gegeben werden würde. Einschränkungen jeglicher Art in der Lebensführung fanden keine Befürwortung in dem unausgewogenen Gedankenspiel des französischen Visionärs, der sich vor allem von Jean-Jacques Rousseau inspirieren ließ.

Albert Brisbane brachte Charles Fouriers Philosophie nach Amerika und verbreitete sie als transzendaler Wanderprediger weitläufig. 1839 gründete er die Fourierist Society in New York. Als Zweckbestimmung des von Brisbane weiterentwickelten Fourierismus kristallisierte sich der Fortschritt in der Form sozialer Reformen aus.

Die Ideologie des Transzendentalismus besagt, dass der Fortschritt der Natur innewohne; der Mensch, der von Natur aus ein Reformer sei, sei verpflichtet, den Prozess des Fortschrittes zu beschleunigen. Mittels seiner Intelligenz könne der Mensch ihm die Richtung weisen. Deshalb bestritt der Transzendentalismus mit aller Entschiedenheit die Überzeugung der Christen, dass die einzig tragfähige Grundlage des menschlichen Fortschrittes in der biblischen Vorstellung der Rechtfertigung und Heiligung liegt. Der Transzendentalismus war optimistisch ausgerichtet, weil er mit aller Vehemenz die biblische Sündenlehre bestritt und den Menschen bescheinigte, völlig von einer innewohnenden Güte beseelt zu sein. Ein verdorbener Charakter könne nur entstehen, wenn ein Mensch sich zu sehr der Gesellschaft öffnet und sich ihren Institutionen anschließt. Das Böse in der Welt werde besiegt werden. Der Transzendentalist konnte diese Folgerungen nur deshalb ziehen, weil er die Existenz des Bösen nicht im biblischen Sinne definierte, sondern sie vielmehr als Mangel an der richtigen Erkenntnis ansah. Das unaufhörliche Streben nach einer völligen Umgestaltung der Gesellschaft zielte nicht darauf ab, die Situation der Menschen zu verbessern, sondern den nächsten Schritt zu wagen: die Selbstverwirklichung des Reformers. Das höchste Ziel sei die Erkenntnis, Bestandteil einer göttlichen Wirklichkeit zu sein. Unter der Inspiration einer solchen Philosophie konnte man jedes soziale Problem in der Erwartung angehen, dass die geistlich „Erleuchteten" letztlich alles Widerwärtige in der amerikanischen Gesellschaft ausmerzen werden. So geschah es, dass öffentliche Kampagnen unter anderem für den Weltfrieden, die Frauenrechte und das Verbot, Alkohol herzustellen oder abzugeben, organisiert wurden. Doch die größte Aufmerksamkeit zog der Befreiungskampf der Sklaven auf sich. In den Kampagnen gewannen die Transzendentalisten viele evangelikale Mitstreiter, weil diese meinten, dass Gott und Mensch in einer gegenseitig unterstützenden Partnerschaft zusammenarbeiten müssten, um den sozialen Fortschritt zu verwirklichen. Die wichtigste Voraussetzung, die die Kooperation zwischen Transzendentalisten und Christen in fast allen Reforminitiativen ermöglichte, war die Befürwortung des Postmillennialismus – die Vorstellung, dass das Tausendjährige Reich vor der zweiten Wiederkunft von Jesus Christus von Menschen errichtet wird.

7.0 Idealvorstellungen des neuen Zeitalters in Amerika

In den Jahrzehnten nach Beendigung des Unabhängigkeitskrieges erfreute sich in den USA die Vision eines kommenden Tausendjährigen Reiches einer so großen Popularität wie in keinem anderen Land. Es hatte den Anschein, dass Evangelikale im ganzen Land von der Vision einer echten christlichen Gesellschaft ergriffen waren, die sich schließlich über die ganze Erde erstrecken sollte. Sie waren überzeugt, dass Gott sein Reich des Friedens und Wohlstandes Schritt für Schritt einführen werde. In einem fast unüberbietbaren Enthusiasmus setzten sie sich mit Leibeskräften für seine baldige Erscheinung ein. Die führenden Postmillennialisten waren größtenteils Rationalisten, die dem zukünftigen Erscheinen einer unwandelbaren Gesellschaft entgegenfieberten. Diese Einstellung wird trotz ihres paradoxen Untertons halbwegs verständlich, wenn man sich vergegenwärtigt, dass die Erwartungshaltung auf eine kommende Zeitepoche gerichtet war, die von paradiesischen Zuständen gekennzeichnet ist. Der bekannte Evangelist und spätere Rektor des Oberlin Colleges, Charles G. Finney, der sich dem schottischen Rationalismus in Form der „Common Sense"-Philosophie aufgeschlossen hatte, griff oft auf die Symbolik und Ausdrucksweise des Postmillennialismus zurück.

7.1 Revolutionäre Folgen des religiösen Patriotismus

Mit dem erfolgreichen Ende des Unabhängigkeitskriegs 1783 nahm eine zweite Revolution, die sich vor den Augen der amerikanischen Bevölkerung abspielte, so richtig Fahrt auf. Im späten 18. Jahrhundert wurde den Menschen immer stärker bewusst, dass die Gründung der Vereinigten Staaten von Amerika ein Ereignis von wahrhaft monumentaler Bedeutung war. Obgleich viele Kongregationalisten und Presbyterianer die Hinwendung der ehemaligen Dreizehn Kolonien von einer konstitutionellen Monarchie zu einer demokratischen Gesellschaftsordnung als Ergebnis einer widerchristlichen Gottlosigkeit ansahen, fasste die Mehrheit der US-Bevölkerung den Geschichtsverlauf völlig anders auf. Als Grundlage eines neuen Regierungssystems schien ihnen die Verwirklichung einer republikanischen Demokratie die beste Ausgangsbasis zu sein, um einen wirtschaftlichen Aufschwung in die Wege zu leiten.

Alexander Campbell, Gründer des Bethany College, einer Ausbildungsstätte der Christian Church (Disciples of Christ), bestand darauf, dass sich Christen einem Prozess der Erleuchtung (engl.: enlightenment; deutsch: Aufklärung) unterziehen müssten, die eine wesentliche Rolle im Herbeiführen des Millenniums spiele. In einer zweiten Revolution solle ein neues Regierungssystem errichtet werden. Dieses würde zwar die äußere Form der Republik beibehalten, sich aber dieser im Kern radikal entgegenstellen. Präsident Andrew Jackson (1829-1837) könne die langersehnte Einführung einer tatsächlichen demokratischen Gesellschaftsordnung, wie sie in Rousseaus Werk *Vom Gesellschaftsvertrag oder Grundsätze des Staatsrechts* (1762) dargelegt worden war, mit den ihm zu Gebote stehenden Mitteln bewirken. Die Erwartung, dass Amerika in die Rolle des Heroldes schlüpfen wird, der das baldige Kommen des Millenniums ankündigen werde, hänge nicht nur von der bereitwilligen Verwerfung eines antiquierten Calvinismus ab, sondern auch von der weitläufigen Verbreitung eines patriotischen Staatskultes. Die maßgebliche Begründung der einzigartigen Bedeutung dieses Geschehens lag darin, dass die Ideale der bürgerlichen und religiösen Freiheit – zentrale Werte der widerchristlichen Aufklärung – als die wichtigsten prophetischen Zeichen der Zeit aufgefasst wurden. Der hauptsächliche Vorbote des Millenniums sei die Demokratie. In einer politischen Revolution müssten weltweit Monarchie und Aristokratie zum Einsturz gebracht werden. Der amerikanische Nationalismus nahm langsam aber sicher feste Konturen an.

Dass Rousseaus romantische Demokratie zu einer heiligen Sache deklariert wurde, ist umso bedeutsamer, sofern man die zeitgleichen Ereignisse in Frankreich und England in Betracht zieht. Die aggressiven Angriffe der Liberalen gegen das Christentum in diesen Ländern, die im Namen der Vernunft vorgetragen wurden, löste eine Gegenreaktion unter den Christen aus, die den feierlich proklamierten Menschenrechten eine gehörige Portion an Skepsis entgegenbrachten. Deshalb konnte sich die an anglikanischen beziehungsweise katholischen Werten orientierende Bevölkerung in England und Frankreich nie vorbehaltlos hinter die Einrichtung einer demokratischen Grundordnung stellen. In ihren Augen trug diese das Stigma der Gottlosigkeit an sich. In Amerika herrschte hingegen eine andere Situation vor. Den gebildeten US-Bürgern war es durchaus möglich, die Ausgestaltung einer demokratischen Gesellschaftsordnung als einen wesentlichen Schritt in Richtung eines aufkommenden Tausendjährigen Reiches anzusehen. Die Zweite Große Erweckung (1790-1850) war von der Hoffnung der Erweckungsprediger, Pastoren und Theologen durchdrungen, dass ihre vielgestaltigen

Bemühungen im Verbreiten des Neuen Protestantismus der Etablierung des Königreich Gottes auf Erden förderlich seien.

Zeitgenössischen Historikern dient dieses Thema zum besseren Verständnis der weitverbreiteten Identifikation des schicksalhaften Werdeganges der amerikanischen Republik mit der christlichen Heilsgeschichte. Sie sehen darin ein Zusammenfließen zweier Geistesströmungen, die deutliche Spuren in der Psyche der US-Bevölkerung hinterließen: es handelt sich um die Verquickung des säkularen Nationalismus und des pseudo-christlichen Postmillennialismus. Durchdrungen von den religiösen Idealen der neuen Republik bildete die postmillennialistische Erwartung die wichtigste Komponente der evangelikalen Frömmigkeit des 19. Jahrhunderts, die Historiker als die Religion der Republik oder die amerikanische Zivilreligion bezeichnen. Die Historiker stimmen darin überein: der Neue Protestantismus (New Divinity) brachte seit 1830 das ersehnte Ergebnis der nationalen Bestimmung mit dem religiösen Selbstverständnis einer von Gott auserwählten Volksgemeinschaft in Einklang; darum trat die Nation allmählich als der primäre Akteur des bedeutsamen Geschichtshandeln Gottes auf. Von diesem übersteigerten Patriotismus war es nur noch ein kleiner Schritt, sich als die vornehmliche Nation der Welt für alle Zeiten zu profilieren.

Der vielgestaltige Überbau der amerikanischen Zivilreligion ruhte auf dem unsicheren Fundament der in viele unterschiedliche christliche Religionsgemeinschaften zersplitterten Denominationen. Dies trug wesentlich dazu bei, dass sich das biblische Verständnis der Kirche als Glaubensgemeinschaft der Erlösten in die mystische Vorstellung einer von Gott besonders privilegierten Nation veränderte, die sich dank dieser Sonderstellung von allen anderen Ländern absetzt. Das gesamte Volk entwickelte „die Seele einer Kirche", denn keine einzige Glaubensgemeinschaft durfte länger für sich selbst behaupten, im alleinigen Besitz der Wahrheit zu sein. Als viele religiöse Institutionen begannen, ihre partikulären Lehrmeinungen auf einen gemeinsamen Nenner zu bringen, diente dies der amerikanischen Bevölkerung als Ansporn, nach einer gemeinsamen Identität Ausschau zu halten. Die Idealvorstellung, wie ein Gemeinsamkeitssinn unter allen US-Bürgern entstehen könne, war die Glorifizierung der Nation, die alle anderen Wertvorstellungen überstieg. In der Auflösung starrer denominationeller Grenzen und Glaubensbekenntnissen in den Anfangsjahren der neuen Republik sehen Historiker den entscheidenden Faktor in der Entstehung einer Zivilreligion. Der sich ausbreitende religiöse Pluralismus habe die Presbyterianer dazu gezwungen, das Ideal einer inklusiveren „christlichen" Gesellschaft, die das ganze Volk umfasste, zumindest ansatzweise mittels zahlreicher Evangelisationskampagnen zu verwirklichen.

Neben der englischen Romantik bestimmte der deutsche Idealismus das intellektuelle Klima Amerikas in jener Zeit. Der individuelle Mensch könne für sich in Anspruch nehmen, wie dies Georg Wilhelm Friedrich Hegel in frappanter Weise proklamiert hatte, göttlich zu sein. Deshalb war es nur logisch, dass der Calvinismus in aller Entschiedenheit verworfen werden musste. Nun könne der US-Bürger seinen tugendhaften Charakter in Eigenregie kontinuierlich verbessern; es sei sogar seine Pflicht, sich selbst unablässig zu vervollkommen. Gerade weil das biblische Verständnis des Christentums in der amerikanischen Gesellschaft substantiell an Bedeutung und Einfluss verloren hatte, konnte sich die Lehre der persönlichen Autonomie (Willensfreiheit) in allen Dingen unter Federführung des Neuen Protestantismus durchsetzen. An die Stelle des puritanischen Calvinismus trat die „New Divinity", die auch unter den Bezeichnungen „New Haven Theology" beziehungsweise „Taylorism" bekannt wurde. Wenngleich Kirchenhistoriker diese Theologie in die Kategorie des moderaten Calvinismus einordneten, wird bei näherer Betrachtung deutlich, dass die neue Lehre die unverkennbaren Züge einer alten Irrlehre an sich trug. Im Grunde stellte sie die radikale Verwerfung des theologischen Systems dar, bei dem der Name „Johannes Calvin" Pate stand. Das Yale College war verantwortlich für die weite Verbreitung der New Divinity im respektablen Gewand einer Theologie, die in den Worten des Historikers Stephen E. Berk „eine Anpassung des Calvinismus an die herrschende Stimmung" des Unglaubens war.

Die aufrichtige Sorge um das geistliche Wohlergehen der Yale-Studenten, die sich mehrheitlich dem Deismus (nur Vernunftgründe, nicht die Autorität einer Offenbarung, dienen zur Legitimation theologischer Aussagen) zugewandt hatten, veranlasste den Rektor Timothy Dwight (1752-1817) die fatale Entscheidung zu treffen, den freien Willen (die natürliche Befähigung) des Menschen im Ergreifen des Heils herauszustellen. Dwight konnte nur deshalb seinen Studenten die Irrlehre des Semipelagianismus (eine im 5. Jahrhundert n.Chr. aufkommende Lehre, die gegen Pelagius an der Erbsünde festhält, aber gegen Augustinus in Übereinstimmung mit Pelagius die Freiheit der Glaubensentscheidung und die Möglichkeit zum Heil für alle Menschen vertrat) zur Annahme empfehlen, weil er die Erbsünde zu einer unhaltbaren Theorie calvinistischer Theologen deklassiert hatte. Die persönliche Schuld Adams, die ihm Gott aufgrund seiner im Garten Eden begangenen Sünde anrechnete, sei nie auf seine Nachkommenschaft übertragen worden. Jeder Mensch sei lediglich für die eigene Sünde verantwortlich, nicht für den Ungehorsam Adams. Dwight sprach sich für die sogenannte Lehre der „göttlichen Verordnung" (divine constitution) aus, die nur von einer Art „Beeinflussung", nicht aber Zurechnung der Sünde ausgeht: Der Mensch habe von Adam zwar eine gewisse Neigung zum Sündigen ererbt, müsse aber nicht zwangsläufig sündigen. Da nicht sein Wesen, sondern die eigene Willensentscheidung die Schuld des Menschen verursachte, habe der Tod Christi zwar gute Tugenden hervorgebracht, aber die Schuld des Menschen vor Gott nicht gesühnt.

Dwights Nachfolger als Rektor am Yale College war Nathaniel William Taylor (1786-1858). Berühmt wurde Taylor als Urheber der New Haven Theology (Taylorism; New Divinity). Diese Lehre beabsichtigte, 1) den Unitarismus entschieden abzuwehren, 2) den Old School-Presbyterianismus mit Entschlossenheit zu bekämpfen und 3) der Erweckungsbewegung kräftig Beihilfe zu leisten. Taylor behauptete, dass der menschliche Wille nicht von der Sünde Adams verdorben sei. Dem mit absoluter Willensfreiheit ausgestattete Mensch sei es deshalb jederzeit möglich, sich für oder gegen Gott zu entscheiden. Die Sünde rühre von ungerechten Handlungen her, nicht von einem der Verdorbenheit unterworfenen Wesen, das jeder Sünder seit seiner Geburt an sich trage. Taylor war ein unverhohlener Befürworter des reinen Pelagianismus. Er meinte, dass die Lehre über den gebundenen Willen die Erweckungspredigt zum Erliegen bringen und den Normalbürger im demokratischen, freiheitsliebenden Amerika vor den Kopf stoßen würde. Die schrittweise Modifizierung des Calvinismus, die eigentlich einer radikalen Verwerfung desselben gleichkam, kann wie folgt zusammengefasst werden: Jonathan Edwards, der Evangelist der Ersten Erweckung, behauptet, dass der Mensch ein sündiges Wesen ererbt habe und nichts anderes tun könne als sündigen; Dwight meinte, dass das menschliche Wesen nur teilweise verdorben sei; Taylor lehrte nun, dass der Mensch die Fähigkeit besitze, überhaupt keine Sünden begehen zu müssen. Die New Haven Theology bereitete den Boden vor, in dem der theologische Liberalismus Amerikas (Progressivismus) in der Gestalt des Social Gospel (soziale Evangelium) Wurzeln schlug. Viele der 768 Absolventen, die die theologischen Kurse des Yale-Rektors belegt hatten, wurden führende Persönlichkeiten in dem großen Aufstieg des liberalen Denkens. Die New Divinity war jedoch auch die stärkste Triebkraft hinter der Erweckungsbewegung des 19. Jahrhunderts, denn Finney war der „wahre Nachfolder Taylors".

Das überwältigende Glücksgefühl, das Leben so gestalten zu können, wie es einem gefiel, überkam so manch einen Amerikaner. Präsident Andrew Jacksons sagte überschwänglich, dass es dem Menschen möglich sei, Göttlichkeit anzunehmen. Er wollte die Institutionen vervollkommnen, bis die Demokratie ein solches Maß an Vollkommenheit erreicht habe, dass man ausrufen könne, die Stimme des Volkes sei die Stimme Gottes. In wesentlichen Punkten stimmte die New Divinity mit der Jacksonschen Demokratie überein. Der romantische Glaube an den alles überragenden Selbstwert des Individuums durchdringt Theologie und Politik. Der Mensch sieht sich dazu berufen, seinen Werdegang selbst zu bestimmen. Das verdrängte die puritanische Sicht der moralischen Verderbtheit des menschlichen Wesens und völligen Abhängigkeit von einem souveränen Gott. Wie kein anderer seiner Zeitgenossen trug Finney dazu bei, dass sich das „göttliche Individuum" im Zentrum der amerikanischen Staatsreligion positionierte, die Andrew Jackson im vollen Bewusstsein ihrer monumentalen Bedeutung eingeführt hatte. Der Fortschrittsglaube nahm deshalb in der Folgezeit eine alles überragende Bedeutung an.

7.2 Propagierung einer rationalistischen Selbsterlösungslehre

In den Jahrzehnten vor und nach der Wende zum 19. Jahrhundert vollzog sich ein theologischer Umschwung in Amerika, der gewaltige Konsequenzen mit sich brachte. So paradox es auch klingen mag, ebnete die Erste Große Erweckung (1739-1743) die Bahn für die weitläufige Verbreitung der deistischen Aufklärungsphilosophie in den Vereinigten Staaten. Nach Veröffentlichung des Buches von Thomas Paine *Age of Reason* (Zeitalter der Vernuft) im Jahr 1794 bedeuteten die Begriffe „Deismus" und „Demokratie" in der Auffassung vieler Amerikaner so ziemlich dasselbe. Die Zukunftserwartungen waren gänzlich auf die Einführung einer republikanischen Demokratie fixiert. Vor dem Ausbruch der Amerikanischen Revolution war der Einfluss des Calvinismus bereits auf einen niedrigen Stand abgesunken. Die Lehre von der Vorherbestimmung allen Geschehens (Determinismus), die die Theologie Jonathan Edwards durchzog, betrachtete man immer mehr als theologisch unhaltbar und moralisch anstößig. Dem ausgeprägten Gerechtigkeitssinn der amerikanischen Grenzsiedler war die Idee, dass Gott scheinbar willkürlich einige zum Heil erwählt habe und andere für immer in ihrem sündigen Zustand belasse, schon seit langem äußerst widerwärtig. Es konnte nicht ausbleiben, dass sich verschiedene Gegenreaktionen nicht nur in den ländlichen Randgruppen der Gesellschaft, sondern auch in den höheren Klassen der Stadtbevölkerung bemerkbar machten. Die bekanntesten der auf den Plan tretenden Kontrapositionen waren die Aufklärung, der Unitarismus und der Transzendentalismus. Keiner dieser populären Geistesströmungen sollte es jedoch gelingen, die Zustimmung des gesamten Volkes für sich zu sichern, denn ihnen stand ein trinitarischer Evangelikalismus entgehen, der sich Anfang des 19. Jahrhunderts immer stärker in den nördlichen Staaten bemerkbar machte. Zwei markante Kennzeichnen gaben diesem einen kraftvollen Aufschwung: die Befürwortung des freien Willens und das Ausleben einer pietistischen Glaubenshaltung.

  Obgleich die Zweite Große Erweckung (1790-1850) in Geschichtsbüchern meistens nur als eine unbedeutende Randerscheinung in der gesellschaftlichen Entwicklung der Vereinigten Staaten erwähnt wird, ist es keineswegs übertrieben zu behaupten, sie als das entscheidende Element im Bestimmen des nationalen Charakters zu jener Zeit anzusehen. Sie hat der jungen Nation geholfen, ihre Bedeutung als zusammengewachsene Gemeinschaft zu entdecken. Der Historiker Percy Miller äußerte, dass nicht Jefferson, Madison oder Monroe Amerika aus dem 18. Jahrhundert geführt hatten, sondern Charles G. Finney, der Mann, der die Zielsetzung und Philosophie der Erweckung verkörperte. So geschah es, dass das Gerede über eine sich schnell ausbreitende Erweckung an allen Ecken und Enden aufkam. Die Sensationslust packte viele und trieb sie in die Evangelisationsveranstaltungen. Durch die Verkündigung emotional angesprochen, nahmen sie auf der Sünderbank Platz und bekundeten anschließend ihre Bekehrung. Das wichtigste Anliegen einflussreicher Pastoren war, die föderale Einheit des Staates vor den zentrifugalen Kräften des skeptischen Rationalismus und der sozialen Anarchie zu beschützen. Sie suchten nach einer patenten Lösung, die nicht nur die Solidarität unter den Christen förderte, sondern auch den nationalen Zusammenhalt sicherte. Das für diesen Zweck bestens geeignete Mittel, so meinten sie, sei eine breitangelegte und effektive Erweckungsbewegung. Der zentrale Gedanke des in vielen öffentlichen Veranstaltungen den Menschen ans Herz gelegten Ideals war die bereitwillige Akzeptanz eines glühenden Patriotismus. Im Gegensatz zu den Pastoren einer vergangenen Ära, die sich von Philosophien fernhielten, die dem Christentum entgegenstanden, nahmen die Neuen Protestanten nach 1800 den Rhythmus der vorherrschenden Stimmung in der Gesellschaft auf und passten ihre Botschaft dem Zeitgeist an. Zwei Ideen waren ihnen besonders wichtig: der romantische Optimismus und der nationale Idealismus. Die meisten Pastoren gaben dem nationalen Credo ihre volle Zustimmung und setzten das Königreich Gottes mit der amerikanischen Nation gleich. Sie störten sich nicht daran, dass ein säkulares Leitmotiv das Hauptmerkmal dieses Credos war. Die Zivilreligion verschmolz nahezu vollständig mit dem vorherrschenden Demokratismus. Nichts wurde mehr wertgeschätzt als der Kult des Fortschrittes.

Der Evangelikalismus stellte sich problemlos auf das demokratische Sentiment der neuen Nation ein. Die Neuen Protestanten waren besonders darauf aus, ihre Theologie an den politischen Prinzipien auszurichten, die der romantischen Demokratie eines Andrew Jacksons ihre besondere Eigenart verliehen. Die Ausdrucksform des Geistes, der auf politische und soziale Gleichheit gerichtet war und der sich unter der US-Bevölkerung ausbreitete und sich unablässig seiner Autonomie brüstete, war zweifellos die Erweckungsbewegung im Ganzen genommen. Aufgrund ihrer charakteristischen Aufmachung waren die Erweckungskampagnen in erster Linie ein Gemeinschaftserlebnis. Die Redner beeinflussten die Massen, dass jede Person dazu bereit sein müsse, die eigenen Wünsche zurückzustellen, um sich vorbehaltlos dem Willen aller Mitbürger unterzuordnen. Man nahm das wesentliche Kennzeichen einer echten Erweckung darin wahr, dass sich anschließend die Gemeinschaft tatsächlich so verhielt, wie es ihr zu Gebote stand. Die Bezugnahme auf Rousseaus Idee des „Gemeinwillens" war unverkennbar. Die sich vom Calvinismus konkret absetzenden rationalistischen und mystischen Geistesströmungen, die in den Jahrzehnten vor dem Ausbruch des Amerikanischen Sezessionskrieges (1861-1865) das Land überflutet hatten, brachten eine bis dahin für unmöglich gehaltene politische Allianz zuwege. Verschiedene Glaubensgemeinschaften, die völlig gegenteilige Lehrmeinungen vertraten, bündelten ihre Kräfte im Kampf gegen einen gemeinsamen Feind, den sie in den Überbleibseln des Puritanismus wahrgenommen hatten. Im Zuge dieser geistesgeschichtlichen Entwicklung erreichte der bereits in Misskredit geratene Calvinismus in der amerikanischen Gesellschaft einen vorläufigen Tiefpunkt. An seine Stelle trat ein immer dominanter werdender Arminianismus (der Mensch hat einen freien Willen und kann sich mit Hilfe der vorauseilenden Gnade Gottes für die Umkehr zu Gott und die Nachfolge Jesu entscheiden).

Der populäre Charakter des Evangelikalismus kann am besten am phänomenalen Erfolg der Erweckungsbewegung erkannt werden. Einer der Gründe, wieso die Propagierung des Evangelikalismus große Erfolge zu verzeichnen hatte, war die gekonnte Selbstdarstellung als Ausdruck einer seriösen Repräsentation des Christentums. Finneys Abhandlung *Lectures on Revival* (Vorlesungen über Erweckung) wird heutzutage als ein Hauptwerk in der Geistesgeschichte Amerikas angesehen. Die Evangelikalen interpretierten die christliche Bekehrung als ein Akt des Willens, der sich dem Diktat des Verstandes unterordne, ohne sich dabei von emotionalen Regungen beeinflussen zu lassen. Sie legten philosophische Argumente vor, um die Willensfreiheit gegenüber dem calvinistischen Vorherbestimmungsglauben zu verteidigen. Jonathan Edwards hatte diesen noch als die einzige biblische Position proklamiert. Doch darin habe er sich kräftig getäuscht. Dieses erstaunliche Phänomen eines weit verbreiteten evangelikalen Volksglaubens nahm die Bedeutung und den Einfluss einer Staatsreligion an. Merkmale waren eine geeinte, pietistisch-perfektionistische Nation, Sozialreformen, missionarischer Eifer und imperialistischer Expansionismus. Obgleich sich der Evangelikalismus wie der mythologische Phoenix aus der Asche des Puritanismus emporhob, stand er dem Methodismus zunächst nur Seite an Seite, bis er sich mit diesem schließlich vereinigte. Mit vereinten Kräften brachte der nun zahlenmäßig stark angestiegene Neue Protestantismus in der zweiten Hälfte des 19. Jahrhunderts die Heiligungsbewegung hervor, die schließlich in den Pfingstkirchen eine denominationelle Gestalt annahm.

Um angemessen dem wachsenden Bedarf an Pastoren zu begegnen, wurden in den ersten 40 Jahren des 19. Jahrhunderts viele Colleges gegründet. Fortan machten evangelikale Gelehrte ihren Einfluss hauptsächlich im universitären Bereich geltend. Das amerikanische Hochschulsystem des 19. Jahrhunderts tat sich dadurch hervor, alle Erkenntnis, einschließlich der Fakten über den Menschen, die Gesellschaft und den Kosmos, in einem einsichtigen Gesamtsystem zu organisieren, um die Beziehung zwischen säkularer Erkenntnis und christlichen Prinzipien herzustellen. Das beste Beispiel war die säkulare Verteidigung der Freiheit, die der evangelikalen Betonung der Geisteserneuerung entsprach. Die bevorzugte theologische Grundposition an den neuen Bildungsstätten war der Neue Protestantismus, der die Willensfreiheit und das Vollkommenheitsbestreben des Menschen betonte. Folglich nahm die neue Generation der Pastoren als hervorstechendes Kennzeichen eine anticalvinistische Einstellung ein, die sich über kurz oder lang einer liberalen Position annäherte. In den meisten älteren Colleges ergriffen die Philosophieprofessoren die Zügel der institutionellen Macht; viele von ihnen bekleideten das Rektorenamt. Das markante Merkmal der von diesen Philosophieprofessoren befürworteten Theologie, die sie als schriftgemäß ausgaben, war die radikale Verwerfung des Calvinismus. Keine andere Lehre schien ihnen wichtiger zu sein als die des freien Willens. Da es ihnen nur schwerlich gelang, den reinen Pelagianismus anhand der Bibel zu belegen, beriefen sie sich in ihren Argumenten auf die schottische „Common Sense"-Philosophie von Thomas Reid und seinen Nachfolgern: Was der Gemeinsinn beziehungsweise der gesunde Menschenverstand (common sense) erkennen kann, entspreche der Realität. Indem die Philosophieprofessoren unterschiedliche Reformbewegungen ins Leben riefen, beabsichtigen sie, die Gesellschaft radikal zu verändern. Klare Rahmenbedingungen mussten geschaffen werden, damit eine umfassende Revolution in den Bereichen der Politik, des Sozialwesens und der Religion durchgeführt werden konnte. Am geschicktesten konnten die nötigen Voraussetzungen der Gesellschaftsveränderung dadurch geschaffen werden, dass man sich geschlossen hinter die evangelikale Erweckungsbewegung stellte. Das Oberlin College war eine der führenden Bildungsstätten, die unter der Leitung von Asa Mahan und Charles G. Finney genau diese Strategie verfolgte. Finney hatte den Evangelisationskampagnen mittels einer unterschwelligen Verbreitung der „Common Sense"-Philosophie bereits seit geraumer Zeit einen prägenden Stempel aufgesetzt.

Der schottische Realismus hat sich mit der arminianischen Theologie des Evangelikalismus vereinigt. Nur unter diesem Gesichtspunkt ist es möglich, die wahre Bedeutung der Zweiten Großen Erweckung (1790-1850) zu verstehen, die den Zweck einer breitgefächerten und effektiven Propagierung der romantischen Demokratie – einer widerchristlichen Staatsreligion – erfüllte. Asa Mahan war nacheinander beziehungsweise gleichzeitig Rektor des Oberlin College (1835-1850), der Cleveland University (1850-1872) und des Adrian College (1859-1873). Zusätzlich belegte er an diesen Hochschulen die Professur der Geistesgeschichte und Moralphilosophie. Seit seiner Hinwendung zum Neuen Protestantismus engagierte er sich eifrig an der Durchführung von Evangelisationskampagnen. Nichts begeisterte ihn mehr, als sich daran zu beteiligen, „Erweckungen" mittels der neuartigen Methoden der Evangelisation, die Finney zum Einsatz gebracht hatte, herbeizuführen. In seinem eigenen theologischen Werdegang vollzog sich der monumentale Übergang von einer calvinischen zu einer arminianischen Position. Einer intuitiven Eingebung folgend, stand es Mahan deutlich vor Augen, dass die gewissenhafte Erfüllung der dem Menschen auferlegten Gebote Gottes im Zentrum eines Christenlebens stehen müsse. Die zwei maßgeblichen Dogmen, denen er bis ans Lebensende die größte Aufmerksamkeit widmete, waren die Lehren der absoluten Willensfreiheit und der vollständigen Heiligung. Sofern sich der Mensch aus eigenem Entschluss der Gnade Gottes zuwenden kann, müsse es ihm gleichfalls möglich sein, ein sündloses Leben zu führen. Als Kind calvinistischer Eltern überwältigte ihn anfänglich die Vorstellung, dass der Mensch in diesem Leben den Stand einer moralischen und geistlichen Vollkommenheit erreichen könne. Doch das Gebot Jesu, dass ein Christ vollkommen sein müsse, beschwichtigte sein aufgewühltes Gewissen. Obwohl dieses Gebot schriftgemäß ist, zog Mahan die falsche Schlussfolgerung, indem er meinte, der Mensch könne in eigener Anstrengung sündlos leben. Gleichzeitig verwarf er die biblische Rechtfertigungslehre, die besagt, dass die vollkommene Gerechtigkeit Christi dem Glaubenden zugerechnet wird. Der Erweckungsprediger und Theologe Charles G. Finney vertrat dieselbe irrtümliche Vorstellung wie Mahan, dass nichts, was Gott dem Menschen als ein rechtschaffenes Werk auferlegt habe, diesem von Natur aus unmöglich sei zu erfüllen.

Der Evangelikalismus erhielt in der Folgezeit eine breitflächige Zustimmung in der US-Bevölkerung, weil ihn die genannten Philosophieprofessoren und Theologen bewusst mit der „Common Sense"-Philosophie identifizierten und die Erweckungsprediger ihn weitläufig in den

Evangelisationskampagnen verbreiteten. Um dieses zweigleisige Programm überhaupt durchführen zu können, war es nötig, mit allem Nachdruck den freien Willen des Menschen zu betonen. In den Bildungsstätten Amerikas, die sich alle der Durchführung desselben Programmes verpflichtet sahen, war die Befürwortung des Arminianismus das bindende Glied. Finney integrierte wesentliche Element der rationalistischen Philosophie Thomas Reids und der empirischen Wissenschaftsmethode Francis Bacons in seiner perfektionistischen Selbsterlösungslehre. Finneys System der Logik leitete sich von den Grundsätzen der geometrischen Mathematik ab. Wie es in der Geometrie bestimmte Axiome (Grundprinzipien) gibt, die nicht bewiesen werden müssen, sondern als selbsteinleuchtend betrachtet werden, so auch in der Moralphilosophie. Finneys Interesse an der „Common Sense"-Methode bestand in ihrer Anwendbarkeit im Bereich der Moralphilosophie, Theologie und Ethik. Ihren Nutzen nahm er im Erfassen der psychologischen, philosophischen, theologischen, ethischen und praktischen Fakten wahr, aus denen sich das Naturgesetz zusammensetzt, das angeblich die Beziehung zwischen Gott und Mensch regelt. Im Zuge zahlreicher und großangelegter Erweckungskampagnen machte Finney Scharen seiner Zuhörer mit dem schottischen Realismus und dem englischen Baconismus bekannt. Er legte ein besonderes Geschick an den Tag, seine Botschaft der Selbstvervollkommnung und Weltverbesserung in Worten zu vermitteln, die so gewählt waren, dass sie von den zeitgenössischen Zuhörern im Norden Amerikas enthusiastisch aufgenommen wurden. Die „Common Sense"-Philosophie lief wie selbstverständlich auf eine Naturtheologie der einen oder anderen Spielart hinaus. Das Wohlergehen einer Nation sei von der Tiefe der echten Frömmigkeit ihrer Bürger abhängig. Der eigentliche Zweck der Evangelisation sei die Rettung von Seelen aus einer sinnlosen Existenz, nicht das ewige Leben im Himmel. Nichts anderes war von größerer Bedeutsamkeit als diese Zielsetzung der vornehmlichen Befürworter der New Divinity Nathaniel W. Taylor, Asa Mahan und Charles G. Finney.

7.3 Sozialpolitische Auswirkungen des Postmillennialismus

Charles Grandison Finney (1792-1875), ein nomineller Presbyterianer und zeitweiliger Freimaurer, konvertierte 1821 als 29-Jähriger zum Neuen Protestantismus des Yale-Theologen Nathaniel W. Taylor. Mit mustergültigem Engagement tat sich Finney in der Folgezeit als wortgewaltiger Verkündiger der New Divinity hervor. Er verkörperte wie kein anderer die Ideale des protestantischen Postmillennialismus – das angeblich glorreiche Unternehmen aller Christen, in gemeinsamer Anstrengung das Königreich Gottes auf Erden aufzubauen. In seiner Person erblicken wir das vollkommene Abbild eines typischen Yankees. In einzigartiger Weise sorgte Finney für die allgemeine Akzeptanz des Neuen Protestantismus in Amerika. Sein Hervortreten ins Rampenlicht der Öffentlichkeit hinterließ aus Sicht des reformatorischen Christentums keine positiven Spuren, sondern viele negative Auswirkungen.

Als junger Mann begann Charles, die Gottesdienste der Kongregationalisten mit calvinistischer Lehre in Warren, Connecticut, zu besuchen. Sein Onkel, bei dem er sich vier Jahre lang aufhielt, hatte ihn dorthin eingeladen. Aber nichts rief einen größeren Widerwillen in Finney hervor als ein Beharren auf Gottes Souveränität und Gnade. Wieder nach Hause zurückgekehrt, verlor sich sein Interesse am Christentum wieder. Um sein Bedürfnis nach Religiosität zu befriedigen, schloss er sich von 1816 bis 1824 der Freimaurerei an. Nach Beendigung seines Jurastudiums diente Charles G. Finney von 1818 bis 1821 als Kanzleikraft des Richters Benjamin Wright in dessen Anwaltspraxis in Adams, New York. Während eines Waldspaziergangs überkam ihn 1821 ein mystisches Erlebnis. Sein ganzes Gemüt sei plötzlich von einer überwältigenden Vision erschüttert worden. Stundenlang habe er unter den Bann einer Geistesmacht gestanden, die ihn in einen tranceartigen Zustand versetzte. Die emotionale Intensität dieses Erlebnisses war so vehement, dass er seinen Erfolg als Verkündiger zeitlebens auf diese „Geistestaufe" zurückführte.

Ihm blieb das Theologiestudium an einem der renommierten presbyterianischen Seminare versagt, und die theologische Unterweisung von Pastor George W. Gale rief nur seinen Widerwillen hervor. Wichtig war für ihn nur die pragmatische Umsetzung von theologischen Konzepten in der „Christianisierung" weiter Bevölkerungsteile. Finney sah sich vor allem dazu berufen, Gründer einer neuen Religionsgemeinschaft zu werden. Die von ihm maßgeblich gesteuerte „Erweckungsbewegung" führte letztlich dazu, dass ganze Landstriche des westlichen New Yorks und der angrenzenden Gebiete vom Erweckungsfeuer „versengt" wurden – der „Burned-over District".

Finney begann 1824 nach seiner Ordination eine Karriere als Prediger, die ihm den Titel „Vater der modernen Erweckungsbewegung" einbrachte. Es ist unverkennbar, dass die Prinzipien der Rechtswissenschaft Grundlage seines religiösen Verständnisses blieben: Als Evangelist sprach er im Redestil eines Advokaten, der im Gerichtssaal die Geschworenen von der Unschuld seines Mandanten zu überzeugen versucht. Einem starken inneren Drang folgend, begann der angehende Erweckungsprediger in der nördlichen Hälfte des Staates New York öffentliche Evangelisationsveranstaltungen durchzuführen. Sofort stellten sich Erfolge ein. Überzeugt davon, dass eine pragmatische Methode die richtige Vorgehensweise im Evangelisieren sei, die darauf abzielte, zustimmende Reaktionen der Zuhörerschaft durch einen feurigen Predigtstil und sonstige Hilfsmittel herbeizuführen, verwarf Finney das theologische System des Calvinismus, das das souveräne Wirken Gottes im Leben der Erwählten herausstellt. Finney folgte dem Beispiel vieler Geistlicher in Neuengland, die sich sehr wohl der Gefahr bewusst waren, die von einem überzogenen Emotionalismus ausgingen, es aber dennoch nicht lassen konnten, die Gefühle ihrer Zuhörer in Wallung zu bringen.

Da Finney die traditionelle Ansicht verworfen hatte, dass Erweckungen ein wundersames Eingreifen Gottes darstellen, lag es an der Raffinesse der Erweckungsprediger, geistliche Begeisterung hervorzurufen. Die geistlichen Praktiken der lokalen Kirchen, wie Predigt und Gebet, wurden als untauglich angesehen, enthusiastische Aufwallungen über längere Zeit hinweg in Gang zu halten. Deshalb bediente man sich der umherreisenden Erweckungsprediger, die es bestens verstanden, emotionsgeladene Evangelisationsveranstaltungen durchzuführen. Die Versammlungen verfolgten einzig das Ziel, mystische Entzückung bei den Anwesenden zu wecken. Die Gefühle mussten aufgepeitscht werden, um mittels eines manipulativen Suggerierens das Verhalten des Publikums zu beeinflussen. Deshalb zielte Finney beim Predigen geschickt darauf ab, seine Mimik und Verhaltensweise so einzusetzen, dass ein Optimum an emotionalen Reaktionen erzeugt wurde. In der Folge ahmten viele Methodisten die Methoden ihres großen Vorbildes und Mentors nach. Die neuartigen Methoden (New Measures), die Finney zum Einsatz brachte, waren in erster Linie von einer direkten und konfrontierenden Verkündigungsart bestimmt. Ihr wichtiges Kennzeichen war die sogenannte „langanhaltende Versammlung", eine meist über mehrere Wochen allabendlich durchgeführte Evangelisationsveranstaltung. Das bekannteste Merkmal war die Sünderbank ganz vorne im Zelt. Bekehrungswillige konnten ihre innere Gemütsverfassung öffentlich bekunden, indem sie sich auf diese Bank setzten. Aus diesem Verfahren entwickelte sich später der Ruf zum Altar (Aufforderung zur Bekehrung), der an die gerichtet wurde, die „eine Entscheidung für Jesus treffen wollten".

Unablässig rührten vorausgeschickte Mitarbeiter Finneys die Werbetrommel an den zukünftigen Orten seines Auftretens. Nur Massenveranstaltungen gewährleisteten den Erfolg seiner Mission. Darin ahmte er die Taktik der umherziehenden Zirkusse nach. Auch im Verwenden eines großen Zeltes stand er diesen in keiner Weise nach. Vor jeder Kampagne informierte sich Finney über stadtbekannte Schurken, um in den Veranstaltungen namentlich für diese fehlgeleiteten Seelen zu beten. Wenn sie sich aus irgendeinem Grund im Verkündigungszelt eingefunden hatten, wurden sie zum Aufstehen aufgefordert, um sich allen als reumütige Sünder zu zeigen. Der dramaturgische Effekt übte eine gewaltige Faszination unter der damaligen Bevölkerung aus. Als Nächstes betete Finney für ortsansässige Pastoren, die seinem – wie sie meinten – „gottlosen Treiben" Einhalt gebieten wollten und sich auch sonst abschätzig zur Erweckungsbewegung äußerten. In seiner provokativen Wortwahl unterstellte ihnen Finney, der geistlichen Bekehrung noch zu bedürfen.

Erweckungsprediger ließen sich vermehrt auf Krankenheilungen ein. Auch wenn über den Kranken gebetet wurde, geschah dies meist nicht im Glauben an übernatürliches Eingreifen, sondern im Vertrauen auf die Wirkung natürlicher Heilkräfte. Die herumreisenden Verkündiger konzentrierten sich auf die theatralische Verbesserung ihres Verkündigungsstils und schossen dabei oftmals weit über das hinaus, was sich geziemte. Die Überredungskunst war das wichtigste Element in der Durchführung einer erfolgreichen Evangelisation und Sozialreform. Die Verkündigung Finneys lässt sich auf folgenden Grundsatz zusammenfassen: Jeder Mensch ist für sein eigenes Heil zuständig, und die Rettung erfolgt in einem emotionsgeladenen Moment der Wiedergeburt. Laut Finney steht jedem die Tür zum Himmel offen und deshalb muss auch jeder sein Bestes erbringen, um möglichst viele für das Evangelium zu gewinnen. Das Anliegen, sich für das Seelenheil anderer einzusetzen, entsprang auch einer tiefgreifenden Furcht, der „Hölle" selbst nicht entrinnen zu können, wenn man sich nicht mit Leibeskräften für die Rettung anderer einsetzte. Jedem Christen stand jedoch das eigene Unvermögen vor Augen, nie genug tun zu können, um andere vor den Versuchungen der Sünde zu bewahren. Deshalb setzte sich die Erkenntnis durch, dass letztlich nur der Staat die gewaltige Aufgabe erfüllen könne, sündige Tendenzen in der Bevölkerung auszumerzen und ein Neues Jerusalem auf Erden zu errichten.

Die Erweckungsfeldzüge Finneys gebaren ein Kind des Unfriedens, wo auch immer sich ihr Einfluss bemerkbar machte. Dieser Umstand mutet geradezu ironisch an, wenn man bedenkt, dass das Heraufbeschwören von Zwistigkeiten die übliche Kritik war, die gegen die calvinistischen Kirchenmänner in ihrer Befürwortung der Glaubensbekenntnisse ausgesprochen wurde. In Wirklichkeit schlüpfte der Erweckungsenthusiasmus viel schneller in die Rolle des Unruhestifters als der viel gescholtene Calvinismus. Im Amerika der Vorkriegszeit vor 1861 betrachtete man das öffentliche Reden der Frauen als unschicklich und der Würde der Frauen nicht angemessen. Die Erweckungsprediger und Sektenführer hingegen gewährten den Frauen ein größeres persönliches Engagement. Nichtsdestoweniger stellten sich die Gemeindeleitungen der Prebyterianischen Kirche der New School und selbst einige der Old School zusehends positiv auf den weit verbreiteten Gebrauch der neuartigen Methoden ein. Man wertete den äußeren Erfolg als göttliche Bestätigung.

Das fehlende Element in diesen Veranstaltungen war die systematische Unterweisung in christlicher Lehre und die fortlaufende Auslegung von biblischen Büchern. Letzten Endes konnte die künstlich erzeugte Begeisterung nicht über einen gewissen Zeitraum hinweg mit derselben Intensität aufrechterhalten bleiben. Die von dieser Art der Spiritualität beeinflussten Menschen blieben entweder einem von der biblischen Lehre abweichenden Pseudochristentum verhaftet oder wandten sich einer widerchristlichen Spiritualität zu, um in neue Gefühlsaufwallungen versetzt zu werden. Die Yankees suchten nach emotionsgeladenen Erlebnissen und schlossen sich der Social Gospel-Bewegung an, hießen die historisch-kritische Methode der Bibelbetrachtung willkommen und förderten die Reforminitiativen des Progressivismus. Über kurz oder lang tauchte eine erstaunliche Anzahl von Kultgemeinschaften auf, die völlig unterschiedliche religiöse Ansichten vertraten. Zu ihnen gehörten die Shaker, Mormonen, Adventisten, Spiritisten, Perfektionisten und andere utopische Gesellschaften. Finneys Erweckungskampagnen, die angeblich dazu bestimmt waren, viele Menschen dem christlichen Glauben nahezubringen, führten in der westlichen Region des Staates New York zu einer gänzlichen Zerstörung des Christentums, die schließlich auch in vielen anderen Teilen der Welt zu beobachten war. Der Burned-Over District (Gebiet der versengten Erde) sollte eine stetige Erinnerung an das sein, was passieren kann, wenn die Autorität des Wort Gottes verworfen wird, um sich auf die nie endende Suche nach aufpeitschenden Gefühlserlebnissen zu begeben.

In Übereinstimmung mit vielen Erweckungspredigern identifizierte Charles G. Finney den Postmillennialismus als die von ihm bevorzugte Lehre des Tausendjährigen Reiches. Die Hoffnung auf die graduelle Ausgestaltung des Millenniums stützte sich auf die konkrete Vorstellung einer kontinuierlichen Aufwärtsentwicklung der Menschheit, wie es der populären Idee des Fortschrittes entsprach. Eine radikale Gesellschaftsreform stand ganz oben auf der Prioritätenliste des Erweckungspredigers. Zweifelsfrei interpretierte er die wenigen Passagen der Bibel, die etwas über das Tausendjährige Reich aussagen, im Sinne seiner vorgefassten Ansicht. Ohne den genauen Wortlaut gebührend zu beachten, riss er einzelne Verse aus dem Zusammenhang, beharrte aber weiterhin darauf, dass die biblische Offenbarung das letzte Wort habe. Die evangelikale Bewegung schaute mit großen Erwartungen auf die schier grenzenlosen Möglichkeiten, das Christentum, wie sie es verstanden, künftig über das ganze Land zu verbreiten. Obgleich die Definition des Millenniums, wie sie am Oberlin College im Umlauf war, nicht darauf hindeutet, dass sich die Zustände auf Erden in ein utopisches Paradies verändern würden, spiegelt sich darin dennoch die Hoffnung wider, dass sich die Welt grundsätzlich verbessern werde. Die Erwartung, dass der Geist Gottes die meisten politischen, sozialen und persönlichen Bereiche durchdringen und Friede unter den Völkern herrschen werde, weil diese die Wahrheit kennen und befolgen, und dass das Leben der meisten Erdenbewohner von einer völligen Hingabe und Heiligkeit kennzeichnet sein werde, begeisterte die Oberlin-Professoren und -Studenten. Man war sich der Sache so sicher, dass keinerlei Zweifel aufkamen, das Ziel der Gesellschaftsreform irgendwie verfehlen zu können.

Die millennialistische Schau nahm die Funktion eines ordnenden Prinzips ein, das alle philosophischen, dogmatischen und reformistischen Bemühungen in eine bestimmte Richtung lenkte. Als lebendige Hoffnung einer ganzen Gesellschaft nahm der Postmillennialismus ein Eigenleben an. Nie war diese Endzeitlehre konzeptionell eindeutig definiert. So konnte sie sich ständig neu erfinden, um sechs weitere Jahrzehnte lang ihre überragende Bedeutung nicht zu verlieren. Um den Ursprung und die Auswirkung der das politische Denken in Amerika bestimmenden Zivilreligion des Neuen Protestantismus besser begreifen zu können, ist es notwendig, sich mit der Erweckungsbewegung in den 1830er-Jahren zu befassen. Sobald Evangelisationskampagnen die Zahlen der Anhänger der New Divinity rasant nach oben katapultieren und diese umfassende Sozialreformen in Gang setzen würden, werde das Millennium – so die Erwartung Finneys – bald eintreten. Der Erweckungsprediger stellte sich das Tausendjährige Reich als ein Zeitalter der humanitären Wohltätigkeit vor. Als Akteure, die sich an moralischen Gesetzen orientieren müssen, könnten Menschen die Ankunft des Königreich Gottes entweder durch aktive Menschenliebe beschleunigen oder durch hartnäckigen Egoismus hinauszögern. Beseelt vom Aufklärungsglauben an den Fortschritt, der sich besonders in der Verbesserung der Sozialordnung bemerkbar machen würde, motivierte Finney viele seiner Zeitgenossen, sich den moralischen Herausforderungen der amerikanischen Gesellschaft anzunehmen. Den Wert der Massenveranstaltungen sah der Erweckungsprediger nicht nur in der immensen Ausbreitung des Neuen Protestantismus, sondern auch in dem gesteigerten Sozialengagement. Seine zirka acht Jahre dauernde Kampagne (1824-1832) für eine „geheiligte" Gesellschaftsordnung repräsentierte den Höhepunkt der Popularität des Postmillennialismus in Amerika. Angespornt von Finneys Optimismus setzten sich viele US-Bürger für die diversen Anliegen der Wohltätigkeitsvereine ein, die sich unter anderem für die Abschaffung der Sklaverei und die Einführung der Prohibition (Gesetze gegen den Alkoholkonsum) verantwortlich fühlten. In den Jahren zwischen seiner ersten Erweckungskampagne in Evans Mills, New York, (1824) und seiner Berufung zum Pastor der Chatham Street Chapel in New York City (1832) – die Phase seiner intensivsten Tätigkeit als Evangelist – gelang es Finney, tausende New Yorker zu motivieren, sich an den Erweckungskampagnen und Gesellschaftsreformen zu beteiligen. Aufgrund einer nicht schriftgemäßen Interpretation von Offenbarung 20,4-6 meinte Finney, eine Verbindungslinie zwischen Evangelisation und Gesellschaftserneuerung ziehen zu können. Amerika nahm in der Vorstellung des Evangelisten die überragende Bedeutung des zukünftigen Mittelpunkts eines von Gott beherrschten Universums ein. Die gesamte amerikanische Bevölkerung unterstelle sich als gehorsame Untertanen bereitwillig der göttlichen Autorität. Das „ewige Gesetz der Wohltätigkeit" bilde das richtungsweisende Licht. Den Christen übertrug Finney die Verantwortung, die Festungsmauern Satans zu erklimmen und die Gesellschaft von ihren Sünden zu reinigen. Korruption und Betrügereien sollten überwunden, Geschäftspraktiken einer Reform unterzogen und die Sklaverei abgeschafft werden. Mit charakteristischem Optimismus prophezeite Finney, dass sich dieser begehrenswerte Zustand, dieses glorreiche Resultat, in Kürze einstellen werde. Das Millennium werde dann in Erscheinung treten, wenn die Christen einer Gesinnung seien und sich über die notwendigen Maßnahmen einigten, die soziale Erneuerung der Welt zu erwirken.

Im Gegensatz zur calvinistischen Lehre der menschlichen Unfähigkeit, sich selbst zu erretten, kam Finney zu der Einsicht, dass der Mensch sein eigenes Seelenheil mit oder auch ohne Gottes Hilfe bewirken könne. Folglich war es nur logisch, dass sich viele Gefolgsleute Finneys an diversen Sozialreformen beteiligten, um die ihnen ans Herz gelegten Aufgaben zu erfüllen. Am populärsten erwies sich die Mitarbeit in Wohltätigkeitsvereinen, die zu jener Zeit wie Pilze aus dem Boden sprossen. Finney war dafür verantwortlich, eine millennialistische Ideologie bekanntgemacht zu haben, die dazu verhalf, die Tätigkeiten bestehender Wohltätigkeitsvereine in einer umfassenderen Kampagne des sozialen Engagements zu vereinigen. Über all diesen Unternehmungen stand ein Anliegen, das alle anderen weit übertraf: jeder Christ müsse sich mit voller Kraft einsetzen, dass die Ankunft des Königreich Gottes auf Erden beschleunigt werde. Viele neue Protestanten schlossen sich aus diesem Grund den Wohltätigkeitsvereinen an, die ursprünglich gegründet worden waren, um von Krankheit oder Unglück heimgesuchte Personen zu unterstützen. Diese erlebten einen großen Aufschwung im Zuge der von Finneys Verkündigung inspirierten Reformbewegung. Sie setzten sich nun auch für die Belange der Sklaven ein, eröffneten Frauen neue Möglichkeiten der Propaganda für politische oder soziale Ziele, förderten die Alkoholabstinenz, boten Weiterbildungen an, verbesserten die Pflege von verletzten und verkrüppelten Postkutschenfahrern und übten Druck auf die Politiker aus, das Austragen von Briefen am Sonntag zu verbieten.

7.4 Pelagianischer Grundton der Erweckungsbewegung

(Erweckungsprediger verkündigen die Selbsterlösung)
Als Charles G. Finney 1835 auf den Lehrstuhl für Theologie am Oberlin College berufen wurde, war er seit Jahren dafür bekannt, die Lehren des New School-Presbyterianismus in seinen Erweckungskampagnen verkündet zu haben. Sofort begab sich Finney an die Aufgabe, seine Theologievorlesung auf Papier zu bringen. Die anderen Professoren am Oberlin College standen ihm dabei hilfreich zur Seite. Bis in die gegenwärtige Zeit sind Nachdrucke seines Lehrbuches *Lectures on Systematic Theology* erfolgt. Die zentrale Lehrmeinung Finneys kommt in dem Aufruf zur Erneuerung des moralischen Verhaltens voll zur Geltung. Das Wesentliche des Christentums bestehe im kontinuierlichen Bemühen, sich sittlich zu vervollkommnen. Der eigentliche Kern dieser Morallehre entsprach dem Motto der angelsächsischen Freimaurerei, „gute Menschen besser machen". Der Theologieprofessor am Princeton Theological Seminary und einer der prominentesten Repräsentanten der Old School, Charles Hodge, kritisierte den Kernpunkt der theologischen Ausführungen Finneys, der darauf bestanden habe, dass die moralische Verpflichtung und der freie Wille zentrale Aspekte des christlichen Lebens seien. Hodge erblickte in der New Divinity des Oberlin-Theologen eine Auffassung über den christlichen Glauben, die in jeder Hinsicht grundverkehrt war. Finney habe den Versuch unternommen, die New Divinity in eine Variante des Deismus umzugestalten. Nur so konnte sie in den Augen eines aufgeklärten Zeitalters respektabel erscheinen. Historiker stuften Finney als bedeutsame Persönlichkeit ein. Dies bedeutet nicht unbedingt, dass sie ihm Bewunderung entgegenbrachten. Sie nahmen lediglich seine geistige Größe zur Kenntnis, mittels derer er sich gesellschaftlich in außerordentlicher Weise profilieren konnte. Dennoch gibt es nicht wenige Stimmen, die der Meinung des Kirchenhistorikers John H. Gerstner beipflichten, dass Finney „der größte Feind des Evangelikalismus im 19. Jahrhundert gewesen war". Eigentlich gibt es nur zwei genau entgegengesetzte

Ansichten über die Theologie Finneys: Auf der einen Seite wird ihr das Gütesiegel einer genauen Übereinstimmung mit biblischer Wahrheit verliehen; auf der anderen wird ihr das Etikett eines starr an Vorschriften festhaltenden Moralsystems umgehängt, aus dem Gott völlig ausgeklammert werden kann, ohne dabei seine Eigenart wesentlich zu verändern. Im Folgenden wird aufgezeigt, wieso nur eine dieser Bewertungen den genauen Sachverhalt wiedergibt.

Die Theologie, die Charles G. Finney wie kein anderer Prediger seiner Zeit einer schier unzähligen Volksmenge im Nordosten der Vereinigten Staaten zugänglich machte, hatte ihre Wurzeln in der sich am Ende des 18. Jahrhunderts entwickelnden New Divinity-Lehre. Es handelte sich dabei um eine modifizierte Spätform der ursprünglich von Jonathan Edwards entworfenen New England-Theology. Nachdem Finney den Entschluss gefasst hatte, eine Predigerlaufbahn einzuschlagen, begann er unter Aufsicht des Pastors George W. Gale ein intensives Theologiestudium. Von Anfang an widersetzte er sich den calvinistischen Dogmen des Old School-Presbyterianismus, in denen ihn Gale unterwies. Finney verließ sich vornehmlich auf die Eingebung der eigenen Vernunft, die ihm – wie er meinte – die Bedeutung biblischer Lehren aufschloss. Der pelagianische Selbsterlösungsglaube erschien ihm viel einsichtiger als die reformatorische Heilslehre der Gnade Gottes. Unter Pelagianismus wird im Christentum die Lehre verstanden, dass die menschliche Natur nicht durch die Erbsünde verdorben worden sei, sondern gut sein müsse, weil Gott sie erschaffen hat. Oft bezieht sich Finney auf eine dem Kosmos zugrundeliegende, ultimative „Intelligenz", bisweilen auch „Verstand", „Gesetz" oder „Prinzip" genannt. Dieser Autorität müsse sich selbst Gott unterordnen. Dem Calvinismus brachte Finney einen Widerwillen entgegen, den man geradezu als psychotisch charakterisieren könnte, denn er führe angeblich zu einer fatalistischen Lebenseinstellung. Der Mensch könne nichts für sich selbst tun, als darauf zu warten, dass Gott ihn errettet. Allerdings geschehe dies nur dann, wenn es dem göttlichen Willen entsprechen würde. Niemand könne jedoch je gewiss sein, zur Schar der Auserwählten dazuzugehören. Die Wirkung des Heiligen Geistes zum Heil käme nur den Auserwählten zugute. Dass es sich bei dieser Beschreibung des Calvinismus um eine verzerrte Karikatur der eigentlichen Lehre des Genfer Reformators handelte, war sich Finney zeitlebens nicht bewusst.

Es spricht vieles dafür, dass Finney als junger Theologiestudent in Adams, New York, den „Taylorismus" (New Divinity) sofort mit Begeisterung aufgriff, als er davon Kenntnis genommen hatte. Gegenüber dem dominanten Einfluss der New Divinity stand Pastor Gale mit dem Anliegen, seinem Protegé die Glaubensartikel des Westminster Bekenntnisses nahezubringen, auf verlorenem Posten. In den wenigen Monaten seines formalen Theologiestudiums weigerte sich Finney strikt, die Bekenntnisschriften der Presbyterianischen Kirche zu lesen. Das Fehlen von Belegstellen ist in den *Lectures on Systematic Theology* besonders auffallend. Deshalb entbehrten Finneys Lehraussagen vielerorts einer bibelauslegenden Grundlage und

Begründung. Die eigentliche Theologie wird von philosophischen Grundsätzen, die nicht der Heiligen Schrift entnommen sind, hergeleitet. Im Vorwort des Theologiebuches schrieb Finney Folgendes: „Was ich über das 'Moralgesetz' und die 'Grundlage der Gewissenspflicht' gesagt habe, ist der Schlüssel zum ganzen Thema." Finney beschäftigte sich lange mit der Frage, inwieweit der Mensch fähig sei, in eigener Kraft die Gebote Gottes zu befolgen. Man könnte sagen, dass seine gesamte Theologie auf dem Fundament der Antwort basierte, die er darauf gab. Die reformierte Theologie lehrt, dass es dem Menschen unmöglich ist, Gott in eigener Kraft zu gehorchen. Finney argumentierte, wenn das wahr sein sollte, dann könne ihn kein Tadel für das treffen, was er nicht imstande ist zu tun. Für ihn gab es keinen Zweifel daran, dass der Dreh- und Angelpunkt seiner theologischen Überlegungen das Schuldigsein des Sünders vor Gott sei, gerade deshalb, weil der Mensch willentlich sündigt, obgleich er jederzeit auch Gott gehorsam sein könnte.

Die Lehre der moralischen Regierung Gottes etablierte sich als eine der grundlegenden Dogmen in Finneys Theologie. Er bestand entschieden auf der Richtigkeit dieser arminianischen Sühnelehre. Der Leitgedanke dieser Lehre war, dass Gott die Welt in zwei Bereiche aufgeteilt habe: den physischen und den moralischen. Die moralische Regierung Gottes sei hauptsächlich auf die innere Motivation des Menschen fixiert. Der Allmächtige beeinflusse mittels seines eigenen Willens den „Verstand der intelligenten Kreaturen". Diese würden sich anschließend so verhalten, dass Gott im höchsten Maße verherrlicht würde. Gleichzeitig würden sie ihre eigenen Interessen verfolgen, sodass der Glückszustand des Universums gesteigert wird. Als gerechter Regent eines moralischen Regierungssystems stehe Gott vollkommen gerechtfertigt da, wenn er seinen verdammenden Urteilsspruch über dem Sünder ausspricht, obgleich er ihm auch von einem Augenblick zum anderen seine Sünden vergeben könne, wenn dieser sich bewusst auf seine Seite stellt. Jedenfalls sei Gott kein hartherziger, unnachgiebiger Tyrann, der einige dazu auserwählt habe, gerettet zu werden, und andere dazu verdammt habe, verloren zu gehen. Der das Gottesgesetz absichtlich übertretende Mensch trage die volle Verantwortung für seinen verlorenen Zustand. Der Kehrschluss sei ebenfalls richtig: die Verantwortung liege auf jedem Einzelnen, ein in jeder Hinsicht gerechtes Leben zu führen, um gerettet zu werden. Alle weiteren Punkte in der Theologie Finneys gehen von dieser Grundvoraussetzung aus, dass sich der Mensch frei entscheiden könne, jederzeit richtig zu handeln oder auch nicht. Sünde müsse als Straftat gewertet werden. Die Menschen seien nicht aufgrund der Zurechnung der Sünde Adams, sondern nur aufgrund ihrer eigenen Sünden schuldig. Deshalb stehe jeder vor der Herausforderung, etwas zur Überwindung der eigenen Sünden zu tun.

In klassischer Umdeutung der reformierten Anschauung verwarf Finney vollumfänglich die christliche Lehre der stellvertretenden Sühnung Christi. Getreu der New Divinity-Linie tauschte Finney die Lehre der stellvertretenden Sühnung Jesu am Kreuz mit den Theorien des moralischen Einflusses des französischen Philosophen Peter Abaelard und der weisen Regierung Gottes des niederländischen Gelehrten Hugo Grotius aus. Hierbei ist erneut zu beachten, dass laut Finney das Ziel der Sühnung nicht die Errettung der Sünder vor dem göttlichen Zorn sein kann. Im Tod Jesu statuierte Gott lediglich ein Exempel seiner strafenden Gerechtigkeit. Dem sündigen Menschen sollte im Anblick dieser schauderhaften Exekution eines Unschuldigen ein unwiderstehlicher moralischer Anstoß gegeben werden, seine Selbstsüchtigkeit zu unterdrücken. Das Werk Christi gehöre einer Kategorie an, die sich völlig im Moralischen erschöpft. Demgemäß habe Jesus Christus nicht für die Sünde anderer Menschen sterben können: Sein Tod bewirkte keine Sühnung, sondern brachte lediglich seine Bereitschaft zum Ausdruck, dem Willen Gottes gegenüber gehorsam zu sein. Die vollkommene Gesetzesgerechtigkeit, die sich der Sohn Gottes durch ein tadelloses Leben erworben hatte, war Grundlage seiner eigenen Akzeptanz, die ihm der Höchste entgegenbrachte. Juristisch gesehen sei es unmöglich und ungerecht, eine unschuldige Person anstelle einer schuldigen zu bestrafen. Die Vorstellung einer stellvertretenden Sühnung unterliege einem theologischen Irrtum. Sie müsse ausdrücklich abgelehnt werden. Die Triebfeder der gesamten Theologie Finneys drängte zur moralischen Verbesserung. Der vollkommene Gehorsam des Gläubigen sei die Bedingung, Gottes Barmherzigkeit der Grund, dass jemand die Erlösung empfängt.

In seinen Erweckungskampagnen bestand Finney stets darauf, dass der Sünder, noch ehe er das Zelt oder Kirchengebäude verlässt, die Wiedergeburt mittels einer Willensentscheidung erleben sollte. Im Gegensatz zu den Predigern der Ersten Großen Erweckung, die in Wiedergeburt und Erweckung ein „außerordentliches Werk Gottes" erkannten, erhob Finney das Tun des Menschen zum ausschlaggebenden Moment im Hervorbringen geistlichen Lebens. Finney wurde als einer der ernsthaftesten Prediger der menschlichen Willensfreiheit angesehen. Es entspreche einer „unendlichen Tyrannei", wenn es stimmen würde, dass Gott unter Androhung des ewigen Todes vom Menschen fordert, etwas zu tun, das dieser nicht tun kann, obgleich der Allwissende im Voraus über die Unfähigkeit des Sünders Bescheid weiß. Eine solch verwegene Meinung sei Gotteslästerung. Die richtige Bedeutung der Bekehrung sei eine Abkehr von den sündigen Eigeninteressen zu einer völligen Hingabe an den Willen Gottes. Finney behauptete, dass der Mensch etwas zu seiner eigenen Errettung beitragen könne. Es sei die Aufgabe des Evangelisten, die Zuhörer zu bereden, dass sie ihrer Überzeugung gemäß handeln sollten, wenn sie dazu aufgerufen werden, sich zu bekehren. Alle würden errettet werden, die das Heil ernsthaft anstrebten, ob es nun eine göttliche Vorherbestimmung gebe oder nicht.

Da Finney die Betonung auf die menschliche Fähigkeit legte, selbst etwas zur eigenen Bekehrung beizutragen, erhob sich die Frage, welche Rolle der Heilige Geist dabei einnehme? Die Calvinisten behaupteten, dass der geistlich tote Mensch nichts tun könne, bis ihm der Heilige Geist mittels der Wiedergeburt geistliches Leben schenkt. Sie hielten Finney und anderen Evangelisten vor, das Wirken Gottes bei der Bekehrung eines Menschen völlig zu übergehen. Finney hingegen glaubte, dass die Funktion des Heiligen Geistes darin bestehe, Menschen zu überzeugen, dass sie die richtige

Entscheidung treffen. Der Sünder könne dem guten Zureden des Heiligen Geistes widerstehen. In diesem Falle müsse das Gemüt des Sünders von außen so stark beeinflusst werden, dass es die richtige Entscheidung trifft. Am schnellsten sei dieses wünschenswerte Ergebnis erreichbar, wenn die Entscheidung in einen durch den Prediger zuvor erzeugten tranceartigen Zustand getroffen wird. Dem Verkündiger würden zahlreiche Möglichkeiten zur Verfügung stehen, um eine stimmungsvolle Atmosphäre zu erzeugen. Nicht zuletzt sei ein enthusiastischer Predigtstil nützlich, um eine Massenhysterie zu erzeugen.

Eine derartige auf die vermeintliche Fähigkeit des Sünders fixierte Vorgehensweise konnte kein anderes Ergebnis hervorbringen als das äußerst fragwürdige Produkt menschlicher Selbstverbesserung. Finneys Lehre über den Menschen litt unter dem Defizit einer gründlichen bibelauslegenden und theologiegeschichtlichen Reflexion. In einer selbstgefälligen Haltung ohnegleichen stellte Finney deutlich unter Beweis, dass er sich von der pragmatischen Geistesströmung seiner Zeit beeinflussen ließ. Die schrillen Töne eines christlich verbrämten Humanismus sind in seinem Schrifttum unüberhörbar. Mit Leichtigkeit gelang es Finney, seinem Publikum glaubhaft zu machen, dass die von ihm propagierten humanistischen Prinzipien etwas mit dem Christentum zu tun haben, während er gleichzeitig die Wahrheit des biblischen Glaubens ins Gegenteil verkehrte, die folgendes besagt: Aufgrund des Sündenfalls beherrscht die Sünde den ganzen Menschen, sein Denken, seine Gefühle und seinen Willen. Daher ist der natürliche Mensch nicht fähig, die Botschaft des Evangeliums zu verstehen, er ist geistlich völlig hilflos und verloren. Der Mensch kann Gottes rettende Botschaft erst verstehen, nachdem er durch den Heiligen Geist dazu befähigt wurde (1. Kor. 2,14). Der Erweckungsprediger machte die Lebensregel populär, dass der Mensch fähig sei, die von Gott gebotene absolute Vollkommenheit erreichen zu können. Es ist ein verführerischer Gedanke, dass Gott nichts von uns verlangen könnte, was wir nicht zu leisten imstande sind. Diesen zur Lehre zu machen, steht aber im Widerspruch zur Aussage des Paulus, dass das Gesetz uns nur aufzeigt, dass wir verloren sind, weil wir nicht Gottes Willen entsprechend leben können.

Die calvinistische Lehre der völligen Verderbtheit (besser: Unfähigkeit) des Menschen fand nie die Zustimmung Finneys. Der pelagianische Lehrsatz der absoluten Willensfreiheit wurde hingegen Dreh- und Angelpunkt seines ganzen Theologiesystems. Somit konnte das klassische Dogma der Erbsünde laut Finney „nicht schriftgemäß" sein. Es sei tatsächlich im höchsten Maße „unsinnig". Ausdrücklich leugnete er die Vorstellung, dass der Mensch eine sündige Natur besitzt und legte einigen Bibelversen, die deutlich die Erbsündenlehre belegen, einen anderen Sinn bei. Das schlechte Vorbild Adams habe seine Nachkommen zur Sünde verführt. Finney zog die logische Schlussfolgerung aus dieser irrtümlichen Sicht, dass die Erlösung Christi in seiner vollkommenen Vorbildlichkeit liege. Schuld und Korruption kennzeichneten nicht die Natur des Menschen, sondern seien Folge seiner

Entscheidung zu sündigen. Mit der Verwerfung der Erbsündenlehre ging folgerichtig ein Leugnen der übernatürlichen Wiedergeburt einher.

Ohne Scheu verwarf Finney die Rechtfertigungslehre, die Martin Luther noch in den Mittelpunkt seiner Heilslehre gestellt hatte und von der er meinte, dass sich an ihr entscheidet, ob die Kirche steht oder fällt. Finney vertrat eine ungeschminkte Lehre der Selbsterlösung und propagierte eine extreme Form der Werksgerechtigkeit. Gerechtfertigt sei der Christ nur so lange, wie er gehorsam ist, und er müsse verdammt werden, wenn er ungehorsam ist. Ohne dass er Buße tut, könne ihm nicht vergeben werden. Somit stünden der sündige Christ und der unbekehrte Sünder auf demselben Ausgangspunkt. Finney missachtete die reformatorische Formel „zugleich gerecht und Sünder", denn es schien ihm offensichtlich zu sein, dass ein Sünder nie gleichzeitig auch ein Heiliger sein kann. Jede neue Sünde erfordere eine neue Rechtfertigung. Der absolute Gehorsam sei Voraussetzung, um das Heil zu erlangen. Finneys Heilsbotschaft war reines Gesetz. Mit einem Evangelium der freien, souveränen Gnade Gottes konnte er nie etwas anfangen. Deshalb gab es für ihn nur eine soziale Erlösung im Diesseits, die von einer moralischen Vollkommenheitsvorstellung getragen wurde.

7.5 Enthusiastische Ausdrucksformen des Neuen Protestantismus

In vielen spirituellen Ausprägungen der amerikanischen Erweckungsbewegung zeigten sich charakteristische Züge des deutschen Pietismus. Liturgische Gottesdienste, lutherisch-reformierte Bekenntnisse und hierarchische Kirchenstrukturen wurden als bedauernswerte Auswüchse eines engstirnigen-unnachgiebigen Formalismus verachtet. Die denominationelle Aufsplitterung der Christenheit schien inmitten einer auf Einheit und Demokratie bedachten modernen Gesellschaft antiquiert zu sein. Das Auftreten des Evangelisten Charles G. Finney war die vorläufige Krönung dieser bedenklichen Entwicklung. Die Erweckungskampagnen, die dieser Prediger in den Jahren 1826 und 1831 in Rochester, New York, durchführte, erwiesen sich als die folgenschwersten von allen. Indem sich die Kirchen fanatisch aller denominationellen Unterscheidungsmerkmale entledigten, ergaben sie sich der irrigen Vorstellung, es endlich geschafft zu haben, die angeblich durch denominationelle Traditionen und Glaubensbekenntnisse hervorgerufene Uneinigkeit überwunden zu haben. Mit dem Schlachtruf auf den Lippen „Kein Glaubensbekenntnis, nur Christus" waren sie angetreten, um gegen den vermeintlich engstirnigen Calvinismus ins Feld zu ziehen. Das Ergebnis ihrer leidenschaftlich geführten Kampagne war jedoch weit weniger rühmlich, als es im Nachhinein dargestellt wurde. Gerüttelt von internen Konflikten spalteten sich viele der vom geistlichen Enthusiasmus beeinflussten Kirchen in allerlei fanatische Gruppierungen auf, dass kaum zwei von ihnen dasselbe glaubten. Zahlreiche religiöse Kulte und utopische Gesellschaften sprossen wie Pilze aus dem Boden an einem Ort, dem deshalb zu Recht bis heute ein unrühmlicher Ruf anhaftet.

Fragwürdige Ansichten in Sachen Spiritualität wurden toleriert, wenn nicht sogar willkommen geheißen. Populäre Initiativen der Gesellschaftsreform nahmen in jener Ära ebenfalls ihren Anfang.

Der bleibende Einfluss des Wirkens Finneys und seiner Nachahmer beruht auf der Idee, dass bizarre Erscheinungen der Schwärmerei ein unverzichtbarer Begleitumstand des echten Christentums sei. Die an vielen Orten agierenden Erweckungsprediger betonten eine subjektive Glaubensentscheidung als Ausdruck des angeblich freien Willens. Ihre Botschaft der Selbsterlösung (Pelagianismus) kam dem persönlichen Entfaltungsdrang eines liberalisierten und sich seines Selbstwertes bewusstwerdenden Bürgertums entgegen. Viele „Freier Wille-Baptisten" und Methodisten werteten den Enthusiasmus, der im Zuge der Erweckung auftrat, viel positiver als die liturgisch orientierten Presbyterianer und verzeichneten deshalb einen weitaus größeren Zulauf im Zuge der Zweiten Großen Erweckung. Auch bevorzugten sie eine sinnbildliche Auslegung der Heiligen Schrift, als sich am eigentlichen Wortlaut der Schrift zu orientieren, wie es die reformierten Kirchen im Allgemeinen zu tun pflegten; ein Umstand, der dem niedrigen Bildungsniveau der Landbevölkerung entgegenkam.

Die inoffizielle Bezeichnung „Burned-Over District" (Gebiet der versengten Erde), die man aus gutem Grund über die zentralen und westlichen Regionen des Staates New York verhängt hatte, beschreibt demnach weniger einen geographischen Ort, als vielmehr eine religiöse Realität. Die Ereignisse, die sich in diesen Gegenden in der ersten Hälfte des 19. Jahrhunderts zugetragen hatten, hinterließen deutliche Spuren einer irregeleiteten Massenhysterie, nicht nur im Bereich der Religion, sondern auch in Politik und Kultur. Monumentale Veränderungen stellten sich in der amerikanischen Christenheit ein, als sich die Erweckungsbewegung in der neuen Gestalt der Heiligungs- und Pfingstbewegung vom 19. zum 20. Jahrhundert weitflächig nicht nur in Amerika, sondern auch in Europa und schließlich in der ganzen Welt ausbreitete. Die Erscheinungen eines irrationalen Emotionalismus verzeichnen bis auf den heutigen Tag konkrete Nachwirkungen, dass man seit jener Zeit in bestimmten christlichen Kreisen begierig nach enthusiastischen Ausdrucksformen des Christentums Ausschau hält.

Mit der Zeit wurde es immer deutlicher, dass es unmöglich war, die enthusiastischen Geistesströmungen der Zweiten Großen Erweckung (1790-1850) lediglich als eine vorübergehende Massenhysterie abzutun. Aus ihnen bildete sich eine religiöse Lebenseinstellung, die sich sowohl auf die ungebildete Landbevölkerung als auch auf die wohlhabende Oberschicht der Stadtbevölkerung auswirkte. Diese stellten sich in die vorderste Reihe der aufmarschierenden Schar der „Wiedergeborenen". Im Süden zeichnete er sich durch ein individualistisches, auf die geistliche Errettung einzelner Personen abzielendes Erscheinungsbild aus. Hervorgehoben wurde die individuelle Bekehrung zu einer populären Form des christlichen Nationalglaubens, der in Kreisen des Fundamentalismus arminianische und dispensationalistische Züge an sich trug. Aufrufe zum sozialen oder politischen Engagement fanden kaum Beachtung. Im Norden hingegen, vor allem in den Yankee-Gebieten, gestaltete sich eine völlig andere, in ihrer Ausprägung evangelikale und postmillennialistische Form des Neuen Protestantismus aus. In Anlehnung an Charles G. Finneys Vollkommenheitslehre erhob sich ein wichtiger Grundsatz zur heiligen Pflicht eines jeden Gläubigen, sich nicht nur mit vollem Engagement um die „Errettung" anderer – im Sinne einer sinnvollen Lebensgestaltung im Hier und Jetzt – zu bemühen, sondern auch soziale und politische Aufgaben zu übernehmen, die weit über die bloße Unterstützung von missionarischen Aktivitäten hinausgingen. Die Christen folgten bereitwillig dem in den Kirchen erschallenden Aufruf, sich mit Leibeskräften für die Etablierung des Königreichs Gottes auf Erden einzusetzen, um eine vollkommene Gesellschaft zuerst im eigenen Land und dann in aller Welt einzurichten. Sünden – Sklaverei, Alkoholkonsum, Sabbatschändung, Glücksspiel, Tanz, Irreligiosität und dergleichen – mussten mit Stumpf und Stiel ausgemerzt werden, um aus den Amerikanern Heilige Gottes zu machen. Man wollte sich als Nation moralisch auf das Aufkommen des Tausendjährigen Reiches vorbereiten. In den Jahren 1800 bis 1850 entstand eine verwirrende Vielzahl von Sondergemeinschaften in den nordöstlichen Gebieten der Vereinigten Staaten. Viele Sekten, die eine millennialistische und gnostische Glaubenseinstellung teilten, fanden in dem religiösen Boden der Grenzregionen viele förderliche Substanzen. An fanatischen Visionen medial veranlagter Spiritisten mangelte es zu jener Zeit nie, sodass das Gebiet in und um Oneida County zu Recht die Bezeichnung „psychic highway" (sinngemäß: spiritistischer Korridor) trug. Bevor sich Finney selbst einen Namen als Erweckungsprediger machte, kam ihm die Region des Staates New York selbst wie eine Gegend vor, die in den Jahren zuvor vom ruinösen Feuerbrand eines hemmungslosen Religionseifers heimgesucht worden war. Die Bevölkerung konnte nicht ahnen, dass die kommenden Kampagnen einer neuen Erweckungsbewegung noch viel katastrophalere Folgeschäden in der kollektiven Psyche des Volkes hinterlassen würden.

Seit Beginn der Ersten Großen Erweckung im Jahr 1739 waren enthusiastische Ausbrüche und politische Reformen Erscheinungen, die sich gegenseitig mit zunehmender Intensität befruchteten. Selbst den wildesten Plänen einer kollektiven Ökonomie begegnete man mit einem Mindestmaß an Toleranz. Trotzdem gelang es den utopischen Reformern nie, die Mehrheit der Bevölkerung für ihre experimentellen Neuerungen des gesellschaftlichen Miteinanders zu begeistern. Gegen Anfang des 19. Jahrhunderts wandte sich eine Minderheit den in der kulturellen Landschaft Amerikas kursierenden perfektionistischen Ideen zu. Als Perfektionismus wird eine Frömmigkeitshaltung bezeichnet, für die das Streben nach sittlicher Vollkommenheit charakteristisch ist und die davon ausgeht, dass dies ganz oder teilweise erreicht werden kann. Den sozialen Reformbewegungen lag ein spiritueller Impuls zugrunde, der sich in der Absicht vieler Christen niederschlug, das Reich Gottes auf Erden errichten zu wollen. Deshalb entschlossen sie sich, ländliche, autarke Sozietäten zu gründen, die als unabhängige

Territorien im kleinen Stil existierten und zumindest eine Zeitlang von der Umwelt fast hermetisch abgeriegelt waren.

Die Religionsgemeinschaft der United Society of Believers in Christ's Second Appearing war eine der bedeutsamsten Kommunen der Yankees. Die Engländerin Ann Lee (1736-1784), die auch den Namen Ann Elizabeth Lees führte, emigrierte mit einer Gruppe ihre Anhänger 1774 nach Neuengland und ließ sich in Niskayuna, Albany County, im Staat New York nieder. Den Beinamen „Shakers" erhielten sie aufgrund ihres ekstatischen Tanzes im Gottesdienst, der in ein unkontrollierbares Schütteln des ganzen Körpers überging. Das Zungenreden gehörte ebenfalls zu ihren markanten Kulthandlungen. Lee gab vor, selbst die Reinkarnation von Jesus Christus zu sein. Eine ihrer üblen Angewohnheit war, Angehörige des Kultes der Hurerei und Bestialität zu bezichtigen, wenn sie sich nicht völlig ihrer geistlichen Autorität beugten. Jahre später zog die Sozietät nach Ohio und Kentucky um und führte eine sozialistische Gütergemeinschaft ein. Die neuen Regeln ihrer Religion untersagten es, einen Ehebund zu schließen und eine Familie zu gründen.

Der in Württemberg geborene Theosoph Johann Georg Rapp (1757-1847) etablierte sich als geistlicher Leiter in den 1790er-Jahren und scharte eine kleine Gruppe von Nachfolgern um sich, die sich Harmonisten oder auch gelegentlich Rappisten nannten. Als Zeichen gänzlicher Unterwürfigkeit verbot Rapp, selbst ein Vater vieler Kinder, den gegenseitigen Geschlechtsverkehr seiner Anhänger, die sich bereitwillig seinen Anordnungen der absoluten Keuschheit fügten, weil er ihnen die exklusive Zugehörigkeit zu einer kommunistischen Utopie auf Erden versprochen hatte. Diese Lehre leitete Rapp von der Ansicht Jakob Böhmes ab, der meinte, dass der Urzustand der Menschheit die Androgynie (männliche und weibliche Merkmale in sich vereinigend) gewesen sei. Um einer Ausweisung aus Württemberg zuvorzukommen, emigrierten Rapp und seine Anhänger 1804 nach Harmony, Pennsylvania. Rapp und seine Anhänger standen unter dem starken Einfluss der esoterischen Lehren jener Zeit, besonders der Theosophie (göttliche Weisheit wird nur in der mystischen Schau Gottes gewonnen). Von einem dominanten Endzeitbewusstsein durchdrungen, erwarteten sie zu Lebzeiten die Ankunft des Tausendjährigen Reiches. Rapps Ruf als praktizierender Alchemist verbreitete sich im ganzen Land. Er suchte den „Stein der Weisen", denn dieser sei nicht nur der Schlüssel, um unedle Metalle in Gold zu verwandeln, sondern auch um anhaltende Gesundheit und himmlische Weisheit zu erlangen. Die Harmonisten hießen den aus Deutschland kommenden Bernhard Müller willkommen, nachdem dieser behauptet hatte, der verheißene Messias und der personifizierte „Stein der Weisen" zu sein. Nach Rapps Tod verlor sich die Kommune 1875 in alle Richtungen. Später fand man in seinem Haus Gold im Wert von einer halben Million Dollar, die er dank des blühenden Geschäfts seiner Anhänger und verschiedener Grundstücksspekulationen angehäuft hatte. Das vielleicht bekannteste sozialistische Experiment der Utopisten war das in New Harmony, Indiana. Robert Owens oberste Maxime war die Abschaffung des Privateigentums. Einige Anhänger schmiedeten das Wort „Sozialismus" und richteten „Owen-Clubs" in verschiedenen Gegenden Amerikas ein. Außer den nach Utah ausgewanderten Mormonen sollte es keiner der kollektiven Sozietäten gelingen, die Ideale ihrer unkonventionellen Lebensweise über einen Zeitraum von mehreren Jahren hinweg aufrechtzuerhalten. Der wirtschaftliche Ruin folgte oft postwendend auf die Entartung der Sitten unter den Bewohnern der Kommunen.

Im letzten Jahrzehnt des ausgehenden 18. Jahrhunderts hatte sich das im westlichen Teil New Yorks gelegene Oneida County schon in unrühmlicher Weise hervorgetan. Über weite Strecken hinweg wurde dieser Bezirk als Wirkungsstätte notorischer Geisterbeschwörer bekannt. John Humphrey Noyes gründete die sozialistische Oneida-Gemeinde (Sekte der Perfektionisten) im September 1848. Den größten Anstoß erregte die Praxis der Oneida-Bewohner, dem Beispiel ihres Gründers Folge zu leisten und die Ehepartner gegenseitig auszutauschen. Alle perfektionistischen Kirchen, die das Dogma einer sündlosen Existenz auf Erden zur Grundlage hatten, meinten, dass die Ehe in ihrer veralteten Erscheinungsform aufhören würde zu existieren und künftig durch einen neuen, einen „heiligeren" Zustand ersetzt werden würde, nämlich Geschlechtsverkehr mit beliebigen, häufig wechselnden Partnern. Die Oberlin-Professoren Finney und Mahan verurteilten mit beklemmender Miene die gängige Praxis, dass man ihre Lehre der völligen Heiligung gemeinhin mit dem von ihnen verpönten „Perfektionismus" identifizierte.

Nachdem Finney 1835 Rektor des Oberlin College im nördlichen Ohio geworden war, sah er seine Hauptaufgabe darin, die Lehre der völligen Heiligung zu propagieren. Sein Vertrauen auf die Fähigkeit des Menschen, ein ganz und gar sündloses Leben führen zu können, kannte keine Grenzen. Von der göttlichen Forderung an die Menschen, in jeder Beziehung vollkommen zu sein, war er durchaus überzeugt, meinte aber, dass die Bedingung der Rechtfertigung vor Gott ein im täglichen Lebensvollzug erbrachter völliger Gehorsam dem Gesetz des Höchsten gegenüber sei und nicht die Zurechnung der vollkommenen Gerechtigkeit Christi im Glauben, wie es die Bibel lehrt (Röm. 3,21-26). Finney tat sich besonders hervor in der Organisation perfektionistischer Gruppierungen innerhalb verschiedener Glaubensgemeinschaften, wie den Wesleyanern (1843), der Oneida-Gemeinde (John Humphrey Noyes' "Sekte der Perfektionisten", 1848) und den Freien Methodisten (1860). Viele Perfektionisten gehörten ursprünglich der Methodistenkirche an. Die sich um John Wesley scharenden Christen widersetzten sich der reformatorischen Theologie, indem sie die Lehre der völligen Heiligung in Umlauf brachten. Jakobus Arminius (1560-1609) hatte bereits die Meinung vertreten, dass es den Wiedergeboren möglich sei, die Gebote Gottes vollkommen zu halten. Es war jedoch John Wesley vorbehalten, diese Lehre in aller Ausführlichkeit schriftlich darzulegen. Der christliche Perfektionismus wurde demnach das markante Kennzeichen der methodistischen Theologie. Die Vorstellung, dass der Mensch inmitten einer bösen Welt von der Macht der Sünde befreit werden und in vollkommener Übereinstimmung mit Gottes Gesetz leben könne, übte eine große

Anziehungskraft auf viele Christen aus. Auf der Suche nach neuen spirituellen Erfahrungen schlugen zahlreiche Methodisten mit der Zeit unterschiedliche Richtungen ein. In vielen Fällen führte die religiöse Odyssee zu einem zügellosen Verhalten. Gelang es den Verkündigern, die Emotionen der Menschenmenge immer wieder aufs Neue aufzupeitschen, gerieten viele der Zuhörer in einen tranceartigen Zustand. Sie ließen sich dann bereitwillig von jeder Idee, egal wie absonderlich, überzeugen.

Wenn sich die unterschiedlichsten Religionsgemeinschaften des Begriffes „Perfektionismus" bedienten und darunter ihre eigene Variante der Vollkommenheitslehre verstanden, konnte man nie sicher sein, wirklich begriffen zu haben, was der eine oder andere darunter verstand. Es entstand viel Verwirrung über die eigentliche Bedeutung des Begriffes „Perfektionismus" in christlichen Gemeinden. Es ist eine Sache, sie so zu formulieren, dass das ernsthafte Verlangen, ein heiligeres Leben zu führen, in Aussicht gestellt wird. Es ist eine ganz andere Sache, mit der Möglichkeit konfrontiert zu werden, dass eine derartige Lehre als Rechtfertigung für einen abartigen Lebensstil missbraucht wird. Allzu oft hielten die Perfektionisten ihren Kritikern entgegen, dass diese bislang noch nicht den Grad der Vollkommenheit erreicht hätten, um einer ungewöhnlichen Lebensweise verständnisvoll zu begegnen. Noyes gelang es zeitweise, jegliche Unmutsäußerung über das von ihm an den Tag gelegte bizarre Verhalten mit dem Hinweis auf seine angebliche Sündlosigkeit abzuwehren. Die mit der Vollkommenheitslehre einhergehenden übernatürlichen Erfahrungen wurden als außerbiblische „Offenbarungen" angesehen, die die Mystiker im Staate New York dem Wort Gottes gleichstellten. Laut des presbyterianischen Theologen Benjamin B. Warfield konnte Finney zwar leugnen, dass er dieser unchristlichen Sichtweise beipflichtete, aber sie ging dennoch mit dem Aufruf zu einem sündlosen Leben Hand in Hand.

Finney war sich sicher, dass die Praktizierung der völligen Heiligung, die die tugendhafte Veranlagung des Menschen zur Geltung bringe, genauso in die Zeit passte, wie die Durchführung der Erweckungskampagnen und der Sozialreformen. Tatsächlich hätte die Jacksonsche Ära keine besseren Grundvoraussetzungen bieten können, um die Synthese unterschiedlicher Religionstraditionen zu begünstigen. Ein von Grund auf umgestalteter Puritanismus verschmolz allmählich mit dem Methodismus, der sich zuvor dem Herrnhuter Pietismus geöffnet hatte. Die Quäker erkannten in diesem spirituellen Sammelsurium eine grundsätzliche Übereinstimmung mit ihrer mystischen Glaubenshaltung. Nicht übersehen werden sollten die Ähnlichkeiten dieses Religionskonstrukts, das sich aus verschiedenen Gedanken zusammensetzt, mit dem Transzendentalismus eines Emerson und Thoreau. Wie die Transzendentalisten ließen sich die Perfektionisten für einen extremen Individualismus begeistern, der bisweilen anarchistische und sittenlose Züge annahm. Die Theologie des Perfektionismus durchdrang die komplexen Gesellschaftsbeziehungen, die sich im Zuge der Einführung der romantischen Demokratie seit 1830 in Amerika gebildet hatten. So eng vereinigte sich der Vorsatz einer völligen Heiligung mit dem Anliegen eines religiösen Patriotismus, dass man das eine nur noch schwerlich von dem anderen trennen konnte. Die Zivilreligion Amerikas nahm konkrete Gestalt in der Verwirklichung des höchsten Ideals einer freiheitsliebenden Volksgemeinschaft an.

Mit aller Entschiedenheit widersetzten sich die reformierten Theologen der Lehre der vollkommenen Heiligung. Indem sie sich auf die Bibel und die Schriften Augustinus' beriefen, lehrten sie, dass der Zustand der Sündlosigkeit niemals in diesem Leben erreicht wird. Die Heilige Schrift weist an keiner Stelle auf ein solches Vermögen der Sündlosigkeit hin. In vielen Passagen kommt vielmehr eine gegenteilige Lehre deutlich zur Sprache, zum Beispiel 1.Joh.1,8-10. Erstaunlicherweise betrachteten selbst viele New School-Presbyterianer die am Oberlin College vertretene Heiligungslehre für unannehmbar, weil sie mit dem Westminster Bekenntnis unvereinbar war. Auch viele Gemeindeleitungen lehnten den Perfektionismus ab.

Eines der herausragenden Merkmale der von Charles G. Finney propagierten Version des Neuen Protestantismus war der Aufruf an die Kirchen, sich nicht in erster Linie darum zu bemühen, Seelen für ein himmlisches Jenseits zu retten, sondern sich für die sozialen und materiellen Belange der ganzen Menschheit im Hier und Jetzt einzusetzen. Die geballte Staatsgewalt sei notwendig, um sündige Strukturen in der Gesellschaft mittels gesetzlicher Zwangsmaßnahmen zu eliminieren, damit die gesamte Nation selbst in den Stand der Heiligung treten könnte. Die Befürworter der Erweckungsbewegung stellten sich besonders hinter politische Initiativen, die darauf abzielten, den Konsum von Alkohol zu unterbinden, dem Einfluss des Katholizismus Einhalt zu gebieten und die anarchistischen Tendenzen in der Gesellschaft auszumerzen. Die Neuen Protestanten waren sich darin einig, dass der um sich greifende Einfluss der Römisch-Katholischen Kirche, der auf die steigenden Einwanderungszahlen aus südeuropäischen und slawischen Ländern und besonders aus Irland zurückzuführen war, mit aller Entschlossenheit bekämpft werden musste. Mitglieder dieser Religionsgemeinschaft ständen unter der Kontrolle der antichristlichen Agenten des römischen Papstes und seien der Ausübung ihres freien Willens beraubt worden. Kinder aus katholischen Familien mussten dem Einfluss ihrer der Sünde völlig ergebenen Eltern entrissen werden, indem sie gezwungen wurden, täglich zur öffentlichen Schule zu gehen. Im Schulwesen erblickte man das wichtigste Instrument, die Gesellschaft zu „christianisieren". Als die damaligen Historiker Neuenglands damit begannen, die mit vielen Vorurteilen behafteten Darstellungen der Geschichte des spanischen Imperiums und der niederländischen Republik in Umlauf zu bringen, verbreitete sich dieses Überheblichkeitsgefühl der von der englischen Kultur geprägten Bevölkerung in Windeseile.

Nach Finneys Tod im Jahr 1875 traten zahlreiche Befürworter des Perfektionismus auf, die sich verpflichtet sahen, die Heiligungsbewegung (Higher Life Movement) über Landesgrenzen hinweg einer neuen Generation von Christen bekannt zu machen. Sie sprachen verschiedene soziale Reformen, wie Sklavenbefreiung, gemeinsamer Schulunterricht für Mädchen und Jungen, Feminismus, Verbot Alkohol herzustellen oder abzugeben und Gleichberechtigung der Rasse, als bedeutende ethische Themen an. Die erste Ordination einer Frau zum Pastoraldienst erfolgte am Oberlin College. Die bemerkenswerte Karriere der ehemaligen Sklavin und Waschfrau Amanda Smith zur weltweit reisenden Evangelistin galt lange Zeit als Bestätigung der kontroversen Entscheidung, Frauen Lehr- und Leitungspositionen in der Kirche zu übertragen. Ursprünglich hatte sich die Heiligungsbewegung aus dem Methodismus und dem Quäkertum entwickelt und führte ihrerseits wiederum zu einer Fülle von Tochterbewegungen, die das vormalige Anliegen bewahrten oder auch in bestimmten Lehrpunkten und Verhaltensformen veränderten. Sie entwickelte sich zu einem dominanten Einfluss in der dynamischen „Christianisierung" Nordamerikas. Dies wurde dadurch möglich, dass einflussreiche Verkündiger der Zweiten Großen Erweckung die Lehre und Praxis dieser Bewegung als Folgeerscheinung ihrer Befürwortung des Perfektionismus bereitwillig aufnahmen und verbreiteten. Neue Impulse für die Inlandsevangelisation und die Weltmission hingen mit den kontinuierlichen Einwirkungen dieser Bewegung auf fast alle Kirchen in Nordamerika zusammen. Im dritten Quartal des 19. Jahrhunderts nahm sie Europa im Sturm ein. Die auf sozial-ethische Initiativen des Methodistenpredigers und Freimaurers William Booth (1829-1912) zurückgehende Gründung der Heilsarmee stand unter dem unmittelbaren Einfluss der Heiligungsbewegung. Die Gleichstellung der Geschlechter im Offiziersdienst zeigt den damaligen Stand der Überzeugungen in dieser Organisation. Ab 1900 dominierte die Pfingstbewegung die christliche Szene des Westens, bis sich der Fundamentalismus, weiterhin stark von der Theologie der Heiligungsbewegung durchdrungen, seit zirka 1920 größtenteils als Lehrmeinung im Evangelikalismus durchgesetzt hat.

Nach vielen Jahren der intensiven, aber oftmals ineffektiven Sozialreform begriffen die Neuen Protestanten im ausgehenden 19. Jahrhundert, was Finney bereits viele Jahre zuvor mit aller Entschiedenheit seinen Anhängern deutlich gemacht hatte: Das Königreich Gottes auf Erden kann nur durch den Staat etabliert werden. Man müsse sich vorbehaltlos der Regierungsmacht bedienen, um das diesseitige Wohlergehen des Einzelnen durch die Ausmerzung jeder Möglichkeit des Sündigens zu fördern. Obschon die Litanei der zu bekämpfenden Sünden mit der Zeit immer länger wurde, setzten die Perfektionisten ihr besonderes Augenmerk auf die Unterdrückung des Schnapsdämons. Die politische Agitation gegen den Konsum von alkoholischen Getränken führte schließlich 1919 zur Verabschiedung eines Gesetzes (National Prohibition Act). An den Sonntagen durfte niemand etwas anderes tun, als in die Kirche zu gehen. Organisierte Bürgerinitiativen setzten sich für die Durchsetzung sogenannter „blauer Gesetze" ein, die das Geschäftetreiben am Sonntag größtenteils verboten. Das zentrale Anliegen der Heiligungsbewegung bestand also nicht nur darin, die Gesinnung der Christen zu heiligen, sondern auch die allgemeine Gesellschaft von Grund auf nach ethischen Maßstäben, die sie für christlich hielt, zu reformieren.

8.0 Ausgestaltung des autoritären Progressivismus

(Die wahren Hintergründe des Amerikanischen Sezessionskrieges)
Betrachtet man die hauptsächlichen Konflikte, in die die Vereinigten Staaten verwickelt waren, fällt der Amerikanische Sezessionskrieg von 1861 bis 1865 aus der Reihe. Die Interpretationen anderer Kriege waren immer gewissen Revisionen unterworfen. Beim Sezessionskrieg hatte man sich jedoch rasch auf nur eine Version geeinigt und eisern daran festgehalten: Der entscheidende Grund, der zum Ausbruch dieses verheerenden Krieges führte, sei die Feindseligkeit der Nordstaaten gegenüber der Sklavenhaltung in den Südstaaten gewesen. Die Konsensmeinung unter den Historikern schien so unerschütterlich zu sein, dass niemand von ihnen ahnte, dass die konventionelle Interpretation je überworfen werden könnte.

Aber auch diesbezüglich hat sich das Blatt gewendet. Amerikanische Historiker sind sich heute einig, dass sowohl der Norden als auch der Süden grobe Fehler begangen hatten, die zu einer Situation führten, die letztlich den verheerenden Sezessionskrieg heraufbeschwor, der nicht hätte ausbrechen müssen. Feststeht ebenso, dass die Interessen anderer Länder von dieser Auseinandersetzung nicht direkt betroffen waren. Die Feindseligkeit der Nordstaaten gegenüber der Sklavenhaltung war nur eines von mehreren Themen, die vorgeschoben wurden, um andere Beweggründe, die von weit größerer Bedeutung, aber moralischer Fragwürdigkeit waren, zu verbergen. Unter den Gründen, die zum Ausbruch dieses Krieges führten, spielten in erster Linie wirtschaftspolitische Erwägungen eine Rolle, unterschiedliche ideologische Standpunkte waren von geringerer Bedeutung.

8.1 Schicksalhafte Entwicklung der amerikanischen Föderation

Die sich aus dem materiellen und kulturellen Fortschritt entwickelte Situation diente dazu, um der altehrwürdigen Idee neues Leben einzuhauchen, dass Amerika eine besondere und einzigartige Stellung in der Welt einnehme. Das amerikanische Volk, das von einem starken Glauben an die Effektivität ihrer eigenen physischen und intellektuellen Errungenschaften durchdrungen war, verallgemeinerte seine Erfahrung in eine allgemeingültige Theorie des Fortschrittes. Die unausgesprochene Erwartung war, dass sich die übrige Welt deshalb mit einem zweitrangigen Status abfinden müsse. In den Augen der Amerikaner befanden sich die älteren Zivilisationen Europas bereits in einem Prozess des Niedergangs. Indem sie sich in dieser optimistischen Ära zuversichtlich über ihre eigene Zukunft aussprachen, betonten sie die hauptsächlichen Unterschiede zwischen der Alten und der Neuen Welt. Ein weiterer Grund des überschwänglichen Optimismus war auch der erwachte Nationalismus, der nach 1815 die patriotischen Seelen der Amerikaner ergriffen hatte. Gegen Mitte des 19. Jahrhunderts änderte sich das erhöhte Selbstverständnis der Amerikaner dahingehend, dass sie die neuaufkommende Zukunftsvision des „Jungen Amerikas" annahmen, die ihren

Niederschlag in der Vorstellung einer sich allmählich ausgestaltenden irdischen Utopie fand. Man begann damit, die nach Westen gerichtete territoriale Ausweitung der Republik als eine von Gott gegebene Mission anzusehen. Die idealistischen Aspekte der Vorstellung einer einzigartigen amerikanischen Bestimmung nahmen in der Hoffnung Gestalt an, dass die sich in den Vereinigten Staaten ausgebildete Demokratie auf andere Nationen beispielhaft wirken würde, um nach Möglichkeit die Regierungsform der gesamten Welt zu werden. In kirchlichen Kreisen wirkte sich derselbe Glaube dahingehend aus, dass man sich dafür einsetzte, den Neuen Protestantismus unter amerikanischer Schutzherrschaft über den ganzen Erdkreis hinweg zu verbreiten. So entstand das außergewöhnliche ideologische Umfeld, das die weitläufige und unkritische Akzeptanz progressiver Ideale ermöglichte. Während manche den Fortschritt als ein zwangsläufiges Gesetz der Bestimmung oder der göttlichen Vorsehung auffassten, betrachteten ihn andere als ein erstrebenswertes Ziel, das dank der menschlichen Willenskraft und Genialität erreichbar sei. In den Jahren der territorialen Expansion, die hauptsächlich zu Lasten der Indianer und Mexikaner fiel, legten die Amerikaner die Gründe dar, wieso Gott sie dazu auserwählt habe, die Ideale des Progressivismus in aller Welt zu verbreiten: 1) die Vermehrung materiellen Reichtums, 2) die Durchführung umfangreicher Gebietserweiterung und 3) die Verwirklichung technologischer Neuerungen. Die Idee des Fortschrittes hatte die Gemüter vieler Amerikaner so sehr in Beschlag genommen, dass sie in Gefahr standen, eine klare Sicht über die tatsächliche Lebenssituation, in der sie standen, zu verlieren. Der propagierte Progressivismus war von einem unkritisch aufgenommenen Idealismus geprägt, der sich in politischen Slogans, wie das viel beschworene „Offenkundige Schicksal" (Manifest Destiny), niederschlug. Unter dieser beschönigenden Bezeichnung verstand man nichts anderes als die rücksichtslose Umsetzung eines weltweiten Imperialismus.

Die „Junge Amerika"-Bewegung, für die sich der Politiker, Schriftsteller und Journalist Edwin De Leon (1818-1891) mit Leibeskräften einsetzte, trat erstmals 1845 in das öffentliche Bewusstsein. Die Bezeichnung „Junges Amerika" war eine bewusste Anspielung auf die revolutionären Bewegungen in Europa gegen Mitte des 19. Jahrhunderts, wie das Junge Deutschland, das Junge Frankreich und das Junge England. Thomas Cooper – ein britischer Revolutionär, der nach South Carolina gekommen war – drängte in seiner einflussreichen Stellung als Rektor des South Carolina Colleges und als bekanntester Buchautor der Südstaaten eindringlicher als viele andere darauf, dass sich die Südstaaten von den Nordstaaten abspalten sollten. Um die Bewegung des Jungen Amerika in Gang zu setzen, formulierte De Leon ein dreiteiliges Programm: 1) Übernahme der politischen Macht in weitläufigen Gebieten Amerikas, 2) Vergrößerung des Bereichs der Freiheit, 3) Bereitschaft zur Landesverteidigung gegenüber allen ausländischen Feinden. Was De Leon unter einem sich ständig ausweitenden Freiheitsraums verstand, machte er in prägnanten Absichtserklärungen unmissverständlich deutlich, die weit über die für Amerika vorgesehene politische Bestimmung hinausgingen: 1) Eroberung der westlichen Hemisphäre mitsamt ihrer spanischen Kolonien und der unabhängigen Nationalstaaten, 2) Unterstützung der revolutionären Umtriebe des italienischen Freiheitskämpfers Giuseppe Mazzini in Europa, 3) Abschaffung der feudalen Herrschaftsstrukturen in aller Welt. Sowohl in den USA als auch in europäischen Ländern sollten revolutionäre Aufbrüche unterstützt und neue Regierungen eingesetzt werden. Das oberste Ziel De Leons, das er durch die Bewegung des Jungen Amerikas erreichen wollte, war die Abspaltung der Südstaaten von der Union. Im Stillen hegte er die Hoffnung, dass ein unvermeidlicher Krieg die chaotischen Bedingungen verursachen würde, die nötig waren, um die Rädelsführer des Jungen Amerikas an die politische Macht zu hieven. Der Gouverneur von Mississippi, John A. Quitman, beteiligte sich ebenfalls an Plänen zur Aufspaltung der Union, wurde jedoch von einem Gericht seines Amtes enthoben. Umstürzlerische Bestrebungen wehrte Zachary Taylor stets ab, der von 1849 bis zu seinem plötzlichen Tod 1850 Präsident war. Nach dem unerwarteten Tod eines zweiten Whig-Präsidenten konnte sich der demokratische Senator Stephen Douglas aus Illinois mit einem neuen Plan für die Zukunft der südlichen Staaten profilieren, nachdem der Kongress diesem zugestimmt hatte. Seine Sympathien für die Sache des Jungen Amerikas waren weithin bekannt.

Gerrit Smith (1797-1874), der durch Landspekulationen einer der größten Grundeigentümer in den USA geworden war, spendete wenigstens 8 Mio. US-Dollar professionellen Agitatoren, wie zum Beispiel Guiseppe Mazzini, die revolutionäre Umtriebe in Europa und Amerika organisierten. Mit besonderem Eifer unterstützte er die maßlose Hetzkampagne William Lloyd Garrisons und die gewalttätigen Streifzüge John Browns. William Lloyd Garrison (1805-1879) aus Newburyport, Massachusetts, führte die Bewegung zur Abschaffung der Sklaverei (Abolitionismus) an. Gleichzeitig übte er eine nicht minder bedeutsame Rolle in der Bewegung des Jungen Amerikas aus. Garrison setzte mit ungeteilter Begeisterung die Strategie der Verschwörergruppe Essex Junto um: die Verwirklichung der ursprünglichen Zielsetzung der nördlichen Tory-Sympathisanten, die Union der amerikanischen Republik zu zerstören, um die geschwächten Vereinigten Staaten erneut dem Britischen Imperium einzugliedern. Garrison gründete 1831 die Zeitung *The Liberator*. Der vordergründige Zweck war, die Bevölkerung im Norden und Süden gegen die Sklaverei aufzuwiegeln. Um die Zahl seiner Leser in kürzester Zeit zu vergrößern, händigte Garrison viele freie Abonnements aus, auch an Zeitungen, die seine Ansichten aufs Schärfste kritisierten. So entstand eine erbitterte Debatte zwischen den Befürwortern und Gegnern der südlichen Sklaverei, die von der Bevölkerung mit zunehmendem Interesse verfolgt wurde. Die Bedeutung Garrisons lag nicht darin, dass er die Bürger in den Nordstaaten gegen die Sklaverei als eine unmenschliche Institution aufhetzte, wie es manch ein anderer im Gewissen geplagter Meinungsmacher in Norden tat, sondern dass er den Hass der nördlichen Bevölkerung gegen die südlichen Sklavenhalter bis zur Weißglut schürte. Sein hauptsächlicher Beweggrund war nicht die Abschaffung der

Sklaverei als solche, sondern die Erzeugung politischer Spannungen zwischen den Nord- und Südstaaten, die zu einem zwangsläufigen Konflikt („irrepressible conflict") führen würde. Das eigentliche Ziel war eine baldige Sezession (Absonderung) der Südstaaten von der Föderation als Grundvoraussetzung eines Jungen Amerikas unter britischer Kontrolle.

Der Ursprung der rabiaten Vorgehensweise im Umgang mit einer – wie man meinte – minderwertigen Menschenrasse, die jeder reiche Gutsherr bedenkenlos als Sklaven ausbeuten konnte, entsprang keiner herzlosen Hinterlist südlicher Plantagenbesitzer und nördlicher Textilfabrikanten. Es war das unverkennbare Anzeichen eines neu aufkommenden Feudalismus. Die treibende Kraft hinter dieser Entwicklung war dieselbe Oligarchie (kleine Gruppe, die die politische Herrschaft ausübt), wie sie sich auch in Europa präsentierte, die den Daumen ihrer tyrannischen Bevormundung über Jahrhunderte hinweg auf die Alte Welt gnadenlos hielt. Ihr alleine muss es angelastet werden, aus reiner Profitgier die schwarze Sklaverei in der Neuen Welt eingeführt zu haben.

Die Bewegung des Jungen Amerikas befürwortete die Befreiung der Sklaven, wie sie die nördlichen Abolitionisten forderten, unterstützte aber gleichzeitig auch die Sache der südlichen Sklavenhalter. Wie ist dieses paradoxe Verhalten zu verstehen? Die einzig schlüssige Antwort ist der Hinweis auf das eigentliche Ziel der Bewegung. Sie beabsichtigte, die Föderation der Vereinigten Staaten aufzuspalten. Nur so konnten ihre republikanischen Institutionen entscheidend geschwächt werden. Um dieses übergeordnete Ziel zu erreichen, musste der Hass zwischen Nord und Süd nicht nur angeheizt, sondern bis zur Weißglut gebracht werden. Der das amoralische Handeln bestimmende Leitsatz lautete: Der Zweck heiligt die Mittel.

Während der Leiter der Nördlichen Jurisdiktion des Schottischen Freimaurerritus, der Schweizer John James Joseph Gourgas, und sein Adjutant Killian Henry Van Rensselaer die Gesellschaft der Knights of the Golden Circle (Ritter des Goldenen Kreises) auf die Beine stellten, die später den Kern der konföderierten Armee aufseiten der Südstaaten bildete, rekrutierte die Führung der Südlichen Jurisdiktion die politischen Führungskräfte der Südstaaten. Diese setzten nicht lange danach ihren Plan um, sich von den übrigen Staaten der amerikanischen Republik abzuspalten. Der für dieses Projekt verantwortliche Mann war Caleb Cushings Protegé Albert Pike. Beide Männer stammen aus Newburyport, Massachusetts, und waren lebenslange Freunde. Der Generalstaatsanwalt der Vereinigten Staaten und Freimaurer, Caleb Cushing, förderte vom Norden aus Albert Pike, damit sich dieser im südlichen Staat Arkansas als politische Größe etablieren konnte. Pike konnte sich bald als der einflussreichste Befürworter der Sezession in Arkansas etablieren. In den 1850er-Jahren stieg er zum leitenden Organisator und zur Führungspersönlichkeit der American Party oder „Know-Nothings" auf, einer Drittpartei, die sich besonders gegen die Einwanderungspolitik der etablierten Parteien stellte. Pike und elf seiner politischen Mitstreiter veröffentlichten 1858 ein Manifest, das ihren Entschluss bekundete, sich für die Ausweisung von freien „Negern und Mulatten" (Nachkomme eines schwarzen und eines weißen Elternteils) aus dem Staat Arkansas einzusetzen. Albert Pike war ein in der Esoterik tief verstrickter Mann. Er wurde 1859 zum Großen Kommandeur der freimaurerischen Südlichen Jurisdiktion des Schottischen Ritus ernannt. Um Albert Pikes weitreichende Bedeutung als Agent Provocateur (Provokation einer Person zu einer gesetzeswidrigen Handlung im Auftrag des Staates) besser zu verstehen, ist es notwendig, sich zunächst eingehender mit der wechselvollen Karriere Caleb Cushings zu befassen.

Caleb Cushing (ΦBK) begann sein Hochschulstudium am Harvard College als der Britisch-Amerikanische Krieg von 1812 im Gange war. Sein Vater war ein wohlhabender Schiffseigner; sein Cousin John Perkins Cushing hatte eine Karriere als Opiumhändler in China begonnen, die ihm großen Wohlstand einbrachte. Einer der engsten Freunde Calebs war der Neffe von John Lowell. Die Essex Junto erkannte schon bald, dass Caleb Cushing, ein Mitglied der St. John's Freimaurerloge in Newburyport, Massachusetts, ein von unbändigem Ehrgeiz ergriffener Mann war. Nach Beendigung seines Jurastudiums und einer kurzen Zeit als Referendar in einer Anwaltskanzlei stellte ihn der Rektor des Harvard Colleges, John Thornton Kirkland (ΦBK), als Mathematiklehrer an. Über die Sommermonate 1822 schrieb Caleb Cushing Leitartikel für die lokale Zeitung der Essex Junto, den *Newburyport Herald*. Bei dieser Gelegenheit nahm er sich des 18-jährigen *Herald*-Reporters, William Lloyd Garrison, an, den er dazu anleitete, die Leitartikel so aufreizend zu schreiben, wie er es selbst zu tun pflegte. William Lloyd Garrison hatte sich bereits in jungen Jahren die separatistischen Absichten der Essex Junto zu eigen gemacht. Die bemerkenswerte Beziehung zwischen Cushing und Garrison, wie sie sich in der Folgezeit entwickelte, muss näher beleuchtet werden, um ein tieferes Verständnis darüber zu gewinnen, welche politischen Ziele die Kräfte, die hinter ihnen standen, erreichen wollten. Wieso etablierte sich William Lloyd Garrison als der anerkannte Führer der extremsten und provokativsten Elemente des nördlichen Abolitionismus, während sich Caleb Cushing in der Rolle des hauptsächlichen Strategen der südlichen Sklavenhalter gefiel? Es ging ihnen beide um das übergeordnete Ziel: die Schwächung der Föderation der amerikanischen Staaten mittels der Heraufbeschwörung eines Konflikts durch entgegengesetzte Positionen, um das „Junge Amerika" in das Britische Imperium wieder einzugliedern.

Caleb Cushings Mentor war John Lowell, Jr., der Sohn eines Unternehmers und Bundesrichters, der in Boston, Massachusetts, lebte. Dieser beauftragte Caleb Cushing, sich der Sache der Essex Junto voll und ganz anzunehmen: die Aufsplitterung der amerikanischen Republik. 1826 ließ sich Cushing im Essex-Landkreis als Kandidat für das US-Repräsentantenhaus aufstellen. Schnell entwickelte er ein Talent, eine anrüchige Politik in wohlklingende Worte zu kleiden. Die Chancen standen gut, dass es ihm gelingen würde, als Abgeordneter im Kongress einzuziehen. Um sich noch eine bessere Ausgangsposition zu sichern, warf er seinem hauptsächlichen Konkurrenten im Wahlkampf vor, dunkle Geschäfte mit der Essex Junto geführt zu haben, obgleich er selbst mit aller Entschlossenheit die Interessen seines Mentors John Lowell, Jr., dem Kopf der Verschwörungsriege, vertrat. Cushing konnte sich auch auf die Schützenhilfe seines Protegés, William Lloyd Garrison, verlassen, den er in die politische Philosophie der Essex Juncto eingewiesen hatte. Der politische Gegner Cushings beschuldigte diesen, sich im Geheimen mit Garrison eingelassen zu haben. Der „linksgerichtete" Garrison gab sich anschließend große Mühe, den Anschein zu erwecken, dass er keineswegs mit dem „konservativen" Cushing unter einer Decke steckte. Bei einer öffentlichen Wahlveranstaltung Cushings stürmte Garrison mit einer Schimpftirade gegen den Wahlkandidaten durch die Reihen der Zuhörer und denunzierte diesen lautstark als Feigling und Betrüger. Doch am Wahltag stellte es sich heraus, dass Cushings Versuch, in die Arena der nationalen Politik triumphierend einzutreten, völlig misslang. Sein Kontrahent erhielt die überwiegende Mehrheit der Stimmabgaben. Im Laufe der Zeit sollte Cushing weitere Wahlen verlieren, bis ihm schließlich die Bostoner Brahmanen, die ihren großen Einfluss in Regierungskreisen geltend machten, die Türe zum US-Repräsentantenhaus öffneten.

William Henry Harrison, Mitglied der Whig-Partei, trat am 4. März 1841 sein Amt als Präsident an. Ein Monat später war er tot. Es ist nur wenig über die wirkliche Todesursache des Präsidenten bekannt. Der Tod Harrisons sollte sich als ein bedeutsamer Wendepunkt in der nationalen Geschichte Amerikas herausstellen, denn die Wirtschafts- und Außenpolitik der Nation wurde sofort nach Vereidigung des Vize-Präsidenten John Tyler zum neuen Staatsoberhaupt auf den Kopf gestellt. Binnen kürzester Zeit gab Präsident Tyler unmissverständlich zu verstehen, dass es nicht seiner Absicht entsprach, das politische Programm der Whig-Partei, zu der er nominell gehörte, umzusetzen. Mit Ausnahme des Außenministers Daniel Webster legte jedes Kabinettsmitglied postwendend sein Regierungsamt nieder. Keiner von ihnen dachte daran, auch nur das Geringste zu tun, um den neuen Präsidenten zu unterstützen, die wichtigsten Prinzipien der Whig-Politik zu missachten. Auf die Empfehlung Daniel Websters hin wurde Cushing zum Vorsitzenden des Komitees für auswärtige Beziehungen des Unterhauses berufen. Das seltsame Verhalten Websters, Cushing so bereitwillig zu Diensten zu stehen, obgleich er sich dadurch gegen den ehemaligen Präsidenten John Quincy Adams stellte, der sich ebenfalls für diesen so prestigeträchtigen und einflussreichen Posten beworben hatte, ist einfach zu erklären: Cushing hatte Webster eine große Summe Geld geliehen, die in der Folgezeit auf ein Mehrfaches des ursprünglichen Betrags ansteigen sollte. Webster zahlte seine Geldschulden an Cushing zeitlebens in einer „anderen Währung" zurück. Caleb Cushing hielt nun genügend Macht in Händen, um in den wichtigen Entscheidungen des Kongresses seinen Einfluss geltend zu machen. Seine Absicht war, die präsidiale Macht John Tylers weitgehend zu stärken. Der aus Virginia stammende Tyler konnte sich fortan auf den Whig-Politiker Cushing aus Massachusetts in jeder Hinsicht verlassen, obgleich dieser eigentlich genau die gegenteilige Politik hätte betreiben müssen, wenn das Kriterium seiner Parteizugehörigkeit ausschlaggebend gewesen wäre. Der Präsident verhinderte die Einsetzung eines Zentralbankensystems unter öffentlicher Kontrolle.

Die Repräsentanten der Bostoner Brahmanen in China, die unter der Aufsicht und Leitung von Warren Delano, Jr., dem amerikanischen Konsul in Kanton, standen, beobachteten mit einer gehörigen Schadenfreude und Genugtuung, wie das britische Militär in China einfiel, um dem Kaiser in Peking ein Friedensabkommen aufzuzwingen, das ihn unter Strafe stellte. Die Absicht des von dem Briten Charles Elliot aufgesetzten Friedensvertrags war die bewusste Demütigung der chinesischen Regierung, die es gewagt hatten, die kommerziellen Interessen der Engländer zu durchkreuzen und sich militärisch zur Wehr zu setzen, nachdem diese provoziert worden waren, ihre Waffen zu ergreifen. In übertragener Bedeutung zierten die Lorbeeren des erfolgreich abgeschlossenen Opiumkrieges das Haupt Elliots, als er als britischer Botschafter den Boden der Republik Texas, die sich erst vor kurzem von Mexiko abgespalten hatte, betrat und seinem intriganten Auftrag nachkam. Dies sollte sich als eine Katastrophe ungeheuren Ausmaßes für die Vereinigen Staaten herausstellen. US-Präsident Tyler ernannte Caleb Cushing zum Ersten Minister Amerikas an die chinesische Regierung. Als Cushing in China ankam, trug er einen von Daniel Webster abgefassten Brief des US-Präsidenten an den chinesischen Kaiser in der Tasche. Aus diesem Schreiben ging hervor, welche Anforderungen Amerika China stellen wollte. Auf seiner Reise nach China wurde Caleb Cushing von den britischen Gouverneuren auf Gibraltar, Malta, Ägypten und Indien mit Kanonenschüssen empfangen und aufs Köstlichste bewirtet und komfortabel untergebracht. Er wurde eingeladen, die Truppenverbände zu besichtigen und an einer Tigerjagd teilzunehmen. Am beeindruckendsten schien ihm das Kommunikationsnetzwerk zu sein, dass das Imperium von einem Ende bis zum anderen umspannte. Der Kaiser der Qing-Dynastie hatte kein Interesse daran, von einem anderen westlichen Land einen Vertrag aufgezwungen zu bekommen, der ihn lediglich der Demütigung preisgab. Cushing kündigte an, das gesamte amerikanische Geschwader an Kriegsschiffen zu mobilisieren, um seinen Vertrag mit China zu bekommen. Dem chinesischen Kaiser blieb keine andere Wahl, als am 3. Juli 1844 den Vertrag von Wanghia zu unterzeichnen. Ähnlich wie der britische Friedensvertrag enthielt das amerikanische Handelsabkommen die Klausel, dass die Verwandten Cushings in ihrem Vertrieb des Opiums von den chinesischen Beamten nicht belästigt werden dürfen. Allen in China wohnenden Amerikanern wurde das Recht zugestanden, dass sie die chinesischen Gesetze straffrei übertreten konnten. Dieser Vertrag schloss nicht nur die Vereinigten Staaten in die Reihe der Länder ein, die China erobert hatten, sondern stellte obendrein die Forderung, dass jede Konzession, die China entweder Großbritannien oder Amerika künftig zugestand, ebenso dem jeweils anderen Land automatisch erteilt werden müsse.

Während seines Aufenthaltes in China ereilte ihn die Nachricht, dass die Tyler-Administration ernsthafte Anstalten machte, Texas zu annektieren. Alle diesbezüglichen Übergriffe der amerikanischen Regierung würden die

Mexikaner – so die offizielle Bekanntgabe – als ein Kriegsakt ansehen. Wie bereits erwähnt, war der britische Generalbevollmächtigte, Charles Elliot, der zuvor den Opiumkrieg in China vom Zaun gebrochen hatte, als Botschafter in der Republik Texas angekommen. Vor der texanischen Revolution war dieser Staat eine großflächige Region Mexikos gewesen. Amerikanische Historiker behaupten, dass die Tyler-Administration gezwungen war, den unabhängigen Staat Texas zu annektieren, um britische Intrigen in dieser Republik zu unterbinden. Großbritannien machte keinen Hehl daraus, alle Möglichkeiten auszuschöpfen, um Texas seinem Weltreich einzugliedern. Abolitionisten vom Schlage eines William Lloyd Garrison setzten sich daraufhin für eine Auflösung der Union nordamerikanischer Staaten ein. Texas sollte auf keinen Fall dem Bundesstaat angegliedert werden. England gestand Garrison zu, die politische Kontrolle über der Republik Texas zu ergreifen und polizeiliche Aufgaben auf dem nordamerikanischen Kontinent zu übernehmen, damit die Sklaverei in den Südstaaten abgeschafft werden würde. 1846 kam Caleb Cushing als amerikanischer General nach Mexiko, um persönlich an dem Krieg teilzunehmen, zu dessen Ausbruch er selbst so viel beigetragen hatte. Der bewaffnete Konflikt, der in blutigen Schlachten Tod und Zerstörung mit sich brachte, dauerte von April 1846 bis Februar 1848. Trotz des triumphalen Sieges der Vereinigten Staaten in dem Eroberungsfeldzug gegen ihre südlichen Nachbarn, die nicht ausreichende Mitteln verfügbar hatten, um sich gegen die Invasionsarmeen zu verteidigen, hatte sich Amerika nun auf die Straße der Gewalt begeben, die schnurstracks der Katastrophe des Sezessionskrieges von 1861 bis 1865 entgegenlief. Die Eingliederung der Republik Texas in die Vereinigten Staaten als südlicher Sklavenstaat vergrößerte die Macht der Südstaaten enorm. Nur so konnten die Konföderierten Staaten später einen sich über Jahre hinziehenden Krieg gegen die Nordstaaten führen.

Unter der Leitung von Caleb Cushing setzte sich Mitte der 1840er-Jahre eine politische Allianz in der Politik der Washingtoner Regierung durch, die einen entscheidenden Beitrag leiste, um gegen den föderalistischen Staatenbund Stimmung zu machen. Als Agenten der Essex Junto wurde Cushing zum Vorsitzenden des Nominierungsparteitag der Democratic Party gewählt, der 1860 in Charleston, South Carolina, abgehalten wurde, obgleich er zu jener Zeit kein offizielles Regierungsamt innehatte. Unter seinem Vorsitz verließen die Delegierten der Golfstaaten unter Protest den Parteitag. Angeblich missfiel ihnen der Inhalt des Parteiprogramms. Das bewusste Schüren einer aufrührerischen Haltung war letztlich in den Entscheidungen der einzelnen Südstaaten ausschlaggebend, fortan einen Gegenkurs zur Politik der Bundesregierung einzuschlagen, der schlussendlich die spannungsgeladene Sezessionskrise auslöste und einen katastrophalen Krieg heraufbeschwor.

8.2 Subventionierung der mächtigen Sonderinteressensgruppen

Der freimaurerische Großmeister von Kentucky, Henry Clay (1777-1852), war ein gewiefter Etatist, der ausschließlich auf das Staatsinteresse ausgerichtet war. Er unterstützte eine merkantilistische Wirtschaftspolitik, indem er Exporte von Fertigwaren aktiv förderte und Importe von Fertigwaren hemmte. Auch befürwortete er den Protektionismus und die Währungsinflation. Vor allem wollte er das amerikanische Imperium ausweiten. Als einer der führenden Parlamentarier trieb er die junge US-Nation 1812 in den Krieg gegen England, indem er unter fadenscheinigen Argumenten Gebiete in Kanada besetzten ließ. Die Folgen waren katastrophal: Die Briten brannten das Weiße Haus, die Kongressbibliothek und weite Teile von Washington, D.C. nieder. Die Bevölkerung wurde mit einer riesigen Staatsschuld belastet, die im Nachhinein als Vorwand diente, die Bank of the United States als Zentralbank zu lizenzieren. Die dadurch verursachte Destabilisierung der Wirtschaft brachte schlimme Konsequenzen mit sich. Clay war die zentrale Gestalt in der Regierung, die sich unermüdlich 40 Jahre lang für die Einführung von überhöhten Schutzzöllen einsetzte. Er kämpfte für staatliche Subventionen für die von ihm favorisierten Konzerne. Die Zentralbank diente ihm zur persönlichen Bereicherung. Clays geniale und hinterlistige Vorgehensweise war darauf ausgerichtet, politische Macht zu erringen. Hohe Zolleinnahmen dienten dem Zweck, Politiker in den nördlichen Staaten, die nur wegen ihres Geldes zur Macht gekommen waren, auf Kosten der allgemeinen Öffentlichkeit zu bereichern. Dabei sollten die Südstaaten den Löwenanteil bezahlen, weil zu jener Zeit die Südstaaten fast 80 Prozent aller Importe bezogen.

Die Whig-Partei, die das politische Erbe der Föderalisten übernommen hatte, favorisierte die Plutokratie (Geldherrschaft). Finanziers und Großkapitalisten spielen die Hauptrolle und sind auch die Profiteure. Durch die Einführung von Schutzzöllen wurde die internationale Konkurrenz ausgeschaltet, amerikanische Geschäftsleute erhöhten dann die Preise für ihre Waren. Darunter litten vor allem die südlichen Landwirtschaftsbetriebe, die von den Nordstaaten beliefert wurden. Der Protektionismus stellte in der ersten Hälfte des 19. Jahrhunderts den größten Angriff auf die Vermögensrechte in Amerika dar. Zugleich befürwortete die Whig-Partei die überflüssige Subventionierung des Transportwesens, sogenannte „inländische Infrastruktur-Zuschüsse", damit sich die Baufirmen bereichern konnten. Somit gewann man diese als Anhänger. Die meisten Projekte wurden nie beendet und endeten im Finanzdesaster. Die Steuerzahler mussten die enormen Schulden der Regierung bezahlen, die für diese Projekte aufgenommen worden waren.

Abraham Lincoln (1809-1865) verfolgte konsequent die Umsetzung des sogenannten „Amerikanischen Systems" seines politischen Mentors Henry Clay. In den 1830er-Jahren steckte er zwölf Millionen US-Dollar in ein absurdes Arbeitsbeschaffungsprojekt, das ihm die Verachtung der Bevölkerung einbrachte. Für die Whig-Partei war es aber ein politischer

Erfolg, denn die Summe konnte an reiche Unternehmer ausbezahlt werden. Schon als einer der erfolgreichsten Firmenanwälte seiner Zeit hatte Lincoln enge Beziehungen zu mächtigen Sonderinteressensgruppen geknüpft. Während und nach dem Amerikanischen Sezessionskrieg (1861-1865) konnte diese Politik – Begünstigung von Eliten zur Erlangung von Macht und Reichtum – jahrzehntelang unter Leitung der Republikanischen Partei, die auf die Whig-Partei folgte, ausgeübt werden. Einer der prominentesten Vertreter war Abraham Lincoln, der seinen politischen Einfluss als Abgeordneter des Parlaments von Illinois und später als Präsident der USA nutzte, um die reiche Elite in den Nordstaaten zu stärken. Obwohl die amerikanische Verfassung Günstlingswirtschaft verboten hatte, erkaufte er sich gerade damit den politischen Erfolg. Die Republikaner hatten in Lincoln ihren mächtigsten Befürworter einer transkontinentalen Eisenbahnstrecke, die vom Staat subventioniert wurde. Damit stellte Lincoln das Vermögen einer Dynastie von amerikanischen Familien sicher, die mit der Republikanischen Partei aufs Engste verbunden waren, und gewann im Gegenzug deren Stimmen für seine Politik.

Nachdem die Republikaner 1861 an die Macht gekommen waren, drängte die amerikanische Finanzindustrie wegen des zu erwartenden enormen Anstiegs der Staatsverschuldung die Regierung dazu, einen Krieg anzufangen. Lincoln und seine Partei führten erfolgreich Bedingungen einer merkantilistischen Handelspolitik ein. Lincoln war über die gesamte Zeit seiner politischen Karriere ein Befürworter des Schutzzolls. Seine Argumente gegen den Freihandel waren so unsinnig, dass sie niemand ernst genommen hätte, wenn sie jemand anderes als der amerikanische Präsident vorgebracht hätte. Die ehrgeizigen Ambitionen sollten sich während und nach dem Amerikanischen Sezessionskrieg (1861-1865) verwirklichen.

Die Politikwissenschaft ist sich im Klaren, dass es in der Geschichte noch nie eine demokratische Regierung gegeben hat, die nicht größtenteils von politischen und wirtschaftlichen Sonderinteressen kontrolliert wurde. In einer Demokratie ergreift die Mehrheit die Zügel der Macht und unterdrückt anschließend die politisch schwächeren Gruppen. Hand in Hand mit politischer Unterdrückung geht finanzielle Ausbeutung einher. Je mehr Ressourcen unter der Kontrolle der Regierung sind, umso intensiver ist das Bemühen der Lobbyisten, Subventionen für Wirtschaftsprojekte aus der Staatskasse zu erhalten. Massive Staatsausgaben werden mithilfe einer Zentralbank finanziert, die ungedecktes Papiergeld in beliebiger Menge drucken kann. In einem weiteren Schritt soll keinem Banknotenbesitzer das Recht gegeben werden, diese in Gold oder Silber einzutauschen. Es entstehen zwei Klassen der Gesellschaft: Steuerzahler und Steuerkonsument. Die Oberklasse hat die Massen häufig durch Gewalt und Betrügereien um ihre Verdienste gebracht. Im Laufe der amerikanischen Geschichte diente die nördliche Idee des Konservatismus dazu, die Reichen vor den Armen zu beschützen. Der südliche Konservatismus war etwas völlig anderes; dieser legte Wert auf die Erhaltung der Weisheit und Wertvorstellungen vergangener Zeitalter.

Seit Lincolns Zeit ist Amerika dem Staatsmonopol-Kapitalismus (Korporatismus) hörig. Nicht die freie Marktwirtschaft ist charakteristisch für das bestehende System, sondern die Staatssubvention der begüterten Oberklasse. Der schnellste Weg, den eine Regierung einschlagen kann, um die Inflation anzukurbeln, ist, den Banken die Erlaubnis zu erteilen, ihre Schulden nicht bezahlen zu müssen, obgleich sie ihre Finanzgeschäfte weiterhin durchführen können. Es fällt schwer, sich ein durchtriebeneres Beispiel der politischen Korruption vorzustellen als die Subventionierung reicher Parteifreunde zu Lasten der Allgemeinbevölkerung, die die hohen Schutzzölle in Form von Preiserhöhungen letztendlich zu bezahlen hat.

8.3 Kriegerische Auswirkungen eines sakralen Staatskultes

Unter den Republikanern befanden sich viele mit christlichen Wurzeln, die sich der moderat-calvinistischen New School mit ihren strengen Sitten und Regeln angeschlossen hatten. Sie tendierten dazu, andere zu beherrschen. Die sogenannten Yankees setzten sich für die Abschaffung der Sklaverei ein, weil sie die südlichen Sklavenhalten für Sünder hielten, die verhinderten, himmlische Zustände auf Erden zu verwirklichen. In ihrem Eifer, eine utopische Gesellschaft einzurichten, setzten sie alles daran, per Gesetz Praktiken auszumerzen, die ihnen inakzeptabel erschienen. Ihnen standen die Demokraten gegenüber, die sich für die Ideologie der Freiheit einsetzten. Zu ihnen zählten sich Katholiken und hochkirchliche Lutheraner. Schließlich führte der starke Einfluss des Republikanismus auf die pseudo-christliche Endzeitlehre (Postmillennialismus) zum Imperialismus der modernen amerikanischen Außenpolitik.

Die Abschaffung der Sklaverei löste kriegerische Handlungen aus, weil zum einen sich die Nordstaatler für Gottes auserwähltes Volk hielten, die Amerika regieren sollten, und zum anderen sich einflussreiche Personen vom Christentum abgewandt hatten und eine bizarre Religion der Gewalt angenommen hatten. Der Massenmörder John Brown machte sich zum Anführer im Kampf gegen die Südstaatler und stellte seine Hinrichtung als Martyrium dar. Er wurde von reichen und angesehenen Männern unterstützt, den sogenannten „Geheimen Sechs", die nur eine oberflächliche Beziehung zu der wirklichen Existenz und der Wohlfahrt schwarzer Sklaven hatten. Sie strebten vielmehr die Zerstörung der südlichen Kultur und Zivilisation an. Die Yankee-Pamphletisten führten eine über Jahrzehnte andauernde Hasskampagne gegen die gesamte Bevölkerung des Südens. Glorifizierung von Gewalt, Massentötungen und Krieg im Namen der Religion versetzte die nördliche Bevölkerung in einen hysterischen Zustand.

Einer der Ideologen des Fortschrittes war der deutschstämmige Francis Lieber (1800-1872), ein Jurist, Publizist sowie Rechts- und Staatsphilosoph. In seiner Funktion als Rechtsbeistand hatte er sich in Lincolns Kriegsdepartment Einfluss verschafft. Seine oberste Maxime war die Überzeugung, dass der Staat das Individuum unendlich weit überragt und deshalb jedes Opfer wert sei, ob nun des eigenen Lebens, der Frau oder des Kindes. Der Staat sei die heilige Union, durch die der Schöpfer die Menschheit zur Zivilisation führt. Den allgemeinen Wohlstand, den Lieber wahrnahm, schrieb er dem Geist des Unternehmertums zu. Den richtigen Umgang mit Privateigentum erschien ihm als der entscheidende Faktor in der Ausgestaltung des Fortschrittes zu sein. Von einer konservativen Geisteshaltung beseelt, stellte Lieber die Hypothese auf, dass der Fortschritt nur innerhalb der bestehenden Institutionen des Staates möglich sei. Sie würden die Freiheit bewahren, solange diese sowohl als ein Recht als auch eine Pflicht aufgefasst wird. Diese Schutzfunktion sei für eine moderne Zivilisation unerlässlich. Der Fortschritt hänge von der Entwicklung der menschlichen Individualität ab, die darauf aus ist, sich so viele Reichtümer anzuschaffen wie nur möglich. Im Erwerb des Eigentums nehme der Mensch Verhaltensnormen an, die für die Ausbildung eines rechtschaffenen Charakters notwendig sind. Nachdem sich die Länder der Entwicklung einer zivilisierten Gesellschaft zugewandt hätten, habe sie Gott ihrem eigenen Schicksal überlassen.

Die Idee des Fortschrittes nahm eine zentrale Stellung im Handlungsspielraum der Sozialreformer ein. Einem Konservativen wie Francis Lieber bereitete es keine Schwierigkeit, den Fortschrittsglauben mit derselben Bestimmtheit zum Ausdruck zu bringen wie ein Sozialreformer, obgleich er sich unter dem Fortschrittsglauben etwas anderes vorstellte. Mit aller Bestimmtheit bewege sich der Gang der Geschichte auf das Ziel eines weltweiten Staatenbundes (commonwealth of nations) zu, der ein sakrales Gepräge haben wird. Dieser werde jedoch nicht aus einem sozialistischen Kollektiv bestehen, wie die progressiven Sozialreformer anstrebten. Das Recht auf Privateigentum und die damit einhergehende Bewahrung der Individualität des Bürgers werde aufrechterhalten bleiben.

8.4 Vollständige Durchführung der Patronage-Politik

Der Sklavenhandel an sich war nicht das Problem, denn Millionen von Amerikanern im Süden und Norden hatten am Weiterbestand dieser Institution ein materielles Interesse. Nicht die moralische Aversion gegen die Sklaverei war für den Krieg ausschlaggebend, sondern die wirtschaftspolitischen Begleiterscheinungen einer Ökonomie, die sich auf die erzwungene Arbeitsleistung von Sklaven stützte. Die Finanziers an der nordöstlichen Atlantikküste sahen in den Sklavenhaltern das Haupthindernis für die Einführung eines merkantilistischen Wirtschaftssystems in Amerika. Die nationalen Größen in Politik und Wirtschaft in den Nordstaaten schlossen sich in der Republikanischen Partei zusammen, um stark genug zu sein, ihren Willen gegen den Fortbestand der Sklaverei durchzusetzen, selbst wenn dies das Leben unzähliger Menschen kosten würde. Die Differenzen stießen immer vehementer an die Grenzen des menschlichen Starrsinns und Eigeninteresses, die nicht mit friedlichem Mittel überwunden werden konnten. Industrielle im Norden, die sich mithilfe von Staatssubventionen zu den größten Industriekonglomeraten gemausert hatten, bekämpften die Südstaatler, die sich nicht an der Günstlingswirtschaft beteiligten. Die nördlichen Yankee-Gebiete schmiedeten Pläne, wie die Südstaaten wirtschaftlich und politisch beherrscht werden könnten. Als den Südstaatlern die Gefahr bewusst wurde, bald unter eine vom Norden ausgehende Militärdiktatur zu geraten, bildeten sie eine separate Konföderation.

Die Propagierung der Idee des universellen Amerikaners diente dazu, nur jene als Amerikaner zu akzeptieren, die der Bundesregierung in Washington religiöse Huldigung darbrachten. Südstaatler wurden demnach als Ausländer betrachtet. Als Lincoln 1861 Präsident wurde, gab er fälschlicherweise vor, dass vor Unterzeichnung der Unabhängigkeitserklärung die Union bereits bestanden hätte. Darum erklärte er jede Handlung, von der Union unabhängig zu werden, als ein aufständischer und rebellischer Akt. Als 1861 die Diskrepanz zwischen den Einfuhrzöllen im Norden bei 47 Prozent und im Süden bei 12 Prozent lag, befürchteten die nördlichen Geschäftsleute eine Wirtschaftskatastrophe. Auch hegte man einen Widerwillen gegen den Verlust von besteuerbarem Gebiet und war beseelt von einem ideologischen Nationalismus. Als es im April 1861 zum Bombardement in South Carolina kam, schlossen sich vier weitere Südstaaten der Konföderation an. Im Namen einer sakralen Politik geschahen bis 1865 schreckliche Gräueltaten. Der Mythos, Abraham Lincoln habe die Union und die Verfassung gerettet, indem seine Generäle die Südstaaten militärisch in die Knie zwangen, hat sich schon vor langer Zeit als haltlos erwiesen. Die Republikaner hatten die politische Macht an sich gerissen, um den Norden ideologisch zu revolutionieren und den Süden militärisch zu erobern. Lincoln war kein menschenfreundlicher Demokrat, sondern ein geldgieriger Firmenanwalt und gerissener Parteifunktionär, der stets sich selbst und seine Partei vor allen anderen Erwägungen an die erste Stelle setzte. Lincoln rechnete mit einem schnellen Kriegsende, was sich als grobe Fehleinschätzung erwies.

Der Amerikanische Sezessionskrieg ebnete einer neuen industriellen Ordnung den Weg. Kriegsprofiteure spielten sich wie Industriebarone auf, die sich an den üppigen Regierungsaufträgen maßlos bereicherten. Die das Wirtschaftsgeschick des Landes steuernden Geldaristokraten nutzten jede Gelegenheit, um weitere Subventionen vom Staat zu erhalten. Die Republikaner veränderten die Prinzipien der freien Marktwirtschaft in die konträren Vorgaben einer merkantilistischen Staatspolitik. Das Unvermögen der Südstaaten, sich ihre politische Unabhängigkeit zu erhalten, begünstigte das Aufkommen einer Kultur des fanatischen Nationalismus in Amerika. Die mittels eines Vernichtungskrieges erzwungene Sklavenbefreiung bereitete die Amerikaner für eine neue Form des theologischen und sozialen Radikalismus vor, die kurz nach Friedensschluss unter der Bezeichnung „Reconstruction" im Süden in Erscheinung trat.

8.5 Kulturelle Entfaltung des fanatischen Nationalismus

Die Sklaverei in den Südstaaten war nur ein Grund, weshalb die Nordstaaten einen Krieg schürten. Viele wirtschaftspolitische Gründe fielen ebenso ins Gewicht. Schlussendlich erreichten die Nordstaaten ihr Ziel, die politische Macht in Washington, D.C. zu zentralisieren. Lincoln nahm dafür den Tod von unzähligen Menschen, Verwüstung und Plünderung von Privateigentum in Kauf. Sein Appell zum Umdenken sollte sein Tun rechtfertigen und das Gewissen beruhigen. Er stellte die Rettung der Union und die Abschaffung der Sklaverei als Heldentaten dar. Lincoln hatte moralische Prinzipien aufgegeben und die Macht eines Diktators an sich gerissen. Es folgten Massenverhaftungen auch ohne richterliche Prüfung, Einschränkung der Pressefreiheit, Entfernung von Oppositionellen, Wahlmanipulationen und weitere illegale Machenschaften. Der Krieg beschleunigte die Entwicklung einer Zivilreligion, die den Staat als höchstes zu verehren hat. Damit einher ging die Institutionalisierung und Glorifizierung der Verwaltung – ein wesentlicher Aspekt der Zivilreligion. Im Licht dieser Verehrung konnte sich die Regierung zu jener Zeit und auch später alles erlauben: der Vernichtungskampf gegen die Indianer, Massenmord an 200.000 Filipinos, die nicht Teil des amerikanischen Imperiums werden wollten, und weitere weltweite Militärkonflikte. Dies alles geschah im Namen der Tugend, Freiheit, Garantie der Demokratie in allen Ländern der Erde und der nationalen Selbstbestimmung. Die absurde Theorie der „amerikanischen Einzigartigkeit" (American exceptionalism) – oder zutreffender als „moralischer Narzissmus" bezeichnet – diente auch zur Rechtfertigung für die Einmischung in den Ersten und Zweiten Weltkrieg in Europa. Der „Schatz der Tugend", den die Amerikaner für sich in Anspruch nahmen, erscheint in einem fahlen Licht angesichts der Tatsache, dass Lincoln in den Nordstaaten die Sklaverei weiterhin zuließ, dass er ein überzeugter Rassist war, der die Farbigen aus den Vereinigten Staaten deportieren wollte, und dass Farbige noch hundert Jahre lang per Gesetz diskriminiert wurden.

Nach dem Krieg 1865 kamen zwar Zweifel auf, ob die postmillennialistische Endzeiterwartung wirklich richtig ist, denn anstelle eines fortschrittlichen (progressiven) Wandels zum Guten waren die Menschen im Norden und Süden mit Zerstörung und Armut konfrontiert. Dennoch entwickelte sich unter den Protestanten eine säkulare Version des Postmillennialismus mit patriotischen und sozialpolitischen Impulsen. Die biblische Zukunftserwartung wurde mit den Idealen der Aufklärung, besonders der Idee des Fortschrittes und der Vervollkommnung menschlicher Institutionen, ergänzt. Christen wurden ermutigt, sich in der Evangelisation, Ökumene und Wohltätigkeit zu engagieren, um die Ankunft des Tausendjährigen Reiches zu beschleunigen.

8.6 Gewalttätige Maßnahmen einer Völkermord-Politik

(Raffgieriges Stehlen großer Indianergebiete)
Die Eskalation der Gewalt und der systematische Völkermord der Prärie-Indianer begannen während des Amerikanischen Sezessionskrieges (1861-1865). General Shermans (ΦBK) innerer Zwang, jeden radikal zu vernichten, der den Übergang der Vereinigten Staaten zu einem imperialistischen Weltreich verhinderte, entsprach seiner früheren Einstellung, die er hinsichtlich seiner Rolle im Sezessionskrieg zum Ausdruck gebracht hatte. Sherman stand in der Tradition von Außenminister Henry Clay (1777-1852), der bereits Jahre zuvor über die „Endlösung des Indianerproblems" in aller Öffentlichkeit gesprochen hatte. Seiner Meinung nach stellten die Indianer im Vergleich zu den Anglosachsen eine „minderwertige Rasse" dar. Als 100.000 Cherokee im Winter 1838 ihre Heimat verlassen mussten, starb rund ein Viertel. Die US-Regierung trieb den ausufernden Rassismus auf die Spitze, als sie begann, die Prärie-Indianer nicht nur als Untermenschen zu diffamieren, sondern sie auch als wilde Tiere zu bezeichnen. Daher hätten sie es verdient, vernichtet zu werden. Um eine Rassenvermischung zu vermeiden, begann General Sherman mit einer „ethnischen Säuberung" des Landes. Mit diesem widerwärtigen Verhalten sollte für immer die Möglichkeit friedfertiger Beziehungen mit Indianerstämmen ausgeschlossen werden. Die Indianer begriffen, dass sie die Opfer einer systematischen Vernichtungskampagne geworden waren. In den folgenden zwei Jahrzehnten zahlten die Prärie-Indianer jede an ihnen begangene Barbarei in gleicher Münze zurück. Indem Weiße Bisonherden massenweise abschlachteten und daran gut verdienten, entzogen sie den Indianern die Lebensgrundlage. Bis 1890 wurden schätzungsweise 45.000 Indianer getötet; die Überlebenden fristeten eine karge Existenz in eingegrenzten und bewachten Reservaten. Die US-Regierung hatte fast 30 Jahre lang eine Atmosphäre der Gewalttätigkeit und des Todes kultiviert.

Nicht alle Weißen führten einen Vernichtungskrieg gegen die Prärie-Indianer. Viele von ihnen befürworteten die Weiterführung des friedfertigen Handels und der guten Beziehungen mit den Indianern, wie es der gewöhnlichen Umgangsweise mit den Indianern bis Mitte des 19. Jahrhunderts entsprochen hatte. Indianer standen den englischen Pilgervätern, die anfangs des 17. Jahrhunderts fast mittellos an der Ostküste Amerikas angekommen waren, hilfreich zur Seite. John Smith heiratete Pocahontas. John Ross, ein weiser Mann schottischer Abstammung mit etwas Cherokee-Blut in den Adern, war Häuptling der Cherokee in Tennessee und North Carolina. Ein friedliches Auskommen mit den Indianern war in der ersten Hälfte des 19. Jahrhunderts viel häufiger anzutreffen als feindselige Auseinandersetzung. Gewöhnlich anerkannten die Europäer die Besitzrechte der Indianer auf deren Land. Die Siedler wussten: Warenaustausch ist profitabel, Krieg ist kostspielig. Es stimmt nicht, dass ständig kriegerische Auseinandersetzungen zwischen europäischen Siedlern und Indianern vorherrschten, wie es der gängigen Meinung entspricht.

Die Völkermord-Politik gegen die Prärie-Indianer war nicht eine Angelegenheit der weißen Bevölkerung, um sich weite Landstriche zur freien Besiedlung unter den Nagel zu reißen. Sie hatte ihren Ursprung in den Beschlüssen einer relativ kleinen Gruppe von weißen Männern, die der Republikanischen Partei vorstanden und zu jener Zeit die Macht über das Land besaßen. Diese Männer brachten die neuesten Technologien der Massentötung zum Einsatz, die während des Sezessionskriegs entwickelt worden waren. Die hauptsächlichen Nutznießer dieser Völkermord-Politik waren die Industriemagnaten im Nordosten der Vereinigten Staaten. Eine der entscheidenden Gründe, wieso sich die Situation in der zweiten Hälfte des 19. Jahrhunderts grundsätzlich änderte, war der Unterschied in der Mentalität und Verwendung eines stehenden Heeres im Gegensatz zu einer lokalen Miliz, deren Mitglieder erst im Konfliktfall einberufen werden. Das Selbstbewusstsein des Soldaten war, dass er über andere dominiert und Vorteile aus dem Krieg zieht, selbst wenn sich der Kampf auf die Bevölkerung negativ auswirkt. Grundstücksspekulanten und Eisenbahnbetreiber verließen sich auf die Soldaten, um den schlimmen Konsequenzen zu entgehen, die sie durch das raffgierige Stehlen weitläufiger Territorien der Indianer verursacht hatten. Um ihren widerrechtlichen Gebietsanspruch plausibel zu machen, bedienen sie sich eines populären Argumentes: der Fortschritt der Zivilisation könne nur dann gewährleistet werden, wenn der größte Teil des nordamerikanischen Kontinentes dem besten Nutzen zugeführt werde. Die Indianer hätten nur das Besitzrecht auf das Land, das sie bereits bewohnten. Es gab für die allerwenigsten Weißen anscheinend keinen Grund, diesem ruchlosen Diebstahl Einhalten zu gebieten, waren sie doch selbst oftmals dessen Nutznießer. Der Gouverneur des Indiana-Territoriums stellte die rhetorische Frage, „ob eines der exquisitesten Teile der Erde im Naturzustand belassen werden sollte – der Lebensraum von einigen jämmerlichen Wilden –, wenn es der Schöpfer dazu bestimmt hatte, eine große Bevölkerung zu ernähren und Sitz der Zivilisation, Wissenschaft und wahren Religion zu sein?"

Wenn man sich jedoch die Situation der Cherokee und anderer zivilisierter Indianerstämme in den Gebieten des westlichen North Carolina und Georgia näher betrachtet, wird einem bewusst, dass die Ursache ihres Problems hauptsächlich darauf zurückzuführen war, sich in ihren Siedlungen der Lebensweise des weißen Mannes bestens angepasst zu haben. Der von ihnen betriebene Ackerbau mitsamt einer großangelegten Viehhaltung machte das von ihnen kultivierte Land um ein Vielfaches wertvoller. Die oftmals in ärmlichen Verhältnissen lebenden Siedler waren auf die im Wohlstand lebenden Indianer neidisch. Im Allgemeinen regelten Verträge die Übertragung der Besitzrechte des Landes von den Ureinwohnern auf die amerikanischen Siedler, die gewöhnlich einen adäquaten Kaufpreis dafür bezahlten. Auf diese Weise kamen viele Einwanderer zu ihrem Eigentum an Grund und Boden. Die Politiker in Washington, D.C. erklärten aber oftmals Verträge mit Indianern für ungültig. Der amerikanische Kongress verabschiedete 1871 ein Gesetz, das das Abschließen von Verträgen mit den

Indianern unter Androhung von Disziplinarmaßnahmen grundsätzlich verbot. Ein deutlicheres Signal hätte das politische Establishment nicht geben können, um den Prärie-Indianern deutlich zu machen, dass der weiße Mann keine friedfertigen Beziehungen mit ihnen anstrebte. Das hauptsächliche Anliegen der Politiker war, dass die Besiedlung des Kontinents so rasch wie möglich vonstattengehen konnte, besonders in den spärlich bevölkerten Regionen des westlichen Grenzlandes. Die Stämme wurden von ihren ursprünglichen Wohngegenden vertrieben. Erlaubt wurde ihnen vorübergehend das Besiedeln von kargen Gebieten jenseits der Lebensräume der weißen Siedler. Allmählich wurden die Indianer dazu gezwungen, die Gefangenschaft in Reservaten, die ihnen unter Waffenandrohung zugewiesen worden waren, anzunehmen. Laut Gesetz gehörten sie zu einer fremden Nation. Die in der europäischen Presse geäußerte Kritik an der amerikanischen Völkermord-Politik und Unterdrückung der Indianer konnte somit entschärft werden; es handle sich bei den Indianern um fremdländische Terroristen, die die innere Sicherheit der Vereinigten Staaten gefährdeten.

Die Förderung einer Kultur des Krieges und der Gewalttätigkeit ist eines der tragischen Ergebnisse der militärischen Interventionen des US-Staates. General Sherman erhielt 1865 den Befehl, einen 25-jährigen Krieg gegen die Prärie-Indianer zu beginnen. Diese Maßnahme sah man deshalb für notwendig an, um von Staats wegen den Bau transkontinentaler Eisenbahnstrecken indirekt zu subventionieren. Nicht nur die daran beteiligten Eisenbahnkonzerne, sondern auch andere Geschäftsleute, die enge Beziehungen zu den Politikern in Washington, D.C. unterhielten, zogen daraus einen immensen Profit. Finanzielle Zuwendungen flossen in Strömen in die Kasse der Republikanischen Partei. Der oberste Ingenieur der staatssubventionierten, transkontinentalen Eisenbahnlinien war der Freimaurer Grenville Dodge, dessen Aufgabe darin bestand, die vorgesehene Strecke von den dort wohnenden Indianern „zu säubern". Unmittelbar nach dem Krieg schlug Dodge vor, die Prärie-Indianer zu versklaven und sie zu zwingen, die Eisenbahnstrecken zu planieren. Die US-Regierung wies Dodges Vorschlag zurück und beschloss stattdessen, so viele Indianer wie möglich zu töten. Vor dem Krieg hatte Sherman bereits in Eisenbahngesellschaften investiert und war einer der gewieftesten politischen Drahtzieher; diese Eigenschaft traf auch auf seinen Bruder, den Freimaurer John Sherman, den Vizepräsidenten der Union Pacific Railroad, Thomas Clark Durant, und Ingenieur Grenville Dodge zu.

8.7 Hegemonie einer konsolidierten Staatsgewalt

(Der Norden behandelt den besiegten Süden wie eine Kolonie)
Über Abraham Lincoln wurde der Mythos verbreitet, er sei ein Erlöser-Präsident gewesen, der sich christlich verhalten habe. Dafür gibt es aber keine Anzeichen. Belegt sind hingegen seine manische Depression, Selbstmordabsichten und Selbstüberhöhung. Die grenzenlose Verehrung dieses

Mannes trug zur Bildung historischer Mythen in einem unvorstellbaren Ausmaß bei. Unzählige Begründungen wurden erfunden, um jedes widerwärtige Verhalten des Freidenkers zu entschuldigen. Der Mythos ist umso erstaunlicher angesichts der Tatsache, dass Lincoln zu Lebzeiten der verhassteste aller amerikanischen Präsidenten war. Das Attentat an Karfreitag 1865 machte ihn zu einem Helden, der ein blutiges Opfer dargebracht habe. Er erhielt den Nimbus eines Erlösers, der die Sklaven befreit und die Union rettet habe.

Nach Lincolns Tod strebte die Republikanische Partei in der sog. Reconstruction-Ära von 1865 bis 1876 die Vorherrschaft an, indem sie die Staatsgewalt festigte. Im Kongress gab es keine nennenswerte Opposition. Funktionäre der Republikanischen Partei förderten die wirtschaftlichen Interessen nördlicher Banken und Großkonzerne, im Gegenzug erhielten diese finanzielle Zuwendungen, um ihre Wahlkampagnen erfolgreich durchzuführen. Die an der Regierung stehende Republikanische Partei setzte eine Politik der Korruption, Rachsucht und Zerstörungswut in den militärisch besetzten Südstaaten um. „Reconstruction" bezog sich auf die politische Umgestaltung und nicht auf den wirtschaftlichen und kulturellen Wiederaufbau der Südstaaten. Der Sezessionskrieg war in Wirklichkeit eine Revolution, die die Union zerstörte und etwas anderes an ihre Stelle setzte.

In jedem Bundesstaat ging die Reconstruction aus mannigfachen Gründen und zu verschiedenen Zeitpunkten zu Ende, sodass lokale Politiker erneut die Staatsregierungen unter ihre Kontrolle bringen konnten. Der Krieg hatte für einen markanten Rückgang des Bruttosozialproduktes in allen Bundestaaten geführt. Die einflussreichen Politiker im Norden wollten die am Boden liegende Wirtschaft des Südens auf keinen Fall wiederaufrichten. Der nördlichen Elite gelang es nicht völlig, ihr anrüchiges Unternehmen erfolgreich abzuschließen, da die amerikanische Bevölkerung an einer verfassungsgemäßen Regierung festhielt. Ursprünglich sollte die Regierung die individuelle Freiheit bewahren, nun aber ging es ihr nur noch um die Errichtung eines Imperiums. Darum wurde die Stärkung einer Zentralregierung in Washington unter Aushöhlung der Verfassung vorangetrieben. In der Nachkriegszeit – dieser einzigartigen revolutionären Ära – vermischte sich im Denken der republikanischen Parteimitglieder die demokratische Philosophie mit dem Transzendentalismus zu einem Programm der Rekonstruktion, das darauf abzielte, die politischen Realitäten sowohl des Südens als auch des Nordens von Grund auf neu zu gestalten. Radikale Ideale in der Theologie wirken sich in radikalen Folgeerscheinungen aus, die sich in der Politik, im Sozialwesen und in der Wirtschaft bemerkbar machen. Viele der Missionsprojekte nördlicher Kirchen waren oftmals nichts anderes als Aktionen, die von der Regierung angeordnet worden waren, um die hierarchische Gesellschaft des Südens zu demokratisieren. Die Verkündigung des Evangeliums von Jesus Christus war dabei von keinerlei Bedeutung und wurde völlig übergangen. Die kirchlichen Agenturen der Inlandsmission setzten mit großer Begeisterung Programme um, die nicht lange danach den Aktivismus der „Social Gospel"-Bewegung charakterisieren sollten. Die

Vorstellung, dass das menschliche Verhalten von sündigen Tendenzen völlig bestimmt wurde, wie es der Calvinismus lehrte, verlor jegliche Bedeutung. Die Evolutionstheorie trat ihren Eroberungsfeldzug in allen Kulturbereichen an, nachdem der Transzendentalismus ihr den Weg geebnet hatte.

Leere Versprechungen, Lügen, Betrug, Korruption, Militärdiktatur, politische Entrechtung, Ausbeutung und Gewalt von Seiten der regierenden Republikanischen Partei führte zu einer unermesslichen Bereicherung ihrer Mitglieder und Personen, die die Partei unterstützten, und zu Besitzverlust, Armut, Hungersnot und Prostitution der Ausgebeuteten in den Südstaaten sowie zu einer Staatsüberschuldung. Die Ausbeutung ging so weit, dass sogar die gewählten Volksvertreter im Süden ihre eigenen Landsleute ausplünderten. Die Arbeiter wurden demoralisiert und die Industrie lahmgelegt. Die besten Bürger verließen den Süden. Der vom Norden aufgezwungene aufgeblähte Staatsapparat im Süden wurde mit Personen aus dem Norden besetzt, die auf lukrative Ämter zielten. Um die Stimmen der Schwarzen zu erhalten, wurde ihnen Land versprochen, das aber nie übergeben wurde. Illinois verbot 1862 den Schwarzen, sich im Staat anzusiedeln. Der Süden wurde gezwungen, nur als Produzent und Exporteur von Rohstoffen zu dienen, während die Wirtschaftskontrolle völlig in den Händen von nördlichen Kapitalisten lag. Die südlichen Staaten wurden wie eine Kolonie des Nordens behandelt. Sie stöhnten unter einer enormen Steuerlast, das Geld erhielten ehemalige Kriegstreiber und Yankee-Veteranen. Mit den Gewinnen der Landwirtschaft im Süden wurde die Industrialisierung im Norden finanziert.

Die Präsidentschaft von Ulysses S. Grant (1869-1877) ging als die Regierung der Skandale, Gesetzlosigkeit und Korruption in die Geschichte ein. Es kam zum wirtschaftlichen Stillstand. Da die Eisenbahngesellschaften Staatsgelder nach der Anzahl Meilen erhielten, bauten sie unnötige Umwege ein. Um noch größere Profite zu erzielen, verwendeten die Baufirmen billiges Konstruktionsmaterial und forderten das Äußerste von den Arbeitern. Es kam zu vielen Unglücks- und Todesfällen von Arbeitern und Passagieren. Die Misswirtschaft und Korruption führten zu Insolvenzen und Börsenzusammenbrüchen, die langjährige Wirtschaftsdepressionen hervorriefen. Die herrschende reiche Klasse befürchtete schließlich eine sozialistische Revolution und entzog Arbeitern und Einwanderern, die sich organisiert hatten, das Wahlrecht und setzte Reformen zur besseren Verwaltung der Eisenbahngesellschaften durch.

8.8 Verstärkte Monopolisierung der Wirtschaftssysteme

(„Räuberbarone" vermehren ihren Gewinn im Vergoldeten Zeitalter)
Nach dem Krieg erfuhren die Staaten im Nordosten und im Mittleren Westen einen enormen wirtschaftlichen Aufschwung, man sprach vom „Vergoldeten Zeitalter". Der christliche Einfluss nahm ab, stattdessen standen immer stärker materielle Werte im Vordergrund. Amerikanische Kaufleute verhielten sich wie „Räuberbarone", die ihren Gewinn ins Unermessliche

steigerten. Kaufleute erwarben ihr Vermögen durch unseriöse Geschäftspraktiken. Sie plünderten die Konzerne aus, indem sie die Aktienemissionen manipulierten. Machtvolle Politiker ließen sich in ihren gesetzeswidrigen Unternehmungen eine Dreistigkeit zu Schulden kommen, die ihresgleichen suchte. Der Begriff „Vergoldetes Zeitalter" (1870er-Jahre bis etwa 1900) geht auf den berühmten Schriftsteller und Freimaurer Samuel Langhorne Clemens (ΦBK), besser bekannt unter seinem Künstlername Mark Twain, zurück: Diese Zeit war nach außen hin eine Zeit wirtschaftlichen Aufschwungs und technologischen Fortschritts, aber zugleich auch mit großer Armut und Korruption verbunden. Eine überraschend hohe Anzahl von einflussreichen amerikanischen Wirtschaftskapitänen kam ursprünglich aus den Yankee-Gebieten Neuenglands. Etablierte Republikaner widmeten sich der Verwirklichung des Traumes des ehemaligen Außenministers Henry Clay einer vom Staat subventionierten Industrialisierung. Der Staat begünstigte die Spekulation an der Börse, und die Behörden forcierten die Korruption des politischen Parteiwesens. Es hieß, dass der Staat als gute Fee nicht jeden subventionieren könne: „Die finanziellen Zuwendungen der Regierung kommen den größten Investitionen zugute" – ein Slogan, den die geschicktesten Schwindler unter den Firmeninhabern immer dann im Munde führten, wenn ihre finanziellen Eigeninteressen dadurch gefördert wurden.

Dem Freimaurer Commodore Vanderbilt (1794-1877) gelang es, politische Macht an sich zu reißen und sie zu seinem wirtschaftlichen Vorteil auszunutzen. Um sein Sozialprestige zu steigern, nannte er sich selbst „Commodore" (Schiffsführer). Der Name Vanderbilt ging mit dem Satz „Was schert mich das Gesetz! Habe ich nicht die Macht?" in die Annalen der amerikanischen Geschichte ein. In seinem Todesjahr 1877 umfasste sein Vermögen 105 Millionen US-Dollar, der Monatslohn eines Arbeiters betrug 30 US-Dollar, ein Facharbeiter konnte mit etwa 100 US-Dollar rechnen. Es gab damals kaum einen Agrarwirtschaftsbetrieb, der nicht unter der Last einer hohen Hypothek bewirtschaftet werden musste. Die Banken hatten leichtes Spiel, die in ihrer Schuld stehenden Landwirte oft bis zur Aufgabe ihrer Betriebe auszubeuten.

Die kontinuierlich ansteigende Inflation war ein stets gegenwärtiges Phänomen in der amerikanischen Volkswirtschaft, das periodisch zu deflationären Finanzkrisen und Wirtschaftsdepressionen führte. Die Greenbacks, eigentlich United States Notes (US-Banknoten) genannt, waren eine Geldzeichenwährung, die das Schatzamt der Nordstaaten ausgab, um die Kosten des Krieges zu bestreiten. Es war eine zinsfreie Banknote, die versprach, US-Dollar zu einem zukünftigen, vom Kongress festgelegten Zeitpunkt an den Besitzer auszubezahlen. Das allen anderen Erwägungen übergeordnete Ziel des Sezessionskrieges, für das Abertausende Soldaten auf beiden Seiten auf den Schlachtfeldern sinnlos geopfert wurden, war in den Augen englischer und amerikanischer Finanziers die Verwendung der Kriegsschuld als geeignetes Mittel zur Kontrolle des amerikanischen Bankenwesens. Mit entsprechendem Nachdruck forderten die Bankiers die Bundesregierung auf, ihnen das Recht zuzusprechen, Banknoten in einer neuen US-Währung auszugeben. Die großen Bankhäuser in Philadelphia, New York, London und Paris brachten der bisherigen reinen Staatswährung einen großen Widerwillen entgegen, weil sie ihnen die Möglichkeit raubte, selbst einen Profit dabei herauszuschlagen. Ihr oberstes Anliegen war es deshalb, die „Greenback"-Geldzeichenwährung gegen eine andere auszutauschen, die durch Kriegsanleihen gedeckt war. Gelänge ihnen dies, könnten sie diese in großen Mengen erwerben beziehungsweise sie an reiche Kunden gewinnbringend weiterverkaufen. Die Bundesregierung zentralisierte das Nationale Bankensystem unter der Kontrolle von Jay Cooke und der mit ihm kooperierenden Bankiers in den Metropolen der Ostküste sowie in London und Paris. Die dem neuen System angeschlossenen Banken waren nun befugt, proportional zu den in ihrem Besitz befindlichen Bundesanleihen Kredite auszugeben, um die im Umlauf befindliche Geldmenge zu expandieren. Die 1836 in Kraft getretenen Maßnahmen zur Beschränkung einer inflationären Geldpolitik wurden dadurch größtenteils wieder aufgehoben. Das neu eingeführte Nationale Bankensystem gestattete es nur etablierten Banken, Darlehen an Geschäftsunternehmen auszugeben. Da Jay Cookes Bank einen engen Kontakt zur Republican Party unterhielt, blieb Drexel, Morgan & Co. nur die Kultivierung der Beziehungen zur Democratic Party übrig. J. Pierpont Morgan wusste genau, wie wichtig es für einen Investment-Banker war, die Führungsriegen zumindest einer der dominanten Parteien persönlich zu kennen und mit ihr in der Formulierung von Gesetzen zu kooperieren, die für das Bankenwesen und die Großindustrie von Vorteil war. Die mächtige britische Investmentbank N. M. Rothschild & Sons war in der Person ihres Agenten, August Belmont, dem langjährigen Schatzmeister der Democratic Party, ebenfalls gut in der amerikanischen Parteienlandschaft vertreten.

In den 1870er-Jahren gründete J. Pierpont Morgan seine eigene elitäre Vereinigung, die er den Zodiac Club nannte, aus dem Lateinischen abgeleitet mit der Bedeutung „Sternbild des Tierkreises". Die Mitgliedschaft in diesem privaten, geheim gehaltenen Club war auf „12 christliche Männer der angelsächsischen Rasse" begrenzt. Laut Biograph Ron Chernow war Morgan vom Okkultismus fasziniert. J. Pierpont Morgan, Sr. gründete 1895 seine eigene nach ihm benannte Bank in New York City. Weitere Finanzinstitute auf dem europäischen Kontinent gehörten ebenfalls zu dem Netzwerk an Banken, mit denen J. P. Morgan & Co. vornehmlich Geschäfte betrieb. In England und Frankreich waren es jeweils die Investmentbanken N. M. Rothschild & Co. und MM de Rothschild Frères. Präsident und Anwalt Grover Cleveland (Präsidentschaften von 1884 bis 1888 und 1892 bis 1896) stand fast sein ganzes Leben unter dem unmittelbaren Einfluss der Morgan-Bank. Einer der Hauptklienten seiner lukrativen Anwaltskanzlei in Buffalo, NY war die unter J. Pierpont Morgans Kontrolle stehende Eisenbahngesellschaft New York Central Railroad. Grover Clevelands Kabinett setzte sich im Wesentlichen aus Gefolgsleuten von J. Pierpont Morgan zusammen. In der zweiten Amtsperiode Clevelands trat Richard Olney, ein führender Anwalt der Bostoner

Finanzelite, als eine dominante Macht in der US-Außenpolitik auf. Seit 1891 saßen Cleveland und Olney im Vorstand der Morgan-kontrollierten Boston und Maine Railroad. Es gab enge freundschaftliche und verwandtschaftliche Verflechtungen zwischen Mitgliedern der Regierung, Firmen und Banken.

Nach dem Sezessionskrieg sollte vor allen anderen volkswirtschaftlichen Vorhaben das Eisenbahnnetz vergrößert werden. Die Ära von 1850 bis 1900 kann als das Eisenbahnzeitalter genannt werden, denn die Transportindustrie dominierte die wirtschaftlichen und politischen Entwicklungen Amerikas wie nur wenige andere Unternehmen zuvor und danach. Einer der ausschlaggebenden Gründe für den kommerziellen Erfolg der Eisenbahngesellschaften war die Vergabe von großzügigen Staatssubventionen auf Bundes- und Staatsebene. Eisenbahnpromotoren und Grundstücksspekulanten, die hauptsächlich in Neuengland residierten, waren eifrig darum bemüht, finanzielle Zuwendungen des Schatzamtes zu bekommen und Hindernisse aus dem Wege zu räumen. Die größte sich ihren Plänen in den Weg stellende Blockade war die Ablehnung der Südstaaten, eine Politik der Günstlingswirtschaft (Patronage) zu unterstützen, wie sie zuerst die Föderalisten, dann die Whigs und schließlich die Republikaner befürworteten. Landspekulanten versuchten, den größtmöglichen Gewinn aus dem Bau von Eisenbahnstrecken zu erzielen. Ein Großteil der von der Bundesregierung verschenkten Ländereien verkauften die Eisenbahngesellschaften später für teures Geld an viele in den Westen kommende Siedler. Mitte des 19. Jahrhunderts hatten sich die Eisenbahngesellschaften zu den dominanten Industriekonglomeraten Amerikas gemausert und bildeten den lukrativsten Wirtschaftssektor im Lande. Der Strom von Investitionsgeldern wurde aus verschiedenen Quellen gespeist: Handelsbanken, deren Zahl sich sprunghaft vergrößerte, eine Handvoll privater Investmentbanken in Amerika und Europa und – die wichtigsten Kapitalgeber – informelle Interessensgemeinschaften von reichen Finanziers aus den östlichen Metropolen (Boston, New York City und Philadelphia), London und Paris. Einen der berühmtesten dieser Zusammenschlüsse von vermögenden Investoren war die Forbes-Gruppe.

John Murray Forbes leitete das Perkins-Syndikat in Kanton/China. Nach einem siebenjährigen Aufenthalt in der chinesischen Hafenstadt kehrte der 24-jährige Forbes 1837 nach Amerika zurück. In der Folgezeit wurde er einer der bedeutsamsten Finanziers an der Ostküste Amerikas. Eine Gruppe von Finanziers scharte sich um ihn, die jederzeit Millionen von US-Dollar, die sie aus dem illegalen Drogenschmuggel in China eingenommen hatten, flüssig machen konnten, um profitable Konzerne aufzukaufen. Die wichtigsten Mitglieder der Forbes-Gruppe waren neben John Murray die einflussreichen Bostoner Brahmanen Robert B. Forbes (Bruder), Thomas H. Perkins (Onkel), John P. Cushing (Cousin), William Sturgis und Charles E. Perkins. Die Investoren der Forbes-Gruppe übernahmen mehrere strategisch wichtige Eisenbahnlinien. Als die Wirtschaftsdepression von 1857 etliche Eisenbahngesellschaften in den Konkurs zwang, stellte die Barings Bank in England Forbes ein persönliches Darlehen in Höhe von 2 Mio. US-Dollar zur

Verfügung und garantiere somit den Fortbestand der dominanten Position, die der amerikanische Finanzier bereits in der Transportindustrie in Amerika eingenommen hatte.

In den 1880er-Jahren konnte das Problem der massiven Überinvestition nicht mehr übertüncht werden. Amerika besaß ein Transportsystem, das in dünn besiedelte Gebiete vorgedrungen war, ohne wirtschaftliche Erwägungen genügend zu berücksichtigen, die eine weitere Expansion in Frage gestellt hätten. Eine vorläufige Lösung dieses Problems bot sich in der Vergabe von freiem Siedlungsland in den westlichen Territorien und Bundesstaaten an. Der wiederkehrende Zyklus von Konkurs, Reorganisation, Schuldenreduzierung und Aktienemission erzeugte eine bedrückende Atmosphäre unter den Geschäftsleuten. Vormals enthusiastische Finanziers wurden mit der rauen Wirklichkeit konfrontiert, dass ihre immensen Investitionen im günstigsten Fall nur geringe Rendite einbrachten.

Subventionierte Eisenbahngesellschaften waren die ersten Großkonzerne, die eine bürokratische Verwaltungsstruktur einführten und somit wegweisend für die Geschäftsführung anderer Großkonzerne wurden. Die Entstehung landesweiter Märkte war nur deshalb möglich, weil Transportunternehmen Vorteile aus politischen Privilegien zogen, die sich unter anderem aus flächendeckenden Gebietsschenkungen, exklusiven Nutzungsrechten, profitabler Rohstoffausbeutung, staatlichen Subventionen, vorteilhaften Lizenzen, gesetzlich geschützten Patenten, günstigen Bankkrediten und hohen Schutzzöllen zusammensetzten. Die Vergabe von Monopolrechten ermöglichte die Formierung von Kartellen; ähnliche Vorteile gewannen die Gesellschaften aus gesetzlichen Regulierungen, die verhinderten, dass finanzschwache Konkurrenten überproportionale Marktanteile für sich sichern konnten.

Es gab zahlreiche Verbbindungen zwischen Banken, Investoren, Unternehmen und der Politik: Die Firma J.M. Forbes & Co. investierte in die von Alexander Graham Bell (ΦBK) gegründeten American Bell Telephone Company. Thomas Jefferson Coolidge (1831-1920) und sein Sohn Thomas Jefferson Coolidge, Jr. gründeten die United Fruit Company, indem sie zwielichtige Geschäftsleute in New Orleans mit ihrem Familienvermögen finanzierten, um Plantagen in tropischen Ländern aufzukaufen und zu bewirtschaften. Thomas J. Coolidge, Jr. (1863-1912) übernahm als Präsident die Leitung der Firma, die viele einflussreiche Familien Neuenglands als Aktienbesitzer aufweisen konnte. T. Jefferson Coolidges Enkel, Archibald C. Coolidge (1866-1928), wurde einer der Mitgründer des Council on Foreign Relations. Präsident Calvin Coolidge (ΦBK) war einer seiner entfernten Verwandten. Die Coolidges fusionierten 1929 die Old Colony Trust Company, eine Tochtergesellschaft der United Fruit Company, mit der First National Bank of Boston. Der Vorstand der United Fruit Company und der First National Bank of Boston bestand aus fast denselben Personen. Praktisch waren beide Firmen ein und dieselbe Organisation.

Die amerikanischen Finanziers betrieben fast ein Jahrhundert lang eine systematische Misswirtschaft. Viele von ihnen waren Schurken, die sich von einer verzehrenden Leidenschaft treiben ließen, auf Biegen und Brechen an das Geld anderer Menschen zu kommen. Der von der Regierung beeinflusste und abhängige Finanzkapitalismus hatte in Lowell und Boston 1837 seinen Anfang genommen, aber J. Pierpont Morgan, Sr. hatte sein kommerzielles Potential gesteigert, indem er den An- und Verkauf von Bank- und Firmenaktien kontrollierte. John D. Rockefeller, Sr. (1839-1937) war einer der Vorreiter des Staatsmonopol-Kapitalismus (Korporatismus) und somit des kommenden amerikanischen New Deals (Wirtschafts- und Sozialreformen von 1933 bis 1938 unter US-Präsident Franklin D. Roosevelt (ΦBK, Fly Club) als Antwort auf die Weltwirtschaftskrise). Der formale Korporatismus sollte erst Jahrzehnte später verwirklicht werden.

Die Forcierung der Massenproduktion von Konsumgütern, die im Inland nicht profitabel verkauft werden konnten, stellte zahlreiche Fabrikanten vor fast unlösbare Probleme. Volkswirtschaftler schlugen zwei behelfsmäßige Lösungen vor: 1) die Gründung von Kartellen, um die Produktion zu drosseln, und 2) die Neugestaltung der Arbeitsbedingungen. Die Anschaffung von neuen Maschinen führte zur Entlassung von hochspezialisierten Fachkräften. Ungelernte Arbeiter traten an ihre Stelle, um gegen geringen Lohn den Maschinenbetrieb in Gang zu halten. Völlig ihren Arbeitgebern ausgeliefert, besaß die größtenteils unqualifizierte Arbeiterschaft nur wenige Rechte. Eine weitere Möglichkeit, dem Problem der Überproduktion zu begegnen, bot sich in der Erschließung von ausländischen Märkten, um riesige Mengen an nicht veräußerten Produkten abzusetzen. Es stand zur Debatte, ob die Öffnung überseeischer Absatzmärkte durch militärische Intervention möglich gemacht werden sollte, oder ob es friedfertige Alternativen geben würde. Eine endgültige Antwort auf diese Frage ließ noch einige Jahre auf sich warten. Eine Rechtsprechung, die einen effektiven Wirtschaftsablauf begünstigte, blühte in den industrialisierten Staaten auf. Außerdem beschloss die Bundesregierung einheitliche und höchst profitable Wirtschaftsnormen, die im ganzen Land Gültigkeit besaßen. Der Klassische Liberalismus hatte sich in Amerika nach 1865 zu einer beliebig formbaren Ideologie entwickelt, die keine klaren Konturen mehr besaß. Indem sich die Liberalen gegen die zivilisatorische Entwicklung der Gesellschaft stellten, wie sie sich seit Mitte des 19. Jahrhunderts schrittweise vollzogen hat, verbündeten sie sich mit den Großkapitalisten, um den bestehenden Status quo zu verteidigen. Zum Schein erhoben sie ihren warnenden Finger gegen den sich in anderen Ländern ausbreitenden Kommunismus. Die neoliberalen Reformer des Vergoldeten Zeitalters wähnten sich über das schmutzige Geschäft der Politik erhaben und hofften, dass die freie Marktwirtschaft durch Bürokratismus effizient gemacht werden könnte.

Während amerikanische Historiker in der Epoche des Vergoldeten Zeitalters die Missstände anprangerten, glorifizierten Historiker nach dem Ende des Zweiten Weltkrieges die Großindustrie jener Zeit; sie priesen nun die Tugenden und Vorzüge großer Industriekonzerne und kolossaler Verwaltungsbehörden an. Der Beginn des Kalten Krieges ließ es ratsam erscheinen, umfangreiche und kostspielige Wirtschaftsprojekte zu initiieren, die in der Verantwortung der Großindustrie lagen.

Eine Zusammenballung von unterschiedlichen Einflüssen machte sich beim Aufkommen bestimmter ökonomischer, sozialer und politischer Probleme bemerkbar, die von Amerikas rapidem industriellem Wachstum verursacht wurden. Allem voran steht die eklatante Korruption im Vergoldeten Zeitalter, die ihren Ursprung in der Vergabe von staatlichen Subventionen hatte, zum Beispiel im Bau von transatlantischen Eisenbahnlinien. Dazu kamen noch breitflächige Arbeiterunruhen, städtische Armut, ökonomische Konzentration und finanzielle Manipulation. In dem letzten Jahrzehnt des 19. Jahrhunderts begannen die führenden Köpfe des großen Unternehmertums in Zusammenarbeit mit der Bundesregierung, eine neomerkantilistische Regulierung der Wirtschaftssysteme einzuführen, die so angelegt war, dass die Konkurrenz weitgehend ausgeschaltet wurde und sich ihre Firmen der einen oder anderen Industriebranche, die als Kartelle fungierten, zusammenschlossen. Gleichzeitig begannen einige derselben Wirtschaftskapitäne, die zeitweise in den Diensten des Staates standen, die Unterstützung der Regierung einzufordern, um einer wirtschaftlichen Expansion in Übersee Vorschub zu leisten. Der Staat beanspruchte für sich das Recht, jeden Aspekt des amerikanischen Lebens zu kontrollieren. Natürlich sah man sich dazu autorisiert, über das erlaubte Maß des Alkoholkonsums der Bevölkerung zu entscheiden. Die federführenden Protagonisten dieser Politik setzten sich aus einer symbiotischen Beziehung von einflussreichen Direktoren der Großindustrie und technokratischen Meinungsmachern der Gesellschaft zusammen. Gemeinsam verfolgten sie das Ziel, über die Schiene einer Planwirtschaft die wichtigsten Branchen der Nationalökonomie in das monopolistische Korsett von Kartellen zu zwängen. Liberale Gesellschaftskritiker erhoben warnende Stimmen gegen die Konzentrierung von Macht und Reichtum in den sogenannten „Money Trusts", den Syndikaten der Finanz- und Wirtschaftswelt. Die von den Populisten und Progressivisten vorgebrachte Anklage der finanziellen Korruption und personellen Ausbeutung, die an die Adresse der Industriekapitäne gerichtet wurde, traf den Nagel auf den Kopf. Nicht selten kam es vor, dass Kongressabgeordnete gleichzeitig Firmeninhaber waren, wie zum Beispiel Thomas C. Platt, ein Delegierter der Republican Party. Neben seinen politischen Aufgaben war Platt Geschäftsführer der Tennessee Coal, Iron and Railroad Company, die von hohen Schutzzöllen profitierte und Gefängnisinsassen als kostenlose Arbeiter beschäftigte.

9.0 Religiöser Grundzug des Progressivismus

In den mittleren Jahrzehnten des 19. Jahrhunderts traten säkulare Themen in den Vordergrund, die neue Akzente im Postmillennialismus setzten. Diese wurden später für das soziale Handeln von zentraler Bedeutung. Die Bildung einer neuen Gesellschaft erwartete man nicht mehr von Gott, sondern vom Menschen.

9.1 Evolutionistische Interpretationen des Sozialwandels

(Sozialdarwinismus – unerbittlicher Konkurrenzkampf – prägt die Gesellschaft)
Im 18. Jahrhundert, dem Zeitalter der Aufklärung, wurde der Westen geradezu überflutet mit Abhandlungen, die sich mit der weitläufig akzeptierten Wirklichkeit der technologischen Entwicklung und des kulturellen Fortschrittes befassten. Die Werke der französischen Aufklärer Anne Robert Jacques Turgot (1727-1781) und Marquis de Condorcet (1743-1794) ragten besonders heraus. Neben Herder und Godwin waren es gerade Turgot und Condorcet, die damit anfingen, in ihrer Darlegung der Idee des Fortschritts die Lehre des christlichen Millenniums zu säkularisieren. Sie sorgten für die weite Verbreitung einer Vorstellung, die prognostizierte, dass mit der Zeit eine von paradiesischen Zuständen charakterisierte politische Utopie entstehen werde. Die Autoren gestanden zwar zu, dass sich diese optimistische Voraussage von der biblischen Prophetie eines Tausendjährigen Reiches ableitete, sich aber sonst in völlig anderen Bahnen weiterentwickelte. Es würde ein politischer Staatenbund in Europa entstehen. Von dieser einfallsreichen Ausführung des Fortschrittsglaubens ist es nur ein kleiner Schritt zu den umfassenden Panoramen der sozialen Evolution, die Auguste Comte, Karl Marx und Herbert Spencer sowie viele andere Denker im 19. Jahrhundert vorlegten.

Darwin, Spencer und Comte verwendeten die Begriffe „Fortschritt", „Evolution", „Wachstum" und „Abstammung" größtenteils als Synonyme. Sie konnten auf die Biologie genauso gut wie auf die Soziologie angewandt werden. In den Schriften Darwins taucht der Begriff „Evolution" nur selten auf. Dies steht im krassen Gegensatz zum häufigen Gebrauch der Begriffe „Developmentalismus" und „Fortschritt". Es ist wichtig zu betonen, dass die maßgebenden Darstellungen des Developmentalismus – diejenige eines Comte, eines Marx und eines Spencers, um nur die wichtigsten zu nennen – vor der Publikation des Werkes Darwins 1859 schon allgemein bekannt waren. Was wir also in Darwins Werk erkennen können, ist die Verwendung einer Anzahl von Ideen, die ihre wesentliche Bedeutung in ihrer konzeptionellen Ausformung im Hinblick auf gesellschaftliche Veränderungen in einer Zeit erhielten, die bereits ein Jahrhundert vor dem Erscheinen des Buchs *The Origin of Species* (Über die Entstehung der Arten, 1859) lag. Was man bei näherer Betrachtung der evolutionistischen Theorie Darwins feststellen kann, ist die Inanspruchnahme einer Anzahl von Ideen, die ihre Hauptbedeutung in der Erforschung der Gesetze des menschlichen Zusammenlebens lange vor dem darwinschen Zeitalter erlangt hatten.

John Henry Newman veröffentlichte 1845 sein monumentales Werk, das den Titel trug *Abhandlung über die Entwicklung der christlichen Lehre*. Im

19. Jahrhundert findet man nur schwerlich ein anderes Buch, das die Idee der Entwicklung konsequenter auf ein bestimmtes Thema angewendet hat als dieses. Nichts anderes als ein sich langsam vollziehender Prozess habe die schlichte Homogenität der frühchristlichen Kirche in eine machtvolle Institution umgestaltet, die auf die Politik des Landes großen Einfluss nimmt. Die von Anfang an im Inneren des christlichen Glaubens wirksamen Kräfte würden einen unaufhaltsamen Drang erzeugen, der danach strebt, die kulturelle und politische Vormachtstellung über die Welt zu erringen.

Obwohl Charles Darwin durch die Veröffentlichung seiner Bücher *The Origin of Species* (1859) und *Descent of Man* (1871) Wesentliches dazu beigetragen hatte, dass die Evolutionstheorie von einer ganz neuen Popularitätswelle ergriffen wurde, entsprang die Theorie der biologischen Höherentwicklung nicht zuerst seiner Vorstellungskraft. Vielmehr beriefen sich seine evolutionistischen Ansichten auf die spekulativen Hypothesen von Gelehrten, wie Jean-Baptiste de Lamarck (1744-1829), Sir Charles Lyell (1797-1875) und seines Großvaters Erasmus Darwin (1731-1802). Seine epochale Bedeutung lag jedoch in der Tatsache begründet, dass er der Evolutionstheorie einen wissenschaftlichen Status verlieh, den sie zuvor nicht besessen hatte; und somit setzte der englische Naturforscher eine Revolution in der Biologie und den Sozialwissenschaftlichen in Gang, die tiefgreifende und weitreichende Konsequenzen in nahezu allen Bereichen des menschlichen Wissens mit sich brachte. Die Evolutionstheorie durchdrang die Geisteswissenschaften, die Philosophie und sogar die Theologie.

Die Entwicklungslehre Darwins gewann rasch Akzeptanz, denn viele Menschen bevorzugen es, an die Möglichkeit der Vervollkommnung ihres Wesens zu glauben, als sich sagen zu lassen, sie seien erlösungsbedürftige Sünder, die nichts Besseres als den Zorn Gottes verdient hätten. Die Vervollkommnung des menschlichen Wesens unterliege dem unabwendbaren Fortschritt, der erst dann so richtig in Aktion treten werde, wenn die verschiedensten Reformbewegungen, zum Beispiel die Bewegung zur Abschaffung der Sklaverei, initiiert und vorangetrieben werden. Der Positivismus eines Auguste Comte, der Naturalismus eines Theodore Parker und anderer sowie die Evolutionstheorie eines Charles Darwins hatten eine intellektuell respektable Grundlage für eine naturalistische Interpretation des Universums gelegt, in der die Menschheit die abschließende Krönung des evolutionären Prozesses darstellte. Der sich auf diese Naturphilosophie berufende Mensch war, wie er meinte, nun endlich fähig, sich völlig aus der Abhängigkeit Gottes zu lösen, um sein Lebensschicksal in die eigenen Hände zu nehmen. Der Glaube an die innewohnende Güte des Menschen und an sein natürliches Vermögen der Selbstverbesserung entsprang einer optimistischen Grundeinstellung, die richtigen Methoden zur Hand zu haben. Die Wichtigsten von ihnen waren die Bildung und die Politik. Die neuerworbenen Erkenntnisse über Naturabläufe nahm die Aura der Unfehlbarkeit an. Im Gegensatz dazu schien die Theologie in den Augen vieler einen Todesstoß erhalten zu haben, von dem sie sich nie wieder erholen werde. Das Konzept der Sünde, soweit man überhaupt noch daran festhielt, nahm eine völlig andere Bedeutung für denjenigen an, der die Hypothese des Darwinismus als wissenschaftliche Wahrheit akzeptiert hatte. Sünde war demnach nichts anderes mehr als Unwissenheit über die eigentliche Beschaffenheit des menschlichen Wesens. Bestenfalls wurde sie noch als eine defizitäre Anpassung an das soziale Umfeld angesehen.

Im Gegensatz dazu lehrt das Christentum, dass der Mensch seinen ursprünglich sündlosen Zustand der physischen und moralischen Vollkommenheit aufgrund eigener Schuld verloren hat. Seit der Verbannung aus dem Garten Eden befindet er sich in der bedauernswerten Lage des körperlichen Verfalls und der moralischen Verderbtheit. Am Ende seines Lebens steht der unausweichliche Tod. Die biblische Lehre von der Errettung wurde in Übereinstimmung mit der evolutionären Hypothese umformuliert. Die vordringlichste Pflicht der Kirche bestand darin, sich karitativ zu engagieren. Die Wohltätigkeit im sozialen Bereich war demnach das einzig Wünschenswerte, das letztlich allen Menschen, nicht nur den Christen, aufgetragen sei, um das „Heil" in der Selbstverwirklichung zu finden.

Die Veröffentlichung von Charles Darwins Buches *The Origins of* Specie (1859) gab der Idee des Fortschrittes einen enormen Aufwind. Seine Theorie über die Evolution der Arten mittels natürlicher Anpassung und Selektion beschränkte sich ausnahmslos auf den Bereich der Biologie. Sie beinhaltete keine Vorstellung eines sozialen Fortschrittes. Die in der zweiten Hälfte des 19. Jahrhunderts aufkommende philosophische Bewegung des Sozialdarwinismus war ein Versuch, die von Charles Darwin entworfenen Prinzipien nach dem Motto „Überleben des Stärksten" auf die politische, ökonomische und soziale Philosophie anzuwenden. Bald schon durchdrang diese Ideologie Schulen, Universitäten, Kirchen, Firmen und Behörden. Die progressiven Sozialreformer behaupteten, dass der Mensch nicht von seiner Umgebung bestimmt werde, sondern dass die Umgebung mittels der bewussten und zielgerichteten Bemühungen des Menschen verändert werden könne. Der soziale Fortschritt könne besser gefördert werden, wenn man den Menschen und die Wirtschaft einer kollektiven Kontrolle durch zweckmäßige Planung unterwirft.

Der Sozialdarwinismus passte bestens in das wissenschaftliche Ethos des Vergoldeten Zeitalters (Gilded Age), das der Naturerforschung hohe Wertschätzung entgegenbrachte. Allmählich würde sich das gelobte Land der „Heiligen" in ein wahres Paradies des Wohlstandes und der Fülle verwandeln. In der zweiten Hälfte der 1870er-Jahre war die Lehre der göttlichen Souveränität mit dem Glauben an die natürliche Bestimmung (Determinismus) ausgetauscht worden, und die Unfehlbarkeit der Heiligen Schrift musste den selbstsicheren Dekreten der Wissenschaft Platz machen. Die Riege der Sozial- und Naturwissenschaftler hatte sich zur neuen Priesterschaft konstituiert. Darwin und seine Nachfolger erhoben die experimentelle Methode der Wissenschaft als den einzig legitimen Zugang zur Wahrheit.

Die sich aus dem Darwinismus herauskristallisierende Weltanschauung, die sich mit der Eigenschaft „sozial" schmückte, unterschied sich zwar in vielerlei Hinsicht von der Aufklärungsphilosophie eines Newton und Locke, aber sie stellte sich genauso vehement gegen den christlichen Glauben. Jede politische, soziale oder wirtschaftliche Philosophie, die sich auf das Naturgesetz als absolute Norm und immanenten Beziehungsrahmen beruft, steht im direkten Widerspruch zum Christentum. Der Glaube an einen persönlichen Schöpfer-Gott, wie er im Buch Genesis in Erscheinung tritt, schließt die Vorstellung aus, dass der Menschen in seinen unterschiedlichen Lebensbereichen von unpersönlichen Gesetzmäßigkeiten einer ihn umgebenden Natur bestimmt wird. Der Sozialdarwinismus verwarf bewusst und umfassend den christlichen Glauben, die biblische Theologie wurde mit einer ganz und gar naturalistischen Philosophie ausgetauscht. Der Calvinismus wurde abgelehnt, weil er die menschliche Freiheit angeblich zerstören würde, denn er verlasse sich auf einen souveränen Gott, der die absolute Kontrolle über alle Angelegenheiten der Menschen ausübt. Aber im Bestreiten der Tatsache, dass der Mensch vor Gott moralisch verantwortlich ist, versetzte der Sozialdarwinismus jedem freiheitlichen Bestreben einen tödlichen Schlag, denn die Souveränität Gottes, die dem Menschen Freiheit und Verantwortung verliehen hatte, wurde zugunsten der Herrschergewalt von unpersönlichen Naturkräften zur Seite geschoben, die das zielgerichtete Verhalten des Menschen der reinen Willkür auslieferte.

Führende Industrielle und Finanziers begriffen sofort, dass sie sich nun auf eine allseits anerkannte – aber letztlich doch fragwürdige – Wissenschaftstheorie berufen konnten, die ihr profitgieriges Vorgehen als die ideale Strategie deklarierte, um Erfolg im Anhäufen eines unermesslichen Reichtums zu erzielen. Die hauptsächlichen Akteure empfanden keinerlei Schuld, ein Benehmen an den Tag gelegt zu haben, das man nur als Halsabschneiderei bezeichnen kann. Noch weniger war es ihnen bewusst, dass sie oftmals kriminelle Handlungen vollzogen, die von dem bestehenden Justizsystem zwar nicht bestraft wurden, aber dennoch einen ungeheuren Schaden im Leben der großen Masse an Lohnarbeitern verursacht hatten, die rücksichtslos ausgebeutet wurden. In nicht wenigen Situationen entgingen die Großkapitalisten ihrer gerechten Strafe einzig dadurch, dass sie Politiker und Richter durch Bestechung neutralisierten. Doch selbst dieses korrupte Gebaren wurde nicht als illegitim angesehen, weil es ein integraler Teil der vorherrschenden Wirtschaftsphilosophie war. Die Frage nach einer Ethik, die ein amoralisches Verhalten in Schranken hätte weisen können, wurde in diesem kalten Milieu des unerbittlichen Konkurrenzkampfes überhaupt nicht gestellt. Die Zweckmäßigkeit drängte sich als letztes Schiedsgericht über das, was richtig und falsch ist, auf.

In der zweiten Hälfte des 19. Jahrhunderts kam es zu einer allmählichen Ideologisierung des protestantischen Postmillennialismus. Die Postmillennialisten hatten einst das Anliegen verfolgt, mit Hilfe der Regierung Sünde unter der Bevölkerung auszumerzen, um eine vollkommene Gesellschaft zu errichten. Im Jargon des Social Gospel jener Zeit nannte man diese Gesellschaft das Königreich Gottes auf Erden. Im Laufe der Zeit änderte sich jedoch die Bedeutung des Königreichs. Wenn man anfänglich noch davon ausging, dass die Betonung auf der Religion lag, verschob sie sich langsam aber sicher in Richtung der Politik. Die Rolle des Staates in der Planung und Organisation einer perfekten Sozialordnung wurde wichtiger. Die Bundesregierung wandelte sich in der idealistischen Vorstellung vieler Amerikaner zu einer Institution des sozialen Heils und nahm göttliche Züge als perfekte Gestalterin eines homogenen Organismus der nationalen Einheit an. In der darauffolgenden Zeit nahmen weitere Parteien den Progressivismus in ihr Parteiprogramm auf.

Der Sozialdarwinismus diente als Inspiration der größten intellektuellen Revolution, die sich in der Geistesgeschichte Amerikas zugetragen hat: Eine neue Weltanschauung kam zum Vorschein, die einen völlig neuen Ansatzpunkt in der Erfassung der inneren und äußeren Welt des Menschen darbot. Der Darwinismus war nicht einfach eine neue Entwicklung in der Philosophie und Theologie; es war eine Revolution, die nicht nur den christlichen Theismus mitsamt seiner Schlussfolgerungen aus dem politischen, sozialen und ökonomischen Denken verbannte, sondern auch die gesamte ideologische Struktur entsprechend den Vorgaben des darwinschen Naturalismus und der Wissenschaftsmethode umgestaltete. Alle Wertvorstellungen entwickelten sich kontinuierlich weiter und waren folglich nur relativ; sie verloren ihre Fähigkeit, autoritative Richtlinien im Bereich der Politik, des Sozialwesens und der Wirtschaft zu sein. Das ethische Fundament des Westens bestand größtenteils aus der Sittenlehre des Alten und Neuen Testamentes, die Jesus Christus in den zwei Hauptgeboten zusammengefasst hatte: Liebe Gott, und liebe deinen Nächsten (Mk 12,28-31)! Sollte der Darwinismus und Pragmatismus diese Auseinandersetzung mit dem Christentum gewinnen, würde jeder Aspekt des amerikanischen Lebens einer Umwälzung unterworfen werden, die dazu führen würde, dass der Verfassungsstaat, die freie Marktwirtschaft und die soziale Struktur vollständig überworfen werden. Dies bedeutet im Bereich des Sozialen die Umgestaltung der Familie, der Kirche, der Schule und des Staates selbst als das ausführende Organ in der Verwirklichung des Willens Gottes für die menschliche Gesellschaft; eine Gesellschaft, die der Schöpfer mit bestimmten Privilegien und Zuständigkeiten bedacht hatte und die ihm letztlich verantwortlich ist für die Art und Weise, wie sie mit diesen umgegangen ist.

Um die Jahrhundertwende tauschte man den Sozialdarwinismus durch neue Erkenntnisse der Sozialtheorie aus. Die Idee des Fortschrittes schwang sich als eine der fundamentalsten und einflussreichsten Ideen zu jener Zeit auf.

9.2 Wirkungsgeschichte der autoritativen Wissenschaftsgläubigkeit

(Spirituelle Einstellung der amerikanischen Bevölkerung während der Progressiven Ära)
In der am Ende des 19. Jahrhunderts beginnenden Ära des Progressivismus musste der puritanische Calvinismus seinen prominenten Platz im Protestantismus Amerika dem Liberalen Christentum abtreten, das sich dem

optimistischen Denken der breiten Massen besser anpassen konnte und einsichtigere Erklärungen parat hielt, wieso sich die äußeren Verhältnisse in kürzester Zeit so drastisch verbessert hatten. Die calvinistische Lehre der totalen Verdorbenheit des Menschen verlor jegliche Glaubwürdigkeit in den Augen vieler Amerikaner, die sich von den humanistischen Parolen des Sozialdarwinismus überzeugen ließen. Der Glaube, dass allein die Gnade Gottes für die Ausgestaltung des Himmelreichs in dieser Welt ausschlaggebend ist, wurde abgelöst von der Vorstellung, dass alleine die Wissenschaft bessere Bedingungen in der Gesellschaft schaffen könne. Viele Christen hielten die Wissenschaft für Gottes gnädige Fügung. Bezog sich ursprünglich „Gnade" auf die Verheißung des ewigen Heils im Jenseits, so meinte die neue Interpretation bessere soziale Umstände. Schließlich verlor die Kirche ihren gehobenen Status als wichtigste Institution in der Errichtung des Königreich Gottes. Die Natur- und Humanwissenschaften nahmen eine messianische Bedeutung an. Die Progressivisten erhielten von liberalen Theologen Unterstützung, die das Social Gospel eines säkularisierten Gottesreiches förderten; die Progressivisten setzten ein diesseits orientiertes Königreich Gottes mit einem politischen Reformprogramm gleich. Liberale Theologen legten die Bibel neu aus, im Bemühen ihre Überlebenschancen in einem Zeitalter der Wissenschaft zu wahren. Die Entwicklungslehre Darwins wurde rasch akzeptiert, weil die Menschen lieber an die Vervollkommnung ihres Wesens glauben als sich als erlösungsbedürftiger Sünder zu sehen.

Der amerikanische Evangelikalismus hat sich in drei Gruppen aufgespalten: die größte war konservativ ausgerichtet, passte sich der Mittelklasse an und hatte keinerlei Gespür für die soziale Not vieler Amerikaner; die zweite Gruppe mit der Bezeichnung „New Theology" sprach sich für historisch-kritische Bibelauslegung, progressive Geschichtsvorstellung und autoritative Wissenschaftsgläubigkeit aus; und die dritte Gruppe wurde unter der Bezeichnung „Higher Life Theology" bekannt, sie ging von der kurz bevorstehenden Wiederkunft Jesu aus und setzte sich für die städtische Erweckungsbewegung, die weltweite Mission und das göttliche Heilen von Krankheiten ein. Die schärfste Kritik an den sozialen Missständen übten Vertreter der „Higher Life Theology". Die evangelikale Bewegung hat sich grundlegend verändert, später kam es zu Spaltungen: Von den Fundamentalisten trennten sich später die Neoevangelikalen ab, die Modernisten gingen im Weltkirchenrat auf.

9.3 Sozial-ökonomische Neuerungen der Progressiven Ära

Fabrikanten gingen Anfang des 19. Jahrhunderts mit ihren Angestellten rabiat um, die oftmals schwere Arbeit verrichten mussten. Die Arbeitsbedingungen in den Landwirtschaftsbetrieben und Fabriken sanken unmittelbar vor Ausbruch des Sezessionskrieges 1861 auf einen Tiefpunkt. In ihrer Verzweiflung meinten die Arbeiter, sich durch Streiks Gehör zu verschaffen, um die erbärmlichen Zustände am Arbeitsplatz menschenwürdiger zu gestalten. Die staatliche Miliz von Pennsylvania und New York hatte alle Hände voll zu tun, um die Arbeiter zu zwingen, ihre Proteste zu beenden. Nicht selten kam es vor, dass tödliche Schüsse auf die Arbeiter abgegeben wurden. In der Folgezeit klagten die Arbeitgeber über die Dreistigkeit der Arbeiter, Gewerkschaften zu bilden, um ihrer Forderung Nachdruck zu verleihen. Der scheinbar einzige Ausweg aus dieser Misere war die Abwanderung Richtung Westen, um unberührtes Land in Besitz zu nehmen. Diese Möglichkeit blieb vielen verschlossen, weil sie das nötige Startkapital nicht aufbringen konnten. Diejenigen, die es wagten, die beschwerliche Reise auf sich zu nehmen, mussten am Zielort oftmals resigniert aufgeben, selbstständige Landwirte zu werden und verdingten sich als gering bezahlte Landwirtschaftsarbeiter. Die besten Landstücke gehörten bereits Eisenbahngesellschaften und großen Viehzüchtern.

Ende des 19. Jahrhunderts war das Elend in den Arbeitervierteln der Großstädte nicht mehr zu übersehen. Die große Zahl der Einwanderer, die nicht mehr integriert werden konnten, und instabile Handelsbedingungen trugen zur hohen Arbeitslosigkeit, Krankheit und Alkoholismus bei. Sozialreformer riefen die Nation auf, sich der Missstände zuzuwenden und Abhilfe zu schaffen. Die optimistische Zukunftserwartung der Progressivisten entsprang der Quelle liberaler Theologie, die den freien Willen des Menschen betont, der modernen Kultur wohlwollend gegenübersteht, die Wissenschaftsgläubigkeit fördert und der Zukunft im Allgemeinen mit großer Zuversicht entgegensieht. Zur neuen demokratischen Ära gehörte ein verändertes Gottesverständnis nach humanistischen Vorgaben: Gott steht dem Menschen zur Seite, der Mensch muss sich ihm nicht unterordnen.

Betrachtet man den Gesamteffekt der Allianz zwischen dem sozialistischen Progressivismus und dem liberalen Christentum, muss man festhalten, dass die wichtigsten Lehren des christlichen Glaubens – etwa die Lehren der Schöpfung, des Sündenfalls und der Erlösung in Christus – zu Gunsten des radikalen Konzepts eines absoluten Staates verworfen wurden. Da sich die praktische Umsetzung dieses Konzepts auf die These der Evolution stützte, bildete sich eine völlig irrationale Vorstellung über die Konstitution und Zweckbestimmung der menschlichen Gesellschaft aus. Führende Ökonomen jener Zeit stimmten in den Chorus einer ansehnlichen Anzahl von Klerikern ein, die auf Begriffe der Evolutionstheorie – wie Heredität, Auswahl, Überlebenskampf und Rasse – in der Propagierung ihrer religiös motivierten Projekte der Wirtschaftsreform zurückgriffen. Viele Evangelikale, die sich der Social Gospel-Bewegung angeschlossen hatten, passten bereitwillig und routinemäßig biblische Lehren der evolutionistischen Wissenschaft an.

9.4 Totalitäre Grundzüge einer kollektiven Sozialordnung

(Social Gospel befürwortet totalitäre Gesellschaftsordnung unter sozialistischem Vorzeichen)

Die große Mehrheit der liberalen Theologen und Kirchenfunktionäre, die das „neue Evangelium" ohne zu zögern angenommen hatten, ließ sich von der Überzeugung leiten, dass das paulinische Evangelium der Erlösung nicht länger auf die Probleme ihrer Zeit anwendbar sei und dass biblische Moral aufgehört habe, eine adäquate Antwort auf die Bedürfnisse der Menschen zu geben. Das Social Gospel schien im Gegensatz dazu, eine zufriedenstellende Lösung der vielfältigen sozialen und politischen Probleme in Amerika anzubieten. Die Befürworter des Social Gospel wollten ihrem Anliegen, nämlich die Einführung einer neuen Gesellschaftsordnung, den nötigen Nachdruck verleihen, damit ein entsprechender Appell unter der breiten Bevölkerung Gehör findet. Der Transzendentalismus inspirierte das Aufkommen des theologischen Liberalismus, der die amerikanische Theologie in der ersten Hälfte des 20. Jahrhunderts kennzeichnete. Das Social Gospel stellte sich auf die Seite des Darwinismus, um von dort die nötige intellektuelle Unterstützung einer wissenschaftlich beglaubigten Hypothese zu erhalten.

Die industrielle Revolution schuf die nötigen wirtschaftlichen und politischen Rahmenbedingungen, die die Befürworter des Social Gospel für ihre Zwecke ausnutzten. Nach dem amerikanischen Sezessionskrieg (1861-1865) erlebte die Wirtschaft im Norden einen immensen Aufschwung. Das soziale Milieu konnte nicht mit dieser sprunghaften Entwicklung Schritt halten. Gravierende Gesellschaftsprobleme waren die unausweichliche Folge. Die Arbeitgeber sträubten sich jedoch, ein hinreichendes Verständnis für die Notlage ihrer Angestellten zu entwickeln. Um die Jahrhundertwende setzten sich Scharen von liberalen Theologen und Kirchenfunktionären für das Social Gospel ein, das einen „christlichen" Sozialismus befürwortete. Die Einwirkungen des Social Gospel auf das amerikanische Leben waren wahrscheinlich von größerer Bedeutung als irgendeine andere Ideologie. Da die Social Gospel-Bewegung behauptete, eine christliche Sozialpolitik zu verfolgen und sich in ihren öffentlichen Verlautbarungen ständig auf die Bibel berief, gewann sie in den Augen vieler an Seriosität. Dass das Social Gospel die traditionelle Botschaft der Heiligen Schrift fehlinterpretierte, war vielen Christen anfänglich nicht offensichtlich. Die Verschiebung der Akzentuierung wichtiger Aspekte des christlichen Glaubens und der damit einhergehende Missbrauch des Christentums für Zwecke, die diesem ganzen und gar fremd sind, erkannten viele Amerikaner über einen gewissen Zeitraum hinweg nicht. Die postmillennialistischen Protestanten fanden schnell großen Gefallen an dem planwirtschaftlichen und politischen Paternalismus (der Staat übernimmt eine vormundschaftliche Rolle gegenüber den Bürgern), der sich zunehmend Bahn brach. Ihnen bot sich dadurch die Möglichkeit, den Rum-Dämon, die Sabbatschändung, den Tanz und das Glücksspiel sowie andere Formen der Unterhaltung in der öffentlichen Meinung zu verunglimpfen. Man unternahm den Versuch, katholische Landschulen für ungesetzlich zu erklären; die Einführung des öffentlichen Schulwesens betrachtete man als ein patentes Mittel, um die katholischen Kinder zu Protestanten zu machen. Man meinte, dass nur die Bundesregierung eine vollkommene Wirtschaftsordnung einführen könne. Sie schien gleichfalls geeignet, Sünde jeglicher Art auszumerzen. Die Republikanische Partei ergatterte die volle Unterstützung vieler Christen, weil sie sich als „die Partei der großen moralischen Ideen" darstellte. Aktionäre, Geschäftsführer und Arbeitnehmer der großen Eisenbahngesellschaften bildeten ein natürliches Reservoir an republikanischen Wählern, da diese meistens hochverschuldet waren und freigiebige Staatssubventionen benötigten, um weiter im Geschäft zu bleiben. Ihnen gesellten sich die Eisen- und Stahlindustrie in Pennsylvania hinzu, die fast chronisch ineffizient war und sich nur wirtschaftlich über Wasser halten konnte, wenn sie durch hohe Tarife vor der Importkonkurrenz geschützt wurde. Die meisten nördlichen Industriellen waren Postmillennialisten, die sich nach der Einrichtung einer vollkommenen Gesellschaft sehnten, in der das öffentliche Schatzamt immer bereitstand, finanzielle Unterstützung zu gewähren, wo Not am Mann war. Die Fusion von religiösen und ökonomischen Interessen stellte eine hoch potenzierte Macht dar, die die Belange der Politik, Wirtschaft und Kirche eng miteinander verknüpfte. Die Verflechtung von Wissenschaft, Großkapital und Politik führte nach 1900 zu einem finanzstarken Konsortium, das über vielfältige Möglichkeiten der Manipulation der gesellschaftlichen Meinungsbildung verfügte. Interessenverbände, die sich nicht einer postmillennialistischen Theokratie unterordnen wollten, fanden in der Laissez-faire-Partei der Demokraten ein politisches Zuhause. Zu ihnen zählten sich irische Katholiken, deutsche Lutheraner, niederländische und schottische Calvinisten und säkulare Freidenker, Baptisten und Methodisten. Ihr Parteiprogramm bestand größtenteils aus der Förderung der freien Marktwirtschaft auf nationaler Ebene, einschließlich eines freien Außenhandels und der Verwendung von Hartgeld.

Angesichts der misslichen Lage unzähliger Menschen in den 1890er-Jahren appellierte der amerikanische baptistische Theologe Walter Rauschenbusch (1861-1918) an die christlichen Kirchen zum Handeln. Seine Botschaft lehnte sich eng an die progressiven Ideen von Henry Demarest Lloyd, dem damals bekanntesten Protagonisten der Religion des Fortschrittes, an. Überzeugt davon, eine patente Lösung der Krise anbieten zu können, deutete Rauschenbusch auf die Zwangsläufigkeit des Fortschrittes hin. Der liberale Theologe meinte, dass der Mensch frei sei, seine Zukunft nach eigenem Belieben zu gestalten; er habe die Möglichkeit, die Bestimmung seines Lebens selbst zu wählen. Dank der Gesetze des Fortschrittes sei die Erscheinung der himmlischen Stadt Jerusalem auf Erden garantiert. Rauschenbusch griff die „Drei Stufen"-Theorie der sozialen Evolution auf, wie sie James Mark Baldwin (1861-1934), ein weiterer Exponent der Religion des Fortschrittes, formuliert hatte: die vorkapitalistische Ordnung sei verschwunden, die kapitalistische Ordnung habe den höchsten Stand erreicht, und die kollektive Ordnung sei noch nicht ausgereift. Indem die Details der sozialen Evolution dank der Soziologie bekannt seien, könne der Mensch den Gang des Fortschrittes selbst in die gewünschte Richtung lenken, damit die vollkommene Integration der Gesellschaft in einer kollektiven Ordnung zustande kommt. Trotz des offensichtlichen Widerspruchs schien es Rauschenbusch ein Leichtes zu sein, die soziale Freiheit und die soziale Zwangsläufigkeit in einem Denkkonstrukt zu synthetisieren, das – wie er vorgab – der Ethik des Christentums entnommen war. Um das soziale Millennium tatsächlich zu erreichen, müsse sich der Mensch dem geistlichen Prozess des Fortschrittes anpassen. Rauschenbusch rief eindringlich auf, eine Religion zu finden, die fähig ist, das schier Unmögliche zu leisten, die utopisch erscheinenden, aber dennoch erreichbaren Ziele einer kollektiven Sozialordnung zu verwirklichen, in der sich niemand der totalen Herrschaft des Staates zum Wohle der Volksgemeinschaft verweigert. Walter Rauschenbusch kann als theologischer Gründer der Social Gospel-Bewegung angesehen werden. In seinem ersten Werk appellierte er an die christlichen Kirchen, sich ihrer Verantwortung im Angesicht der sozialen Krise bewusst zu werden, im zweiten lieferte er einen Entwurf für christliches Sozialhandeln, und im dritten offerierte er eine neue Theologie als Rechtfertigung für die Appelle in den ersten beiden. Wichtig war ihm die Schaffung eines christlichen Sozialismus als Allheilmittel im Kampf gegen soziale Missstände jeglicher Art. Er befürwortete eine totalitäre Gesellschaftsordnung unter sozialistischem Vorzeichen, die er mit dem eigentlichen Anliegen des Christentums gleichsetzte.

9.5 Universales Innewohnen Gottes in der Gesellschaft

(Die Wohltätigkeit – Social Gospel – tritt an die Stelle des Evangeliums)
In den mittleren Jahrzehnten des 19. Jahrhunderts war der Postmillennialismus die allgemein angenommene Lehre unter den amerikanischen Protestanten. Sie waren überzeugt, dass biblische Vorhersagen echte Ereignisse in der Zukunft darstellten. Unter dem Einfluss der liberalen „New England Theology" (New Haven Theology, New Divinity) meinten viele, dass das kommende Tausendjährige Reich eine völlige Neuordnung der Verhältnisse auf Erden mit sich bringen werde. Liberale Theologen öffneten sich neuen Ideen, die später im Social Gospel konkrete Formen annahmen. Die Endzeitlehre wurde allmählich säkularisiert. So stand nicht mehr die durch den Heiligen Geist bewirkte Wiedergeburt im Mittelpunkt, sondern die moralische Verbesserung des Einzelnen. Natur- und Sozialwissenschaften gewannen an Einfluss. Der wichtigste Gesichtspunkt war die Hervorhebung des technologischen Fortschrittes als Erfüllung endzeitlicher Hoffnungen. Eine utopische Gesellschaftsordnung wurde mit dem Königreich Gottes auf Erden gleichgesetzt. Man meinte, durch Evangelisation die Wiederkunft Christi herbeiführen zu können. Die Aufforderung zur Bekehrung verband sich mit dem Aufruf zum sozialen Engagement. Unter anderem setzte sich Lyman Beecher in den 1850er-Jahren besonders für die Inlandmission ein, weil er wie viele seiner freimaurerischen Logenbrüder und evangelikalen Zeitgenossen darin den Schlüssel zur Verwirklichung der Königreich-Theologie sah. Vom Old School-Calvinismus hatte er sich entschieden abgewandt und sympathisierte mit Nathaniel W. Taylors New Haven Theology (New

Divinity). Er sprach sich gegen die katholischen Einwanderer aus, nahm sich der Sache der Sklavenemanzipation an und suchte, die patriotische Vorstellung eines Offenkundigen Schicksal (Manifest Destiny) Amerikas theologisch zu begründen. Die letzten Jahre seines Lebens wurden durch die gegen ihn 1835 erhobene Anklage der Irrlehre getrübt, die zum Präludium der zwei Jahre später eintretenden presbyterianischen Kirchenspaltung werden sollte.

Um das Kommen der neuen Ära des Friedens und der Gerechtigkeit zu beschleunigen, nahm man auch säkulare Institutionen in Anspruch. Da die Regierung Geistlichen Ämter in Gesellschaft und Politik anbot, konnten diese einen größeren Einfluss ausüben. Das hat die Macht der Kirchen gefestigt, was ganz im Sinne der Regierung war. Kunst, Wissenschaft, Politik und Wirtschaft sollten für die Errichtung des Königreich Gottes instrumentalisiert werden. Wenn Gott in allen Menschen der Gesellschaft innewohne, könne das neue Zeitalter kommen. Alle technologischen Innovationen, die für die christliche Durchdringung genutzt werden konnten, wurden als Instrumente des Königreichs betrachtet.

Gegen Ende des 19. Jahrhunderts trat das Social Gospel (Wohltätigkeitsbestreben im Sinne des Progressivismus) an die Stelle des Postmillennialismus und proklamierte die Botschaft des Progressivismus. Unter „Heil" sollte die vollständige Umwälzung der Sozialordnung verstanden werden; es ging nicht mehr um die Errettung der individuellen Seele. Die von Textkritik geprägte Bibelwissenschaft wollte die Heilige Schrift nicht mehr als Offenbarung Gottes verstehen, sondern lediglich als historisches Dokument. Den apokalyptischen Schriften der Bibel entzog man die buchstäbliche Erfüllung von prophezeiten Ereignissen. Das Christentum diene lediglich als ethische Religion. Die Wiederkunft Christi interpretierte man als dessen kontinuierliche Gegenwart in seiner Gemeinde.

9.6 Schrittweise Ausgestaltung eines idealisierten weltweiten Staatenbundes

Die Zeitepoche des 19. und 20. Jahrhunderts besaß im Westen eine tiefgehende religiöse Prägung, ohne dass sie von den meisten Bürgern unmittelbar als solche erkannt wurde. Die religiöse Bedeutung der sozialen und ökonomischen Impulse, die die Entwicklung der modernen Welt vorantrieben, wurde oftmals übersehen. Dennoch ist es wichtig, ihren jeweiligen Bezug zur Zivilreligion näher zu betrachten. Einer der Gründe hierfür sind ihre revolutionären Langzeitfolgen. Befürworter der romantischen Bewegung traten in einer scharfen Reaktion gegen die sozialpolitischen Entwicklungen ihres Zeitalters als religiöse Propheten auf. Sie bemühten sich, spirituelle Lehren zu entwickeln, die den menschlichen Willen beeinflussten, um eine veränderte Lebenseinstellung hervorzurufen. Sie formulierten eine neue Lehre vom menschlichen Wesen, um den verlorenen Glauben an die Existenz eines übernatürlichen Gottes zu ersetzen. Die zwei neuen Aspekte der Wirklichkeit waren die idealisierte „Menschheit" und die „Geschichte". Die Gesellschaft war nach ihrer Vorstellung ein wirkliches Gebilde, von dem das Individuum seine Bedeutsamkeit ableitete. Sowohl das Individuum als auch die Gesellschaft seien in einen geschichtlichen Prozess der Veränderung und des Wandels eingebunden. Sie betrachteten das gegenwärtige Gemeinwesen mit seinen fehlgeleiteten Traditionen und Institutionen als ein Geflecht von Übeln, von dem sich das Individuum befreien müsse, um sein Heil in der wahren „Gesellschaft" zu finden. Dies könne nur geschehen, wenn sich das individuelle „Ich" in den Dienst der Gesellschaft stellt, um so sich selbst in der Gesamtheit zu verlieren. Wenngleich sich die „Menschheit" und die „Gesellschaft" innerhalb des voranschreitenden geschichtlichen Prozesses verändern würden, tun sie dies nur in Übereinstimmung mit einem feststehenden Konzept und innerhalb der Begrenzung eines vorab festgelegten Plans des Fortschrittes. Dieser sei darauf gerichtet, dass die vollkommene „Gesellschaft der umfassenden Kooperation und weitherzigen Brüderlichkeit" schlussendlich zur völligen Ausgestaltung gelangen werde.

Der Glaube an den Fortschritt sei zur Vollendung des Individuums notwendig. Unter Fortschrittsglauben verstand man die spirituelle Betrachtung des fortlaufenden Geschichtsprozesses in seiner schrittweisen Ausgestaltung einer idealen Gesellschaft. Die Vernunft und Seele des Menschen könnten die passende Inspiration und Führung nur dann empfangen, wenn dieser den Glauben an eine spirituelle Macht teile, die dem Fortschritt zugrunde liegt. Der Mensch müsse gegen das in der jetzigen Anarchie auftretende Böse kämpfen, das sich in der Erscheinung eines weitverbreiteten Individualismus konkretisiert. Es sei ein Kampf, der dazu diene, dass das Königreich Gottes auf Erden Gestalt annehmen werde, in dem sich die Vereinigung des Individuums mit dem sozialen Ganzen vollzieht. Inmitten des sozialen Trümmerhaufens, inmitten der Abertausenden von isolierten Individuen würden die Gesetze des Fortschrittes eine neue Gesellschaft hervorbringen, eine Gesellschaft der vollkommenen und absoluten Harmonie. Die völlig sozialisierte Menschheit sei der Ort, wo das verlorene Individuum errettet werde, und die Geschichte sei das Mittel dieser Errettung. Dem Anhänger der Religion des Fortschrittes wurde die erfreuliche Nachricht übermittelt, dass er frei sei, die Zukunft nach seinen Vorstellungen zu gestalten, denn die soziale Realität, der er angehört, stehe nicht nur unter der Kontrolle der Geschichte, sondern auch unter der Kontrolle des Naturgesetzes. Gleichzeitig müsse er sich aber der zwangsläufigen Abfolge des Zeitgeschehens fügen, die von absoluten Naturgesetzen bestimmt würde.

Das soziale Denken hat sich in Amerika von einer theologischen Grundlage, wie sie 1850 bestand, zu einer wissenschaftlichen Orientierung, wie sie 1920 vorherrschte, radikal verändert. Die Progressivisten gaben zwar vor, dass diese ein objektives, durch die Wissenschaft gewonnenes Ergebnis sei, gestanden ihr aber zu, sich mit der Zeit zu verändern; damit verwarfen sie den in der Bibel dargelegten, für alle Zeiten gültigen, absoluten Maßstab und wandten sich dem Relativismus zu, indem sie ihre subjektiven Meinungen zur Norm erhoben. Seit den 1890er-Jahren wandten sich Gelehrte der Philosophie und Sozialwissenschaften von herkömmlichen Denkmustern ab und begannen eine völlig neue Sichtweise auszuarbeiten. Eine ihrer wichtigsten Thesen war die Erkenntnis, dass sich das Individuum nie aus der Abhängigkeit von anderen Menschen lösen könne und dass sein innerstes Wesen veränderbar sei. Die soziale Umgebung übe einen bestimmenden Einfluss auf jedes Individuum aus. Die Gesellschaft sei ein geschichtliches Produkt, das sich ständig verändert. Die Auffassung einer feststehenden Wirklichkeit hatte sich unter dem Druck der Vorstellung des beständigen Geschichtswandels ins Nichts aufgelöst. Die Theorie des Relativismus trat an ihre Stelle. Es liegen Belege vor, die eindeutig darauf hinweisen, dass die neu entwickelten Theorien des Sozialwesens zu allererst in den Werken europäischer Philosophen zu finden sind, die sich in besonderer Weise als Propheten der Religion des Fortschrittes hervorgetan hatten. Darüber hinaus besaßen diese Theorien eine gewisse Ähnlichkeit mit den Grundkonzepten über das Individuum, die Gesellschaft und Geschichte, die die progressiven Akademiker in den darauffolgenden Jahrzehnten detailliert ausarbeiteten. In der Gegenwart besitzen diese einen alles durchdringenden Einfluss und werden als zentrale Wahrheit des menschlichen Wissens aufgefasst, die nicht weiter revidiert werden muss. Demnach sind alle anderen Erkenntnisse in die Pflicht genommen, sich daran auszurichten.

Im Verlauf der 1870er und 1880er-Jahre konkretisierten sich die Ansichten des progressiven Journalisten, Henry Demarest Lloyd (1847-1903), schrittweise, bis er zur Überzeugung kam, dass eine neue Religion das anbrechende Zeitalter der Industrialisierung durch und durch bestimmen werde. Anstatt sich nun einem unbändigen Optimismus hinzugeben, war Lloyd von schlimmen Vorahnungen über die Zukunft Amerikas ergriffen. Die Industrialisierung habe zwischenmenschliche Beziehungen innerhalb der Gesellschaft zerschlagen. Entwurzelt würden die Individuen vor der zermalmenden Macht der neuen Wirtschaftsinstitutionen ins Leere dahintreiben. Die Traditionen, die Sittlichkeit, die sozialen und politischen Formen der Vergangenheit hätten aufgehört, in der neuen Situation relevant zu sein, und könnten dem Individuum in dieser neuen Welt weder Sicherheit noch Wegweisung geben.

Doch nachdem Lloyd die offensichtlichen Übel der amerikanischen Gesellschaft an den Pranger gestellt hatte, ging er paradoxerweise dazu über, diesen Zustand als eine glückliche Fügung des Schicksals zu werten. Der bevorstehende totale Zusammenbruch der Zivilisation erfüllte sein Herz mit Freude. Zum ersten Mal in der Geschichte stand in Aussicht, dass die zwei Bedingungen erfüllt werden würden, um die Menschheit dem völligen Heil entgegenzuführen. Aufs Erste werde die in der Gesellschaft wütende Zerstörungskraft die traditionellen Institutionen und überkommenen Philosophien, die in der Moderne nicht mehr tragbar seien, in tausenderlei Stücke zerschlagen. Nur so könnten die Voraussetzungen für die Verwirklichung einer absoluten Freiheit geschaffen werden. Sie würde es dem Menschen aufs Zweite ermöglichen, seine Zukunft so zu gestalten, wie es ihm sinnvoll erscheint, ohne sich in seinem Vorhaben von einer in vieler Hinsicht fehlgeleiteten Vergangenheit einengen zu lassen. In einem triumphalen Ton erklärte Lloyd: „Der Mensch ist der Schöpfer und Erlöser seiner selbst und der Gesellschaft." Eine höhere Macht könne nicht autoritativ die Befolgung von vorgegebenen Lebensregeln als ein Gesetz vorschreiben, das der Menschheit auferlegt ist. Es gebe keine für alle Zeiten feststehenden Verordnungen, die der Mensch befolgen muss, denn die Soziologie – eine Wissenschaft des gesellschaftlichen Miteinanders – sei immer nur „das, was wir daraus machen". Es existiere keine transzendente Macht, die das Schicksal des Menschen bestimmt. Deshalb stehe niemand unter der Verpflichtung, ein höheres Wesen anzubeten. Alles, was produziert wird, sei das durch eigene Schaffenskraft hervorgebrachte Werk des Menschen, das er von Mal zu Mal verbessern kann. Das Ideal könne jedoch nie durch der Hände Arbeit hervorgebracht werden, denn es sei bereits in der Solidarisierung der Menschheit zumindest als Idee eines schlussendlich der Interessensgemeinschaft dienlichen Staatenbundes vorgezeichnet; ein Ideal, das sich mit der Zeit immer mehr der Vollkommenheit in ihrer konkreten Gegenständlichkeit annähere, bis es vollständig verwirklicht sein wird.

Lloyd ging von zwei Arten der Gesellschaft aus: in der jetzigen Gesellschaft könne die Religion des Fortschrittes vielfältig in Erscheinung treten; ihr Hauptthema sei die Anbetung einer in einem Staatenbund vollkommen integrierten Menschheit. Die zweite Art, die ideale Gesellschaft, werde sich in der Zukunft auf Erden durch menschliche Genialität verwirklichen; die Religion des Fortschrittes gebe den Menschen ausreichend Inspiration und Kraft, um dieses Vorhaben durchzuführen. Momentan gebe es zwar noch keinen koordinierten Staatenbund, den man als die vollkommene Errungenschaft der Menschheit ansehen könnte, aber im vereinten Glauben und Handeln würde die große Mehrheit der Weltbevölkerung schlussendlich diese Aufgabe mit Bravour erledigen, war sich Lloyd sicher.

In den Geschichtsdarstellungen der Sozialpsychologie wird der Philosoph James Mark Baldwin (1861-1934) als einer der wichtigsten Pioniere beschrieben, der die scheinbar antiquierten Lehrgebäude eines vorgegebenen menschlichen Wesens und einer „künstlichen, mechanistischen Gesellschaft" verwarf. Diesen Begriff hatte Rousseau formuliert; dieser Zustand sei nicht gut, die Menschheit müsse zum natürlichen Zustand zurückkehren; er verstand darunter den Zustand der Gleichheit, das heißt der totalitäre Staat. Baldwin stellte die Bedeutung der Evolutionstheorie, die Erneuerung der Gesellschaft, die soziale Eigenart des Individuums und den geschichtlichen Kontext des Einzelnen in seiner Beziehung zur Gesellschaft auf eine ganz neue konzeptionelle Grundlage. Baldwin war einer der herausragenden Denker, der seine Landsleute von der wissenschaftlichen Position des historischen Relativismus überzeugte. Henry D. Lloyd erkannte in ihm einen meisterhaften Propagandisten des Fortschrittsglaubens. Seine kulturelle Rolle sei nicht nur deshalb von solch großer Wichtigkeit, weil er einer der innovativsten Sozialwissenschaftler war, sondern weil er sich als Priester der – wie Lloyd meinte – einzig wahren Religion darstellte. Die derzeitige Ausformung des Gemeinwesens sei ein unvollkommener Ausdruck der kommenden „Gesellschaft". Jeder Mensch besitze die Freiheit, den vorgegebenen Status in einem Gemeinwesen zu überwinden, sodass die jetzigen Lebensbedingungen immer mehr die charakteristischen Züge der vollkommenen „Gesellschaft" annehmen.

Die Beschreibung eines absoluten Sozialprozesses außerhalb der Geschichte bildete den eigentlichen Kern der Sozialpsychologie Baldwins, die von drei Stufen der sozialen Entwicklung ausging. Die erste Stufe beschreibt die Abhängigkeit des Menschen von der Biologie; die zweite Stufe zeichnet sich dadurch aus, dass sie dem Menschen die Möglichkeit eröffnet, der Kontrolle von biologischen Gesetzen zu entkommen; das wesentliche Erkennungsmerkmal der dritten Stufe sei ein bewusstes Handeln im Verbund mit anderen Menschen, das sich weder auf das biologische noch soziale Erbe zurückführen lässt; es sei Ausdruck einer rundherum veränderten Lebensgestaltung. Am von jeher festgelegten Bestimmungsort der vollkommenen „Gesellschaft" höre der Fortschritt auf, sich weiterhin auf sie auszuwirken. Laut Baldwin bestand das eigentliche Wesen der menschlichen Freiheit darin, das vorbestimmte Schicksal zu erfüllen. Die miteinander unvereinbaren Elemente des gegenwärtigen Gemeinwesens (handgreiflich und real) und der spirituellen „Gesellschaft" (vergeistigt und irreal) erzeugte eine konzeptionelle Spannung, die nie zufriedenstellend gelöst werden konnte. Trotz aller Bekräftigung, ein durch und durch rationales Gedankenmodell vorgelegt zu haben, das von den echten Begebenheiten der Welt ausgehe, nahm Baldwin wie vor ihm Lloyd Rückgriff auf die Kategorie des Irrationalen. Ein religiöser Glaube musste für alle konzeptionellen Ungereimtheiten herhalten, die sich in den Progressivismus eingeschlichen hatten. Das idealistische Konstrukt eines Henry D. Lloyds, das Baldwin etwas abgeändert hat und seinen Landsleuten zur Annahme empfahl, war ein bloßes Fantasiegebilde. Dennoch bestand Baldwin mit Nachdruck darauf, dass die abschließende Erscheinung der gesellschaftlichen Solidarität, des kooperativen Staatenbundes, tatsächlich herbeigeführt werden kann. Ein Geist im Inneren des Menschen – eine durch und durch religiöse Vorstellung – würde diesen herbeiführen.

Wenn das Individuum die dritte Stufe der sozialen Evolution erreicht hat, werde es aus freien Stücken ethische Gesetze befolgen, die ihm als die besten erscheinen, erklärte Baldwin. Dies würde gelingen, weil jedes Individuum von derselben Religion inspiriert wird. Nur so sei es möglich, dass sich jeder einzelne Mensch innerhalb einer Gesellschaft demselben Regelwerk unterordnet und dieselben Verhaltensmuster zeigt. Keiner anderen Macht im ganzen Universum gelinge ein solches Meisterstück als allein der Religion der Menschheit, die unter der Bezeichnung „Fortschrittsglaube" alle Herzen und Sinne der Bürger eines kooperativen Staatenbundes erfüllen wird. Diese Idee sei ganz und gar revolutionär, weil sie wie Sauerteig alles durchdringt, was das menschliche Zusammenleben als solches ausmacht. Im Besonderen liefere sie dem Individuum die Inspiration, sich mit aller Kraft für die Verwirklichung einer sozialen Utopie einzusetzen. Baldwin bezieht alle wichtigen Aspekte seiner Philosophie des Fortschrittes auf die Religion der idealen Menschheit. Dazu gehören unter anderem der freie

Wille und die soziale Solidarität des Menschen. Das Bemühen des Einzelnen, der sich von der Religion inspirieren lässt, sei notwendig, um die Ära der perfekten sozialen Solidarität einzuläuten. Die vollkommene Welt werde auf dem Pfad entlanggehen, den ihr das unumstößliche und unerbittliche Gesetz des Fortschrittes vorgeschrieben hat.

Fast unbemerkt hat sich ein Wandel im Begriff Demokratie vollzogen. Ursprünglich – zur Zeit der republikanischen Demokratie – rangen die Politiker noch wirklich um die Gunst der Wähler. Dieses System wurde abgelöst von der sogenannten romantischen Demokratie, dem späteren Verwaltungsstaat, in dem man sich bemüht, die äußeren Formen einer Demokratie zu bewahren, wie das Parteiensystem, Parlament und Wahlen. Aber der Kern des Systems ist ein ganz anderer geworden, oder man könnte auch sagen, dass der eigentliche totalitäre Kern dieser Art der Demokratie in unserer Zeit zum Vorschein gekommen ist. Dieses Verständnis geht auf Rousseaus Version von Demokratie in seinem Buch *Gesellschaftsvertrag* zurück. Diese totalitäre Demokratie besteht aus diversen Ideen, die Bestandteil eines ideologischen Glaubens wurden, der die Autorität einer Staatsreligion besitzt, obgleich er größtenteils nicht als ein Glaube wahrgenommen wird. Um breite Akzeptanz zu erhalten, bezeichnet sich der Verwaltungsstaat als „sozial" und „demokratisch", also „sozialdemokratisch". Damit ist nicht eine bestimmte Partei gemeint, denn für die moderne Demokratie stehen alle derzeitigen Parteien ein. In allen westlichen Ländern wurde diese Art von Demokratie eingeführt, die in ihrem Wesen totalitär ist, sich aber zum Schein für etwas anderes ausgibt.

Die moderne Demokratie ist die nahezu perfekte Verwirklichung einer „sozialisierten Menschheit", wie sie in dem von Henry D. Lloyd und James M. Baldwin propagierten Modell einer spirituellen „Gesellschaft" vorgezeichnet worden war. Im 20. Jahrhundert nahm diese „Gesellschaft" die Form eines Verwaltungsstaates an. Der amerikanische Philosoph James Burnham (1905-1987) beschrieb den Übergang vom Kapitalismus zum Verwaltungsstaat, der in seiner weltgeschichtlichen Bedeutung so tiefgreifend gewesen sei wie die vorherige Veränderung vom Feudalismus zum Kapitalismus. Der Autor bezeichnete die sich abspielende Revolution in der Geschäftswelt mit dem englischen Neuwort „managerialism" – eine von Managern ausgehende Umwälzung der Wirtschaftsverhältnisse. Die neue Kaste der Manager übernehme die Verantwortung über die meisten Kulturformen, Wirtschaftsressourcen und Regierungsinstanzen. Sie trete sowohl an die Stelle der Kapitalisten als auch der Arbeiter, um die gesamte Bevölkerung ihrer totalen Herrschaft zu unterstellen. Die behördliche Elite dränge darauf, das private Eigentum, den gesellschaftlichen Individualismus und demokratischen Parlamentarismus restlos abzuschaffen. Gelinge ihr die Durchführung dieser drastischen Maßnahmen, würden die Werte der bisherigen kapitalistischen Ordnung gänzlich ihre Bedeutung verlieren. Es bestehe tatsächlich eine hohe Wahrscheinlichkeit, so Burnham, dass der Verwaltungsstaat von der Wirklichkeit eines allumfassenden Totalitarismus gekennzeichnet sein werde. In unablässiger Intensität würden die Massenmedien der Bevölkerung die Vorstellung suggerieren, dass die neue Gesellschaftsordnung die höchste Entwicklungsstufe eines demokratischen Regierungssystems sei.

Burnham deutete auf die gemeinsamen Merkmale des sowjetischen Kommunismus, Nationalsozialismus und des demokratischen Wohlfahrtsstaates hin. Einer neuen Kaste von Bürokraten in jedem dieser Regime sei es gelungen, die politische Macht an sich zu reißen, indem sie in der Öffentlichkeit die volkstümliche Rhetorik und die sozialrevolutionären Parolen geschickt manipulierten und zu ihren Gunsten schamlos ausnutzten. Die in diesen Verwaltungsmodellen vorgenommene Unterscheidung von Kapitalismus und Sozialismus – entsprechend dem allgemeinen, aber oftmals irreführenden Verständnis dieser Begriffe – diente dem neuen Verwaltungsstaat als Ausgangspunkt seiner Selbstdarstellung. Weder habe der Verwaltungsstaat beabsichtigt, sich an den freiheitsdienlichen Prinzipien einer Marktwirtschaft zu orientieren, noch habe er darauf bestanden, die kollektivistischen Vorgaben eines Staatskapitalismus umzusetzen. Das eigentliche Ziel sei die wirtschaftliche und soziale Gleichstellung aller Bürger im Lande gewesen.

Die Autoren, Adolf A. Berle und Gardiner C. Means, deuteten auf zwei wichtige Tatsachen in der Wirtschaftsentwicklung seit Ende des 19. Jahrhunderts hin. Während sich das herkömmliche Unternehmertum dadurch auszeichnete, dass die Besitzer an der Spitze der Firmenleitung standen, sind die Eigentümer in einer Kapitalgesellschaft Aktionäre, die den Firmenbetrieb in die Hände einer Gruppe von Managern gelegt haben. Die für die Leitung der Kapitalgesellschaften verantwortlichen Manager müssen in ihren Entscheidungen nicht mehr die Wahrung der Eigentumsrechte beachten. Deshalb haben sie der Regierung keine Steine in den Weg gelegt, als diese für sich eine größere Rolle in der Wirtschaft beanspruchte.

Deshalb kam es zu dem Phänomen eines übermäßigen Anwachsens der Staatsregierung, wie es sich im Verlauf des 20. Jahrhunderts zugetragen hatte, nicht zufällig. Vielmehr sei es ein integraler Aspekt einer sich in der Geschäftswelt vollziehenden Revolution gewesen, erklärte Burnham. Dies habe sich dahingehend ausgewirkt, dass das abnehmende Interesse der Manager am Eigentumsrecht anderer die schrittweise Vereinigung des Wirtschafts- und Staatswesens zur Folge hatte. Darüber hinaus verursachte die interne Krise des Industriekapitalismus die enorme Erweiterung staatlicher Befugnisse, die es dem Staat gestattete, direkt in das Wirtschaftsgefüge einzugreifen. Der Staat sah sich vermehrt in die Verantwortung gestellt, in einer globalen Wirtschaft die Optimierung der Massenproduktion und Verteilung der Konsumgüter zu ermöglichen. Die Voraussetzung, die geschaffen werden müsse, um den Verwaltungsstaat in letzter Konsequenz zu verwirklichen, sei – so prognostizierte Burnham – die Erhebung der Bürokratie zur obersten Machtinstanz im Staat. Nur sie sei dazu geeignet, eine für alle Beteiligten vorteilhafte Technokratie einzuführen, die sich der Verwirklichung eines allumfassenden Fortschrittes in allen Bereichen der Gesellschaft verpflichtet hat. Die effiziente Form einer Expertenregierung müsse demnach an die Stelle eines Zweikammerparlaments treten. Obwohl es Irrtümer und Übertreibungen in der Darlegung über die Revolution der Manager gibt, sollten sich Burnhams Voraussagen zu den politischen Tendenzen als richtig erweisen. George Orwell schrieb zwei lange Essays über die politischen Prognosen Burnhams. Sicherlich sparte der Autor in seinen eingehenden Bemerkungen nicht an Kritik. Dennoch ist es unbestreitbar, dass Orwells Romans *Nineteen Eighty Four* (1949) eine fiktive Projektion der Beschreibung eines Verwaltungsstaats darstellt, wie ihn Burnham in der wirklichen Welt vorhergesehen hatte.

Die Erscheinungsform und Handlungsweise des Verwaltungsstaates sind das Ergebnis der praktischen Umsetzung des Progressivismus. In allen seinen Aspekten politischer, wirtschaftlicher und kultureller Art repräsentiert er die ausgeprägteste Form einer dem reformatorischen Christentum entgegengesetzten Gesellschaftsordnung und Regierungsform. Es spielt dabei nur eine untergeordnete Rolle, ob die Christen tatsächlich begreifen, dass sie unter dem Diktat eines politischen Systems leben, das die nahezu perfekte Ablehnung ihres Glaubensbekenntnisses ist. Es wird ihnen keine andere Wahl gelassen, als sich vorbehaltlos der allgemeinen Verhaltensnorm eines demokratischen Wirklichkeitsverständnisses – im Sinne der romantischen Demokratie von Rousseau – unterzuordnen, wobei ihnen ständig eingeredet wird, dass sie in einem freiheitlichen Rechtsstaat leben, der ihnen das Privileg zusichert, ihren Glauben so leben zu können, wie sie es für angebracht halten.

Um nur ein Beispiel herauszugreifen: Es wird unablässig behauptet, dass der periodische, einem standardisierten Ritual gleichkommende Gang zur Wahlurne eine christliche beziehungsweise bürgerliche Pflicht sei. Allein die Abgabe der Stimme für die eine oder andere Partei, für den einen oder anderen Spitzenkandidaten, für die eine oder andere Volksinitiative, ist eine Handlung – vielleicht die charakteristischste überhaupt – der Religion des Fortschrittes. In der heutigen westlichen Gesellschaft ist es vielen unmöglich sich vorzustellen, das ihnen vom Staat zugestandene Privileg der Wahlberechtigung nicht als ein absolutes Recht anzusehen, selbst wenn sie davon nicht oder nur gelegentlich Gebrauch machen. Sie begreifen nicht, dass die Religion des Fortschrittes in Form der modernen Demokratie die periodische Legitimierung der Bürger benötigt, um ihren allesdurchdringenden Einfluss einer administrativen Regierungsform in der Gesellschaft zur Geltung zu bringen. Dies ist im eigentlichen Sinn kein demokratischer Vorgang, wenn man die historische Definition der republikanischen Demokratie zugrunde legt, als es einst darum ging, welche Kandidaten für ein politisches Amt die Gunst der meisten Wähler für sich gewinnen konnte. Aufgrund der immer weiter auseinanderklaffenden Ungleichheit zwischen arm und reich wird diese Regierungsform auf das absolute Chaos zulaufen, selbst wenn sie zwischenzeitig einen hohen Lebensstandard für manche ermöglicht. Im ureigensten Sinne ist die Stimmenabgabe in einem Verwaltungsstaat der Vollzug eines religiösen Aktes von ungeheurer Tragweite. Dieser versteht es geschickt, es nur einer von zwei oder drei dominanten Volksparteien zu gestatten, an die Macht zu kommen, obgleich sich das politische Programm der Parteien im Kern nur minimal unterscheidet.

In dem 1966 herausgebrachten Buch *Tragedy and Hope* beschrieb Carroll Quigley, ein prominenter Geschichtsprofessor der Fakultät für Auswärtige Dienste an der renommierten Georgetown Universität (Washington, D.C.), die technokratische Vision eines Verwaltungsstaates: Der Experte wird in der Ausübung der Kontrolle über das Wirtschaftssystem an die Stelle des Industriemanagers treten, genauso wie er den Platz des demokratischen Wählers in der Beherrschung des Staatswesens einnehmen wird. Die Planung wird das wirtschaftsliberale Verhalten ablösen. Im Allgemeinen werden seine Selbstständigkeit und Entscheidungsfreiheit innerhalb sehr eng begrenzter Alternativen kontrolliert werden, da er von Geburt an nummeriert ist und als Nummer während seiner Ausbildung, seines obligatorischen Militär- oder Zivildienstes, seiner Steuerleistungen, seiner Gesundheitsfürsorge und medizinischen Anforderungen und seiner endgültigen Pensionierung und Bezahlung von Sterbegeldern überwacht wird. Der direkte Bezug des Durchschnittsbürgers zur Regierung wird abnehmen. Mittelsleute, die eine private, nicht öffentliche Machtbefugnis besitzen, werden in die Bresche springen. Diese Situation entspricht einer Art Neofeudalismus.

Ein solches System gibt mit großem Nachdruck vor, religionsneutral zu sein. So gelingt es ihm in einer geradezu idealen Weise, alle Religionsanhänger in seiner Mitte davon zu überzeugen, dass sie unter dem Schutze des Staates ungehindert ihrer jeweiligen Glaubensrichtung nachgehen können. Um sich dieses Recht weiterhin zu bewahren, werden sie dazu aufgefordert, mit allen Kräften die Rechtsstaatlichkeit der modernen Demokratie gegen alle extremistischen Positionen, die oftmals mit dem Begriff „Fundamentalismus" betitelt werden, zu verteidigen. Viele Christen sind von diesem Argument, das ihnen von Kindesbeinen an eingeredet wird, überzeugt. Sie können sich auch nicht vorstellen, in einem anderen politischen System zu leben, wo die grundsätzlichen Menschenrechte, die sich auf angeblich rational erfassbaren Naturrechten stützen, nicht garantiert werden. Deshalb ist es umso dringlicher, eine umfassende und tiefgehende Analyse der religiösen Komponenten einer modernen Demokratie vorzunehmen. Es muss den Christen bewusstwerden, wo die zentralen Unterschiede zwischen ihrem biblischen Glauben und dem technokratischen Verwaltungsstaat bestehen. Bei näherer Betrachtung wird deutlich, dass die Gegensätze zwischen dem reformatorischen Christentum und dem religiösen Progressivismus nicht grundlegender und gegensätzlicher sein könnten. Dass dies so ist, zeigt sich schon alleine daran, dass die moderne Demokratie über kurz oder lang ihren Bürgern die Ausübung eines konsequenten Christentums immer mehr erschwert, wenn nicht gar unmöglich macht. Es ist den Progressivisten der im tiefsten Sinne völlig religiösen Rechtsstaatlichkeit schon lange bewusst, dass sich ihr vornehmliches Feindbild in der Gestalt des Christentums konkretisiert, das sich auf die biblische Aussage beruft, in keinem anderen das ewige Heil zu finden, als einzig und allein in dem Sohn

Gottes, Jesus Christus. Der Sünder, eine auf alle Menschen zutreffende Charakterisierung, kann nur im Glauben an das vollbrachte Sühneopfer Jesu Christi am Kreuz Vergebung der Schuld und Errettung vom ewigen Verderben – „fern vom Angesicht des Herrn und fern von der Herrlichkeit seiner Kraft" (2.Thess. 1,9) – finden. Die Christen im Westen stehen deshalb in der Pflicht, sich eingehend mit der Religion des Fortschrittes auseinanderzusetzen, die das eigentliche Zentrum der modernen Demokratie bestimmt; einer „Demokratie", die in unmittelbarer Beziehung zur Errichtung eines autokratisch geführten Verwaltungsstaates steht.

Bd. 3: Progressivismus als Triebfeder des amerikanischen Imperialismus (Kap. 10-15)

10.0 Realisierung einer progressiven Gesellschaftsordnung

(Verwirklichung einer progressiven Gesellschaftsordnung durch Theologen und Philosophen)
Die zunehmende Zentralisierung der amerikanischen Staatsgewalt nach dem Sezessionskrieg gab den sich immer mehr aufsplitternden Kirchen einen Impuls, sich ebenfalls zu einer größeren Einheit zusammenzuschließen. So kam es 1908 zur Gründung des Federal Council of Churches of Christ in America. Neben der englischen Romantik bestimmte der Deutsche Idealismus das intellektuelle Klima jener Zeit. Vor allem die junge Generation von Geistlichen öffnete sich neuen theologischen Strömungen: dem Monismus und Pantheismus.

10.1 Konzeptionelle Metamorphose der eschatologischen Hoffnung

(Verweltlichung der postmillennialistischen Lehre vom Tausendjährigen Reich)
Der Progressivismus beeinflusste zusehends die Gedankenwelt der gebildeten Klassen innerhalb der amerikanischen Gesellschaft. Das religiöse Weltbild wurde durch das Aufkommen der liberalen Theologie nach 1880 verweltlicht. Befürworter der postmillennialistischen Auslegung des Tausendjährigen Reiches waren zugleich Anhänger des Social Gospel und zielten darauf ab, die Gesellschaft zu christianisieren. Umso schneller könnten paradiesische Zustände erreicht werden. Säkulare Unternehmen sollten sich von einer christlichen Ethik leiten lassen. Diese evangelikale Version von Washington Gladden (1836-1918) wurde weiterentwickelt: Um eine moralische Neuorientierung zu schaffen, sei keine geistliche Wiedergeburt einzelner Christen mehr nötig. Neben den Kirchen erhielten Wissenschaft, Telekommunikation und Industrie die Bedeutung von sozialen Heilsbringern. Der Theologe Josiah Strong (1847-1916) setzte sein ganzes Vertrauen auf die verändernde Kraft von menschlichen Institutionen. Der verarmten Arbeiterschaft bot er materielle Unterstützung in der Hoffnung an, den Geist der Brüderlichkeit zu fördern. Auch unterwies er sie in christlicher Ethik. Während in früheren Zeiten Christus der Geber der Gnade und Herr der Geschichte war, bekam er nun die Rolle eines Sittenlehrers und Vorbildes zugewiesen. Mittels der neuen Technologien – Dampfkraft und Elektrizität, die raschen Güterverkehr, sofortiger Informationsaustausch und Massenkonsum ermöglichten, – sollte die soziale Solidarität gefördert werden.

Tatsächlich vollzog sich ein Umdenken im Volk, und man sah sich auch dem Allgemeinwohl verpflichtet. Josiah Strong bezog die Wissenschaft als

„Agent der Vorsehung" in Gottes Plan bei der Vervollkommnung der Welt ein. Für ihn war die Wissenschaft eine weitere Offenbarung Gottes, womit er im Widerspruch zur bisherigen Auffassung stand, dass es eine Trennung zwischen der Offenbarung Gottes und der Erkenntnis des Menschen gibt. Der Mensch müsse mit Gott an der Vervollkommnung der Menschheit mitwirken. Der Zivilreformer, Arbeitsschlichter und Pastor Graham Taylor (1851-1938) sah in der Tatsache, dass die Kirchen ihren Fokus von der Ewigkeit auf das Jenseits verlegt hatten, einen Beleg dafür, dass das Königreich Gottes verwirklicht werde. Der Soziologe Albion W. Small (1854-1926) hielt das Festhalten an Religiosität weiterhin für wichtig, um die neu entdeckten Fähigkeiten richtig einsetzen zu können, und bezeichnete dies als die „Heiligung des Einzelnen".

10.2 Goldenes Zeitalter der Zukunft

Die Social Gospel-Bewegung setzte sich nach 1900 in den etablierten Protestantischen Kirchen der Nordstaaten durch. Einer ihrer prominenten Befürworter war Shailer Mathews (1863-1941). Das hauptsächliche Kennzeichen des modernen Zeitalters sei der Glaube an die allumfassende Gültigkeit der Wissenschaft. Er wies auf die allgemeine Übereinstimmung zwischen der Prozessphilosophie und dem Fortschrittsglauben hin. Demnach sei die herausragende Eigenart der modernen Ära ihr vorbehaltloses Bekenntnis zur Wirklichkeit eines immerwährenden Fortschrittes. Die christliche Theologie müsse deshalb im Sinne der Prozessphilosophie einer radikalen Umformung unterzogen werden. Das Göttliche könne nur noch als ein immanenter Prozess – ein Innewohnen Gottes in allen Dingen – dargestellt werden. Gott sei kein außerhalb der Welt wirkender Monarch. Die Fundamentalisten, wie die konservativen Christen in Amerika zu jener Zeit genannt wurden, machten ihre gegenteilige Meinung darin deutlich, dass sie darauf bestanden, dass das am Kreuz auf Golgatha erwirkte Heil Gültigkeit besitzt, weil es das Handeln eines wirklich existierenden, souveränen Gottes impliziert. Ansonsten habe das Evangelium keine Bedeutung. Sie beriefen sich auf Ps. 115,3: „Unser Gott ist in den Himmeln; alles, was ihm wohlgefällt, tut er." Mathews stellte sich mit aller Kraft gegen diesen angeblich schauderhaften Irrglauben. Somit kristallisierte sich als zentraler Gesichtspunkt des religiösen Progressivismus die kategorische Leugnung der Souveränität Gottes heraus. Der Progressivismus verwirft grundsätzlich den absoluten Unterschied zwischen Schöpfer und Geschöpf, wie er in der Bibel als eine der wichtigsten Lehre des Christentums dargelegt wird.

Um an der völligen Wahrhaftigkeit der Bibel festzuhalten, musste der als Wissenschaft geltende Darwinismus abgelehnt werden. Die Lehre, dass Gott das Universum aus dem Nichts ins Dasein rief (1.Mose 1,1), wird vom Progressivismus als Unmöglichkeit zurückgewiesen, denn der biblische Schöpfungsbericht negiere die Lehre, dass die vollumfängliche Wirklichkeitssphäre einer ständigen Evolution unterworfen ist. Die Uminterpretation der einzelnen Schöpfungstage in Zeitalter, die Millionen von Jahren umfassen, wie es die Evolutionstheorie forderte, stellte eine Kapitulation der liberalen Theologie an die Prozessphilosophie dar. In dem humanistischen Gedankengebäude dieser Theologie hatte die Vorstellung eines souveränen, allmächtigen und persönlichen Schöpfer-Gottes keinen Platz mehr.

Die historische Kritik entwickelte sich als die allein wissenschaftlich gültige Interpretationsmethode. Dieser Grundsatz entsprach der liberaltheologischen Feststellung, die die Bibel für einen aus zahlreichen Fragmenten zusammengesetzten Text hält, der in vieler Hinsicht historisch unglaubwürdig sei. Es gestalteten sich allmählich die verschiedenen Teildisziplinen der historisch-kritischen Methode aus, wie Redaktions-, Literar-, Form- und Traditionskritik, die bald den Anspruch erhob, das allein sachgemäße Interpretieren der Bibel zu ermöglichen. Das wesentliche Merkmal dieser Methode ist der Zirkelschluss: Von vornherein setzt man ein bestimmtes Ergebnis voraus, das im Nachhinein durch die Anwendung der säkularen Literaturanalyse bestätigt wird. Jeder sich erhebende Widerspruch, dass man es hierbei mit einem Fehlschluss zu tun habe, wird mittels der Behauptung, dass die Methode auf wissenschaftlichen Grundsätzen beruhe, im Keim erstickt. Mathews behauptete, dass den Ungebildeten das richtige Verständnis des Christentums fehlen würde. Nur ein Modernist sei ein wahrer Christ. Demnach stehe nicht der Fundamentalist, der die Lehre der Irrtumslosigkeit verfechtet, sondern der Modernist in der wirklichen Nachfolge der rechtgläubigen Glaubensväter. In einem sich über Jahrzehnte hinziehenden Wettstreit konnte sich die historisch-kritische Methode in der wissenschaftlichen Bibelforschung gegenüber der traditionellen grammatisch-historischen Auslegung behaupten. Dem Fundamentalisten mutete es seltsam an, dass eine Methode im Interpretieren biblischer Texte verwendet wird, die zweifelsohne von einem humanistischen Weltbild ausgeht. Es war ihm auch kein Rätsel, wieso diese unsachgemäße Methode viele widersprüchliche Ergebnisse hervorbrachte.

Selbst wenn die Fundamentalisten ihren vehement vorgetragenen Kampf gegen die Modernisten mit voller Überzeugung führten und sich ihrer grundsätzlichen Meinungsunterschiede bewusst waren, so handelte es sich bei diesem ganzen Schauspiel im Nachhinein mehr um ein Scheingefecht, denn die New Divinity-Lehre (keine Unterscheidung zwischen Schöpfer und Geschöpf, Ablehnung der Lehre von der Erbsünde und des Sühneopfers Jesu, Überwindung der sündigen Neigungen allein durch Willenskraft) diente beiden als Ausgangspunkt. Während Charles G. Finneys stringenter Moralismus die Straße für den geistlichen Enthusiasmus pflasterte, verband sich Nathaniel W. Taylors ausgeklügelter Humanismus mit liberalen Sentiments. Die augenscheinlichen Differenzen können nicht darüber hinwegtäuschen, dass beide Geistesströmungen das pelagianische Gewand mehr oder weniger konsequent an sich trugen. Es kann kein Zweifel an der Angemessenheit dieser Bewertung aufkommen, wenn man bedenkt, dass Finney die Lehren der Souveränität Gottes, der Erbsünde, der übernatürlichen Wiedergeburt, des stellvertretenden Sühneopfers Jesu und der

Rechtfertigung allein durch Glauben leugnete! Im Gleichschritt mit Taylor stellte er anstelle dieser zentralen Dogmen des Christentums das optimistische Vertrauen in das menschliche Können, in die moralische und soziale Erlösung – in Abälards und Grotius Theorien des Sühneopfers – und in die Vorstellung des natürlichen Perfektionismus. Taylors New Divinity hatte den Weg für Finneys Akzeptanz des Neuen Protestantismus geebnet.

Mit Fug und Recht kann deshalb behauptet werden, dass der Fundamentalismus aus der gleichen Quelle schöpfte wie der Modernismus, wenngleich sich die Fundamentalisten mit der fadenscheinigen Behauptung brüsteten, sich standhaft gegen die Einflüsse des theologischen Liberalismus zur Wehr gesetzt zu haben. Ihre jeweiligen Heilsvorstellungen weisen erstaunliche Parallelen auf. Dieser Feststellung wird selbst dann kein Abbruch getan, wenn der Fundamentalismus von der Unverzichtbarkeit gewisser biblischer Dogmen überzeugt war, die der Modernismus schon längst über Bord geworfen hatte. Dennoch muss festgehalten werden, dass die New Divinity das Bild des Fundamentalismus nachhaltiger prägte als das des Modernismus.

Als sich 1869 innerhalb der reformierten Kirchen der Flügel der New School mit dem der Old School wiedervereinigte, hatte die New Divinity Taylors schon den Zenit ihrer Popularität überschritten. Der konfessionelle Presbyterianismus, wie er am Union Theological Seminary in New York City gelehrt wurde, nahm 1890 mit der Pensionierung des Theologen der Old School, William Greenough Thayer Shedd, ein Ende. Im folgenden Jahr berief das Union Theological Seminary Charles Augustus Briggs auf den Lehrstuhl für Biblische Theologie. In seiner Antrittsrede unterstrich Briggs mit aller Entschiedenheit seine Absicht, die Historische Bibelkritik zur Grundlage seiner eigenen Lehrtätigkeit zu machen. Von idealistischen Impulsen geleitet, die an Naivität kaum zu überbieten waren, stellten sich die evangelikalen Presbyterianer zunächst den Modernisten an die Seite, um – wie sie meinten – der schnelleren Ausbreitung des Christentums nicht länger im Wege zu stehen. Deshalb stimmten sie in den Chorus derer ein, die an die orthodoxen Presbyterianer appellierten, ihre angeblich veraltete Lehre den wissenschaftlichen Erkenntnissen der modernen Welt anzupassen. Welcher Art diese Angleichung an den Zeitgeist wirklich war, merkte man allerdings recht schnell. Dennoch verfiel man der abwegigen Meinung, sie vollziehen zu müssen, um nicht gänzlich jeden Respekt vor einer Welt zu verlieren, die sich in zunehmendem Maße der Wissenschaftsgläubigkeit hingegeben hat.

Der Rektor des Princeton Theological Seminary und presbyterianische Theologe Benjamin B. Warfield (1851-1921) hatte sicherlich mit seiner Behauptung Recht, dass der Pelagianismus die Religion des universalen Heidentums und damit die Religion des natürlichen Menschen ist, und somit konstituieren diese Entwicklungen, die von Taylors New Haven-Theologie ausgingen und in Finney ihren erfolgreichsten Propagandisten fanden, ein inkonsequentes Anpassen des Fundamentalismus an die Vorgaben der natürlichen (rationalistischen) Theologie, die schließlich im Protestantischen Liberalismus des späten 19. Jahrhunderts zur vollen Blüte gelangte. J.

Gresham Machen (ΦBK) wurde letztlich in seiner Auseinandersetzung mit dem Liberalismus nicht nur in der eigenen Presbyterianischen Kirche (Presbyterian Church U.S.A.) an die Seite gedrängt, sondern auch im größeren Umfeld des amerikanischen Fundamentalismus zur Randfigur degradiert, weil er sich dem Old School-Presbyterianismus verpflichtet sah und sich keinesfalls an Finneys perfektionistischer Grundhaltung, die dessen vorbehaltloser Befürwortung des Pelagianismus entsprungen war, orientieren wollte.

Progressive Geistliche, wie Lyman Abbott, Washington Gladden und George Herron, konnten der Theologie des Genfer Reformators Johannes Calvin nichts Brauchbares abgewinnen. Als viel nützlicher erachteten sie die liberale Theologie, die sich besonders durch ihre Vorstellung der Vaterschaft Gottes und der Bruderschaft des Menschen hervortat. Der darin zum Ausdruck kommende religiöse Humanismus wies Vorzüge auf, die anscheinend sonst nirgends zu finden waren. Einige seiner herausragenden Tugenden seien die Mitmenschlichkeit, Universalität und Nächstenliebe. Ein Besinnen auf diese Wertmaßstäbe erweise sich im Meistern der sozialen und politischen Herausforderungen als besonders vorteilhaft, vor die sich Amerika um die Jahrhundertwende gestellt sah. Letztlich gebe es nur eine sinnvolle Antwort auf die vorherrschenden Missstände in der Gesellschaft. Es sei die konsequente Einführung und Durchsetzung des Progressivismus.

Im Laufe des 19. Jahrhunderts vollzogen sich zwei der wichtigen konzeptionellen Neuerungen der vorherrschenden Zivilreligion in Amerika: 1) Die Vorstellung Gottes als König musste der Vorstellung Gottes als Vater weichen. 2) Das Heilsverständnis als geistliche Errettung der Erwählten wurde durch das Anliegen einer politischen Umgestaltung der Welt ersetzt. Von Amerika gehe die Initiative aus, in allen Nationen der Welt ein demokratisches System – natürlich im Sinne der romantischen Demokratie Rousseaus – als die beste Regierungsform einzuführen.

Innerhalb des amerikanischen Protestantismus hatte sich eine radikale Veränderung der eschatologischen Sicht vollzogen. Zum Beispiel behauptete Pastor Lyman Abbott (1835-1922), dass das Königreich Gottes sich innerhalb des historischen Prozesses mithilfe von zivilisatorischen Errungenschaften, wie dem Schulwesen, der Legislative, der Naturwissenschaften und dem Kirchenwesen allmählich konkretisieren würde. Die Umgestaltung der öffentlichen Meinung im Gleichschritt mit den Vorgaben einer auf sozialer Gerechtigkeit beruhenden Gesellschaftsordnung sei in diesem Prozess von besonderer Bedeutung. Er stellte den Glauben auf die Grundlage der Geschichte, Evolution und Vernunft, ohne die Bibel in Betracht zu ziehen. Gott sei ein innewohnender Bestandteil aller progressiven Institutionen. Seine Ansichten stimmten völlig mit der säkularen Idee des Fortschrittes überein. Eine gewisse Übereinstimmung mit dem Deutschen Idealismus machte sich bemerkbar, auch wenn Abbott stets davon sprach, dass es sich hierbei um das echte Christentum handeln würde.

Wie viele andere Studenten, die in Deutschland studierten, ergriff auch Richard T. Ely (1854-1943), der Sohn eines von den Puritanern abstammenden

Vaters, bald die Begeisterung über die organische Planwirtschaft, die die deutsche Soziallehre in Anlehnung an den Hegelschen Idealismus als einen dritten Weg zwischen dem Sozialismus und Kapitalismus als bestes Wirtschaftssystem empfahl. Nach Abschluss seines Doktoratsstudiums in Deutschland wurde er als erster Dozent der Politischen Ökonomie an die Johns Hopkins University berufen. Dort unterrichtete er eine Reihe von begabten Studenten, die später berühmte Volkswirtschaftler, Soziologen und Historiker wurden. 1885 gründete er die American Economic Association, um die sozialen Probleme des Landes unter Berücksichtigung christlicher, politischer und wissenschaftlicher Aspekte zu lösen. Kurze Zeit später gründeten Richard T. Ely und Josiah Strong das Institute of Christian Sociology mit der Zielsetzung, die ideale Gesellschaft, die sich das Königreich Gottes zum Vorbild nahm, zu verwirklichen. 1892 wurde Ely zum Professor für Volkswirtschaft und Direktor des neugegründeten Instituts School of Economics, Political Science, and History der Universität Wisconsin-Madison ernannt und hatte dadurch großen Einfluss auf die progressive Regierung im Bundesstaat Wisconsin. Der Schlüssel zur Sozialphilosophie Elys war, dass er den Staat vergöttlichte. Gott wirke durch den Staat, um seine Pläne umfassender auszuführen als durch irgendeine andere Institution. Im Kampf gegen das Böse würden die Kirchen eine wichtige Rolle einnehmen. Das primäre Interesse der Kirchen liege nicht in der Rettung von Seelen für eine zukünftige Welt im Jenseits, sondern in der Vervollkommnung einer sozialistischen Gesellschaft im Diesseits. Dank der industriellen Revolution, der Universitäten und Kirchen gelinge es den Sozialwissenschaftlern und Klerikern, das Neue Jerusalem zu errichten. Ely betrachtete den Staat als die gesellschaftliche Institution, die das größte Erlösungspotenzial besaß; das Christentum sollte humanistische Ideale verwirklichen. Der Zusammenschluss von christlichen und weltlichen Organisationen erachtete Ely als nötige Voraussetzung, um die Vorgaben des Social Gospel zu erfüllen, die amerikanische Bevölkerung einer grundlegenden Sozialisierung zu unterziehen. Obgleich er von der Notwendigkeit einer religiösen Erweckung in Städten ausging, um das Bewusstsein der ethischen Verpflichtungen aller Bürger zu schärfen, verwarf er die Wichtigkeit einer auf das Jenseits fokussierten Heilsbedürftigkeit des Einzelnen, wie sie in der reformatorischen Rechtfertigungslehre klassisch zum Ausdruck gebracht wurde. Elys religiöse Vorstellungen waren von christlichen Lehraussagen völlig losgelöst.

Der Philosophieprofessor John Dewey (1859-1952) meinte, dass die allmähliche Ausgestaltung einer christlichen Sozialordnung darin wahrgenommen werden könne, dass die Einflussbereiche der Wissenschaften, Gesellschaft und des Staates enorm zunehmen würden. Nach 1900 fiel es John Dewey und vielen anderen pragmatischen Intellektuellen jener Zeit leicht, sich allmählich vom religiösen Postmillennialismus abzuwenden und sich entschieden dem säkularen Etatismus zuzukehren. Trotz der Tatsache, dass die Progressivisten das Bekenntnis zum Christentum gänzlich verwarfen, besaßen sie weiterhin den missionarischen Eifer, die Menschheit einer utopischen Zukunft entgegen zu führen, den sie selbst und ihre Eltern einst besaßen. Die zwei wichtigsten Mittel zur Welterlösung seien die Verbreitung des Fortschrittsglaubens und die Etablierung des Etatismus. Ein mit Freuden erwarteter Sieg der Alliierten im Ersten Weltkrieg würde er begrüßen, weil Großbritannien und seine Verbündeten dafür kämpften, „die Freiheiten der Welt und die höchsten Ideale der Zivilisation zu bewahren". Die Progressivisten sahen im Krieg ihre große Chance, die Gesellschaft grundsätzlich in ihrem Sinne zu verändern. Die Beteiligung Amerikas am Ersten Weltkrieg würde ungeahnte Möglichkeiten eröffnen, die gesellschaftliche Kollektivierung zu verwirklichen.

Dewey meinte, dass das Millennium wegen der explosionsartigen Vermehrung wissenschaftlicher Erkenntnisse jetzt stattfinden könne. Die Wissenschaft würde alle Begrenzungen, die das Christentum der Menschheit auferlegt habe, aufheben. Indem die Menschen von übernatürlichen Mächten befreit und zwischenmenschliche Hindernisse aufgehoben seien, könne eine Bruderschaft in einer harmonischen Einheit der Sympathie unter dem Diktat der Demokratie verwirklicht werden. Dies entspreche dem, was Christus über das Königreich Gottes gesagt habe. Die wichtigste Voraussetzung sei die völlige Auflösung des traditionellen Christentums. Die Wahrheit liege im Inneren eines jeden Menschen, nicht in einem niedergeschriebenen Text, und somit stehe auch der Zugang zu ihr jedem offen. Der Verstand des modernen Menschen übernahm die Funktion der Gottesoffenbarung, um als Hauptinstrument in der Herbeiführung des Königreiches zu dienen. Nach 1900 verwendete Dewey keine christlichen Begriffe mehr, obwohl er weiterhin die säkulare Version des Postmillennialismus vertrat. Sein Denken blieb in eine sakrale Aura eingehüllt.

John R. Commons (1862-1945) als Ökonom der Arbeiterbewegung und aktiver Laienprediger vertrat ebenfalls den säkularisierten Postmillennialismus. Der Staat dürfe seine Monopolstellung der Macht nicht missbrauchen, sondern sei dazu aufgerufen, die Menschen in der Kunst der Liebe zu unterweisen. Für ihn gab es keine sozialen Probleme, die nicht durch politische Maßnahmen gelöst werden könnten. Er engagierte sich hauptsächlich in der städtischen Planung. Die urbanen Reformer wollten die Stadt in eine irdische Idylle („Paradies") umgestalten.

Josiah Strong und andere Vertreter des Social Gospel waren die eifrigsten Akteure der urbanen Reformbewegung. Die Evangelische Allianz der USA adoptierte 1897 Strongs Plan für die moralische Läuterung und sozialökonomische Umgestaltung der amerikanischen Großstädte. Als die Evangelische Allianz aus diesem Unternehmen ein Jahr später ausstieg, setzte sich Strong in der Mobilisierung anderer Interessenverbände ein, um die Einführung des Königreichs nicht zu gefährden. Eine dieser Organisationen war die Religious Citizenship League, die Washington Gladden, Walter Rauschenbusch, Jane Addams (ΦBK), William Dwight Porter Bliss und Josiah Strong 1913 gegründet hatten. Sie setzten die Hebel der politischen Macht zur Verwirklichung der sozialen Gerechtigkeit in Bewegung und engagierten sich für humanere Arbeitsgesetze, landesweite Abstinenz und bessere Wohnverhältnisse der Armen. Unter „christlicher Mission" verstand man immer mehr die gesellschaftliche Erneuerung, diese sei die eigentliche „Erlösung der Welt". Man meinte, dass sich das Sakrale und das Säkulare letztlich nicht voneinander unterscheiden lassen, sondern in Wirklichkeit ein und dasselbe sei.

10.3 Religiöse Bedeutsamkeit der neuen Pädagogik

G. Stanley Hall (1844-1924) war einer der ersten Innovatoren, die die Entwicklung wissenschaftlicher Psychologie in Amerika vorantrieben. In seiner Vision sah er sich als „Übermensch", dem ein neues Leben eingehaucht worden war. Wie Jesus und Buddha vor ihm glaubte auch er sich dazu bestimmt, Verkündiger einer Heilsbotschaft zu sein. Er wähnte sich im Glauben, der Prophet eines neuen Zeitalters und einer neuen Religion zu sein. Die „Neue Psychologie" würde „Mansoul", die Seele der Menschheit, zur nächsten Stufe im evolutionären Prozess führen. Hall war als großer Gotteslästerer bekannt, sein Leben war von Skandalen geprägt. In einem Fanatismus ohnegleichen hatte er das christliche Menschenbild so umgestaltet, dass es keine Übereinstimmungen mehr zwischen diesem und seinen eigenen Vorstellungen gab. Der priesterliche Prophet einer neuen Befreiung predigte das „Evangelium" einer neuen Psychologie, die sich der damaligen kulturellen Landschaft optimal angepasst hatte. Sie war weit mehr als nur eine neue Sichtweise des klinischen Umgangs mit seelischen Krankheiten; es war eine neue Religion, die sich eingehend mit den erheblichen Problemen im sozialen, ökonomischen und politischen Leben Amerikas auseinandersetzte und Lösungsvorschläge unterbreitete.

Wie andere führende Persönlichkeiten im amerikanischen Bildungswesen investierte Hall gegen Ende des 19. Jahrhunderts viel Zeit im Entwickeln eines innovativen Universitätssystems. Mit der Hilfe wohlhabender Sponsoren setzte er sich 1889 ein, die Clark University zu gründen. Es war die erste Hochschule in Amerika, die sich besonders auf wissenschaftliche Forschung spezialisierte. Die bereitwillige Akzeptanz des Darwinismus veränderte nicht nur die hinter der amerikanischen Verfassung liegende politische Philosophie, sondern verursachte eine radikale Umorientierung in jeder Hinsicht des amerikanischen Denkens und Handelns. Ein neues Weltbild trat in Erscheinung, anhand dessen jedes intellektuelle Interesse den Prinzipien des Darwinismus angepasst werden musste. Somit entstand ein evolutionäres Verständnis der Volkswirtschaft, des Bildungswesens, der Sozial- und Naturwissenschaften und der Religionswissenschaften. Der gemeinsame Nenner, welcher hinter diesen konzeptionellen Veränderungen stand, war die Verwerfung der biblischen Lehre über das menschliche Wesen. Diese neue Konzeption war die Quelle für ein völlig neuartiges Denken über Geschichte, Politik und Literatur. Der Mensch wurde zum absoluten Referenzpunkt erklärt. Es war nicht erlaubt, auf die Vorstellung eines übernatürlichen Gottes Bezug zu nehmen. Der Harvard-Philosoph und Historiker

John Fiske versuchte dennoch, eine theistische Perspektive beizubehalten. Er ging von einer Evolution aus, die von Gott angestoßen und gelenkt wird. Im Nachhinein stellte sich sein Festhalten an einer übernatürlichen Realität, die das Zeitgeschehen bestimmt, als ein kläglicher Versuch heraus, der von vornherein zum Scheitern verurteilt war, weil er sich nicht am Wort Gottes orientierte, sondern die evolutionären Prinzipien zur Ausgangsbasis seiner Überlegungen gemacht hatte.

Charles Pierce, William James und John Dewey (ΦBK) legten im Nachhinein in umfangreichen Werken die Prinzipien dieser neuen Philosophie dar, die James unter dem Begriff „Pragmatismus" bekanntmachte. In seinem berühmten Buch *Principles of Psychology*, das erstmals 1890 erschien, machte er den Darwin'schen Naturalismus zur Forschungsgrundlage der menschlichen Psyche. James bestand unverbrüchlich darauf, dass die Seele des Menschen aus keiner eigenen Substanz bestehe, sondern nur eine Aktivität des Verstandes sei. Dieser Gedanke ist bis heute das herausstechende Merkmal der radikalen Auffassung über die menschliche Psyche geblieben. John Dewey wandte den von James entwickelten Pragmatismus auf jeden Bereich der Erziehungswissenschaft an. Die pädagogischen Prinzipien, die er erhob, setzten sich aus den Lehrsätzen seiner persönlichen Philosophie zusammen, die er Instrumentalismus nannte. Unter diesem Begriff verstand er Folgendes: Ideen werden dann wahr, wenn sie in der Gesellschaft in Gebrauch sind. Dewey erblickte das Eigentliche im Darwinismus in der Einsicht, dass das ganze Leben als ein fortwährendes Experiment betrachtet werden müsse, ohne dass es je zu einem endgültigen Schluss kommen würde, bevor der unvermeidliche Tod eintreffe. Für ihn gab es nichts, dass man als objektive, absolute Wahrheit bezeichnen könnte, sondern nur als eine gerechtfertigte Behauptung. Etwas konnte als wahr angesehen werden, weil es nicht nur Teil einer menschlichen Erfahrung war, sondern auch einen instrumentalen Wert besaß.

Dewey war überzeugt davon, dass alles Wundersame, das nicht durch die reguläre Funktion der Naturgesetze erklärt werden könne, nicht wirklich geschehen ist. Mittels der experimentellen Methode wollte Dewey den Fortschritt in einer Gesellschaft planen und durchführen. Somit wurde er zu einem der einflussreichsten Philosophen der Demokratie in Amerika. Er nutzte das Bildungswesen, um die Gesellschaft im Geiste des Instrumentalismus umzuformen. Das gesamte amerikanische Bildungswesen ruhte somit auf der Grundlage der evolutionären Philosophie, die Dewey größtenteils von Darwin übernommen hatte. Seine pädagogischen Theorien fanden 1895 in der experimentellen Schule der University of Chicago, die bald im ganzen Land bekannt werden sollte, ihre erste systematische Umsetzung. Der volle Triumph der von ihm ausgelösten Revolution im Bildungswesen sollte sich allerdings erst nach 1920 einstellen, nachdem die öffentlichen Schulen Amerikas Lehrer eingestellt hatten, die in der pädagogischen Methodologie Deweys ausgebildet worden waren und diese mit Überzeugung anwendeten.

Laut Lester Frank Ward, ebenfalls ein einflussreichster Theoretiker der Breitenbildung, war die formelle Bildung „ein systematischer Prozess, um richtige Überzeugungen hervorzubringen". Sie sollte unter der ausschließlichen Kontrolle der Regierung stehen, um das Eindringen unerwünschter Einflüsse zu verhindern. Das vom Staat angestrebte Endergebnis unterschied sich völlig von dem der Eltern, den Vormündern und Schülern. Durch das vielfältige Wirken seines hauptsächlichen Protegés, Albion W. Small, und dessen jüngeren Kollegen, John Dewey, gewannen Lester Frank Wards Vorstellungen eines neuen Bildungswesens an Einfluss. Dewey verwarf die Begrenzung des Lehrplanes auf Fächer, die traditionell einen hohen Stellenwert einnahmen, und befürwortete die Einführung von handwerklichen, berufsbezogenen und technischen Fächern, um den Schülern die Möglichkeit einer akademischen Karriere ganz bewusst zu verwehren. Nur die für spätere Leitungsfunktionen in der Gesellschaft vorgesehenen Kinder der Eliten, neben einigen hochbegabten Schülern niedriger Klassen, sollten ein Hochschulstudium an den „Ivy League"-Universitäten, wie Harvard, Yale und Columbia, absolvieren. John Dewey verwendete oftmals abstrakte Begriffe, wie „soziale Rekonstruktion". Die Absicht der Verwendung dieser verschlüsselten Begriffsweise war, den eigentlichen Gedanken zu verbergen. Er missbrauchte das Bildungswesen zur systematischen Kollektivierung und Verdummung der breiten Massen, die von einer hochgebildeten Elite, zu der er selbst gehörte, kontrolliert, beherrscht und ausgebeutet werden konnte.

Die Ausweitung der Funktion des Bildungswesens auf Bereiche, wie Gesundheit, Berufsstand, Familie und Gesellschaft, bot einer die politische Macht ergreifenden administrativen Elite die Möglichkeit, mittels der Breitenbildung die Sozialisierung der gesamten Bevölkerung in jene Bahnen zu lenken, die sie befürwortete. Ihre vornehmliche Absicht war, die Vorherrschaft traditioneller Institutionen zu untergraben und die utopischen Vorstellungen eines administrativen Staates mithilfe einer therapeutischen Sozialtechnik zu verwirklichen. 1917 begann die Fusion der Breitenbildung mit dem Massenstaat, der sich dazu bereiterklärte, das allgemeine Bildungswesen zu subventionieren. Alle Schüler und Studenten waren der Kontrolle des Staats unterstellt. Das Department of Education (Erziehungs-Departement) verbreitete hauptsächlich die progressive Ideologie. Die National Education Association (Nationale Bildungs-Vereinigung) zentralisierte und vereinheitlichte die Breitenbildung so weit wie möglich. Sie setzte ihre ganze politische Macht ausschließlich zur Förderung progressiver Zielsetzungen ein.

10.4 Technokratische Erneuerung der Gesellschaft

Die zunehmende Säkularisierung der amerikanischen Gesellschaft zeigte sich in der Gleichsetzung von menschlichem Schaffen mit dem Wirken Gottes. Ausgehend vom Postmillennialismus beschrieben Schriftsteller eine sozialistische und technokratische Gesellschaft der Zukunft und bezeichneten diese als die „große Erweckung des 20. Jahrhunderts" (Edward Bellamy). Die Anführer der Arbeiterschaft erwarteten das Königreich Gottes auf Erden und motivierten ihre Anhänger, sich für eine wirtschaftliche Verbesserung ihrer Lebensbedingungen einzusetzen. Bellamy sah die Entstehung einer höchst reglementierten Gesellschaft in der Zukunft voraus, in der ein starker Nationalstaat das Profitsystem mittels einer wirtschaftlichen und wissenschaftlichen Revolution abschaffen und die Kontrolle über jede Phase der Produktion übernehmen würde. Der Schriftsteller Ignatius Donnelly, ein Freimaurer, rief alle christlichen Kirchen auf, sich zu vereinen, damit die soziale Erneuerung auf der ganzen Welt erzielt werden könnte. Bellamys und Donnelly meinten, dass nur mittels einer religiösen Erneuerung der Gesellschaft eine neue Ära herbeigeführt werden könne. Die gesellschaftskritischen Werke und Romane des Engländers H. G. Wells wurden in Großbritannien und anderen westlichen Ländern mit Begeisterung aufgegriffen und hinterließen einen bleibenden Eindruck auf Politiker, wie Winston Churchill. Wells Bücher übten großen Einfluss auf die progressive Leserschaft in Amerika aus, auch der spätere Präsident T. Woodrow Wilson fand Gefallen an dessen utopischen Vorschlägen zur Erneuerung der Weltordnung.

Karl Marx und Friedrich Engels hatten gehofft, dass die Vereinigten Staaten als eine junge Nation für den Sozialismus empfänglich sein würden, spätere Marxisten verwarfen aber diese Hoffnung. In der Progressiven Ära bevorzugte die Mehrheit der amerikanischen Sozialisten eine gemäßigte Form des Marxismus, obwohl die von Daniel De Leon geleitete Socialist Labor Party weiterhin den totalitären Kommunismus befürwortete. De Leon pflegte einen rigiden und akademischen Leitungsstil und konnte deshalb nicht viele Anhänger für seine Sache gewinnen. Der sich in Amerika verbreitende Sozialismus begann erst dann einen starken Einfluss auf den Progressivismus auszuüben, als sich alle sozialistischen Gruppen im Juli 1901 zur Socialist Party of America formierten. Die 1898 gegründete Social Democratic Party forderte, dass die Eigentumsrechte der Syndikate großkapitalistischer Konzerne und Banken der Regierung übereignet würden. Der von unterschiedlichen Parteien propagierte Sozialismus war in seiner politischen Stoßrichtung sowohl progressiv als auch marxistisch.

10.5 Sozialpolitische Entfaltung der Demokratie

Der Freimaurer William Jennings Bryan (1860-1925) war einer der bedeutsamsten Repräsentanten der Progressiven Ära. Seine religiösen Ansichten waren konservativ und seine politischen und wirtschaftlichen Vorstellungen progressiv. Viele seiner Zeitgenossen kritisierten den berühmten Sozialreformer, dass er das Christentum als die Quelle seiner vitalen Kraft betrachtete. Aber in Bryans Vorstellungswelt bestand kein Konflikt zwischen biblischem Offenbarungsglaube und humanistischem Progressivismus. Im Grunde genommen, war er ein religiös verbrämter Humanist, weshalb er auch Mitglied der Freimaurer sein konnte. Kirche und Familie hatten großen Einfluss auf seine Glaubensvorstellungen. Das Universitätsstudium und seine christliche Umgebung schärften Bryans Sinn für die Belange sozial schwacher

Bevölkerungsschichten. Bryan sympathisierte mit den Populisten, die eine verstärkte Intervention des Staates in die Wirtschaftsabläufe befürworteten. Er war ein Verfechter der Demokratie und kritisierte den Großkapitalismus. Seiner Zeit voraus plädierte er für die Einführung eines staatlichen Rentensystems. Im Weiteren setzte sich Bryan für soziale Gerechtigkeit ein, um, wie er vorgab, den Sozialismus aufzuhalten und Eigentumsrechte zu schützen – Ziele, die dem eigentlichen Anliegen und beabsichtigten Endergebnis der sozialen Gerechtigkeit völlig entgegenstehen. Eines der wichtigsten Prinzipien, die er vertrat, war ein regulierter Individualismus. Die Widersprüchlichkeit dieses Prinzips liegt ebenso auf der Hand. Für ihn nahm die Demokratie religiöse Züge an, weil ihr – wie auch dem Christentum – die Liebe zur Menschheit zugrunde lag.

Die geistliche Orientierung der städtischen Bevölkerung Amerikas hatte sich in den 1890er-Jahren weit vom ursprünglich calvinistischen Puritanismus distanziert. Das Social Gospel, ein von liberalen Theologen propagiertes Allheilmittel gegen jedes soziale Übel, gewann breite Akzeptanz. Aus politischer Überzeugung zählte Bryan zu den treuesten Anhängern der Social Gospel-Bewegung. Er bezeichnete 1919 den Federal Council of Churches (Bundesrates der Kirchen) als die „großartigste religiöse Organisation in den USA". Viele amerikanische Christen durchschauten die Zielrichtung nicht, die hinter der Gründung des Federal Council of Churches stand. Unter falschen Vorgaben ließen sie sich überreden, ihren Beitrag zur institutionellen Vereinigung von zahlreichen Kirchen zu leisten, die völlig verschiedenartige theologische Positionen einnahmen, ohne zu merken, dass man ihnen irreführende Absichten vorgegaukelt hatte. Sie setzten sich tatkräftig für die Umsetzung von Projekten ein, die größtenteils das Gegenteil des historischen Auftrags des Christentums verfolgten. Die Verkündigung des Evangeliums, die die Betonung auf das ewige Seelenheil legte, mutierte in eine Botschaft der gesellschaftlichen Sozialisierung, die den Akzent auf die Verbesserung der diesseitigen Lebensbedingungen setzte. Motiviert durch die Forderung, die biblische Einheit zu verwirklichen, gaben sie ihr Einverständnis zu einer nach außen gerichteten Zurschaustellung kirchlicher Einheit, die oftmals nur dem Schein nach eine gemeinsame geistliche Basis simulierte. Die Führungsgremien der ökumenischen Bewegung prangerte die Aufsplitterung der Kirchen als eine Kardinalsünde an.

William Jennings Bryan war ein Vertreter des „progressiven Sozialchristentums". In seinen Publikationen verwendete er nie den Begriff „Social Gospel", meinte aber mit dem Schlagwort „angewandtes Christentum" dasselbe. Bryan verlor die Präsidentschaftswahlen 1896, 1900 und 1908 jeweils mit einem deutlich niedrigeren Stimmenanteil im Vergleich zu seinen politischen Kontrahenten, obgleich er die Sache der „einfachen Leute" gegenüber dem „Geldsyndikat" vertrat. Es gab einen grundsätzlichen Umbruch der Struktur in der amerikanischen Parteienlandschaft am Ende des 19. Jahrhunderts und danach, der besonders im Wahljahr 1896 deutlich wurde. Bryans Präsidentschaftswahlkampagne von 1896 war der Wendepunkt in der Geschichte der Demokratischen Partei: Sein Manövrieren war dafür verantwortlich, dass sich die dem Klassischen Liberalismus ergebene Partei der Präsidenten Jeffersons und Jacksons ganz und gar dem sozialistischen Progressivismus aufschloss.

Bryan war dafür verantwortlich, dass sich der Progressivismus im 20. Jahrhundert in der amerikanischen Gesellschaft durchsetzte. Erst nach der Präsidentschaftswahl des Freimaurers Franklin D. Roosevelt im Jahr 1933 schloss sich der Progressivismus mit dem Populismus auf nationaler Ebene zusammen.

10.6 Kollektive Ideologie des Reform-Darwinismus

(Die Geburt des säkularen Millenniums: Der intelligente Mensch steuert die Geschicke der Welt)
Gegen Ende des 19. Jahrhunderts traten immer deutlicher die negativen Auswirkungen des Darwinismus hervor: es schien, dass sich niemand den Einwirkungen der Naturkräfte entziehen konnte, jeder Mensch sei dem unberechenbaren Schicksal eines kalten Universums ausgeliefert, das keinen persönlichen Gott kennt. Viele kehrten sich von Herbert Spencers Sozialdarwinismus ab, um ein gesellschaftliches Chaos zu verhindern. Verlockender erschienen die Zusicherungen, die der Staat machte. Ihm wurden messianische Eigenschaften zugeschrieben, er würde eine bedeutungsvolle Existenz, fortschrittlichen Komfort und materiellen Erfolg garantieren. Darum wurde die Zentralisierung stark vorangetrieben.

Um die Entwicklung eines vorwärtsstrebenden Zeitalters weiterhin am Laufen zu halten, wurden die Lehren von Charles Darwin und Sigmund Freud revidiert. Auf den Sozialdarwinismus folgte als Gegenreaktion der kollektive Darwinismus, der ab 1952 unter dem Begriff „Reform-Darwinismus" bekannt wurde. Lester Frank Ward (1841-1913), der die zentrale Wirtschaftsplanung in Amerika einführte, propagierte den Reform-Darwinismus. Für ihn war der Progressivismus die Grundlage eines idealen Gesellschaftssystems. Seine Grundannahme war, dass die Natur nach langer Zeit der Entwicklung einen planenden Menschen hervorgebracht habe. Mittels seiner Vernunft könne er die Welt verändern. *Niemand müsste* sich den blinden Naturgewalten jemals wieder passiv ergeben. Kraft seiner Intelligenz sei der Mensch fähig, den Prozess der Evolution nicht nur zu kontrollieren, sondern zu beschleunigen und ihn in eine gewünschte Richtung zu lenken, um das von ihm angestrebte Sozialverhalten hervorzurufen. Voller Optimismus setzten sich die *Sozialwissenschaftler* mit Hingabe für die Verbreitung der Evolutionstheorie unter dem neuen Vorzeichen ein. Sie trug das Versprechen eines säkularen Millenniums in sich. Sie wollten den *Prozess der Evolution von nun an nach Belieben bestimmen. Der Fortschritt müsse detailliert geplant werden.*

Sowohl Sozialdarwinismus als auch Reform-Darwinismus führen zu einem unsozialen Verhalten. In der Anwendung seiner Methode würden Ward und andere Soziologen dazu befähigt, ein säkulares Millennium herbeizuführen, in dem sie sich anschließend als autoritäre Technokraten profilieren konnten. Ward betrachtete die Wissenschaft als einzig legitimer Methode, wie die Gesellschaft von Grund auf erneuert werden konnte. Die Soziologie hatte sich zu jener Zeit bereits als Königin der Wissenschaften etabliert. Jedes Übel in der Gesellschaft könne auf den wirtschaftlichen Wettbewerb zurückgeführt werden. Ward forderte die Einführung eines völlig neuen Wirtschaftssystems, das er „kollektive Errungenschaften" nannte: Die Gruppe sei für die menschliche Glückseligkeit verantwortlich.

Die Vision des Progressivismus konkretisierte sich während des gesamten 20. Jahrhunderts. In Bezug auf die Ausformulierung der Ideologie stellten sich ihnen die russischen Kommunisten, italienischen Faschisten und deutschen Nationalsozialisten zur Seite. Die Vision der Französischen Revolution und ihrer napoleonischen Erfüllung – eines vom Staat geplanten sozialen Rationalismus – kam zu seiner endgültigen Erfüllung im Reform-Darwinismus.

Im Bereich der Politik setzte sich Ward für die Einführung einer von ihm idealisierten Soziokratie ein, die sich als totalitäres Herrschaftssystem an die Stelle einer verfassungsmäßigen Republik setzte. Die Soziokratie ist eine Regierungsform, in der Experten, die in den Prinzipien des Reform-Darwinismus – Wards eigenen Prinzipien – ausgebildet sind, die Regierungsmacht in Händen halten. Demzufolge würde sich die gesetzgebende Gewalt nicht aus einem gewählten Kongress zusammensetzen, sondern aus speziell dazu ernannten Soziologen, die sich an den Leitlinien ihrer Wissenschaft orientierten, um die ideale Gesellschaft einzuführen. Während der Progressiven Ära bestimmte die Soziologie, wie Ward sie vorgelegt hatte, das politische und wirtschaftliche Leben der USA. Er legte die Grundlage für den Wohlfahrtsstaat. Nach dem Zweiten Weltkrieg wurde die Ausbildung eines Staatsmonopol-Kapitalismus (Korporatismus) als wichtigstes Ziel der Regierungen westlicher Staaten in Angriff genommen und mittlerweile größtenteils verwirklicht.

In den Augen vieler bot Ward die einzige Lösung an, die dem ausufernden und ungezähmten Wettbewerb der freien Marktwirtschaft einen Riegel vorschieben oder ihn zumindest in geordnete Bahnen weisen würde. Das Heilmittel bestand in einem kollektiven Staat, der die wichtigsten Produktions- und Transportmittel unter seine Kontrolle stellte. Was den meisten jedoch nicht deutlich war, war die Tatsache, dass der kollektive Staat nichts anderes war als ein mit wohlklingenden Phrasen feilgebotenes totalitäres Regime. Seine Behauptung, dass der Einzelne sein wahres Glück nur in diesem kollektiven Staat finden würde, reflektierte Hegels Vorstellung, dass der Menschen ohne den Staat nichts sei. Die politische Zentralisierung und wirtschaftliche Kollektivierung gefiel den Amerikanern besser als die Prinzipien einer dezentralisierten und freiheitlichen Gesellschaftsordnung.

Der Transzendentalismus auf der Grundlage des Hegelianismus hatte den Weg für den Triumph des totalitären Progressivismus geebnet. Ward griff aus dem Kommunistischen Manifest von Karl Marx (1848) die Idee auf, das öffentliche Bildungswesen zur Verwirklichung seiner sozialen Ziele heranzuziehen. Religion war in den Augen Wards das Produkt einer irregeleiteten Wahnvorstellung. Für ihn gab es keine übernatürliche Wirklichkeit, die als Erklärung herangezogen werden konnte, um die Existenz alles Seins verständlich zu machen. Der Mensch sei ein bloßes Produkt evolutionärer Kräfte. Stets versuchte er, eine Gegenposition zur christlichen Ethik einzunehmen. Ehe und Familie beurteilte er negativ, in einer Soziokratie seien diese nicht länger notwendig. An die Stelle einer biblischen Ethik stellte er eine Moralphilosophie, die naturalistisch und hedonistisch ausgerichtet war. Der Mensch sei von Natur aus nicht böse. Hedonismus als oberste Lebenseinstellung fand die volle Zustimmung Wards. Der Reform-Darwinismus hat sich bald in der Soziologie und der Jurisprudenz an den renommierten Universitäten Amerikas durchgesetzt. Damit begann die schrittweise Verwerfung der christlichen Rechtslehre.

10.7 Monopolistische Gleichschaltung der Volkswirtschaft

Es gibt zwei Arten des Managements: die bürokratische Verwaltung und das profitorientierte Unternehmertum. Die freie Marktwirtschaft bietet ideale Voraussetzungen für eine erfolgreiche Betriebsführung, denn sie schützt das Privateigentum, eröffnet den Zutritt zu jeder Berufssparte, fördert den Wettbewerb und ermöglicht das effektive Funktionieren eines Profit- und Verlustsystems. Der reibungslose Wirtschaftsablauf wird dadurch gewährleistet, indem dem Konsumenten die Entscheidungsgewalt gegeben wird zu entscheiden, welche Güter er käuflich erwerben möchte und welche nicht. Kommerziellen Erfolg verzeichnet derjenige, der die Bedürfnisse seiner Kunden am besten befriedigt. In der bürokratischen Verwaltung kommt ein gegenteiliges Prinzip zur Geltung. Ein Beamter verlässt sich auf die Staatsmacht, um Steuern von den Bürgern einzufordern, ohne ihnen dafür eine entsprechende Gegenleistung zu bieten. Politiker stehen in der Pflicht, die erhobenen Steuereinnahmen an verschiedene Ministerien zu verteilen. Die Bedürfnisse der Konsumenten spielen in den Erwägungen, wie die Vermögenswerte verteilt werden, keine Rolle.

Die amerikanische Regierung hat immer eine Rolle in der kapitalistischen Gesellschaft gespielt. Mittels Subventionen, hohen Schutzzöllen und Landschenkungen an die Eisenbahngesellschaften griff der Staat zum Wohle bestimmter Interessensgruppen aktiv in die Wirtschaft ein. Die Schutzzölle hatten vor dem Amerikanischen Sezessionskrieg bereits den Anstoß zu einer unnatürlichen Konzentration der Industrie in den Nordstaaten gegeben. Ein Großteil der progressiven Gesetzgebung, die vorgeblich dazu erlassen wurde, die ausbeuterischen Geschäftspraktiken der Großkonzerne zu regulieren, fand rege Zustimmung bei den reichen Firmeninhabern selbst. Dennoch herrschte zur Jahrhundertwende ein lebhafter Wettbewerb in bestimmten Industriezweigen, wie beispielsweise der Stahlindustrie, Telekommunikation, Ölförderung und Raffinerie. Da Initiativen der Kartellabsprachen in den Jahren 1897 bis 1901 mit vielen Rückschlägen behaftet waren, versuchten

Monopolisten den Binnenmarkt auf Biegen und Brechen unter ihre Kontrolle zu bekommen, um zu einem gewissen Maß an Stabilität und Berechenbarkeit in den Wirtschaftsabläufen zu kommen. Da die stets wachsame Konkurrenz jegliches Bemühen der Monopolisierung vonseiten der Großkonzerne zunichtemachte, suchten die korporativen Neoliberalen in den unterschiedlichsten Industriebranchen den Erlass von Bundesgesetzen, um die in ihren Augen als ungünstig bewerteten Auswirkungen des offenen Konkurrenzkampfes einzudämmen.

Alle Formen staatlicher Wirtschaftsregulierung wirken sich in zweifacher Weise aus: Sie bestrafen effiziente Produzenten und billigen monopolistische Privilegien den ineffizienten zu. Da Regierungen ihre Macht von den schon bestehenden Interessensgruppen in der Wirtschaft ableiten, setzen sie diese ein, um die Innovation in Grenzen zu halten und die Konkurrenz der effizienten Konzerne einzuschränken. Der amerikanische Korporatismus ist daran interessiert, die freie Marktwirtschaft so weit wie möglich zu begrenzen.

Der Progressivismus des frühen 20. Jahrhunderts stellte eine politische und soziale Bewegung dar, die sich von vier Säulen getragen wusste: Die erste Säule bestand aus einer ambitionierten Riege technokratischer und sozialistischer Intellektuellen. Das politische Establishment bildete die zweite Säule des Progressivismus. Die dritte Säule setzte sich aus einer Koalition nationaler Interessensverbände zusammen, die von Großindustriellen angeführt wurde. Die vierte Säule des Progressivismus war eine von den Universitäten ausgehende intellektuelle Bewegung, die unter anderem von Richtern, Philosophen, Ökonomen und Historikern ausging.

In der Umsetzung ihrer diversen Interessen reichten sich revolutionäre Sozialisten und vermögende Kapitalisten erstaunlicherweise die Hand: Auf der einen Seite gaben technokratische und sozialistische Intellektuellen in Zeitungsartikeln, Büchern und Ansprachen ihre revolutionären Gedanken an eine durch wirtschaftliche Umwälzungen und soziale Entwurzelung radikalisierte Bevölkerung weiter, die in den Elendsvierteln der amerikanischen Großstädte dahinvegetierte. Viele der wortführenden Journalisten und Publizisten erkannten ihre Möglichkeit, sich auf die Seite der Unterdrückten zu schlagen. Sie nahmen ihre Chance wahr, politischen Einfluss zu gewinnen, indem sie sich als Sprachrohr der ausgebeuteten Massen avancierten. Um gehört zu werden, arbeiteten sie mit den Politikern zusammen. Der Sozialismus schien die beste philosophische Grundlage zu bieten. Auf der Seite der Kapitalisten engagierte sich zum Beispiel die private Investmentbank J. P. Morgan & Co. auch politisch, um eine progressive Regierungsform zu fördern. So sollte die Dominanz der Großindustrie in der nationalen und internationalen Wirtschaft abgesichert werden.

Die Progressivisten glaubten an einen mächtigen Nationalstaat und meinten, dass die Regierung die beste Institution sei, um die Wohlfahrt in der Gesellschaft zu fördern und dem Individualismus des Klassischen Liberalismus entgegenzuwirken. Sie waren überzeugt, dass die Intellektuellen den sozialen und ökonomischen Fortschritt in die richtigen Bahnen lenken würden. Sie gingen irrtümlicherweise davon aus, dass die Experten, die die Regierung verwalteten, uneigennützig und unbestechlich seien und dass die Sachkenntnisse der Technokraten nicht nur der sozialen Wohlfahrt diene, sondern auch die besten Methoden zum Einsatz bringen könne, um die gewünschten Ziele zu erreichen.

Zu Beginn des 20. Jahrhunderts existierte in den USA ein Staatsmonopol-Kapitalismus (Korporatismus), das Machtzentrum bestand aus Großkonzernen, Gewerkschaftsbünden und einer Staatsbürokratie. Die Regierung interveniert und nimmt ihre Aufgabe im Ausbalancieren der verschiedenen Interessen großer Wirtschaftsblöcke wahr, während sie gleichzeitig dafür sorgt, dass die Machtbasis der sich ihr angeschlossenen Konzerne nicht durch eine mögliche Konkurrenz von unten, von den Gewerkschaften, gefährdet wird. Die Grundlage des Wohlfahrtsstaates besteht also aus einem durch politische Verfügungen vereinten Wirtschaftskartell.

11.0 Militärische Übergriffe der Weltmacht Amerika

Nachdem die Vereinigten Staaten die Unabhängigkeit vom Britischen Imperium errungen hatten, weitete sich das Grenzland auf dem nordamerikanischen Kontinent bis zum Pazifik aus. Da sich die Nation aufgrund ihrer günstigen geographischen Lage fernab von potentiellen Feinden in Sicherheit wog, besiedelten die in Massen in das Land einströmenden Immigranten die ertragreichsten Ländereien vom Atlantik bis zum Pazifik. Nach dem Sezessionskrieg (1861 bis 1865) konnte die nationale Einheit wieder hergestellt werden. Während sich die Südstaatler eine Vergrößerung des amerikanischen Territoriums vorstellen konnten, entwickelten die Yankees im Norden eine Zukunftsvision von der optimalen Ausweitung ihres Lebensraums bis hin zur militärischen Beherrschung der Nationen in aller Welt.

11.1 Schicksalhafte Folgen einer territorialen Expansionspolitik

Die Gründungsväter der USA verweigerten sich im Großen und Ganzen dem revolutionären Impuls der französischen Jakobiner. Dennoch waren sie sich bewusst, dass die militärisch erzwungene Unabhängigkeit vom Britischen Imperium eine globale Bedeutung besaß, welche die Epoche des ausgehenden 18. Jahrhunderts charakterisieren sollte. Sie waren motiviert, eine neue Nation aus der Retorte zu heben. Thomas Paine, ein Gründungsvater der USA, mahnte 1792 zur Vorsicht, die wirtschaftlichen Gefahren nicht zu übersehen, die mit der Verwaltung eines Imperiums einhergehen. Wenn die Amerikaner konsequent auf den Ratschlag Paines geachtet hätten, wären nicht nur die Kriege in fernen Ländern vermieden worden, sondern auch die

Bürokratisierung im eigenen Land, die parallel mit der Ausweitung des amerikanischen Imperiums einherging.

In seiner Abschiedsrede hatte Präsident George Washington klar definiert, welche Art der Außenpolitik er befürwortete. In seinen Gedanken ließ er sich vom pazifistischen Unterton der protestantischen Reformation und der angloschottischen Aufklärung leiten. So verlockend die Vorstellung auch war, es dem Britischen Imperium mit seiner kommerziellen Macht und weltumspannenden Ausdehnung gleichzutun, überwog Washingtons ausgeprägter Sinn für das real Machbare in der Frage, wie Amerika sein Verhältnis zu den europäischen Mächten gestalten sollte. Die von einer Reihe biblischer Gebote abgeleiteten Prinzipien in der konkreten Gestaltung der amerikanischen Außenpolitik besaßen zirka 120 Jahre Gültigkeit. Als oberste Pflicht wurde die Bewahrung der nationalen Einheit und der zivilen Freiheit angesehen, die nur dadurch erfüllt werden konnte, dass man sich davon fernhielt, einen ideologischen und politischen Kreuzzug in Übersee zu lancieren. Der weitere Verlauf der Geschichte zeigt, dass das Anliegen der nationalistischen Gründungsväter verändert, ja ins Gegenteil gekehrt wurde.

Die Militärkampagne Amerikas gegen Mexiko von 1846 bis 1848 war kaum mehr als ein Eroberungsfeldzug zugunsten der reichen Landbesitzer in California, New Mexico, Arizona und Texas. Der Konflikt der politischen Kontrolle über die enormen Landstriche, die die amerikanische Regierung unter Präsident James Knox Polk Mexiko gewaltsam weggenommen hatte, war ein Schlüsselfaktor zu Beginn des anschließenden Sezessionskriegs zwischen den Nord- und Südstaaten. Präsident Lincoln verwehrte den Südstaaten zunächst die Unabhängigkeit von der Union und versetzte dann einer Dezentralisierung den Todesstoß, damit die Bundesregierung die wichtigsten Angelegenheiten der Staaten vollumfänglich kontrollieren konnte. Darüber hinaus hatte der triumphale Sieg der Nordstaaten monumentale Folgen für die ganze Welt. Lincoln war von der Vorstellung einer heilsbringenden Union ergriffen. Die USA fühlten sich moralisch berechtigt, Gesetzgeber der Welt zu werden. Die Annahme, dass die Sache Amerikas die Sache der Menschheit sei, lieferte indirekt die Begründung der Amerikanisierung der gesamten Welt.

Der gegenwärtige Lincoln-Kult hat nichts mehr mit der wirklichen Person von Abraham Lincoln zu tun, die echte menschliche Schwächen und Tugenden besaß. Die künstliche Figur im Zentrum dieser politischen Religion ist ein absolutistischer Gesetzgeber im Sinne Rousseaus, ein Halbgott, der die Union aller Nationen auf dieser Welt immer wieder aufs Neue durch Kriege zu verwirklichen sucht. Die politische und wirtschaftliche Expansion Amerikas über ihre Landesgrenzen hinaus kann als Prozess der Welterlösung interpretiert werden. Die Fixierung auf die Idee einer amerikanischen Mission zur Verbreitung demokratischer Prinzipien brachte eine größere Bereitschaft hervor, revolutionäre Bewegungen und politische Veränderungen in fernen Ländern mit Interesse zu verfolgen. Die Gebietserweiterung auf dem amerikanischen Kontinent im frühen 19. Jahrhundert war ein kontinentaler Vorstoß in leicht bevölkerte Regionen, die gemeinhin als fast undurchdringliche Wildnis angesehen wurden. Hingegen kennzeichnete die Besetzung von Gebieten, auf denen von alters her Indianer und Mexikaner sesshaft waren, den puren imperialistischen Eroberungsdrang der Vereinigten Staaten. Im Allgemeinen waren die Zielsetzung und Durchführung dieses Imperialismus nie wirklich friedfertig, auch wenn es nicht immer zu anhaltenden und blutigen Kämpfen kam. Trotz des Mexikanischen Krieges und den aggressiven Bestrebungen Amerikas, in den frühen 1850er-Jahren Kuba zu annektieren, war die kontinentale Expansion und die Verfolgung der Politik des „Offenkundigen Schicksals" (Manifest Destiny) darauf bedacht, einen Nationalstaat aus der Retorte zu heben, nicht ein weltweites Imperium aufzubauen. Amerikas kontinuierliche Kontinentalexpansion war 1853 nach dem Kauf eines großen Gebietes von Mexiko, das heute im Süden von Arizona und New Mexico liegt, zu einem Ende gekommen. Russland wollte das unwegsame Alaska nahe dem Polarkreis gewinnbringend loswerden, die USA kauften das Gebiet 1867, um ein zusammenhängendes Territorium auf dem nordamerikanischen Kontinent zu erlangen.

Kurz nach der Kapitulation der Südstaaten scheiterte 1865 eine geplante Invasion in Mexiko. 1866 begann die US-Regierung unter fadenscheinigen Argumenten, eine Militärexpedition gegen ehemals freundliche Mächte, wie das Britische Imperium, auf kanadischem Boden zu initiieren. Aber vernünftigen Stimmen in amerikanischen Regierungskreisen gelang es, sich gegenüber den Kriegstreibern der Grant-Administration durchzusetzen, um die Krise zu entschärfen. Kurze Zeit später fand die geplante Annektierung von Santo Domingo ein mehr oder weniger friedfertiges Ende. Trotz weiterer ernster Zwischenfälle vermied Außenminister Hamilton Fish in den 1890er-Jahren dank seines diplomatischen Geschicks Konflikte der Vereinigten Staaten mit europäischen Mächten in den Karibischen Inseln.

Zur selben Zeit dehnte Amerika seine Handelsbeziehungen auf die entfernten Samoainseln aus, hütete sich aber geflissentlich, dieses Territorium zu annektieren. Dazu kam es erst 1898, als sich die Vereinigten Staaten anschickten, es den imperialistischen Mächten jener Zeit gleich zu tun und Kolonien in Übersee zu erwerben. Die Handlungsweise der Washingtoner Regierung in China war vor und nach 1865 ungefähr dieselbe. Jedes Mal, wenn die Briten kraft ihrer militärischen Überlegenheit in den Opiumkriegen den chinesischen Widerstand gegen das Durchsetzen besonderer Privilegien überwunden hatten, forderten auch die Amerikaner entsprechende Rechte, die ihnen aber nur teilweise zugestanden wurden.

Der große Wendepunkt in der amerikanischen Außenpolitik trat in den frühen 1890er-Jahren während der zweiten Cleveland-Administration ein. Zu jenem Zeitpunkt wandten sich die Vereinigten Staaten von einer Außenpolitik des Friedens zu einer aggressiven Politik der wirtschaftlichen und politischen Expansion in anderen Ländern zu. Im Zentrum der neuen Außenpolitik standen die führenden Bankiers Amerikas. Sie waren gierig darauf aus, die wachsende ökonomische Macht des Landes zu ihren Gunsten auszunutzen. Das Hauptaugenmerk der aggressiven Expansion in den

1890er-Jahren war auf Lateinamerika gerichtet. Der zu besiegende Hauptfeind war Großbritannien. Die Briten dominierten die ausländischen Investitionen in dieser weitläufigen Region. Richard Olney (1835-1917) sorgte als Außenminister von 1895 bis 1897 dafür, dass sich die Vereinigten Staaten der Idee einer imperialistischen Politik öffneten. Der traditionelle Isolationismus, den George Washington in seiner Abschiedsrede seinem Land anbefohlen hatte, sei nun beendet. Der Zeitpunkt sei nun gekommen, dass Amerika die Entscheidung treffen müsse, eine dominante Stellung inmitten der Großmächte der Erde einzunehmen. Ein wichtiges Erfordernis der kommerziellen Interessen des Landes sei die Erschließung größerer Märkte für amerikanische Produkte in anderen Ländern, besonders in Lateinamerika. Der Bankier J. Pierpont Morgan hatte Olney, mit dem er viele Jahre in enger freundschaftlicher Beziehung stand, auf diese imperialistische Politik eingeschworen. Um ihrer kriegstreibenden Absicht Taten folgen zu lassen, fuhren Cleveland und Olney mit ihren Plänen fort, das amerikanische Militär in Bewegung zu setzen, um Großbritannien seiner Märkte und Handelsstützpunkte in Lateinamerika zu berauben. 1893 kam es zu gewalttätigen Ausschreitungen amerikanischer Truppen gegenüber Frankreich in Santo Domingo. 1894 folgten militärische Auseinandersetzungen mit den Briten in Brasilien und Nicaragua. Aber die schlimmste Krise in jener Zeit stellte sich von 1895 bis 1896 ein, als die amerikanische Regierung über einem territorialen Disput zwischen Venezuela und Britisch-Guinea um ein Haar mit Großbritannien einen Krieg anzettelte.

1895 spitze sich die Krise der USA mit Großbritannien wegen des Grenzverlaufs zwischen dem unabhängigen Venezuela und der britischen Kronkolonie von Guyana zu. Weil Gold gefunden wurde, stellten die Engländer Ansprüche auf das umstrittene Territorium. Präsident Cleveland (ΦBK) berief sich auf die Monroe-Doktrin und bot seine Vermittlung an. Bereits 1823 hatte Präsident Monroe (ΦBK) die Grundzüge der langfristigen Außenpolitik der USA dargelegt. Darin wurde festgehalten, dass die europäischen Mächte, die Alte Welt, keine Gebietsansprüche auf die Neue Welt haben. Er forderte ein Ende aller Kolonialisierungsbestrebungen. Gemäß der Parole „Amerika den Amerikanern" sollten die europäischen Mächte die nunmehr unabhängigen Staaten Lateinamerikas nicht rekolonialisieren. Die Briten stellten klar, dass die Monroe-Doktrin lediglich eine einseitige amerikanische Erklärung ohne bindende Autorität auf internationales Recht sei. Es muss festgehalten werden, dass sich die amerikanische Regierung nur selten auf die Monroe-Doktrin berief, so selten sogar, dass man eigentlich sagen müsste, sie sei fast nie erwähnt worden, bevor der Grenzkonflikt zwischen Guyana und Venezuela 1895 eine ernsthafte Krise mit England heraufbeschwor. Es wäre fast zu einer kriegerischen Auseinandersetzung zwischen England und den USA gekommen, wenn die Briten nicht von einem Kampf in Südafrika abgelenkt worden wären. Präsident Cleveland ging auf eine versöhnliche englische Geste zur Schlichtung des Konfliktes ein, dass sogar das Gerede eines angloamerikanischen Bündnisses aufkam. In der Folge nahmen Amerika und England die Verhandlungen über einen neuen Panamakanal-Vertrag auf. Cleveland verhinderte in seiner zweiten Amtsperiode von 1893 bis 1897 diverse Vorstöße der Imperialisten, Hawaii zu annektieren. Als Kuba – ein Land der ständigen Unruhen – erneut 1895 von einem Aufstand heimgesucht wurde, verfolgte Cleveland eine moderate Politik, änderte seine friedfertige Haltung aber mit der Zeit. Anfänglich versuchte die US-Regierung, die in amerikanischen Händen befindlichen Plantagen auf Kuba vor den Übergriffen der Revolutionäre zu beschützen. Um die unmittelbare Gefahr abzuwenden, stärkten sie den Spaniern den Rücken. Gleichzeitig übten sie Druck auf die Kolonialherren aus, den Kubanern ein gewisses Maß an Autonomie zuzugestehen, um ihrem Begehren nach Unabhängigkeit entgegenzukommen. Diese zweigleisige Diplomatie warf einen langen Schatten auf die spätere US-Außenpolitik voraus. In der Folgezeit traten die Amerikaner des Öfteren als Vermittler in ausländischen Militärkonflikten auf, indem sie sich als unparteiische „dritte Macht" darstellten. Sie gaben vor, einzig ein Interesse daran zu haben, blutige Auseinandersetzungen in unterentwickelten Ländern zu schlichten. In Wirklichkeit nutzten sie die spannungsgeladenen Situationen in den jeweiligen Ländern zu ihren Gunsten schamlos aus.

Im Herbst 1895 kam Richard Olney zu dem Schluss, dass Spanien den Kampf gegen die kubanischen Revolutionäre nicht gewinnen würde. In Anbetracht der wichtigen Handelsbeziehungen zwischen Amerika und Kuba, die der millionenschwere Zuckerplantagenbesitzer, Edwin F. Atkins, in leitender Funktion eingerichtet hatte, vollzog die Cleveland-Administration eine radikale Kehrtwendung in ihrem politischen Vorgehen auf der karibischen Insel. Der Umstand, dass der aus Boston stammende Atkins über viele Jahre hinweg eine enge Freundschaft mit Olneys unterhielt, der ebenfalls ein Bürger dieser Stadt war, und zudem als Partner die Interessen der Bank J. P. Morgan & Co. vertrat, gab in dieser Entscheidung sicherlich den Ausschlag. Größtenteils verdeckt im Hintergrund, begann die amerikanische Regierung, sich für die Durchsetzung der kubanischen Unabhängigkeit einzusetzen. Die Tatsache, dass ein derart hinterlistiges Vorgehen schlussendlich zu einem Krieg mit Spanien führen musste, war anscheinend keiner Erwägung wert. Man begab sich auf den Konfrontationskurs mit Spanien im vollen Bewusstsein des unvermeidlichen Ausgangs. Es sollte jedoch weitere drei Jahre dauern, bis der Spanisch-Amerikanische Krieg tatsächlich ausbrechen würde. Edwin F. Atkins setzte sich eifrig in der Durchsetzung des Kriegskurses ein. Der Beauftragte der europäischen Rothschild-Bankdynastien in Amerika, August Belmont, stellte sich ihm bereitwillig zur Seite. Als langjähriger Finanzier Spaniens weigerte sich das Haus Rothschild fortan, der maroden Imperialmacht weitere Kredite zu gewähren. Stattdessen garantierte es die Anleihen der kubanischen Revolutionäre und übernahmen sogar die volle Verantwortung für den Rest der nicht unterzeichneten Anleihen. Der entscheidende imperialistische Einfluss in den Regierungskreisen Amerikas ging von dem jungen Untersekretär der Marine, Theodore Roosevelt (ΦBK, Porcellian Club, Fly Club), und seinem mächtigen Mentor, Senator Henry Cabot Lodge (ΦBK, Porcellian Club), aus. Aber es sollte dabei nicht vergessen werden, dass das Cleveland-Olney Regime die ersten Schritte auf Kuba in Richtung eines überseeischen Imperiums unternommen hatten.

11.2 Weltpolitische Rolle einer Erlöser-Nation

Um die 1900-Wende wurden die Konturen einer neuen Einstellung gegenüber kolonialistischen Besitztümern in Übersee immer deutlicher sichtbar, sodass jedermann begriff, dass Amerika mit hineingenommen werden wird in das chaotische Wechselspiel der Macht auf weltpolitischer Ebene, die die Geschichte des alten Europas über Jahrhunderte geprägt hatte. Da es kein Grenzland im Westen mehr gab, begannen die Amerikaner die Rohstoffe in ihrem weiten Hinterland nach Belieben auszubeuten. Es entstanden Spannungen zwischen Arbeitgeber und -nehmer, und eine industrialisierte Stadtbevölkerung nahm Konturen an. Diese Entwicklung vollzog sich auch in den Ländern Westeuropas.

Der Social-Gospel-Vertreter Josiah Strong (1847-1916) teilte die Ansicht des Historikers Frederick Jackson Turner (1861-1932), dass die 1890er-Jahre ein Krisenjahrzehnt waren. Sie sahen den Hauptgrund im Verschwinden des Grenzlandes, einem Phänomen von monumentaler Bedeutung. Strong setzte sich eifrig für die Expansion der christlichen Mission ein mit dem Ziel einer christianisierten Welt. Um dieses Ziel erreichen zu können, sprach er bestimmte Aspekte der Gesellschaft in Amerika an, die direkte Verflechtungen für eine imperialistische Expansionspolitik mit sich brachten. Eine Passage, die die acht Jahre später geäußerte Anmerkung Turners vorwegnahm, schloss Strong mit der Warnung, dass das Vorhandensein des zur Besiedlung und Bestellung verfügbaren Landes begrenzt sei. Im Westen entwickelte sich die Industrie im Zuge des Ausbaus der Eisenbahnlinien, Strong befürchtete unzählige und komplexe Probleme. Man müsse im Westen rasch Vorkehrungen treffen, um den sozialen Zusammenbruch zu vermeiden. Er meinte, dass Amerika im Kampf mit der in der Welt vorherrschenden Unwissenheit, Unterdrückung und Sünde der rechte Arm Gottes werden sollte. Strong deutete damit auf den Glauben des Neuen Protestantismus hin, wonach die Vereinigten Staaten als Erlöser-Nation eine einmalige Rolle in der Welt einnehmen würden, die ihr von Gott zugeteilt worden sei. Die angelsächsische Rasse sei dazu bestimmt, sich über die gesamte Erde auszubreiten. Dieser Glaube von vielen Amerikanern an ihre – wie sie meinten – göttliche Berufung war eine Sammlung von verschiedenen, manchmal gegensätzlichen Ideen und Impulsen. Strong war überzeugt, dass es keine bessere Regierungsform als die Demokratie gebe, dass sie aber anarchistische Züge annehmen würde, wenn sie sich von keinen moralischen Grundsätzen leiten lasse. Der materielle Fortschritt verliere seine Vorteilhaftigkeit, wenn er zu einem ungehemmten Materialismus entarten würde.

In den 1890er-Jahren bot die von den Vereinigten Staaten forcierte wirtschaftliche Durchdringung abgelegener Gebiete der Welt, die nur spärlich industrialisiert waren, eine offene Möglichkeit der Annektierung. Eine sich zu Gunsten Amerikas entwickelte Handelsbilanz mit anderen Nationen förderte die Exporte von Fertigprodukten. Wahrscheinlich war sich die Mehrheit der amerikanischen Öffentlichkeit, die William McKinley im Präsidentschaftswahlkampf unterstützten und 1900 für die Republikaner ihre Stimme abgaben, einig, dass die überseeischen Expansionen der staatlichen Wirtschaftsregulierung vorzuziehen seien, die damals in Europa üblich war. Als die amerikanische Bundesregierung in den neu erworbenen Kolonien ein Verwalteramt für Wirtschaftsplanung einrichtete, stellte sie diese Maßnahme als Notwendigkeit dar, um die dem weißen Mann auferlegte Bürde tragen zu können. Offizielle Bekanntmachungen über die geleistete humanitäre Hilfe dienten dem Zweck, die Aufmerksamkeit von der eigentlichen Bedeutung der expansiven Politik abzulenken, deren einzige Bestimmung es war, neue Märkte für überschüssige Produkte der amerikanischen Industrie zu erschließen. Schutzzölle im Ausland mussten gesenkt werden, um die amerikanische Exportwirtschaft anzuregen. Schutzzölle im Inland wurden angehoben, um noch junge Industriebranchen in Amerika vor fremdländischer Konkurrenz abzuschotten.

Wider Erwarten hielten sich viele Großindustrielle zunächst zurück, sich für einen amerikanischen Imperialismus auszusprechen. Die stärkste Unterstützung einer forcierten Kolonialpolitik ging zuerst von wortgewandten Publizisten und Politikern, Missionaren und Marineoffizieren, Professoren und Moralphilosophen aus. Die Ideologie einer aggressiven Außenpolitik setzte sich aus einem bunten Gemisch verschiedenartiger Philosophien zusammen. Die Imperialisten bekundeten eine große Vorliebe für den Sozialdarwinismus; sie waren aber auch Fürsprecher des angelsächsischen Rassismus, des ökonomischen Determinismus und des militaristischen Nationalismus. Obwohl eine Aversion gegen den Kolonialismus unter den amerikanischen Politikern bis 1898 vorherrschte, wendete sich das Blatt langsam aber sicher zu Gunsten des Imperialismus. Der leichte Sieg über Spanien, Präsident McKinleys Appell an die Pflicht des weißen Mannes, die göttliche Fügung des „Offenkundigen Schicksals" zu erfüllen und die patriotischen Aufrufe von Männern wie Theodore Roosevelt (ΦBK, Porcellian Club, Fly Club), die kürzlich von ihrem aufregenden Abenteuer in Kuba zurückgekehrt waren, waren wirkungsvolle psychologische Aufputschmittel. Eine kriegstreibende Außenpolitik, die mit einem wirtschaftlichen Aufschwung einherging, bot eine hoffnungsvolle Abwechslung von den harten Zeiten des Klassenkampfes und der Arbeiterunruhen in den 1890er-Jahren. Außenhandel, Kolonien und Krieg waren plötzlich attraktive Optionen im Festigen und Vergrößern des amerikanischen Wohlstandes.

Kritiker der Annexionspolitik fanden sich sowohl im demokratischen als auch republikanischen Lager, auch Journalisten und Intellektuelle, wie Mark Twain (ΦBK), stellten sich dagegen. Sie waren jedoch nicht gut organisiert. Sie lehnten den Imperialismus ab, weil er im Widerspruch zu den Prinzipien des amerikanischen Regierungssystems stand. Die Antiimperialisten meinten, dass die Verwerfung dieser Prinzipien zugunsten einer in der Alten Welt üblichen Verhaltensweise die Republik zerstören werde. Die Antiimperialisten waren sich im Klaren darüber, dass zwischen den progressiven und imperialistischen Ideologien eine direkte Beziehung bestand. Damit hatten sie voll und ganz Recht. Dennoch brandmarkte man sie häufig als unrealistische Idealisten, die mit der Weltpolitik des 20. Jahrhunderts nicht Schritt halten konnten. Eine Anzahl von klassischen Liberalen und Konservativen widmeten diesem Phänomen ihre besondere Aufmerksamkeit, da sie den Tendenzen einer wachsenden Regierungsmacht argwöhnisch gegenüberstanden.

1898 führten die Vereinigten Staaten unverhohlen einen Aggressionskrieg gegen Spanien um die Insel Kuba; sie wollten überseeische Kolonien erwerben und Profit aus ihnen schlagen. Zur Verbesserung des Transportweges sollte ein Kanal zwischen dem Pazifischen und dem Atlantischen Ozean gebaut werden. Die USA und England einigten sich 1900 darauf, dass Drittländer, im Besonderen die Länder Lateinamerikas, keinerlei Mitspracherecht besitzen dürften, was den Bau und die Verwendung des Kanals anbelangten. Außerdem sollten die USA das ausschließliche Verfügungsrecht über den Bau des Kanals haben, während England als einzige Nation den Status des meist begünstigten Handelspartners für ihre Schiffe erhielt. Präsident Theodore Roosevelt ging respektlos mit seinen kolumbianischen Verhandlungspartnern um und war nicht gewillt, den äußerst geringen Kaufpreis zu zahlen – damals gab es das Land Panama noch nicht. Die Regierung der Vereinigten Staaten hatte keine Gewissensbisse, einen ruchlosen Angriff auf ein friedliches Land in Lateinamerika zu inszenieren, nur um einen Geschäftsvorteil für einige Finanziers seiner begüterten Oberschicht herauszuschlagen. Das Risiko, den Ausbruch eines Krieges zu provozieren, nahm man kaltblütig in Kauf. Es drängt sich die unweigerliche Folgerung auf, dass es Theodore Roosevelt, einem im Sinne des englischen Sozialdarwinismus überzeugten Rassisten, im Grunde nur darum ging, den „kolumbianischen Schmutzfinken", wie er sie nannte, eine gehörige Lektion zu erteilen, wie man sich in seiner Gegenwart gebührlich zu verhalten habe. Nichts weniger als völlige Unterwürfigkeit entsprach dem erwarteten Benehmen. Eine demütige Haltung gegenüber amerikanischen Präsidenten an den Tag zu legen, war die eherne Regel für Diplomaten all derjenigen Länder, die in der Folgezeit unter die amerikanische Vormacht gerieten. An dieser aggressiven und machthungrigen Außenpolitik der Vereinigten Staaten sollte sich in den darauffolgenden 100 Jahren nichts ändern.

11.3 Globales Manifest des „Offenkundigen Schicksals"

Die Vereinigten Staaten waren 1895 vielfach die beneidenswerteste Nation der Welt. In ihrem Besitz befand sich ein riesiges Territorium, das an wertvollen Rohstoffen reich war. Der Wohlstand einer wachsenden amerikanischen Bevölkerung war großenteils gesichert. Regelmäßig wiederkehrende Wirtschaftsdepressionen stellten sich zwar ein, aber Amerika konnte seinen Ruf festigen, das Land der unbegrenzten Möglichkeiten zu sein. Kein anderes

Land konnte mit der verhältnismäßig raschen Wirtschaftsexpansion, wie sie sich im 18. und 19. Jahrhundert in Amerika zugetragen hatte, Schritt halten. Auf dem Hintergrund dieser glücklichen Situation begannen sich einige amerikanische Politiker zu fragen, ob überseeische Kolonien und eine Allianz mit England überhaupt notwendig sind.

Amerikas eigene Auffassung von einer nationalen Mission besteht aus einer Mischung von römischen, puritanischen, aufklärerischen, romantischen, nationalistischen, progressiven und modernen Elementen. In der Ausgestaltung dieser Idee waren jedoch nicht nur die historische Erfahrung Amerikas, ihre theologischen Wurzeln und politische Ideologien verantwortlich, sondern auch die Erwartungen von Radikalen der französischen und englischen Aufklärung, die ihre Hoffnungen auf eine „Erlösung" der gesamten Welt setzten. Diese hätte durch die Verbreitung der politischen Prinzipien des neu gegründeten Staatenbundes in Amerika bewirkt werden sollen. Der Erlösungsmythos ist aus vielen Fäden zusammengewoben worden, zu denen der heilige Bundesschluss der Puritaner Neuenglands gehörte, wie auch die Vorstellung der Gründungsväter hinsichtlich der Einzigartigkeit der neuen Republik und das millennialistische Fieber der Abolitionisten (Befürworter der Abschaffung der Sklaverei) vor und während des Sezessionskrieges von 1861 bis 1865. Historiker haben unter den Amerikanern ein anhaltendes und übersteigertes Selbstbewusstsein festgestellt. Demnach ist Amerika mehr die Vergegenwärtigung der „Idee einer Erlöser-Nation", als ein Ort oder ein politisches Gemeinwesen.

T. Woodrow Wilson (1856-1924) war einer der bedeutendsten Präsidenten, der das amerikanische Ideal der nationalen Mission und des „Offenkundigen Schicksals" nicht nur als Vermächtnis entgegengenommen hatte, sondern auch zu seiner dezenten Veränderung beitrug. Das von ihm tief empfundene Bewusstsein eines göttlichen Rufes wird allgemein seiner puritanisch-calvinistischen Erziehung zugeschrieben, er ließ sich aber auch von dem revolutionären Frankreich, dem romantischen Nationalismus des 19. Jahrhunderts, von Guiseppe Mazzini, einem italienischen Nationalisten, Verfechter einer Weltvereinigung und Freimaurer, sowie dem zeitgenössischen Social Gospel inspirieren. Die Lehren des Social Gospel nahmen den größten Raum ein und bezogen sich auf die Verschmelzung der religiösen und säkularen Sphären des Landes. Wilson veränderte das relativ einfache Selbstverständnis Amerikas als einem „Neuen Garten Eden" oder einem „Neuen Israel" zu einem romantischen und progressiven Staatsideal einer „Christus-Nation". Die Social Gospel-Bewegung bemühte sich redlich, anschließend dieses neue Image weitläufig zu verbreiten.

Die Regierungen der Vereinigten Staaten waren aber schon Anfang des 19. Jahrhunderts gierig darauf bedacht, die dem einstmaligen spanischen Imperium noch angegliederten Besitztümer in der westlichen Hemisphäre in Beschlag zu nehmen. Thomas Jefferson, Gründungsvater und dritte Präsident der USA, meldete schon Ende des 18. Jahrhunderts ein Interesse an einer Einverleibung Kubas in den amerikanischen Staatenbund an. In dem 1854 verabschiedeten „Ostender Manifest" legten amerikanische Diplomaten in

Europa unmissverständlich dar, dass die Vereinigten Staaten in der Zukunft kein europäisches Einmischen dulden würden, wenn Kuba den Spaniern gewaltsam entrissen werden würde. In seiner einflussreichen Position als Vorsitzender der Demokratischen Partei unterstützte August Belmont (1813-1890) die imperialistischen Pläne der „Ostende"-Diplomatie. 1896 wurde der Republikaner William McKinley zum Präsidenten gewählt. Schon bald sah er sich mit der kritischen Situation einer dritten kubanischen Revolution gegen die spanische Herrschaft konfrontiert. Die Rebellion warf den Handel in ein Chaos und bedrohte die amerikanischen Investitionen in Kuba. Es war gleichzeitig ein Problem und eine Gelegenheit. Ein erfolgreicher Krieg mit Spanien würde mit Sicherheit den Vereinigten Staaten die Gelegenheit bieten, die spanischen Kolonien im Pazifischen Ozean in Besitz zu nehmen. Die philippinischen Inseln waren dabei das begehrteste Objekt. Militärisch gesichert mit Festungsanlagen würden sie einen idealen Stützpunkt für die amerikanische Seefahrt auf ihrer langen Reise zu den ostasiatischen Märkten bieten. Ein Marinestützpunkt könnte ebenfalls eingerichtet werden, um in der Eroberung neuer Kolonien in Asien schnell die nötigen Truppen bei der Hand zu haben. Die spanischen Truppen in Kuba hatten in der Niederschlagung des Aufstandes alle Hände voll zu tun und zwängten die Zivilbevölkerung in Konzentrationslager. Kubanische Propagandisten und amerikanische Medien spielten die Sache hoch und erfanden auch Gräueltaten zur Steigerung der Auflage. Ein Aufschrei unter der amerikanischen Bevölkerung übte Druck auf die Administration in Washington aus, sich der Sache der kubanischen Unabhängigkeitskämpfer anzunehmen. Letztlich blieb Spanien nichts weiter übrig, als Kuba völlige Unabhängigkeit zuzugestehen oder mit den Vereinigten Staaten Krieg zu führen. Anfang April 1898 hatte sich Spanien schließlich damit abgefunden, Kuba in die Unabhängigkeit zu entlassen. Bevor Madrid jedoch diesen Schritt vollziehen konnte, forderte McKinley den amerikanischen Kongress auf, eine Kriegserklärung zu erlassen.

Der Spanisch-Amerikanische Krieg dauerte nur 113 Tage und rief bei vielen Amerikanern eine übersteigerte patriotische Begeisterung hervor. Sein glorreiches Ende sei durch das Schicksal bedingt gewesen, das die Tapferen begünstigt habe. Gewisse Komplikationen stellten sich jedoch relativ bald ein, die über einen langen Zeitraum hinweg weitreichende Konsequenzen mit sich brachten. Eine tragische Folgeerscheinung des Krieges war der Philippinisch-Amerikanische Krieg (oder Philippinische Aufstand, wie ihn Präsident McKinley nannte). Der Ausgang des Krieges war für beide Kontrahenten keineswegs erfreulich, obgleich Amerika, zumindest kurzfristig, ein weitaus besseres Ergebnis erzielte. Auch hatten die Vereinigten Staaten in verfassungswidriger Weise die hawaiischen Inseln annektiert und besetzten zudem die dem spanischen Imperium zugehörigen Inseln Guam und Marianen. Die Spanier erhielten die relativ geringe Summe von 20 Millionen US-Dollar als Gegenwert für ihre ehemaligen Kolonien Guam, Marianen, Philippinen und Puerto Rico. Kuba wurde von der amerikanischen Regierung als Protektorat übernommen; somit tauchte erstmals der Prototype einer besonderen Art des Kolonialismus auf, die sich auf eine informelle, aber dennoch effektive Kontrolle von überseeischen Territorien beschränkte. Die kubanischen und philippinischen Unabhängigkeitskämpfer mussten sich schließlich mit neuen Kolonialherren abgeben, die sie nicht weniger unterdrückten, als es die Spanier zuvor taten. Nur die zum Einsatz kommenden Mittel der Ausbeutung änderten sich geringfügig.

Es gab keinen zwingenden Grund für die Vereinigten Staaten, Spanien 1898 den Krieg zu erklären. Der springende Punkt war, dass die spanischen Machthaber in Kuba einem Waffenstillstand zustimmten, der in jeder Hinsicht den Forderungen der Amerikaner entsprach. Sie taten dies zwei Tage vor McKinleys Kriegsrede am 11. April 1898 im United States Capitol. Dieser ignorierte die spanischen Zugeständnisse und fuhr mit seinem Vorhaben fort, vom Kongress eine Kriegserklärung gegen Spanien zu erhalten. Klammheimlich hatte er andere Ziele ins Visier genommen als die Bewahrung des Friedens.

Im Großen und Ganzen interpretierte die öffentliche Meinung in England den Spanisch-Amerikanischen Krieg und den ihm folgenden Imperialismus als Indiz einer Verwerfung der vormaligen Politik der Neutralität, wie sie die führenden Politiker in Washington während des gesamten 19. Jahrhunderts größtenteils verfolgt hatten. Edward Dicey, ein prominenter englischer Publizist, schreib, dass Amerika die Chance ergreife, das ihm zustehende Recht der Weltherrschaft auszuüben, wie es das Geburtsrecht der angelsächsischen Rasse sei. In den Kreisen des britischen Imperialismus bejubelte man 1900 die Wiederwahl Präsident McKinleys als ein Sieg der Kolonialpolitik. Man erwartete politische Unterstützung für den eigenen Imperialismus. Um die amerikanische Expansionspolitik zu rechtfertigen, ging der ehemalige populistische Senator von Kansas, William A. Peffer, in seinen Behauptungen sogar so weit, den philippinischen Partisanen die Schuld für das Blutvergießen in ihrem Kampf gegen die amerikanischen Imperialisten in die Schuhe zu schieben.

Obgleich der Krieg mit Spanien 1898 nur von kurzer Dauer war, sollten die Vereinigten Staaten nach der Unterzeichnung des Friedensvertrags nie wieder zu der traditionellen Politik der Isolation, wie sie über ein Jahrhundert lang bestanden hatte, zurückzukehren. Die jahrelange Niederschlagung der Revolte auf den Philippinen, der Ausbau neuer Marinestützpunkte im Pazifik, die permanente Besetzung von Kuba und anderen karibischen Inseln forderte den Einsatz weiterer Truppenkontingente des amerikanischen Militärs und der Seestreitkräfte. Die Regierung in Washington sah sich in die Pflicht genommen, dafür zu sorgen, den Militarismus innerhalb des eigenen Landes mit allen Mitteln zu forcieren und die Produktion der Rüstungsindustrie enorm zu steigern. Die Vereinigten Staaten vollzogen 1898 die Umgestaltung von einer Republik zu einem Imperium. Die imperiale Demokratie nahm nach dem Spanisch-Amerikanischen Krieg eine neue Realität an. In Aussicht stand das endgültige Ziel einer unumschränkten Weltherrschaft. In einer Ära rasanter Entwicklungen und monumentaler Veränderungen kannte das weltweite Interesse der Vereinigten Staaten keine Grenzen. In der Zeit zwischen dem Krieg mit Spanien und dem Ersten Weltkrieg fand ein radikaler Wechsel in der amerikanischen Innen- und Außenpolitik statt. Der Progressivismus und Imperialismus gediehen als sich gegenseitig fördernde Systeme, die sich aus politischen, wirtschaftlichen, sozialen und religiösen Komponenten zusammensetzten. Für enthusiastische Befürworter der amerikanischen Expansion in Übersee stellte sich das neue imperiale Interesse der Vereinigten Staaten als unausweichliches und begehrenswertes Geschichtsphänomen dar. Für viele andere, die dem Klassischen Liberalismus der amerikanischen Demokratie ideologisch nahestanden, repräsentierte der Imperialismus nicht nur eine ungebührliche Abkehr von den Idealen der ehemaligen Republik, sondern auch ein monströses Einmischen in die internen Angelegenheiten von weit entfernten Ländern.

In den späten 1890er-Jahren veränderte sich die auf die Erhaltung des Friedens ausgerichtete Einstellung der Vereinigen Staaten gegenüber dem Fernen Osten. Während sich der Einfluss der amerikanischen Regierung rasch im Pazifik ausbreitete, um wirtschaftliche und finanzielle Gewinne zu erzielen, stellte Washington fest, dass sich auch Russland, Deutschland und Frankreich territorial vergrößert hatten. Dank ihres diplomatischen Geschicks gelang es diesen drei Ländern, wirtschaftliche Konzessionen aus dem fast toten Korpus der imperialen Dynastie Chinas zu entnehmen. Indem sich die Vereinigten Staaten dem imperialistischen Spiel in Asien als vorläufig letzte Nation angeschlossen hatten, aber nicht bereit waren, im großen Stil finanzielle Aufwendungen für stationäre Truppen zu riskieren, entschlossen sie sich unter der Leitung von Richard Olney und seiner republikanischen Gesinnungsgenossen, Großbritannien als Verbündeter im Erobern und Ausbeuten von Kolonien hilfreich zur Seite zu stehen. Die beiden Länder beabsichtigten, Japan zu überreden, als Schocktruppe Russland und Deutschland aus Asien zurückzudrängen. Die geographisch voneinander weit entfernten Alliierten waren gierig darauf bedacht, das üppige Raubgut unter sich zu verteilen. Historiker nannten dieses Anliegen der puren imperialistischen Aggression euphemistisch „die offene Tür". Nachdem Großbritannien das politische und wirtschaftliche Feld in Lateinamerika ganz den Vereinigten Staaten überlassen musste, war sich Amerika nicht zu schade, Großbritannien eine helfende Hand im Fernen Osten entgegenzuhalten. Ein starker Impuls zur Durchführung einer aggressiveren Politik im Fernen Osten ging von dem Begehren aus, lukrative Eisenbahnkonzessionen in asiatischen Ländern entgegenzunehmen. Aber in zwei Fällen wurde das amerikanische Syndikat blockiert; Russland und ein belgisches Syndikat, das von Frankreich und Russland gedeckt wurde, gewannen die chinesischen Konzessionen.

Für die USA war die Zeit gekommen, um wirkungsvollere Mittel einzusetzen und eine aggressive Politik im Namen amerikanischer Wirtschaftsinteressen in China zu verfolgen. Amerika half China, die russischen Truppen aus der Mandschurei zu vertreiben. Schließlich brachte es Präsident Theodore Roosevelt 1904 fertig, Japan dazu anzustacheln, Russland den Krieg zu erklären. Roosevelt stimmte bereitwillig der japanischen Besetzung Koreas und der Mandschurei zu, indem er insgeheim hoffte, dass Japan auch die Wirtschaftsinteressen der Amerikaner in diesen Ländern fördern würde. Theodore Roosevelt war ein Politiker, der seit Beginn seiner Karriere durch verwandtschaftliche und freundschaftliche Beziehungen völlig unter dem Einfluss der Bank J. P. Morgan & Co. stand. Roosevelt heiratete Alice Lee, die Tochter von George Cabot Lee, der zu einer der führenden Familien in Boston gehörte. Roosevelts Verwandter Henry Cabot Lodge schwang sich bald zum langjährigen politischen Mentor Roosevelts auf.

Als die industrielle Revolution in den maßgeblichen Ländern Westeuropas ausgereift war, entstand unter ihnen ein Gerangel um die Vorherrschaft über Märkte auf anderen Kontinenten. Die alten Kolonialreiche, die im 16. und 17. Jahrhundert gegründet worden waren, als sich die politische Dominanz Europas erstmals über den Globus ausgebreitet hatte, bekamen eine zusätzliche Bedeutung in der Erschließung und im Transport von Rohstoffen. Die koloniale Bevölkerung stellte auch eine breite Masse an willigen Abnehmern der fabrizierten Konsumgüter dar. Auf den Kontinenten Asiens und Afrikas suchten England, Frankreich und später Deutschland kontinuierlich nach weiteren kolonialen Besitztümern.

11.4 Autoritäre Reformmentalität der Progressivisten

Eine zentralistische Staatsauffassung hat nicht nur die amerikanische Reformbewegung, sondern auch die europäische Sozialdemokratie gekennzeichnet. Die amerikanische Reformbewegung folgte mehr dem europäischen Beispiel als früheren Reformbewegungen in den Vereinigten Staaten. Der die nationalen Interessen verfolgende Sozialismus des Progressivisten Robert M. La Follette Sr. wies starke Ähnlichkeiten mit der Sozialpolitik Bismarcks in Deutschland und der englischen Sozialisten (Fabianer) auf sowie mit der Kriegspolitik der europäischen Sozialisten und des englischen Premiers Lloyd George, der 1916 die Regierungsgeschäfte Großbritanniens übernahm. Die Konservativen in den USA kritisierten die nicht liberale Ausprägung dieser sogenannten Reformen. Die völlige Umgestaltung der amerikanischen Republik in eine dem Vorbild vieler europäischer Staaten folgenden Sozialdemokratie war ihnen besonders zuwider. Sie machten die enge Beziehung zwischen der progressiven und der imperialistischen Ideologie ausfindig. Sie stellten sich mit aller Kraft gegen die unheilvolle Kriegspolitik T. Roosevelts und nahmen die Kritik in Kauf, nicht im Gleichschritt mit der Entwicklung der Weltpolitik des frühen 20. Jahrhunderts der Zukunft entgegenzugehen. Der überspitzte Nationalismus des 19. Jahrhunderts ging in „das Zeitalter des nationalen Imperialismus" über. Ein Zeitzeuge meinte, dass die Machthaber in Washington überall monarchistische Sitten und Gepflogenheiten angenommen hätten, weil sich der ehemalige Bundesstaat, der sich auf republikanische Prinzipien gestützt hatte, in ein weitläufiges zusammenhängendes Imperium verwandelt habe. Die Triebfeder dieser monumentalen

Veränderung sei die unersättliche Habgier der herrschenden Oberschicht in den nordöstlichen Metropolen Amerikas gewesen.

Die zeitgenössische Begründung für den Imperialismus stützte sich auf die progressive Ideologie. Appelle an die amerikanische Bevölkerung, sich selbstlos für die soziale Gerechtigkeit der unteren Gesellschaftsschichten einzusetzen, konnten problemlos in Aufrufe übergehen, sich auf „missionarische Kreuzzüge" zum Erobern von kolonialen Besitztümern einzulassen, um somit der Verantwortung nachzukommen, die „Bürde des weißen Mannes" bereitwillig zu tragen. Die populären Zeitschriften der frühen 1900er-Jahre waren voll von Artikeln, die die Vorzüge des Imperialismus anpriesen. Die Gründe beschränkten sich nicht nur auf ein ausgeprägtes Profitdenken, sondern stützen sich auch auf das idealistische Anliegen der Vereinigten Staaten, der obersten Pflicht des Landes nachzukommen, die demokratische Regierungsform weltweit zu verbreiten. Der Freimaurer Theodore Roosevelt war der alles überragende Repräsentant der Progressiven Ära. Er rüstete die Armee um ein Vielfaches auf und betrieb eine kriegshetzerische Außenpolitik. Deshalb setzte er sich besonders in der Durchsetzung des progressiven Standpunkts der staatlichen Regulierung und Kontrolle über die Kartelle ein, anstatt dafür zu sorgen, dass die Kartelle aufgelöst werden.

Das inländische Reformprogramm wurde unter dem Begriff „New Nationalism" (Neuer Nationalismus) bekannt. Er wollte unter anderem den Außenhandel ausweiten, eine starke Armee und Marine aufstellen und den Naturschutz fördern. Die Erhaltung natürlicher Lebensräume garantiere die nationale Sicherheit, die im Kampf um die Weltherrschaft oberste Priorität habe. Das „Evangelium der Effizienz", wie es die Naturschutzbewegung proklamierte, wurde wohlwollend von der Bundesregierung und der Großindustrie aufgegriffen und weitmöglichst umgesetzt. In der Bewirtschaftung der natürlichen Ressourcen befürworteten die Naturschützer eine effiziente Vorgehensweise durch staatliche Regulierung und Kontrolle. Sie kritisierten den uneingeschränkten Konkurrenzkampf und eine vom Staat unkontrollierte Wirtschaftsentwicklung. Sie setzten sich für eine Konzentration der Wirtschaftsmacht in wenigen Händen ein, um die planmäßige Kooperation von ganzen Industriebranchen zu fördern. Der Einsatz von produktionssteigender Technologie und die damit einhergehende Entwicklung einer besseren Maschinerie, die der kapitalstarken Großindustrie einen enormen Vorteil gegenüber den finanzschwachen Kleinbetrieben verschaffte, war das angestrebte Ziel der Apostel der „Bewahrung des natürlichen Lebensraumes". Die Umweltschützer standen nicht auf der Seite des Volkes, um den profitgierigen Interessen der Kapitalisten entgegenzutreten. Wenn dies so gewesen wäre, hätte kein zwingender Grund bestanden, dass die Großindustrie die „Bewahrung der Umwelt" als eines ihrer wichtigsten Anliegen aufgriff. Nicht selten kam es vor, dass gerade die mittelständischen Firmen und privaten Landwirtschaftsbetriebe den Machenschaften der Umweltschützer am meisten entgegentraten, weil sie sich in ihrer Existenz bedroht sahen. Die Vorschläge des obersten staatlichen Umweltschützers, Gifford Pinchot, zielten auf eine effizientere Verwendung natürlicher Rohstoffe ab, deren Ausbeutung einer wohldurchdachten Planung unterstellt war. Die Regierung erklärte den Umweltschutz als die höchste Priorität der nationalen Sicherheit. Das eigentliche Ziel war nicht die Bewahrung der Natur, sondern die Durchsetzung einer Politik der Verstaatlichung. Aus der zeitlichen Distanz heraus ist es möglich, das Fazit zu ziehen, dass die amerikanische Naturschutzbewegung den monumentalen Übergang vom Individualismus des 19. Jahrhunderts zum Kollektivismus des 20. Jahrhunderts fast im Alleingang bewirkt hatte.

Die Ideologie des Naturschutzes war eines der wesentlichen Elemente, die dazu beitrugen, dass sich eine totalitäre Gesellschaft in Amerika des frühen 20. Jahrhundert Schritt für Schritt ausgestaltete. Das erstrebenswerte Ideal, die Kräfte der Natur und des Menschen in ein ausgewogenes Verhältnis zu bringen, wurde in neue Bahnen gelenkt. Die Progressivisten waren davon überzeugt, dass dieses Ideal mittels einer gezielten Planung erreicht werden könne. Die Naturschutzbewegung war der erste Schritt in diese Richtung. Während der Progressiven Ära (1896-1921) bildete der gewachsene Glaube an die Machbarkeit der Wissenschaft und die Effizienz der Staatsregulierung eine gemeinsame Grundlage für diverse Interessensgruppen, die sich Gedanken darüber machten, wie man eine vollkommene Gesellschaft in Amerika einführen könne. Die Propagierung des Sozialismus fand in Amerika nie großen Anklang. Seine Befürworter in einflussreichen Regierungsämtern bevorzugten die allmähliche Bürokratisierung der Gesellschaft. Darin erblickten sie eine indirekte Verwirklichung sozialistischer Zielsetzungen. Nur so war es möglich, die amerikanische Bevölkerung im irrigen Glauben zu belassen, dass sie in einem freien Land lebte, wo sich die Prinzipien des Klassischen Liberalismus in einzigartiger Weise durchgesetzt haben, und gleichzeitig eifrig ans Werk zu gehen, um die gegenteiligen Grundsätze des Sozialismus schrittweise umzusetzen. In den 1930er-Jahren begrüßte eine große Anzahl an progressiven Meinungsmachern Franklin D. Roosevelts New Deal enthusiastisch als die ideale Gesellschaftsordnung. Um den eigentlichen Grund dieses – wie sich später herausstellen sollte – katastrophalen Eingriffes des Staates in die Abläufe der Ökonomie zu verschleiern, gab die Regierung die öffentliche Erklärung ab, ihr einziges Interesse sei auf die Bewahrung wichtiger Naturressourcen gerichtet. Als sich der wirtschaftliche Ausnahmezustand der Wirtschaftsdepression während des Zweiten Weltkrieges schrittweise verbesserte, machten sich die Planer des New Deal Gedanken, wie die drastischen Maßnahmen zur Wiederbelebung der Konjunktur in langzeitige Reformprogramme umgemünzt werden konnten. Sie ließen sich von der Vorstellung leiten, der Gesellschaft ein sozialistisches Korsett anzulegen, das die Bevölkerung dazu bringen würde, in wirtschaftlich unabhängigen Kommunen zu wohnen, die die Möglichkeit eröffneten, in einer fast agrarischen Harmonie mit der Umwelt zu leben. Einer der wichtigsten Fürsprecher der Sozialplanung im Hinblick auf die effiziente Anwendung von Naturgesetzen war der Soziologe Lester Frank Ward (1841-1913). Entschieden lehnte er eine freie Marktwirtschaft ab, stand aber auch dem Sozialismus als einer, wie er meinte, unwissenschaftlichen Philosophie skeptisch gegenüber. Seinen ganzen Ehrgeiz legte er in die Verbreitung eines von ihm selbst konzipierten Kollektivismus hinein. Die Realität einer totalitären Politik musste hinter der Fassade einer demokratischen Regierung verborgen bleiben, sonst würde sich das allgemeine Volk gegen die ihm auferlegten Zwangsmaßnahmen zur Wehr setzen.

Roosevelts militärische Aufrüstung der Seestreitmacht stellte deutlich heraus, dass zwischen der progressiven Absicht, die wichtigsten gesellschaftlichen Aspekte Amerikas zu kontrollieren, und den imperialistischen Unternehmungen, rohstoffreiche Kolonien in Übersee zu erobern, eine enge Verbindung bestand. Selbst Japan, eine Nation am anderen Ende der Welt, könne es nicht mehr wagen, die Vereinigten Staaten militärisch herauszufordern in der irrigen Meinung, siegreich aus einem Krieg hervorzutreten. Die europäischen Großmächte sollten gleichfalls von Amerikas überwältigender Seestreitmacht beeindruckt werden.

Da die Kosten der kommerziellen Ausbeutung ausländischer Märkte im Zuge einer aggressiven Außenpolitik zu Lasten der Steuerzahler fielen, musste die amerikanische Regierung den Wohlstand ihre Bürger garantieren. Entscheidend war jedoch die Tatsache, dass einige der Schlüsselfiguren einer sogenannten „Großmachtpolitik" die Möglichkeit erhielten, sich persönlich über alle Maßen hinaus zu bereichern. Die eifrigsten Befürworter eines Zentralbankensystems profitierten von der zwangsweisen Einführung eines amerikanischen „Gold-Dollar"-Systems auf den Philippinen, indem die amerikanische Regierung die existierende Silberwährung abschaffte. Zuvor hatten die Philippiner ihre aus spanischen Silbermünzen bestehende Währung als völlig adäquat erachtet. Der von Washington ausgehende Druck auf Mexiko, das „Gold-Dollar"-System einzuführen, hatte einen wesentlichen Anteil im Aufkommen der mexikanischen Revolution von 1911 bis 1927.

Marxisten stellten den Kapitalismus für die Probleme der Überproduktion und des zu geringen inländischen Verbrauchs an den Pranger. Wladimir Iljitsch Lenin folgerte, dass kapitalistische Staaten imperialistische Kriege führen würden, um diese Fehlentwicklungen zu korrigieren. Der einzige richtige Ausweg aus diesem Dilemma sei das Errichten einer kommunistischen Gesellschaftsordnung, in der alle Ungleichheiten ausgemerzt werden. Es mutet deshalb seltsam an, dass Karl Marx selbst den westlichen Imperialismus für guthieß, weil er Völker der fanatischen Gewaltherrschaft entreißen würde, um sie zuerst dem Kapitalismus und danach dem Sozialismus in die Hände zu spielen.

12.0 Epoche des amerikanischen Imperialismus

Die gesellschaftlichen Umwälzungen, die sich in Amerika während des Ersten Weltkrieges vollzogen hatten, waren so tiefgreifend, dass sie ein

Historiker die „Revolution der Staatsmacht" bezeichnete. Wie bei den Ausbrüchen sonstiger Revolutionen ging auch dieser eine an Radikalität fast nicht zu überbietende intellektuelle Veränderung voraus, die darauf zurückzuführen war, dass der Progressivismus den politischen Diskurs maßgebend zu bestimmen begonnen hatte. Einflussreiche Intellektuelle propagierten ihre fortschrittlichen Ideen, die sich an humanistischen Idealen orientierten, wie zum Beispiel die zwangsläufige Hinfälligkeit des Laissez-faire (freie Marktwirtschaft), die enorme Ausweitung der Regierungsgewalt, das dringende Erfordernis der Wirtschaftsplanung und die gesellschaftliche Vorzüglichkeit des Kollektivismus. Unter dem Einfluss des linksgerichteten Neoliberalismus veränderte sich langsam, aber sicher die politische Orientierung der Nation. Der Krieg eröffnete den amerikanischen Progressivisten ungeahnte Möglichkeiten, ihr radikales Programm der Gesellschaftserneuerung zu verwirklichen. In Friedenszeiten wäre dies kaum möglich gewesen.

12.1 Politische Macht hinter dem Thron

Zu allen Zeiten und an vielen Orten übt jeweils eine Handvoll Berater einen außerordentlichen Einfluss auf den Verlauf der Geschichte aus, die das Scheinwerferlicht der Öffentlichkeit scheuen, um fast völlig unerkannt im Hintergrund zu agieren. Edward Mandell House (1858-1938), ein heutzutage fast völlig vergessener Mann, war einer der wichtigsten Amerikaner des frühen 20. Jahrhunderts. Seine persönliche Strategie, ins Zentrum der Macht vorzustoßen, bestand darin, sich mit Leibeskräften dafür einzusetzen, anderen Männern die Tür zu prominenten Ämtern aufzustoßen und diese im Nachhinein zu beraten. Das ihm angeborene Talent, Freunde zu gewinnen und Menschen zu beeinflussen, sollte sein ganzes Leben lang Grundlage seiner bemerkenswerten Leistungen im Bereich der Innen- und Außenpolitik Amerikas bleiben. Wo auch immer er sich hinwandte, flogen ihm die Türen zu den Residenzen berühmter Persönlichkeiten fast von selbst auf. Seine Frau und er waren stets darauf bedacht, zu geselligen Hausgesellschaften einzuladen und die gesellschaftliche Elite zu unterhalten. House begann seine Karriere als Geschäftsmann in Texas und ergatterte die Führungsposition der Demokratischen Partei seines Bundesstaates Texas. Später stieg er in das nationale Komitee der Demokraten auf. Er hatte den entscheidenden Beitrag zur Wahl von vier aufeinanderfolgenden Gouverneuren in Texas geleistet.

1911 machte House einen aufsteigenden Stern am politischen Firmament aus, an den er seinen politischen Wagen anhängen konnte. Es war ein Mann, der vor einer Wahl zum Gouverneur von New Jersey im November 1910 stand, aber keine politische Erfahrung besaß. House stellte seinen politischen Spürsinn unter Beweis, als er in T. Woodrow Wilson (1856-1924) einen vielversprechenden Kandidaten für das oberste Amt in Amerika entdeckt hatte. In seinen Augen war dieser geeignet, die amerikanische

Ökonomie in die Hände der führenden Bankiers und Unternehmer auszuliefern. Das wichtigste Anliegen der Wirtschaftselite war die größtmögliche Konsolidierung der Industrie und des Handels unter ihrer Kontrolle. House war der von ihnen beauftragte Mann, die Monopolisierung der gesamten Volkswirtschaft einzuleiten und weitmöglichst voranzutreiben. Im August 1914 amtierte T. Woodrow Wilson als Präsident Amerikas. In zeitgenössischen Geschichtsbüchern wird er meistens als progressiver Idealist dargestellt. Er war eine gierig nach Macht haschende Persönlichkeit. Im Befolgen einer Außenpolitik, die in die Wirtschaft eingriff und sich die politische Kontrolle über fremdländische Territorien zum Ziel gesetzt hatte, sah er das geeignete Mittel der Vermehrung persönlicher Macht, selbst wenn er dies in einigen seiner Reden scheinheilig bestritt. Diverse Militäraktionen Amerikas, die er entweder befürwortete oder selbst veranlasste, verrieten seine wirklichen Absichten. Für ihn war die in der Verfassung garantierte Gewaltenteilung ein Hinderungsgrund für effektives Regieren. Dass man Wilson nachrief, ein Idealist zu sein, lag größtenteils an seiner wiederholten Beteuerung, er sei ein friedliebender Mensch. Entgegen des isolationistischen Tenors seines Wahlmottos in der Präsidentschaftskampagne 1916, Amerika aus dem Kriegsgeschehen in Europa herausgehalten zu haben, war es insgeheim sein sehnlichster Wunsch, als Kriegspräsident in die Annalen der Geschichte einzugehen. Zwar garantierte Wilson auf Papier die territoriale Unverletzlichkeit und politische Unabhängigkeit seiner südlichen Nachbarn, die sich dem panamerikanischen Bund angeschlossen hatten; die permanente Einflussnahme der Vereinigten Staaten auf die politischen Verhältnisse Mexikos und anderer lateinamerikanischer Staaten, die von amerikanischer Seite konsequent angestrebt wurde, strafte aber den Präsidenten Lügen. Vor Amerikas Eintritt in den europäischen Krieg stellte das widerwärtigste Beispiel der militärischen Einmischung Wilsons in die Affären anderer Länder der Einmarsch regulärer Truppenverbände in Mexiko dar. Sein Versuch, den Fortgang des in diesem Lande tobenden Bürgerkrieges zu steuern, führte zu den Fiaskos von Tampico und Vera Cruz.

Überdenkt man erneut die Umstände, die die amerikanische Regierung dazu veranlassten, als Verbündeter der Alliierten in den Ersten Weltkrieg einzutreten, gewinnt die Freundschaft zwischen Colonel Edward Mandell House und T. Woodrow Wilson eine entscheidende Bedeutung. Eine enge und erfolgreiche Zusammenarbeit entwickelte sich schnell zwischen den Beiden. Wilson ließ sich zu der bizarren Äußerung hinreißen, House sei sein „alter Ego", seine zweite Persönlichkeit. Auf seinen Reisen in Europa nahm House seit 1914 die ehrenvolle Stellung ein, als wichtigster Abgesandter des amerikanischen Präsidenten zu gelten. In fast allen Entscheidungen des Kabinetts übte House einen enormen Einfluss aus, nicht zuletzt in der folgenschweren Kriegserklärung Amerikas an die Zentralmächte Europas. Selbstverständlich spielte das weitläufige Netzwerk, das er zu den reichsten und mächtigsten Persönlichkeiten der westlichen Welt unterhielt, ebenso eine bedeutsame Rolle. Zeitgenossen betrachteten House als eine undurchsichtige, ja geradezu mysteriöse Gestalt. Obgleich er nie ein öffentliches Amt bekleidete, gelang es ihm dennoch, zum zweitwichtigsten Mann in der amerikanischen Regierung aufzusteigen und seinen Einfluss auf die Innen- und Außenpolitik fast bis zum Ende der zweiten Amtsperiode Wilsons auszuüben.

Die Demokraten nominierten Wilson bei der 46. Abstimmung als ihren Präsidentschaftskandidaten dank einer hinter verschlossenen Türen ausgehandelten Vereinbarung mit den Repräsentanten der Parteispitze, die House zuwege gebracht hatte. In seinem Wahlkampfprogramm, „New Freedom" (neue Freiheit) genannt, versprach Wilson, übermäßige Machtkonzentrationen in Politik und Wirtschaft bis aufs Äußerste zu bekämpfen. Als Präsident tat er alles nur Erdenkliche, um gerade das Gegenteil zu bewirken. Als der Erste Weltkrieg ausbrach, beschwor Wilson seine Landsleute, in Worten und Gedanken neutral zu bleiben. Dass es ihm persönlich um die Befolgung dieses Appells nicht wirklich ernst war, wird in der Tatsache ersichtlich, dass sich alle Kabinettsmitglieder von Anfang an geschlossen auf die Seite der Alliierten stellten. Die einzige Ausnahme stellte William Jennings Bryan dar, der ständig vor den Kopf gestoßene und in den exekutiven Amtshandlungen völlig übergangene Außenminister. Die Sympathie, die die amerikanische Politikerklasse und Gesellschaftselite dem englischen Imperium entgegenbrachten, mutet irrational an. Doch sie wurde von der britischen Propaganda bis zum Geht-nicht-mehr ausgenutzt.

Am 5. August 1914 durchschnitt die königliche Marine das transatlantische Telegrafenkabel zwischen den Vereinigten Staaten und Deutschland. Anschließend konnten alle aus Europa kommenden Nachrichten nur noch über England nach Amerika übermittelt werden. Am Kommunikationsknotenpunkt in London saßen zahlreiche Zensoren, die die Nachrichten im Interesse ihrer Regierung verfälschten. Schlussendlich entwickelte sich die britische Propaganda im Ersten Weltkrieg zu einer gigantischen Maschinerie. Die Welt hatte so etwas bis dahin noch nicht gesehen. In der Zwischenzeit hatte Colonel House eine Möglichkeit entdeckt, um das bevorstehende Eintreten Amerikas in den Krieg optimal auszunutzen, „indem es die Sache der Demokratie fördert und die Welt in die richtigen Wege lenkt". Er offenbarte dem Präsidenten sein Selbstverständnis, das von einer erhabenen Mission geprägt war. Es sei ihm bewusst, dass „Gott Wilson dazu auserwählt habe, um große Dinge zu bewerkstelligen". Die Feuerprobe sei hart, aber „ungeachtet der Opfer, die wir auf uns nehmen, wird sie das Ergebnis rechtfertigen". Nach dieser letzten Schlacht gegen reaktionäre Mächte würden sich die Vereinigten Staaten mit anderen Demokratien zusammenschließen, um den Weltfrieden und die Bewegungsfreiheit zu Land oder zu Meer für immer zu bewahren.

Wie es die britischen Politiker geplant und erhofft hatten, entstand eine große Hungersnot in Deutschland. Am 31. Januar 1917 gab die Regierung des Kaisers bekannt, dass sie am folgenden Tag mit dem uneingeschränkten U-Boot-Krieg beginnen würde. Postwendend unterbrachen die Vereinigten Staaten ihre diplomatischen Beziehungen mit Berlin. Der Präsident beschloss, dass amerikanische Handelsschiffe bewaffnet und von amerikanischen

Matrosen verteidigt werden sollten. Somit standen Rüstungsgüter und andere kriegswichtige Güter, die für England verbotenerweise von neutralen Schiffen mitgeführt wurden, unter dem Schutz der amerikanischen Marine. Die öffentliche Meinung begann sich zu ändern und bot Wilson eine günstige Gelegenheit, die er so dringend benötigte. Die Zimmermann-Depesche war ein verschlüsseltes Telegramm, das Arthur Zimmermann, der Staatssekretär des Auswärtigen Amts in Berlin, wahrscheinlich am 19. Januar 1917 über die deutsche Botschaft in Washington, D.C. an den deutschen Gesandten in Mexiko sandte. Im Falle eines Krieges mit den Vereinigten Staaten schlug er eine militärische Allianz mit Mexiko vor. Man versprach Mexiko, den amerikanischen Südwesten einschließlich Texas zu geben. Das Telegramm wurde der Presse übereignet. Zum ersten Mal wurde Wilson von den Bürgern unterstützt und autorisiert, amerikanische Handelsschiffe zu bewaffnen. Mitte März traten eine Anzahl von Frachtschiffen in die deklarierte U-Boot Zone ein und wurden versenkt. Ohne zu zögern, berief der Präsident den Kongress zu einer Sondersitzung am 2. April ein.

Indem er seine Kriegserklärung aussprach, kann T. Woodrow Wilson als der Anti-Washington angesehen werden. George Washington hatte in seiner Abschlussrede den Rat erteilt, dass die große Verhaltensregel für Amerika betreffs anderer Nationen die sei, kommerzielle Beziehungen zu knüpfen und betreffs politischer Allianzen so wenig mit ihnen zu tun zu haben wie möglich. Wilson war auch der Anti-Quincy Adams. Als Autor der Monroe-Doktrin stellte Adams 1821 in einer Kongressrede deutlich herausstellte, dass Amerika „nicht das Meer durchkreuzen würde, um Ungeheuer zu suchen und zu vernichten". Sollte sie dies unsinnigerweise dennoch tun, würden sich die Grundsätze ihrer Politik grundsätzlich verändern. Nicht mehr die Aufrechterhaltung der Freiheit sei dann das oberste Ziel, sondern die rohe Ausübung der Gewalt. Darüber hinaus verlöre die Politik die Kontrolle über ihre eigene Bestimmung, sie sei nicht mehr Herrin über ihren eigenen Geist. Indem Wilson diese Tradition verwarf, legte er eine neue Außenpolitik Amerikas vor, die dadurch gekennzeichnet war, in zahllose politische Allianzen mit ausländischen Mächten verstrickt zu werden, um die Kriegsziele anderer Nationen zu verwirklichen. Mit Leibeskräften bemühte er sich, einer imperialistischen Außenpolitik die Bahn zu ebnen. Der Republikaner Robert M. La Follette Sr. widersprach dem Präsidenten in einer leidenschaftlichen Rede im Senat, und dasselbe tat der Demokrat Claude Kitchin im Unterhaus. Aber ihr gemeinsames Bemühen war vergebens. Im Unterhaus herrschte fast eine hysterische Atmosphäre, als beide Kammern die Kriegserklärung unter großer Zustimmung beschlossen. Die politische Zunft und ihre Verbündeten in der Presse, die Universitäten und die Kirchen bekundeten eifrig ihr Einvernehmen mit Wilsons Kriegserklärung. Die allgemeine Bevölkerung stimmte in den gleichen Chorus der Kriegshysterie ein. Es herrschte eine höchst unrealistische Vorstellung der bitteren Konsequenzen, die auf Amerika zukommen würden, wenn es die Waffen erhob.

Das Amerika der Gründungsväter hatte aufgehört zu existieren. Amerikas Eintritt in den Ersten Weltkrieg markierte einen entscheidenden Einschnitt in der US-Geschichte. Unter der Führung T. Woodrow Wilson entwickelten sich die Vereinigten Staaten in eine zentralistisch gesteuerte Regierungsmaschinerie. Der amerikanische Präsident forderte, mit totalitärer Machtbefugnis ausgestattet zu werden, die so umfangreich war, dass sie die kühnsten Erwartungen eines Alexander Hamilton oder Abraham Lincoln übertroffen hätten. Im vorausgegangenen Jahrhundert konnte niemand erahnen, wie allumfassend die sich immer deutlicher abzeichnenden Herrschaftsallüren Wilsons in die Tat umgesetzt werden. Die geschichtsträchtige Bedeutung seiner Präsidentschaft kann nicht überschätzt werden.

12.2 Rigorose Verwerfung einer Friedenspolitik

Eine einflussreiche Gruppe von Progressivisten hat das Politmagazin *The New Republic* 1914 gegründet, um ihre Ideen zu verbreiten. Eine Analyse der politischen Orientierung der Redaktion von 1914 bis 1920 zeigt, wie sich die grundlegenden Bedingungen des Progressivismus in jenen Jahren verändert und wie sich die Redakteure an die neuen politischen Begebenheiten angepasst haben. Der leitende Redakteur dieses einflussreichen Wochenblattes war der Kollektivist und Theoretiker des Neuen Nationalismus (New Nationalism) Herbert D. Croly. Ihm standen seine Kollegen Walter E. Weyl, ein weiterer Theoretiker der Politik Teddy Roosevelts, und Walter Lippmann (ΦBK), der ambitionierte ehemalige Leiter der Intercollegiate Socialist Society, tatkräftig zur Seite. Die Besetzung der Redaktion ist ein klassisches Beispiel einer Allianz zwischen der Großindustrie, der Finanzwelt, die J. P. Morgan & Co. mustergültig repräsentierte, und einer wachsenden Schar von progressiven Intellektuellen. Das hauptsächliche Ziel der Redakteure war, den dynamischen Glauben an den Fortschritt einer neuen Generation zu vermitteln. Die Mittelklasse sollte eine sich entwickelnde utopische Gesellschaftsordnung durch rational denkende und richtig handelnde Personen herbeiführen. Bald schon löste sich dieser Traum ins Nichts auf. Die Nachkriegsjahre untergruben die Vision eines besseren Amerikas, weil sich die intellektuellen und emotionalen Annahmen, auf denen sie ihre Hoffnungen auf den Beginn eines fortschrittlichen Zeitalters gegründet hatten, als zu utopisch erwiesen.

Rückblende: Um das Jahr 1900 hatte das unaufhaltsame und rapide Wachstum der Industrie einen tiefen Eindruck im Bewusstsein der amerikanischen Mittelklasse hinterlassen. Der hauptsächliche Faktor für das Aufkommen der progressiven Bewegung war die Reaktion der Mittelklasse auf die Herausforderung an die traditionellen amerikanischen Ideale, die durch das Auseinanderklaffen der verschiedenen Gesellschaftsklassen und die Polarisierung der Macht in den Händen der Großindustrie und Gewerkschaft entstanden war. Während die überwiegende Mehrheit der Amerikaner in jener Zeit darauf bestanden hatte, den traditionellen Individualismus zu bewahren, hatte Theodore Roosevelt (ΦBK, Porcellian Club, Fly Club) in seinem Programm *New Nationalism* den Vorschlag unterbreitet, die Krise dadurch zu meistern, dass den Individuen keine bedeutende sozialpolitische Rolle in der Gesellschaft mehr gewährt werden sollte. Ein Buch, das Herbert Croly, der erste Chefredakteur des Magazins *The New Republic,* geschrieben hatte, hatte das Motto für Roosevelts Politik des Neuen Nationalismus geliefert. Croly befürwortete eine „nationale Demokratie", bei der sich das Individuum einem nationalen Zweck unterzuordnen habe; der Staat müsse im Organisieren dieses Prozesses die zentrale Rolle spielen. Die Industrialisierung hatte revolutionäre Veränderungen verursacht. Alle etablierten Institutionen waren auf die eine oder andere Weise davon betroffen.

Die Idee des Fortschrittes, wie sie im 19. Jahrhundert propagiert wurde – der Glaube, dass sich die Menschheit in der Vergangenheit bis in die Gegenwart kontinuierlich weiterentwickelt habe und diesen fortschreitenden Prozess in der voraussehbaren Zukunft weiterführen wird –, nahm ab 1914 ganz neue Ausdrucksformen an. Indem Croly und seine Kollegen vielfältigen Bezug auf die Evolutionstheorie nahmen und den Instrumentalismus (wissenschaftliche Theorien werden nur als Werkzeuge betrachtet) befürworteten, nahmen sie die Welt als eine sich ständig verändernde Wirklichkeit wahr. Sie sei beliebig formbar und der kreativen Kontrolle des Menschen unterworfen. Der Mensch stehe vor der Aufgabe, die großen Linien der sozialen Veränderungen in seinem Tun und Handeln stets zu beachten. Ihm ständen Werkzeuge zur Verfügung, die die Beherrschung der Umwelt vereinfachen. Das wichtigste sei die Wissenschaft, zum Beispiel die Naturwissenschaft und die Sozialwissenschaften. Das in den Worten der Redakteure ausgedrückte „transzendente humanitäre Ziel" bedeutete nichts anderes als eine sich mystisch vervollkommnende Demokratie. Der zentrale Aspekt der Philosophie dieser Progressivisten war ein religiöser Glaube an die Demokratie; ein Glaube an die schicksalhafte Ausgestaltung einer Demokratie mittels einer schrittweisen Verwirklichung ihrer Ideale der Freiheit, Gleichheit und Brüderlichkeit. Das Versprechen einer gerechten Sozialpolitik, wie sie sich im amerikanischen Leben ausgestaltete, müsse die sich fortwährend verbessernde soziale, moralische und ökonomische Wohlfahrt aller Menschen verwirklichen.

Herbert D. Crolys Progressivismus war völlig religiös ausgerichtet, eine Art Heilsbotschaft in einer notleidenden Welt. In der Pose eines Propheten versprach er seinen Zeitgenossen, dass der zwangsläufige Fortschritt der gegenwärtigen Anarchie entgegentreten würde. Inmitten des sozialen Trümmerhaufens, inmitten einer Unzahl völlig isolierter Individuen würde der Fortschritt eine neue Gesellschaft hervorbringen, eine Gesellschaft der vollkommenen Interessensgemeinschaft und absoluten Harmonie. Die „Menschheit" sei demnach der Ort, wo das verlorene Individuum das Heil empfangen würde, und die „Geschichte" sei das Medium des vermittelten Heils, weil die Geschichte die Selbstverwirklichung des sich entfaltenden Absoluten sei. Die Welt befinde sich in einem moralischen Konflikt, in dem der Mensch gegen das Böse der vorherrschenden Anarchie kämpfen müsse, die sich im negativen Individualismus äußere. Seine ganze Kraft müsse er für das Errichten des Königreich Gottes auf Erden einsetzen, in dem sich das Individuum mit dem sozialen Ganzen vereinige. Dem Anhänger der Religion der Menschheit, der Religion des Fortschrittes, wurde die beglückende Botschaft mitgeteilt, dass er frei sei, seine eigene Zukunft zu gestalten, denn die soziale Wirklichkeit, zu der er gehöre, befinde sich jenseits der Kontrolle des Naturgesetzes und der Geschichte – womit die Institutionen und Traditionen der Vergangenheit gemeint waren. Das Erscheinen dieser selbstgestalteten Zukunft würde unabwendbar sein und ihre richtungsweisenden Verfügungen seien absolut. Die Industrialisierung würde das Land zur Einsicht zwingen, dass eine Demokratie in Amerika nicht verwirklicht werden könne außer einer sozialisierten Form derselben: die Gesellschaft müsse als Ganzes konzeptionell erfasst werden und nicht als eine mehr oder weniger zufällige Vereinigung von unzähligen Individuen. Die Redakteure des Politmagazins *The New Republic* wollten die Mittelklasse Amerikas für die Vision einer Sozialdemokratie wachrütteln. Überall erblickten sie Anzeichen dafür, dass diese Erweckung in vollem Gange war. Immer mehr Menschen würden begreifen, wie notwendig es sei, ihr eigenes Streben und Wollen verantwortungsbewusst mit den Bedürfnissen der Gesellschaft abzustimmen. Indem diese Fürsprecher einer „Religion der Demokratie" versuchten, eine kontinuierliche Entwicklung der Gesellschaft mit dem Glauben an den Fortschritt in Einklang zu bringen, der in einer „geistlichen Wiedergeburt" gipfelte, distanzierten sie sich von den statischen Utopien der Vergangenheit.

Unter den amerikanischen Progressivisten, die sich für eine Beteiligung ihres Landes am Ersten Weltkrieg aussprachen, gab es niemanden, der einen größeren intellektuellen Einfluss ausübte als Herbert D. Croly. Er war ein enthusiastischer Befürworter der europäischen Idee des Staatssozialismus. Deshalb bemühte er sich mit Leibeskräften, diese Idee auf dem Hintergrund des amerikanischen Nationalismus zu verwirklichen, die sich besonders auf das demokratische System auswirken sollte. Indem Amerika dem Verlauf der europäischen Geschichte folgen würde, könne es kaum vermeiden, einige Aspekte des europäischen Lebens, wie zum Beispiel ein gewisses Maß an Militarisierung, zu akzeptieren. Im Hinblick auf die im Gesetz neu verankerte Verteidigungsbereitschaft gab er offenherzig zu, dass die Wahrscheinlichkeit hoch sei, dass die neue Armee und Kriegsmarine für aggressive anstatt für defensive Ziele eingesetzt werde.

In den Seiten des Politmagazins *The New Republic* wog Croly ständig die Vor- und Nachteile des Argumentes ab, ob Amerika in den Krieg eintreten sollte, indem er versuchte, den romantischen Idealismus der Nation mit einem realistischen Progressivismus zu verbinden. Dabei nahm er Bezug auf die jeweiligen außenpolitischen Äußerungen Wilsons und Roosevelts. Dasselbe Anliegen verfolgte der progressive Pädagoge John Dewey (ΦBK) während der Kriegsjahre. In Leitartikeln bekundeten die Redakteure ihre Freude über die durch den Krieg eröffneten Chancen, „die Sozialkontrolle auszuweiten [...] Das Individuum der Gruppe und die Gruppe der Gesellschaft unterzuordnen", und plädierten dafür, „den Krieg als Vorwand zu verwenden, um Neuerungen im Land durchzusetzen". Der weltumspannende Militärkonflikt eröffnete demnach die phänomenale Gelegenheit, langgehegte Wunschvorstellungen in der Umgestaltung der amerikanischen Politik zu verwirklichen. Um den, wie Dewey meinte, grausigen Gedanken der Pazifisten entgegenzuwirken und die amerikanische Gleichgültigkeit gegenüber einer Kriegsbeteiligung zu überwinden, müsse man sich enthusiastisch für eine Kriegspolitik einsetzen, die die Verwirklichung einer liberalen Weltordnung anstrebt. Der Krieg biete die Möglichkeit, eine progressive Sozialrevolution umzusetzen. Dazu zählte er unter anderem die Beseitigung von Privateigentum und die Einführung des Staatskapitalismus anstelle einer freien Marktwirtschaft. Der Mensch sei nur dann wahrhaft Mensch, wenn er sich nicht als Individuum, sondern als Teil der Gesellschaft betrachtet. Die Gesellschaft gestalte sich alleine im Staat vollends aus.

Die Progressivisten rechtfertigten den Kriegseintritt der USA durch das angeblich weit verbreitete neue Bewusstsein der nationalen Bestimmung. Der Krieg habe das alte Problem einer ideologischen Orientierungslosigkeit gelöst. Mit einer umfassenden Sozialkontrolle und einer detaillierten Wirtschaftsplanung könne Amerika die ihm von der Vorsehung auferlegte Bestimmung erreichen, Meister seines eigenen Geschicks zu sein, um somit die ganze Welt seinem Bilde gleich zu gestalten. Das durch das Kriegsgeschehen gesteigerte Gemeinschaftsgefühl könne als Vorspiel dienen, um nicht nur den Fortschritt im eigenen Lande zu fördern, sondern auch eine neue internationale Ordnung hervorzubringen. Präsident Wilson (ΦBK) brachte seine Vision von einem Völkerbund ins Gespräch, wonach sich alle Länder der Erde sozial und politisch solidarisieren. Obgleich Progressivisten oftmals Pazifisten waren, begannen viele von ihnen den Krieg trotz seiner Schrecken und Gefahren als Höhepunkt und Krönung ihrer Bewegung für soziale Gerechtigkeit in Amerika anzusehen. Die Progressivisten begrüßten den allmählichen Niedergang der freien Marktwirtschaft in Amerika, der sich darin äußerte, dass der Staat die wichtigsten Bereiche der Wirtschaft, den Agrarsektor und den Schienenverkehr übernahm. Sie hießen die Einführung von besseren Arbeitsbedingungen und menschenwürdigen Sozialwohnungen, Frauenrechten, Sozialversicherungen, Arbeitsplätzen für Schwarze und das Konsumverbot alkoholischer Getränke willkommen. Aber die Progressivisten täuschten sich selbst. Die gewonnenen Vorzüge für die Arbeiterschaft und die Schwarzen erwiesen sich als kurzlebig, weil sie vor allem aus einem Notfall heraus und nicht aus einem echten Reformwillen entstanden waren. Um 1920 blieb wenig von den Sozialreformen übrig, die während des Krieges eingeführt worden waren, außer dem Alkoholverbot, den Einwanderungs-Restriktionen und der rassischen Hysterie. Die Reglementierung der Wirtschaft, die sich besonders in der Vorgabe von Produktionsquoten und der Festsetzung der Preise auswirkte, beruhte auf einer Absprache mit den amerikanischen Großindustriellen und in Übereinstimmung mit deren ökonomischen Interessen zulasten von Kleinbetrieben.

Um jegliches Aufkommen einer missmutigen Stimmung in den Fertigungshallen im Keime zu ersticken, appellierten die Firmeninhaber an die patriotische Gesinnung ihrer Belegschaft. Es sei zu Kriegszeiten nicht angebracht, die Produktion von wichtigen Rüstungsgütern aus Protest aufgrund von schlechten Arbeitsbedingungen niederzulegen. Als Gegenleistung für ihre Bereitschaft, die Einschränkung ihres Rechts auf Arbeitskampfmaßnahmen hinzunehmen, erhielten die Arbeiter höhere Löhne.

Die Progressivisten befürworteten nachdrücklich die Auswirkungen des Krieges, die dem liberalen Geist entgegenstanden. Am Ende des Krieges meldete Croly seinen Missmut über die Strenge des Versailler Vertrags an und verlor somit seinen Einfluss auf die Wilson-Administration. Dadurch büßte *The New Republic* die führende Rolle als Sprachrohr eines „großen politischen Führers" ein. Während der späten 1920er-Jahre entdeckte Croly einen anderen – wie er meinte – mustergültigen nationalen Führer im Ausland. Es handelte sich um den Faschisten Benito Mussolini. Dass Croly in seinen letzten Lebensjahren Mussolini vorbehaltlos bewunderte, sollte nicht erstaunen, wenn man bedenkt, dass er von Kindesbeinen an in den autoritären Lehren von Auguste Comtes Positivismus unterwiesen worden war. Herbert Crolys Vater, David, war der Gründer des Positivismus in den Vereinigten Staaten. Sein oberstes Ziel war, dafür zu sorgen, dass die Regierung volle Verfügungsgewalt über das Leben eines jeden Bürgers bekam.

12.3 Großer Kreuzzug für Gerechtigkeit

Die progressiven Protestanten begrüßten den Ausbruch des Krieges als eine Chance, ihre weitgesteckten Ziele in der Umsetzung des Social Gospel zu erreichen. Seit der Gründung der puritanischen Kolonien in Neuengland benutzten geistliche Leiter eine Symbolsprache, die sie den prophetischen Büchern der Bibel entnommen hatten. Den aktuellen politischen Konflikt erklärten sie mit den vorhergesagten Ereignissen und rechtfertigten damit die Kriegsziele ihrer Regierung. Nach erfolgreichem Abschluss der im späten 18. Jahrhundert tobenden Amerikanischen Revolution übertrugen die christlichen Leiter, die mit der Zielsetzung der Unabhängigkeitserklärung sympathisiert hatten, die Vorstellung eines sich entfaltenden Tausendjährigen Reiches auf die Vereinigten Staaten. Die neue Nation sei die erste gewesen, die die Bürden der Vergangenheit von sich geworfen und eine neue Ordnung der Zeitalter eingerichtet habe. Die Amerikaner seien das auserwählte Volk Gottes, das dazu bestimmt war, die Welt zu einer Ära der Vernunft und der universalen Tugend zu führen. Das progressive „Evangelium" verbreitete sich in Windeseile, nachdem sich einflussreiche Kirchen in den städtischen Metropolen Amerikas für dessen Propagierung verantwortlich fühlten. Die Protestanten betrachteten den Ersten Weltkrieg als eine Fortführung des großen Kreuzzuges für Gerechtigkeit, den Abraham Lincoln gegen die Südstaaten geführt hatte. Der Kampf um die Freiheit müsse erneut geführt werden, aber dieses Mal würde er bis an die Enden der Erde reichen. Sie stimmten freudig dem Motto von Präsident T. Woodrow Wilson zu, dass es die Pflicht der Nation sei, sich selbst aufzuopfern, indem sich Amerika als der leidende Diener der Welt anbot.

Wilson war ein überzeugter Progressivist, der als einer der ersten Politologen Amerikas Aufstieg zu einer Weltmacht begrüßte, weil ihm dadurch die Möglichkeit gegeben wurde, mittels einer aggressiven Außenpolitik die Präsidentschaft mit einer größeren Machtfülle auszustatten. Gleichzeitig war er auch ein liberaler Presbyterianer, der in Jesus Christus hauptsächlich einen Sozialreformer erblickte. Seine ersten Jünger habe er dazu beauftragt, den Himmel auf Erden zu errichten. Wilson plädierte für den Kriegseintritt, weil Neutralität nicht länger möglich noch wünschenswert sei, wenn es um den Frieden der Welt und die Freiheit ihrer Völker geht. Der Kongress beugte sich in der Kriegsfrage den Wünschen des Weißen Hauses: Der Senat sprach sich am 4. April mit einem Stimmenanteil von 82 zu 6 zugunsten des Krieges aus, das Unterhaus bewilligte zwei Tage später die Kriegserklärung; 373 Abgeordnete stimmten dafür, 50 dagegen, und 9 enthielten sich. Dieses Ergebnis spiegelte nicht die Stimmung in der Bevölkerung wider, die nur unter größtem Widerwillen in den Krieg eingetreten war.

Nachdem der Krieg begonnen hatte, nahm die Rhetorik der progressiven Protestanten die Merkmale eines gesteigerten Idealismus an. Die Teilnahme Amerikas am Krieg sei eine Gott dargebrachte Diensthandlung, die der Welt helfen werde, dem Willen Gottes näher zu kommen. Der Krieg habe sich zu einem Konflikt zwischen zwei Mächten entwickelt: auf der einen Seite stünden solche, die das Kommen des Königreich Gottes ermöglichen, und auf der anderen Seite jene, die sich ihm entgegenstellen. Einer der wichtigsten Begriffe, die das Propagandaministerium verwendete, um die religiöse Eigenart dieses Weltkrieges hervorzuheben, war der eines Kreuzzuges. Die progressiven christlichen Leiter hatten schon seit Jahren ihre Reformbewegung als einen neuen Kreuzzug benannt. Die Frontsoldaten seien bereit, den Armeen des Antichristen zu begegnen, um die Zivilisation, die Menschheit und das Christentum zu retten. Es war nichts wichtiger, als siegreich aus dem Krieg hervorzutreten, denn dieser idealistische Kreuzzug würde einen immerwährenden Frieden erzeugen. Die progressiven Protestanten bezeichneten die Vereinigten Staaten nicht nur als eine gerechte Nation, die an einem modernen Kreuzzug beteiligt sei, um das weltweite „Heilige Land" zu befreien, sondern benannten den Krieg auch als eine kollektive Wiederaufführung der Kreuzigung Jesu Christi auf Golgatha. Indem sie dieselbe Analogie verwendeten, wie einige Kongressabgeordnete, als diese am Karfreitag 1917 ihre Zustimmung zum Kriegseintritt erteilt hatten, stellten sie den europäischen Konflikt als ein neues Sühneopfer dar, um die endgültige, kollektive Erlösung der Menschheit zu bewirken. Die progressiven Protestanten präsentierten die Vereinigen Staaten unumwunden als den modernen Messias; sie scheuten sich nicht, diese gotteslästerliche Identifikation vorzunehmen.

Herbert G. Wells, der Freidenker und Prophet der Evolution, gewann großes Ansehen unter den progressiven Protestanten. Wells hatte das Motto formuliert, „der Krieg zur Beendigung des Krieges" (the war to end war). Über das Königreich Gottes auf Erden meinte er, es sei „keine Metapher, kein bloßer geistlicher Zustand, kein Traum, kein ungewisses Projekt, [...] es ist das nahe bevorstehende und unabwendbare Schicksal der Menschheit." Unter der Bezeichnung „Königreich Gottes" verstand er die sozialistische Utopie der Fabianer, die dank des totalen Krieges gegen das Böse auf der ganzen Erde verwirklicht werden würde. Die progressiven Protestanten vermischten ihre Kriegshetze mit dem Social Gospel. Eine Gruppe von ihnen nannte sich paradoxerweise „militaristische Pazifisten". Sie gaben vor, den Weltfrieden als ultimatives Ziel anzustreben. Als das Gemetzel auf den europäischen Schlachtfeldern zunahm, stellten sie sich vehement gegen die in die öffentliche Diskussion eingebrachten Vorschläge, wie die Feindseligkeiten schnellstmöglich zu einem annehmbaren Ende gebracht werden könnten. Nicht die Wiederbringung des Friedens sei das oberste Gebot der Stunde, sondern die weltweite Umsetzung des Social Gospel in seiner radikalsten Ausprägung. Eine verkürzte Kriegsdauer erlaube es „ungerechten Regimen", weiterhin zu existieren und ihre reaktionäre Sozialpolitik zu verwirklichen. Die diplomatischen Konsequenzen des progressiven Social Gospel konnten kaum weitreichender sein: Sie werden die Irrlehre einer weitverbreiteten amerikanischen Zivilreligion zur vollen Blüte bringen. Die amerikanische Zivilreligion propagierte in ihrer neuen Aufmachung das Gegenteil der ursprünglichen Werte, wie Neutralität, Gegenseitigkeit, Friede und Handel mit allen Nationen: einen langandauernden Krieg und so viel Blutvergießen, wie nur möglich. Die Progressive Ära kehrte alle ehrwürdigen Moralprinzipien einer vergangenen Zeitepoche auf den Kopf. Säkulare und religiöse Eliten stellen sich nun vor, dass die Regierung von zertifizierten und mit zentralisierter Macht ausgestatteten Experten geleitet werden konnte. Es gelinge ihnen, die Gesellschaft wortwörtlich zu vervollkommnen, nicht nur im eigenen Lande, sondern auch in weiter Ferne. In der Beziehung mit anderen Mächten müssten nun die Tugend, Demut und Klugheit der Macht, dem Ruhm und Stolz den angestammten Platz abtreten.

Der Zeitpunkt des Übergangs von der einen Verhaltensweise zu ihrer gegenteiligen kann präzise bestimmt werden. In der zweiten Antrittsrede von Präsident William McKinley am 4. März 1901 stellte er heraus, dass es Gottes Wille für die Vereinigten Staaten gewesen sei, den Spanisch-Amerikanischen Krieg erfolgreich abzuschließen. Im Weiteren pries er die Annexion von Kolonien und die blutige Unterdrückung der philippinischen Unabhängigkeitsbewegung an. Die amerikanische Einzigartigkeit nahm ihren Anfang in der Überzeugung, dass Gott eine wahrlich freie und demokratische Nation auf Erden geschaffen habe. Davon leitete sich der Glaube ab, dass es im besten Interesse aller Nationen liege, das politische System der Vereinigten Staaten bestmöglich zu imitieren. Es ist sicherlich richtig festzustellen, dass diese kriegslüsterne Umsetzung der amerikanischen Politik nicht mit Wilson begann. Doch er ist alleine dafür verantwortlich, sie im großen Stil konsequent umgesetzt zu haben. Die meisten Politiker in England und auf dem Kontinent hatten angenommen, dass Kriege ausgefochten wurden, um die politischen und wirtschaftlichen Interessen ihrer jeweiligen Länder zu wahren und die Konkurrenz anderer Großmächte auszuschalten. Wilson und Roosevelt sahen sich in die Pflicht genommen, sie eines Besseren zu belehren. Wilson (ΦBK) fasste die Kriegsziele der Alliierten in seinem 14-Punkte-Programm (Fourteen Points) am 8. Januar 1918 in einer Rede vor beiden Häusern des US-Kongresses zusammen, während Franklin D. Roosevelt (ΦBK, Fly Club) sich mit der Benennung der „Vier Freiheiten" (The Four Freedoms) am 6. Januar 1941 in seiner Rede zur Lage der Nation vor dem Kongress begnügte, die er anschließend am 14. August 1941 durch die Atlantikcharta (The Atlantic Charter) ergänzte.

Zweifellos war T. Woodrow Wilson der bahnbrechende Pionier; Roosevelt trat lediglich in die Fußstapfen seines Vorgängers, denn es fehlte ihm die vielseitige Begabung und die eiserne Entschlossenheit des 28. Präsidenten. Sofern es richtig ist, Wilsons Staatsführung als reine Tragödie zu beschreiben, ist es sicherlich angebracht, Roosevelts Politik als groteske Farce zu charakterisieren. Wilson setzte sich mit großem Eifer für die Gründung eines Völkerbundes (League of Nations) ein. Nur durch den Beitritt aller Nationen in diese embryonale „Weltregierung" könne, so der Präsident, jeder Erdenbewohner die fast himmlisch anmutenden Segnungen empfangen, die Amerika für die Mitgliedsstaaten bereithalte. Kein höheres Menschheitsideal konnte sich Wilson vorstellen. Am 3. Februar 1924 starb er allerdings im vollen Bewusstsein, auf der ganzen Linie versagt zu haben, Amerika in den Völkerbund geführt zu haben. Tragischer hätte sein Leben nicht enden können. Roosevelt, der denselben Wunschtraum hatte, erfüllte während des Zweiten Weltkrieges hauptsächlich die territorialen Eroberungspläne Josef Stalins. Er tat dies in der irrigen Meinung, aus dem russischen Diktator einen überzeugten Demokraten zu machen. Das war die Farce. Die schlimmen Konsequenzen, die sich daraus ergaben, sind in der westlichen Welt bis heute in vielerlei Hinsicht eine unbestreitbare Wirklichkeit.

12.4 Verletzung der amerikanischen Bürgerrechte

Die Ratifizierung der Einkommensteuererhebung ebnete 1913 einem massiven Anstieg der Besteuerung den Weg, nachdem Amerika in den Krieg eingetreten war. Steuern im niedrigsten Steuersatz verdreifachten sich von 2 auf 6 Prozent, wohingegen sie im höchsten von 13 auf 77 Prozent angehoben wurden. Aber selbst große Steuereinnahmen waren bei weitem nicht ausreichend, um die Kriegskosten zu decken. Dank des Federal Reserve Systems, der Zentralbank Amerikas, zauberte die Regierung neue Papierbanknoten und Bankkredite „aus dem Nichts" herbei, um ihre überwältigenden Defizite zu finanzieren, die 1918 die Marke von 1 Milliarde US-Dollar pro Monat erreichte – mehr als der gesamte Jahreshaushalt der Bundesregierung vor dem Krieg. Die Großindustrie begrüßte die zahlreichen

Eingriffe der Regierung in die Geschäftsabläufe, denn der Kriegssozialismus bescherte ihnen übermäßige vom Staat garantierte Profite. Die Regierung beschwichtigte die Arbeiter, indem sie Gewerkschaften gründen und Tarifverhandlungen führen durften. Diese Stärkung der politischen Macht großer Gewerkschaften war letztlich das Ergebnis der Unterdrückung des amerikanischen Zweiges der Industrial Workers of the World (IWW), der gewagt hatte, den Kriegseintritt Amerikas scharf zu verurteilen. Samuel Gompers, der Gründer und zeitweilige Präsident der American Federation of Labor (AFL), setzte sich in der Folgezeit unter Anwendung zweifelhafter Mittel in einem kompromisslos geführten Machtkampf gegen die IWW durch und erntete dafür von Präsident Woodrow Wilson großes Lob und politische Unterstützung.

Die Bürgerfreiheiten wurden während des Krieges stark beschnitten. Die Ironie liegt darin, dass Wilson vorgab, in den europäischen Militärkonflikt eingetreten zu sein, um günstige Bedingungen zu schaffen, damit weltweit die Demokratie eingeführt werden könnte. Tatsächlich begann die Definition des Begriffes „Demokratie" genau die Bedeutung anzunehmen, die sie heute besitzt: Das Recht einer mehrheitlich gewählten Regierung nach Belieben mit dem Leben, der Freiheit und dem Besitztum ihrer Bürger umzugehen. Das Spionagegesetz von 1917 und das ein Jahr später verabschiedete Volksverhetzungsgesetz deckten gemeinsam einen viel größeren Zuständigkeitsbereich ab, als für die Bestrafung von Spionen notwendig gewesen wäre. Ihr wirklicher Zweck war die Beeinflussung und Zensur der öffentlichen Meinung. Die angedrohten Strafmaßnahmen umfassten ein horrendes Bußgeld und eine Haftstrafe von bis zu 20 Jahren. Die landesweite Kampagne zur Unterdrückung jeglicher oppositionellen Regung unter dem Volk erhielt einen starken Impuls, als das Committee on Public Information unter George Creels Leitung eingerichtet worden war. Es war die erste Regierungsagentur, die sich ausschließlich mit der Aufgabe der Kriegspropaganda befasste. Jede dem Obersten Gerichtshof vorgelegte Anklage des Hochverrats erhielt die sofortige Bestätigung der Verfassungsrichter.

Beamte bedienten sich zahlreicher Präzedenzfälle, die in den Krisenzeiten der Jahre 1917 bis 1918 entstanden waren, um Bürgerrechte noch lange nach der offiziellen Waffenruhe einzuschränken. Die schlimmste Verletzung der amerikanischen Bürgerrechte war die Einführung des allgemeinen Wehrdienstes. Da sich nur Wenige freiwillig zum Militärdienst gemeldet hatten, musste Wilson zu dieser Maßnahme greifen. Er wollte eine große Armee nach Frankreich verschiffen. Ansonsten würde ihm am Kriegsende die nötige Legitimation fehlen, um seine Rolle unter den siegreichen Staatsmännern, die ihm angeblich die Vorsehung zugewiesen habe, einzunehmen. Dies sei nur möglich, wenn genügend amerikanische Soldaten auf den Schlachtfeldern sterben würden.

Wilson war nicht gewillt, den Zuwachs an Staatsmacht aufzugeben, als der Krieg vorüber war. Er schlug vor, eine Rekrutenschule für alle 18- und 19-jährige Männer einzurichten. Sein Ziel war, es Großbritannien in der Größe der Armee und Kriegsmarine gleichzutun. Die Vereinigten Staaten waren 1920 die einzige am Krieg beteiligte Nation, die sich weigerte, politischen Gefangenen eine allgemeine Amnestie zu gewähren. Der berühmteste politische Gefangene im Land war der Sozialistenführer Eugene V. Debs. Im Juni 1918 hatte Debs bei einer Veranstaltung seiner Anhänger in Kanton, Ohio, die amerikanische Regierung wegen ihrer bedenklichen Kriegspolitik kritisiert. Es gab keinen Aufruf zur Gewaltanwendung, noch kam es zu irgendeinem Ausbruch der Gewalt. Ein behördlicher Stenograf schrieb die Ansprache nieder und sandte sie der Bundesbehörde in Cleveland ein. Debs wurde des Hochverrats angeklagt und zu zehn Jahren Haft in einem Bundesgefängnis verurteilt. Erst Präsident Warren Harding setzte den Sozialistenführer 1921 auf freien Fuß.

12.5 Forcierung einer interventionistischen Außenpolitik

In den vergangenen zwei Jahrhunderten veränderte sich das politische System Amerikas hauptsächlich durch die großen Herausforderungen, die die Vorbereitung und Teilnahme an folgenschweren Kriegen mit sich brachten. Ein politisches System wurde mit einem völlig anderen ausgetauscht, ohne dass je eine bewusste Entscheidung darüber gefällt wurde. Im eigentlichen gesellschaftlichen Kern ähnelt nichts mehr der originalen Idee einer dezentralisierten Republik. Die Akzeptanz der rauen Wirklichkeit ist für viele emotional zu aufwühlend und bestürzend, als dass sie sich den Totalitarismus der Gegenwart ernsthaft eingestehen. Unliebsame Einblicke in die Schreckensvision eines schon seit geraumer Zeit konstituierten diktatorischen Regimes, das sich allerdings weiterhin dem Schein nach als verfassungsgemäße republikanische Regierung ausgibt und sich regelmäßig pro forma wählen lässt, werden bewusst ausgeblendet, um nicht mit der unwillkommenen Wahrheit konfrontiert zu werden, dass persönliches Engagement im Aufbringen von Unannehmlichkeiten und Opfer gefordert wäre, um das Schlimmste abzuwenden. Drei aggressive Militärexpeditionen im ausgehenden 19. Jahrhundert läuteten den Wendepunkt ein. Es handelte sich um den Krieg gegen das einstmals stolze Spanische Imperium, den Eroberungsfeldzug auf den Philippinen und schließlich die Teilnahme am Ersten Weltkrieg. Zusammengenommen repräsentieren diese Kriege einen tiefgreifenden Bruch mit der amerikanischen Außenpolitik.

Das dezentralisierte Regierungssystem der Vereinigten Staaten, das die Gründungsväter Amerikas den ehemaligen Kolonisten vermacht hatten, war vom Frieden als Normalzustand abhängig. Nur so konnten Gewaltenteilung und Machtkonzentration in den einzelnen Staaten aufrecht erhalten bleiben. Dem Prinzip der Gewaltenteilung folgend, dient die Aufteilung der Regierungsinstanzen in Judikative (Rechtssprechung), Legislative (Gesetzgebung) und Exekutive (ausführende Gewalt) dem Zweck der gegenseitigen Kontrolle. Bis gegen Ende des 19. Jahrhunderts hielten sich die führenden Politiker Amerikas mehr oder weniger konsequent an die Bestimmung, ihre Außenpolitik im Sinne der Abschiedsrede George Washingtons zu gestalten.

Die Progressivisten nannten die neutrale „America First"-Politik abschätzig „Isolationismus". Das Imperium der heutigen USA ist dagegen nichts anderes als ein geltungsbedürftiger und großtuerischer Staat, der unter Verwendung von Waffengewalt die kontinuierliche Vergrößerung seines Einflussbereiches anstrebt. Als Ergebnis der Beziehung zwischen Staatsapparat und Interessengruppen, die darauf bedacht sind, produktive Gesellschaften für ihre wirtschaftlichen Zwecke auszubeuten, steht der Imperialismus in einzigartiger Pose der monumentalen Gewaltanwendung da. Die ungehemmte Ausübung roher Staatsmacht in der Durchführung einer Kriegspolitik, die einzig auf den eigenen territorialen und kommerziellen Vorteil bedacht ist, tritt in ungeschminkter Fasson vor Augen.

Noch vor Eintritt Amerikas in den Krieg verabschiedete der Kongress das Nationale Verteidigungsgesetz. Es verlieh Präsident T. Woodrow Wilson die Autorität, kurz vor der Kriegserklärung oder unmittelbar danach, Bestellungen bei Privatfirmen aufzugeben, die den Vortritt vor allen anderen Geschäftsaufträgen erhielten. Im Falle der Weigerung eines Produzenten, die Bestellung zu erfüllen und den vom Kriegsminister festgesetzten „vernünftigen Kaufpreis" zu akzeptieren, war die Regierung befugt, seine Fabrik ohne entsprechende Kompensation sofort in Besitz zu nehmen. Der Privatbesitzer würde unterdessen eines Verbrechens für schuldig erklärt, wenn er sich nicht beugte, den Anordnungen des Staates zu entsprechen. Der Grundsatz einer rechtsstaatlichen Gesellschaft, dass sich letztlich alle zivilen Rechte vom Recht auf Privatbesitz ableiten und nur so die Freiheit innerhalb eines gesetzlichen Rahmens aufrecht erhalten werden kann, wurde rigoros zur Seite geschoben und verlor jegliche Bedeutung. Nachdem der amerikanische Kongress Wilsons Kriegserklärung ratifiziert hatte, stieg die Macht des Staates in schwindelerregende Höhen. Die Bereitschaft des amerikanischen Präsidenten, traditionelle Einschränkungen der Regierungsgewalt nonchalant über Bord zu werfen, begünstigte das Aufzwingen einer sozialistischen Planwirtschaft. Der Lever Act allein gab Washington die diktatorische Macht über die Produktion und den Vertrieb von allen Nahrungsmitteln und Brennstoffen in den Vereinigten Staaten.

Die USA folgte dem Vorbild der europäischen Nationen, die den Kollektivismus eingeführt hatten. Dementsprechend wurde das Wirtschaftssystem Amerikas wie nie zuvor einer radikalen Umgestaltung unterzogen. Der Weltkrieg gab dem Land einen gewaltigen Impuls in Richtung eines staatlich verordneten Sozialismus. Es war der erste Krieg, in dem die Regierung die expandierenden Korps linksorientierter Ideologen und Experten in den Staatsdienst rief, um die Wirtschaft mittels eines groß angelegten und koordinierten Plans zur hinreichenden Produktion von Kriegsmaterial umzurüsten. Viele von ihnen gehörten der progressiven Elite an. Nichts anderes als der Krieg besaß auch nur annähernd das Potenzial, dem Staat die Mittel an die Hand zu geben, sich selbst zu profilieren und die individuelle Freiheit der Bürger einzuschränken. Und dies geschah nicht nur während des militärischen Konflikts selbst, sondern auch als permanentes Vermächtnis danach. Dadurch schuf Wilson einen Präzedenzfall, der die

Einführung des Staatsmonopol-Kapitalismus (Korporativismus) in den Vereinigten Staaten im Verlauf des 20. Jahrhunderts als Inspiration und Vorgabe diente. Somit bot sich der US-Regierung in enger Anlehnung an die Bedürfnisse der Großindustrie die einmalige Möglichkeit an, die Konkurrenz effizienterer Konzerne zu eliminieren und das sich gegen Ende des 19. Jahrhunderts als äußerst vorteilhaft erwiesene System der freien Marktwirtschaft in ein anderes, völlig gegenteiliges umzugestalten. Kraft staatlicher Reglementierungen konnten in allen Industriezweigen einzelne Konzerne in Kartelle zusammengeschlossen werden, damit im Interesse höherer Preise die Produktionsrate gedrosselt und die Vielfalt der Produkte eingeschränkt werden konnte. Die das Kriegsmaterial herstellende Industrie profitierte am meisten von der Flut an Regierungsaufträgen. Doch auch andere Produzenten bereicherten sich immens an den übrigen Staatsausgaben. Es schien ihnen leichter zu sein, sich das Wohlwollen der Regierung zu sichern, als um die Gunst der Konsumenten zu werben.

Der Erste Weltkrieg bescherte der Regierung ein beachtliches Maß an Verfügungsgewalt über die Bevölkerung, das sich während der Ära des New Deals und des Zweiten Weltkrieges noch um ein Vielfaches vergrößerte. Die um die Jahrhundertwende in den Reformprogrammen der Progressivisten geforderte Wirtschaftsreglementierung wurde nach Einführung einer sozialistischen Kriegswirtschaft 1917 Wirklichkeit. Während sich die progressiven Reformer eifrig darum bemühten, eine erfolgreiche Kampagne zu führen, um wichtige Regierungsposten zu ergattern, machten sich die negativen Konsequenzen eines bürokratischen Staatsapparats zunehmend bemerkbar. Die Ermahnungen der Progressivisten zur opferbereiten Pflichterfüllung und der Gewährleistung sozialer Gerechtigkeit dienten im Inland dem Zweck, einen weltweiten Kriegszug für die Verbreitung aller vorgeblichen Vorzüge einer Sozialdemokratie zu führen.

Im Kriegssozialismus warf der im Entstehen begriffene korporative Staat seinen Schatten voraus, der schlussendlich das gesamte 20. Jahrhundert bedecken sollte. Herbert C. Hoover, Gerard Swope, Henry I. Harriman und andere Technokraten stellten sich nach dem Ersten Weltkrieg die Aufgabe, die totalitären und imperialistischen Ziele des Staatsmonopol-Kapitalismus (Korporatismus) zu verwirklichen, der sich später größtenteils im New Deal herausbildete. Die oligarchische Macht des sich ausgestaltenden und eng miteinander kooperierenden Zusammenschlusses von Staatsmacht und Großindustrie wurde während des Zweiten Weltkrieges und des Kalten Krieges in großen Teilen der Wirtschaft und über viele Lebensbereiche der Bevölkerung hinweg enorm ausgeweitet und konsolidiert. Als Grund führte man die Wahrung der essentiellen Interessen der nationalen Sicherheit an. Das sich daraus ergebende Regierungs- und Wirtschaftssystem ist neben dem Begriff „Liberaler Korporatismus" verschiedentlich auch als Neo-Merkantilismus, Interessengruppen-Liberalismus, Neofaschismus, Kooperativer Liberalismus, Politischer Kapitalismus, Militär-Staatskapitalismus, Staatsmonopol-Kapitalismus, Technokratie und Korporatives Syndikat bezeichnet worden. Jeder der genannten Begriffe bringt die Ausbildung eines

Konglomerats großer Wirtschaftsblöcke zum Ausdruck, die vom Staat miteinander integriert und koordiniert werden. Der Kriegssozialismus wirkte auch der permanent im Untergrund schwelenden und bisweilen an die Oberfläche tretenden Unzufriedenheit unter der Arbeiterschaft entgegen. Der aufmüpfige Geist vieler unter harschen Bedingungen leidenden Arbeiter konnte mittels des Versprechens besserer Arbeitsverhältnisse und höherer Löhne in einem staatsmonopolistischen System besänftigt werden. Unter diesen Umständen stand der bedenkenlosen Förderung des Gewerkschaftswesens nichts im Wege. Man bot sogar fähigen Gewerkschaftsführern eine untergeordnete Rolle im Konzipieren des wirtschaftlichen Plansystems an.

In Amerika übernahm die nationalistische Gruppierung innerhalb der progressiven Bewegung allmählich eine führende Stellung. Ihr war gelungen, den Pazifismus der Klassischen Liberalen erfolgreich zu unterdrücken. Nach Ausbruch der Feindseligkeiten in Europa wandte sich Präsident Wilson schnurstracks der Lösung gesellschaftlicher Probleme zu, die der Krieg aufgeworfen hatte. Ex-Präsident Theodore Roosevelt vertrat wie kein anderer seiner politischen Zeitgenossen die Ideale des Militarismus und Nationalismus, mit denen sich viele Progressivisten nach und nach identifizierten. Wie einige der nationalistischen Sozialisten, die mit Wohlwollen auf die Erfolge des Kriegssozialismus in England und Deutschland schauten, bewunderten Roosevelt und seine progressiven Gefolgsleute die militärische Durchschlagskraft Deutschlands. Um die positiven Errungenschaften der Sozialisierung Englands und Deutschlands auch in Amerika hervorzurufen, deutete Roosevelt auf die Notwendigkeit hin, soziale und industrielle Gerechtigkeit mit militärischer Verteidigungsbereitschaft zu verbinden. Stillschweigend hoffte er, dass sich die Regierung in Washington dazu entschließen würde, doch noch an der Seite der Alliierten in den Krieg einzutreten. Roosevelt plädierte für die Einführung der allgemeinen Wehrpflicht als „wahres demokratisches Ideal". Die Ausgestaltung eines absolutistischen Regierungssystems in Kriegszeiten sah er als ein Indiz des Fortschrittes an. Bevor sich die Progressive Partei 1916 mit der Republikanischen Partei vereinigte, verabschiedete sie ein Programm, das sich für die allgemeine Wehrpflicht aussprach. Der Erste Weltkrieg stellte einen Wendepunkt in der Entwicklung der amerikanischen Sozialdemokratie dar. Unmittelbar vor dem Ausbruch des Krieges in Europa waren die Progressivisten in den Vereinigten Staaten äußerst optimistisch und selbstbewusst. Sie wurden jedoch eine Generation später herausgefordert, eine Antwort auf die um sich greifende Stimmung der Ernüchterung, Verunsicherung und des Pessimismus in der Bevölkerung zu geben. Eine Schwermut lag auf dem Gemüt fast aller Menschen in den europäischen Staaten, die die katastrophalen Auswirkungen des Krieges emotional verarbeiten mussten. Rivalisierende soziopolitische Systeme, die die Einführung des Totalitarismus in Form des Faschismus, Nationalsozialismus oder Kommunismus befürworteten, warben um die Gunst der Wähler. In der wirtschaftlich ausgebeuteten und sozial niedergedrückten Bevölkerung fanden sie großen Zulauf.

Die amerikanischen Progressivisten erörterten die positiven Aspekte eines Nationalstaates, dessen Regierung sich auf totalitäre Prinzipien stützt. Sie blendeten allerdings aus, dass das in ihren Augen erstrebenswerte Ergebnis der Sozialkontrolle und Planwirtschaft mit den verwerflichen Mitteln der militärischen Massenvernichtung an Leben und Material erzielt wurde. Dass dieser Zusammenhang oftmals nicht erkannt wurde, lag daran, dass die damit einhergehenden Sozialreformen äußerst positiv bewertet wurden. Obgleich sich Sozialisten oftmals lautstark für den Pazifismus aussprachen, schauten sie dennoch mit Bewunderung auf die sozialen Experimente der Kriegszeit zurück. Die dunklen Wolken des Krieges ballten sich gegen Ende der 1930er-Jahre in Europa und Asien so bedrohlich zusammen, dass Präsident Franklin D. Roosevelt davon ausging, viel Unterstützung aus den Reihen der Progressivisten seiner eigenen Partei zu erhalten. Wenngleich der Präsident oftmals aus reinem politischem Kalkül heraus in öffentlichen Ansprachen das Gegenteil bekundete, war es ihm ein großes Anliegen, das Land auf einen militärischen Konflikt vorzubereiten. Auf das Drängen Roosevelts hin wurden der ganzen Welt die vermeintlichen Vorzüge des New Deal angepriesen. In seiner Rede zur Lage der Nation vor versammeltem Kongress im Januar 1944 legte der Präsident die Details einer neuen Urkunde der Zivilrechte (second Bill of Rights) vor, kraft derer die „Grundlage der Sicherheit und des Wohlstandes" für alle neugestaltet werden konnte.

12.6 Wechselhafter Erfolg einer globalen Revolution

Wilson hatte geschworen, die Welt endgültig von Gewaltherrschaft und Militarismus zu befreien; er meinte, dass er den letzten Krieg für die menschliche Freiheit geführt habe. Bei der Pariser Friedenskonferenz 1918 wollte er sich der monumentalen Aufgabe widmen, die Landkarte Europas völlig neu zu konzipieren. Er ließ sich von einem bestimmten politischen Polarstern leiten: Der künftige Völkerbund würde eine demokratische Gesellschaftsordnung in Ländern durchsetzen, wo sie noch nicht eingeführt worden war. Wilson löste eine überschwängliche Begeisterung aus, als er europäischen Boden betrat. Zum Beispiel begrüßte Rom ihn begeisternd als den „Gott des Friedens" und Mailand als den „Retter der Menschheit". In seiner Rolle als Prophet der progressiven Religion meinte er, dass es ihm meisterhaft gelingen werde, ein harmonisches Gesamtbild zu erzeugen. Nicht zueinanderpassende Elemente, wie puritanischer Postmillennialismus, rationalistische Aufklärung, hegelsche Dialektik und darwinscher Rassismus, fanden darin einen prominenten Platz. Doch als es nach monatelangen zähen Verhandlungen zu keiner Einigung über ein von allen Seiten akzeptables Friedensabkommen kam, musste sich selbst Wilson widerwillig eingestehen, dass sein vermeintliches diplomatisches Geschick an scheinbar unüberwindliche Grenzen stieß. Es bemerkten allerdings nur die Wenigsten, die sich während der Pariser Friedenskonferenz in seiner unmittelbaren Nähe aufhielten, dass er sich mit Leibeskräften für eine globale Revolution einsetzte, die ihre Sprungkraft dem Mythos der Vereinigten Staaten als heilsbringende Nation entnahm. Es trat die enorme Diskontinuität zu Tage, die zwischen Wilsons Vorschlägen bestand, eine neue Weltordnung einzuführen, und den Ermahnungen der amerikanischen Gründungsväter, keine Allianz mit anderen Ländern einzugehen.

Mit der Unterzeichnung des Friedensvertrags von Versailles am 28. Juni 1919 kam der Erste Weltkrieg auf der völkerrechtlichen Ebene zu einem Ende. Gleichzeitig stellte sie den Gründungsakt des Völkerbunds dar. Der deutschen Delegation wurde nicht gestattet an den Friedensverhandlungen teilnehmen. Sie konnte erst am Schluss einige Nachbesserungen des Vertragsinhalts schriftlich beantragen. Der Vertrag übertrug Deutschland und seinen Verbündeten die alleinige Schuld für den Ausbruch des Weltkriegs und verpflichtete es zu Gebietsabtretungen, Abrüstung und Reparationszahlungen an die Siegermächte. Die deutsche Delegation unterschrieb protestierend den Vertrag im Spiegelsaal von Versailles. Nach der Ratifizierung und dem Austausch der Urkunden trat er am 10. Januar 1920 in Kraft. Der Kongress der Vereinigten Staaten verweigerte dem Versailler Vertrag 1920 die Ratifikation, weil zwei Fraktionen im US-Senat angeführt von Henry Cabot Lodge und William Borah am 19. November 1919 und 19. März 1920 verhinderten, dass eine Zweidrittelmehrheit zustande kam, um den Friedensvertrag zu unterzeichnen. Der allgemeine Grund war die Angst vor dem Verlust der nationalen Souveränität bei einem Eintritt in den Völkerbund, der an die Unterzeichnung des Friedensvertrags gekoppelt war. Somit wurden die USA nicht Mitglied des Völkerbundes. Mittels des Berliner Vertrages schlossen sie 1921 einen Sonderfrieden mit Deutschland.

Das Ende des Ersten Weltkrieges markierte den Abschluss der wichtigsten Phase in der Ausgestaltung und Verbreitung des amerikanischen Progressivismus. Das Wissen über die negativen Nachwirkungen des Progressivismus, wie sie Historiker im zeitlichen Abstand von vielen Jahrzehnten ansammelten, blieb der großen Mehrheit der Amerikaner in den 1920er-Jahren völlig verschlossen. Später sollte eine neue Variante des Progressivismus die ganze Welt erobern. T. Woodrow Wilson legte die große Linie der amerikanischen Außenpolitik fest, wie sie sich konkret seit Anfang des 20. Jahrhunderts bis in die heutige Zeit ausgestaltet. Jeder nach ihm kommende Präsident betrachtete sich selbst als Befürworter der Ideale einer expansiven Politik und stellte dies im Befolgen der Anweisungen Wilsons unter Beweis. Im Namen der nationalen Selbstbestimmung und der kollektiven Sicherheit gegen Aggression hat die amerikanische Regierung beständig eine Politik der Weltbeherrschung verfolgt, die sich in der gewaltsamen Unterdrückung jeder Rebellion gegen den Status quo in irgendeinem Winkel der Welt vergegenständlichte. Die Vereinigten Staaten sorgten geflissentlich dafür, zunächst die Macht traditioneller Monarchien zu zerstören und anschließend die Ausbreitung marxistischer Regime zu unterbinden. Um den Eroberungsdrang anderer Nationen zu verhindern, stellen sich die Vereinigten Staaten als Ordnungsmacht der Welt dar. Ironischerweise schlüpften sie dabei genau in dieselbe Rolle des Aggressors – grausamer und raffgieriger als alle imperialen Mächte zuvor –, die sie bei anderen verurteilen. Nicht nur die Aufrechterhaltung der militärischen Vormachtstellung über weite Teil der Erde ist ein wichtiger Bestandteil der internationalen US-Politik, sondern auch die bewusste Verwendung ihrer Währung als Zwangsmittel zur Kontrolle der gesamten Weltwirtschaft dient noch viel effektiver demselben Zweck. Im Laufe der Zeit setzte sich die Einsicht unter einer wachsenden Zahl von einflussreichen Staatsmännern und Unternehmern durch, dass die Sicherung von Auslandsmärkten die auffallenden Wirtschaftsprobleme im Land am besten lösen könnte. Die einflussreichen Akteure in Politik und Wirtschaft, die sich für die Einführung des amerikanischen Imperiums einsetzten, verwendeten in ihrer Propaganda trügerische Begriffe, die dieses Programm als ein gemeinnütziges Projekt klassifizierten, um die Probleme zu lösen, die angeblich für eine Marktwirtschaft typisch seien. Ihr Programm des inländischen Korporatismus (Staatsmonopol-Kapitalismus) und überseeischen „Offene Tür-Imperialismus" nahm die Züge einer Ideologie an. Sie tauchte plötzlich an allen Ecken und Enden auf. Bald passte sie so gut in das alltägliche Erscheinungsbild des Landes hinein, dass von den meisten Kommentatoren einfach übersehen wurde, wie sehr das Land dadurch verändert wurde.

Der Eintritt Amerikas in den Zweiten Weltkrieg war der entscheidende Schritt in der permanenten Militarisierung der Wirtschaft und Gesellschaft. Die Umstellung der Wirtschaft auf die priorisierte Produktion von Rüstungsgütern während des Krieges trug maßgeblich zur Entstehung eines Militär-Industrie-Komplexes bei, der wiederum die Bedingungen zur Einführung einer Mischwirtschaft nach Friedensschluss schuf. Die monopolistischen Ausprägungen eines im Entstehen begriffenen Staatskapitalismus nahmen in Folge dessen immer deutlichere Konturen an, die unter anderem die Machtbefugnisse der Bundesregierung enorm steigerten und die Kooperation der Staatsorgane mit der Großindustrie und den Gewerkschaften förderte. Folglich weitete sich die fast willkürliche Handlungsfreiheit des Präsidenten so weit aus, dass man sie nur mit der eines Despoten fernöstlicher Kalifate vergleichen kann.

Mit Sicherheit erwies sich der Zweite Weltkrieg als ein wahres Füllhorn für viele Amerikaner. Die Anzahl der Gefallenen der Vereinigten Staaten war um einiges kleiner als die der anderen kriegsbeteiligten Nationen. Die heimische Industrie produzierte eine enorme Masse an Gütern, die hohe Profite und zahlreiche Arbeitsplätze garantierte. Alle sozialen Gruppen – ausgenommen Amerikaner japanischer Herkunft, die in Konzentrationslagern interniert wurden – verbesserten ihren Lebensstandard. Der Cornell-Historiker Carl L. Becker schlug jedoch einen pessimistischen Ton an: „Wir scheinen in einer Welt zu leben, in der der einfachste und schnellste Weg, die Arbeitslosigkeit und die Konsumgüterknappheit abzuschaffen, der ist, im großen Stile Krieg zu führen." Beckers Befürchtungen fanden ihre Erfüllung im Ausbruch des Kalten Krieges, der dem Zweiten Weltkrieg unmittelbar auf dem Fuß folgte. Die Vereinigten Staaten fanden sich mit der Tatsache einer permanenten Kriegswirtschaft ab. Die Tatsache, dass diese Kriegswirtschaft die nicht liberalen und undemokratischen Aspekte eines Garnisonsstaates mit sich brachte, wurde leger durch die Reformrhetorik des Fair Deal („Fairer Handel", Harry S. Truman), die New Frontier („Neue Grenze", John F. Kennedy) und die Great Society („Großartige Gesellschaft", Lyndon B. Johnson) übertüncht.

Die Amerikaner ziehen es weiterhin vor, die Notwendigkeit ihrer Kriege von der Politikerklasse so erklärt zu bekommen, als ob sie eine Art Sozialreform seien. Überzeugte Militaristen, wie Douglas MacArthur, John Foster Dulles (ΦBK) und Barry Goldwater, fanden nie wirklich die Gunst der Wählerschaft. In der Präsidentschaftswahl von 1964 zog Goldwaters Befürwortung eines aggressiven Militarismus im Vergleich zu Johnsons Wahlversprechen eines Wohlfahrtstaates den Kürzeren. Während seiner Regierungsjahre setzte Johnson jedoch den kontinuierlich steigenden Militärhaushalt als effektives Mittel ein, um die Grundpfeiler einer Planwirtschaft, die sich immer mehr in Amerika ausgestaltete, zu stärken. Die Großindustriellen und Bankiers im Nordosten des Landes gerieten über der radikalen Rhetorik der Great Society nicht in Panik. Obgleich ihre Sympathien traditionell den Republikanern galten, halfen sie den Demokraten 1964, einen überwältigenden Wahlsieg zu erringen. Wohlhabende Bürger in den Metropolen Amerikas wussten, dass ihnen der Kriegs- und Wohlfahrtsstaat von größerem Vorteil sein würde, als der großen Masse der sozial Schwachen, die mehrheitlich die an die Front gesandten Soldaten stellen mussten. Die Wähler, die sich ganz besonders von Johnstons dubiosen Wahlkampfversprechen betrügen ließen, waren die neoliberalen Akademiker, die zu spät begriffen, dass die Bewunderung Johnsons für Franklin D. Roosevelts politische Methoden das ungehemmte Lügen mit einschloss. Roosevelt hatte dem amerikanischen Volk strikte Neutralität gegenüber den kriegführenden Nationen versprochen, während er insgeheim Intrigen schmiedete, die gegenteilige Ergebnisse hervorbrachten. Die Amerikaner blicken auf Jeffersons klassisch-liberale Philosophie als etwas Exotisches, die auf die Probleme einer komplexen Welt der Gegenwart keine Antworten mehr parat habe. Deshalb wenden sich die Progressivisten in Scharen dem militaristischen Wohlfahrtsstaat zu, der immer gigantischere Ausmaße annimmt. Es ist jedoch erwiesen, dass der moderne Krieg lediglich den Nationalismus und Etatismus intensiviert. Deshalb erscheint es geradezu ironisch zu sein, dass die hochgepriesenen Sozialreformen in der knallharten Realität des vorausgehenden Krieges und des nachfolgenden Totalitarismus enden.

Die genaue Zeitbestimmung des Beginns der fast uneingeschränkten Beherrschung der internationalen Szene nicht nur durch die Regierung und das Militär der Vereinigten Staaten, sondern auch durch ihre Großbanken und internationalen Konzerne wurde ab dem 12. März 1947 Realität. Der amerikanische Präsident Harry S. Truman (ΦBK) hielt an jenem geschichtsträchtigen Tag eine viel beachtete Rede vor dem Kongress über den kurz zuvor entstandenen Kalten Krieg zwischen den kapitalistischen und kommunistischen Machtblöcken. Die militärische Niederlage Amerikas im Vietnamkrieg, die schon Jahre zuvor durch den ungünstigen Verlauf und

Ausgang des Koreakrieges vorgezeichnet worden war, machte deutlich, dass die Vormacht Amerikas über weite Teile der Welt ihren Zenit überschritten hat und unaufhaltsam dem bitteren Ende entgegengeht. Jedes Land, das sich dem verführerischen Klang des Imperialismus vorbehaltlos ergeben hatte, musste nach einer gewissen Zeit schmerzlich feststellen, sich auf ein Unterfangen eingelassen zu haben, das schlussendlich zum finanziellen und politischen Ruin führen wird. Die Vereinigten Staaten spüren das seit dem letzten Jahrzehnt des 20. Jahrhunderts. Erst, wenn die elitäre Gruppe von Finanziers und Investoren ihre auf manipulative Machenschaften basierende Macht verloren haben wird, wird wieder ein gewisses Maß an internationalem Frieden in den Beziehungen zwischen einzelnen Ländern eintreten.

13.0 Ideologischer Kampf gegen den Militarismus

Die imperialistische Politik Amerikas während der Progressiven Ära (1896-1921) kann nur dann im Spiegel der Zeit richtig beurteilt werden, wenn der Ursprung, Verlauf und die Folgen des Ersten Weltkrieges hinreichend in Betracht gezogen werden. T. Woodrow Wilson meinte, den eigentlichen Grund für das entsetzliche Blutvergießen auf den zahlreichen Schlachtfeldern in der gierigen Habsucht eines Nationalstaates zu erkennen, der sich die Reichtümer eines anderen mittels der Anwendung von Gewalt aneignen möchte. So einleuchtend dieses Argument ihm auch erscheinen mochte, war es doch ungeeignet, das grausame Geschehen eines erneuten Krieges unter europäischen Staaten hinreichend zu erklären. Die pauschale Erklärung war zu weit von der Realität eines Kriegsgeschehens, das von der modernsten Technologie völlig bestimmt war, entfernt, um hinreichend Auskunft zu erteilen, was sich wirklich in und außerhalb der Schützengräben abspielte. Unliebsame und ärgerliche Gedanken wurden einfach ausgeblendet. Die USA und die Siegermächte stellten die Sache unmissverständlich dar. Sie benannten die Schuldigen klar beim Namen. Als die Vereinigten Staaten in den Ersten Weltkrieg eintraten, waren hauptsächlich amerikanische und britische Historiker schnell bei der Sache, die alleinige Schuld am Ausbruch des Krieges dem deutschen Kaiser anzulasten. Sie stellten sich in den Dienst ihrer Regierungen und interpretierten den Geschichtsverlauf einseitig. Die Weltmacht Amerika verhielt sich widersprüchlich. Ihr gelang es, ihre wahren Motive, die zum Kriegseintritt geführt hatte, zu vertuschen und sich als Helfer der Alliierten und als Sieger feiern zu lassen.

13.1 Gravierende Unzulänglichkeiten einer modernen Demokratie

Der Soziologe William Graham Sumner (1840-1910) war ein scharfsinniger Gelehrter, der sich intensiv mit der Geschichte der amerikanischen Republik befasste. Er analysierte die Unzulänglichkeiten einer modernen Demokratie.

Mit einer erstaunlichen Weitsicht ausgestattet, konnte er präzise die geschichtliche Entwicklung des 20. und 21. Jahrhunderts vorhersehen. William Graham Sumner (Skull & Bones, 1863) lobte den modernen Kapitalismus als ein integriertes System, indem alle Wirtschaftsteilnehmer miteinander zusammenwirken, um großartige Leistungen weit über das hinaus zu vollbringen, was irgendeiner von ihnen selbst erbringen könnte. Das Bezeichnende daran sei das Phänomen der Arbeitsteilung, das sich durch einen ständigen Prozess der Untergliederung und Spezialisierung der Berufssparten und Handelsunternehmen sowie durch das Aufkommen von neuen Gewerben und Dienstleistungen verbessern werde. Das System reguliere sich selbst, indem sich alle Wirtschaftsabläufe an den Richtlinien einer über Jahrhunderte hinweg selbstgenerierten Gesetzmäßigkeit orientieren. Sumner sah den Kapitalismus als eine der größten Errungenschaften der westlichen Zivilisation an, die sich nur dort richtig entfalten könne, wo bestimmte Bedingungen erfüllt werden: privates Eigentum, ehrliches Verhalten, freiwillige Vertragsabschlüsse, ungehinderter Warenaustausch und uneingeschränkte Mobilität. „Laissez-faire" (wirtschaftlicher Liberalismus) stelle die höchste politische Weisheit dar. Sumner war der Meinung, dass die Prinzipien der freien Marktwirtschaft genauso gut auf die Gesellschaft angewandt werden können. Die Gesellschaft sei auf keinen die Wirtschaft regulierenden Staat angewiesen. Die Gesellschaft benötige keine Fürsorge oder Überwachung.

William Graham Sumner verwirft die Idee, dass der Mensch Naturrechte besitzt. Es entsprach seiner festen Überzeugung, dass man John Lockes Naturrechtslehre nicht ernst nehmen könne, denn die Natur spreche dem Menschen keine speziellen Privilegien zu. Das Einzige, was jeder Mensch der Natur abgewinnen könne, seien Lebensraum, Nahrung und Rohstoffe, die es ihm ermöglichen, überhaupt zu existieren. Doch der Überlebenskampf sei kein ausdrückliches Recht, sondern ein unumgängliches Erfordernis. Wenn ein Mensch Naturrechte besitze, steht dem Gedanken des konsequenten Sozialismus nichts mehr im Wege, dass er das natürliche Recht auf alles besitzt, was er benötigt, und seine Forderungen gehen so weit, wie die Wünsche, die er erfüllt haben möchte.

Sumners Überzeugung entsprechend, erfüllte die Regierung eine notwendige Aufgabe in der Verteidigung der Landesgrenzen. Die Bevölkerung müsse ebenfalls vor Diebstahl, Betrügereien und Ausbeutung beschützt werden. Polizei und eine Armee würden benötigt, um Frieden, Gerechtigkeit und Sicherheit zu gewährleisten. Sumner zufolge kann eine Regierung, die von sich behauptet, in erster Linie der Bevölkerung zu dienen, daran gemessen werden, ob sie fähig ist, eine friedvolle und gerechte Sozialordnung aufrecht zu erhalten, in der die Freiheit eine große Wertschätzung besitzt, das Privateigentum vor Übergriffen gesichert ist und die Gleichheit vor dem Gesetz allen Bürgern zugestanden wird. Ein Staat, der versucht, vermeintlich bessere Bedingungen zu schaffen als die natürlichen, indem er manipulativ in das Wechselspiel der naturgesetzlichen Gewalten eingreift, sodass einige benachteiligt und andere begünstigt werden, oder die natürliche Ungleichheit unter den Menschen künstlich kompensiert wird, würde das Prinzip der Gerechtigkeit verletzten. Das marxistische Gebot einer sozialen Gerechtigkeit, die das produktive Segment der Gesellschaft enteignet, um das unproduktive zu subventionieren, war genau das Gegenteil dessen, was Sumner für richtig hielt.

Sumner hatte kein Interesse an der systematischen Analyse des Problems der Begrenzung und Ausbalancierung politischer Macht. Indem er auf die Gebräuche und Gesetze verwies, die in einer Gesellschaft seit langem Gültigkeit besaßen und in bestimmten Institutionen verankert waren, sah er die Lösung. In Sumners Augen ist die Demokratie eine Theorie, die davon ausgeht, dass alle Menschen gleich sind und Macht und Regierungsgewalt rechtmäßig einer Mehrheit der gleichen und undifferenzierten Einheiten zusteht. Er war überzeugt, dass sich eine liberale Gesellschaftsordnung verflüchtigt und sich schließlich in Nichts auflöst, je mehr sich die Grundsätze einer Demokratie durchsetzen und letztlich ihr eigentlicher totalitärer Kern zum Vorschein kommt. Der Kern- und Angelpunkt der Demokratie sei der Grundsatz der absoluten Gleichheit aller Menschen. Aber sie sei eine trügerische Ideologie, eine Scheinreligion, ein Aberglaube, denn ihre beiden Grundsätze – menschliche Gleichheit und soziale Atomisierung – finden im menschlichen Wesen und in seiner Erfahrung weder Entsprechung noch Bestätigung. In jeder Entwicklungsstufe des zivilisatorischen Fortschrittes habe die Ungleichheit, die soziale Differenzierung und Komplexität zugenommen. Das Prinzip „eine Person eine Stimme" sei deswegen ungerecht, weil die Demokratie keine politische Anerkennung den bestehenden Unterschieden zollt, die zwischen einzelnen Menschen bestehen.

Im allgemeinen Verständnis habe sich die Meinung festgesetzt, dass man deshalb in einem freien Land lebt, weil es bei öffentlichen Wahlen möglich ist, durch die eigene Stimmenabgabe politische Amtsträger zu bestimmen. Die Durchführung periodischer Wahlen sei darum für den Weiterbestand freier Institutionen unerlässlich. Das hinter der Theorie stehende Argument, die Wahlberechtigung auf alle erwachsenen Männer und Frauen auszuweiten, beruhte auf dem folgenden Gedanken: Es müsse sichergestellt werden, dass die Gesetzgebung im Interesse aller entworfen wird, nicht nur zum Vorteil einiger wenigen. In seinen Geschichtsstudien stellte Sumner jedoch unmissverständlich heraus, dass sich die allgemeine Wahlberechtigung schon kurz nach ihrer Einführung in einer ganz anderen Weise ausgewirkt hat. In einer diversen Gesellschaft, die es jedem Erwachsenen erlaubt, seine Stimme so abzugeben, wie es ihm beliebt, gelinge es einer organisierten Minderheit immer, ihre eigenen Interessen durchzusetzen. Der Grund ist einfach genannt: Die Masse könne keinen festen Standpunkt einnehmen, weil sie viele verschiedene Ideen und Motive an den Tisch der demokratischen Meinungsbildung bringt. Sie ziehe es oftmals vor, politisch inaktiv zu bleiben. Wankelmütige, unentschlossene und apathische Verhaltensweisen der Bevölkerung ermöglichen es einer elitären Gruppe, ihre besonderen Interessen gegenüber den Wünschen der überwältigenden

Mehrheit durchzusetzen. Das Geheimnis ihres Erfolges sei die konzentrierte Vorgehensweise, wie sie entschlossen und zielbewusst auf eine Sache, die ihr besonders auf den Herzen liegt, zugeht.

Das ganze Gerede über die liberalen Vorzüge einer auf demokratischen Prinzipien fußenden Regierungsform kann laut Sumner nicht irreführender sein. Die Freiheit sei nur daran zu messen, inwieweit der Freiraum eines jeden Einzelnen in der Gesellschaft gewahrt ist. Es bestehe kein Grund zu glauben, dass sich eine Demokratie gegenüber der Freiheit freundlicher erweisen würde als eine Monarchie, Aristokratie oder eine andere Form des gemäßigten Absolutismus. Versteht man unter der Demokratie das System der Selbstregierung, in welchem die Regierung tatsächlich die Wünsche der Mehrheit ausführt, sei eine homogene Bürgerschaft eine Grundvoraussetzung, denn ohne sie degeneriert die Demokratie zu einer Regierungsform, in der sich eine Klasse über eine oder mehrere andere erhebt. In einer Gesellschaft, die aus verschiedenen Rassen besteht, entarte die Demokratie zu nichts anderem als einem Machtkampf zwischen den Rassen. Sumner meinte, dass selbst die beste Regierung eine beständige Gefahr für eine freiheitliche Gesellschaftsordnung, individuelle Rechte und privates Eigentum darstellt. Die Geschichte der menschlichen Rasse enthalte viele Episoden über die Versuche bestimmter Personen und Klassen, die Kontrolle der Staatsmacht zu ergreifen, um ihre irdischen Bedürfnisse auf Kosten anderer zu befriedigen. Mit großem Bedauern stellte Sumner fest, dass diese „Personen und Klassen" in der Durchführung einer staatlich legalisierten Plünderung nur allzu erfolgreich gewesen seien. Die Einführung einer Demokratie würde diesbezüglich nichts ändern. Wenn die breite Masse der Bevölkerung politische Macht in Händen hält, würde sie diese zu ihrem eigenen Nutzen missbrauchen, sofern die Chance dazu besteht, wie es andere Klassen zuvor getan hatten. Einzig Gesetze und Institutionen würden sie davon zurückhalten können.

Die eigentliche Gefahr, die der Freiheit in einer Demokratie droht, gehe jedoch nicht von der Mehrheit aus. Die von einer elitären Riege der mächtigen Intriganten ausgehende Tyrannei stelle eine viel größere Bedrohung der Bevölkerung dar, als Beschlüsse einer Mehrheitsregierung. Der richtige Umgang mit der Freiheit sei von einem moralischen Charakter und guten Gewohnheiten der Regierenden abhängig, die die Macht des Staates in ihren Händen halten. Freiheitsliebende Bürger, die darauf bestehen, ihre Angelegenheiten selbst zu regeln, ohne dass die Obrigkeit ihnen auf Schritt und Tritt in die Quere kommt, seien dazu verpflichtet, sich selbst Beschränkungen aufzuerlegen. Im Weiteren müssen sie ständig wachsam sein, dass man ihnen nicht die Bürgerfreiheiten, die sie besitzen, eine nach der anderen wegnimmt. Ist man aus reiner Bequemlichkeit nicht dazu bereit, die notwendigen Maßnahmen zu ergreifen, um zu verhindern, dass der Staat die Begrenzung seiner Befugnisse überschreitet, tritt eine diktatorische Herrschaft auf den Plan. Diese Entwicklung kann sich in einer Demokratie genauso einstellen, wie in anderen Regierungssystemen, ohne dass man über lange Zeit hinweg davon Kenntnis nimmt. Sollte es dazu kommen, dürfe man zwar noch zur

Wahlurne gehen, um den Schein einer Demokratie zu wahren, aber die abgegebene Stimme würde unbeachtet bleiben. Die Verfasser der US-Konstitution von 1788 haben bewusst jeden Vorteil für sich selbst gegenüber der breiten Masse herausgeschlagen. Deshalb stellten sie sich ganz entschieden gegen die Einführung einer Verfassung, die dem Volk oder den Einzelstaaten die letzte Entscheidungsgewalt zusprach. Die Herrschaftsgewalt müsse weitgehend in der Bundesregierung zentralisiert sein. Die Umsetzung dieses Prinzips sei von größter Bedeutsamkeit, müsse aber so umgesetzt werden, dass die breite Masse im vermeintlichen Glauben gelassen wird, sie sei der wirkliche Souverän im Staat, obgleich sie es nicht ist. Bis heute bleiben den meisten Menschen in westlichen Nationen die wirklichen Machtverhältnisse gerade in einer, wie sie meinen, demokratischen Gesellschaftsordnung gänzlich verborgen.

Sumners Kritik an der Demokratie kann wie folgt zusammengefasst werden: 1) Moderne, industrialisierte, westliche Nationalstaaten waren geographisch zu großflächig, demographisch zu bevölkert und kulturell zu verschiedenartig, um mehr als nur dem Namen nach demokratisch zu sein. 2) Die große Bevölkerungsmasse in Europa oder Amerika war unfähig, sich selbst zu regieren. 3) Demokratische Institutionen und Strukturen in den Vereinigten Staaten, wie Parteien, Wahlen und Abgeordnete, standen unter der effektiven Kontrolle von Plutokraten, das heißt von politisch gewieften Bankiers und reichen Unternehmern. Die eigentliche Regierungsform war die Plutokratie (Geldherrschaft). 4) Amerikanische Plutokraten wenden sich zunehmend dem Imperialismus zu und führen mittels eines ausufernden Militarismus allmählich ein bevormundendes System zur Kontrolle der breiten Bevölkerung ein.

Der Begriff „Plutokratie" steht im Mittelpunkt der Sozialphilosophie Sumners. Darunter verstand er nicht die Herrschaft des Reichtums als solcher, denn er befürwortete die Übertragung einer größeren Verfügungsgewalt an die wohlhabende Oberschicht. Vielmehr verstand er darunter eine Regierungsform, in der sich reiche Männer einzig und allein deshalb Zugang zu den Hebeln der Macht verschaffen, um politische Mittel zur Vermehrung ihres eigenen Vermögens einzusetzen. Sumner war davon überzeugt, dass keine Regierungsform als die Demokratie besser geeignet sei, um politisch versierten Plutokraten die Chance zu bieten, sich selbst auf Kosten der überwiegenden Mehrheit zu bereichern. Das Schicksal einer Gesellschaft, die versucht, demokratische Prinzipien der Rechtsstaatlichkeit umzusetzen, falle zwangsläufig in die Hände einer elitären Gruppe von Plutokraten, die sehr wohl wisse, wie sie den Gang der Dinge in der Durchsetzung staatlicher Verordnungen zu ihren Gunsten lenken kann. In der Ära, die dem amerikanischen Sezessionskrieg folgte, befürwortete die US-Regierung im Rahmen einer angeblich demokratischen Regierungsform massive Subventionen der Eisenbahnindustrie, ein zentralisiertes Nationales Bankensystem, extrem hohe Schutzzölle und ein riesiges Ausmaß an Staatsschulden.

In Wirklichkeit hielt nur eine relativ kleine Gruppe von radikalen Republikanern zwölf Jahre lang von 1865 bis 1877 fast alle Fäden der Macht in ihren Händen, ohne dass sie größtenteils von Funktionären ihrer eigenen Partei, geschweige denn Politikern anderer Parteien, dran gehindert werden konnte, eine vollumfängliche Patronage-Politik zugunsten von reichen Stahlproduzenten und sonstigen Industriellen und Bankiers zu betreiben. Darüber hinaus setzte sie ihre rachsüchtigen und habgierigen Pläne in der Ausbeutung der am Boden liegenden Südstaaten um. In Europa besaßen die Adligen noch ein Quantum an Macht und Einfluss, um die Ausübung der Regierungsgewalt des ungeschminkten Reichtums in gewisse Schranken zu weisen. In den Vereinigten Staaten gab es leider keine Adligen, die diese notwendige Funktion eines politischen Gegengewichtes hätten ausüben können. Eine hohe Dosis an Naivität benebelte ihr kritisches Denken und hielt sie in einer die Nerven beruhigenden Fantasiewelt gefangen.

Die amerikanische Bevölkerung war taub gegenüber der von Sumner geäußerten Kritik, dass ihre Demokratie einen Schutzwall gegen die plutokratische Kontrolle benötige. Der Grund hierfür liege daran, dass die Amerikaner gewöhnlich die Haltung der sorglosen Selbstgefälligkeit einnehmen, weil sie von sich meinen, gegen die sozialen und politischen Übel gefeit zu sein, die die übrige Menschheit unablässig plagen. Mehr als einhundert Jahre später sind die Amerikaner genauso verzaubert von diesem falschen Mythos, der ihre Volksseele völlig vereinnahmt hat, und ihnen vorgaukelt, sie seien die Herren im Lande, weil sie zur Wahlurne gehen können. Dass die gutbezahlten Lobbyisten der Großindustrie einen viel größeren Einfluss auf den legislativen Prozess ausüben, weil hinter ihnen die Geldgeber stehen, die die teuren Wahlkampagnen der Politiker finanzieren, wird kaum als das wahrgenommen, was es in Wirklichkeit ist: Bestechung und Korruption des gesamten politischen Establishments im großen Stile. Hinzukommt, dass die Plutokraten keine Gewissensbisse haben zu betrügen und zu belügen.

Sumner kennzeichnete das amerikanische Regierungssystem mit den drei Begriffen: Paternalismus (Bevormundung), Plutokratie und Imperialismus. Er hielt die territoriale Expansion für einen Trugschluss. So, wie die USA das spanische Imperium 1898 im Krieg besiegt habe, so würden die USA bald demselben Schicksal erliegen. Im Zuge der Eroberung der Philippinen kritisierte Sumner, dass die Amerikaner für sich ein Anspruch auf Leben, Freiheit und Glücksstreben geltend machen, diesen aber nicht den Filipinos zugestehen. Im eigenen Land könnten die Vereinigten Staaten die Rechte ihres eigenen Volkes nicht wahren, aber auf den Philippinen wollen sie die westliche Zivilisation einführen. Sumners Vorhaltung hatte sich auf den Philippinen bewahrheitet: das idealistische Gerede darüber, dass man beabsichtige, die sogenannten niedrigeren Rassen zu zivilisieren, führte letztlich zu ihrer grauenvollen Vernichtung. Ironischerweise hatte genau diese rabiate Vorgehensweise der spanischen Kolonialherren die moralische Rechtfertigung geliefert, dass Amerika in den Krieg gegen Spanien eintrat. Eine unvoreingenommene Diskussion über die Vor- und Nachteile einer imperialistischen Politik sei nicht möglich gewesen, weil die öffentliche Meinung völlig unter dem Einfluss der aufgepeitschten Kriegshetze stand. Sumner resümierte, dass der wahre Patriotismus zu einem nervenaufreibenden Rauschzustand degeneriert sei, der das intellektuelle Erfassen der wahren Sachlage unmöglich gemacht habe. Die wahren Motive einer solchen Politik waren die finanzielle Ausbeutung und politische Unterdrückung anderer Nationen.

Die verhärteten Fronten zwischen den sich konträr gegenüberstehenden Ideologien des Klassischen Liberalismus und des Progressivismus trafen nirgendwo so vehement aufeinander als über der Frage des Imperialismus. Die Zwistigkeiten zwischen William Graham Sumner und Theodore Roosevelt bezüglich des Spanisch-Amerikanischen Krieges von 1898 und weiteren Auswüchsen des amerikanischen Imperialismus, die sie zeitlebens miteinander austrugen, waren nicht Anzeichen eines unterschiedlichen Temperaments, sondern rührten von auseinandergehenden Vorstellungen über der Rolle des Staates her, die so grundsätzlich waren, dass sie nicht miteinander in Einklang gebracht werden konnten. Obwohl es keine einmütige Meinung unter den Progressivisten gab, befürwortete der dominante Flügel der Bewegung eine interventionistische und expansionistische Außenpolitik. Der Führer der Progressive Party, Theodore Roosevelt, war ein mustergültiger Imperialist, weil er sich für einen Krieg mit Spanien einsetzte, die kolumbianische (später panamaische) Kanalzone gewaltsam an sich riss, die Verfügungen der Monroe-Doktrin ausweitete und die US-Kriegsflotte um die Welt sandte. Der Präsident kleidete seine Befürwortung des Imperialismus in die wohlklingenden Worte eines internationalen Reformers. Wie andere Kolonialmächte stehe Amerika in der Pflicht, „barbarische Rassen" im Namen der Zivilisation und des Friedens zu erobern, denn „jede Ausbreitung einer großen zivilisierten Macht bedeutet ein Sieg für Gesetz, Ordnung und Gerechtigkeit". Ein wesentlicher Aspekt von Militärkonflikten war, dass sie Reformen im Inland beschleunigten. Die Anteilnahme des imperialistischen Amerikas am Ergehen anderer Nationen geschah in der logischen Abfolge eines Dreischrittes: Eroberung, Unterdrückung, Ausbeutung.

Es ist nichts Außergewöhnliches, dass die Progressivisten dem Imperialismus etwas Positives abgewinnen konnten. In England verteidigten die Fabianer den Imperialismus als eine effektive – vielleicht sogar die effektivste – Methode, „nationale Reformen" durchzuführen und eine „internationale Zivilisation" hervorzubringen. Die Progressivisten teilten Präsident Wilsons Traum von einer Welt, in der sich die Demokratie ungestört ausbreiten könne. Wenn nötig, sei dieses Ziel auch durch massive Waffengewalt und militärische Besetzung zu erreichen. Der Historiker William Leuchtenburg hält den Progressivismus und Imperialismus für verschiedene Ausdrucksformen derselben Regierungsphilosophie. William Graham Sumner bedauerte den Verlust der Freiheit und des Individualismus in Amerika aufs Tiefste und kritisierte die staatliche Wirtschaftsintervention und den Militarismus aufs Entschiedenste. Sumner war einer von mehreren

Vizepräsidenten der Anti-Imperialism League (AIL); eine Organisation, die sich mit aller Entschlossenheit gegen den expansionistischen Nationalismus stellte und die freie Marktwirtschaft, wie sie die englischen Liberalen der Manchester Schule befürworteten, für das beste Wirtschaftssystem hielt. Der Imperialismus diene nur dem wirtschaftlichen Vorteil einer relativ kleinen Interessensgruppe, wohingegen die finanziellen Auslagen der Eroberungsfeldzüge alle Bürger eines imperialistischen Staates tragen müssen.

William Graham Sumners warnende Stimme, dass letztlich nur die Plutokratie einen unmittelbaren Gewinn von dem inländischen Militarismus und überseeischen Imperialismus erzielen würde, verhallte zu seiner Zeit fast ungehört. Dennoch ließ er sich nicht entmutigen und gab Folgendes zu bedenken: Der ausufernde Militarismus würde das Vermögen der Bevölkerung weitgehend in sich aufsaugen, sodass diese der Möglichkeit beraubt würde, ihre Aufmerksamkeit den Herausforderungen des eigenen Lebens zuzuwenden. Das Streben nach militärischem Ruhm habe bereits die ehemaligen Imperien Europas in die Knie gezwungen. Die beste Ausgangsposition im zivilisatorischen Aufstieg einschließlich eines gehobenen Bildungsstandes der Allgemeinbevölkerung liege in dem Bestreben, friedfertige Beziehungen zu pflegen, freien Handel zu betreiben, niedrige Steuersätze zu erheben und industrielle Güter zu produzieren. Sumner rief dazu auf, die Natur der eigenen Kontrolle zu unterwerfen und sie den eigenen Bedürfnissen dienstbar zu machen, anstatt sich gegenseitig in nutzlosen und kostspieligen Kriegen zu verausgaben. Der renommierte Yale-Soziologe setzte rückblickend das Jahr 1898, in dem der Spanisch-Amerikanische Krieg ausgebrochen war, mit dem Anfang einer neuen Geschichtsära der Vereinigten Staaten gleich, die weitreichende politische Veränderungen nach sich zog.

Eine logische Konsequenz des von Sumner beschriebenen Prozesses ist das Wachstum des nationalen Sicherheitsstaates, der die Bürgerfreiheiten im In- und Ausland einschränkt, der in den demokratischen Ablauf eingreift und die Öffentlichkeit von den zunehmenden sozialen Problemen ablenkt. Es werden weiterhin riesige Geldsummen für die Aufrechterhaltung der nationalen Sicherheit ausgegeben, die sonst für sinnvollere Zwecke hätten verwendet werden können. Die totalitären Prinzipien eines Wohlfahrtsstaates sind so tief im Bewusstsein des zeitgenössischen Amerikaners verankert, dass Sumners Grundsatz auf allgemeines Unverständnis stößt, dass „der Staat dem Bürger nichts weiter schuldet außer der Aufrechterhaltung des Friedens, der Ordnung und der Menschenrechte". Doch welchen Vorteil zieht die breite Bevölkerung aus einer Politik, die sich besonders darin gefällt, die Ausbeutung anderer Nationen, wenn nötig durch rücksichtslose Militärgewalt, als erstrebenswertes Ziel anzusehen und zu befolgen? Die Geschichte hat zur Genüge unter Beweis gestellt, dass die bittere Frucht einer ungehemmten Machtausübung demokratischer wie totalitärer Regime die Verbreitung eines tyrannischen Herrschaftssystems über weite Strecken der Erde ist. Ströme vergossenen Blutes und Trümmerhaufen zerbombter Städte sind der zu entrichtende Tribut. Ein solch widerwärtiges Verhalten ist Ausfluss des menschlichen Wesens, das durch und durch böse ist. Dieser grausame Ablauf der Geschichte wird im 21. Jahrhundert genau so weitergehen, wenn nicht sogar noch viel schlimmere Konsequenzen mit sich bringen, wenn man sich nicht vom progressiven Fortschrittsglauben in aller Entschiedenheit abkehrt und sich dem biblischen Christentum zuwendet.

13.2 Schuld am Ausbruch des Ersten Weltkrieges

Kein anderer Krieg als der Erste Weltkrieg wird tendenziöser in Geschichtsbüchern behandelt und in jüngster Zeit unangemessener beurteilt als dieser Krieg. Der Versailler Friedensvertrag wies die alleinige Verantwortung für den Ausbruch Deutschland und seiner Verbündeten zu. Als Dokumente der Kriegsteilnehmer kurze Zeit später veröffentlicht wurden, kam die mit voller Absicht verschwiegene Wahrheit ans Tageslicht, dass allen beteiligten Nationen Verantwortung für den Kriegsausbruch anzulasten ist. Dennoch hat sich seit den 1960er-Jahren ein dominanter Gesichtspunkt in akademischen und journalistischen Zirkeln festgesetzt, der die Schuld am Kriegsausbruch ausschließlich einer Seite zuweist. Unter Führung eines böswilligen, autoritären Kaisers und seines kriegslüsternen Generalstabs habe die deutsche Regierung eine blutige Auseinandersetzung entfesselt, die mehr als 30 Millionen Menschenleben kostete und eine unbeschreibliche Zerstörung auf dem europäischen Kontinent anrichtete. Das übrige Europa wurde in diesen Krieg widerwillig hineingezogen, weil die antidemokratische preußische Elite unter Beifall einer ultranationalistischen Bevölkerung einen über Jahrzehnte hinweg ausgeklügelten Plan in die Tat umsetzen wollte, nämlich ihr eigenes Imperium gewaltsam auszuweiten. Diese einseitige Beurteilung ist von persönlichen, ethischen und ideologischen Gesichtspunkten motiviert. Diese Historiker übersahen absichtlich bestimmte Fakten. Sie ignorierten die Maßnahmen, die andere europäische Länder ergriffen hatten, um zunächst den europäischen Krieg heraufzubeschwören. Um ihre historisch fragwürdigen Ansichten zu untermauern, verunglimpften sie ungerechterweise den Ruf des Reichskanzlers Theobald von Bethmann-Hollweg, der drei Jahre vor Kriegsanfang versucht hatte, mit großem Engagement die Differenzen zwischen England und Deutschland auszubügeln. Im Weiteren gaben sie bestimmte Aussagen deutscher Schlüsselpersonen in diesem Konflikt, wie den Kaiser und dem ranghöchsten Offizier seines Generalstabs, bewusst falsch wieder.

In jüngster Vergangenheit ignorieren Historiker des Ersten Weltkrieges solche These. Christopher Clark, ein Historiker an der Cambridge University, veröffentlichte 2013 sein Werk *The Sleepwalkers: How Europe Went to War in 1914* (Die Schlafwandler: Wie Europa 1914 in den Krieg eintrat): Die Großmächte marschierten schlafwandelnd in den Krieg, von dem sich die europäische Zivilisation nie wieder ganz erholt hat. Alle europäischen Großmächte verhielten sich leichtsinnig. Der Ursprung des Krieges war ein

Geschichtsereignis mit vielen verschiedenen Facetten: 1) Russland war darauf aus, die Türkei zu besiegen und die Kontrolle über die Dardanellen, eine Meerenge im Mittelmeer zwischen der Ägäis und dem Marmarameer, zu übernehmen. 2) Großbritannien bemühte sich darum, trotz aller Risiken die Macht seines hauptsächlichen Wirtschaftsrivalen, Deutschland, zu zerstören. Um einen Vernichtungskrieg führen zu können, umkreiste man das Kaiserreich mit feindlichen Allianzen. 3) Serbien unternahm den Versuch, das habsburgische Imperium zu teilen. 4) Frankreich sehnte sich verzweifelt nach Revanche, die Deutschen für ihren militärischen Erfolg im franko-preußischen Krieg zu bestrafen. Es tat alles Mögliche, um den Kriegskessel zu schüren.

Die österreichisch-ungarische Doppelmonarchie betrieb fast fünfzig Jahre lang eine Friedenspolitik. Erst nach dem Attentat in der bosnischen Stadt Sarajevo am 28. Juli 1914, bei dem Gavrilo Princip den habsburgischen Thronfolger Franz Ferdinand und seine Ehefrau Sophie ermordete, sollte sich das Blatt wenden. Der anschließende Zusammenbruch diplomatischer Beziehungen der europäischen Großmächte führte zum Ausbruch eines zunächst in Europa lokalisierten Krieges, der sich schon bald zu einem grauenvollen Weltkrieg ausweiten sollte. Die alliierte Kriegspropaganda verunglimpfte den österreichischen Kaiser Franz Josef I. (1830-1916) als alleinigen Brandstifter auf dem Balkan, doch die Geschichtsfakten widerlegen diese Darstellung.

Die Engländer initiierten in den unmittelbaren Jahren vor dem Ausbruch des Ersten Weltkrieges kriegerische Auseinandersetzungen, um weitere Länder ihrem erdumspannenden Weltreich hinzuzufügen oder, wenn dies nicht gelingen sollte, diese weit möglichst in den Ruin zu führen, um sie als politische und wirtschaftliche Konkurrenten auszuschalten. Andere Länder wie Russland beteiligten sich an der Seite Englands willfährig an den imperialistischen Feldzügen. Iran musste 1907 eine Teilung seiner Landfläche in englische und russische Einflusszonen über sich ergehen lassen, als es die Invasoren nicht von ihrem raubgierigen Vorhaben, besonders im Hinblick auf die Erschließung der Erdölvorkommen, abbringen konnte.

Der deutsche Kaiser Wilhelm II. zeigte sich äußerst verstimmt über die enorme Ausweitung der Kolonialgebiete Englands, Frankreichs, Russlands und Amerikas, die sich seit seinem Regierungsantritt zugetragen hatte, wenngleich er sich nicht davon abhalten ließ, sein eigenes viel bescheidenere Kolonialerbe zu vergrößern.

Die Regierung in Washington machte ihre Militärpräsenz auf Kuba und Puerto Rico im auslaufenden 19. Jahrhundert geltend, um die profitablen Zuckerplantagen auf diesen Inseln unter ihr eigenes Protektorat zu stellen. Da diese mittelamerikanischen Gebiete offiziell der spanischen Krone unterstanden, blieb ein bewusst heraufbeschworener Kriegskonflikt nicht aus.

Im Falle Marokkos setzten sich die Franzosen 1912 als Besatzungsmacht durch. Dies war deshalb eine absonderliche Entwicklung, weil sich acht Staaten mit ihrer Unterschrift zuvor verpflichtet hatten, die Unverletzlichkeit der nationalen Souveränität Marokkos zu gewährleisten. Ägypten wurde

1912 in das Britische Imperium einverleibt. Dasselbe Schicksal hatte schon einige Jahre zuvor den Sudan, Burma, Tibet, Sansibar, Transvaal und den Oranje-Freistaat ereilt. Die Gesamtzahl der Länder, die sich ungefähr zur gleichen Zeit der Militärmacht Großbritanniens beugen mussten, ist noch um einiges grösser.

In den schicksalsträchtigen Jahren von 1904 bis 1912 setzten sich die englischen Diplomaten für die Vertragsunterzeichnung geheimer Allianzen mit Frankreich, Russland und Belgien ein, die dazu dienen sollte, das Deutsche Reich von drei Seiten einzukreisen und in einem anschließenden Krieg vernichtend zu schlagen. Eine nationalistische und imperialistische Stimmung herrschten in den USA, in England und Frankreich. In Deutschland ging der Militarismus von der Armee aus und verbreitete sich rasch in der übrigen Gesellschaft, sodass sich sogar die Sozialdemokraten davon in Beschlag nehmen ließen. Bismarck sicherte sich die Unterstützung der Linksradikalen, indem er den Staatssozialismus im Deutschen Reich nicht nur einführte, sondern ihn in der Folgezeit auch konsequent umsetzte.

In England bildete sich eine Interessensgemeinschaft von nationalen Sozialreformern und imperialistischen Kriegstreibern. Die Kolonialpolitik Großbritanniens sollte mit allen Mitteln gefördert werden, bis die sozialistische Föderation der Welt Realität sein würde. Die Liberalen akzeptierten 1909 – entgegen ihrer ureigenen politischen Überzeugung – die von Schatzkanzler David Lloyd George geforderte Anhebung der Steuern im Haushaltsetat und setzten somit die schicksalhafte Entwicklung in Gang, die schlussendlich zum nationalen Bankrott führen sollte. Die enormen Staatsausgaben für soziale Reformen und koloniale Expansion überwältigten die finanziellen Ressourcen Großbritanniens Anfang des 20. Jahrhundert.

Der britische Außenminister Lord Edward Grey hatte alles in seiner Macht stehende getan, um die Deutschen und ihre österreichisch-ungarischen Verbündeten zu isolieren, die sich berechtigte Sorgen über die Umzingelung von Feinden machten. Durch geschickte diplomatische Manöver kam die Triple Entente (Dreiverband von England, Frankreich und Russland) zustande. In dieser weitreichenden Allianz umzingelten die Franzosen und Russen als angriffslustige Feinde die Mittelmächte. Die Führungsriege des Deutschen Reiches fühlte sich veranlasst, im Juli 1914 ihre österreichischen Verbündeten in einem Krieg gegen Serbien, das zu jeder Zeit ein russischer Satellitenstaat war, zu unterstützen. Es zeichnete sich schnell ab, dass dieser Konflikt die Deutschen vor die bittere Realität stellen würde, einen Zweifrontenkrieg gegen Russland und Frankreich führen zu müssen. Das deutsche Militär nahm fatalistisch die Möglichkeit in Kauf, dass England in den Kampf gegen die Deutschen eintreten würde, wie es dann auch geschehen ist. Die Briten waren gegenüber den Deutschen feindseliger eingestellt als umgekehrt. Außenminister Lord Edward Grey wies Annäherungsversuche des Reichskanzlers Theobald von Bethmann-Hollweg zurück, seine Regierung davon zu überreden, keine militärischen Übereinkünfte mit den Feinden Deutschlands einzugehen. Der Historiker Konrad Canis deutet auf die folgenden Tatsachen hin, die man in anderen geschichtlichen Abhandlungen über den

Ersten Weltkrieg meistens nicht vorfindet: 1) Die Außenpolitik des deutschen Zweiten Reiches war größtenteils passiv. Dies traf nicht nur auf Bismarck nach der deutschen Vereinigung 1871 zu, sondern auch auf die deutsche Außenpolitik nach 1902. 2) Die Briten verfolgten einen auf Konflikt ausgelegten Kurs, der unweigerlich zum Krieg führen musste. Sie betrachteten Deutschland als einen Neuankömmling im Ergattern überseeischer Kolonien, der sich zum hauptsächlichen Wirtschaftskonkurrenten mauserte. Gleichzeitig etablierte sich Deutschland zur dominanten Militärmacht auf dem Kontinent. Reichskanzler Theobald von Bethmann-Hollweg betrachtete die englische Freundschaft für so wertvoll, dass er sogar deutsche Interessen zurückstreckte, um sie zu gewinnen. 3) Die kaiserliche Regierung und der Großteil der deutschen Presse hofften zwar, dass Deutschland eine Weltmacht wird, waren aber nicht gewillt, alle anderen Länder zu dominieren. Canis meint, dass die Deutschen auf die Österreicher besänftigend hätten einwirken müssen, selbst nachdem serbische Attentäter den Erzherzog Ferdinand und seine Frau ermordet hatten. Die russische Regierung verfolgte eine aggressive Expansionspolitik, die dazu geführt hat, dass der Erste Weltkrieg ausbrach. Die Rolle, die Amerika in diesen verworrenen Manövern der Machtpolitik in Europa spielte, muss gleichfalls in Betracht gezogen werden. Vor dem Ersten Weltkrieg waren die Vereinigten Staaten lediglich ein Satellitenstaat Englands.

Die Krise begann am 28. Juli 1914 mit dem Attentat auf Franz Ferdinand, dem Thronfolger des österreichisch-ungarischen Reiches, und seiner Frau Sophie in Sarajevo, der Hauptstadt der von Österreich annektierten Provinz von Bosnien. Sie wurden nicht Opfer des Anschlags, weil sie Feinde der Serben gewesen wären, sondern weil diese ihre Unabhängigkeit erlangen wollten. Serbische Politiker sprachen von einem unvermeidlichen Überlebenskampf mit Österreich, um das heilige Anliegen eines Großserbiens – die Vereinigung von Serbien und Bosnien – zu verwirklichen. Eine Terrorgruppe kämpfte gegen die politische Elite des Habsburger Staates. Die serbischen und bosnischen Nationalisten, die sich auf eine Trennung von Österreich eingeschworen hatten, bestanden aus einer kleinen Minderheit. Ironischerweise fürchteten die meisten von ihnen die Beherrschung ihrer Nationen durch andere Großmächte, wie Deutschland oder Russland, wenn Österreich als Protektorat von der Bildfläche verschwinden würde.

Die desaströse Niederlage Russlands im Krieg mit Japan von 1904 bis 1905 führte dazu, dass der Zar seine Aufmerksamkeit dem im Westen gelegenen Balkan zuwandte, um seine Expansionspläne zu verwirklichen. Frankreich unterstützte Serbien so bereitwillig wie Russland. In den 1880er-Jahren hatte der deutsche Kanzler Otto von Bismarck eine Reihe von Verträgen mit Russland und Österreich ausgehandelt, die dazu bestimmt waren, das auf Revanche bedachte Frankreich politisch zu isolieren. Als Bismarck 1890 seines Amtes enthoben worden war, ließ die deutsche Regierung den Vertrag mit Russland auslaufen. Clark widerspricht einer älteren Sicht über diese Ereignisse, indem er behauptet, dass das Versäumnis, das Bündnis mit dem Zaren zu erneuern, nicht ein Ergebnis der Rücksichtslosigkeit des neuen Kaisers Wilhelm II. war, sondern die Entscheidung von unerfahrenen Diplomaten im Außenministerium. Das bis dahin ohne Bündnispartner dastehende Frankreich war eifrig darum bemüht, einen neuen mächtigen Staat als Verbündeter zu gewinnen. Die französisch-russische Allianz wurde 1894 beschlossen und bestand 1914 immer noch. Der französische Außenminister führte zwei bereits mit Frankreich alliierte Nationen zusammen. England und Russland kamen über ihren kolonialen Disputen zu einer gegenseitig annehmbaren Übereinkunft und unterzeichneten 1907 den Bündnisvertrag der Triple Entente. Dem Kaiserreich Deutschland standen nun drei Weitimperien entgegen. Zieht man die wesentlichen Faktoren in Betracht, die schlussendlich zum Ersten Weltkrieg führten, tritt der Rüstungswettlauf der Kriegsmarine Deutschlands und Großbritanniens als auslösendes Moment in den Hintergrund, um als hinreichender Grund der kriegerischen Haltung Englands gegenüber seinem deutschen Rivalen zu dienen. London nahm die Selbstdarstellung Wilhelms II. als Oberbefehlshaber einer mächtigen Kriegsflotte nie ernst. Großbritannien war sich stets bewusst, dass es ihnen gelingen würde, mehr Schlachtschiffe seetüchtig zu machen, als irgendein anderes Land in der Welt. Kurz vor Ausbruch des Krieges spielte die öffentliche Meinung kaum eine Rolle in den westlichen Demokratien, da die jeweilige Bevölkerung in den einzelnen sich später bekriegenden Ländern gänzlich über die frenetischen Militärvorbereitungen im Dunkeln gelassen wurde.

Mit dem Ausbruch des Ersten Weltkrieges stürzte die Menschheit in eine Krise von monumentalem Ausmaß. Das Schreckliche war der Einsatz von hochentwickelten Waffen, die die blühende Wirtschaft der westlichen Industriestaaten hervorgebracht hatte. Die Tyrannei einzelner Diktatoren, die so bezeichnend für den Verlauf des 20. Jahrhunderts werden sollte, nahm ihren Anfang im September 1914. Die amerikanische Bevölkerung meinte, dass sie dank der Neutralitätspolitik ihres Präsidenten, wie sie die Gründungsväter der Nation befürwortet hatten, von den schlimmen Auswirkungen des Krieges verschont bleiben würde. Pašić, Sazonov, Conrad, Poincaré, Moltke, Grey und die übrigen europäischen Politiker stellen genau die Sorte von Staatsmännern dar, vor denen die Gründungsväter ihre Landsleute vor mehr als 100 Jahren gewarnt hatten. Die günstige geographische Lage schien der Garant dafür zu sein, dass die Amerikaner nicht in das sinnlose Gemetzel der Alten Welt hineingezogen werden würden.

Die Feindseligkeiten im Nordatlantik, die schließlich den Vorwand lieferten, dass Amerika 1917 in den Krieg eintrat, hatten gleichzeitig mit dem Ausbruch des Krieges 1914 in Europa begonnen. Eine der dringlichsten Fragen betraf die Umsetzung des Völkerrechtes hinsichtlich der wirtschaftlichen Beziehung neutraler Nationen zu den Kriegsteilnehmern. In grober Verletzung des Völkerrechtes kontrollierte Großbritannien völlig den neutralen Handel. Der Erste Lord der englischen Admiralität (Marineminister), Winston Churchill, ein passionierter Freimaurer, scheute sich nicht, den Grund dieser illegalen Maßnahme zu benennen: Das Aushungern sollte als Zwangsmittel zur Unterwerfung der deutschen Bevölkerung dienen.

Die britische Admiralität erklärte im November 1914 die ganze Nordsee zum Militärgebiet. Somit konnte der Ärmelkanal vermint werden. Neutrale Schiffe konnten nur noch auf eigenes Risiko in diese Kriegszone eindringen. Die britische Maßnahme war eine krasse Verletzung des Völkerrechts. Dieses gesetzwidrige Vorgehen bedeutete effektiv, dass der amerikanische Handel mit Deutschland ein jähes Ende fand. Gleichzeitig erklärten sich die Vereinigten Staaten gegenüber der Entente (Bündnis von 1894 zunächst zwischen Frankreich und Russland) bereit, den alliierten Streitkräften aus ihrem schier unerschöpflichen Wirtschaftsarsenal Nahrungsmittel, Rohstoffe und Rüstungsgüter zu liefern. Somit dienten nicht nur sentimentale, sondern auch finanzielle Erwägungen als Grund dafür, dass sich fast die gesamte amerikanische Großindustrie mit den Militärzielen der Alliierten identifizierte und sich nach Leibeskräften dafür einsetzte, dass die Achsenmächte (Deutschland, Österreich-Ungarn und andere) den Krieg verlieren würden. Die Privatbank J. P. Morgan & Co., die sich sofort dazu bereit erklärt hatte, die Beschaffung der Versorgungsgüter für Großbritannien zu übernehmen, informierte die Wilson-Administration regelmäßig über die finanzielle Sachlage der Entente. Das *Wall Street Journal* und andere Kommunikationsorgane der amerikanischen Elite stellten sich bei jeder Gelegenheit lautstark auf die Seite der Briten, bis die Vereinigten Staaten schließlich selbst in den europäischen Krieg eintraten.

Wilson hatte Amerika auf einen direkten Kollisionskurs mit Deutschland geführt. Am 7. Mai 1915 ereignete sich der bedeutendste Zwischenfall im nordatlantischen Krieg. Ein deutsches U-Boot versenkte den britischen Ozeankreuzer Lusitania. Der zu beklagende Verlust an Menschenleben war immens. Unter den 1195 Passagieren, die bei dieser Tragödie umkamen, befanden sich auch 124 Amerikaner. Ein Aufruf des Entsetzens erhob sich in Kreisen der Elite Amerikas, der einen entsprechenden Widerhall in den einflussreichsten Presseorganen der Ostküste fand. Zur selben Zeit veröffentlichten die Briten den „Bryce Report", der schreckliche Berichte über Gräueltaten enthielt, die deutsche Soldaten angeblich in Belgien begangen hätten. Es war ein Werk purer Entente-Propaganda, obgleich es nicht als solches in der öffentlichen Meinung Amerikas erkannt wurde. Das Entsetzen unter der Bevölkerung Amerikas war überwältigend. Die Elite der Republikanischen Partei verlangte von Präsident Wilson ein unbeugsames und hartes Durchgreifen. Die große Mehrheit der Amerikaner, die sich sehnlichst wünschte, einen Krieg zu vermeiden, besaß keinen Sprecher innerhalb der Führungsriege beider nationalen Parteien. Wilsons Außenminister, William Jennings Bryan, versuchte, den Präsidenten zur Vernunft zu bringen. Er erinnerte Wilson daran, dass Kaiser Wilhelm II. einen von Amerika vorgeschlagenen Kompromiss willkommen geheißen hatte, mit dem U-Boot-Krieg auf Handelsschiffe aufzuhören, wenn Großbritannien den Transport von Nahrungsmittel nach Deutschland erlauben würde.

T. Woodrow Wilson war sich aus parteipolitischem Kalkül heraus bewusst, dass er die Unterstützung von William J. Bryan benötigte, um sich bei der Präsidentschaftswahl 1916 erfolgreich durchsetzen zu können. Sein engster Berater Colonel Edward M. House war der gleichen Meinung und bestärkte ihn in dem Entschluss, Bryan solange als Außenminister an der Stange zu halten, bis seine Dienste nicht mehr benötigt werden würden, um die Wiederwahl des Präsidenten zu gewährleisten. Der Umstand, dass Bryan als einziges Kabinettsmitglied der deutschen Politik Sympathie entgegenbrachte, selbst nachdem das Kaiserreich in den Krieg gegen die Alliierten Mächte getreten war, war zwar erstaunlich, aber nicht von großer Bedeutung, denn House erledigte fast alle wichtigen außenpolitischen Geschäfte, zu denen ihn Wilson beauftragte. Bryan empfand die Schmähung seiner Person und die damit einhergehende Deklassierung zur Unbedeutsamkeit im Außenministerium als tiefe Demütigung. Nachdem er sich davon überzeugt hatte, dass sich Wilson von ihm nicht davon abhalten ließ, in den Krieg einzutreten, legte Bryan sein Amt als Außenminister im Juni 1915 nieder.

Der Seekrieg fesselte die Aufmerksamkeit der Regierung in Washington erneut, als ein deutsches U-Boot die Sussex, ein ohne Landesflagge gekennzeichnetes französisches Passagierschiff, versenkte und sich einige Amerikaner dabei verletzten. Ein harscher Protest des amerikanischen Präsidenten erzwang von der deutschen Regierung das sogenannte Sussex-Gelöbnis. Der Kaiser wollte unter allen Umständen einen Abbruch der Beziehungen mit den Vereinigten Staaten verhindern. Deutschland würde aufhören, ohne Warnung die Handelsschiffe des Feindes, die sich in der Kriegszone befanden, anzugreifen. Dieses Entgegenkommen wurde aber ausdrücklich von der Annahme abhängig gemacht, dass „die Regierung der Vereinigten Staaten die britische Obrigkeit jetzt auffordern und darauf bestehen sollte, dass sie von nun an die Gesetze des Völkerrechtes beachten sollte". Eine barsche Antwort Washingtons erreichte die Deutschen postwendend. Ihre eigene Verantwortung sei absolut und in keiner Weise von dem Verhalten irgendeiner anderen Macht abhängig. Präsidenten Wilson wollte nicht anerkennen, dass es zwischen den britischen Regelwidrigkeiten und dem deutschen U-Boot-Krieg eine Beziehung gab. Die amerikanische Führungsriege war alles andere als neutral. Der amerikanische Botschafter in London, Walter Hines Page, gab sich viel Mühe, den Briten zu gefallen. Als die Briten die neutralen Rechte Amerikas immer gröber verletzten, wurden nur zum Schein diplomatische Noten ausgetauscht im Hinblick darauf, dass die beiden Nationen einmal Seite an Seite kämpfen werden.

Während die Wilson-Regierung die amerikanische Bevölkerung zur strikten Neutralität im Hinblick auf die im Krieg beteiligten Nationen aufrief, übte Außenminister Robert Lansing 1916 Druck auf Dänemark aus, den Vereinigten Staaten freiwillig die Jungferninseln zu verkaufen. Der Erste Weltkrieg in Europa war zu jenem Zeitpunkt schon fast zwei Jahre im Gange. Deutschland könne auf den Gedanken kommen, Dänemark zu besetzen. Von dort aus würden sie die dänischen Jungferninseln befestigen, um eine Ausgangsbasis für den Angriff auf Amerika zu haben, falls die Vereinigten Staaten in den Krieg eintreten würden. Dänemark müsse diese Inseln an Amerika verkaufen, sonst würden sie ihnen einfach weggenommen werden.

Europäische Staatsmänner und Generäle auf beiden Seiten hofften, den ins Stocken geratenen Vormarsch ihrer Armeen im Januar 1917 wieder in Gang zu setzen. Die Sache der Entente war Anfang des Jahres 1917 nahezu verloren. Um dennoch eine entscheidende Kehrtwendung des Krieges zu ihren Gunsten zu erzwingen, setzten die Briten alle Arten von Waffen ein, die ihnen zur Verfügung standen, neue wie alte. Ein noch schlimmeres mörderisches Gemetzel entbrannte. Gleichzeitig intensivierten die Engländer die Propaganda in den Vereinigten Staaten, um sicherzustellen, dass Amerika an der Seite der Alliierten in den Krieg eintreten würde. Das Kriegspropaganda-Amt in London zahlte große Summen an US-Zeitungen, um zu garantieren, dass sie in der „amerikanischen Frage" die richtige Position einnehmen würden. Angeheuerte Propagandisten begaben sich auf ausgedehnte Vortragsreisen und verbreiteten weitflächig den berühmten *Bryce Report* über angebliche deutsche Gräueltaten in Belgien. Einer der grausamsten Methoden, um aus einer ausweglosen Situation doch noch halbwegs unbeschadet herauszukommen, war die britische Hungerblockade der deutschen Zivilbevölkerung. Die seit Ende 1914 vorgenommene Maßnahme der Engländer verhinderte die Zulieferung von Nahrungsmitteln und anderen Konsumgütern aus neutralen Staaten an Deutschland. Die auf der Hand liegende Lösung, das Blutvergießen zu beenden, war, die Feindseligkeiten gänzlich einzustellen und zu verhandeln. Doch niemand war dazu bereit, diese Alternative überhaupt in Erwägung zu ziehen. Die verzweifelten Versuche verschiedener Staatsmänner, den Konflikt zu schlichten, scheiterten alle an den gigantischen Staatsschulden, die alle Kriegsteilnehmer aufgenommen hatten. Jemand musste den Krieg verlieren, um anschließend Reparationen zu bezahlen, damit die Sieger ihre Kriegsanleihen und Bankkredite begleichen konnten. Der Winter von 1916/17 war einer der strengsten in Erinnerung der damaligen Menschen in Europa. Die hungernde Bevölkerung Deutschlands musste gewaltige Leiden und Entbehrungen über sich ergehen lassen. Das Ende des Krieges konnte nicht mehr lange ausbleiben. Die Entscheidung über den Ausgang dieses schlimmsten aller Militärkonflikte bis zu jener Zeit lag nun völlig in den Händen T. Woodrow Wilsons. Die imperiale Expansion der Vereinigten Staaten erreichte ihre volle Blüte im Ersten Weltkrieg, als Wilsons Entschluss im April 1917, sich in den europäischen Konflikt einzumischen, dazu führte, dass die Massenschlachtung von ganzen Armeen auf Seiten aller Kriegsteilnehmer unnötig verlängert wurde. Die amerikanischen Expeditionskorps schufen die Bedingungen, die schlussendlich dazu führten, dass die Bolschewistische Revolution das russische Zarenreich völlig zerstörte und einige Jahre später die nationalsozialistische Machtergreifung den Deutschen die Diktatur Hitlers bescherte. T. Woodrow Wilson besaß ein besonderes Geschick dafür, ein moralistisches Gehabe an den Tag zu legen, um seine Politik der militärischen Aggression und imperialistischen Vorherrschaft zu rechtfertigen; seine größenwahnsinnige Absicht war, alle Länder der Erde nach den amerikanischen Vorstellungen und Forderungen gefügig zu machen.

13.3 Entlarvung der lügenhaften Kriegspropaganda

Als die Vereinigten Staaten als offizieller Kriegsteilnehmer an der Seite der Alliierten Mächte im April 1917 standen, hatten viele führende Historiker ihre akademischen Gewänder abgelegt und marschierten in einer Uniform. Das oberste Gebot der Geschichtsschreibung war, die amerikanische Bevölkerung davon zu überzeugen, dass die Entscheidung ihres Präsidenten, in den europäischen und fernöstlichen Krieg einzutreten, richtig war. Die Geschichte der Feindesnationen musste demnach von einer langen Tradition der Niederträchtigkeit und Tücke gekennzeichnet sein. Gelehrte umhüllen sich häufig mit dem Gewand des Nationalismus und verlieren dabei den Blick für ihr erklärtes Ziel, in ihrer Berichterstattung historischer Ereignisse objektiv zu sein, ob es nun um das Lob des eigenen Landes oder die Verunglimpfung des Feindes geht. Auf Anordnung des Präsidenten wurde das Committee on Public Information (Komitee für Öffentliche Information) eingerichtet, das George Creel leitete. Creel übertrug Guy Stanton Ford, einem prominenten Historiker der University of Minnesota, den Vorsitz einer Gruppe von Historikern, die beauftragt wurden, die Literatur zur Unterstützung des amerikanischen Kriegseinsatzes hervorzubringen. Beide Organisationen veröffentlichen einen fortwährenden Strom an Büchern und Artikeln, die dem Zweck dienten, die Gewissheit in der amerikanischen Bevölkerung zu festigen, in einem einzigartigen und gerechten Krieg zu kämpfen.

Der amerikanische Historiker und Soziologe Harry Elmer Barnes (1889-1968) war ein progressiver Reformer. Fest davon überzeugt, dass Regierungen fähig seien, mittels fachkundiger Anwendung der neuen Sozialwissenschaften die Gesellschaft zu verbessern, entwickelte er 1912 Seite an Seite mit berühmten Historikern, wie James Harvey Robinson (1863-1936) und Charles A. Beard (1874-1948), die sogenannte „New History" (Neue Historiographie; progressive Geschichtsschreibung). Die historische Gelehrsamkeit, so behaupteten sie, beinhalte mehr als nur die Erfassung der Fakten. Die Erkenntnis müsse einer Zweckbestimmung dienen, und die Gelehrsamkeit sollte in der Lösung von Problemen des menschlichen Lebens angewandt werden. Doch fast niemand anderes proklamierte das Evangelium der geschichtlichen Relevanz mit größerem Eifer als Harry Elmer Barnes. Sein persönliches Engagement bei populären Reformen der Gesellschaftsordnung dient als Paradebeispiel einer progressiven Glaubensüberzeugung. Er fand immer die Zeit und Gelegenheit, sich im öffentlichen Leben aktiv einzubringen, wenn es darum ging, für den Weltfrieden zu kämpfen, die Wirtschaftsregulierung zu empfehlen, den Justizvollzug neu zu regeln oder die Wissenschaft von der Verbesserung der Erbanlagen zu fördern. Seinem Aktivismus lag die Motivation zugrunde, mittels einer bewussten Sozialplanung positive Resultate in der Verbesserung der Lebensumstände seiner Mitmenschen zu erzielen. Er warnte vor dem in seiner Zeit aufkommenden Globalismus. Es war ihm ein Anliegen, dafür zu sorgen, dass die Regierung sozialistische Inlandsreformen in die Wege leitete. In den 1930er-Jahren gab er eine Reihe von Studien über den amerikanischen Imperialismus heraus, die die wirtschaftlichen Wurzeln eines „Imperiums ohne Kolonien", wie es William Appleman Williams bezeichnete, aufzeigte. Wie viele junge Männer seiner Zeit war er ein glühender Verfechter der progressiven Politik T. Woodrow Wilsons. Im Einklang mit seinen älteren Kollegen an der Columbia Universität befürwortete er Amerikas Eintritt in den europäischen Krieg lange vor dem April 1917. Obgleich er den harten Forderungen der Siegermächte an Deutschland im Versailler Friedensvertrag kritisch gegenüberstand, schloss er sein Essay „National Self-Determination and the Problems of the Small Nations" (Nationale Selbstbestimmung und das Problem der kleinen Nationen) mit den folgenden Worten: „Der Krieg war das hauptsächliche Ergebnis des ultranationalistischen und superpatriotischen Rausches, der die Zentralmächte fast völlig überwältigt hatte; die Alliierten hatten den Krieg zum Teil deshalb geführt, um die bis dahin unterdrückten Nationen zu befreien." Erst im Sommer 1920 kamen Barnes ernsthafte Zweifel über die konventionelle Berichterstattung der diplomatischen Ursachen auf, die zum Ausbruch des Krieges geführt haben sollen.

Der Harvard-Historiker Sidney B. Fay stieß die Initiative an, die Gründe für den Beginn des Militärkonflikts neu zu überdenken. Indem Fay sich auf das österreichische Rote Buch und die kurz zuvor veröffentlichten Kautsky-Dokumente bezog, die in den deutschen Archiven aufbewahrt worden waren, schlussfolgerte er in einem 1920 erschienen Artikel in der Fachzeitschrift *American Historiker Review*, dass der deutsche Kanzler, Theobald von Bethmann-Hollweg, und Kaiser Wilhelm II. keine Kriminelle waren, die „den Weltkrieg ausheckten, sondern Dummköpfe, die einen Strick um ihre Nacken legten". Das andere Ende des Stricks, so Fay, lag in den Händen eines „dummen und ungeschickten Abenteurers", Leopold von Berchtold, dem Außenminister des Österreich-Ungarischen Reiches. Im zweiten Artikel zeigte Fay auf, wie die Deutschen versucht hatten, die Österreicher zu überreden, eine friedfertige Lösung in dem Konflikt mit Serbien zu akzeptieren; im dritten machte er 1921 deutlich, dass russische Militaristen eine Generalmobilisation des Militärs dem Zaren aufgezwungen hatten und dass die deutsche Mobilisation lediglich eine aufgezwungene, aber notwendige Reaktion auf die russischen Maßnahmen war, um sich gegen den kurz bevorstehenden Angriff verteidigen zu können. Als Harry Elmer Barnes Kenntnis davon nahm, bot sich ihm gegen Ende des Jahres 1921 die erste Gelegenheit, öffentlich seine revidierte Meinung über die Ursprünge des europäischen Krieges zum Ausdruck zu bringen. Die in der Folge erschienen Geschichtsbücher über den Ersten Weltkrieg enthielten zwar mehr oder weniger Fays Enthüllungen, aber die Historiker blieben weiterhin bei ihrer Schlussfolgerung, dass die Mittelmächte Kriegstreiberei betrieben hatten. Barnes, der sich gegen diese Sicht ausgesprochen hatte, musste jedes Mal mit scharfen Reaktionen auf seine Geschichtsrevision über die Ursachen des Krieges rechnen, wenn er seine Artikel und Bücher über dieses Thema der Öffentlichkeit vorlegte. Barnes Skepsis gegenüber der offiziellen Geschichtsversion des Ersten Weltkrieges, die die Alliierten verbreiteten, führte dazu, dass er seine glänzende Akademikerkarriere im Laufe der Zeit immer mehr untergrub. Sein Interesse am Weltfrieden wog bei ihm schwerer als persönlicher Ruhm und Wohlstand. Unerschrocken setzte er sich für die später abschätzig bezeichnete Geschichtsschreibung des Revisionismus ein. Unter diesem Begriff versteht man jeden Versuch der Überarbeitung einer unzureichenden oder fehlerhaften Geschichtsinterpretation.

In *The Genesis of the World War* (1926) argumentierte Barnes, dass Dokumente in den Archiven der Kanzleien und Außenministerien verschiedener Länder die These untermauert hatten, dass Serbien, Russland und Frankreich eine größere Verantwortung für die Katastrophe von 1914 bis 1918 trugen als Österreich und Deutschland. Seiner Ansicht nach war die Kriegsschuld Deutschlands 1914 ungefähr so groß wie die von Großbritannien. Weder die eine noch die andere Macht habe sich den Ausbruch eines allgemeinen Krieges gewünscht, aber sie seien dennoch hineingezogen worden, als andere Regierungen diesen zuvor in Gang gesetzt hatten. In den 1920er-Jahren veröffentlichte Barnes seine kontroversen Ansichten in einem Klima der Skepsis über die zweifelhaften Errungenschaften des Krieges. Die amerikanische Öffentlichkeit fasste deshalb seine Schlussfolgerungen im Allgemeinen durchaus positiv auf. Viele Amerikaner waren über den großen Kreuzzug Wilsons zutiefst enttäuscht und zeigten ein wachsendes Interesse daran, die Gründe zu verstehen, die zu dieser Katastrophe geführt hatten. Als Herausgeber beteiligte sich Barnes zusätzlich an der Veröffentlichung einer Reihe von Büchern über den amerikanischen Imperialismus, hauptsächlich in Lateinamerika.

In den 1930er-Jahren schloss sich Harry E. Barnes einer gegen Roosevelts New Deal eingestellten Koalition von Akademikern und Aktivisten an. Wie die Journalisten und Historiker John T. Flynn, Henry L. Mencken, Albert Jay Nock und Charles A. Beard betrachtete man Barnes solange als einen enthusiastischen Fürsprecher von progressiven Reformen, bis er sich weigerte, seine Signatur unter die kriegerische Außenpolitik Franklin D. Roosevelts zu setzen. Für diese unverzeihliche „Sünde" verbannte man diesen progressiven Denker in die äußerste Finsternis. Plötzlich erschien er in den Augen seiner ehemaligen Kollegen als rechtsgerichteter Fanatiker, der seinen guten Menschenverstand gänzlich verloren zu haben schien. Über Nacht schlugen ihm die renommierten Verlagshäuser, die früher seine Bücher wohlwollend veröffentlicht hatten, die Türe vor der Nase zu. 1929 verlor er seine feste Anstellung als Professor der Soziologie am Smith College.

Nachdem die Vereinigten Staaten in den Zweiten Weltkrieg eingetreten waren, widmete sich Barnes der dringlichen Aufgabe, die überkommene Meinung, wie es zu diesem Krieg gekommen sei, zu revidieren. Darüber hinaus stellte er das Lügenhafte der Kriegspropaganda ins grelle Licht, um der Bedeutung des Militärkonflikts, gerade auch für die Zukunft, besser verstehen zu können. Dieser schlimmste aller Kriege sei das direkte Ergebnis des Irrsinns gewesen, den die alliierten Staatsmänner, besonders T. Woodrow Wilson und der britische Premierminister David Lloyd George, bei den Friedensverhandlungen in Paris 1919 an den Tag gelegt hatten. Somit kam es zu der noch viel schrecklicheren Weiterführung der militärischen Auseinandersetzungen von 1914 bis 1918. Die vor ihm liegende Aufgabe war demnach, die Erkenntnisse und Methoden des Revisionismus, wie sie bei der Geschichtsschreibung über den Ersten Weltkrieg zum Tragen gekommen war, auf das Studium des Zweiten anzuwenden. Die Geschehnisse, die mit dem japanischen Angriff auf Pearl Harbor am 7. Dezember 1941 zusammenhingen, nahmen eine zentrale Stelle in Barnes korrigierter Geschichtsbetrachtung des Krieges ein. Seine Hoffnung setzte er auf die über die Ursachen vergangener Kriege bestens informierte Bevölkerung, die rechtzeitig den auslösenden Faktor eines möglichen Militärkonfliktes erkennen und wirkungslos machen werde. Sein Anliegen war zu verhindern, dass dieser Krieg als ideologische Rechtfertigung für alle weiteren Eroberungsfeldzüge des amerikanischen Imperiums dienen könne. War schon der Sezessionskrieg von den Nordstaaten als „Schatz der Tugend" angesehen worden, so wurde der Zweite Weltkrieg als eine noch viel größerer Variante desselben herangezogen, um jeden kriegerischen Übergriff Amerikas auf fremdländischen Territorien zu rechtfertigen. Der „Schatz der Tugend" bezog sich auf die falsche Annahme, dass Lincoln den Krieg primär und mit Vorbedacht begonnen habe, um die Sklaven zu befreien.

Obwohl Roosevelt vor einem japanischen Angriff auf Pearl Habor rechtzeitig gewarnt wurde, informierte er seine Kommandeure auf Hawaii nicht darüber. Offensichtlich suchte er einen Vorwand für einen Kriegseintritt. Befasst man sich nicht mit der Literatur des Revisionismus, bleibt nur die offizielle Darstellung der Ereignisse übrig, wie es zu diesem Krieg gekommen sei. Demnach werden die Feinde Amerikas als böse und furchterregende Übeltäter dargestellt. Nachdem es Roosevelt durch bewusste Täuschung fertigbracht hatte, sein Land in den Krieg zu führen, werden seine Lügen als kleine Bagatellen angesehen. Angesichts der enormen Vorzüge, die Amerika durch die Teilnahme am Krieg erwuchsen, sollte dies nicht verwundern. Das höchst fragwürdige Verhalten Roosevelts wird ethisch gerechtfertigt: Es gehe in diesem Weltkrieg darum, den Rassismus zu bekämpfen, den Faschismus zu zerstören und die westliche Zivilisation zu retten. Im 20. Jahrhundert würde niemand mehr erwarten, aus dem Mund von Politikern die Wahrheit zu hören. Seit 1945 sind in vielen Ländern unter dem Vorwand Kriege entfacht worden, aus rein humanitären Gründen in anderen Ländern militärisch zu intervenieren. Barnes behauptete 1942, dass die eigentlichen Gründe, wieso der Zweite Weltkrieg ausgebrochen war, im Versagen der Zentralmächte gelegen haben, ausländische Märkte zu erschließen und wertvolle Rohstoffe zu erwerben.

Schließlich verkündete Präsident Truman 1947 in der sogenannten „Truman-Doktrin" die offizielle neue Ausrichtung der amerikanischen Politik: das Ziel sei es, die Expansion der Sowjetunion aufzuhalten und Regierungen im Widerstand gegen den Kommunismus zu unterstützen. Diese Doktrin bedeutete das Ende der amerikanischen Kriegskoalition mit der Sowjetunion und markierte den Beginn des Kalten Krieges. Für Barnes lag der Ursprung des Kalten Krieges im Triumph des Finanzkapitalismus. Im

Zuge der Formierung gigantischer Dachgesellschaften und Investmentfirmen setzte sich die Firmenleitung von den Eigentümern ab und war nicht mehr bereit, sich von diesen sagen zu lassen, wie der Konzern geleitet werden müsse. Das Wirtschaftssystem nahm anschließend derartig verworrene Züge an, dass die Ökonomie nur durch fortwährende Kriegsvorbereitung stimuliert werden konnte. Barnes bemerkte abschätzig, dass die tatsächlichen Zustände in der amerikanischen Politik von „emotionalen Orgien" und „Anarchie" gekennzeichnet seien. Keiner der politischen Führungskräfte – egal welcher Partei sie angehören – würde sich mehr auf konstruktive Debatten mit der Bevölkerung einlassen. Machthungrige Amtsinhaber und Bürokraten, die an der Spitze der etablierten Parteien stehen, würden sich in aller erster Linie dafür einsetzen, die Presse und die parlamentarische Maschinerie rund um die Uhr zu manipulieren, um ihre eigenen Interessen zu wahren. Dies lasse sich nur dadurch bewerkstelligen, dass man den irrationalen Wünschen der Wähler entgegenkommt und ihnen das Blaue vom Himmel verspricht.

Der Progressivist Barnes setzte sich 1940 für die Einführung eines alle Gesellschaftsbereiche umfassenden Wohlfahrtsstaats ein. Um diese sozialistische Zielvorgabe durchzusetzen, müssten das Bankenwesen, die Eisenbahngesellschaften, die Energieerzeuger und möglicherweise die Schwerindustrie verstaatlicht werden. 1942 sprach er sich wohlwollend über Thorstein Veblens These aus, dass eine Gruppe von kompetenten Ingenieuren die materiellen Bedürfnisse der Nation mit Leichtigkeit befriedigen könne. Im Hinblick auf die Revision des Wahlsystems schlug Barnes vor, dass nur die Gebildeten das Recht zugesprochen bekommen sollten, ihre Stimmen abzugeben. Nur eine mit allen judikativen, legislativen und exekutiven Befugnissen ausgestattete Kabinettsregierung dürfe die Herrschaftsgewalt im Staat ausüben. Mit Überzeugung forderte Barnes, dass neue Verhaltensnormen in der Bevölkerung eingeführt werden müssten. Das Strafrecht benötige eine umfassende Revision. Euthanasie und Eugenik könnten zum Nutzen einer privilegierten Elite eingeführt werden; die „talentierten Herrschaftsklassen" dürften das Anwachsen der Bevölkerung nicht den „biologisch minderwertigen Klassen" überlassen. Der Verkauf und Konsum von Drogen, wie Cannabis, Kokain und Heroin, müssten legalisiert werden. Gesetzliche Restriktionen hätten ihre Berechtigung in der Regulierung der Pornographie und der Prostitution verwirkt. Das Scheidungsrecht müsse viel freizügiger gehandhabt werden. Hugh Hefner lobte Barnes als einen frühen Exponenten der *Playboy*-Philosophie, nachdem ihm die öffentlichen Reformvorschläge eines der kontroversesten Progressivisten Amerikas zu Ohren gekommen waren.

13.4 Unermüdliche Propagierung einer Weltföderation für den Frieden

Die meisten Progressivisten waren säkularisierte Postmillennialisten. Ihnen schlossen sich viele liberale Protestanten an. Nur wenige hielten am Prämillennialismus fest. Vorbehaltlos akzeptierte Robert Elliott Speer (1867-

1947), ein Führer der Presbyterianischen Kirche und Prämillennialist, den Propagandaslogan der National Security League, dass die Vereinigten Staaten für die „ewige Freiheit aller Menschen" kämpften. Die Kirche müsse sich hinter „die großen idealistischen Ziele des Präsidenten stellen". Der Erste Weltkrieg bot die großartige Gelegenheit, eine Weltregierung einzurichten. Die neue Menschheitsordnung sollte sich durch Gerechtigkeit, Recht und Bruderschaft auszeichnen. Nach dem Krieg setzte sich Speer zugunsten der Kampagne für den Völkerbund ein, die Präsident Wilson in jenen Tagen durchführte.

Hohe Erwartungen der Menschen vieler Nationen begleiteten die Politiker der Siegesmächte auf ihrem Weg zur Pariser Friedenskonferenz. John Foster Dulles (ΦBK), der sich bald zum amerikanischen Hauptakteur hinter der Einführung einer neuen Weltordnung entpuppen sollte, glaubte, dass der Nationalismus diesem Plan als schier unüberwindliches Hindernis im Weg stand. Deshalb bestehe die Lösung in der Abschaffung der nationalen Souveränität und der Vereinigung der Welt in eine einzige Nation. Die durch Landesgrenzen verursachten Hürden würden dadurch automatisch eingeebnet werden. Falls es gelingen sollte, eine neue Weltordnung einzurichten, müsste der Nationalismus in allen Ländern abgeschafft und ein Völkerbund eingerichtet werden, der sie in einer internationalen Konföderation vereint. Das föderale Regierungssystem der Vereinigten Staaten von Amerika müsse als ideales Modell herangezogen werden.

Die Politik könnte dieses Ziel jedoch nicht alleine erreichen; ein einflussreicheres Element müsse ins Spiel gebracht werden. Wenn die protestantischen Kirchen davon überzeugt werden könnten, dass das Königreich Gottes durch die Erschaffung einer neuen Weltordnung eingeführt werde, um Krieg, Armut und Ungerechtigkeit abzuschaffen, dann würden ihre Würdenträger den Politikern gerne die Hand reichen, um einen allumfassenden Staatenbund, ein vereintes Weltreich, zu verwirklichen. Dulles' Absicht war, die Kirchen zu motivieren, sich aktiv im Errichten einer globalen Gesellschaft einzusetzen. Der amerikanische Bundesrat der Kirchen (Federal Council of Churches) war sofort mit von der Partie, als ihm dieser Plan offeriert worden war. Aber genauso, wie die nationale Souveränität ein Hindernis für eine neue Weltordnung war, so würde auch ein exklusives Christentum das Kommen des Königreich Gottes abhalten. Da dogmatische Glaubensinhalte mit der ökumenischen Einheit nicht vereinbar waren, wurden sie zu Gunsten des Social Gospel zur Seite geschoben. Dies geschah dadurch, dass man die Bedeutung der christlichen Lehre herunterspielte und die Prinzipien des Progressivismus hochhielt, um so das fortschrittliche Ideal des „Sozialen Bekenntnisses" der Kirchen von 1932 zu konkretisieren, nach dessen Vorgabe das Königreich Gottes auf Erden eingerichtet werden sollte. Nach und nach glichen sich die theologischen Merkmale des Königreichs der politischen und sozialen Agenda der neuen Weltordnung an. Entscheidend war auch die Anerkennung, dass das moralische oder natürliche Gesetz durch andere Religionen offenbart würde und von allen Menschen verstanden werden könne, sodass es eine moralische Macht ist, die über jeder einzelnen Religion steht. Die in der christlichen Sühnelehre angebotene Erlösung von der Sünde wurde mit der in Aussicht stehenden Beseitigung von Krieg, Armut, Arbeitslosigkeit und Ungerechtigkeit ersetzt. Alle Weltreligionen müssten sich dieses übergeordnete Ziel zu eigen machen. Somit bildete sich in den Jahren zwischen den Weltkriegen die liberale Vorstellung eines Königreich Gottes aus, das mit der politischen Stoßrichtung für eine neue Weltordnung übereinstimmte.

Als vielerorts beliebter Pastor und Theologe erfreute sich Harry Emerson Fosdick (1878-1969) in der amerikanischen Bevölkerung einer Popularität, die in der ersten Hälfte des 20. Jahrhunderts ihresgleichen suchte. Fosdicks Ansichten beeinflussten die theologischen und politischen Überzeugungen von zahllosen Amerikanern seiner Zeit. Als selbst ernannter „evangelikaler Liberaler" wollte er seinen Zeitgenossen das liberale Christentum im Jargon des Progressivismus schmackhaft machen. Bereits als Student war er ein glühender Nachfolger des liberalen Theologen und Propheten des Fortschrittsglaubens Walter Rauschenbusch. Fosdick meinte, die vornehmliche Aufgabe eines Pastors bestehe darin, die Kirchengänger zu inspirieren, sich vor allem für die Verbesserung des Gemeinwesens einzusetzen. Im deutlichen Gegensatz zu anderen Theologen ließ Fosdick von vielen Kanzeln des Landes den lauten Aufruf ertönen, dass die US-Regierung zur Kriegsteilnahme verpflichtet sei. In der Gegenwart könne das Festhalten an einem extremen Pazifismus – so christlich er auch erscheinen mag – nicht als gangbarer Weg empfohlen werden. Es sei dem übergeordneten Ziel, die Welt für die Demokratie zu sichern, nicht dienlich, den Krieg zu vermeiden, sondern ihn zu gewinnen. Sicherlich gehe es hauptsächlich darum, den Nationen den Frieden zu bringen.

Nach dem Krieg äußerte Fosdick, dass sich die Alliierten Mächte während der Versailler Friedensverhandlungen darüber verständigt hätten, an dem unterlegenen Feind Vergeltung zu verüben. Dadurch sei die Chance, etwas Gutes zu bewirken, verspielt worden. Nun seien die amerikanischen Christen aufgefordert, die Aufgabe einer nationalen und internationalen Erneuerung in Angriff zu nehmen. Es müsse ihr felsenfester Glaube sein, die Vereinigten Staaten als heilsbringende Nation anzusehen, die dem Fortschritt in aller Welt zum Triumph verhelfen würde. Das neue Zeitalter des Fortschrittes stehe aber unter der Bedrohung eines unerbittlichen Feindes: Jeder Christ sei dazu verpflichtet, diesen Feind, das reaktionäre Denken, aufzugeben. Die übrige Gesellschaft habe den Fortschritt bereits als ein universales Gesetz akzeptiert. Die progressiven Geistlichen empfahlen den Christen, sich so gut wie möglich an die Begebenheiten der Welt – besonders an eine durch den Weltkrieg zutiefst zerrüttete Welt – anzupassen. Der wahre Glaube an den Fortschritt müsse im Grund und Boden der Wirklichkeit verwurzelt sein. Man komme nicht umhin, sich mit der Gegenwart des Bösen in allen Gesellschaftsbereichen auseinanderzusetzen. Bedauerlicherweise sei die Wirklichkeit von persönlicher und sozialer Sünde gekennzeichnet. Die Idee des Fortschrittes würde alle Bereiche des menschlichen Denkens verändern.

Die zukünftige Verwirklichung einer idealen Gesellschaft müsse auf die Kategorie der menschlichen Machbarkeit reduziert werden.

In der modernen Welt – einer vom Ersten Weltkrieg verunstalteten Welt – gründe sich die Idee des Fortschrittes vorbehaltlos auf die Wissenschaft. Mittels der kontrollierten Anwendung der Naturkraft und „der mentalen und moralischen Vorgänge des inwendigen Menschen" besitze man eine Maschinerie, die die nötigen Veränderungen herbeiführen könne, um der Menschheit eine glorreiche Zukunft zu eröffnen. Fosdick wies auf H. G. Wells' Fortschrittsglauben hin und empfahl ihn als mustergültiges Exemplar des Christentums. Der englische Schriftsteller, obgleich er sich als ein überzeugter Atheist ausgab, habe den Fortschrittsglauben von einer Gottesvorstellung abgeleitet, die der moderne Mensch für annehmbar hält. Gott habe angeblich die Menschheit dazu aufgefordert, sich einem progressiven Kreuzzug für die Gerechtigkeit anzuschließen. In Gottes Hand sei die Kirche das hauptsächliche Instrument, um das Ziel eines weltweiten Staatenbundes – einem Königreich der Gerechtigkeit auf Erden – zu verwirklichen.

In den 1920er-Jahren stand Harry Emerson Fosdicks Leugnung zentraler Lehren des Christentums im Zentrum der Debatte zwischen Fundamentalismus und Modernismus. In den protestantischen Kirchen wurde seine Botschaft entweder rundherum abgelehnt oder mit großer Begeisterung aufgenommen. Am 21. Mai 1922 hielt Fosdick die wichtigste Predigt seiner Karriere zum Thema „Sollen die Fundamentalisten den Sieg erringen?". Gemessen an ihrer gesellschaftlichen Wirkung war sie wahrscheinlich die wichtigste Predigt des 20. Jahrhunderts. Sofort trat Fosdick in das Rampenlicht der innerkirchlichen Auseinandersetzung zwischen liberaler Theologie (Propagierung des Progressivismus in den Begriffen des Christentums und steht dem reformatorischen Christentum diametral entgegen) und konservativer Theologie. Darüber hinaus wurde Fosdick über Nacht in Nordamerika zu einer bekannten Persönlichkeit. Innerhalb weniger Wochen machte die Predigt in theologisch liberalen Kreisen die Runde. Der berühmte Werbefachmann Ivy Lee bat Fosdick um Erlaubnis, die gedruckte Predigt weitläufig zu verbreiten. Dieser stimmte zu, als er hörte, dass John D. Rockefeller, Jr. (ΦBK) vom Inhalt der Predigt begeistert war und versprochen hatte, die Kosten zu übernehmen. Postwendend wurden 130.000 Exemplare an viele Pastoren und Laienprediger in Amerika versandt. Die einzige Änderung, die Rockefeller vornahm, war der Titel, den er wie folgt umformulierte „Die Neue Erkenntnis und der christliche Glaube". Der Schlachtruf der liberalen Theologie verbreitete sich unter dem Motto der „Neuen Erkenntnis" in Windeseile. Gleichzeitig erhielt das 1920 von dem baptistischen Redakteur Curtis Lee Laws in Umlauf gebrachte Schlagwort „Fundamentalismus" seinen ihm bis heute anhaftenden negativen Beiklang.

Fosdicks Predigt enthielt Stellungnahmen der liberalen Theologie, die sich direkt gegen wesentliche Inhalte der traditionellen Glaubenslehre des Christentums stellten. Er lancierte einen Frontalangriff auf den christlichen Glauben, um ihm den Todesstoß zu versetzen. Er leugnete vier grundlegende Lehren des reformatorischen Christentums: die Irrtumslosigkeit der Bibel, die Jungfrauengeburt Marias, das stellvertretende Sühneopfer und die zukünftige Wiederkunft Jesu Christi. Diejenigen, die nicht unkritisch alles für bare Münze halten, was in der Bibel geschrieben steht, seien die echten Christen, denn sie verlassen sich auf ihren guten Menschenverstand. Fosdick wusste natürlich, dass die Lehre der Jungfrauengeburt, über die er sich besonders lustig machte, eine der wichtigsten in der Heiligen Schrift ist. Denn, wenn die Jungfrauengeburt kein historisches Ereignis gewesen ist, gibt es kein ewiges Heil in Jesus Christus. Nur ein von der Erbsünde Adams unbetroffener Gott-Mensch konnte stellvertretend die Sünden der Gläubigen am Kreuz auf Golgatha mittels des Opfers seines eigenen Lebens sühnen und ihnen somit das ewige Heil erwirken. Entgegen dieser Sichtweise stellte Fosdick die Jungfrauengeburt als eine naturwissenschaftliche Unmöglichkeit dar. So etwas wie übernatürliche Wunder, die die unverletzlichen Gesetze der Natur außer Kraft setzen, könne es nicht geben. Jesus Christus ist demnach nicht der sündlose Sohn Gottes, sondern ein Mensch, wie jeder andere. Und damit erübrige sich alles Gerede über ein stellvertretendes Sühneopfer und eine zukünftige Wiederkunft. Es müsse möglich sein, gegenüber anderen Christen tolerant zu sein, die darauf bestehen, dass es unnötig sei, an der Irrtumslosigkeit der Bibel und der Jungfrauengeburt als unumstößliche Lehren festzuhalten. Ihnen sollte die Freiheit zugestanden werden, zu glauben oder nicht zu glauben, was sie für richtig halten, ohne Gefahr zu laufen, denunziert zu werden. Der amerikanische Pastor stellte die Fundamentalisten mit den Pharisäern gleich. Das konservative Lager war in zwei Gruppen aufgeteilt: Auf der einen Seite standen diejenigen, die bereit waren, für das zu kämpfen, was sie als die Grundlage des Glaubens ansahen; auf der anderen positionierten sich jene, die es für unnötig erachteten, den innerkirchlichen Frieden durch die Verteidigung von – wie sie meinten – unbedeutenden Unterschieden in der Theologie zu stören. Nur drei Jahre nach der Veröffentlichung der Predigt Fosdicks hatten die Liberalen die größte und bis dahin bibeltreuste Kirche Nordamerikas, die Presbyterianische Kirche, unter ihre Kontrolle gebracht. Sie üben sie bis heute aus. Von den Presbyterianern wurde der Liberalismus in die anderen protestantischen Kirchen exportiert. John D. Rockefeller, Jr. berief Fosdick einige Jahre später zum Pastor der bekanntesten Baptistengemeinde in New York City. Gemeinsam sorgten sie dafür, dass die Amerikanischen Baptisten die liberale Theologie bereitwillig annahmen.

Obgleich Fosdick vor dem Ersten Weltkrieg ein beherzter Fürsprecher des Krieges war, wurde er einer der einflussreichsten Pazifisten in den 1920er und 1930er-Jahren. In Amerika war er die zentrale Persönlichkeit der Friedensbewegung. Zum Meinungsumschwung kam es, als Fosdick 1917 nach Europa gereist war, um die alliierten Truppen in den Schützengräben zu ermutigen und die amerikanischen Bürger über den Verlauf des Krieges zu informieren. Als er die schrecklichen Auswirkungen der modernen Kriegsführung gesehen hatte, begann er öffentlich, seine positive Einstellung gegenüber dem barbarischen Gemetzel auf dem Schlachtfeld zu revidieren. Sein oberstes Anliegen sei die Sicherung des Weltfriedens. Nach dem Ersten Weltkrieg forderte Fosdick, dass soziales Engagement und ethische Unterweisung Hand in Hand gehen müssten, um konkrete Antworten auf die zahlreichen Probleme der modernen Welt geben zu können. Die Verwerfung des Krieges könne nie allein die Entscheidung eines Individuums sein, sondern müsse ein fester Standpunkt des ganzen Volkes werden. Dies könne nur dann geschehen, wenn jeder Einzelne das Wohl der ganzen Welt im Blickfeld behält, nicht nur den Vorteil der eigenen Nation. Die pazifistische Überzeugung des progressiven Theologen rührte daher, dass er den globalen Interventionismus (internationalism) befürwortete und deshalb nichts für die nationale Abschottung (isolationism) übrighatte. Jeder Amerikaner sei gefordert, einen wesentlichen Beitrag zu leisten, damit eine neue Weltordnung – ein die Erde umspannender Staatenbund – entstehen könne. Das wichtigste Unterfangen sei die weitmöglichste Verbreitung einer internationalen Gesinnung unter den Völkern der Erde. Weil der Protestantismus vom Geist des modernen Progressivismus durchdrungen sei, gebe es Grund, eine optimistische Haltung einzunehmen. Die Christen müssten ihr Möglichstes tun, um das Entstehen einer Weltregierung zu unterstützen.

Obgleich sich der US-Senat gegen eine Mitgliedschaft Amerikas im Völkerbund stellte und sich deshalb weigerte, den Versailler Friedensvertrag zu ratifizieren, könne der Internationalismus nie wieder in den Hintergrund gedrängt werden. Fosdick war sich der vollen Unterstützung des amerikanischen Bundesrats der Kirchen gewiss, dass sich dieser nach Leibeskräften für eine Politik der kollektiven Sicherheit einsetzen wird. Indem sich der amerikanische Pastor als Fürsprecher der protestantischen Pazifisten in Szene setzte, forderte er über Jahre hinweg die Teilnahme seines Landes am Weltgerichtshof. Doch ohne Erfolg. 1928 gab er seine öffentliche Unterstützung für den Kellogg-Briand Pakt (Pariser Vertrag) bekannt, der das Führen eines Krieges für gesetzlos erklärte. Die Vereinigten Staaten waren eine von 64 Nationen, die die Unterschrift unter den Pariser Vertrag setzte. In seiner Befürwortung des Pazifismus stand Fosdick nicht alleine da. Viele Protestanten stellten sich ihm zur Seite. Nicht eine passive Abschottung, sondern ein aktiver Internationalismus biete den einzig gangbaren Weg in eine hoffnungsvollere Zukunft. Die Antikriegsstimmung hielt in der ersten Hälfte der 1930er-Jahre weiterhin unvermindert an, sodass Fosdick nicht befürchten musste, die mehrheitliche Unterstützung der Bevölkerung zu verlieren. Im Laufe der Zeit nahm er jedoch mit Sorge zur Kenntnis, dass sich ein Umschwung in der allgemeinen Meinung über die Angemessenheit einer Kriegspolitik bemerkbar machte. Ab 1935 begannen sich die protestantischen Kirchen, die bis dahin eine geeinte Stimme für den internationalen Pazifismus erhoben hatten, in verschiedene Gruppen aufzuspalten. Ehemalige Pazifisten verbreiteten die Meinung, dass es besser sei, Diktatoren mit Waffengewalt zu begegnen, als den Frieden zu wahren. Mit unverminderter Vehemenz sprach sich Fosdick für das Anliegen der Abrüstung aus. Darüber hinaus sei die allgemeine Wehrpflicht unfair und unnötig.

Als es immer wahrscheinlicher wurde, dass erneut ein bewaffneter Konflikt in Europa ausbrechen würde, unterstützte der amerikanische Pastor zwar Roosevelts' Neutralitätsgesetze, konnte sich aber des Eindrucks nicht erwehren, dass der US-Präsident weit davon entfernt war, eine strikte pazifistische Position einzunehmen. Der Ausbruch des Zweiten Weltkrieges traf die schier unerschütterliche Zuversicht des Friedensapostels bis ins Mark. Es war eine niederschmetternde Einsicht, dass seine zahllosen Bemühungen der Friedenssicherung vergeblich waren.

13.5 Gewissenlose Machenschaften der Kriegsprofiteure

In den 1930er-Jahren war die amerikanische Bevölkerung immer noch zutiefst über den Verlauf und Ausgang des Ersten Weltkrieges ernüchtert. Sensationelle Berichte über das kriegshetzerische Verhalten der amerikanischen Rüstungskonzerne und Banken in den Monaten vor der Kriegserklärung des US-Kongresses am 6. April 1917 hatte zur Folge, dass sich viele Amerikaner für eine Politik der Abschottung (isolationism) aussprachen. Es müsse sichergestellt werden, dass die Vereinigten Staaten eine neutrale Haltung gegenüber kriegsführenden Nationen einnehmen. Die Publikation *Merchants of Death: A Study of the International Armament Industry* (Händler des Todes: Eine Studie der Internationalen Rüstungsindustrie) fand in der amerikanischen Bevölkerung seit 1934 eine weite Verbreitung. Die Autoren Engelbrecht und Hanighen beabsichtigten durch die provokante Formulierung des Buchtitels, auf den brisanten Inhalt ihres Exposés der gewissenlosen Machenschaften der Kriegsprofiteure hinzudeuten. Betrachtet man die Namen der Direktoren, die in den Vorständen der Rüstungskonzerne und Investment-Banken saßen, stellt man fest, dass es sich oftmals um dieselben Personen handelte. Nur im Gleichschritt miteinander konnten sie sich gegenseitig enorme Vorteile verschaffen. Es war diesen Direktoren klar, dass die von ihnen geführten Firmen der Rüstungs- und Finanzindustrie nur dann riesige Gewinne einstrichen, wenn sie eng mit den Staatsoberhäuptern und Parlamentariern kooperierten, die ihnen die Türen zum Kriegsministerium und Schatzamt öffneten. Die geheimen Absprachen hätten nicht folgereicher sein können.

Von besonderer Wichtigkeit war aber auch eine Friedensphase. In ruhigen Zeiten konnte die Technologie der Waffen verbessert werden, um neue Produkte, die oftmals viel teurer waren als die alten, auf den Markt zu bringen. Weitere Beweggründe veranlassten die Banken, Zeiten des Friedens ebenfalls willkommen zu heißen. Die Schuldfinanzierung des umfassenden Wiederaufbaues der kriegsgeschädigten Nationen war ein geradezu sprichwörtliches Eldorado. Die daraus erzielten Einnahmen übertrafen um ein Vielfaches die Gewinne aus dem Kriegsgeschäft. Die Banken ließen sich auch als „Helfer in der Not" feiern und nutzten die ihnen entgegengebrachte Sympathie des Volkes schamlos aus, indem sie die Zinssätze für Hypotheken anhoben. Trotz der allgemeinen Praxis, alle Nationen mit Kriegsmaterial auszurüsten, die sich als finanzstarke Kunden in den Büros der Direktoren einfanden, gelang es den großen Waffenherstellern, sich als leidenschaftliche

Patrioten in Szene zu setzen, als ob sie eine der wichtigsten Industriebranchen in der nationalen Wirtschaft belegten. Aufgrund eines sich aus unterschiedlichen Nationalitäten zusammensetzenden Direktoriums konnten die Waffenhersteller das Ass des vorgetäuschten Patriotismus so ins Spiel bringen, wie es für sie am vorteilhaftesten war. Die direkte Beeinflussung der Presse in den Nationen, mit denen die Rüstungskonzerne ihre Geschäfte betrieben, war ihnen so wichtig, dass sie alle verfügbaren Möglichkeiten ausschöpften, um Redakteure und Journalisten mittels großzügiger Werbeausgaben und sonstiger finanzieller Zuwendungen auf eine bestimmte Linie einzuschwören. Propaganda war eines der bevorzugten Mittel, um die politische Meinung eines Landes in die eine oder andere Richtung zu lenken. Deshalb besaßen die Waffenhersteller stets die Möglichkeit, einen plötzlichen Kriegsalarm auszulösen, wenn dies im eigenen Interesse lag. Das Einzige was sie tun mussten, war, die Presse zu ermutigen, vermehrt über sich am Horizont zusammenballende Gewitterwolken in der Weltpolitik zu informieren. Eine sensationslüsterne Berichterstattung der Regenbogenpresse vermehrte zudem die Auflage der Zeitungen um ein Vielfaches.

Das Buch *War is a Racket* (Krieg ist ein Schwindel) des regimekritischen Generalmajors Smedley D. Butler (1881-1940), das gleichzeitig mit der Veröffentlichung von *Merchants of Death* auf dem Markt erschien, löste eine Sensation aus. Ohne die Schädigung seines eigenen Rufes in Betracht zu ziehen, kritisierte er die imperialistischen Machenschaften der Bankiers und der US-Politik. Auf Kosten der Massen werde Krieg zugunsten der ganz wenigen geführt. Seit dem Ausbruch des Ersten Weltkrieges ergriffen die amerikanischen Großbanken Partei für die Alliierten Mächte. Sie investierten ein Vermögen in die Staatsanleihen von Großbritannien und Frankreich und verhinderten gleichzeitig, dass die Mittelmächte ihrerseits Schuldverschreibungen in den Vereinigten Staaten ausgeben konnten. Mit Geschick und Raffinesse setzten sie sich dafür ein, dass die Sache der Entente ein siegreiches Ende nehmen würde. In völligem Gleichschritt mit den Großbanken stellte sich die amerikanische Industrie vorbehaltlos auf die Seite der Alliierten. Selbstverständlich trat die US-Presse in die Fußstapfen der ihr vorausgehenden Industrie, von der sie finanziell abhängig war. Seit 1915 verbreitete sie deshalb fast nur noch die Propaganda der Alliierten. Ohne Unterlass wurde Präsident Wilson in den Leitartikeln der maßgeblichen Zeitungen, wie der *New York Times* und des *Boston Globe*, für seine Neutralitätsbekundung kritisiert. In einigen Fällen übernahmen britische Geheimagenten die redaktionelle Leitung von amerikanischen Zeitungen. Der englische Medienbaron und Koordinator der britischen Propaganda im feindlichen Ausland (Director of propaganda in enemy countries), Lord Northcliffe, gab Unmengen an Geld aus, um eine umfassende Kontrolle der amerikanischen Massenmedien zu garantieren. In gesetzwidriger Weise verhinderte die von Großbritannien eingerichtete Seeblockade im Atlantik und in der Nordsee den Transport des amerikanischen Kriegsmaterials an Deutschland. Somit konnten die Waffenhersteller und Agrarbetriebe in den Vereinigten Staaten nur dann enorme Profite aus dem Verkauf ihrer Produkte erzielen, wenn sie von Großbritannien, Frankreich, Russland und Italien aufgekauft wurden. Die Alliierten Mächte waren somit in der Lage, den Krieg über Jahre hinweg in die Länge zu ziehen, bis ihre Gegner ausgeblutet und erschöpft in die Knie gezwungen werden konnten. Nur ein Sieg gegen die Mittelmächte hielt die Möglichkeit offen, dass die Staatsanleihen und Importwaren von den Alliierten Mächten nach dem Krieg auch vollumfänglich bezahlt werden konnten. Die führenden Finanzinstitute in den Vereinigten Staaten übten deshalb einen starken Druck auf die Wilson-Administration aus, Amerika in den Krieg gegen die Mittelmächte zu führen.

Die amerikanischen Bankiers standen vor dem Abgrund, als der Kredit der Alliierten Mächte gegen Ende 1916 aufgebraucht war. Anfang Februar 1917 bestand nicht der Hauch einer Chance, weitere Staatsanleihen an die Länder der Entente, die allesamt bankrott waren, in den USA zu verkaufen. In den Reihen der Wall-Street-Bankiers machte sich das Gefühl der Verzweiflung breit. Ihre einzige Hoffnung, diese kritische Phase zu überstehen, bestand darin, die Last der Kriegsfinanzierung von ihren Schultern auf den Rücken des amerikanischen Finanzamtes (US-Treasury) abzuwälzen. Dieses Husarenstück konnte nur vollbracht werden, wenn die Vereinigten Staaten die Vorspiegelung der formalen Neutralität aufgeben und in den grauenhaften Krieg eintreten würde. Die Bekanntmachung des deutschen Kaisers am 31. Januar 1917, den U-Boot-Krieg wieder in Gang zu setzen, kam den Banken wie ein Geschenk des Himmels vor. Nun waren sie sich gewiss, dass die Weichen für eine amerikanische Intervention gestellt werden würden. Als Präsident T. Woodrow Wilson am 2. April 1917 die Kriegserklärung abgab, war der gigantische Schuldenberg Großbritanniens bei den amerikanischen Banken auf beinahe 400 Mio. US-Dollar angewachsen. Der britische Finanzminister gestand ein, dass die Entscheidung der US-Regierung, das Schatzamt zu beordern, die gesamte Summe dem Konto der J. P. Morgan & Co. gutzuschreiben, die Briten vor dem Kollaps ihrer Staatsfinanzen bewahrt hatte. Sie wären sonst unweigerlich als Verlierer aus dem Weltkrieg hervorgegangen. Diese Eventualität hätte die amerikanischen Banken gleichfalls in den Ruin gestürzt. Nach Beendigung des Krieges brach sich die Erkenntnis in der amerikanischen Bevölkerung Bahn, dass die Bankiers den Eintritt der Vereinigten Staaten in den Ersten Weltkrieg aus eigennützigen Erwägungen heraus erzwungen hatten. Ihr hauptsächliches Interesse war die Maximierung des monetären Profits und die Ausweitung der politischen Macht. Ethische Erwägungen spielten bei den Bankiers so wenig wie bei den Waffenherstellern eine Rolle.

Infolge der erschreckenden Enthüllungen über die Umtriebe der Kriegsprofiteure trugen verschiedene Gruppen von Antimilitaristen die Forderung nach einer staatlichen Untersuchung der Rüstungsindustrie und Banken lautstark in die Öffentlichkeit. Von 1934 bis 1936 fanden die entsprechenden Ermittlungen unter der Leitung von Senator Gerald P. Nye statt. Der veröffentlichte Bericht war ein Exposé der gravierenden Korruption, die von amerikanischen Waffenproduzenten ausgegangen war. Viele dieser Firmen hatten tatsächlich Waffen an ein breites Kundenspektrum, Staatsregierungen der unterschiedlichsten Couleur, geliefert, nicht selten auf beiden Seiten desselben Krieges. Als die Popularität des Nye-Ausschusses im Frühjahr 1935 ihren Höhepunkt erreicht hatte, erschien Walter Millis' Buch *Road to War*. In kürzester Zeit avancierte es zum bis dahin meistgelesenen Buch des Revisionismus. Der Redakteur des Politmagazins *Nation*, Charles Angoff, schrieb eine überaus positive Rezension dieser eingehenden Studie über den Kriegseintritt Amerikas, die den Titel trug: „Road to National Insanity" (Weg zum nationalen Wahnsinn).

Die Beschäftigung mit den Ursprüngen und dem Verlauf des Ersten Weltkrieges, die das Nye-Committee mit akribischer Sorgfalt in Angriff genommen hatte, ebnete den Weg für die Publikation einer Anzahl von neuen Studien über diesen Themenbereich, die die Perspektive des amerikanischen Revisionismus darlegten. Es stand außer Frage, dass die Forschungsergebnisse je wieder aus dem Grundbestand des allgemeinen Wissens verschwinden würden. Doch in den zwei Jahren, die den Geschehnissen des 7. Dezember 1941 vorausgingen, wurde das von den Revisionisten verbreitete Verständnis über die zentralen Fragen, die der Erste Weltkrieg aufgeworfen hatte, einem unablässigen Sperrfeuer ausgesetzt, sodass genau das geschah, was kaum jemand für möglich gehalten hatte. Die konventionelle Meinung über die Hintergründe, den Verlauf und die Folgen des Ersten Weltkrieges setzte sich gegen konträre Darlegungen durch. Die faktisch viel besser belegten Forschungsergebnisse des Revisionismus verschwanden fast völlig aus dem Bewusstsein der Bevölkerung. Die öffentliche Meinung ist also größtenteils ein Produkt der Propaganda, die unablässig auf die Gemüter der Menschen einströmt, ohne dass diesen hinreichenden Schutz geboten wird.

Allerdings war die US-Regierung skeptisch, Frieden bewahren zu können. In Anbetracht dieser Tatsache hatten sich die liberalen Journalisten, Rezensenten und Kommentatoren auf eine Meinung eingestimmt, die unerschütterlich war. Die Presse ließ sich auf nichts anderes mehr ein, als darauf hinzuarbeiten, dass die Vereinigten Staaten in einen weiteren Weltkrieg, viel schlimmer als der erste, verwickelt werden würden, um das noch unerreichte Ziel der Einführung einer Weltregierung zu verwirklichen. Die Vision des Philosophen und Psychologen James Mark Baldwin von einem Aufkommen eines „Staatenbundes", der sich über die ganze Erde erstreckt, nahm konkretere Formen an. Bereits ein halbes Jahrhundert zuvor hatte er mit aller Deutlichkeit diese Vision der amerikanischen Öffentlichkeit vor Augen geführt.

14.0 Zeitalter der globalen Vorherrschaft Amerikas

Der Begriff „Progressivismus" ist mit unterschiedlichen Bedeutungen behaftet. Er ist nur dann wirklich zu verstehen, wenn man ihn auf dem historischen Hintergrund der Progressiven Ära Amerikas von zirka 1896 bis

1921 umfassender beleuchtet. Die wachsende Anzahl unterschiedlicher Interpretationen über die Ursachen und Auswirkungen dieser Ideologie gab Anlass zu umstrittenen Meinungen innerhalb der Historikergilde. Um sich profilieren zu können, muss der Historiker die dominante Ideologie befürworten und wertet die aus der Fülle der Geschehnisse entnommenen Fakten so aus, dass sie die offiziell anerkannte Sichtweise bestätigen. Besonders Interpretationen, die auf eine religiöse Betrachtungsweise Bezug nehmen, müssen dabei in den Hintergrund treten. Die vorliegende akribische Analyse der sich ändernden Auffassungen über den Progressivismus dient nicht nur dazu, besser verstehen zu können, was sich dahinter verbirgt, sondern vermittelt auch Einblicke in die intellektuellen Strömungen des 20. und 21. Jahrhunderts.

14.1 Pazifistischer Geist des Kontinentalen Amerikanismus

Als Geschichtsprofessor an der Columbia University und als unabhängiger Gelehrter verfasste Charles Austin Beard zahlreiche Bücher, Artikel und Essays. Dank seiner wissenschaftlichen Leistungen erhielt er prestigereiche akademische Auszeichnungen. Sein Einfluss in der amerikanischen Gesellschaft stieg von Jahr zu Jahr, obgleich die allgemeine Bevölkerung manche seiner progressiven Ansichten für zu kontrovers hielt. Die Veröffentlichung seines Buches über den amerikanischen Verfassungskonvent in Philadelphia rief über Nacht eine Sensation hervor. Die Verfassung der USA wurde am 17. September 1787 verabschiedet und 1788 ratifiziert; sie legt die politische und rechtliche Grundordnung fest und sieht eine föderale Republik in Form eines Präsidialsystems vor. Laut Beard diente den Gründungsvätern die Verfassung als effektives Mittel, um sich maßlos zu bereichern. Beards Kritiker waren sich sicher, in ihm einen überzeugten Marxisten erkannt zu haben. Beard behauptete, dass seine berühmte Darstellung der hinter der Formulierung der Verfassung stehenden Wirtschaftsinteressen nicht von Karl Marx inspiriert worden war, sondern von James Madison. In seinen Werken ordnete Beard bestimmten Gesellschaftsklassen Wirtschaftsinteressen zu und betonte den Unterschied zwischen den besitzenden und besitzlosen Klassen. Indem Beard der Tradition der Föderalisten und der Whigs folgte, bezeichnete er die Verfassung als Instrument der begüterten Klasse, um sich selbst vor den Besitzlosen zu schützen.

  Dieser Geschichtsauffassung muss deutlich widersprochen werden: Die Lehre der Klasseninteressen ist unsinnig. Es gibt keine homogenen Klassen in der Gesellschaft, nur individuelle Interessen. Viel wichtiger ist die grundsätzliche Unterscheidung zwischen „Klasse" und „Kaste". Wo bestimmte Gesellschaftsgruppen durch die Zwangsgewalt des Staates besonders privilegiert oder behindert werden, bilden sich Kasten aus, und diese stehen definitiv miteinander im Konflikt. Wohingegen auf dem freien Markt der Gewinn eines Mannes ebenso der Gewinn eines anderen ist, erzeugen die Eingriffe der Regierung favorisierte und nicht bevorzugte Kasten; der Gewinn eines Mannes oder einer Kaste ist somit der Verlust eines anderen. Wenn also die Textilfabrikanten einen Schutzzoll für ihre Waren fordern und ihnen der Staat diesen verwehrt, bleiben die Fabrikanten unterschiedliche Individuen, die auf dem Markt mit anderen konkurrieren; aber wenn sie den Schutzzoll vom Staat tatsächlich zugesprochen bekommen, werden sie eine privilegierte Kaste mit einem gemeinsamen Interesse gegenüber anderen Kasten. Nicht nur Beards Behauptung, dass es einen Kampf zwischen den Klassen gebe, ist falsch, auch die Beschreibung der einzelnen Klassen ist verkehrt. Es ist absurd zu meinen, dass nur arme Landwirte „Schuldner" sein können. Es gab selbst in der Kolonialzeit eine große Anzahl wohlhabender Schuldner.

Trotz dieser markanten Defizite in der historischen Analyse kann Beard dennoch bescheinigt werden, einen wertvollen Dienst durch die Veröffentlichung seiner Bücher geleistet zu haben. Er wies auf die finanziellen Motive hinter einem bestimmten Geschehen hin, die am meisten verborgen gehalten werden. Wenn Personen bestimmte politische Ansichten vertreten, werden sie fast immer ihre idealistischen Motive nennen und ihre persönlichen Interessen verbergen. Dieses trifft besonders auf die Geschichtsschreibung über die amerikanische Verfassung zu, wo ein kurioser Mythos die eigentlichen Absichten der Gründungsväter entstellt. Beard zeigte die Gründe auf, warum die wohlhabenden Besitzer von Staatsobligationen (eine bestimmte Kaste) darauf pochten, dass eine starke Zentralregierung eingerichtet werden sollte, die genügend Macht besaß, hohe Steuern zu erheben. Der Wert der Obligationen stieg dadurch enorm an. Grundstücksspekulanten im Westen erbaten sich ebenfalls eine starke Regierung, um die Indianerstämme von ihrem Grund und Boden zu vertreiben, sodass der Wert des Landes steigen würde. Die politisch machtvolle Vereinigung von Armeeoffizieren setze sich für eine starke Regierung ein, die mittels ausreichender Steuereinnahmen eine große Armee besolden konnte. Sicherlich legte Beard seinen Finger auf einen wunden Punkt der amerikanischen Frühgeschichte, als er die finanziellen Motive der Gründungsväter in der Abfassung einer neuen Verfassung herausstellte. Die konkrete Umsetzung von eigenen Wirtschaftsinteressen ist immer ein starkes Motiv im menschlichen Handeln.

Finanzielle Motive der amerikanischen Regierung machte er auch bei der Entscheidung der USA, in den Ersten Weltkrieg einzutreten, aus. Eine feste Überzeugung nahm in ihm immer klarere Konturen an, dass Deutschland nicht alleine für den Ausbruch des Krieges verantwortlich gewesen ist und die Beteiligung Amerikas nicht wirklich dem nationalen Interesse des Landes gedient hat. Seit Mitte der 1920er-Jahre war Beard völlig davon überzeugt, dass die Theorie einer reinen und noblen Intervention der Alliierten (Russland, Frankreich und England) gegen die sogenannten Schurken (Deutschland und Österreich) aufgrund der sich erhärtenden Beweislage in der Nachkriegszeit nicht aufrecht erhalten bleiben konnte.

Kriegerische Auseinandersetzungen waren für Beard nichts weniger als die größte Katastrophe, die die Menschheit je befallen könnte; unter allen Umständen müssten imperialistische Eroberungsfeldzüge vermieden werden. Beards ideologischer Standpunkt ist leicht zu skizzieren. Die Grundvoraussetzung eines optimalen Wirtschaftssystems sei eine staatliche Reglementierung der Ökonomie im umfassenden Sinne, denn nur so könnten die zahlreichen Probleme einer freien Marktwirtschaft korrigiert werden. Er befürwortete die rigorose Einführung des Staatsmonopol-Kapitalismus (Korporatismus). Er stellte die Vorzüge einer umfassenden Friedenspolitik als unabdingliche Notwendigkeit des zivilisatorischen Fortschrittes heraus. Er bemerkte zu Recht, dass die republikanischen Administrationen der 1920er-Jahre vielfach im Ausland interveniert hatten, obgleich sie angeblich eine Politik der Isolation betrieben haben. Er gab zu verstehen, dass die Aufforderung Franklin D. Roosevelts, die Militärausgaben zu erhöhen, nur dann einen Sinn machen würde, wenn die Regierung beabsichtigte, am nächsten europäischen Krieg teilzunehmen. Es waren die oftmals im Geheimen gefassten Entscheidungen Franklin D. Roosevelts, die Beard dazu trieben, ein führender Befürworter der amerikanischen Neutralität zu werden. Er war davon überzeugt, dass das Land von diesem Konflikt völlig verschont geblieben wäre, wenn Roosevelt ehrlich dem Kurs einer Außenpolitik gefolgt wäre, die sich an dem Prinzip der Nichteinmischung in die Affären anderer Länder orientiert hätte. Beard widmete die letzten Jahre seines Lebens größtenteils der Aufgabe aufzuzeigen, dass Roosevelt den Krieg bewusst angestrebt und versucht hatte, die Vereinigten Staaten in den Krieg zu manövrieren, weil sich die große Mehrheit der Amerikaner nicht für die Teilnahme am Krieg begeistern ließ. Damit die kriegstreibende Strategie dennoch aufgehen würde, musste der Präsidenten dafür sorgen, dass Japan den ersten Schuss abfeuerte.

Seine Sorgen über den weiteren Verlauf der amerikanischen Außenpolitik motivierte Beard dazu, sich mit den maßgeblichen Repräsentanten der „Old Right", ein Zweig des amerikanischen Konservatismus, zusammenzutun und ihr politisches Anliegen – die prinzipielle Ablehnung des New Deals – seinen Lesern nahezubringen und zu erläutern. Diese politische Neuorientierung war der entscheidende Faktor in der ideologischen Umpolung seiner Spätwerke, die sie so interessant und wichtig machen. Wie vielen anderen Amerikanern missfiel Beard Franklin D. Roosevelts Hinwendung zu einer aggressiven Außenpolitik, nachdem 1937 die zweite Phase des New Deals die Unzulänglichkeit des Korporatismus für jeden sichtbar aufgezeigt hatte, nämlich einen mittels Defizitfinanzierung erzeugten Wirtschaftsaufschwung in Gang zu halten. In dem Buch *Giddy Minds* lässt Beard die Anfänge des amerikanischen Imperialismus an seinem geistigen Auge Revue passieren. In seiner Analyse der auslösenden Faktoren legt er die Betonung besonders auf die wirtschaftlichen Bedingungen des Außenhandels mit China. Beschönigend nannten Politiker sie die Politik der Offenen Tür (Open Door Policy). In seiner Schlussfolgerung führte er aus, dass das imperialistische Unternehmen der ganzen Nation immense Kosten verursachte, aber nur einigen wenigen Personen große Profite eingebracht hat.

In *America In Midpassage*, Bd. I (1939), ein Kooperationsprojekt mit seiner Frau Mary, skizzierten die Beards ihr Verständnis über die

US-Auslandspolitik und ihre Alternativen. Auf der einen Seite stand der einseitige Imperialismus, den Beard etwas verwirrend als „imperialen Isolationismus" (imperial isolationism) bezeichnete. Dies war die Politik der Offenen Tür von Präsident Franklin D. Roosevelt, die ihre Befürworter dazu verwendeten, um unerwünschte Allianzen mit anderen Kolonialmächten zu umgehen. Auf der anderen Seite positionierte sich der „kollektive Internationalismus", das Wilson'sche Programm, also eines Zusammenschlusses imperialer Großmächte, um Ordnung zu wahren und Militärkampagnen durchzuführen. Die dritte Variante, die Beard bevorzugte, war die Schule der „kontinentalen" oder „amerikanischen Zivilisation", die sich darauf beschränkte, den nordamerikanischen Kontinent gegen alle Feinde zu verteidigen, während sie ausländische Konflikte vermied.

In späteren Jahren verlor Beard die Gunst der progressiven Akademiker, weil er sich in der Zeit vor, während und nach dem Zweiten Weltkrieg gegen die kriegstreibende Außenpolitik von Franklin D. Roosevelt stellte. Während sich andere Gelehrte notgedrungen dem politischen Druck der Washingtoner Regierung beugten oder bereitwillig den professionellen Anreizen der staatlichen Nachrichtendienste nachgaben, um mittels dem Abfassen von Propagandamaterial Amerikas Teilnahme im Militärkonflikt zu unterstützen, blieb Beard größtenteils ein unnachgiebiger Kritiker der lügenhaften Außenpolitik, die von der Roosevelt-Administration ausging, um das Land in einen unnötigen Krieg zu stürzen. Ohnmächtig musste er mit ansehen, wie die Vereinigten Staaten in einen blutigen Militärkonflikt verwickelt wurden. Der Krieg im Pazifik wäre im Hinblick auf die wirklichen Wirtschaftsinteressen Amerikas vermeidbar gewesen. Die Propaganda, dass der freie Zugang zum chinesischen Absatzmarkt von hoher nationaler Wichtigkeit war, klang plausibel, erwies sich aber im Nachhinein als Trugschluss. Der auf Japan ausgeübte Wirtschaftsdruck ermöglichte es der Roosevelt-Administration, einen Bombenangriff auf die Pazifikflotte im Hafen von Hawaii bewusst zu provozieren. Der asiatische Krieg diente dem amerikanischen Präsidenten und seinem Kriegskabinett als Brücke, um in den europäischen Krieg militärisch einzugreifen. Beard befürchtete tragische Konsequenzen als Ausgang des gigantischen Militärkonflikts, die nicht nur sein eigenes Land, sondern die ganze Welt in eine diktatorische Zukunft stürzen würden. Seine schlimmsten Befürchtungen sollten sich nach den Vereinbarungen der Alliierten in Jalta und Potsdam teilweise erfüllen.

Die positive Einschätzung seiner politischen Orientierung in weiten Kreisen der Bevölkerung sollte sich jedoch schlagartig ins Gegenteil ändern, als Beard in seinem 1948 veröffentlichten Buch *President Roosevelt and the Coming War* die Neutralitätsbeteuerungen Franklin D. Roosevelts in den Jahren vor dem Eintritt Amerikas in den Zweiten Weltkrieg als faustdicke Lügen eines kriegslüsternen Präsidenten darstellte. Die pazifistische Einstellung Beard verursachte ihm berufliche und persönliche Schwierigkeiten von tragischem Ausmaß. Ihre Auswirkungen sind in der amerikanischen Geschichtsschreibung bis heute für jeden spürbar, der über die erbitterte Debatte zwischen „Hofhistorikern" und „Revisionisten" bis in die frühen 1960er-Jahren informiert ist. Der Historiker Richard Hofstadter beschrieb den sich daran anschließenden Verlust des Ansehens Beards unter seinen Kollegen wie folgt: „Eine imposante Ruine." Ein lautstarker Widerspruch gegen die fixierte Norm der historischen Interpretation der Beteiligung Amerikas am Zweiten Weltkrieg brachte ihm die unversöhnliche Feindseligkeit der sogenannten „Hofhistoriker" ein. Auf dem Spiel stand tatsächlich ungeheuer viel. Die gesamte Nachkriegspolitik der siegreichen Mächte beruhte auf der offiziell von den Regierungen abgesegneten Version der Geschichtsschreibung über den Ausbruch und Verlauf des Zweiten Weltkriegs und konnten nur so gerechtfertigt werden. Diejenigen, die die offizielle Interpretation dieser Geschehnisse infrage stellten, konnten als Gegenreaktion nichts anderes erwarten, als bestenfalls ignoriert oder schlimmstenfalls geächtet zu werden. Einzelne traf es sogar noch härter, wenn sie als rassistische Sympathisanten des Faschismus denunziert wurden. Beard kam zur Schlussfolgerung, dass Amerika seit Beginn des ungerechtfertigten und imperialistischen Krieges gegen Spanien 1898 vom Kurs seiner traditionellen Außenpolitik abgekommen war. Sein Entschluss stand fest, alles nur erdenklich Mögliche zu tun, um die Regierung zu ihrer ehemaligen Politik der Nichteinmischung zurückzuführen.

Der Zweite Weltkrieg war eine Wasserscheide für den amerikanischen Neoliberalismus. Seine Fürsprecher wandten sich immer mehr einer internationalistischen Politik zu, die sie mit ihrer progressiven Einstellung in Einklang brachten. Während sich Beard, John T. Flynn und andere der alten Garde vermehrt Sorgen machten über die Auswirkungen, die eine Teilnahme an einem erneuten Weltkrieg für die Institutionen des Landes und ihre verfassungsmäßige Regierungsform mit sich bringen würde, sahen andere Neoliberale, die eine ganz andere Einstellung hatten, den Krieg als eine Gelegenheit an, die amerikanische Gesellschaft grundlegender zu verändern, als dies selbst unter dem New Deal möglich war. Die Befürchtungen Beards und anderer wurden schließlich bestätigt. Radikale Sozialisten, die sich als linksorientierte Progressive verstanden, warfen in jener Zeit den Samen einer Ideologie aus, die man später Kulturmarxismus nannte.

Bevor Beard einer der lautstärksten Kritiker der Administration wurde, hatte er gehofft, wenigstens einen minimalen Einfluss auf die Ausgestaltung der Außenpolitik zu nehmen. Eine kurze Zeit lang sah es tatsächlich so aus, als ob er die Rolle eines inoffiziellen Beraters des Präsidenten einnehmen könnte, nachdem er an einigen Festessen im Weißen Haus teilgenommen hatte. Es wurde ihm mitgeteilt, dass Roosevelt seine beiden Bücher *The Idea of the National Interest* und *The Open Door at Home* gelesen hatte. Da seine Hoffnungen, ein außenpolitischer Berater Roosevelts zu werden, zumindest in einer inoffiziellen Rolle, Mitte der ersten Amtsperiode zerschlagen worden waren, und da die Administration einen immer aggressiveren Kurs gegen andere Länder einschlug, während sie gleichzeitig ihr Waffenarsenal kontinuierlich aufstockte, besonders im Bau von Kriegsschiffen, sah Beard keine andere Alternative, als seine Bedenken öffentlich zu bekunden. Bis zum Angriff auf Pearl Harbor deutete er wiederholt darauf hin, dass das

Drängen Roosevelts auf Krieg seinen Grund im Versagen des New Deals hatte, die Wirtschaftskrise in Amerika zu überwinden und die daraus entstandenen sozialen Probleme zu beseitigen. Sofern es zu einem Militärkonflikt im Atlantik oder Pazifik käme, hätte dies den Nebeneffekt, dass die öffentliche Aufmerksamkeit wenigstens eine Zeit lang von den internen Problemen abgelenkt wäre. Ein triftiger Grund, wieso die amerikanische Regierung nicht das Leben ihrer Soldaten aufs Spiel setzen und immense Summen für Rüstungsgüter ausgeben sollte, beruhte auf der Tatsache, dass die Alliierten, besonders Großbritannien, Frankreich und die Sowjetunion, in der Vergangenheit die größten imperialen Mächte gewesen seien. Deutschland oder Japan könnten ihnen darin trotz eigener imperialistischer Ambitionen nicht das Wasser reichen. Es sei widersinnig, kolossale und teilweise niedergehende Weltreiche anderer Länder zu retten. Ein solches Vorgehen widerspreche der antiimperialistischen Tradition Amerikas. Beard war der Meinung, dass Amerika den Europäern am besten dadurch dienen könne, indem es dem Konflikt fernblieb. Die Vereinigten Staaten hätten die Ressourcen um eine fürchterlich zerrüttete Welt nach dem Krieg wiederaufzubauen.

Charles Beard war sich völlig im Klaren, dass die Regierung seines Landes den traditionellen Kurs im Umgang mit anderen Nationen seit einem halben Jahrhundert verlassen hatte. Der Marsch in die entgegengesetzte Richtung hatte mit dem Krieg gegen Spanien und der Intervention im Ersten Weltkrieg begonnen. Die Bezeichnung seiner Empfehlung einer angebrachten Außenpolitik lautete „Continental Americanism" (Kontinentaler Amerikanismus). In seinem 1940 veröffentlichten Buch *A Foreign Policy for America* legte er eine ausführliche Darlegung seines Planes vor. Der Kontinentale Amerikanismus beruht auf dem traditionellen Grundsatz der Nichteinmischung in den Kriegen anderer Nationen. Ein weiteres Argument stützt sich auf der Tatsache, dass die geographische Lage Amerikas relativ isoliert ist. Die Gefahr, mit anderen Nationen in Konflikt zu geraten, sei somit größtenteils gebannt. Der Autor zog weitere Erwägungen in Betracht, wie zum Beispiel die Notwendigkeit, den internationalen Handel aufrechtzuerhalten. Deutlich sprach Beard die Empfehlung aus, dass sich Amerika nur um seine eigenen Interessen kümmern und alleine diese in ihrer Außenpolitik verfolgen sollte. Der „Kontinentale Amerikanismus" hatte sich über ein Jahrhundert hinweg bewährt und war im Wesentlichen die Außenpolitik, die die Gründungsväter befürwortet und praktiziert hatten. Entgegen der Behauptung, dass sein Vorschlag nichts anderes als eine Abschottungspolitik (isolationism) sei, zitierte Beard die Ermahnung George Washingtons und Thomas Jeffersons, dass sich das Land aus verworrenen Allianzen heraushalten müsse. Die Gründungsväter seien nicht Advokaten einer Abschottungspolitik gewesen. Im Gegenteil, sie hätten den Handel, Kulturaustausch und die Beziehungen zu anderen Ländern und Völkern befürwortet. Anstatt des abschätzigen Begriffs „Isolationismus" verwendete Beard das Wort „Nichteinmischung" (non-interventionism) in die internen Angelegenheiten anderer Länder.

1948 veröffentlichte Beard ein Buch über Roosevelts Rolle Amerikas beim Eintritt in den Krieg. Die zentrale These des Historikers wurde seitdem vielfach bestätigt, dass sich die Roosevelt-Administration trotz ihrer wiederholten öffentlichen Beteuerungen, Frieden und Neutralität zu bewahren, heimtückisch und im Geheimen eine Kampagne führte, die Amerikas Beteiligung am Krieg unumgänglich machte. Selbst Beards Vorwurf, dass Roosevelt Japan absichtlich provoziert habe, den ersten Schuss gegen Amerika abzufeuern, hat sich in der Zwischenzeit als wahr erwiesen. Eines der folgenschweren Ergebnisse des alliierten Sieges ist die Entstehung eines US-Imperiums, das sich in allen Ecken und Winkeln der Erde bemerkbar macht. Amerika wurde seitdem in zahlreiche Kriege hineingezogen, die durch Machtkämpfe innerhalb eines Landes verursacht wurden, aber auch durch ethnische Auseinandersetzungen, Grenzdispute, Handelskonflikte und dergleichen. Die nationale Sicherheit Amerikas stand dabei nie auf dem Spiel. Beard bezeichnete eine solche Politik als „ewigen Krieg für ewigen Frieden" (perpetual war for perpetual peace).

Die Auswirkungen des Krieges auf die amerikanische Gesellschaft waren in jeder Hinsicht dramatisch. Die Einschränkungen der Bürgerfreiheit traten deutlich ins Bewusstsein der Bevölkerung. Weniger sichtbar waren die immensen Belastungen eines weltumspannenden Imperiums, die den Steuerzahlern unfreiwillig auferlegt wurden. Nennenswert waren diese negativen Folgeerscheinungen jedoch kaum im Vergleich zu den Bürden, die den besiegten Nationen auferlegt wurden. Die siegreichen Alliierten gewährten Deutschland und Japan keine humanen Kapitulationsbedingungen. Eine zivilisierte Behandlung konnten die Menschen in den völlig zerstörten Großstädten der Achsenmächte von den Besatzungstruppen nicht erwarten. Die Alliierten verübten in den ersten Nachkriegsjahren zahlreiche Gräueltaten an der schutzlosen deutschen Zivilbevölkerung und den Kriegsgefangenen, die grausamer fast nicht hätten sein können. Bereits in den letzten Wochen und Monaten des Krieges waren die schlimmsten Verbrechen an unzähligen Frauen, Kindern und Greisen während der Feuerbombardements von Hamburg und Dresden verübt worden. Als Dresden durch den massenhaften Abwurf von Detonations- und Brandbomben in ein Feuermeer gehüllt wurde, waren die Quartiere der Stadt überfüllt mit aus dem Osten kommenden Flüchtlingen.

Die Sowjetunion profitierte am meisten von Roosevelts Kriegsintervention. Wie kein anderer machte sich der kommunistische Diktator die bereitwillige Unterwerfung Franklin D. Roosevelts zu Nutze. Die Alliierten erfüllten minutiös Stalins maßlose territoriale und politische Forderungen ohne Widerspruch. Dadurch, dass Roosevelt nur ein alles überragendes Ziel verfolgte, nämlich die bedingungslose Kapitulation Deutschlands, entstand ein Machtvakuum in Zentraleuropa, das die stalinistischen Bolschewiken postwendend ausfüllten. Es genügt, auf den Morgenthau-Plan hinzuweisen. Es ist dabei unerheblich, dass der Kriegsminister Henry Stimson (ΦBK, Skull & Bones) die schlimmsten Auswirkungen des Morgenthau-Plans, Deutschland zu deindustrialisieren, gerade noch vor Beginn der Ausführung teilweise verhindern konnte. Genügend Bücher, die in der Zwischenzeit geschrieben wurden, legen detailliert die Infiltration von Sowjetagenten und kommunistischen Sympathisanten in den höchsten Zirkeln der amerikanischen Regierung dar, als dass man noch darüber streiten könnte, unter welchem Einfluss Präsident Roosevelt gestanden hatte, als er seine verheerenden Entscheidungen über das Schicksal der besiegten Feinde traf. Für die Länder in Osteuropa und die Sowjetische Besatzungszone in Mitteldeutschland erwiesen sich die gewaltsame Niederwerfung des „Faschismus" und die anschließende „Befreiung" durch das russische Militär keineswegs als ein Vorteil. Obgleich sich Amerika als Sieger feiern ließ, wurde es schon bald auf den Boden der rauen Wirklichkeit zurückgerufen. Plötzlich standen die Vereinigten Staaten einem Feind gegenüber, der mit Sicherheit mächtiger und gefährlicher war, als die kurz zuvor besiegten Achsenmächte. Für diejenigen, die hinter dem Eisernen Vorhang ein Dasein fristen mussten, brachten die folgenden Jahrzehnte fürchterliche Drangsal und Entbehrungen mit sich, als sozialistische Kollektive einst blühende Gesellschaften in „Arbeiterparadiese" verwandelten. Die bolschewistische Führungsriege verließ sich auf die Geheimpolizei, um unter Einsatz von harten Unterdrückungsmethoden die Bevölkerung in Schach zu halten.

Amerikas Feind im Pazifik musste ebenso ein grausames Schicksal erleiden, als Brandbomben Tokio in Schutt und Asche legten und Atombomben Hiroshima und Nagasaki zerstörten. In den Folgejahren breitete sich der Kommunismus mit einer schier unfassbaren Dynamik über weite Strecken Asiens und Europas aus; eine Entwicklung, die in amerikanischen Regierungskreisen und Denkfabriken, wie dem Institute of Pacific Relations, paradoxerweise begrüßt und gefördert wurde. Die Zerstörung Japans ermöglichte es, dass die chinesische Rote Armee während des Zivilkrieges dringend benötigte Waffenlieferungen aus der Sowjetunion erhielt. Acht Tage vor der japanischen Kapitulation hatte Stalin dem fernöstlichen Land den Krieg erklärt und den Japanern anschließend eine riesige Anzahl von Rüstungsgütern weggenommen. Somit war der erfolgreiche Ausgang der marxistischen Revolution in China nur eine Frage der Zeit.

Wenngleich sich Beards Analyse über Roosevelts Außenpolitik und seine Vorhersagen über die Entwicklung der Nachkriegszeit als zutreffend erweisen sollten, gingen seine Ratschläge über die Lösung der amerikanischen Wirtschaftskrise oft völlig am Ziel vorbei. Beards Empfehlungen zur Behebung der finanziellen Misere waren gelegentlich radikaler und drakonischer als die Roosevelts. Von Zeit zu Zeit schlug er vor, die Wirtschaftskrise durch eine staatlich eingeführte Planwirtschaft und Zwangskollektivierung zu lösen. In den Jahrzehnten vor der Großen Depression unterstand die Wirtschaft einer straff durchorganisierten Reglementierung des Staates. Eine freie Marktwirtschaft, wie sie noch teilweise im 19. Jahrhundert bestanden hatte, gab es in Amerika in den 1930er-Jahren nicht mehr. Seit dem Eintritt Amerikas in den Ersten Weltkrieg 1917 nahm die Wirtschaftskontrolle des Staates mittels diverser Verordnungen und Besteuerungen überhand, besonders in dem kritischen Bereich des Bankenwesens. Die progressive Gesetzgebung zerstörte zusehends die Möglichkeiten zahlreicher Unternehmer, Firmen in eigener Regie zu gründen und nach besten Geschäftspraktiken zu führen, denn die Regierung bestimmte die Produktionsprozesse und den Vertrieb der Konsumgüter mittelbar. Die Bundesregierung führte die Einkommenssteuer ein und schuf zahlreiche Ordnungsämter der Bundes- und Staatsregierungen. Die Großbanken befürworteten und unterstützten die Einrichtung eines teilweise der Regierung unterstellten Zentralbankensystems, weil dadurch die Gefahr eines Bankenansturms gebannte wurde. Somit konnten diese Banken ungestört Kredite und Banknoten „aus dem Nichts" schaffen, ohne befürchten zu müssen, als Initianten der Inflation Vergeltungsmaßnahmen der geschädigten Instanzen zu erleiden.

In den frühen 1920er-Jahren war es der Zentralbank (FED) gelungen, die totale Kontrolle über die im Umlauf befindliche Geldmenge in Amerika zu ergreifen. Diese Finanzpolitik stieß einen Wirtschaftsboom an, der bis zum Ende des Jahrzehnts anhielt. Die FED hatte sich auf den risikoreichen Kurs begeben, der zu einer enormen Expansion der Bankkredite führte, die schlussendlich den Zusammenbruch der Börse an der Wall Street im Oktober 1929 unumgänglich machte. Die dadurch entstandene allgemeine Finanzpanik griff auf andere Industriezweige über und verursachte die Große Depression. Es kann aufgezeigt werden, dass die Maßnahmen der Wirtschaftserholung, die die Präsidenten Hoover und Roosevelt vornahmen, die Konjunktur noch viel stärker belasteten und einen weiteren Niedergang der Volksökonomie garantierten.

Charles A. Beard, America First und informell miteinander kooperierende Gruppen von Antiimperialisten, die sich gegen den Eintritt der Vereinigten Staaten in den Krieg stellten, versagten in der Identifikation der der Wirtschaftskrise zugrunde liegenden Ursachen. Somit konnten sie keine durchführbaren Maßnahmen vorschlagen, die die Wirtschaftsmisere behoben hätten. Darin sehen manche Historiker den hauptsächlichen Grund, wieso die Sozial- und Kriegspolitik des New Deals trotz erschreckender Misserfolge im Beheben der Wirtschaftsdepression fortbestehen konnte. Die sich daraus ergebende Konsequenz war die Teilnahme am Zweiten Weltkrieg. Die freie Marktwirtschaft begünstigt eine Außenpolitik, die sich einzig auf die Verteidigung des eigenen Landes beschränkt. Eine politische Koalition, die sich darum bemüht, mit allen Nationen in friedlicher Koexistenz zu leben, und ein minimalistischer Staat, der mit nur wenigen Machtbefugnissen ausgestattet ist, hätten wahrscheinlich die ökonomische Misere des New Deals und die soziale und politische Umwälzung jener Ära, einschließlich des Zweiten Weltkrieges, verhindert.

14.2 Sozialdemokratischer Charakter des Progressivismus

(Unterschiedliche Beurteilungen des Progressivismus im Wandel der Zeit)

Der Progressivismus ist eine Ideologie, die von zirka 1896 bis 1921 vorherrschte. Der Begriff wird unterschiedlich interpretiert. Unmittelbar nach der progressiven Ära wurde diese Bewegung positiv beurteilt. Als Protestbewegung habe sie sich gegen die Auswüchse des Laissez-faire-Kapitalismus gestellt. Der Staat wollte bessere Lebensbedingungen für alle schaffen. Die Zivilgesellschaft sollte einer grundlegenden Sozialreform unterzogen werden. Der Progressivismus wird als Bewegung für die Sozialdemokratie angesehen. Durch die Teilnahme an Kriegen, die von der Bevölkerung große Opfern forderten und die Regierung von der Großindustrie abhängig machte, sei der Progressivismus aber immer stärker auf Ablehnung gestoßen.

Direkt nach dem Zweiten Weltkrieg nahmen die Historiker eine kritischere Haltung gegenüber dem Progressivismus ein. In der Progressiven Ära sei es den Politikern in erster Linie um Macht und Status gegangen; sie hätten sich nur für Unterprivilegierte eingesetzt, um deren Stimmen zu erhalten. Soziale Missstände seien nur oberflächlich behoben worden. Entgegen der liberalen Tradition Amerikas hätten sich die Progressivisten am Ersten Weltkrieg im Namen der Demokratie-Erhaltung und zur Vermeidung eines weiteren Krieges beteiligt. Angesichts der Kriegsopfer sei der Progressivismus aber in Missgunst geraten, zum Niedergang habe auch die Aufsplitterung der Bewegung in rivalisierende Lager beigetragen.

Der phänomenale Erfolg, den die Progressivisten um die Jahrhundertwende aufweisen konnten, trug Jahre später zum Niedergang ihrer Bewegung bei: Nachdem sie ihre politischen Ziele erreicht hatte, setzten sich ihre einflussreichen Befürworter als zufrieden gestellte Akteure zur Ruhe.

Obwohl in den 1950er-Jahren ein allgemeines Misstrauen gegenüber allen Ideologien herrschte, suchten Historiker die intellektuellen Ursprünge des Progressivismus. Sowohl die Liberale als auch die Konservative Partei sei dem Aufklärer John Locke gefolgt, die progressive Bewegung sei nicht revolutionär gewesen. Sie meinten, dass die progressiven Errungenschaften minimal gewesen seien, weil die fast identischen Programme der Liberalen und Konservativen Partei das kapitalistische System nicht bedroht hätten. Wer die Einheit und Konformität der amerikanischen Vergangenheit betont, wird der sogenannten Konsens-Schule zugeordnet. In der Zeit des Kalten Krieges hielten diese Historiker es für möglich, dass die Politiker aus beiden Parteien zu einer gemeinsamen Außenpolitik finden könnten. Der Progressivismus habe die Amerikaner dazu befähigt, ihren Wohlstand zu vermehren.

Manche Historiker halten die Progressive Ära für eine intellektuelle Revolution, deren Ziel gewesen sei, den politischen Status quo des Vergoldeten Zeitalters zu zerstören. Die Schuld am Niedergang des Progressivismus in den 1920er-Jahren könne nicht externen Umständen wie Krieg und Wohlstand angelastet werden, sondern den der progressiven Ideologie innewohnenden Widersprüchlichkeiten. Schließlich sei die progressive Ideologie wegen falscher Grundvoraussetzungen (zum Beispiel die Befürwortung des Rassismus und Antisemitismus) und unrealistischer Ziele an der Realität (Errichtung einer utopischen Gesellschaftsordnung) gescheitert.

14.3 Konsolidierung des Staatsmonopol-Kapitalismus

(Die Wirtschaft spannt den Staat für ihre Interessen ein)
Gegen Ende der 1950er-Jahre kam es zu einer Neuinterpretation des Progressivismus: Institutionen und Wirtschaftskonzerne erhielten eine positive Bedeutung. In der zeitlich ausgeweiteten Periode von 1885 bis 1914 sei das in Amerika hervorstechende Merkmal nicht Ausbeutung, Korruption oder Reform gewesen, sondern die Industrialisierung, hielt der Historiker Samuel P. Hays fest. Dieser Prozess habe alle Amerikaner beeinflusst. Es gebe keinen ideologischen Unterschied zwischen Reichen und Armen – alle würden nach Reichtum streben. Geschäftsleute hätten aufgrund ihrer Organisation und Konsolidierung als erste die Lektion des Überlebens in einer industriellen Gesellschaft gelernt. Die Arbeitsbedingungen hätten sich dank einer ausgewogeneren Gesetzgebung verbessert. Die Bedeutung der Progressiven Ära liegt demnach in der Tatsache, dass sich Amerika in jener Zeit mit den besonderen Herausforderungen der Industrialisierung arrangiert habe. Der Historiker Robert H. Wiebe nahm wahr, dass sich eine neue Mittelklasse gebildet habe, der es gelungen sei, die Verhaltensnormen in einer industriellen Gesellschaft zu definieren, denn alle Werte des 19. Jahrhunderts, die Sinn und Ordnung verliehen, hätten ihre Gültigkeit verloren. An die Stelle von Individualismus und protestantischer Ethik traten Berechenbarkeit und Effizienz. Die Einführung einer von Experten (Technokraten) geleiteten zentralistischen Regierung sollte den Wirtschaftsablauf planen. Die nötige Voraussetzung hierfür war eine geordnete, effiziente und gerechte Staatsgewalt. Der Ursprung des Progressivismus liege in den neuen technokratischen Ideen der Sozialwissenschaften. Laut Wiebe haben Geschäftsleute eine Hauptrolle in der Progressiven Bewegung gespielt. Die Tatsache, dass sich diese Interpretation der Progressiven Ära von den vorausgehenden „liberalen" und „progressiven" Interpretationen grundsätzlich unterscheidet, macht deutlich, dass die älteren Deutungsversuche mangelhaft waren. Gemäß Hays waren die progressiven Reformer nicht auf humanitäre Veränderungen in der Gesellschaft bedachte Politiker, sondern selbstbewusste Geschäftsleute der Oberklasse. Um einen größeren Einfluss in der Gesellschaft ausüben zu können und um die Konkurrenz ausschalten zu können, hätten sie Politiker, Beamte und Richter bestochen. Das politische System wurde infolgedessen von innen heraus korrumpiert. In den Augen des überzeugten Sozialisten John Chamberlain war der Progressivismus rundherum ein Misserfolg, weil er keine echten Reformen zuwege gebracht und dem amerikanischen Faschismus den Weg geebnet habe.

Die amerikanische Politik war im Vergoldeten Zeitalter (Gilded Age) größtenteils demokratisch. Im Gegensatz dazu musste in der Progressiven Ära ein Großteil der Bevölkerung politische Macht an technokratische Experten abtreten, die die Regierungsgeschäfte in ihre Hände genommen und zum Schein vorgegeben hatten, im Interesse der Öffentlichkeit zu handeln. Die Wichtigkeit von Gabriel M. Kolkos Geschichtsrevision kann nicht hoch genug eingeschätzt werden. Seine wichtigste Erkenntnis über den

Verlauf der amerikanischen Geschichte kann wie folgt zusammengefasst werden: Seit 1789 sahen die amerikanischen Gerichtshöfe und Behörden der Bundesregierung eine ihrer wesentlichen Aufgaben darin, die Interessen der Industrie zu fördern, um ein stetes Wirtschaftswachstum zu garantieren. Gegen Ende des 19. Jahrhunderts begannen Schlüsselpersonen der wirtschaftlichen und politischen Szene sich selbst als eine Art Komitee der Zentralplanung des amerikanischen Kapitalismus anzusehen. Diese Bestrebungen gipfelten in den Wirtschafts- und Sozialreformen des ersten Roosevelt'schen New Deals von 1933 bis 1938. Die meisten Amerikaner fügten sich mehr oder weniger bereitwillig in das sich ständig verändernde neue Wirtschaftssystem ein. Dass die Bundesregierung vor Gewaltanwendung nicht zurückschreckte, um ihre auf ökonomische Ausbeutung ausgerichteten Ziele zu erreichen, hatte der Amerikanische Sezessionskrieg unmissverständlich unter Beweis gestellt. Das konservative Programm der Geschäftsmänner ist laut Kolko das Ergebnis absichtlicher Bestrebungen gewesen, um die Macht und Profite der Großindustrie zu erhalten. „Konservatives Programm" hat in diesen Kontext einen negativen Inhalt und bedeutet die Bewahrung der errungenen ökonomischen und politischen Macht der Großindustriellen, um die Bevölkerung finanziell auszubeuten.

Der Historiker William Appleman Williams teilte die amerikanische Geschichte in drei Phasen auf: 1) Merkantilismus von 1740 bis 1828 (Förderung des Außenhandels und der Industrie zur Stärkung der Finanzkraft und Macht der Staatsmacht), 2) Laissez Nous Faire von 1819 bis 1896 (Freie Marktwirtschaft) und 3) Korporatismus von 1882 bis zur Gegenwart (Beteiligung von gesellschaftlichen Gruppen an politischen Entscheidungsprozessen). Im frühen 20. Jahrhundert habe sich eine klassenbewusste industrielle Oberschicht bemüht, ihre wirtschaftliche Dominanz in Großkonzernen zu festigen, indem sie die Regierung ins Spiel brachte. Kolko reflektierte dasselbe Thema: Die Männer, die sich an vorderster Front für die staatliche Regulierung der Eisenbahnen einsetzten, waren keine populistischen Landwirte oder Lohnarbeiter, sondern vielmehr die Direktoren der Eisenbahngesellschaften selbst. Der dominante Fakt des amerikanischen politischen Lebens im 19. Jahrhundert sei, dass die Großindustrie darauf drängte, dass der Staat die Wirtschaft regulierte. Kolko vertrat die Meinung, dass sich alle kapitalistischen Systeme, die jemals existierten, auf Bereitstellung von großzügigen Finanzmitteln des Staates verließen. Die Politiker seien nur allzu eifrig darauf bedacht gewesen, im Gegenzug zur Finanzierung ihrer Wahlkampagnen große Summen an öffentlichen Mitteln den Eisenbahngesellschaften darzureichen. Betrachte man die anfängliche Finanzierung des inländischen Transportwesens in Amerika, würde man unschwer erkennen, dass die Eisenbahngesellschaften im Grunde extreme Über- oder Fehlinvestitionen waren. Kolko erwähnte auch, dass die neue Eisenbahnindustrie sowohl wirtschaftlichen als auch sozialen Schaden angerichtet habe, indem sie künstlich hervorgerufene Wirtschaftsbedingungen einem neuen Markt aufzwang, der sich über das ganze Land erstreckte, ohne auch nur im Geringsten darüber bekümmert zu sein, wie sich ihr Profit gieriges Verhalten auf das lokale Geschäftstreiben auswirkte. Die Eisenbahngesellschaften hätten den Aufstieg von Konzernen in anderen Schlüsselindustrien angespornt. Somit hätten sich die negativen Auswirkungen des Staatsmonopol-Kapitalismus (Korporatismus) folgerichtig auch in anderen Wirtschaftssektoren bemerkbar gemacht. Der Volksökonom Michael Perelman gab zu verstehen, dass die Eisenbahnindustrie gegenüber den Marktkräften immun zu sein schien.

Die bevorzugte Methode, um das sozialistische Anliegen durchzusetzen, sei die politische Intervention in den Wirtschaftsablauf gewesen. Großkonzerne hatten sich dadurch eine Verbesserung der eigenen Marktdominanz oder zumindest die Beibehaltung der bereits erzielten Marktdurchdringung versprochen. Das alles überragende Ziel sei – beschönigend ausgedrückt – die „Stabilität" und „Rationalisierung" der Gesamtwirtschaft gewesen. Unverblümt meinten sie damit, dass die wirtschaftliche Konkurrenz rigoros abgeschafft werden müsse. Die Großindustriellen strebten eine Monopolisierung aller maßgeblichen Industriebranchen an. Eine entsprechende Gesetzgebung sei das einzig wirksame Mittel, um erfolgreich die Kräfte des Marktes zu bändigen und sie zum eigenen Vorteil auszunutzen. Kolko stellt die gewagte, aber durchaus nachvollziehbare These auf, dass ein konservativer Konsens die Reformen der Progressiven Ära bestimmte. Das erste Anliegen der meisten Politiker in der Progressiven Ära, egal zu welcher Partei sie gehörten, habe immer dem profitablen Interesse der Großindustrie und des Bankenwesens gegolten. Die Kapitäne der Industrie hätten ein Vetorecht über die Beschlüsse der Regulierungsbehörden gefordert und es auch erhalten. Das erhöhte Preisniveau von Produkten fusionierter Firmen stand dann nicht mehr in Gefahr durch Konkurrenten unterboten zu werden, die dank effizienter Fabrikationsmethoden oder sonstiger Einsparnisse, ihre Erzeugnisse hätten günstiger veräußern können. Für die Entstehung des Korporatismus sind machtvolle Personen verantwortlich, die ihn ins Leben gerufen haben, Personen wie Theodore Roosevelt, der die Großkonzerne dadurch legitimierte, dass er sie in gute und schlechte Kartelle aufteilte. Die Monopolisierung des gesamten Bankensystems sorgte für die nötige Stabilität und Kontinuität im Finanzwesen, um die gewaltige Vermehrung privater Vermögen zu garantieren.

Nur wenigen war bewusst, dass T. Woodrow Wilson während des Ersten Weltkrieges das progressive Programm der Eliten an der Ostküste erfüllte. Nach dem Börsencrash 1929 setzte der republikanische Präsident Herbert C. Hoover (1874-1964), von dem man irrtümlicherweise meinte, er würde eine klassisch-liberale Politik betreiben, dieselben sozialistischen Wirtschaftsprinzipien um, die Franklin D. Roosevelt (1882-1945) einige Jahre später mittels seiner New Deal-Politik im großen Stil weiterführte.

14.4 Dilemma eines ausufernden Militarismus

Der Erste Weltkrieg war in den Annalen der Geschichte eine Katastrophe ohnegleichen. Die gigantischen Verluste an Leben und Material trieb die europäische Zivilisation unwillkürlich in den Ruin. Nach Beendigung des Krieges musste die vormals stolze Offiziersklasse eine schmachvolle Existenz am Rande der Gesellschaft fristen; der sich ausbreitende Sozialismus warf die heroischen Werte einer ehemals feudalen Gesellschaft völlig über den Haufen. Die einzigen, denen man noch einen gebührenden Respekt in der Gesellschaft zollte, waren die Technokraten. Denn nur sie besaßen das nötige Wissen über komplizierte Wirtschaftsabläufe, um die Produktion und den Vertrieb von Konsumgütern zu optimieren, ohne die ein moderner Lebensstandard undenkbar wäre.

Die Geschichte zeigt auf, dass die Verwaltung eines bestehenden Weltreichs immer ein zerstörerisches Potenzial in sich trägt. Durch militärische Übergriffe in Besitz genommene Ländereien werden möglichst bald wirtschaftlich ausgebeutet. Die Völker in den Kolonialgebieten verlieren weitgehend ihren politischen Freiraum, um entscheiden zu können, was in ihrem eigenen nationalen Interesse liegt. Widersetzt sich die einheimische Bevölkerung der kolonialen Bevormundung, erhöht sich der Blutzoll, den sie unfreiwillig bezahlen muss, um ein Vielfaches. Um ein Weltreich aufrechtzuerhalten und gegebenenfalls seine Landmasse noch zu vergrößern, ist es notwendig, ständig militärische Interventionen vorzunehmen. Neben dem sinnlosen Abschlachten von Menschen zerstören diese kriegerischen Maßnahmen Vermögenswerte im imperialen Zentrum und in den kolonialen Schutzgebieten.

Seit Beginn des alliierten Angriffes gegen den deutschen Verteidigungswall an der französischen Atlantikküste während des Zweiten Weltkrieges konzentrierten die Amerikaner ihr taktisches Planen immer weniger auf die Zurückdrängung der Wehrmacht. Zu ihrem Schrecken entwickelten sich die Militärerfolge der Sowjets zu einer wachsenden Bedrohung der geopolitischen Absichten Amerikas. Die Friedenspläne des Außenministeriums in Washingtons bestanden seit 1941 aus folgenden Punkten: (1) konkrete Verwirklichung wirtschaftlicher Ziele, die sich fast völlig von der internationalen Vision T. Woodrow Wilsons ableiteten und (2) flexible Vorgehensweise in der Umsetzung der wirtschaftlichen Ziele, die darauf hinausliefen, die Weltwirtschaft von Grund auf umzugestalten.

Das wirkliche Drama rivalisierender Machtblöcke begann in der Nachkriegszeit auf der italienischen Halbinsel, wo die Besatzungspolitik der Anglo-Amerikaner richtungsweisend für spätere Besetzungen werden sollte. Amerika war daran interessiert, den Einfluss Großbritanniens auf dem Kontinent so gering wie möglich zu halten, während die Regierung in London gleichfalls die Absicht verfolgte, ihrem Gegenüber in Washington den Schneid abzukaufen. Zu guter Letzt stießen die USA die Briten unbarmherzig zur Seite, als diese ihre Kolonialpolitik in Südeuropa durchsetzen wollten. Die sich aus diesem Zusammenstoß ehemaliger Waffengefährten entwickelnde Krise wirkte sich keinesfalls vorteilhaft für beide Kontrahenten aus. Die Italiener entzogen sich geschickt der Beherrschung des einen wie des anderen. Deshalb schien es den Briten und Amerikanern ratsam zu sein, zunächst die Unabhängigkeitsbestrebungen der Regierung in Rom gemeinsam zu unterdrücken. Die zu ergreifenden Maßnahmen, um den Einfluss der aufmüpfigen Italiener einzudämmen, stand beiden klar vor Augen: Die irregulären linksgerichteten Partisanen mussten entwaffnet und die faschistischen Bürokraten als Bollwerk gegen den erstarkenden Kommunismus im Lande in ihren Ämtern bestätigt werden. Trotz vieler Zusicherungen der gegenseitigen Unterstützung stand eine faktische Aufteilung Europas schon Mitte 1943 in Aussicht, lange bevor irgendjemand an einen kalten Krieg zu denken wagte.

Gemäß dem Historiker Gabriel M. Kolko (1932-2014) betrachtete das amerikanische Diplomatenkorps die Durchsetzung einer umfassenden Handelspolitik ihres Landes als Allheilmittel aller die Welt plagenden Wirtschaftsmiseren. Im Mittelpunkt der Überlegungen stand die Notwendigkeit, dass die amerikanische Staatsmacht im Regulieren aller Handelsbeziehungen eine dominante Rolle einnehmen sollte. Beschönigend nannten die Amerikaner ihre Vorgehensweise die „Offene Tür"-Politik. Das schon fast einhundert Jahre andauernde pragmatische Zusammenspiel von privater Wirtschaft und öffentlicher Hand in den Vereinigten Staaten diente den maßgeblichen Wirtschaftsakteuren als bewährter Präzedenzfall, der nun rund um den Globus ausgeweitet werden konnte. Das ursprünglich vom US-Außenministerium gegebene Zugeständnis an die amerikanischen Konzerne, sich nach Belieben der Rohstoffe anderer Nationen zu bemächtigen und die Öffnung ausländischer Märkte zu erzwingen, muss als Schlüssel der amerikanischen Weltpolitik seit Ende des Zweiten Weltkrieges angesehen werden. US-Außenminister Cordell Hull und seine Nachfolger waren nie verlegen im Nennen eines scheinbar plausiblen Vorwandes, wenn ihnen die Frage nach der Zielsetzung der amerikanischen Außenpolitik gestellt wurde. Die Verbreitung der Demokratie in Übersee war eine der Standardantworten. Mit der Zeit wurde es auch den Begriffsstutzigen klar, dass Amerika jedes idealistische Ziel sofort über Bord warf, wenn dies die konsequente Verfolgung seiner wirtschaftlichen Ziele erforderte. Kolko sprach sogar von der Eventualität, dass Amerikas Machtelite einer sowjetischen Militärbesetzung Osteuropas mit völliger Gleichgültigkeit begegnen würde, solange die Erfüllung ihrer wirtschaftlichen Ziele gesichert sei. Es muss jedoch gesagt werden, dass die rabiate Vorgehensweise in der Erschließung „freier Märkte" unter Verwendung der vollen Militärgewalt Amerikas prinzipiell nichts Neues war. Jede Kolonialmacht, egal zu welcher Zeit, war für ihr brutales Vorgehen in der Unterjochung fremdländischer Bevölkerungen bekannt. Das wirklich neue Element in dieser Politik war das immense Ausmaß ihrer Einflussnahme und die zahlreichen negativen Konsequenzen. Dass eine von Amerika dominierte Welt wirtschaftlich stagnieren würde, war den „Friedens"-Strategen des US-Außenministeriums egal.

Großbritannien und die Vereinigten Staaten hatten lange vor der eigentlichen Durchführung des Bombenterrors im Zweiten Weltkrieg die radikale Vernichtung der Zivilbevölkerung in den deutschen und japanischen Großstädten geplant. Der Krieg hatte die amerikanische Militärführung so brutalisiert, dass das Verbrennen unzähliger Männer, Frauen und Kinder durch Atombomben im Frühjahr 1945 kein wirkliches Dilemma mehr darstellte. Die Übertretung traditioneller juristischer und ethischer Maßstäbe im Hinblick auf die willkürliche Tötung von Zivilisten war ein markantes Kennzeichen der alliierten Streitkräfte. Im Koreakrieg (1950-1952) ließen sich die US-Soldaten noch viel konsequenter auf eine barbarische Kriegsführung ein. Die Version des Internationalismus, die den Vorstellungen der Amerikaner entsprach, war die Durchsetzung des Plans ihrer eigenen weltweiten Vorherrschaft.

Die Gründungsväter der Vereinten Nationen (United Nations; abgekürzt „UN"), die sich 1945 in San Francisco eingefunden hatten, waren sich dieser Tatsache bewusst und nahmen sie stillschweigend hin. Das „Bretton Woods"-Abkommen von 1944 einer weltweiten Währungsreform war so konzipiert, dass sich das globale Handelsvolumen enorm vergrößern würde. Die massive Vergabe von Krediten an ausländische Schuldner, die von privaten Geldinstituten und staatlichen Ämtern in Amerika ausging, diente einzig dem Zweck, den Export von Kapital- und Konsumgütern zu subventionieren. In der Nachkriegszeit traten führende Politiker Washingtons mit einer antikolonialistischen Rhetorik an die Öffentlichkeit. Ihr Ruf erlitt jedoch kaum Schaden, als bekannt wurde, dass sie der weltweiten Ausbeutung von Rohmaterialien klammheimlich zugestimmt hatten. Unter großen idealistischen Anwandlungen gaben die Verantwortlichen der UN zu verstehen, dass diese internationale Organisation zur Bewahrung des Weltfriedens und zum Wohl der ganzen Menschheit existiere. Eine gerechte Verteilung lebenswichtiger Ressourcen wurde als Ziel der New International Economic Order (Neue Internationale Wirtschaftsordnung) ausgegeben. Die Realität war jedoch eine ganz andere. Amerikanische Großkonzerne erwarben sich den Löwenanteil an den verfügbaren Rohmaterialien mit friedlichen Mitteln, wo immer möglich, oder mit zerstörerischer Waffengewalt, wo immer nötig. Das fatale Ergebnis aller amerikanischen Interventionen in Europa war der Ausbruch des Kalten Krieges, der dazu angelegt war, besiegte Feinde (Deutschland und Japan) in Schach zu halten und bestimmten Siegern (Russland und Britannien) den Schneid abzukaufen. Dies geschah unter dem Vorwand, die Ausbreitung des Kommunismus über die Erde in Grenzen zu halten.

Aufgrund ihrer Zugehörigkeit zur oberen Gesellschaftsklasse waren die höchsten Entscheidungsträger der amerikanischen Außenpolitik aufs Engste mit den Managern und Direktoren von dominanten Industriekonglomeraten verbunden. Somit kam eine gegenseitige Beziehung zustande, die sich der politischen Machtstruktur bediente, um Wirtschaftsinteressen der amerikanischen Kapitalisten im In- und Ausland zu fördern. Historiker Kolko stellte heraus, dass der ursprünglich von Alexander Hamilton befürwortete britische Merkantilismus als Rechtfertigung für die weltweite Verbreitung und Konsolidierung des amerikanischen Staatsmonopol-Kapitalismus (Korporatismus) herangezogen wurde. Hierin machte sich das folgenschwerste Ergebnis der neoliberalen Wirtschaftsreform in Amerika bemerkbar. Robert McNamaras Karriere als technokratischer Verteidigungsminister stellte unter Beweis, dass internationale Großbanken dem militärischen Establishment der Johnson-Administration (1963-1969) die Aufgabe der globalen Beherrschung übertragen hatten. Dass diese Vision der weltumspannenden Vormachtstellung Amerikas zu jener Zeit nicht vollumfänglich umgesetzt werden konnte, lag nicht am fehlenden Willen, sondern an den unzureichenden Mitteln der Durchführung.

Laut Historiker Kolko mussten die USA während des gesamten 20. Jahrhunderts in genügenden Mengen Rohstoffe importieren, um die Industrieprozesse in Gang zu halten, die ihre Handelsgüter produzierten. Dies beantwortet die Frage, wieso die Vereinigten Staaten während ihrer Offenen Tür"-Politik (Open Door policy) in sekundären, ja selbst tertiären Überseemärkten, wie beispielsweise in Südostasien, unter großem Aufwand an Kosten und immensem Verlust an Menschenleben militärisch intervenierten. Der Progressivismus war einzig darauf bedacht, die bestehende Sozialordnung in Richtung Totalitarismus zu verändern, dass die Prinzipien des Staatsmonopol-Kapitalismus (Korporatismus) konsequent umgesetzt werden konnten. Die Gesetzgebung des New Deals, die das Bankenwesen regulierte, zeigte Jahrzehnte später die totalitäre Vorgehensweise der herrschenden Elite auf: Im Ergreifen von politischen Maßnahmen konnten die Großbanken ihre [kartellierenden] Vorstellungen dem nationalen Bankenwesen aufzwingen.

Die USA rühmen die Vorzüge der freien Marktwirtschaft, stellen diese aber an den Pranger, wenn andere Industrienationen ihre Exportwaren gewinnträchtiger absetzen. Da die Schlüsselpositionen in der US-Bundesregierung, besonders im Außenministerium, durch ehemalige Leiter der Großindustrie, des Bankenwesens und der führenden Anwaltskanzleien besetzt wurden, war es nur logisch, dass sich die Politik zwangsläufig den kommerziellen Interessen unterordnete. Die sich aus reinem Eigennutz der Politik bedienende Oberschicht agierte in völliger Missachtung der Belange der von ihnen regierten Bevölkerung.

Exemplarisch kann am Vietnamkrieg (1955-1975) das tragische Element in der imperialen Expansion Amerikas während des 20. Jahrhunderts aufgezeigt werden. Die militärische Intervention in Südostasien nahm ihren Anfang bereits am 26. November 1941, als Franklin D. Roosevelt ein demütigendes Ultimatum an die japanische Regierung stellte mit der Forderung, ihre militärischen Kräfte aus China und Indochina völlig abzuziehen. Die militärische Absicht, die der amerikanische Präsident im pazifischen Kriegsschauplatz verfolgte, war die Vertreibung der Japaner aus ihren kolonialen Besitztümern in Asien, um diese wiederum seiner eigenen Kontrolle zu unterstellen. Die amerikanische Armee verließ sich auf ihre enorme Feuerkraft, da dies die einzige Art der Kriegsführung war, mit der sich die US-Generäle auskannten. Das vietnamesische Volk musste einen monumentalen Preis dafür bezahlen. Der Historiker Kolko zieht aus den permanenten Kriegen des blutigsten Zeitalters der Menschheitsgeschichte das Fazit, dass führende Politiker in selbstzerstörerischer Verantwortungslosigkeit bedenkenlos Millionen von Soldaten und Zivilisten in den Tod sandten, nur um ihren gehobenen Status in der Gesellschaft zu bewahren. Selbst in der Phase, als die Regierung Amerikas noch verhältnismäßig machtlos war, ihren Verordnungen effektiv Geltung zu verschaffen, scheute sie nicht davor zurück, rabiate Maßnahmen zu ergreifen, um die sozialen Verhältnisse vieler Amerikaner entsprechend progressiver Idealvorstellungen zu verändern. In diesem zweifelhaften Unterfangen des „social engineering" (soziale Manipulation) folgte man dem Leitsatz, alles nur Erdenkliche zu tun, um der wohlhabenden Oberschicht willfährig zu sein.

Das Bemühen der Großindustrie, ein enges Verhältnis zum Staat zu pflegen, ist nachvollziehbar. Um ihr Bekenntnis zu einem totalen Staat zu verbergen, musste es so vermittelt werden, dass der Eindruck entstand, man begehre genau das Gegenteil. Dementsprechend fördert die Großindustrie die weite Verbreitung von Ideen einer freien Marktwirtschaft. Geschäftsleute wurden dazu angehalten, sich als begeisternde Befürworter einer dezentralen Ökonomie zu profilieren. Der populistische Stil einer Margaret Thatcher und eines Ronald Reagan konnte den autoritativen Kern ihrer Politik zwar übertünchen, aber nicht gänzlich verschleiern. Eine überschwängliche marktorientierte Rhetorik ging Hand in Hand mit einer konsequenten Stärkung des Staatsapparates einher. Sich einer solchen Politik anzuschließen, wie es viele Konservative in den 1980er-Jahren taten, die eigentlich Ideale einer minimalistischen Regierung hochhielten und auf eine Friedenspolitik bedacht waren, erwies sich als äußerst kontraproduktiv. Die Umsetzung von klassisch-liberalen Wirtschaftsprinzipien im Zuge der sogenannten „konservativen Revolution" blieb somit in den Startlöchern stecken, ohne dass dieser missliche Umstand von der breiten Bevölkerung größtenteils wahrgenommen wurde. Kolkos Darlegung der progressiven Reformen, die jeder amerikanische Präsident seit Anfang des 20. Jahrhunderts bis zum Beginn des Kalten Krieges und danach in noch viel konzentrierter Form vornahm, hat sich in der Folgezeit vielfach als zutreffend herausgestellt.

14.5 Tragische Konsequenzen der Amerikanischen Diplomatie

Der geschätzte amerikanische Historiker William Appleman Williams (1921-1990) richtete von 1957 bis 1968 in der University of Wisconsin die sogenannte „Wisconsin-Schule" der Geschichtsrevision ein. Das hervorstechende Merkmal dieser Schule war die akribische Quellenforschung und analytische Durchleuchtung historischer Fakten, um die konventionelle Geschichtsschreibung einer umfassenden Nachprüfung und Uminterpretation zu unterziehen. Arthur Meier Schlesinger Jr. (1917-2007), Fürsprecher des linksgerichteten Neoliberalismus zu Zeiten des Kalten Krieges, verunglimpfte

Williams zu Unrecht als einen Sympathisanten des totalitären Kommunismus. Als 1959 die erste Ausgabe seines einflussreichsten Buches *The Tragedy of American Diplomacy* erschien, artikulierte Williams deutlich und mit einer beizenden Polemik seine rigorose Ablehnung der imperialen US-Politik. Die in Washington, D.C. residierenden Militaristen des Kalten Krieges waren aufs Äußerste schockiert über seine Thesen. Sie ließen es nicht nur damit bewenden, ihre abschätzige Meinung in der Öffentlichkeit zu bekunden, sondern bedienten sich der politischen Schikane, um ihre negative Meinung mit Nachdruck zu unterstreichen. William A. Williams musste erheblich Zeit und Geld aufbringen, um sich gegen die falschen Anschuldigungen der Regierung zu verteidigen. Als die Tragödie des Vietnamkrieges immer deutlicher sichtbar wurde und grundlegende Fragen über die Bedeutung, Rechtfertigung und Durchführung dieses blutigen Militärkonfliktes aufwarf, fand Williams Gehör für seine Ideen unter der breiten Bevölkerung.

Der ideologische Grundton von Williams akademischem Schaffen war eher konservativ und patriotisch. Er war von der Neuen Linken zutiefst enttäuscht. Im Hinblick auf die Innenpolitik periodisierte Williams die US-Geschichte in aufeinanderfolgende Zeitabschnitte des Merkantilismus (1740-1828), des Laissez Nous Faire (inkonsequente Form der freien Marktwirtschaft) (1819-1896) und des Korporativen Kapitalismus (Politischer Kapitalismus) seit 1882. Das Charakteristische an der dritten Periode war die Allianz zwischen dem Staat und der Geschäftswelt, um die bestehenden Beziehungen zwischen Reichtum und Macht zu festigen, während sie dem Begehren der breiten Massen, eine halbwegs finanziell abgesicherte Existenz zu ermöglichen, nur ein Stück weit entgegenkam, um sie ruhig zu halten. Das übergeordnete Ziel war, die „Stabilität" des Systems mittels der drastischen Reduzierung des – wie man meinte – chaotischen und unprofitablen Konkurrenzkampfes zu wahren.

Sein besonderes Augenmerk richtete Williams auf die Außenpolitik der Vereinigten Staaten. Früh in seiner Karriere schrieb er ein viel beachtetes Essays „The Frontier Thesis and American Foreign Policy" (Die Grenzlandthese und die amerikanische Außenpolitik). Darin versuchte der Autor zu erklären, wie das Verständnis der Amerikaner über die Rolle des Grenzlandes in der US-Geschichte die Außenpolitik dahingehend beeinflusst hat, dass die Elite der Politiker und Industriemagnaten meinte, ein überseeisches Imperium einrichten zu müssen. Diese Ansicht stützte sich auf die berühmte „Grenzlandthese" des Historikers Frederick Jackson Turner. Die Existenz eines Grenzlandes hatte den Amerikanern im Verlauf von zwei Jahrhunderten ein gewisses Maß an komfortablem Wohlstand und individueller Freiheit beschert. Als dieses aber in den 1890er-Jahren an Bedeutung verlor, mussten neue Möglichkeiten erschlossen werden, damit die Volkswirtschaft nicht Schaden nehmen würde. Seine Darstellung der politischen Umgestaltung Amerikas von einer kontinentalen Republik zu einem weltweiten Imperium begann mit dem Hinweis auf den Erfolg des amerikanischen Kapitalismus, als nach Beendigung des Sezessionskrieges die Wirtschaft phänomenal wuchs. Trotz eines einzigartigen Konjunkturaufschwungs, der sich in relativ kurzer Zeit in den Nordstaaten eingestellt hatte, befand sich die Gesellschaft Amerikas vielfach in einer prekären Situation, nicht zuletzt aufgrund der wirtschaftlichen Repressalien in den Südstaaten und der allgegenwärtigen Korruption in Politik und Gesellschaft. Im späten 19. Jahrhundert modernisierte die Nation ihre Industrie auf dem Rücken zahlreicher, ins Land einströmender Immigranten, die bereit waren, für wenig Geld hart zu arbeiten. Die Einkommensdiskrepanz zwischen der privilegierten Elite und den sich abschindenden Massen weitete sich immer mehr aus und nahm eine überdimensionale Größe an, die nicht übersehen werden konnte. Männer, wie John D. Rockefeller, Sr., Andrew Carnegie und Cornelius Vanderbilt – die sogenannten Kapitäne der Industrie –, häuften gigantische Vermögen an, während sich die Arbeiter in den Fabriken 60 Stunden pro Woche oft unter gefährlichen Bedingungen abrackern mussten. Die notvolle Lage vieler leidgeplagter Familien verschlechterte sich noch dadurch, dass der Ausbau der Infrastruktur in den Großstädten nicht mit dem raschen Bevölkerungsanstieg Schritt halten konnte. Die mangelnde Strom- und Wasserversorgung und die unzureichende Entsorgung des Abwassers erwiesen sich als ein stets gegenwärtiges Problem. Elendsviertel sprangen wie Pilze aus dem Boden.

Das politische und sozioökonomische System war so angelegt, dass ein sozialer Aufstieg aus ärmlichen Verhältnissen verhindert wurde. Die Geschichte der wirtschaftlichen und sozialen Entwicklung in den Vereinigten Staaten stellt unter Beweis, dass die Einkommensdifferenz zwischen Arm und Reich institutionalisiert wurde. Die wohlhabende Oberschicht kann sich im Allgemeinen immer sicher sein, vor einem rapiden Verlust ihrer Vermögenswerte geschützt zu sein, wohingegen die fast mittellose Unterschicht nie hoffen kann, aus ihrer misslichen Lage herauszukommen. Diese Tatsache der ökonomischen Verhältnisse widerspricht dem Mythos des amerikanischen Traums, der den fast Mittellosen vorgaukelt, mit etwas Glück und Arbeitsbereitschaft, sich einen höheren Lebensstandard zu sichern. Selbst wenn gelegentlich Ausnahmen die Regel bestätigen, sind die meisten Amerikaner heutzutage mehr verschuldet denn je zuvor und somit in einer äußerst prekären Lage, was ihre finanziellen Verhältnisse anbelangt. Der Anschein Anfang des 21. Jahrhunderts trügt, dass sich die gesellschaftlichen Bedingungen ständig zum Besseren verändern, wie dies noch über viele Jahrzehnte im 19. und 20. Jahrhundert der Fall war – lässt man einmal die zahlreichen Wirtschaftskrisen, die sich in diesen 200 Jahren zugetragen hatten, außer Acht.

Soziale Spannungen zwischen der privilegierten Minderheit und der arbeitenden Mehrheit konnten nicht mehr länger ignoriert werden. Die amerikanische Elite war zutiefst beunruhigt, als das konservativste Gesellschaftssegment – die Landwirte der Nation – zum Aufstand aufrufen, der als die „Populistische Revolte" des ausgehenden 19. Jahrhunderts Niederschlag fand. In den Industriezentren mussten sich streikende Arbeiter mit bewaffneten Regierungstruppen oder angeheuerten Ordnungshütern herumschlagen, wie dies beispielsweise beim Homestead-Stahlwerk 1892 geschah. Die Unruhen in der Bevölkerung nahmen 1893 um ein Vielfaches zu, als das Land in eine anhaltende Wirtschaftsdepression fiel. Die Panik an der Börse in New York schürte das Feuer der Furcht eines möglichen Wirtschaftszusammenbruchs in fast allen Bereichen der Volksökonomie. Die Diagnose der Finanzexperten lautete, dass das Problem teilweise von einer Überproduktion an Industrie- und Konsumgütern, besonders im Bereich der Agrarwirtschaft, und einem Unterverbrauch derselben im Inland herrühre. Den Mitgliedern der nordöstlichen Elite schien 1898 klar vor Augen zu stehen, dass eine neo-merkantilistische Außenpolitik auf der Suche nach immer neuen Märkten in Übersee die einzig angemessene Reaktion auf die Wirtschaftskrise sei. Die territoriale Ausweitung konnte nur dann gewährleistet werden, wenn die Vereinigten Staaten davon ausgehen konnten, dass die Türen aller Nationen für ihre Güter, ihre Kultur, ihre sozialen und politischen Ideale, ja sogar ihre Armeen offenstehen würden. Der Export von Gütern aller Art musste maximiert werden, damit die Steigerung der Produktion noch stärker angekurbelt werden konnte. Der Wohlstand könne so wiederhergestellt, die industriellen Unruhen gemindert und der Kapitalismus gerettet werden. Gleichzeitig würde das „amerikanische Genie" einer modernen Lebenseinstellung und -haltung weltweit exportiert werden. Es sah anscheinend kaum jemand den paradoxen Widerspruch zwischen dem glorifizierten, unrealistischen Selbstverständnis und der bedauernswerten, wirklichen Situation. Williams wies auf Franklin D. Roosevelt als dem einzigen amerikanischen Präsidenten des 20. Jahrhunderts hin, der sich der großen Gefahr bewusst war, die einem solch gewagten Vorgehen im Umgang mit anderen Nationen innewohnte, obwohl er selbst seine eigenen Befürchtungen, wie kein anderer vor oder nach ihm, in den Wind schlug. Roosevelts Nachfolger im Weißen Haus, Harry S. Truman, verfolgte Ziele, die den Kalten Krieg unumgänglich machten. Laut Williams beruhte die amerikanische Außenpolitik des 20. Jahrhunderts auf der „Offenen Tür"-Politik, die John Hay erstmals verkündet hatte. Hay war Lincolns Sekretär gewesen. In späteren Jahren beriefen ihn die Präsidenten William McKinley und Theodore Roosevelt zum Außenminister. Williams war sich sicher, dass sich die „Offene Tür"-Politik von einer utopischen Idee zu einer Ideologie entwickelt hat.

Wie diese Außenpolitik genau bewerkstelligt werden konnte, war das Thema einer großen Debatte in den 1890er-Jahren. Die Imperialisten schlugen vor, mit der nötigen Aggressivität Auslandsmärkte in einer „gerechten Eroberungskampagne" zu erschließen. Theodore Roosevelt, der die Präsidentschaft 1901 nach dem Attentat auf William McKinley übernommen hatte, stellte sich dem Militärtheoretiker Alfred Thayer Mahan und Senator Henry Cabot Lodge (ΦBK, Porcellian Club) im konsequenten Befolgen der sogenannten „Großen Politik" (Large Policy) zur Seite. Zwei wichtige Komponenten dieser Politik waren die Rekrutierung eines größeren Militärkontingents und die Einrichtung überseeischer Versorgungsstützpunkte, die notwendige Voraussetzungen für die globale Ausweitung von kommerziellen und militärischen Interessen waren. Kritiker warfen ein, dass wichtige Prinzipien der US-Verfassung verletzt würden. Interessanterweise stellten sich weder die Imperialisten noch die sogenannten Antiimperialisten gegen das weltweite Unternehmen, Auslandsmärkte zu öffnen und zu dominieren. Dieses Ziel wurde von beiden Seiten als gegeben angesehen. Die Diskussion betraf lediglich die Art der zum Einsatz gebrachten Mittel, nicht den spezifischen Zweck, der damit verfolgt wurde. Der einzige Hauptunterschied zwischen beiden Seiten war, dass die sogenannten Antiimperialisten dies nicht durch den Einsatz von gewalttätigen und kostspieligen Methoden erreichen wollten, wie es andere Großmächte zuvor getan hatten. Nachdem man sich schlussendlich für die Variante eines größtenteils „informellen" Imperiums entschlossen hatte, konnten die Vereinigten Staaten ihre überwältigende Wirtschaftsmacht dazu nutzen, um die Politik und Ökonomie von ärmeren, schwächeren und unterentwickelten Ländern in eine amerikanische Gussform zu zwängen.

Die Innen- und Außenpolitik Amerikas waren aufs Engste miteinander koordiniert. Anfang des 20. Jahrhunderts deuteten die „Offene Tür-Notizen" des ehemaligen Außenministers John Hay auf die Möglichkeit hin, dass Amerika seine wachsende Wirtschaftsmacht ins Spiel bringen könne, um Auslandsmärkte auch ohne militärische Besetzung zu dominieren. Laut Williams liefert diese Politik den Schlüssel für nahezu den gesamten Verlauf der Außenpolitik Amerikas im 20. Jahrhundert. Das Wesentliche am amerikanischen Imperialismus sei die Raffinesse gewesen, rückständige Nationen nicht militärisch zu besetzen, um sie dem eigenen Herrschaftsbereich einzugliedern, wie es die europäischen Großmächte praktiziert hatten, sondern eine derartige Kontrolle indirekt und quasi im Verborgenen auszuüben. Hochklingende Moralpredigten hätten dabei als geschickte Tarnung gedient. Die Bürger fremder Länder konnten das scheinheilige Gehabe der amerikanischen Politiker relativ schnell durchschauen. Anders hingegen sah es bei der amerikanischen Bevölkerung aus. Sie schien jedes moralisierende Wort ihrer Politiker für bare Münze zu halten. Faktisch konnten sich die Vereinigten Staaten gegen den Kolonialismus im Stil europäischer Staaten aussprechen und trotzdem die führende imperialistische Macht im 20. Jahrhundert werden. Wegen seiner Vorliebe für den Sozialismus beging Williams grobe Fehler in seiner Wirtschaftsanalyse und hatte auch noch andere Denkfehler, dennoch vermittelte er viele tiefsinnige Einsichten. Er lieferte eine brillante Widerlegung der allgemein anerkannten Geschichtslegende, dass die republikanischen Administrationen der 1920er-Jahre sich gänzlich aus den Affären der Welt herausgehalten und eine Abschottungspolitik betrieben hätten. Er legte zudem eine kenntnisreiche Darlegung der Ursprünge und des Verlaufs des Kalten Krieges mit der Sowjetunion vor.

Williams setzte die amerikanische Geschichte mit der Denk- und Handlungsweise von T. Woodrow Wilson im Ersten Weltkrieg in Beziehung: Der Präsident gab zu jener Zeit bekannt, dass sich Amerika nur widerwillig am Ersten Weltkrieg beteiligt habe und hauptsächlich von hohen moralischen Prinzipien animiert worden sei, die Waffen zu ergreifen: ein selbstloses Begehren, die Demokratie zu retten, die Welt von militaristischen Mächten zu befreien und die Geißel des Krieges für immer zu verbannen. Williams zeigte jedoch auf, dass Wilsons eigentliche Gründe, wieso er hunderttausende amerikanische Soldaten zum Kämpfen und Sterben auf die Schlachtfelder Europas gesandt hatte, von seiner Wahrnehmung der prekären Wirtschaftslage im Inland bestimmt wurden. Wilsons politische Religion schrieb ihm vor, alles nur Menschenmögliche zu tun, um die Grenzen der Demokratie nach allen Richtungen hin auszuweiten. Nur so könne die Menschheit das Heil ergreifen. Auf Grundlage dieser progressiven Glaubensbekundung schien es ihm leicht zu fallen, aggressive Machtpolitik, wirtschaftliches Eigeninteresse und moralische Prinzipien in eine idealistische Gesamtschau zu integrieren, die die Außenpolitik Amerikas bestimmte. Wilsons initiierte eine Gesetzgebung, die die Wettbewerbsfähigkeit der amerikanischen Export-Konzerne enorm verbesserte.

Nicht überraschend rannten die Strategen des informellen Imperiums in der Umsetzung ihrer Dollardiplomatie wiederholt gegen eine Wand des Unvermögens, ihre geheimen Machtansprüche konkret umzusetzen, ohne dabei als die eigentlichen Aggressoren erkannt zu werden. Ein ums andere Mal waren sie gezwungen, auf den direkten Einsatz des Militärs zurückzugreifen, um die „Offene Tür" in Zentral- und Südamerika sicherzustellen. Im Zeitraum von 1898 bis 1933 intervenierten die Vereinigten Staaten mindestens 35-mal in neun lateinamerikanischen Nationen (Kuba, Haiti, Dominikanische Republik, Costa Rica, Guatemala, Honduras, Panama, Mexiko und Nicaragua). Als der Kalte Krieg begann und sich über Jahrzehnte dahinzog, verschlechterte sich die Beziehung vieler lateinamerikanischer Staaten mit Amerika zusehends.

Die Hauptthesen in Williams Bücher können wie folgt zusammengefasst werden: 1) Die amerikanische „Offene Tür"-Politik eines informellen Imperiums war ein brillanter Schachzug, der zu einer allmählichen Ausdehnung der wirtschaftlichen und politischen Macht Amerikas in aller Welt führte, 2) die wachsende Wirtschaftsmacht Amerikas konnte die Wirtschaft und Politik von ärmeren und schwächeren Nationen in die Gussform einer proamerikanischen Politik gießen, 3) in ihrer Abweichung vom traditionellen, militaristischen Imperialismus erkannten die Befürworter der „Offenen Tür" scharfsinnig, dass koloniale Eroberungskriege ein kolossales Politikversagen darstellten – und am Wichtigsten 4) falls die „Offene Tür"-Politik nicht erheblich verbessert oder sogar grundsätzlich verändert wird, enthält sie die Samen ihres endgültigen Scheiterns.

15.0 Postskript

Politische, ökonomische und soziale Entwicklungen sind in den jeweiligen Zeitepochen der amerikanischen Geschichte Ausdruck der vorherrschenden Philosophie und diese ist letztendlich das Ergebnis eines theologischen Klimas. Die Lehren des Calvinismus, Deismus, Transzendentalismus und

Sozialdarwinismus spiegelten sich jeweils im gesellschaftlichen Leben. So verhielt es sich auch mit der Idee des Fortschrittes, die sich zur dominanten Sozialideologie und Zivilreligion des amerikanischen Progressivismus entwickelte. Die westliche Zivilisation pflegte in den fast fünfhundert Jahren, die zwischen dem Beginn des 15. und dem Ende des 19. Jahrhunderts liegen, einen unerschütterlichen, sich auf alle Bereiche ausdehnenden Fortschrittsglauben. Im ausgehenden 17. Jahrhundert trugen insbesondere die wissenschaftlichen und intellektuellen Errungenschaften Sir Isaac Newtons und John Lockes zur Entwicklung einer optimistischen Zukunftsorientierung bei. Im Laufe des 18. und 19. Jahrhunderts verbreitete sich dieser Glaube über die ganze Welt. Die amerikanische Version des Fortschrittsglaubens war bestens darauf eingestimmt, Themen der nationalen Selbstdarstellung in all ihren Variationen miteinander zu verbinden. In seinem ideologischen Arsenal befanden sich die unterschiedlichsten Komponenten. Die wichtigsten davon waren Puritanischer Postmillennialismus, aufklärerischer Optimismus, Hegelsche Dialektik, radikale Sklavenemanzipation, darwinscher Rassismus und progressiver Social Gospel-Ökumenismus. Innenpolitisch strukturierten diese Komponenten die kulturellen und verfassungsmäßigen Grundlagen der Nation soweit um, dass ein neues Regierungssystem auf der Basis des Demokratismus, Egalitarismus, Universalismus, der Effizienz und Machtzentralisierung entstanden ist. Außenpolitisch haben sie zu einer imperialistischen Politik geführt. In einer Anwandlung moralischer Selbstüberheblichkeit haben die amerikanischen Regierungen vorgegeben, in vielen Ländern das „Evangelium des sozialen Nutzens" zur Anwendung zu bringen, aber in Wirklichkeit haben sie einen katastrophalen Krieg nach dem anderen ausgelöst.

15.1 Anfänge einer progressiven Gesellschaft

Ideen tragen oft zu sozialen Veränderungen bei. Sie sind ein gutes Spiegelbild der kulturellen Besonderheiten in einer bestimmten Zeitepoche. Dies trifft besonders auf die Idee des Fortschrittes zu. Sie kann bündig so definiert werden: *Eine wünschenswerte Zukunft war, ist und wird das Hauptziel der Zivilisation sein.* Im Gegensatz zum antiken Heidentum, das die Geschichte als eine bedeutungslose Wiederholung von Geschehnissen ansah, die in einem endlosen Kreislauf auftauchen und verschwinden, betrachtete der christliche Glaube die Geschichte als einen linearen Zeitablauf, der einen bestimmten Anfang und ein definitives Ende besaß. Obgleich die moderne Welt weiterhin von der teleologischen Perspektive bestimmt wird, dass das Weltgeschehen auf ein Ziel zusteuert, hat sie den Glauben an das Gericht Gottes und die Wirklichkeit eines Himmels und einer Hölle verworfen. Die Idee des Fortschrittes leitete sich zwar von der biblischen Zukunftshoffnung ab, entwickelte sich aber über die Jahrhunderte zu einer widerchristlichen Ideologie. Im Zeitablauf habe sich die Menschheit von einem Tag zum anderen vernünftiger, freier, glücklicher und besser entwickelt. Der von diesem Gedanken der unaufhaltsamen Vervollkommnung seines Wesens in Beschlag genommene Mensch kann sich weder vorstellen, jemals vor dem Richterstuhl Gottes erscheinen zu müssen, um Rechenschaft über sein Lebenswerk abzulegen, noch hält er es für nötig, durch den Glauben an das Heilswerk Jesu Christi von seiner Schuldenlast vor Gott befreit zu werden. Vielmehr geht er davon aus, dass ihn die Gesetze der Natur und der Geschichte auf ein glorreiches Ziel zuführen, das weder von seiner inneren Einstellung noch von seinem äußeren Handeln abhängig ist. Wenn sich der zwangsläufige Ablauf des Fortschrittes jedoch so vollzieht, wie es behauptet wird, ist die Freiheit, die der Mensch für sich selbst in Anspruch nimmt, eine bloße Illusion.

Die amerikanische Idee des Fortschrittes, wie sie in der Frühzeit der amerikanischen Republik vorherrschte, kann mit voller Berechtigung als Auswirkung der europäischen Aufklärungsphilosophie des 18. Jahrhunderts angesehen werden. Sie nahm schnell eigenständige Züge in der empfänglichen Kultur der neuen Nation an. Die gemachten Erfahrungen im wirtschaftlichen Aufbau des Landes schürte das Feuer der dynamischen Umsetzung nationaler Ambitionen.

Die amerikanischen Revolutionäre Jefferson, Adams, Franklin und Paine ließen sich vom rationalistischen Geist beseelen und teilten den Glauben an eine herrliche Zukunft, wie ihn beispielsweise Fontenelle, Condorcet und Turgot so eindrücklich formuliert hatten. Das Potenzial der wissenschaftlichen Gelehrsamkeit, die sich ganz und gar auf die menschliche Vernunft stützte, schien unbegrenzt zu sein. Selbst nüchterne und zurückhaltende Gründungsväter erlagen der Versuchung, nach Erringung des Sieges gegen die englische Kolonialherrschaft diesen einzigartigen Augenblick in der Geschichte überzubewerten.

Vorstellungen eines Tausendjährigen Reiches befanden sich fast überall in Amerika seit dem 17. Jahrhundert im Umlauf. Die populärste Ansicht war der Postmillennialismus, der eine optimistische Gestaltung der Zukunft hervorhob und seinen Ursprung in der eschatologischen Lehre des Puritanismus hatte. Als eine eigenständige Geschichtsphilosophie datiert der Postmillennialismus vom späten 18. und frühen 19. Jahrhundert. Während dieser Zeitperiode verwandelte sich der Postmillennialismus in etwas anderes als nur eine Angelegenheit, die zweite Ankunft Christi mit einem konkreten Datum zu versehen. Ein Geschichtsverständnis hat sich daraus entwickelt, das von einer allmählichen Verbesserung der Welt ausgeht. Entscheidend in der Ausbildung diese Perspektive waren die Erweckungen, die sich in Neuengland im 18. und 19. Jahrhundert zugetragen hatten. Ursprünglich sah man die Ausgießungen des Heiligen Geist als ein überraschendes Werk Gottes an, die sich jedoch mit der Zeit so häufig einstellten, dass man allmählich davon ausging, sie als normaler Zustand in Kirche und Gesellschaft anzusehen. Als viele Protestanten immer noch unter dem Einfluss des Calvinismus standen, betrachteten sie diese Erweckungen als Segen Gottes, den sie zwar im Gebet erbaten, aber sonst nicht herbeiführen konnten. Als die calvinistische Lehre immer mehr an Einfluss verlor, veränderte sich die

Ansicht über das auslösende Moment einer Erweckung drastisch. Die Meinung verbreitete sich, dass geistliche Erneuerung ein „Gegenstand des systematischen Bemühens" sei oder eine „Angelegenheit menschlicher Kalkulation". Vom Heiligen Geist erfüllte Personen ständen Mittel zur Verfügung, die nach Belieben Erweckungen produzieren könnten. Indem man von dieser fragwürdigen Annahme ausging, wurde die Behauptung aufgestellt, Gott würde tatsächlich erwarten, dass die Christen die Mechanismen des geistlichen Aufbruchs in Gang setzten. Diese Vorstellung war für die Entwicklung eines Neuen Protestantismus verantwortlich, der seine besondere Prägung durch die in den Evangelisationskampagnen Charles G. Finneys eingeführten innovativen Bekehrungsmethoden erhielt. Seiner pelagianischen Grundposition stets getreu (der Mensch ist nicht durch die Erbsünde verdorben, er kann sich selbst erlösen), sah er im Erscheinen einer Erweckung kein übernatürliches Ereignis. Alles lag in der Machbarkeit des Menschen selbst. Es kamen Techniken der Massenbeeinflussung zum Einsatz. Missionsgesellschaften sprossen wie Pilze aus dem Boden. Breitflächige Erweckungen sah man als unverwechselbares Indiz der Erscheinung eines wunderbaren neuen Zeitalters an.

Um den Ursprung und die Auswirkung dieser das politische Denken in Washington bestimmenden Zivilreligion besser begreifen zu können, wird es notwendig sein, sich mit der besonders von Charles G. Finney geprägten Erweckungsbewegung in den 1830er-Jahren zu befassen. Eines der herausragenden Merkmale der von Finney propagierten Form des Christentums war der Aufruf an die Kirchen, sich nicht in erster Linie darum zu bemühen, Seelen für ein himmlisches Jenseits zu retten, sondern sich für die sozialen und materiellen Belange der ganzen Menschheit im Hier und Jetzt einzusetzen. Der persönliche Einsatz und das Gebet einzelner Christen seien nicht ausreichend, um dieses Ziel zu erreichen. Der Staat müsse mit all seinen Ressourcen und Machtmitteln ins Spiel gebracht werden. Nur das von höchsten Idealen motivierte Kollektiv der gesamten Christenheit Amerikas sei fähig, das Königreich des Himmels auf Erden zu errichten. Die geballte Staatsgewalt sei notwendig, um sündige Strukturen in der Gesellschaft mittels Zwangsmaßnahmen zu eliminieren, damit die gesamte Nation selbst in den Stand der Heiligung treten könnte. Die Befürworter der Erweckungsbewegung stellten sich besonders hinter politische Initiativen der Republikanischen Partei, die darauf abzielten, den Konsum von Alkohol zu unterbinden, dem Einfluss des Katholizismus Einhalt zu gebieten und anarchistische Tendenzen auszumerzen. Entschlossen zog man in den Kampf gegen „Rum, Romanismus und Rebellion". Soweit wie möglich stellten sich die Progressiven jeglicher Bemühung entgegen, die die zunehmende Zentralisierung der politischen Macht in Washington, D.C. beeinträchtigte.

Trotz seines enormen Einflusses wäre es falsch zu meinen, dass Charles G. Finney Urheber der Zwistigkeiten zwischen Presbyterianer der Old School und New School gewesen sei. Noch ehe die Evangelisationskampagnen Finneys in vielen Städten des Grenzgebietes begannen, hatte die Erweckungsbewegung die seltsamsten Phänomene geistlicher Verirrung hervorgebracht, wie unsinniges Lachen, hüpfen, bellen, ein Kauderwelsch sprechen und in Ohnmacht fallen. Im Allgemeinen brachte Finney den methodistischen Erweckungspredigern meist eine große Sympathie, den presbyterianischen Verkündigern eine gehörige Portion Skepsis entgegen. Die Verkündigung Finneys, die einen nachhaltigen Einfluss auf die große Erweckungsbewegung der 1830er-Jahre ausübte, lässt sich inhaltlich auf folgenden Grundsatz zusammenfassen: Jeder Mensch ist für sein eigenes Heil zuständig, und die Rettung erfolgt in einem emotionsgeladenen Moment der Wiedergeburt. Laut Finney steht jedem die Tür zum Himmel offen und deshalb muss auch jeder sein Bestes erbringen, um möglichst viele für das Evangelium zu gewinnen. Das Anliegen, sich für das Seelenheil anderer einzusetzen, war nicht alleine dadurch motiviert, dass man sich an der steigenden Zahl Neubekehrter erfreute, sondern entsprang auch einer tief greifenden Furcht, der Hölle selbst nicht entrinnen zu können, wenn man sich nicht mit Leibeskräften für die Rettung anderer einsetzte. Jedem Christen stand jedoch das eigene Unvermögen vor Augen, nie genug tun zu können, um andere vor den Versuchungen der Sünde zu bewahren. Deshalb setzte sich die Erkenntnis durch, dass letztlich nur der Staat die gewaltige Aufgabe erfüllen könne, sündige Tendenzen in der Bevölkerung auszumerzen und ein Neues Jerusalem auf Erden zu errichten. Da der Verkündigungsstil und -inhalt, die die Erste Große Erweckung (1739-1743) kennzeichneten, von einem pietistischen Grundton durchzogen war, kamen widersprüchliche Früchte zum Vorschein, die die kümmerlichen Reste der calvinistischen Gesellschaftsordnung in den Kolonien Neuenglands völlig auflösten. Das daraus entstehende religiöse und politische Vakuum wurde zunächst vom Arminianismus (der Mensch hat einen freien Willen und kann sich für das Heil entscheiden) und später vom Unitarismus (Ablehnung der Dreifaltigkeitslehre und der Göttlichkeit Jesu) gefüllt. Die Zweite Große Erweckung (1790-1850) war größtenteils eine arminianische Erweckungsbewegung, die eine verheerende Hinterlassenschaft zurückließ. Ganze Landstriche werden als „Distrikte der versengten Erde" bezeichnet, weil die dort lebenden Menschen durch emotionsgeladene Erweckungskampagnen psychischen Schaden erlitten und dem Christentum, so wie es ihnen präsentiert wurde, gänzlich den Rücken zuwandten.

Die Politisierung des amerikanischen Protestantismus, die sich in bemerkenswert kurzer Zeit um 1830 vollzog, brachte folgenschwere Entwicklungen mit sich, die maßgeblich zur Entstehung und Konsolidierung des progressiven Wohlfahrtsstaates beitrugen. Der Neue Protestantismus des früheren 19. Jahrhunderts verbreitete sich hauptsächlich in den nördlichen Yankee-Gebieten. Es bestand ein grundsätzlicher Unterschied zu der im Süden gepflegten christlichen Frömmigkeit, die sich nicht durch ihre Aggressivität in der Verbreitung des Postmillennialismus (Christus kommt nach dem „Tausendjährigen Reich" – eine lange Zeitperiode von unbestimmter Dauer – auf die Erde zurück) einen Namen machte, wie es im Nordosten der Fall war. Dort wurde es einem jeden Gläubigen zur heiligen Pflicht gemacht, sich mit allen ihm zur Verfügung stehenden Kräften dafür einzusetzen, dass das Königreich Gottes auf Erden etabliert wird. Der Neue Protestantismus definierte Sünde in einer ihm eigenen Art. Als schlimmste Form sündigen Verhaltens galt das exzessive Trinken alkoholischer Getränke.

Der Transzendentalismus (auf Grundlage des deutschen Idealismus Einflüsse der englischen Romantik, mystische Vorstellungen und indische Philosophien vereinigt) inspirierte inhaltlich viele Reformbewegungen, die nach 1830 Amerika geradezu überfluteten. Die Amerikanischen Whigs und später die Republikaner verwendeten zunächst den Abolitionismus (Abschaffung der Sklaverei) als kulturveränderndes Instrumentarium. Offensichtlich erhoben die diktatorisch regierenden Republikaner in den Nordstaaten einen viel größeren, in der Tat unbegrenzten Anspruch auf die Herrschaft, nicht nur über die „rebellischen" Südstaaten, sondern schließlich über die gesamte Welt. In den 1860er-Jahren mussten freie Schwarze und andere Minderheiten in den Nordstaaten allerlei diskriminierende Maßnahmen über sich ergehen lassen.

Seit Gründung der Vereinigen Staaten betrachtete der Norden die Regierung als Einnahmequelle. Die Verfassung war lediglich ein Instrument, das man zum eigenen Nutzen manipulieren konnte. Diese unangenehme Wahrheit kam zum Vorschein, als Alexander Hamilton eine starke Zentralregierung einrichten wollte, die sich der Unterstützung der wohlhabenden Oberklasse gewiss sein konnte, weil man ihr finanzielle Begünstigungen in Aussicht stellte. Um die nötigen finanziellen Mittel bereitstellen zu können, musste die Staatsschuld vergrößert, die Währung mittels einer Nationalbank manipuliert und verschiedenartige Subventionen vorgenommen werden, von denen fälschlicherweise behauptet wurde, sie seien notwendig und vorteilhaft für alle Amerikaner. Die Befürworter einer starken Zentralregierung setzten sich auf den Schlachtfeldern des amerikanischen Sezessionskriegs (1861-1865) durch. Die Bankiers in den Nordstaaten waren die eigentlichen Nutznießer dieses Konflikts. Der ehemalige Oberbefehlshaber des konföderierten Heeres, Robert E. Lee, betrachtete die Konsolidierung der vormals unabhängigen Staaten in einem einheitlichen Regierungssystem als sicheren Vorboten des Ruins. In dunkler Vorahnung sah er voraus, dass die Willkürherrschaft die amerikanische Innenpolitik und der Imperialismus die Außenpolitik kennzeichnen werden. In der Folgezeit traten die negativen Auswirkungen eines übermächtigen Zentralstaates immer deutlicher zum Vorschein, der sich mit nichts weniger zufrieden gab als die politische Beherrschung und wirtschaftliche Ausbeutung der ganzen Welt. Niemand durfte es wagen, sich dieser mit einem gigantischen Arsenal an konventionellen und atomaren Waffensystemen ausgerüsteten Militärmaschinerie entgegenzustellen, ohne Gefahr zu laufen, angegriffen zu werden.

Fast über den gesamten Verlauf des 19. Jahrhunderts war der Postmillennialismus die allgemein anerkannte Lehre unter den amerikanischen Protestanten. Gelegentlich traten Visionäre auf, die das Ende der Welt im Jahr 1843 oder 1844 erwarteten. Andere Millennialisten setzen sich mit Leibeskräften in der evangelistischen Verkündigung und dem sozialen Engagement ein, um – wie sie meinten – den Anbruch des Tausendjährigen Reiches auf Erden zu beschleunigen. Dem Beispiel mildtätigem Tatendrang folgend, setzten sich reiche Wohltäter für die umfassende und tiefgreifende Reform des Sozialwesens ihrer jeweiligen Bundesstaaten ein. Obgleich die Vereinigung des Fortschrittes mit den Symbolen der Johannes-Offenbarung den Zeitgenossen als äußerst kurios erschien, wie zum Beispiel die Ausgießung der Zornesschalen, Totenauferweckung und Verdammung der Bösen, deutete die weitläufige Popularität an, dass der Postmillennialismus ernst genommen werden musste. Wenn auch verschiedene Gründe vorlagen, wieso sich die theologischen Strömungen und Gegenströmungen jener Zeit bekämpften, hatten sie doch eines gemeinsam: die Ablehnung des traditionellen Calvinismus. Die bewusste Ablehnung des reformatorischen Glaubens brachte eine grundsätzliche Veränderung mit sich, die sowohl das Aufkommen des Fundamentalismus als auch des Modernismus begünstigte.

Den in der Verfassung verankerten Republikanismus ersetzten die Progressivisten mit einer funktionalen Sozialdemokratie – in den Vereinten Staaten Progressivismus genannt –, die den Grundsatz der Mehrheitsbeschlüsse über das Rechtsstaatsprinzip erhob. Anstatt der Gewaltentrennung in Legislative (gesetzgebende Gewalt), Judikative (Gerichtsbarkeit) und Exekutive (ausführendes Organ) propagierten die Progressivisten den Konsens und die Kooperation der verschiedenen Regierungszweige und beriefen sich dabei auf die vermeintliche „öffentliche Meinung". Anstatt eines Staatenbundes setzten sie sich für eine Zentralisierung der Macht in der Bundesregierung ein. Das herausstechende Merkmal der Progressiven Ära war die bereitwillige Akzeptanz einer zentralisierten politischen Macht, die nicht mehr länger als die größte Bedrohung für ein Leben in Freiheit angesehen wurde, die aber dennoch die Freiheit des Einzelnen mit der Zeit enorm begrenzte. Dass die Einschränkung individueller Handlungsspielräume mit dem Verlust des Wohlstandes einherging, war nur den wenigsten bewusst. Die Bereitschaft der Progressivisten, die Regierungsgewalt des Staates auf ein Vielfaches zu vergrößern, unterstrich die Tatsache einer bereits verlorengegangenen Loyalität gegenüber einer verfassungsgemäßen Republik. Man dachte, dass die Macht nun von wohlwollenden Bürokraten ausgeübt werde, die auf die Umsetzung von utopischen Zielen im In- und Ausland bedacht waren. Diese monumentale Veränderung fand innerhalb des Zeitraums von einer Generation von zirka 1890 bis 1920 unter der gebildeten Elite des Westens statt.

Die Progressivisten wandten sich immer konsequenter dem Social Gospel zu. Innenpolitisch verfolgten sie die sozialistischen Prinzipien des Demokratismus, Egalitarismus und Universalismus. Außenpolitisch verfolgten sie eine Stoßrichtung, die sich von ihrer Vorstellung eines „Evangeliums des sozialen Nutzens" ableitete und darauf abzielte, ein weltumspannendes Imperium zu errichten. Als eine weitgefächerte Bewegung des sozialen und politischen Wandels hat der Progressivismus die amerikanische Geschichte bis in die Gegenwart vielfältig beeinflusst. Zwar stuft die allgemeine Meinung der Historiker diese Ära als eine Zeitepoche der Reform ein, sie war aber eine Periode der radikalen Veränderung der Gesellschaft in Amerika, die fast nichts unberührt ließ und die präsidialen Amtsperioden Theodore Roosevelts und Woodrow Wilsons umfasste. Seit den 1880er-Jahren begannen Politiker, Geschäftsleute, Akademiker und Missionare ein globales Manifest des „Offenkundigen Schicksals" (Manifest Destiny) zu formulieren. Es handelte sich um eine Deklaration der Notwendigkeit und Vorteilhaftigkeit einer sich in der ganzen Welt bemerkbarmachenden amerikanischen Machtpolitik. Mit felsenfester Überzeugung hielt man an der Glaubensvorstellung fest, dass die Vereinigten Staaten als Erlösernation Gottes Instrument sei, um das Neue Jerusalem auf Erden zu errichten. Im 20. und 21. Jahrhundert wurde dieses Streben nach Erlösung Kraft der sakralen Vermittlung eines Weltstaates auf Grundlage der Ideologie Wilsons konkretisiert, die zu einer radikalen Revolution aufrief, um angeblich einen immerwährenden Frieden in den Beziehungen zwischen den Völkern herbeizuführen. Anfang des 20. Jahrhunderts schrieben sich die Befürworter der Social Gospel-Bewegung die Durchsetzung des Progressivismus auf die Fahne.

15.2 Ausgestaltung einer progressiven Weltordnung

Bis zum Beginn der Progressiven Ära nahm die freie Marktwirtschaft gegenüber sozialistischen Wirtschaftssystemen eine dominante Rolle ein. Die ersten Anfänge des staatlichen Eingriffs mit weitreichenden Maßnahmen für das soziale, materielle und kulturelle Wohlergehen der Bürger, der sogenannte Wohlfahrtsstaat, zeichneten sich in den Vereinigten Staaten in der Progressiven Ära (1896-1921) ab. Sicherlich schlugen sich nur wenige Reformvorschläge der Agitatoren in Bundesgesetzen nieder. Das eigentlich Entscheidende war ein grundsätzlicher Gesinnungswandel in der Bevölkerung, der so tiefgreifend war, dass die politischen und intellektuellen Kreise, die sich für den Eingriff des Staates in die Wirtschaftsabläufe aussprachen, über kurz oder lang die Oberhand in der Gesellschaft gewannen. Die Progressivisten übernahmen von den Liberalen einen unerschütterlichen Optimismus, weil sie das enorme Ausmaß des freiwerdenden Impulses erkannt hatten, der in der Projektion einer positiven Zukunftserwartung lag, um die eigene Ideologie erfolgreich zu verbreiten. In allen anderen Belangen stellten sie sich gegen die Prinzipien des Klassischen Liberalismus.

Kurz vor der Jahrhundertwende änderten die Liberalen ihre Ausrichtung radikal: Die neuen „Liberalen" gaben sich nicht damit zufrieden, sich auf die Gesetze der freien Marktwirtschaft zu verlassen, wie sie es von jeher getan hatten, um einen sozialen Fortschritt hervorzubringen, sondern sie setzten sich für ein aktives Eingreifen des Staates in die Wirtschaftsabläufe ein. Den Progressivisten stand die Staatsmacht zur Verfügung, um die Tradition einer minimalistischen Regierung zu kappen. Die Sozialwissenschaftler stießen ein ehrgeiziges Programm der Sozialreformen an und wandten sich den utopischen Sozialisten zu. Die „Social Gospel"-Anhänger bevorzugten den

Rückgriff auf die Polizeigewalt des Staates, um die Bevölkerung ihrer Kontrolle zu unterwerfen. Nachdem die Progressivisten in Fragen der Politik und Volkswirtschaft die Oberhand gewonnen hatten, nannten sie sich zwar „Liberale", waren aber eigentlich Sozialisten, die genau die gegenteilige Politik verfolgten, als es die klassischen Liberalen ursprünglich taten.

Die Ideologie des Progressivismus, die bis in die Anfangszeit der Republik zurückverfolgt werden kann, bemächtigte sich des Landes gegen Ende des 19. Jahrhunderts. 1884 hatte die unmittelbare Auseinandersetzung zwischen staatlicher Wirtschaftsintervention und freiheitlicher Marktwirtschaft begonnen. Einige Jahre vor dem Ende des 19. Jahrhunderts erreichten Reformer und Sozialisten, wie Henry George, Edward Bellamy und Henry Demarest Lloyd, große Menschenmassen mit ihrer Botschaft von staatsinitiierten Lösungen sozialer Probleme. Das gigantische Ausmaß und stetige Anwachsen der Elendsviertel in den Städten, hauptsächlich bedingt durch die rasche Industrialisierung, schien die Suche nach adäquaten Lösungen zu fördern, die sich nicht wie ein Tropfen auf einen heißen Stein verflüchtigten, wenn sie zum Einsatz kamen. Die Ausprägung des sozialen Bewusstseins nahm neue Formen an, als sich innerhalb der amerikanischen Christenheit der Progressivismus wie ein Lauffeuer verbreitete und dem Vollzug einer radikalen Veränderung Vorschub leistete. Das oberste Problem, dem man sich mit geballter Macht entgegenstellen wollte, war die Ausmerzung der Armut. Die Wohlhabenden meinten, dass die Armen an ihrem Schicksal selber schuld seien und fühlten sich moralisch den sozial Schwachen überlegen. Die Progressivisten der alten Garde, wie der progressive Pastor und Freimaurer Henry Ward Beecher, ließen jede Bereitschaft vermissen, ihr arrogantes Gehabe auch nur geringfügig zu verändern. Im Gegensatz dazu zeigte die neue Riege der Leiter des Social Gospel eine barmherzigere Einstellung den Armen gegenüber. Einer ihrer Funktionäre, John A. Ryan, nahm die Gründe für soziale Missstände in den grausamen Verhältnissen wahr, in denen die arbeitende Unterschicht ihre Existenz fristen musste. Ryan stand unter dem Einfluss von Richard T. Ely, der sich als Student der Wirtschaftslehre an deutschen Universitäten der Ideologie Bismarcks aufgeschlossen hatte, die in erster Linie einen nationalistischen Wohlfahrtsstaat als oberstes Gesellschaftsziel herausstellte. Elys wissenschaftliche Arbeit war von den Idealen des Social Gospel völlig durchdrungen. Er übte einen großen Einfluss auf seine Zeitgenossen aus. Einer seiner Studenten war T. Woodrow Wilson und ein anderer Robert M. La Follette Sr.. Besonders Follette wurde später für die Entwicklung der „Wisconsin Idee", die sich auf Elys Wirtschaftstheorien stützte, bekannt. Theodore Roosevelt erweis ihm die Ehre, indem er ihn als denjenigen herausstellte, der ihn zuerst auf eine radikale Wirtschaftslehre aufmerksam gemacht habe. Als führender Vertreter der neuen Politökonomie beeinflusste Ely auch die wortgewandtesten und selbstbewusstesten Sprecher des progressiven Liberalismus: Herbert Croly, Walter Weyl und Walter Lippmann – die Herausgeber des Politmagazins *The New Republic*.

Das Streben nach Effizienz im Wirtschaftsgefüge des Landes nahm Ende des 19. Jahrhunderts enorm an Bedeutung zu. Die Ausweitung der Grenzland-Theorie und die „Offene Tür"-Politik bildeten die zwei Säulen, auf denen die gesamte amerikanische Außenpolitik seit 1898 ruhte. Deshalb stand der unbändige Wunsch, fernentlegene Kolonien in Besitz zu nehmen, plötzlich hoch im Kurs. Mit dem Beginn des Spanisch-Amerikanischen Krieges legte die Regierung in Washington 1898 den Grundstein zur Einrichtung eines weltumspannenden Imperiums.

Die Verlockungen, ein eigenes überseeisches Imperium aufzubauen, waren für die Vereinigten Staaten sehr groß. Die wirtschaftlichen Veränderungen, die sich nach Beendigung des Sezessionskrieges 1865 im Inland vollzogen hatten, prädestinierte Amerika geradezu, seine Hand nach Kolonien begierig auszustrecken. Seit Anfang des 19. Jahrhunderts war die ausgedehnte Landmasse der Vereinigten Staaten nach der Einverleibung von neuen Territorien im Süden und Westen so umfangreich geworden, dass man davon hätte ausgehen können, dass es der herrschenden Oberschicht genüge, um mittels eines inländischen Systems des Freihandels immensen Reichtum für sich selbst und ihre Sympathisanten anzuhäufen. Eine solche Politik war jedoch nicht attraktiv genug, um in Regierungskreisen Begeisterung auszulösen. Viele der amerikanischen Politiker sympathisierten mit dem zunehmenden öffentlichen Protest gegen die etablierte Ordnung. Dementsprechend begannen in jener Zeit neue Ideologien sowie konkrete Programme der sozialen und politischen Reform das Denken der amerikanischen Bevölkerung in Beschlag zu nehmen.

Die Progressivisten verwarfen die amerikanische Tradition der Nichteinmischung in europäische Kriege und tauschten sie mit einer aggressiven Außenpolitik aus. Der utopische Impuls des „Offenkundigen Schicksals" (Manifest Destiny) – eine Doktrin, dass die USA einen göttlichen Auftrag zur Expansion hätten – und die auf soziale Gleichheit ausgerichtete Grundhaltung des Social Gospel verwarfen die bewährte Umgangsweise mit anderen Ländern, die sich hauptsächlich in einer vorsichtigen Zurückhaltung auszeichnete. In den 1890er-Jahren erhoben amerikanische Exportkonzerne ihre Stimme, um sich über die angebliche Überproduktion zu beschweren. Ihr Anliegen war, die Regierung in Washington, D.C. zu motivieren, sich auf eine kriegerische Außenpolitik einzulassen. Wortgewaltige Theoretiker, die sich einer großen Masse von Anhängern erfreuten, verbreiteten die Prinzipien des Sozialdarwinismus. Sie gingen von der Meinung aus, dass die angelsächsische Rasse – Amerikaner und Briten – in einer besonderen Weise dazu qualifiziert sei, die gesamte Weltbevölkerung zu dominieren. Beschönigend umschrieb man dieses Anliegen mit der Zielsetzung, anderen Rassen zu helfen, zivilisiert zu leben. Eine weitere Rechtfertigung der imperialistischen Expansionspolitik Amerikas, wie sie schon bald genannt wurde, beruhte auf einer fehlerhaften Wirtschaftsanalyse; fehlerhaft deshalb, weil sie nur die Eigeninteressen in Betracht zog. Die Idee machte die Runde, dass inländische Wirtschaft einerseits an einer Überproduktion und andererseits an einem zu geringen Verbrauch litt. Die einzige Lösung des Problems schien der

Auslandsmarkt anzubieten. Die Washingtoner Regierung müsse politischen und militärischen Druck auf andere Länder ausüben, um sie zu zwingen, den Import von amerikanischen Gütern und die Investitionen von Kapital in allen möglichen Märkten zu gestatten.

Republikanische Staatsmänner – die meisten von ihnen Freimaurer – setzten sich für ein Wirtschaftsprogramm ein, das sich in besonderer Weise auf die Prinzipien des Merkantilismus (Stärkung des Außenhandels und der Industrie) stützte, um allgemeinen Wohlstand herbeizuführen. Weitere Programmpunkte waren die Subvention des Schiffstransports, Ausbau der Kriegsmarine, der Beginn der Kanalarbeiten in Nicaragua beziehungsweise Panama und die wirtschaftliche Durchdringung von neuen Märkten, besonders in asiatischen Ländern. Unter diesen stand China an oberster Stelle. „Große Politik" nannte man dieses Wirtschaftsprogramm. Das Interesse der Vereinigten Staaten an überseeischen Kolonien trat besonders deutlich in Erscheinung, als Präsident McKinley 1898 Spanien den Krieg erklärte. In einer Rede an das amerikanische Volk stellte er diesen als einen humanitären Kreuzzug dar. Der blutige Konflikt brachte aber eine ganz andere Realität zum Vorschein, der mit der militärischen Besetzung Kubas seinen Anfang nahm. Die Wirklichkeit trat noch viel deutlicher in der territorialen Besetzung Puerto Ricos und der Philippinen in Erscheinung.

Progressive Internationalisten formulierten eine aggressive Außenpolitik, die ihren Höhepunkt unter der Führung Wilsons erreichte. 1916 verwarf T. Woodrow Wilson die in Washingtons Abschiedsrede empfohlene Politik der Nichteinmischung in den Kriegen anderer Länder. Indem Wilson auf eine schicksalshafte Fügung der Vorsehung hinwies, gab er zu verstehen, dass „wir Teilhaber am Leben der Welt sind, ob uns dies nun passt oder nicht". Als am 2. April 1917 Präsident Wilson seine Kriegsrede vor dem gemeinsamen Kongress in Washington, D.C. hielt, stellte er die markanten Eckpfeiler einer progressiven Außenpolitik heraus. Eine zu Diensten stehende Nation sei bereit, ihr Leben für ihre Freunde aufzuopfern. Die Gründungsväter hätten Pläne für die ganze Menschheit geschmiedet, und Amerikas Eintritt in den Ersten Weltkrieg sei nur die Frucht dieser Pläne gewesen. Wie kein anderer Politiker vor und nach ihm, umhüllte er in einem Wortschwall von idealistischen Phrasen die raue Realität eines mörderischen Eroberungsfeldzuges in das sanfte Gewand einer scheinheiligen Menschenfreundlichkeit.

Wenn Historiker heute gewöhnlich von einem kurzen 20. Jahrhundert, das die Jahre 1914 bis 1991 umschloss, sprechen, geben sie damit zu verstehen, dass sie eine ideologische Ära von unerträglichen Gewaltausbrüchen meinen, die zwei Weltkriege und den Kalten Krieg hervorgebracht hatte. Ausnahmslos führen sie die Ursprünge dieser schrecklichen Ereignisse auf die menschliche, wirtschaftliche, soziale und kulturelle Zerstörung des Ersten Weltkrieges zurück, die den Mythos des Fortschrittes zumindest vorübergehend zerstört hatte. Das 1914 aus dem Gleichgewicht geratene Kräfteverhältnis in Europa, welches im vorigen Jahrhundert den Weltfrieden erhalten hatte, trug gemäß dieser Geschichtsschau die Hauptschuld an den sich anschließenden

Katastrophen. Das Gemetzel des Ersten Weltkrieges habe die desorientierten Überlebenden in ein moralisches Vakuum geworfen. Totalitäre Bewegungen, wie der Kommunismus, Nationalsozialismus und Faschismus, hätten es zu ihren Gunsten ausgenutzt. Wenn man die Auswirkungen der wirtschaftlichen Katastrophe mit hinzunimmt, die mit der Großen Depression Ende des Jahres 1929 begann und die demokratischen Staaten entkräftete, während sie die Diktaturen bestärkte, konnte der Ausbruch des Zweiten Weltkrieges nur eine Frage der Zeit sein. Dieses Crescendo der Gewalt habe eine bipolare Welt zum Vorschein gebracht, die von rivalisierenden Machtblöcken dominiert wurde, die die Gültigkeit ihrer jeweils eigenen universalen Ideologie unter Beweis stellen wollten. Die Situation habe sich noch um ein Vielfaches verschärft, als die Regierungen auf beiden Seiten den Zugriff auf Nuklearwaffen bekamen. Aber wie verhält es sich, wenn man sich darin geirrt hat, den Ursprung all dieser katastrophalen Geschichtsereignisse im Jahr 1914 zu erblicken? Könnte es eventuell sein, dass diese aufeinanderfolgenden Schicksalsschläge eigentlich die Auswirkungen der irrsinnigen Entscheidung waren, in den Ersten Weltkrieg einzutreten, die die amerikanische Regierung 1917 traf?

Im Unterschied zu anderen Perioden der gesellschaftlichen Neugestaltung, wie in den Regierungszeiten Andrew Jacksons und Franklin D. Roosevelts, waren die progressiven Ziele von einem starken moralischen Unterton durchdrungen. Historiker sprechen geradezu von einem religiösen Kreuzzug. Die Idee des Fortschrittes, die schon seit langem ein wesentlicher Artikel der Zivilreligion Amerikas war, schien neuen Auftrieb bekommen zu haben, als nationalistische Ideale erneut in soziale und politische Programme übertragen wurden. Die progressiven Reformer zeichneten sich besonders durch ihre quasi-religiöse Verehrung des Ideals einer demokratischen Gesellschaftsform aus. Die Motivation, soziale Veränderungen herbeizuführen, war unmittelbar mit diesem Ideal verbunden, dessen Ausformung dem kontinuierlichen Einfluss eines evangelikalen Protestantismus vergangener Zeiten zuzuschreiben ist. Die protestantische Frömmigkeit übte einen beträchtlichen Einfluss auf die sozialen Reformbewegungen von 1880 bis 1914 aus. Eine der wichtigsten Aspekte dieser Frömmigkeit war eine für die moderne Welt annehmbare Version des Postmillennialismus. Viele amerikanische Protestanten schauten enthusiastisch dem Tag entgegen, wenn die millennialistische Prophetie der Johannes-Offenbarung Wirklichkeit werden würde. Diese Christen waren fest davon überzeugt, dass Gott sein Königreich auf Erden errichten werde, sobald die dafür notwendigen Voraussetzungen erfüllt seien. Zweifel, dass diese Annahme eventuell falsch sein könnte, wiesen sie weit von sich.

Zu Beginn des 20. Jahrhunderts entstand eine auf den gegenseitigen Vorteil bedachte Dreiecksbeziehung zwischen führenden Politikern, wohlhabenden Industriellen beziehungsweise Finanziers und einflussreichen Intellektuellen. Das gemeinsam gesteckte Ziel war, für jede der beteiligten Parteien einen privilegierten Status in der amerikanischen Gesellschaft zu ergattern. Doch dies konnte nur dann geschehen, wenn man einen dominanten Einfluss auf Politik, Wirtschaft und Kultur ausübte. Somit mutierte der Progressivismus im Grunde zu einer Bewegung, die sich zuallererst für die Ausweitung der Regierung und ihrer Machtbefugnisse einsetzte. Die enge Zusammenarbeit zwischen verschiedenen Gruppen von Industriellen und Finanziers und einer in der Gesellschaft aufstrebenden Gruppe von progressiven Intellektuellen diente der Förderung eines technokratischen Programms das alleine im Interesse dieser Personen lag. Sie vermittelten ihre elitären Ansichten an die ihnen hörigen Politiker, die wiederum auf die Unterstützung von finanzkräftigen Interessenverbänden, allen voran die Investmentbank J. P. Morgan & Co., angewiesen waren. Nur so konnten sie genügend Wahlkampfspenden bekommen, um in höhere Ämter gewählt zu werden. Die Industriemagnaten wandten sich an den Staat, um die wichtigsten Branchen der Volkswirtschaft zu kartellieren, den Wettbewerb einzuschränken und die Produktion und Preise zu regulieren. Die Intellektuellen griffen auf die Hilfe der Regierung zurück, um den Zugang zu ihrer Berufssparte zu begrenzen und lukrative Regierungsämter zu besetzen. Ihre hauptsächliche Aufgabe bestand darin, die von der Obrigkeit befürwortete Politik der Bevölkerung plausibel zu machen und die damit verbundenen administrativen Aufgaben zu erledigen.

Obgleich es schien, als ob volksnahe Interessenverbände „fairen Wettbewerb" und „Marktstabilität" als erstrebenswerte Ziele ausgaben, dienten die in jener Zeit eingerichteten Regierungskommissionen und -ämter fast ausschließlich der etablierten Industrie. Ihre ausdrückliche Aufgabe bestand darin, die Wirtschaftsrivalen der Großindustrie in ihrem Geschäftetreiben stark zu beeinträchtigten. Weit entfernt davon, eine freie Marktwirtschaft zu sein, bildete sich das amerikanische Wirtschaftssystem in jener Zeit zu einem Staatsmonopol-Kapitalismus (Korporatismus) aus. Der sich auf dieses System stützende Staat war selbst dazu bereit, anderen Ländern den Krieg zu erklären, um die finanziellen Interessen der führenden Konzerne und Großbanken zu beschützen. Eine militaristische und imperialistische Außenpolitik diente dazu, den Zugang zu Märkten in Übersee unter Anwendung von Gewalt zu ermöglichen und das Schwert des Staates einzusetzen, um ausländische Investitionen zu beschützen.

Die vielversprechenden Träume eines in Amerika entstehenden Tausendjährigen Reiches fanden ein jähes Ende, als der Erste Weltkrieg ausbrach. Man hatte geglaubt, der Fortschritt werde ewig andauern. Die mit dem Krieg einhergehenden Missstände überzeugten viele, dass die in den Händen der Regierenden liegende Macht nicht zum Besten aller angewendet wurde. Tatsächlich verwandelten sich die technologischen Errungenschaften, die in Aussicht gestellt hatten, die Zivilisation mit riesigen Schritten vorwärts zu bringen, zu Instrumenten des Rückschrittes. Während des Ersten Weltkrieges machten die Industriekapitäne ihren Einfluss dahingehend geltend, dass sie mithilfe der Regierung die Ökonomie einem Kriegssozialismus unterstellten. Die sie unterstützende Oberschicht, die einen Großteil ihres Vermögens in die Rüstungsindustrie investiert hatte, profitierte nicht minder von diesem auf pure Ausbeutung angelegten Wirtschaftsmonopol. Das

Markenzeichen dieses Systems war die unverhohlene Begünstigung der Wohlhabenden, die im großen Stil Staatssubventionen für ihre diversen Wirtschaftsunternehmen oder großzügige Dividendenausschüttungen erhielten. Die politische Ausplünderung der Steuerzahler wirkte sich zwar negativ auf die amerikanische Wirtschaft aus, garantierte jedoch den politischen Erfolg der an der Macht stehenden Regierungsbeamten.

Als die Große Depression in den 1930er-Jahren die Länder der westlichen Hemisphäre in eine große Wirtschaftsnot stürzte, griffen die Politiker auf risikoreiche und unerprobte Maßnahmen zurück, die sie unter normalen Umständen nie in Erwägung gezogen hätten. Bis dahin war üblich, dass zur Absicherung der in Umlauf befindlichen Banknoten neben Gold auch Devisen, die in Gold konvertierbar sind, zugelassen waren. Aber alle westlichen Regierungen verwarfen den in den Zwischenkriegsjahren eingeführten Golddevisenstandard zugunsten einer Geldzeichenwährung. Gleichzeitig führte man den Keynesianismus (Steuerung der Nachfrage nach Gütern und Dienstleistungen und bei Bedarf Belebung der Wirtschaft durch vermehrte Staatsausgaben und inflationäre Geldpolitik) zur Manipulation der Finanzpolitik ein. Der Missmut der amerikanischen und britischen Politiker über die Umgehung stringenter Mechanismen der weltweiten Finanzpolitik, die die Vereinigten Staaten und Großbritannien fast vollständig kontrollierten, führte schlussendlich zum Zweiten Weltkrieg. Das deutsche Dritte Reich hatte mit Ländern des Balkans Wirtschaftsabkommen ausgehandelt, die den direkten Warenaustausch ohne Verwendung von Devisen der damaligen Leitwährungen (Pfund Sterling und US-Dollar) ermöglichte. Die Aussage, dass der Progressivismus dazu beitrug, die verfassungsmäßige Ordnung zu zerstören, anstatt diese zu bewahren, ist nicht übertrieben. Weit entfernt davon, den sozialen Frieden, die Gerechtigkeit und den Wohlstand herbeigeführt zu haben, verliefen die Versprechen der Progressivisten größtenteils im Sand. Im Jahr 1936 hatte man den Progressivismus als bevorzugtes politisches Weltbild fast völlig akzeptiert, wie der Faschismus in Italien, der Nationalsozialismus in Deutschland und der New Deal in den Vereinigten Staaten, zur Genüge unter Beweis stellten.

15.3 Verwirklichung einer progressiven Weltordnung

Bis zirka 1950 beschrieb fast jeder amerikanische Historiker die Progressive Ära als eine transparente und optimistische Epoche, die hauptsächlich die ersten zwanzig Jahre des 20. Jahrhunderts umfasste und als Höhepunkt der geschichtlichen Entwicklungen des 19. Jahrhunderts angesehen werden konnte. Nun stehe es der westlichen Hemisphäre offen, das Lebensschicksal in die eigenen Hände zu nehmen, um noch viel Größeres zu leisten. Die Verbreitung und Akzeptanz des Progressivismus trugen entscheidend dazu bei, dass die politische, wirtschaftliche und ideologische Grundlage geschaffen wurde, die den meisten US-Bürgern zum Wohlstand verhalf. So zumindest suggerierte es der als Wahrheit akzeptierte Mythos einer unentbehrlichen Nation (indispensable nation) den ihm ergebenen Amerikanern.

In typischer Manier meldete Gabriel M. Kolko ernsthafte Zweifel an dieser glorreichen Zukunftsvision des amerikanischen Progressivismus an. Der Historiker präsentierte seine sorgfältig recherchierte These, dass die Progressive Ära von ungefähr 1896 bis zum Eintritt der Vereinigten Staaten in den Ersten Weltkrieg eigentlich eine Ära des Konservatismus war. Sie war konservativ, weil aufeinander abgestimmte Bemühungen unternommen wurden, um die grundlegenden sozialen und wirtschaftlichen Beziehungen zu bewahren, die für eine kapitalistische Gesellschaft unerlässlich sind. Laut Kolko lagen die Wurzeln des amerikanischen Neoliberalismus in der Progressiven Ära. Die frühen 1960er-Jahre waren eine Zeitepoche in Amerika, in der der Neoliberalismus die ideologische, ökonomische und politische Szene gänzlich bestimmte. Vielgelesene Kommentatoren versicherten der Öffentlichkeit zuversichtlich, dass man die magische Formel des fortwährenden wirtschaftlichen Wohlstandes und der politischen Freiheit in Gestalt eines kapitalistischen Systems gefunden habe, das man mittels einer mächtigen und zentralistischen Regierung unter Kontrolle halten könne.

Nachdem die Vereinigten Staaten einige vorläufige Versuche unternommen hatten, eine aktive Rolle in der Welt zu spielen, fanden sie sich am Ende des Zweiten Weltkrieges in der Positur eines Imperialisten wieder, der mit weltweiter Macht ausgestattet war. Das Einzigartige an dieser Situation war die relative Leichtigkeit und Schnelligkeit, mit der die Amerikaner eine globale Herrschaft an sich gerissen hatten. Die vom Staat ausgehende antikommunistische Propaganda stellte die Vorzüge des Kapitalismus in einer Weise heraus, die über jeden Zweifel erhaben zu sein schien. Das übermäßige Anwachsen des militärisch-industriellen Komplexes in den Jahren der Eisenhower-Administration (1953-1961) wurde zwar von der breiten Öffentlichkeit kaum wahrgenommen, übte aber einen überdimensionalen Einfluss auf die gesamte Wirtschaftsentwicklung des Landes aus. Nach der Eisenhower-Ära nahm die Macht des Pentagon im Verbund mit vielen größeren und kleinen Konzernen der Rüstungsindustrie, den Forschungszentren der renommierten Universitäten und dem Washingtoner Verwaltungsapparat noch viel größere Ausmaße an, als sie sich der ehemalige amerikanische General in seinen kühnsten Träumen vorstellen hätte können. Bis dahin hatten die meisten Amerikaner den Unilateralismus (einseitiges Handeln eines Staates, das keine Rücksicht auf andere Staaten nimmt) als politische Tradition befürwortet. Die Imperialisten versuchten, die Öffentlichkeit mit der Denunziation der Antiimperialisten zu täuschen, indem sie diesen vorwarfen, eine „Politik der nationalen Abschottung" zu befürworten, die sich gegen ein reges Zusammenspiel mit anderen Nationen stellte. Die im Raum stehende Andeutung war, dass diese schlecht konzipierte Politik auf die völlige Suspendierung des profitablen Auslandshandels hinauslaufen würde. Aber dies war gerade nicht der Fall. Die Antiimperialisten befürworteten eine freie Marktwirtschaft im In- und Ausland, stellten sich aber entschieden gegen gewaltsame Eroberungslust. Anstatt zerstörerische Kriege zu führen, wollten sie den friedlichen Handel mit anderen Nationen fördern. Tragischerweise verwechselten viele Amerikaner das löbliche Anliegen der Antiimperialisten mit der trügerischen Anklage der Imperialisten. Unter dem Vorwand einer edlen Gesinnung entpuppte sich der kurze Militärkonflikt mit Spanien vom 23. April bis 12. August 1898 als der erste einer schier endlosen Reihe von Kriegen. Von 242 weltweit geführten Kriegen von 1945 bis 2001 fanden 201 unter direkter Beteiligung der Vereinigten Staaten statt, der zweite Irakkrieg und die Kriege in Afghanistan, Libyen, Syrien und Jemen sind in dieser Statistik noch gar nicht berücksichtigt. Meistens liest man in renommierten Zeitungen der westlichen Welt, dass Amerika nur die besten Absichten verfolge, wenn es seine Soldaten in fremde Länder sendet, um die Demokratie in totalitären Ländern einzuführen. Wenn die Zielsetzung der Vereinigten Staaten einer geeinten Weltregierung lobenswert ist, müsse man den dazu notwendigen Kraftakt aufbringen, um sie zu erreichen.

Egal, welche vordergründige Motivation eine Rolle spielt, wenn Amerika in den Krieg zieht, steht am Ende stets ein Aufruf zum globalen Kreuzzug, der sich meistens auf die vormalige Außenpolitik Wilsons bezieht, nämlich eine globale Mission, die darauf abzielt, die Welt im Bilde des amerikanischen „Erlöserstaates" umzuformen. Diese schöpft aus religiösen Vorstellungen, die dem Weltbild des Progressivismus in Amerika seit Ende des 19. Jahrhunderts zugrunde liegen. Diese Art der Selbstverherrlichung des Staates ist nicht nur auf die Vereinigen Staaten beschränkt; sie kann in anderen Ländern, wie Deutschland, England und Frankreich, genauso deutlich wahrgenommen werden. Eigentlich ist sie überall dort anzutreffen, wo die hegelsche Philosophie und die davon abgeleiteten Ideologien einen kulturbestimmenden Einfluss ausgeübt haben. Die auf dem Kontinent und in England verbreitete Theosophie Jakob Böhmes sei an dieser Stelle exemplarisch genannt. Die europäische Gesellschaft hat schon lange vor dem Aufkommen des Hegelianismus den Versuch unternommen, ihre historische Erfüllung darin zu finden, dass sie religiöse Utopien in Umlauf brachte. Das augenscheinlichste Beispiel ist und bleibt der Marxismus.

Die Staatsmänner, die die Ideologie des Imperiums umsetzen, beabsichtigen eine unangefochtene territoriale Vorherrschaft über alle Nationen zu erringen, die militärisch abgesichert ist. Die Militaristen des Kalten Krieges legten eine theoretisch umfassendere und ideologisch intensivere Rechtfertigung für den US-Interventionismus vor, die in ihrer systematischen Durchführung in der Geschichte einzigartig ist. Die Fürsprecher der imperialistischen Ideologie behaupten, dass das Großartige an Amerika die Verwerfung menschlicher Traditionen ist, die als die ungehobelten Gepflogenheiten der unzivilisierten Vergangenheit angesehen werden. Amerika sei vielmehr auf der Grundlage von abstrakten, allgemeingültigen Prinzipien gegründet worden und stelle somit einen neuen Anfang für die Menschheit dar. Deshalb sei Amerika auch mit einer großen Mission betraut worden. Sie müsse ihre Prinzipien über die ganze Welt verbreiten, damit andere Nationen gleichfalls die Möglichkeit zu einem Neubeginn bekommen. Die imperialistische Ideologie hinterfragt die traditionelle amerikanische Furcht vor der Machtkonzentration. Der Geist der verfassungsmäßigen Regierung Amerikas im Sinne einer republikanischen Demokratie hat sich weitgehend verflüchtigt, wenn er nicht sogar völlig verschwunden ist. Wenn es darum geht, eine Kriegsstimmung in der amerikanischen Bevölkerung zu stimulieren, treten zwei Interessengruppen sofort in Erscheinung. Es handelt sich um die politischen Neokonservativen und die „christlichen" Postmillennialisten. Die Repräsentanten beider Gruppen geben nachdrücklich und wiederholt zu verstehen, dass die Vereinigten Staaten dazu berufen seien, das goldene Zeitalter herbeizuführen, auf das die Geschichte der Menschheit angeblich hinauslaufen wird. Dabei bleibt es nicht aus, dass die eine Gruppe die andere insgeheim für ihre Zwecke einspannt.

Während der Präsidentschaft von George W. Bush (Skull & Bones, 1968) von 2001 bis 2009 haben sich viele prominente Politiker der neokonservativen Ideologie zugewandt, wie zum Beispiel Vizepräsident Richard Cheney und Verteidigungsminister Donald Rumsfeld. George W. Bushs Berater und Redenschreiber waren ausnahmslos Befürworter der Ideologie des „moralischen" Imperiums. Es gelang ihnen spielend leicht, den Präsidenten zu einer Militäraktion zu überreden, nachdem sie die schrecklichen Geschehnisse am 11. September 2001 als Terrorakte islamischer Militanten deklarierten. Die Terrorakte wurden als hauptsächlicher Grund genannt, wieso eine enorm ehrgeizige Außenpolitik lanciert werden musste, für die es keinen Präzedenzfall in der Geschichte gab. Die Aggressivität im Umsetzen eines umfassenden Planes der imperialistischen Beherrschung der erdölreichen Länder des Mittleren Ostens stellte genau das Gegenteil der Politik dar, die der amerikanischen Bevölkerung während des Präsidentschaftswahlkampfes 2000 vorgelegt wurde. Nun würde Amerika nicht nur eine weltweite Kampagne gegen den Terrorismus führen, sondern auch Präventivschläge gegen potentielle Bedrohungen überall dort vornehmen, wo man diese zu erkennen meint. Gleichzeitig würde das amerikanische Militär das beste Regierungssystem in der Welt verbreiten. Ihre größte Aufgabe sei, die Verwirklichung der Vision des Präsidenten einer globalen demokratischen Revolution umzusetzen. Man schloss der allgemeinen US-Bevölkerung nicht ausdrücklich auf, dass diese Revolution im Sinne der demokratischen Zivilreligion Rousseaus durchgeführt werden würde. Während der Operation „Shock and Awe" (Schock-Methode) im März 2003 mit der Luft- und Landoffensive gegen Bagdad und andere strategische Ziele legte George W. Bush das Argument – die sogenannte „Bush-Doktrin"– vor, dass die Befugnisse des Präsidenten besonders in Zeiten der nationalen Notlage die Macht der anderen Regierungszweige übertreffen. Diese Theorie beruht auf dem totalitären Prinzip der „zentralistischen" (unitary) Präsidentschaft. Selbstverständlich wurde der US-Bevölkerung von den Massenmedien ständig eingeschärft, dass sie wegen des allgegenwärtigen Terrors in einem permanenten Notzustand lebe. Wenngleich Präsident Bush als prominentester

Befürworter dieser neokonservativen Ideologie auftrat, war er mit Sicherheit nicht ihr Urheber. Sie wurde schon seit Jahrzehnten weitflächig verbreitet. Als die Twin Towers in Manhattan einstürzten, hatte sie schon eine breite Zustimmung unter den führenden Politikern beider Nationalparteien Amerikas gefunden. Viele ihrer lautstarken Befürworter waren ursprünglich Mitglieder der Democratic Party gewesen, bevor sie ihre Zugehörigkeit zur anderen Hauptpartei bekundeten. Einige von ihnen waren in ihrer Jugend glühende Anhänger des marxistischen Trotzkismus (von dem russischen Revolutionär und Politiker Leo Trotzki [Lew Dawidowitsch Bronstein; 1879-1940] und seinen Anhängern vertretene Variante des Kommunismus mit der Forderung der unmittelbaren Verwirklichung der Weltrevolution).

Besonders im Hinblick auf außenpolitische Themen war die Ideologie des Neokonservatismus in den führenden Massenmedien Amerikas gut repräsentiert. Es ist nachweisbar, dass die Bedeutung des Begriffes „Neokonservatismus" eine gewisse Zweideutigkeit beinhaltet. Im Widerspruch zum traditionellen Konservatismus, wie ihn beispielsweise der britische Staatsmann Edmund Burke (1729-1797) vertrat, ist der Neokonservatismus kaum an den kulturellen Hinterlassenschaften der Geschichte interessiert. Neokonservative neigen dazu, traditionelle Lebensgewohnheiten als rückständig und veraltet anzusehen. „Demokratie" oder „Freiheit" seien die prägenden Elemente des neuen Denkens, die sich schicksalshaft auf den weiteren Verlauf der Menschheitsgeschichte auswirken. Der neokonservative Politologe Allan Bloom sagte, dass das amerikanische Projekt für alle Völker der Erde eine spezifische Gültigkeit besitze und deswegen Amerika in erster Linie eine Idee sei. Die Prinzipien der Freiheit und der Gleichheit sowie die darauf beruhenden Rechte, wie sie in Amerika zur Geltung kommen, seien aufgrund ihrer Rationalität überall anwendbar. Bloom und andere missachten einfach die Tatsache, dass die politische Tradition Amerikas tiefe Wurzeln in der antiken Zivilisation des Westens hatte, die hauptsächlich durch die britische Kultur vermittelt wurde. Dieses Erbe der Antike betont die moralischen Schwächen des menschlichen Wesens, denen interne und externe Barrieren auferlegt werden müssen, damit sie keinen Schaden anrichten können. Die neokonservative Ideologie des Imperiums deutet in die entgegengesetzte Richtung. Sie rechtfertigt und fordert das Entfernen der Einschränkungen, einschließlich der verfassungsgemäßen Gewaltenteilung, damit sich die amerikanische Vormachtstellung in aller Welt durchsetzen könne. Diese Ideologie der romantischen Demokratie spricht von einer tugendhaften Macht, die entfesselt werden müsse, um glorreiche Resultate zu erzielen.

Es besteht eine bemerkenswerte Ähnlichkeit zwischen der neokonservativen und der rousseauistischen Grundeinstellung. Zweifelsfrei inspirierte Rousseaus Philosophie in der zweiten Hälfte des 18. Jahrhunderts die Gründung von politischen Klubs, die über ganz Frankreich verbreitet waren und sich anschließend für den Ausbruch und die Durchführung der Französischen Revolution verantwortlich zeigten. Die französischen Mitglieder des Jakobiner Clubs betrachteten sich selbst als eine große moralische Kraft in der Welt und nannten sich die Tugendhaften. Als Befürworter allgemeingültiger Prinzipien setzten sie sich für die Ausgestaltung einer Gesellschaft ein, die sich radikal von der unterschied, die geschichtlich entstanden war. Die Befreiung der Bevölkerung vom Joch der aristokratischen Unterdrückung war eines der Grundsätze, die sie mit kompromissloser Verbissenheit verfolgten. Das allgemeine Wahlrecht war ein anderer. Alle Hindernisse, die diesen Grundsätzen entgegenstanden, waren Inbegriff des Bösen und mussten mit Stumpf und Stiel ausgerottet werden. Maximilien Robespierre war von dem Ideal einer romantischen Demokratie, wie sie Rousseau in seinem Buch *Vom Gesellschaftsvertrag oder Grundsätze des Staatsrechts* (1762) beschrieben hatte, hellauf begeistert. Gemäß dem Leitsatz, dass um den Menschen zu befreien, die überkommenen Religionen und Gesellschaften zerstört werden müssten, machten die Jakobiner mit den Repräsentanten der alten Ordnung kurzen Prozess. Tausende Menschenopfer, die vormals der Aristokratie, Bourgeoisie oder Arbeiterklasse angehörten, fanden unter dem Fallbeil der Guillotine ein erbarmungsloses Ende. Indem der Ausschuss für Allgemeine Sicherheit in der Verwirklichung einer neuen Gesellschaftsordnung eine außerordentliche Rücksichtslosigkeit an den Tag legte, verbreiteten seine vornehmlichen Intriganten, Robespierre, St. Just und Couthon, in der Zeit der Terrorherrschaft weit mehr als nur Angst und Schrecken. Sie genehmigten eine massenhafte Mordkampagne von rund 300.000 Menschen.

Es gibt gute Gründe, die Befürworter eines „tugendhaften" Weltimperiums die „neuen Jakobiner" zu nennen. Wie die ursprünglichen Jakobiner setzen sich die Vorkämpfer einer amerikanischen Weltherrschaft dafür ein, die allgemeingültigen Prinzipien des Gesellschaftsvertrags Rousseaus zu verbreiten. Die amerikanische Regierung verwendete den beschönigenden Begriff „moralische Klarheit" immer dann, wenn sie das Recht für sich in Anspruch genommen hat, mit Waffengewalt in die internen Angelegenheiten eines beliebigen Landes einzugreifen. Dem „Übel in der Welt" könne nur dann ein Ende bereitet werden, wenn Amerika eine permanente Kampagne für die Einführung und Durchsetzung der „freiheitlichen Demokratie" über den gesamten Erdkreis durchführt.

Eine aufblühende Rüstungsindustrie in Amerika produziert Waffensysteme, die ein immer größer werdendes Zerstörungspotenzial besitzen. Zu Beginn des 21. Jahrhunderts befürworteten Millionen von sogenannten evangelikalen Christen in Amerika eine aggressive Außenpolitik und lieferten die entscheidende Basisunterstützung für langanhaltende Militäraktionen in Afghanistan und im Irak. Viele Neokonservative setzen sich heutzutage für einen baldigen Krieg gegen den Iran, Russland und China ein, weil sie annehmen, dass der unmittelbare Erfolg die Säuberung von unliebsamen Elementen, wie dem chinesischen Despoten Xi Jinping und dem russischen Präsidenten Wladimir W. Putin, sein würde.

Der eigentliche Gründungsvater des Neokonservatismus ist der Amerikaner James Burnham (1905-1987). Besonders stolz war Burnham auf seine Rolle, als enger Vertrauter des kommunistischen Revolutionärs Leo

Trotzki zu gelten. In der Funktion des Agitators lernte er aus erster Hand die Taktiken und Strategien der politischen Infiltration und des Umsturzes kennen, die die Befürworter der Vierten Internationalen 1938 in Szene setzten. In den 1940er-Jahren wechselte Burnham seine ideologische Orientierung als aktives Mitglied der Vierten Internationalen zu einer lautstarken Befürwortung eines rechtsgerichteten Konservatismus. Das Wissen über die intrigierende Vorgehensweise der Kommunisten kam Burnham in seinem neuen Aktivismus zugute, als er sich kräftig in Sachen antikommunistischer Propaganda ins Zeug legte. Die Veröffentlichung des Buch *The Managerial Revolution* brachte ihm 1941 Ruhm und Reichtum ein. Seit jener Zeit galt er als ein vielbeachteter Prophet politischer Entwicklungen, der das Aufkommen einer elitären Herrscherklasse der Technokraten vorhersagte. Er erkannte mit scharfsinniger Weitsicht die Grundlinie der modernen Ausgestaltung eines totalitären Verwaltungsstaates – die nahezu perfekte Verwirklichung der romantischen Demokratie eines Jean-Jacques Rousseaus. Bereitwillig stand Burnham zur Verfügung, als es während des Kalten Krieges darum ging, die allgemeine Meinung in Amerika so zu manipulieren, dass die politische Inthronisation machthungriger Technokraten von den meisten Bürgern wohlwollend begrüßt wurde. Als Autor des Buches *The Machiavellians* gelang es ihm, in den Vereinigten Staaten die linksgerichteten Trotzkisten mit den rechtsgerichteten Militaristen zu einer einzigen Gruppe zusammenzuschweißen. Das politische Ergebnis dieser folgenschweren Vereinigung war die Ergreifung der Staatsmacht der Neokonservativen seit der Vizepräsidentschaft George Herbert Walker Bushs in der Reagan-Administration (1980-1988). Burnhams augenscheinliche Mission war die Eindämmung des sich ausbreitenden Stalinismus in den Gesellschaftsbereichen der Kultur, Wirtschaft und Politik im Westen. Er hielt den Niedergang einer demokratischen Gesellschaftsordnung für unausweichlich und begrüßte den zwangsläufigen Aufstieg einer machthungrigen Oligarchie (Staatsform, in der eine kleine Gruppe die politische Herrschaft ausübt) in den westlichen Ländern. In seinem 1947 veröffentlichten Buch *The Struggle for the World* bekräftigte der Autor seine bereits mit Nachdruck ausgesprochene These über die von der Sowjetunion ausgehenden Gefahr eines erneuten Weltkrieges. Seinen an das US-Establishment gerichteten Ratschlag lief auf das Fazit hinaus, sich mit dem Gedanken einer permanenten apokalyptischen (Unheil bringenden) Politik des endlosen Krieges gegen formidable Feinde einzustimmen.

Mit seiner Unterschrift ratifizierte Präsident Barak Obama im Dezember 2016 das Countering Disinformation and Propaganda Act (Gesetz zum Abwehren von Desinformation und Propaganda), ohne dass die Verabschiedung dieses Gesetzes von vielen Amerikanern überhaupt wahrgenommen wurde. Dadurch wurde die Einrichtung einer Regierungsbehörde autorisiert, die dem Auftrag nachkommt, Nachrichten jeglicher Art zu zensieren. Das fiktive Ministerium der Wahrheit in George Orwells Roman *1984* weist ähnliche Charakteristiken auf. Präsident Trumps provokative Kriegshandlung, am 7. April 2017 59 Tomahawk-Raketen auf syrische Luftwaffenstützpunkte abzuschießen, unterstreicht die Einschätzung, dass Amerika beabsichtigt, einen weiteren Krieg im Mittleren Osten anzuzetteln. Manche Kommentatoren meinen sogar, dass der dritte Weltkrieg schon begonnen habe. Enthusiastisch verbreiten beziehungsweise verbreiteten amerikanische Redakteure von nationalen Nachrichtenmedien die neokonservative Ideologie des Imperialismus, wie zum Beispiel *Wall Street Journal, Washington Post, New York Times, Time Magazine, Weekly Standard* (1995-2018) und *National Review.* Das American Enterprise Institute hat sich als das intellektuelle und politische Nervenzentrum des Neokonservatismus etabliert. Selbst wenn die neokonservative Ideologie des Imperialismus bisweilen scharf kritisiert wird, erhält ihre außenpolitische Agenda in den Nachrichtensendungen verschiedener Radiosendungen, der meisten Fernsehsender – allen voran Fox News – und vieler Onlinediensten oftmals den Vorzug.

Die neokonservative Ideologie präsentiert sich – bildhaft gesprochen – in den Farben der Nationalflagge und verbreitet einen überzogenen Patriotismus. Millionen von Amerikanern sind von der scheinbar konservativen Botschaft begeistert, ohne sich bewusst zu sein, dass ihnen die totalitäre Vision der romantischen Demokratie eines Jean-Jacques Rousseaus nahegebracht wird. Das Anliegen der Neokonservativen, eine Demokratie gemäß ihrer spezifischen Machart in der ganzen Welt zu verbreiten, trägt unübersehbar religiöse Züge an sich. Der amerikanische Philosoph Michael Novak sagte, dass die christliche Tradition die menschliche Rasse belehre, ständig Fortschritte zu machen, bis die Vorgabe des Schöpfers erfüllt sei, die dieser hinsichtlich einer gerechten, wahrhaftigen, freien und kreativen Zivilisation im Sinn hat. Diese Gedanken geben genau die gegenteilige Position wieder, für die das echte Christentum bekannt ist. Die Bibel hebt unmissverständlich hervor, dass der Mensch ein sündiges Wesen besitzt, das sich unablässig gegen den Willen des Allmächtigen stellt. Die von Gott eingerichtete Naturordnung steht ständig in Gefahr, durch menschliches Handeln verunstaltet zu werden. Aufs Eindringlichste werden die Christen davor gewarnt, ihre Hoffnung in das menschliche Vermögen zu legen, himmlische Zustände auf Erden herbeizuführen. Im Laufe der Jahrhunderte war der lateinische Kirchenvater Augustinus (354-430) einer der ersten von vielen christlichen Denkern, der die Idee gänzlich von sich wies, dass die Menschheit dazu bestimmt sei, in der Verwirklichung einer politischen Utopie große Fortschritte zu machen. Die Politik könne dem Menschen niemals die Möglichkeiten eröffnen, das vollkommene Heil in dieser Welt zu finden. Obgleich der Apostel Paulus im Römerbrief darauf bestand, dass menschliche Regierungen dazu dienen, gute Voraussetzung für ein gesellschaftliches Miteinander zu gewährleisten, empfahl er nicht ein einziges Herrschaftssystem, das ideale Lebensbedingungen allen Völkern zu allen Zeiten darbieten könnte. Die christliche Hoffnung ist, dass das eintausend Jahre andauernde Reich Gottes mit der sichtbaren Wiederkunft Jesu Christi als König aller Könige und Herr aller Herrn (Offb. 19:16) in der Zukunft seinen Anfang nehmen wird (Prämillennialismus). Erst dann werden nahezu vollkommene Zustände auf

Erden herrschen. Anschließend wird Gott nach der Zerstörung der alten Schöpfung eine neue Erde und neue Himmel erschaffen, wie es der Prophezeiung des Apostels Petrus in seinem Zweiten Brief, Kapitel 3 entspricht:

7 Der gegenwärtige Himmel und die (jetzige) Erde dagegen sind durch dasselbe Wort für das Feuer aufgespart und werden für den Tag des Gerichts und des Untergangs der gottlosen Menschen aufbewahrt. 8 Ferner dürft ihr dies eine nicht unbeachtet lassen, Geliebte, dass „ein Tag beim Herrn wie tausend Jahre ist und tausend Jahre wie ein Tag". 9 Der Herr ist mit der (Erfüllung seiner) Verheißung nicht säumig, wie manche Leute (in seinem Verhalten) eine Säumigkeit sehen, sondern er übt Langmut gegen euch, weil er nicht will, dass einige verlorengehen, sondern dass alle zur Buße (= zum Gesinnungswechsel) gelangen. 10 Kommen aber wird der Tag des Herrn wie ein Dieb; an ihm werden die Himmel mit Krachen vergehen, die Elemente aber in der Flammenglut sich auflösen, und die Erde wird mit allen Menschenwerken, die auf ihr sind, in Feuer aufgehen. 11 Da nun dies alles sich so auflöst (= dem Untergang verfällt), wie muss es da bei euch mit den Erweisen von heiligem Wandel und Gottseligkeit bestellt sein, 12 indem ihr auf die Ankunft des Tages Gottes wartet und euch darauf rüstet, um dessen willen die Himmel im Feuer zergehen werden und die Elemente in der Flammenglut zerschmelzen! 13 Wir erwarten aber nach seiner Verheißung neue Himmel und eine neue Erde, in denen Gerechtigkeit wohnt.

Persönliches Wort an meine Leser

Es mag sein, dass Sie nach dem Lesen dieses Buches ziemlich ernüchtert sind. Im vermeintlichen Glauben, Gottes Reich auf Erden zu bauen, ließen sich Christen für politische Ideologien gewinnen, bei denen es in Wirklichkeit um die Vorherrschaft der Macht geht. Strukturen, die Ihnen bislang Halt und Sicherheit gegeben haben, stellen sich unter dem Brennglas der Heiligen Schrift als Vortäuschung falscher Tatsachen heraus, ja führen schlussendlich zur Verführung der Christen und zu weltweiten Kriegen. Gut klingende Motive entpuppen sich nur als Mittel zum Zweck. Diese Enttäuschung ist jedoch wichtig, damit sich die Christen nicht für Ziele einspannen lassen, die dem Evangelium diametral entgegenstehen.

Ich möchte Sie ermutigen, am Evangelium, wie es die Reformatoren dargelegt haben (Kap.2), festzuhalten. Wir bewegen uns auf eine Zeit zu, in der die Lüge immer stärker um sich greift. Ziehen Sie die Waffenrüstung Gottes an (Eph. 6,10-18). Die beste Reaktion auf die Verführungen durch die Versprechungen des Fortschrittsglaubens ist das eifrige Bibelstudium, das Wachsen in der Erkenntnis Gottes und die Anwendung von Gottes Wort. Behalten Sie diese Bibelworte fest in Ihrem Herzen:

Joh. 14,27: Frieden hinterlasse ich euch, meinen Frieden gebe ich euch; nicht so, wie die Welt gibt, gebe ich euch. Euer Herz erschrecke nicht und verzage nicht!

Joh. 16,33: Dies habe ich zu euch geredet, damit ihr in mir Frieden habet. In der Welt habt ihr Bedrängnis (oder: Not, Angst); doch seid getrost: ich habe die Welt überwunden!

Stichwortregister

Abaelard, Peter	168
Abbott, Lyman	229
Ablassbrief	22
Abschottungspolitik / Isolationismus	244, 271, 311, 313, 329
Adam	38, 43-44, 71, 100, 120, 154
Adams, John Quincy (US Präsident)	91, 184
Agnostizismus	18
Agrippa, Henry (Heinrich) Cornelius	49
Alchemie	31, 33-34, 41, 46-49, 54, 56, 69, 71, 93
alchemistische Mythologie	34
Elixier der Jugend	46
Alsted, Johann Heinrich	48-49, 63
American Economic Association	230
Amerikanische Revolution (s. Amerikanische Unabhängigkeitskrieg)	62, 77, 99, 103, 110-116, 118-119, 125, 156, 265
amerikanisches Imperium	192, 242, 276, 297
Amerikanische System	120, 187
Amerikanische Unabhängigkeitskrieg (s. Amerikanische Revolution)	74, 77, 86, 98, 116-117, 119, 121-122, 124, 151
Andreae, Johann Valentin	40, 52, 64, 66
Antichrist	62, 65, 75, 266

Antike	1-3, 6, 14, 32, 37, 46, 52, 58-59, 93, 95, 142, 347
Aristoteles	2, 10
Arminianismus (s. Arminius, Jacobus)	20-25, 104, 149, 157, 160, 334
Arminius, Jacobus (s. Arminianismus)	20-21, 23-25, 175
Articles of Confederation (Konföderationsartikel)	123-124
Astor, John Jacob	81-83
Astrologie	31, 41, 47, 63, 69, 71
Atheismus	73, 95
Aufklärung	8, 10, 32, 34, 42, 59, 72, 74-75, 100, 102, 104-107, 110, 112-113, 122-123, 130-131, 136-137, 141, 144, 146, 152, 156, 192, 204, 206, 242, 249, 274, 332
Autonomie	6, 17, 94, 101, 143, 154, 157, 245
Bacon, Francis, Lord Verulam	3-4, 36-39, 66
Baconismus	160
New Atlantis (1627)	36, 39
Baldwin, James Mark	212, 217-219, 307
Bancroft, George	145
Bank of England	115
Bank of the United States	86, 187
Baring Bank	86

Barnes, Harry Elmer	294-295
Perpetual War for Perpetual Peace (1953)	314
The Genesis of the World War (1926)	296
Beard, Charles Austin	294, 296, 308-316
A Foreign Policy for America (1940)	313
Kontinentale Amerikanismus	308, 313
Open Door at Home (1935)	312
Becker, Carl Lotus	105-107, 276
The Heavenly City of the Eighteenth-Century Philosophers (1932)	105
Bellamy, Edward	234, 338
Bibel (s. Heilige Schrift, Wort Gottes)	12-13, 15, 17, 26, 41, 44, 48, 50, 56, 71, 106, 108, 113, 128, 143, 158, 164, 175, 177, 209, 211, 214-215, 226-227, 229, 265, 301-302, 350
Galaterbrief	24
Römerbrief	350
Bodin, Jean	3-4, 129
Böhme, Jakob	33, 50, 52-54, 56, 60, 71, 73, 145, 174, 345
Bolschewistische Revolution	293
Bostoner Brahmanen	83, 85, 184-185, 200
Britische Imperium	36, 79, 83, 85-86, 113, 116, 119, 121, 181, 183, 241-243, 288

Brown, John	189
Brown University	91
Bruno, Giordano	33
Bryan, William Jennings	235-237, 259, 291-292
Bundestheologie	99
Bürgerrechte	268-269
Burned-over District / Gebiet der versengten Erde	161, 164, 172
Burnham, James	219-221, 348-349
The Machiavellians (1943)	349
The Managerial Revolution (1941)	349
The Struggle for the World (1947)	349
Bürokratie	11, 220
Bürokratisierung	242, 255
Bury, John B.	1-4
Bush, George W. (US Präsident)	346
Calhoun, John C.	91
Calvinismus	20-22, 25, 72, 75, 102, 104, 113, 128, 139-140, 143-146, 148, 152-158, 161, 163, 167, 171, 197, 207-208, 330, 332, 336
Calvin, Johannes	19-20, 28-31, 91, 154, 201, 229
Insitutio Christianae Religionis (1536)	22
Cambridge Platonismus	73, 142

More, Henry	50, 63, 65, 73, 142
Smith, John	73, 142, 193
Campanella, Tommaso	3, 66
Carnegie, Andrew	327
chinesische Drogenhandel (s. Rauschgifthandel, Opiumhandel)	85, 88-89
Christenheit	1, 16, 24, 27, 32, 41-42, 59, 66-67, 70, 73, 75, 92, 95, 98-100, 102, 107-108, 111-112, 131, 134, 139, 141, 147-149, 152, 157, 161, 164, 167, 170-172, 189, 206-208, 210, 214, 221-222, 229-231, 235-236, 266, 286, 299-301, 333-334, 338, 350
Christian Church / Disciples of Christ	149, 152
Churchill, Winston	235, 290
Clay, Henry	187, 193, 198
Cleveland, Grover (US Präsident)	199
Columbia University	88, 308
Comenius, Jan Amos (Komenský, Jan Amos)	44-45, 48-51, 64, 67
Janua Linguarum Reserata (1631)	44
Pansophiae Prodromus (1639)	50
Commons, John R.	65, 231
Comte, Auguste	6, 103, 204-205
Condorcet, Marie Jean Antoine Nicolas Caritat, Marquis de	5, 106, 204, 332

Continental Congress (Kontinentalkongress)	116
Creel, George	269, 294
Croly, Herbert D.	261-263, 265, 338
Cushing, Caleb	91, 182-186
Cushing, John Perkins	86, 183
Darwin, Charles	5, 205-206, 237
Descent of Man (1871)	205
The Origin of Species (1859)	204-205
Darwin, Erasmus	5, 205
Darwinismus	8, 128, 206, 208, 211, 226, 232-233, 237
Reform-Darwinismus	128, 237-239
Sozialdarwinismus	8, 102, 128, 204, 206-209, 237, 247-248, 331, 339
Dashwood, Sir Francis, 11. Baron le Despencer	109, 117
Dee, John	35-36, 49
Deismus	24-25, 98, 102, 104-105, 111, 113, 128, 144-147, 154, 156, 166, 330
Delano, Jr., Warren	89, 185

Demokratie		7, 77, 103, 113, 120, 125, 129, 131-133, 135-141, 146, 148, 152, 155-157, 159, 171, 176, 180, 188, 192, 219, 221-223, 229, 231, 233, 235-236, 246, 251-252, 259, 262-263, 269, 278, 280-284, 300, 322, 329-330, 345-350
	Demokratisierung	98, 149
	Demokratismus	129, 157, 331, 336
	moderne Demokratie	103, 135, 219, 221-223, 278
	republikanische Demokratie	135-136, 152, 156, 219, 221, 346
	romantische Demokratie	131, 135-141, 152, 157, 159, 176, 219, 221, 229, 347-350
Desiderius Erasmus von Rotterdam		14
	Enchiridion (1502)	74
	Vom freien Willen (1524)	16-17
Despotismus		129
Determinismus		156, 206, 247
Deutscher Idealismus		9, 104, 129-130, 142, 144-146, 153, 157, 180, 225, 229-230, 263, 266, 335
Dewey, John		91, 230, 233-234, 263
Diderot, Denis		106
Dreißigjähriger Krieg		41, 44, 49
Dulles, John Foster		277, 299
Duraeus, Johannes (Dury, John)		42, 64, 67

Dwight, Timothy	154
East India Company	82, 115-116
Edwards, Jonathan	74-75, 104, 155-156, 158, 167
Egalitarismus	132, 331, 336
Eisenbahngesellschaften	195, 197, 199-201, 210, 212, 239, 298, 319-320
New York Central Railroad	199
Elite	4, 11, 32, 48, 56, 77, 88, 114, 188, 196, 219, 234, 257, 271, 286, 289, 291, 298, 324, 326-328, 336
Ely, Richard T.	229-230, 338
Endzeitlehre	49, 61, 164, 189, 213
Entente Cordiale	288, 290-291, 293, 305-306
Ephrata-Kommune	47, 53, 71-72
Epistemologie	147
Erbsünde	18, 25, 75, 113, 131, 147, 149, 154, 167, 170, 227, 302, 333
Erbsündenlehre	141, 170-171
Erlöser-Nation	246, 249
Erlöserstaat	345
Erlösung	5-6, 20, 23, 32, 35, 39, 52, 65, 169-171, 210-211, 228, 232, 249, 266, 300, 337
Erlösungsmythos	249

Erste Große Erweckung	62, 74, 143, 155, 169, 173, 334
Erweckungsbewegung	143, 154-157, 159, 161-162, 164, 166, 171-173, 177, 209, 333-334
Erweckungskampagnen	157, 160, 163, 165-166, 169, 171, 176, 334
Eschatologie	49-50, 63
Esoterik	31, 34, 36, 42, 47-49, 52, 69, 183
Essex Junto	85, 181, 183, 186
Cabot, George	253
Lowell, John	85, 183-184
Lowell, Jr., John	183-184
Etatismus	120, 230-231, 277
Ethik	15, 75, 102, 109, 160, 207, 213, 225, 239, 318
Hedonismus	239
Moralphilosophie	74, 159-160, 239
Sittenlehre	208
Evangelikalismus	156-159, 166, 178, 209
Evangelisation	67, 159-160, 163, 165, 192, 213
Evangelium	3, 12, 14, 16-18, 20-21, 24, 26-28, 37, 43, 45, 113, 155, 163, 170-171, 196, 211, 213, 226, 232, 236, 254, 265, 294, 331, 334, 336, 351

Evangeliums des sozialen Nutzens	331, 336
Evolution	6, 34, 204, 206, 210, 212, 218, 226, 229, 233, 237, 267
Evolutionstheorie (s. Darwinismus)	197, 205, 209-210, 217, 227, 237, 262
ewiges Heil	12, 302
Ewige Wiederbringung	6, 33
Faschismus	273, 297, 312, 315, 318, 341, 343
Federal Council of Churches of Christ in America	225, 236, 299
Federal Reserve System	268
Feudalismus	87, 100, 182, 219
Finney, Charles Grandison	75, 144, 149, 151, 155-157, 159-173, 175-178, 227-229, 333-334
Lectures on Revival (1835)	157
Lectures on Systematic Theology (1847)	166-167
Fontenelle, Bernard LeBovier de	4, 332
Forbes, John Murray	86, 200
Fortschritt	1-11, 19, 77, 92, 100, 106-107, 130-133, 138-140, 146-147, 150-151, 157, 164-165, 179-180, 189-190, 192, 194, 204-206, 208, 212-213, 215-221, 223, 226, 229, 233, 237, 240, 246, 261-264, 273, 280, 300-301, 310, 331-332, 336-337, 340-342

Fortschrittsglauben		1, 4, 6, 8, 19, 42, 190, 204, 215, 217, 226, 231, 286, 300-301, 331, 351
Idee des Fortschrittes		1-8, 10-11, 92, 131, 138, 164, 180, 190, 192, 206, 208, 229, 262, 300-301, 331-332, 341
Religion des Fortschrittes		212, 215-217, 221, 223, 263
Fosdick, Harry Emerson		300
Fourier, Charles		81, 150
Fox, George		350
Franklin, Benjamin		72, 89, 91, 97, 107-110, 117-118, 202, 237, 255, 268, 274, 277, 296, 310-311, 314, 320, 324, 328, 332, 341
Französische Revolution		5-6, 11, 34, 103, 110, 126, 238, 347
Freidenkertum		77, 111, 141
freie Marktwirtschaft		100, 120, 125-126, 189, 191, 202, 208, 212, 239-240, 255, 257, 264, 272, 279, 285, 310, 315-316, 319, 324-326, 337, 342, 344
	Laissez-faire-Kapitalismus	257, 279, 317
Freimaurerei		36, 46, 49, 77-80, 84, 90-98, 107-110, 114, 116, 119, 161, 166
	Grand Orient de France	110
	Holland Lodge No. 8, F. & A. M. (New York City, NY)	80, 82
	Königreich Barataria (Louisiana)	81

Königreich Libertalia (Madagaskar)	77, 81
Les Neuf Soeurs (Die Neun Schwestern)	110
Moderne Freimaurerei (Neumaurer, Moderns)	96
Nördliche Jurisdiktion des Schottischen Ritus	182
Phi Beta Kappa Society (ΦBK)	9, 80, 86, 88, 90-92, 142, 148, 183, 193, 198, 201, 229, 231, 233, 244, 247, 261, 263-264, 268, 277, 299, 301
Porcellian Club (Harvard University)	145, 245, 247, 262, 328
Skull & Bones	88-90, 279, 314, 346
Südliche Jurisdiktion des Schottischen Ritus	182-183
Vereinigte Großloge von England	96-97
Friedrich V., Pfalzgraf und Kurfürst von der Pfalz; Friedrich I., König von Böhmen.	41
Fundamentalismus	146, 172, 178, 222, 228-229, 301, 336
Garrison, William Lloyd	181, 183-184, 186
Geheimgesellschaft	31, 47, 57, 90, 92, 94
George, David Lloyd	253, 288, 296
Gesellschaftsvertrag	99-100, 129, 134, 152, 219, 348
Gladden, Washington	225, 229, 231
Gnostizismus	32, 42-43, 51

Goldenes Zeitalter	3, 133, 226
Grant, Ulysses S. (US Präsident)	197
„Greenback"-Währung	198
Grenzland	148, 195, 241, 246, 326
Grey, Edward, Viscount Grey of Fallodon	288, 290
Griechisch-Orthodoxe Kirche	19, 59
Großindustrie	199, 202-203, 240, 254, 261, 268, 272, 276, 283, 291, 317, 319-320, 324-325, 342
Großkapitalismus	236
Großkonzerne	196, 201, 239-240, 320, 323
Grotius, Hugo	99, 168, 228
Gründungsväter	121-123, 131, 241-242, 249, 261, 270, 275, 290, 309, 313, 323, 332, 340
Günstlingswirtschaft (Patronage)	188, 191, 200
Hamilton, Alexander	78, 86, 122, 124-125, 243, 261, 323, 335
Hartlib, Samuel	42, 44-45, 50, 64, 67
Hartlib-Zirkel	42, 46, 50, 64
Harvard College	74, 85, 91, 141, 183
Harvard University	85, 90
Hays, Samuel P.	318
Hegel, Georg Wilhelm Friedrich	145-146, 153, 238
Hegelianismus	145-146, 238, 345

Heiliger Geist	6, 8, 13, 19-20, 23, 27, 65, 105, 137, 167, 169-170, 213, 332-333
Heilige Schrift (s. Bibel, Wort Gottes)	12, 15, 17, 21, 26, 29, 50-51, 129, 168, 172, 206, 211, 302, 351
Heiligung	22, 60, 144, 150, 159, 175-177, 226, 333
Heiligungslehre	59, 177
Heilsgeschichte	10, 23, 61, 153
Heilslehre	16, 19, 21-22, 25, 48, 149, 167, 171
Hermetik	31-33, 38-39, 41, 46, 66, 94
Corpus Hermeticum	38, 59
Hermes Trismegistus	32-34
Tabula Smaragdina (Hermetische Smaragd-Tafel)	33
Higher Life Theology	209
Hobbes, Thomas	11, 25, 68, 72, 129, 134
Hodge, Charles	166
Hölle	16, 163, 331, 334
Hongkong	87
House, Edward Mandell	257-258, 292
Humanismus	1, 15, 75, 95-96, 113, 141, 147, 170, 227, 229
Hume, David	133
Hungerblockade	200

Imperialismus	2, 38, 180, 189, 225, 243, 247, 251-254, 256, 271, 278, 282-285, 295-296, 310-311, 329-330, 335, 350
Imperium	2, 36, 66, 77, 79, 83, 85-87, 113, 116, 119, 121, 138, 177, 181, 183, 185, 187, 192, 196, 241-243, 246, 249-251, 253, 259, 270-271, 276, 283, 285-288, 295, 297, 314, 326, 329-330, 336, 339, 345-347
Indianer	81-82, 116, 180, 192-195, 243
Cherokees	193-194
Prärie-Indianer	193-195
Individualismus	57, 96, 101, 129, 132, 176, 215, 219, 236, 240, 255, 261, 263, 284, 318
Industrialisierung	8, 197-198, 216, 262-263, 318, 338
Internationalismus	303, 311, 323
Jackson, Andrew (US Präsident)	135, 139, 146, 148, 152, 155, 246, 326
Jacksonsche Ära	135, 149, 176
Jacksonsche Demokratie	155
Jacksonsche Zeitalter	146
James, William	233
Jefferson, Thomas (US Präsident)	80, 84, 103, 108, 113, 121-122, 124, 126-127, 136, 156, 201, 237, 249, 277, 313, 332

Jesus Christus	2, 12-13, 16-17, 20-26, 29-30, 33-34, 42, 45, 50-52, 54-55, 57-59, 61-66, 69, 102, 104, 112-113, 128, 131, 136, 140-141, 145, 147, 149, 151, 154, 159, 162, 168-171, 174-175, 196, 208, 210, 213-214, 223, 225, 231-232, 266, 302, 332, 334, 350
Golgatha	226, 266, 302
stellvertretendes Sühneopfer	13, 23, 25, 75, 131, 149, 223, 266, 302
Johns Hopkins University	230
Judaismus	35, 46-47
„Junges Amerika"-Bewegung	179-182
Kabbala	35-36, 38-39, 47-49, 54, 56, 68-70, 93
Christliche Kabbala	35, 47, 49
kabbalistische Gematria	35
Kaiser Franz Josef I.	287
Kaiser Rudolf II.	36, 41
Kaiser Wilhelm II.	7, 41, 56, 89, 138, 185, 278, 286-287, 290-292, 295
Kant, Immanuel	142, 145
Kapitalismus	7, 81, 219-220, 230, 256, 272, 279, 319, 326, 328, 344
Kelpius, Johannes	47, 69-70
Kirchenväter	2, 14, 58-60, 350
Athanasius	58

	Augustinus	2, 18, 149, 154, 177, 350
	Clemens von Alexandria	51, 59, 198
	Gregory von Nyssa	59
	Hilarius von Poitiers	58
	Irenaeus	58
	Lucretius	2
	Origines	58-59
Kirchenzucht		29-31
Klassischer Liberalismus		8, 103, 125, 237, 240, 252, 255, 284, 337
Kolko, Gabriel M.		318-320, 322-325, 344
Kollektivismus		132, 190, 255-257, 271, 333
Kolonialismus		247, 251, 329
	Kolonialherrschaft	332
	Kolonialmacht	322
	Kolonien	68, 78-79, 92, 97, 102, 104, 109, 111-112, 114-121, 137-138, 152, 181, 243, 247-250, 252, 256, 265, 267, 289, 295, 334, 339-340
Kommunismus		103, 202, 220, 235, 273, 297, 315, 322-323, 326, 341, 347
Konföderation		191, 299
Kongregationalismus		143, 149
Königin Elisabeth I.		35-36, 38

Königreich Gottes auf Erden		77, 131, 153, 160, 166, 178, 207, 213, 215, 234, 263, 267, 299, 335
	Gottesreich	209
	Königreich Gottes	61, 77, 131, 143, 149, 153, 157, 160, 165-166, 173, 178, 207, 209, 213-215, 226, 229-231, 234, 263, 266-267, 299-300, 335
	Königreich-Theologie	213
Konkurrenz		81, 187, 203, 240-241, 247, 268, 272, 318, 320
	Konkurrenzkampf	204, 254
Kontemplation (Versenkung)		47, 52, 56
Konzil von Nicäa (325 n.Chr.)		58
Korruption		94, 165, 170, 189, 196-198, 203, 283, 306, 318, 327
Krieg		8-9, 11, 41, 44, 49, 56, 94, 110, 113, 115, 117-120, 126-127, 179, 181, 183, 186-190, 192-198, 202, 231, 243-245, 247-248, 250-252, 256-260, 263-274, 276-278, 283-297, 299-300, 302-303, 305-307, 309-317, 321-323, 325-326, 328-331, 339-340, 342, 345, 348-350
	Amerikanischer Sezessionskrieg	85, 142, 157, 179, 186, 188, 191, 193-194, 196, 198, 200, 209, 211, 225, 239, 241-242, 249, 282, 297, 319, 326, 335, 339
	Eroberungsfeldzüge	186, 197, 242, 270, 285, 297, 309

	Erster Weltkrieg	8, 10, 231, 252, 256, 258-259, 261, 263, 265, 270, 272, 275, 278, 286-287, 289-290, 293, 295, 297, 301-302, 304-307, 309, 313, 315, 317, 320, 329, 340-342, 344
	Ideologie des Krieges	11
	Kalter Krieg	202, 272, 276, 297, 317, 323, 325-326, 329-330, 345, 349
	Kriegserklärung	250-251, 258, 260, 266, 271, 304, 306
	Kriegsfinanzierung	306
	Kriegshetzerei	149
	Kriegsmarine	116, 127, 263, 269, 290, 340
	Kriegspolitik	138, 253, 264, 270-271, 303, 316
	Kriegspropaganda	269, 287, 294, 296
	Kriegsschuld	198, 296
	Kriegswirtschaft	272, 276
	Opiumkrieg	87, 89, 185-186, 243
	Spanisch-Amerikanische Krieg	245, 250, 284-285, 339
	U-Boot-Krieg	259-260, 291-292, 306
	Vernichtungskrieg	193, 287
	Vietnamkrieg	277, 324
Lane Theological Seminary		144
Leade, Jane W.		53-55, 69
Leibniz, Gottfried Wilhelm		47, 50-51

Lincoln, Abraham (US Präsident)	187-189, 191-192, 195-196, 242, 261, 265, 297, 328
Lippmann, Walter	91, 261, 338
Livingston, Robert	79-80, 118-119
Livingston, Robert R.	80
Lloyd George, David	253, 288, 296
Lloyd, Henry Demarest	212, 216, 338
Locke, John	99, 102-104, 111-113, 129, 133, 136-137, 206, 279, 317, 331
Lodge, Henry Cabot	245, 253, 275, 328
Luther, Martin	12-19, 25-27, 39-40, 171
Thesenanschlag	16
Von weltlicher Obrigkeit (1523)	26
Machen, J. Gresham	228
Madison, James (US Präsident)	108, 121, 124-125, 156, 308
Magie	31, 34-36, 47-48, 71
Magier / Magus	33-34, 38, 46
Mahan, Asa	159-160
Makrokosmos (Universum)	31, 93
Marx, Karl	81, 100, 103, 133, 204, 235, 238, 256, 308
Marxismus	235, 345
Massachusetts Bay Colony	47
Mathews, Shailer	226

Mazzini, Giuseppe	181, 249
McKinley, William (US Präsident)	247, 250, 267, 328, 340
Mede, Joseph	63, 65
Clavis Apocalyptica (1627)	63-65
Merchants of Death (1934)	304-305
Merkantilismus	84, 120, 122, 124, 319, 324, 326, 340
Metaphysik	50, 147
Methodismus	25, 60, 158, 176, 178
Methodistenkirche	59, 175
Mikrokosmos (Mensch)	31, 93
Militär	251, 295, 330
Militär	79, 118, 122, 185, 244, 277, 288, 315, 346
Militärdiktatur	138, 191, 197
Militarismus	7, 251, 273-274, 277-278, 282, 284-285, 288, 321
Militärkonflikt	112, 115, 126, 264, 269, 311, 313, 345
Militärmacht	116, 288-289
Millennium	49-51, 61, 63-64, 66, 69-70, 145, 152, 164-165, 204, 213, 231, 237
Amillennialismus	49, 61
Millennialismus	62-63, 71

Postmillennialismus	1, 49, 61-63, 68, 75, 77, 142, 144, 151, 153, 160, 164-165, 189, 192, 203, 207, 213-214, 230-231, 234, 274, 331-332, 334-336, 341
Prämillennialismus	61-62, 298, 350
Tausendjähriges Reich	5, 39, 49, 52, 61-63, 65, 75, 128, 151, 164, 213
Mittelalter	12-13, 31, 34, 46, 52, 93, 105-106
Modernismus	18, 228, 301, 336
Monismus	225
Monopolisierung	197, 240, 258, 320
Kartell	201-203
Monopol	87, 115
Wirtschaftskartell	241
Monroe-Doktrin	244, 260, 284
Monroe, James (US Präsident)	80, 91
Morgan, John Pierpont	88, 199, 240, 245, 253, 261, 291, 306, 342
J. P. Morgan & Co.	88, 199, 240, 245, 253, 261, 291, 306, 342
Morris, Robert	124-125
Mystik	32, 40, 49, 54, 56-57, 70
Mysterienkult	14, 32
Mystizismus	1, 35, 42, 49, 56-57, 60, 71, 73, 95-96, 143, 147

unio mystica	42
Nationalismus	139, 152-153, 179, 191-192, 247, 249, 253-254, 261-263, 273, 277, 285, 294, 299
Naturalismus	205, 208, 233
Naturgesetz	39, 99, 104, 136-137, 160, 207, 215, 263
Naturphilosophie	31, 39, 44, 46, 205
Naturrecht	77, 102-103, 279
Neokonservatismus	347-348, 350
Neoliberalismus	257, 312, 325, 344
Neoplatonismus	31-32, 46, 50, 56, 72, 74, 100, 141-142, 145-146
neuartige Methoden / New Measures	159, 162-163
Neue Protestantismus	153-154, 158-160, 164-165, 171, 173, 177, 180, 228, 246, 333-335
Neutralität	251, 266-267, 277, 292, 306, 310, 314
New Deal	202, 255, 272, 274, 296, 310, 312-313, 316, 319, 324, 343
New Divinity / New Haven Theology / Taylorism	74-75, 153-155, 160, 164, 166-167, 213, 228
New England-Theology	167
New Freedom (Neue Freiheit)	259
New History	294
New Nationalism (Neuer Nationalismus)	254, 261-262

New School-Presbyterianismus	98, 163, 166, 189, 228, 333
Newtons, Isaac	4, 47, 63, 68, 95, 112, 206, 331
Nihilismus	105
Nisbet, Robert A.	4
Nominalismus	74
Noyes, John Humphrey	175-176
Oberlin College	144, 159, 164, 166, 175, 177-178
„Offene Tür"-Politik	322, 328, 330, 339
Offenkundiges Schicksal / Manifest Destiny	7, 139, 180, 243, 247-249, 337, 339
Okkultismus	47, 49, 199
Old Right	310
Old School-Presbyterianismus	154, 163, 166-167, 228-229, 333
Oligarchie	182, 349
Olney, Richard	199-200, 244-245, 252
Oneida-Gemeinde	175
Opiumhandel (s. Rauschgifthandel, chinesische Drogenhandel)	82, 86-89
Paine, Thomas	108, 156, 241, 332
Age of Reason (1794)	108, 156
Panentheismus	74
Pansophie	42, 44, 48-51, 67

Pantheismus	32, 147, 225
Papsttum	40
Paracelsismus	47
Paradies	3, 6, 31, 42-43, 52, 70, 106, 128, 138, 164, 206, 231
Pariser Friedenskonferenz	274, 299
Paternalismus	211, 283
Patriotismus	7, 135, 151, 153, 157, 177, 284, 305, 350
Patronage-Politik / Whiggismus	100, 190, 283
Pazifismus	134, 273-274, 300, 303
Pearl Harbor	297, 312
Pelagius	17, 149, 154
Pelagianismus	155, 158, 167, 172, 228-229
Semipelagianismus	149, 154
Perfektionismus (s. Vervollkommnung)	60, 143-144, 173, 175-178, 228
Perkins, Thomas Handasyd	85-87, 200
J. & T. H. Perkins Co.	85-87
Perkins-Syndikat	200
Philadelphia Society	53, 55, 60, 72
Philip Jakob Spener	53, 55-56
Philippinen	250-251, 256, 270, 283, 340
Physiokratie	126

Pico Della Mirandola, Giovanni	33, 49
Pietismus	25, 55-57, 171, 176
Pike, Albert	182-183
Planwirtschaft	203, 230, 271, 274, 277, 315
Platon	1-2, 10-11, 46, 58, 72, 130, 136
Theaitetos	58
Pluralismus	153
Plutokratie	121, 187, 282-283, 285
Populismus	237
Pordage, Dr. John	53
Positivismus	6, 205, 265
Pragmatismus	8, 208, 233
Presbyterianische Kirche	167, 229, 299, 302
Princeton Theological Seminary	166, 228
prisca theologia	37-38
Privateigentum	190, 192, 239, 264, 279
Progressive Ära	135, 208-209, 235, 238, 254-255, 267, 278, 307, 317-318, 320, 336-337, 343-344
Progressive Party	284

Progressivismus	7-8, 10, 77, 155, 163, 179-180, 203, 208, 210, 214, 218, 221-222, 225-226, 229, 235, 237-238, 240, 252, 257, 261-263, 275, 284, 299-301, 303, 307-308, 316-318, 324, 331, 336-338, 342-345
Prophetie	50, 62, 112, 204, 341
Protestantische Liberalismus	75, 146, 228
Pseudo-Dionysius Areopagita	52
Puritanismus	102, 104, 108, 157-158, 176, 236, 332
Puritanischer Okkultismus	49
Pythagoras	
Pythagoreismus	32
Quietismus	56-57
Rationalismus	46, 50, 96, 98, 102, 104, 112, 141, 144, 151, 156, 238
Rauschenbusch, Walter	212-213, 231, 300
Rauschgifthandel (s. Opiumhandel, chinesische Drogenhandel)	86
Rechtfertigungslehre	13-14, 21-25, 102, 159, 171, 230
Reconstruction	191, 196
Reformation	12, 14-16, 25, 28, 39-41, 48, 55, 66-67, 72, 74, 100-101, 242
Reformationszeit	16
Reformmentalität	253

Reid, Thomas	158, 160
Renaissance	3, 6, 13, 31-35, 56, 70, 93, 95, 100-101, 141
Renaissance-Mystizismus	34
Renaissance Neoplatonismus	56, 100
Republican Party	199, 203
Reuchlin, Johannes	49
Robespierre, Maximilien François Marie Isidore de	348
Rockefeller, Sr., John D.	91, 202, 301-302, 327
Romantik	32, 57, 102, 128, 142, 153, 225, 335
Roosevelt, Franklin D.	89, 91, 202, 237, 255, 268, 274, 277, 296, 310-311, 314, 320, 324, 328, 341
Rosenkreuzertum	36, 39, 52, 94, 96
Chymische Hochzeit des Christian Rosencreutz (1616)	40
Confessio Fraternitatis (1615)	40
Fama Fraternitatis (1614)	40
Rosenkreuzer-Bewegung	36
Rousseau, Jean-Jacques	11, 25, 100, 106, 129-134, 136-137, 139, 150, 152, 157, 217, 219, 221, 229, 242, 346-350
Royal Society	36-37, 40, 42, 64, 68
Rüstungsindustrie	251, 304, 306, 342, 344, 348

Kriegsgeschäft		304
Rüstungsgüter		111, 260, 291, 313
Rüstungskonzerne		304-305
Säkularisierung		3, 108, 136, 234
Schmuggler		78, 80, 114-115, 117-118
Schutzzoll		122, 187-189, 201, 203, 239, 247, 282, 309
	Protektionismus	187
Seeräuberei		
	Kidd, William	79
	Piraterie	77-79, 85, 88, 114, 127
	Tew, Thomas	79
Selbsterlösungslehre		155, 160, 166, 171-172
Seneca		2, 10, 72
Sezession (Absonderung)		182
Shakespeare, William		33, 35-36
Sherman, William T.		91, 193, 195
Skeptizismus		31, 50, 63, 65, 73-74, 98, 107
Sklaverei		75, 83-84, 142, 144, 147, 149, 165, 173, 181-182, 186, 189-190, 192, 205, 249, 335
	Sklavenarbeit	85-86
	Sklavenemanzipation	214, 331
	Sklavenhandel	83, 85-86, 126, 190

Smith, Adam	100, 120
Social Gospel	155, 196, 207, 209-211, 213-214, 225, 230-231, 236, 249, 265, 267, 299, 336-339
Social Gospel-Bewegung	8, 163, 210-211, 213, 226, 236, 249, 337
Sozialdemokratie	253, 263, 272-273, 317, 336
soziale Gerechtigkeit	131, 236, 254, 264
Sozialismus	130, 175, 211, 213, 220, 230, 235-236, 240, 253, 255-256, 271, 279, 321, 329
Kriegssozialismus	269, 272-273, 342
Nationalsozialismus	220, 273, 341, 343
Staatssozialismus	263, 288
Sozialkontrolle	263-264, 274
Sozialreform	42, 144, 158, 163-165, 176, 178, 202, 264, 274, 277, 317, 319, 337
Sozialwissenschaften	132, 213, 215, 262, 294, 318
Sozinianismus	24
Soziokratie	238-239
Soziologie	6, 204, 212, 217, 238-239, 296
Spencer, Herbert	204, 237
Spiritualität	40, 57, 69, 72-74, 163, 172
Staatsmonopol-Kapitalismus / Korporatismus	189, 202, 238, 240-241, 272, 276, 310, 318-320, 324, 342

Staatsreligion	135, 139, 155, 158-159, 219
Strong, Josiah	225, 230-231, 246
Sumner, William Graham	278-279, 284
Sündenfall	3, 24, 41, 43, 66, 71
Sünderbank / anxious seat	156, 162
Sündhaftigkeit	8, 10, 13, 38, 123, 140
Sündlosigkeit	71, 176-177
Synode zu Dordrecht	21
Fünf Punkte des Calvinismus	21
Taft, William Howard (US Präsident)	88-90
Taylor, Nathaniel William	75, 84, 154-155, 160, 181, 226, 228
Technokratie	220, 272
Technologie	6, 8, 39, 43-44, 46-47, 66, 133, 254, 278, 304
Theismus	208
The New Republic	261-263, 265, 338
Theodore Roosevelt (US Präsident)	245, 247-248, 252-254, 262, 273, 284, 320, 328, 338
Theokratie	212
theologische Liberalismus	155, 211, 228
Theosis (Vergöttlichung, Gottwerdung)	33-34, 57-60, 146, 149
Theosophie	48, 50-54, 60, 69, 71-72, 174, 345

Totalitarismus	10, 111, 125, 129, 219, 270, 273, 277, 324
Transzendentalismus	8, 86, 102, 129, 142-150, 156, 176, 196-197, 211, 238, 330, 335
Brisbane, Alfred	150
Emerson, Ralph Waldo	86, 91, 140, 144, 148
Hedge, Frederic	148
Parker, Theodore	205
Ripley, George	148
Thoreau, Henry D.	145, 148, 176
Whitman, Walt	145
Transzendenz	46
Trotzki, Leo	347, 349
Trotzkismus	347
Turgot, Anne Robert Jacques, baron de l'Aulne	204, 332
Unabhängigkeitserklärung	103, 111, 113-114, 122, 136, 191, 265
Union Theological Seminary	228
Unitarismus	8, 102, 105, 112-113, 128, 141-145, 154, 156, 334
University of Wisconsin	325
Unsichtbare Kolleg / Invisible College	42, 64, 68
Unsterblichkeit	33-34, 46-47, 59
Urbanisierung	8

Utopie	3, 8-9, 66, 96, 143, 174, 180, 204, 218, 267, 350
Vanderbilt, Commodore Cornelius	198, 327
Vergoldetes Zeitalter	197-198, 203, 318
Vervollkommnung (s. Perfektionismus)	1, 5, 8, 35, 41, 58, 61, 100, 105-106, 113, 128-129, 140, 143, 192, 205, 209, 226, 230, 332
Verwaltungsstaat	139, 219-223, 349
Völkerbund	8, 264, 268, 274-275, 299, 303
Völkerrecht	290, 292
vollkommene Gesellschaft	4, 10, 61-62, 68-69, 133, 149, 173, 207, 212, 255
Vollkommenheit	9, 18-19, 37, 42-43, 48, 55, 57-60, 66, 70, 73, 94, 100, 143, 147-148, 155, 159, 170, 173, 176, 206, 217
Vollkommenheitslehre (s. Perfektionismus)	60, 173, 176
Vollkommenheitstheorie	19
Voltaire (Arouet, François-Marie)	106, 110, 130-131
von Österreich-Este, Franz Ferdinand Carl Ludwig Joseph Maria	287, 289
Ward, Lester Frank	53, 233, 237-238, 255, 338
Warfield, Benjamin Breckenridge	176, 228
Washington, George (US Präsident)	72, 80, 107-108, 116-117, 119, 121, 125, 242, 244, 260
Wells, Herbert G.	235, 267, 301

Welterlösung	231, 242
Weltfrieden	8, 151, 259, 267, 294, 296, 340
Weltordnung	36, 235, 264, 275, 299-300, 303, 337, 343
Weltregierung	268, 299, 303, 307, 345
Weltrevolution	347
Wesley, John	59-60, 175
westliche Zivilisation	9-11, 77, 279, 283, 297, 331
Westminster Bekenntnis (1647)	167, 177
Whig Party	97, 117, 119, 200, 335
Wiebe, Robert H.	318
Willensfreiheit	16-18, 101, 154, 156-160, 169-170, 172, 177, 210, 334
Williams, William Appleman	60, 295, 319, 325-326, 328-330
The Tragedy of American Diplomacy (1959)	326
Wilson, T. Woodrow (US Präsident)	2, 9, 91, 235, 249, 257-261, 263-264, 266-269, 271, 273-275, 278, 284, 291-293, 295-296, 299, 305-306, 311, 320-321, 329-330, 337-338, 340, 345
Winthrop, John	47
Winthrop, Jr., John	47
Wirtschaftsdepression	7-8, 200, 255, 316, 328

Wohlfahrtsstaat	11, 67, 220, 238, 241, 277, 285, 334, 337-338
Wort Gottes (s. Bibel, Heilige Schrift)	12-13, 18, 27, 164, 176, 233
Yale College	74-75, 89-91, 104, 143, 154
Zivilreligion	11, 134, 153, 157, 164, 177, 192, 214, 229, 267, 331, 333, 341, 346
Zweite Große Erweckung	74-75, 152, 156, 159, 172, 178, 334
Zweite Reformation	40-41

Weitere Bücher von demselben Autor

Siegeszug des Fortschrittsglaubens

Die Idee des Fortschrittes – der Glaube, dass sich die Menschheit in der Vergangenheit bis in die Gegenwart kontinuierlich weiterentwickelt habe und diesen fortschreitenden Prozess in der voraussehbaren Zukunft weiterführen wird – ist eine Weltsicht, die sich ausschließlich im Westen ausgebildet hat. Diese Idee nimmt seit der Aufklärung des späten 17. Jahrhunderts bis in unsere Zeit eine zentrale Stellung im Denken der modernen Zivilisation ein. Sie war weit mehr als eine philosophische Theorie. In ihrer Blütezeit hat sie das gesamte gesellschaftliche Leben durchdrungen. Niemand konnte sich ihrem penetranten Einfluss entziehen. Selbst diejenigen, die abstrakten Ideen negativ gegenüberstanden, erlagen ihrem unwiderstehlichen Charme. Aus ihr setzte sich die tonangebende Zivilreligion der westlichen Zivilisation – Phänomene einer allgemeinen Religiosität im politischen Bereich – zusammen. Sie wurde Teil des modernen Denkens, dass jeder Versuch der Kritik fast wie ein Akt der Treulosigkeit erschien.

Verax Vox Media
780 Morning St. • Worthington, OH 43085 • USA
VeraxVoxMedia.com

Bd. 1: Mystizismus als Nährboden des amerikanischen Postmillennialismus

Taschenbuch, 469 Seiten
Erscheinungsdatum: März 2021
ISBN: 978-1-7347541-6-2

Bd. 2: Postmillennialismus als Inspiration des amerikanischen Progressivismus

Taschenbuch, 734 Seiten
Erscheinungsdatum: November 2020
ISBN: 978-1-7347541-1-7

Bd. 3: Progressivismus als Triebfeder des amerikanischen Imperialismus

Taschenbuch, 604 Seiten
Erscheinungsdatum: November 2020
ISBN: 978-1-7347541-2-4

Bd. 4: Progressivismus als Ausdruck der amerikanischen Zivilreligion

Taschenbuch, 399 Seiten
Erscheinungsdatum: November 2020
ISBN: 978-1-7347541-4-8

Bd. 6: Weltföderation als Endziel des amerikanischen Imperialismus

Taschenbuch, 636 Seiten
Erscheinungsdatum: Juli 2021
ISBN: 978-1-7347541-8-6

World Federation

The Ecumenical Agenda

In his book, World Federation, Dr. Erdmann deals primarily with John Foster Dulles' participation in the ecumenical movement from 1919 to 1945. Dulles' role in shaping the religious, economic and political policies of the Federal Council of Churches in its support of world order and peace, especially in his function as chairman of the Commission on a Just and Durable Peace, was crowned with success in the founding of the United Nations Organisation in 1945. His personal friends Philip Kerr (Lord Lothian) and Lionel Curtis, the principal leaders of the Round Table Group, come into the pictures at various times. By and large they pursued the same objectives as those of Dulles. The book shows the detailed influence of the Round Table Group and its affiliated organisations – such as the Royal Institute of International Affair (London) and the Council for Foreign Relations (New York City) – on the ecumenical movement, using it successfully for their purpose of creating an international community of nations.

Verax Vox Media
780 Morning St. • Worthington, OH 43085 • USA
VeraxVoxMedia.com

Paperback, 389 pages
Publication Date: July 2021
ISBN: 978-1-7373483-0-6

Hardcover, 389 pages
Publication Date: October 2021
ISBN: 978-1-7373483-3-7

Weltföderation

Die Ökumenische Agenda

Das 20. Jahrhundert war als ein Zeitalter durch eine andauernd expandierende Technokratie gekennzeichnet, eine Eigenschaft, die weder mit dem Ende des Jahrhunderts noch durch den Paradigmenwechsel der Moderne zur Postmoderne abgenommen hat. Vielmehr hat sich die Bewegung in Richtung einer Herrschaft von vermeintlich unvoreingenommenen Technokraten verstärkt, die sich nicht von Dogmen bestimmen lassen und angeblich frei von parteiischen Interessen sind, von denen sich die übrigen von uns bestimmen lassen. Auch war das religiöse Leben, das erklärtermaßen die Sphäre des Geistes und die persönliche Gemeinschaft mit Gott betrifft, frei von derlei Tendenzen und Interessen. Stattdessen erlebte das 20. Jahrhundert den Aufstieg der ökumenischen Bewegung; einem Versuch, die unterschiedlichen Kirchen auf globaler Ebene zu vereinen – eine Art kirchliches Gegenstück zum Völkerbund und später zu den Vereinten Nationen. Wie dieses Buch zeigt, spielte das kirchliche Drängen später tatsächlich auch eine Rolle bei der Geburt der United Nations Organization (UNO) selbst.

Verax Vox Media
225 Barbours Lane • Greenville, SC 29607 • USA
VeraxVoxMedia.com

Taschenbuch
Erscheinungsdatum: März 2022
ISBN: 979-8-9855529-2-8

Gebundenes Buch
Erscheinungsdatum: März 2022
ISBN: 979-8-9855529-3-5

Spiritualisierung der Technologie

Die Suche des Menschen nach Vollkommenheit

Angesichts der rapiden technologischen Weiterentwicklung in der Informatik und der Nanotechnologie und der bereits hitzigen Debatte im Bereich der Gentechnologie wird in der Studie Spiritualisierung der Technologie eine geistesgeschichtliche Analyse des Strebens nach Vollkommenheit aus interdisziplinärer Perspektive vorgelegt. Deutlich erkennbar greifen die philosophischen Wurzeln des Perfektionismus weit zurück in die Zeit der griechischen Philosophie, der Hermetik, des Gnostizismus und des Neoplatonismus. Diese Gedankensysteme beanspruchen für sich, Erben der „prisca theologia", der altertümlichen Theologie, zu sein, die sich das Erlangen der „Göttlichkeit" des Menschen und damit die höchste Stufe der Vollkommenheit, zum höchsten Ziel setzte.

    Es wird zum einen aufzuzeigen sein, dass die christliche Vorstellung der Ebenbildlichkeit Gottes im Menschen der bizarren Zukunftsvision einer transhumanistischen Posthumanität widerspricht, und zum anderen wird es wichtig sein, detailliert darzulegen, dass ein wirklicher wissenschaftlicher und technologischer Fortschritt, auch gerade im Bereich der Nanomedizin, auf Grundlage christlicher Ethik am besten realisiert werden kann.

Verax Vox Media
780 Morning St. • Worthington, OH 43085 • USA
VeraxVoxMedia.com

Taschenbuch, 435 Seiten
Erscheinungsdatum: Februar 2022
ISBN: 979-8-9855529-0-4

Gebundenes Buch, 435 Seiten
Erscheinungsdatum: Februar 2022
ISBN: 979-8-9855529-1-1

Das Tausendjährige Reich

Frühkirchliche Kontroversen

Der Glaube an ein buchstäbliches Tausendjähriges Reich, wie es in Offenbarung 20, 1-10 beschrieben ist, war ein wichtiges Element in der christlichen Endzeitlehre in der Zeit vor dem Konzil von Nicäa im Jahr 325 n. Chr. Die meisten Kirchenväter leiteten ihre Überzeugungen nicht nur von dem Textabschnitt im Buch der Offenbarung ab, sondern auch von der jüdischen Vorstellung eines Goldenen Zeitalters, wie es die hebräischen Propheten beschrieben und die jüdischen Endzeitlehrer weiter ausführten.

Nachdem der christliche Glaube die Gunst des Kaisers Konstantin gewonnen hatte, änderte die Römische Kirche ihre Auffassung über das Tausendjährige Reich grundlegend. Die Hoffnung einer zukünftigen Herrschaft Christi auf Erden wich der Sicht eines Tausendjährigen Reichs, in dem die weltliche Macht dem Papsttum zugefallen ist und das sich vor den Augen der Menschen im Hier und Jetzt verwirklicht. Die Lehre eines buchstäblichen Tausendjährigen Reiches geriet über viele Jahrhunderte in Misskredit, weil einige ihre Befürworter sie falsch dargestellt und ihre Gegner sie absichtlich verdreht haben.

Das vorliegende Buch zeigt die Entwicklung der Entstehung der verschiedenen Sichtweisen auf, stellt die Stärken und Schwächen prägnant dar und plädiert für die ursprüngliche Auslegung von einem buchstäblichen Tausendjährigen Reich, das erst noch kommen wird.

Verax Vox Media
225 Barbours Lane • Greenville, SC 29607 • USA
VeraxVoxMedia.com

Taschenbuch, 295 Seiten
Erscheinungsdatum: 7. Juni 2016
ISBN: 978-069273-561-9

Millennium

Historical & Exegetical Debate

The belief in a literal millennium was an important aspect in the Christian eschatology of the ante-Nicene age. Most of the Asiatic Church Fathers derived their chiliastic convictions not only from the millennial passage of Revelation, but also from the Jewish concept of a Golden Age, as described by the Hebrew Prophets and further developed by Jewish apocalyptic writers. The chiliastic doctrine was challenged, on exegetical and philosophical grounds, by the Alexandrian school of theology in the third century. The Church's elevation to imperial favour by Constantine was followed by a further shift in the understanding of the millennium. The chiliastic hope of a future earthly reign of Christ was substituted with the view of a realized millennium constituting the secular dominion of the Roman Church. The factor which most contributed to this change was Augustine's spiritualized interpretation of the first resurrection. He understood it to mean a resurrection of those dead in sin, raised to spiritual life. In his book, De civitate dei, he advanced the opinion that the kingdom of God was already set up at Christ's first coming and nothing remained to be accomplished before the final judgment except the brief reign of the Antichrist. Thus the teaching of a literal millennium became discredited because it was perverted by some of its friends and misrepresented by its opponents.

Verax Vox Media
225 Barbours Lane • Greenville, SC 29607 • USA
VeraxVoxMedia.com

Paperback, 264 pages
Publication Date: 20 January 2016
ISBN: 978-069262-643-6

Der Griff zur Macht

Dominionismus – der evangelikale Weg zu globalem Einfluss

Die Evangelikalen suchen und gewinnen immer mehr Anerkennung und Einfluss in Gesellschaft und Politik. Doch zu welchem Preis? Entspricht dieser Weg dem biblischen Evangelium oder ist er ein Irrweg? Es ist Zeit, dass die Christen die wahren Beweggründe von „besucherfreundlichen Gottesdiensten", „Emerging Church", Rick Warrens Bestrebungen und der „Transformation" von Gemeinden und Gesellschaft erfahren. Dr. Martin Erdmann ist ein profunder Kenner der Zusammenhänge auf christlicher, politischer und wirtschaftlicher Ebene und verdeutlicht hier eine brisante und eklatante Notlage.

Betanien Verlag
Imkerweg 38 • 32832 Augustdorf • Deutschland
https://www.cbuch.de

Taschenbuch, 287 Seiten
Erscheinungsdatum: 17. November 2011
ISBN: 978-393555-897-6

www.ingramcontent.com/pod-product-compliance
Lightning Source LLC
Chambersburg PA
CBHW080539230426
43663CB00015B/2646